KB040070

경북을 독립운동의 성지로 만든 사람들

김희곤 경북대학교 사학과, 동 대학원 졸업, 문학박사

1988~현재 안동대학교 교수
1996~1997 하버드대학교 방문학자
2004~2006 독립기념관 한국독립운동사연구소장
2005~2011 대한민국임시정부자료집편찬위원장
2010~2012 한국근현대사학회장
2006~2014.1 안동독립운동기념관장
2014~현재 경상북도독립운동기념관장

경북을 독립운동의 성지로 만든 사람들

초판 1쇄 발행 2015년 7월 20일

지은이 | 김희곤
펴낸이 | 윤관백
펴낸곳 | 도서출판 선인

등 록 | 제5-77호(1998.11.4)
주 소 | 서울시 마포구 마포대로 4다길 4(마포동 324-1) 곶마루 B/D 1층
전 화 | 02)718-6252 / 6257
팩 스 | 02)718-6253
E-mail | sunin72@chol.com

정가 65,000원
ISBN 978-89-5933-907-5 93910

· 잘못된 책은 바꿔 드립니다.
· www.suninbook.com

경북을 독립운동의 성지로 만든 사람들

김 희 곤

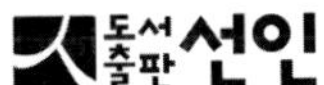

책을 펴내며

요즘 선비라는 말이 지천으로 쓰인다. 선비가 어떤 사람인지 제대로 알지도 못하면서, 자기 동네가 선비의 고장이라고 목청을 돋운다. 정말 그럴까?

선비는 글을 사랑하고, 뜻을 세워 살아가는 사람이다. 글을 사랑하는 사람이라면 뛰어난 글을 많이 남기고 학자를 길러내야 한다. 훌륭한 문집을 남긴 인물이 얼마나 되는지 돌아보라. 또한 뜻을 세워 사는 사람은 규범과 범절에 어긋남이 없어야 하고, 시대적인 과제를 해결하는 데 앞장서야 한다. 나라가 무너질 때, 나라가 무너졌을 때 목숨 바쳐 나라와 겨레를 구하는 일에 앞장서지 않았다면 결코 선비가 될 수 없다. '처변삼사(處變三事)'에서 드러나듯이, 선비가 환란을 당하면 앞장서서 소탕하든지, 아니면 도의를 지킬 곳을 찾아 뜻을 이어가든지, 이것도 불가능하면 목숨을 끊어 바른 길을 제시해야 한다. 그것이 선비의 길이다. 입으로는 선비를 말하면서도 행동은 결코 그렇지 않은 사람들이 흔한 세상이다.

누가 더 옳은 길을 걸었는지, 또는 어느 쪽이 더 훌륭한 삶을 살았는지 찾아보는 기준은 '시대적인 과제를 무엇으로 인식했는지'라는 문제에서 비롯된다고 생각한다. 먹고 사는 생존 문제가 먼저인가 아니면 인간답게 권리를 갖고 사는 것이 더 우선인가를 따질 수 있듯이, 모든 시대는 나름대로 가장 기본적이자 가장 먼저 해결해야 할 과제를 갖기 마련이다. 나라가 쓰러져가고, 또 무너졌을 때, 그 누구보다 앞장서고 강력한 투쟁을 펼친 역사를 찾노라면 경북 사람들의 모습이 가장 두드러진다.

경북 사람을 자랑하려는 것이 주제가 아니다. 지금 우리가 무엇을 해야 하는지, 또 내일 우리 후손이 걸어야 하는 바른 길이 무엇인가를 말하려는 것이 초점이다. 그런 길을 걸었던 분들을 찾아가서, 우리가 걸어야 할 길, 나아가야 할 길을 물으려는 것이 이 주제에 매달려온 이유다. 이들이야말로 그 시대의 선비요, 오늘의 선비가 가야할 길을 말해주는 사람들이기 때문이다.

그러한 내용을 찾고 가지런히 다듬는 일에 매달려오는 동안 한국 독립운동 51년사에서 경북 사람들이 펼친 독립운동을 주제로 논문을 쓴 것이 수십 편을 넘는다. 그 가운데 독립운동 단체와 사건을 제외하고, 인물을 주제로 다룬 논문만을 추리고 짧은 평전까지 몇 편 포함하니 28편이 된다.

경북을 독립운동의 성지로 만든 사람들이란 주제로 서장을 내세운 뒤, 글을 5장으로 나눈다. 제1장은 의병에 참가한 인물 5명과 한 문중을 다룬 6편, 제2장은 혁신유림과 나라 밖으로 망명하여 독립운동을 펼친 인물 9명을 다룬 8편, 제3장은 여성 독립운동가와 교육운동가 3명을 다룬 3편, 제4장은 사회주의로 민족해방을 추구한 8명을 다룬 9편, 마지막 제5장은 아나키스트 독립운동가 2명을 다룬 2편으로 구성한다.

이 책을 꾸미는 동안 한준호를 비롯한 경상북도독립운동기념관의 조덕천 · 신진희 학예연구원의 도움이 컸다. 특히 이 연구가 하나의 책을 염두에 둔 것도 아니어서 체제도 난잡한 데다가, 쓰인 시기가 달라서 내용에 편차가 크고, 더구나 틀리거나 빠진 내용이 적지 않았다. 따라서 원자료를 꼼꼼하게 비교하면서 각주 하나하나까지 확인해야 했으니, 여간 어려운 일이 아니었다. 끝으로 난잡한 글을 가지런하게 엮어 보기 좋게 다듬어준 도서출판 선인의 윤관백 사장님과 편집 담당자에게 감사의 인사를 드린다.

광복 70주년을 맞아
대한민국 97년(2015) 7월
김 희 곤

차례

제3부

제4부

제5부

제1부

1장_ 西山 金興洛(1827~1899)의 의병항쟁

1. 머리말

안동의 전기의병에 대한 연구는 근자에 여러 편 발표되었고,[1] 이에 따라 그 성격이 대체로 정리되었다. 그러나 아직 몇 가지 과제를 남기고 있는데, 특히 안동지역에서 두드러지는 인물이나 문중별 참여, 또한 그것이 그 뒤로 펼쳐지는 독립운동과 가지는 역학 관계 등이 그것이다. 이 과제는 특정 인물의 위상이나 역할만이 아니라 안동지역의 전반적인 성격을 담고 있기 때문에 중요하다.

안동지역의 독립운동은 퇴계학통이라는 씨줄과 혈연·문중이라는 날줄로 철저하게 얽힌 틀 위에서 펼쳐졌다. 때문에 이 씨줄과 날줄을 한 가닥씩 정리하여 새롭게 엮어 가는 것도 안동의병의 성격을 규정함에 있어 그 완성도를 높일 수 있는 방법이 될 것이다. 이에 필자는 의병장이던 拓菴 金道

1) 안동의병을 직접 주제로 다룬 연구에는 다음의 것이 대표적이다. 김상기, 「1895~1896년 안동의병의 사상적 연원과 항일투쟁」, 『사학지』 31, 단국사학회, 1998; 조동걸, 「響山 李晩燾의 독립운동과 그의 유지」, 『한국근현대사의 이해와 논리』, 지식산업사, 1998; 김희곤, 「안동의병장 拓菴 金道和(1825~1912)의 의병항쟁」, 『역사교육논집』 23·24, 역사교육학회, 1999; 권대웅, 「을미의병기 안동유림의 의병투쟁」, 『대동문화연구』 36, 성균관대학교 대동문화연구원, 2000; 이동신, 「예안지역의 '선성의병(1895~1896)' 연구」, 『안동사학』 8, 안동사학회, 2003; 한준호, 「안동출신 의병장 류시연(1872~1914) 연구」, 안동대학교 석사학위 논문, 2004; 김희곤, 「예안 선성의병과 온혜마을 인물의 역할」, 『안동사학』 11, 안동사학회, 2006; 박한설, 「초기 안동의병의 임원명단 "안동의소파록"에 관하여」, 『안동사학』 11, 안동사학회, 2006; 권영배, 「대구·경북지역 의병운동의 연구성과와 과제」, 『안동사학』 13, 안동사학회, 2008.

和(1825~1912)에 대한 연구에 이어, 西山 金興洛(1827~1899)을 분석하려 한다. 이 주제는 김도화의 경우와는 성격상 다소 차이를 보인다. 김도화의 경우는 의병장이었지만 문중 차원의 집단적인 활동 모습을 찾기 힘들었다. 이와 달리 김흥락의 경우는 당시 학통과 혈통의 중심축에 자리 잡았으므로 문중이나 학통 차원의 전폭적인 참여가 있었다. 그래서 김흥락에 대한 접근은 그의 학통과 문중을 바탕으로 삼고 논의를 진행시켜 나가야만 한다.

김흥락은 안동시 西後面 金溪里(검제 · 검재) 출신으로 鶴峯 金誠一의 종손이면서, 퇴계학통을 잇는 갈래 가운데 가장 중심에 위치하였다. 퇴계의 제자 가운데 月川 趙穆과 김성일 및 西厓 柳成龍을 대표적 인물로 꼽는다면, 김흥락은 학봉을 잇는 핵심 인물인 것이다.

김흥락은 한말 안동문화권, 즉 퇴계학통을 잇는 경북 북부지역 문화권의 핵심 지도자요, 위정척사론을 견지한 인물이었다. 의병을 일으키기 직전인 1895년 여름, 정부에서 俞吉濬이 지은 『西遊見聞』을 보내왔으나 받지 않고 즉시 돌려보냈다는 사실은 끝까지 위정척사논리를 지키고 있던 그의 모습을 보여준다.[2] 그러므로 칠순의 고령에도 불구하고 척사유림으로서 의병항쟁에 참여하였고, 투쟁성도 상당히 강했던 것이다.

여기에 덧붙여, 안동문화권역에서 가지는 지도자로서의 그의 위상은 안동사회의 소요 사태에 대한 해결 과정에서도 잘 드러난다. 1890년 겨울 안동 신임부사의 잘못된 행위에 대해 민중의 반발이 거세게 일어나 민란으로 진행될 직전에 이르게 되었을 때, 이를 수습해 낸 행적은 그가 어떠한 위치를 가진 인물인가를 확인시켜주는 대목이다.[3] 그 위치에 있던 김흥락이 외

---

2) 金奎聲, 「西山先生의 生涯와 活動」, 『西山先生의 生涯와 思想』, 서산선생기념사업회, 1999, 13쪽.

3) 1890년 겨울, 신임부사 金學洙가 아전들과 공모하여 洞布와 무명잡세를 강제로 징수하는 바람에 읍민들이 민란 직전에 이른 사건이 발생하였다. 부사 김학수가 그에게 해결책을 주문하였고, 김흥락이 나서서 이를 해결하였다(金奎聲, 「西山先生의 生涯와 活動」, 『西山先生의 生涯와 思想』, 서산선생기념사업회, 1999, 13쪽; 柳正基, 「西山先生의 生涯와 學問」, 『西山全集』, 서산전집간행회, 1982, 6쪽).

세의 침략에 맞서 의병항쟁의 단서를 열어 나간 것은 당연한 귀결이었다.

김흥락이 의병항쟁에 참여한 기간은 1896년 1월(양력)부터 6월까지 6개월 정도에 지나지 않았다. 그러나 그의 활동과 위상은 안동의병의 균형적 이해를 위해 결코 간과할 수 없다. 이에 본고는 김흥락의 활동과 위상을 통해 안동 전기의병사에 있어 안동지역의 특수성을 규명하는 데 목표를 둔다.

2. 김흥락과 안동의병

1) 안동의병 발의 과정에 나타난 김흥락의 역할

1895년 말부터 1896년 초에 걸쳐 의병이 전국 도처에서 일어났다. 안동의병도 1895년 12월 초에 시작되었으며, 단발령이 그 계기가 되었다. 1895년 11월 15일(양 1895.12.30)에 내려진 단발령(혹은 剃令)이 안동부에 문서로 도착한 것은 12일이 지난 1896년 1월 11일(음 1895.11.27)이었다.[4)]

안동지역에 의병봉기를 위한 첫 통문이 돈 시기는 바로 단발령 도착 소식이 전해진 이틀 뒤, 1월 13일(음 11.29)이었다. 이를 계기로 의병을 일으키려는 논의가 일어나면서 여러 서원에서 통문을 발표하기 시작했다. 안동지방을 중심으로 나타난 통문은 다음과 같다.

---

4) 李兢淵(안동시 와룡면 두루 周下村), 『乙未義兵日記』(원고본), 1895년 12월 1일자(음력). 이 일기를 쓴 李兢淵은 진성이씨 周村派의 21대 종손이며, 서산 김흥락의 문인이다. 이 일기를 처음으로 이용한 연구는 金祥起의 「1895~1896년 安東義兵의 思想的 淵源과 抗日鬪爭」(『史學志』 31, 단국사학회, 1998)이었다. 단발령이 내려진 이틀 뒤면 처음으로 양력이 사용된 建陽 원년 1월 1일이 된다. 이 글도 1896년부터는 양력을 사용한다.

〈자료에 보이는 안동지역 전기의병 통문〉

1. 禮安(鄕會)通文 : 1896년 1월 13일(음 乙未 11월 29일, 날짜 명시)[5]
2. 三溪通文 : 1896년 1월 15일 추정(음 乙未 12월 명시)[6]
3. 靑鏡通文 : 1896년 1월 15일(음 12월 1일 李兢淵 일기 , 읍에서 모일 것 제안)[7]
4. 靑鏡私通 : 위와 같은 날(이긍연 일기, 봉정사에서 먼저 面會 열 것을 제안)[8]
5. 虎溪通文 : 1896년 1월 16일(음 12월 2일 이긍연 일기)[9]
6. 安東檄文 : 1896년 1월(권세연, 대장 취임 직후)[10]
7. 安東下吏通文 : 1896년 2~3월(안동의진 구성 직후로 추정)[11]
8. 安東義兵所通文 : 1896년 ?월[12]

위의 통문이나 격문의 성격은 두 가지로 나뉜다. 다섯 번째 「호계통문」까지가 의병을 일으키기 위해 명분을 내세우며 그것을 준비하는 과정에 발표된 것이고, 그 이하는 의병이 일어난 이후 강도 높은 투쟁을 천명하는 것임을 알 수 있다. 또 통문들이 모두 하루 이틀 차이로 연이어 발표된 점에 주목할 필요가 있다. 이것은 단발령이 도착한 직후 동시다발적으로 의병에 대한 논의가 급박하게 펼쳐졌음을 보여주는 대목이다.

---

5) 『澗愚逸稿』에는 글 제목을 「禮安鄕會通文」이라 적고 있다.

6) 지금까지 李正奎의 「倡義見聞錄」(독립운동사편찬위원회, 『독립운동사자료집』 1, 1970)에 게재된 이름대로 '안동통문'이라 전해진 것인데, 趙東杰은 朴周大의 『羅巖隨錄』(국사편찬위원회, 1980)에 실린 삼계통문과 비교하면서 동일한 통문임을 밝히고, 이것이 삼계서원에서 발표된 것이므로 '삼계통문', 혹은 '안동삼계통문'이라 부르기를 제안하였다(趙東杰, 「傳統 名家의 近代化 수용과 獨立運動 事例-安東 川前門中의 경우」, 『대동문화연구』 36, 성균관대학교 대동문화연구원, 2000, 381쪽).

7) 李兢淵, 위의 글, 12월 1일자. 경광서원은 柏竹堂 裵尙志 · 慵齋 李宗準 · 敬堂 張興孝 등을 제향하는 서원이다. 원래 松巢 權宇도 모셨으나 조선 후기에 옮겨가고 앞의 세 위패만 모시게 되었다.

8) 李兢淵, 위의 글, 12월 1일자.

9) 李兢淵, 위의 글, 12월 2일자.

10) 權世淵, 「安東檄文」, 『독립운동사자료집』 1, 독립운동사편찬위원회, 1970, 97~99쪽.

11) 金喜坤, 「'安東下吏通文' 해제」, 『한국근현대사연구』 11, 한국근현대사학회, 1999, 310~318쪽 참조.

12) 김두만 저, 홍재걸 교주, 『國譯 澗愚逸稿』, 영남인쇄소, 1985(김두만(1872~1918)은 김흥락의 문도이다).

여기에 통문들의 내용을 살펴보면 더욱 확실하게 이를 확인할 수 있다. 우선 김흥락이 발의자의 한 사람으로 들어 있는 삼계통문의 핵심은 다음과 같다.

> (전략) 中殿을 바라보니 8월의 변고가 생겼으며, 금수의 무리가 禁宮을 육박하여 심한 농간을 부리고 임금을 협박하여 令이라 빙자하여 中外에 호령하고 속이고 있으며, 심지어 머리를 깎고 옷섶을 왼편으로 하는 야만스런 행동이 이미 임금의 주변에 가해졌습니다…… 여러분께서는 이 나라 백성 모두가 선현의 자손으로서 의리의 강론은 내력이 있고, 충분의 축적은 배설되지 않았으니, 각기 죽음을 맹세하고 몸소 앞장서서 주먹을 불끈 쥐고 용맹으로 떨쳐 나와 선왕의 법복과 부모의 유체를 보전할 것을 생각한다면, 어찌 위대한 일이 아니겠습니까. 아무쪼록 힘써 주소서. 아! 이 몸이 한 번 죽으면 오히려 의로운 귀신이 될 것이나 이 머리는 한 번 깎이면 영원토록 오랑캐가 되는 것이니 각자 마음에 맹세하여 대의를 붙잡기 바랍니다.[13)]

여기에서 8월의 변고라는 것은 일본이 명성황후를 살해한 을미사변을 말하고, 머리를 깎고 옷섶을 왼편으로 한다는 것은 단발령과 변복령을 의미한다. 의병봉기가 바로 이 두 문제에 기인한다는 것을 밝힌 것이다. 특히 '머리는 한 번 깎이면 영원토록 오랑캐가 되는 것'이라는 글귀는 지방 수령들이 길거리에서 행인들의 상투를 자르고 있는 당시 절박한 상황을 보여주는 것이기도 하다. 상투를 잘린 인물들이 자결하거나 대성통곡으로 몇 나절을 보내는 상황이므로 행인이 끊어지고 민심이 어지럽기 짝이 없었다.

김흥락을 비롯한 안동지역의 지도자들이 가진 판단은 명성황후 시해라는 국가적 모독과 단발령에 따른 극단적인 혼란에 대처할 방안이 결국 무력투쟁 뿐이었다. 이와 연관된 사례로 안동에 단발령의 시행을 위해 파견된 奉命使 李圭鎭에게 하회의 柳道性(1823~1906)이 "삭발은 임금의 참 뜻이 아니리니, 머리를 바칠지언정 단발은 할 수 없노라."[14)]고 항변했던 일이나,

13) 「倡義見聞錄」, 『독립운동사자료집』 1, 독립운동사편찬위원회, 1970, 645~646쪽.

14) 宋志香, 『安東鄕土誌』 下, 1983, 475쪽; 『石湖文集』 行狀.

영양의 碧山 金道鉉이 "머리를 깎인다는 급보를 전하니 한심스러워져 밤새도록 잠을 이루지 못했다."[15)]라는 상황은 의병의 직접적인 계기가 단발령에 있었음을 알려주고 있다.

단발령이 안동의병이 일어나는 직접적인 계기가 되었다는 사실은 1차 안동의진의 의병장을 맡은 權世淵의 「안동격문」에서도 그대로 확인된다.

> 2백 년 동안 조공을 바치던 나라가 한 가지 기술의 장점을 과장하여 우리 용기를 좌절시키고, 선왕의 법복을 무너뜨리니, 그 괴수를 없애지 못하면 지하에 가서 선왕을 뵈올 낯이 없고, 이 머리를 보전하지 못하면 무슨 마음으로 세상에 산단 말인가.[16)]

예안통문이 나오자마자, 이어 삼계통문 · 청경통문 · 호계통문이 함께 나왔다. 삼계통문은 끝에 '을미 12월'이라 적혀 있는 점으로 보아 빨라도 양력 1월 15일(음 12.1)이고, 청경통문은 같은 날 주하촌에 도착했으므로 그날 나온 것으로 볼 수 있겠다. 다만 삼계통문에 곽종석의 이름이 맨 앞에 있었지만, 바로 며칠 뒤에 그는 거창 茶田으로 떠나 버렸다. 이로 미루어 그가 떠나기 직전에 이 통문이 작성되었고, 발송 직후 그가 떠난 것으로 보인다. 아마 다른 서원의 통문도 하루아침에 작성되지는 않았을 것 같다. 하루 이틀 정도 논의를 거쳐 이루어졌다고 본다면, 동시다발적으로 통문이 작성되고 있었다고 생각하는 편이 옳을 것 같다. 그러므로 통문 날짜의 선후 문제는 큰 의미가 없다고 생각된다.

김흥락이 통문 작성 과정에서 어떠한 위치에 서 있었던가 하는 점이 규명해야 할 핵심 문제다. 우선 그의 이름이 확인되는 통문을 보면, 삼계통문과 호계통문이 있다. 전자에는 郭鍾錫(1846~1919) · 金道和(1825~1912) · 金興洛(1827~1899) · 權晉淵(1843~1904) · 姜錥 등 다섯 명의 이름 속에 등장한

15) 「碧山先生倡義顚末」, 『독립운동사자료집』 2, 독립운동사편찬위원회, 1970, 16쪽.
16) 권세연, 「안동격문」, 『독립운동사자료집』 1, 독립운동사편찬위원회, 1970, 98쪽.

다. 삼계통문의 발의자 명단에서 한 가지 풀리지 않는 문제는 맨 앞에 등장하는 곽종석의 위치다. 나이로 보아서도 그는 김흥락이나 김도화보다 20세 정도 적다. 이 점을 감안하여 추정해 본 가설이 그가 당시 삼계서원의 원장이었는지도 모른다는 이야기이지만,[17] 실제 그는 원장이 아니었다.

발의자 5인 가운데 김도화와 김흥락을 제외한 나머지 3인은 모두 봉화인이었다. 당시 곽종석이 봉화 춘양에 있었고, 권진연은 닭실 權橃의 후손이며, 강육은 법전 사람이다. 물론 당시 봉화의 상당한 지역이 안동에 속하기도 했지만, 그 보다는 삼계서원에서 발의하고 여기에 안동의 큰 인물의 동의를 구하여 일을 추진한 것으로 생각된다. 결국 단발령이 전해진 1월 11일(음 11.27) 직후에 삼계서원에서 곽종석이 초안을 마련하고 김흥락과 김도화로 대변되는 지도자의 찬의를 얻어 통문을 발송했던 것으로 보인다.

호계통문에서는 都有司 都事 金道和로부터 시작하여 齋有司 幼學 金潤模·前任 前持平 金興洛·幼學 金常壽·前都正 柳止鎬·會員 幼學 金養鎭 등이 기록되어 있고 그 이하는 생략되어 있다.[18] 이 경우는 상례대로 도유사 김도화와 현임 유사 김윤모에 이어 전임자 김흥락 이름이 이어졌다. 김도화는 논의 단계부터 김흥락과 함께했던 대표적 지도자였고, 장차 2차 안동의병장이 된다. 김윤모는 『金溪誌』를 남긴 金獻洛의 아들이며,[19] 김흥락이 총애하던 집안 조카인데, 살던 집도 바로 곁에 있었다. 김상수는 내앞(川前) 인물이고 김양진은 망지내(輞川) 출신이다.[20] 그런데 발의자 전체

17) 조동걸, 「傳統 名家의 近代化 수용과 獨立運動 事例－安東 川前門中의 경우」, 『대동문화연구』 36, 성균관대학교 대동문화연구원, 2000, 381쪽.

18) 이긍연, 『乙未義兵日記』, 12월 2일자.

19) 『金溪誌』는 金獻洛(1826~1877)이 금계마을의 자연지리·역사·인물·향약 등을 한문으로 정리한, 보기 드문 마을 단위의 역사지리서이다.

20) 내앞마을은 안동시내에서 영덕 방향으로 14km 떨어진 곳으로 靑溪 金璡을 입향조로 삼은 의성김씨 종가가 터 잡고 있다. 김진의 넷째 아들 학봉 김성일이 태어난 곳이며, 한말 1907년에 협동학교가 세워져 경북 북부지역 계몽운동의 출발점이 되었으며, 김동삼을 비롯한 남만주 독립운동계의 숱한 주역들을 배출한 마을이기도 하다. 망지내는 그곳에서 다시 4km 정도 더 동쪽 편에 있는 의성김씨 동성마을이다.

이름이 알려지지 않아 그 규모를 알 수는 없으나, 대체로 예안통문처럼 상당히 많은 수였을 것으로 짐작된다.

김흥락이 두 통문에 등장한다는 의미는 어느 하나의 통문에만 참가하지 않았다는 점을 보여준다. 이러한 사실은 청경통문에도 마찬가지였을 것이다. 경광서원이 김흥락 집안이 자리 잡은 금계마을에 자리 잡고 있다는 점에서나 또 당시에 경광서원의 운영이 실질적으로 김흥락의 강력한 영향력 아래 이루어지고 있었다는 전언으로 미루어 보아, 그를 제외시킨 청경통문은 존재하기 어렵다고 생각되기 때문이다. 더구나 청경사통에서 제의한대로 1월 17일(음 12.3)에 봉정사에서 모임이 열리게 된 점도 역시 김흥락의 영향력을 음미하게 해주는 대목이다.

2) 1차 안동의진 결성 주도

안동의병 논의가 처음으로 있었던 장소는 봉정사였다. 청경사통에서 제의한대로 1월 17일(음 12.3) 봉정사에 40~50명의 유림 대표가 모여 거병 문제를 논의한 것이다.

의병 논의가 봉정사에서 열린 데에는 김흥락과 관련이 있다. 위치상으로도 봉정사가 그가 사는 금계마을 바로 곁에 있고, 더구나 의병 논의를 제안한 청경통문이나 사통 발신지의 하나인 경광서원도 금계마을 안에 있으니, 이 모두가 김흥락의 영향력 속에 있었음을 보여주는 것이다. 즉 김흥락을 중심으로 의병 논의가 펼쳐지고 있음을 쉽게 헤아릴 수 있는 것이다. 더구나 김흥락은 봉정사에서 공부하기도 했고, 1862년 모친상을 당하자 그 뒷산에 모시고서는 봉정사에 머물렀으며, 1879년에는 그곳에서 「近思錄」을 강의하기도 했다.[21] 이러한 배경을 가진 봉정사에서 의병을 논의하는 첫 모임이

21) 柳正基, 「西山先生의 생애와 학문」, 『西山全集』, 서산전집간행회, 1982, 5쪽; 金奎聲, 「서산선생의 생애와 활동」, 『景泗流芳』, 경사유방편찬위원회, 1974, 376쪽.

열렸던 것이니, 이 과정에서 김흥락의 위치를 짐작할 수 있는 것이다.

봉정사 회합에 참여한 유림 대표들은 안동부에 들어가 의병을 일으키기로 합의하였다. 그 결의대로 다음 날 유림대회의 성격을 띠는 鄕會가 1천여 명이나 되는 대규모 인원이 참석한 가운데 열렸고, 이 자리에서 호계서원에 都所를 차리고, 1월 20일(음 12.6)에 거병할 것을 결의하였다.

1월 20일(음 12.6) 아침, 안동부 三隅堂 앞뜰에서 의병조직을 위한 대회가 열렸다. 首座로 柳道性 · 金興洛 · 柳止鎬 · 金道和 · 柳芝榮 등 5인의 지도자 이름이 나타난다.[22] 5인 가운데 김흥락 · 류지호 · 김도화 3인은 虎派요, 류도성 · 류지영 2인이 屛派였다. 그러므로 그 자리는 근왕적인 성격을 지니고 국가를 수호하는 거사를 일으키는 곳이기도 하려니와 수십 년에 걸친 屛虎是非의 분란을 넘어서서 한 자리에 모인 현장이기도 하였다.

1만 명이라는 엄청난 인원이 참가한 이 대회에서 맨 먼저 의병장을 "薦出"하였다. 김흥락을 비롯한 원로들이 봉정사 면회 다음 날 안동부에 들어와 있던 봉화 닭실(酉谷)의 참봉 權世淵(1836~1899)을 대장으로 뽑았다. 그 자리에서 의병 논의를 주도했던 김흥락이나 石湖 柳道性은 맹주의 자리를 사양하였다. 우선 김흥락은 당시 늘 병약한 몸이었다. 그래서 그는 의병이 일어난 지 3년 뒤, 임종을 앞두고 스스로 "나의 호를 남들이 서산이라고 하는 자도 있었으나, 病翁 두 글자가 하늘이 준 호이다."라고 말할 정도였다.[23] 또 '大廟(학봉 김성일의 사당)를 모시고 있다'는 이유를 들어 의병장을 받아들이지 않았다는 말이 집안에 전해지고 있다. 한편 류도성도 의병을 일으키기는 하였으나 그도 역시 맹주의 자리를 사양하였는데, 당시 그에게는 백세 노모가 오랫동안 병상에 있었기 때문이라고 전한다.[24]

---

22) 이긍연, 『乙未義兵日記』, 12월 6일자.

23) 金奎聲, 「서산선생의 생애와 활동」, 『서산선생의 생애와 사상』, 서산선생기념사업회, 1999, 379쪽.

24) 『石湖文集』 行狀.

권세연은 본부를 향교에 차려두고 인근 지역 士民에게 의병 동참을 촉구한 격문 「慶尙道安東倡義大將 權世淵檄」을 발표하였다. 권세연을 대장으로 뽑은 그날 밤에 향리 십수 명이 나서서 관찰사 金奭中을 포박하려 들었다. 그러자 그는 밤을 타고 도주하였다. 이튿날 1월 21일(음 12.7) 아침, 주인이 완전히 바뀐 상태에서 의진을 편성하는 작업이 진행되었다. 성내 鍊武亭에서 이루어진 의진 편성에서 부장에 곽종석을 임명하고 주요 간부진을 다음과 같이 구성하였다.[25)]

1차 지휘부(1월 21일, 음 12.7)

대 장	권세연	부 장	곽종석
중군장	柳 碗	선봉장	金玉瑞
우익장	權用賢	좌익장	李運鎬
좌부장	李宜鎬		

그런데 당시 곽종석은 이미 안동권역 안에 없었다. 삼계통문의 발의자로서, 또 봉화 출신인 권세연을 보필하는 데 적합한 인물로 판단되어 일단 임명되었지만, 그는 이미 삼계통문을 발의한 직후, 혹은 며칠 동안 사태 진전을 지켜보다가 그 사이에 거창으로 이동한 것 같다.[26)] 그래서 부장은 공석이 되고 말았다.

김흥락은 안동의병을 조직하고서도 계속 府城 안에 머물렀다. 대장을 비롯한 지휘편제가 이루어졌지만, 지도자로서 안동부성을 지키고 있으면서 각 문중의 협조와 참여를 끌어내는 작업에 김흥락과 같은 인물이 버티고 있어야 했을 것이다. 실제 그가 성안에 머물고 있던 사실은 영양의 碧山 金道鉉의 기록에 등장한다. 즉 편제가 이루어진 뒤 일주일이 지난 1월 28일

25) 이긍연, 『乙未義兵日記』, 12월 7일자.

26) 예천의 朴周大는 부장에 추대된 곽종석만 유독 나오지 않았다고 기록하였다(朴周大, 『渚上日月』, 1895년 12월 7일자).

(음 12.14)에 영양 출신 벽산 김도현이 안동부를 방문했을 때, 그가 김흥락을 만났다고 기록한 것이 이를 증명하고 있다.

> 아침에 浦項橋(개목나루)를 건너 濟南樓(안동부성 남문 누각) 앞으로 말을 달려 갔으나 아무도 막는 사람이 없다. 이에 水谷(무실) 上舍 柳淵博을 만나서 함께 書記所로 들어갔다. 인하여 大將所로 들어가니 대장은 곧 전 참봉 權世淵 어른이다.
> 다시 都所로 들어가 持平 金興洛과 都正 柳止鎬 두 어른을 만나고, 또 좌익장 尙五 李運鎬를 만나고 나왔다.[27](괄호－필자 주)

이 글은 안동부성 안에 권세연이 집무하는 대장소와 이를 보좌하는 서기소가 있고, 별도의 본부인 都所가 있었다는 조직 내용을 말해주고 있다. 또한 이 글은 김흥락이 류지호와 더불어 본부를 장악하고 있었다는 상황을 보여주는 장면이기도 하다.

그런데 도망갔던 안동부관찰사 김석중이 다시 안동부를 향해 밀고 들이닥치는 긴급사태가 발생하였다. 원래 김석중은 선선히 물러나거나 도망갈 인물은 아니었다. 동학농민군이 상주를 거의 뒤덮다시피 했을 때, 소수 인력으로 유림군을 결성하여 조직적으로 이를 진압시키고 충청도 지역 동학농민군 최후전투라고 할 수 있는 보은의 鍾谷전투까지 치러 그 공로로 안동부관찰사가 되었던 그였다. 그러니 안동의진이 결성되었다고 바로 도망갈 리가 없었다. 안동부에서 물러났던 김석중은 예천에서 반격 준비에 들어갔다. 그리고서 8일 만인 1월 29일(음 12.15)에 안동부를 향해 밀고 들어온 김석중은 먼저 스스로 단발하고, 본격적으로 단발령을 강행하였다. 이 틈에 지도자의 한 사람이던 류지호도 욕을 당했다고 한다.[28]

안동의병은 김석중을 막아내느라 전투를 벌였지만 무너지고 말았다. 그 과정에서 노약자를 비롯하여 수많은 읍민들이 상해를 입었다. 김석중은 다

27) 「碧山先生倡義顚末」, 『독립운동사자료집』 2, 독립운동사편찬위원회, 1970, 17쪽.
28) 박주대, 앞의 책, 1896년 1월 2~3일자.

음 날인 30일에 안동부에 진입하였고, 대구 병정 3백 명도 안동부에 도착하였다.[29] 이 전투 와중에 김흥락이 살던 금계마을에 일시적으로 의병 都所가 차려지기도 했다.[30]

안동의병은 일단 성을 버리고 후퇴해야 했지만, 곧 반격 준비를 갖추어 나갔다. 예안에서 李中麟이 이끄는 의진이 청량산에서 편성되었고,[31] 예천에서도 박주대를 이어 박주상이 의진을 맡으면서 안동을 중심으로 반격대열이 형성되었다. 이럴 즈음에 전해진 고종의 밀조, 「哀痛詔」는 의병주창자를 격앙시키는 효과가 있었을 뿐만 아니라 그들의 항쟁에 정당성을 보장해 주는 것이기도 했다.[32] 이를 받아 든 안동의진은 격분된 힘을 가지고 반격 준비에 힘을 쏟았다. 그러자 김석중은 형세가 불리하다고 판단하여 후퇴하였고, 순검 李浩允·金仁覃을 데리고 도망하다가 2월 25일(음 1.13) 이강년의진에 붙잡혀 처형되었다.[33]

안동의진은 김석중이 처형되던 2월 25일(음 1.13)보다 일주일 앞선 18일에 무혈 입성하였고, 향교에 본부를 차리고 진세를 정비하였다. 이 무렵 이강년이 안동을 방문하고 권세연 의병장과 군사에 관한 일을 논의하고 돌아갔다.[34] 2월 28일(음 1.16) 안동의진은 군자금 모집에 나서, 당일 향회에서

---

29) 李兢淵, 앞의 일기, 12월 16일자.

30) 李兢淵, 앞의 일기, 12월 15일자.

31) 『赤猿日記』, 1896년 1월 19일자.

32) 1896년 1월 29일(음 1895.12.15)에 보내진 이 밀조는 "8도 고을은 同聲相應하여 의거하라."고 요구하였다(「倡義見聞錄」, 『독립운동사자료집』 1, 1970, 647쪽). 또 "강성한 이웃이 틈을 보고 逆臣이 권력을 농간하였고, 더구나 나는 머리를 깎고 면류관을 훼손하였으니 4천년 예의지국을 나에 이르러 하루아침에 짐승의 땅으로 만들어 버렸다."라고 하고서, 영의정 金炳始를 도체찰사로, 서울 중심의 경기지역과 지방 7도에 근왕군을 조직하려 했다. 또 "의로운 깃발을 든 선비에게 초토사의 벼슬을 주고 密符를 보낼 것이니, 각 군수는 印信을 스스로 새겨 쓰고 관찰사와 군수도 너희가 스스로 골라서 종군케 하라."는 내용을 담고 있었다(척암선생문집간행회, 『拓菴全集』 下, 1983, 454쪽).

33) 「운강선생창의일록」, 『독립운동사자료집』 1, 독립운동사편찬위원회, 1970, 212쪽.

34) 「운강선생창의일록」, 『독립운동사자료집』 1, 독립운동사편찬위원회, 1970, 213쪽.

2천 냥을 모았다. 3월 4일(음 1.21) 향리들의 근무처인 星廳에서 향회를 열고 각 문중별로 의연금을 약속받았는데, 모두 2만 냥이 넘었다. 하회류씨·무실류씨·닭실권씨 문중이 각 1천 냥, 내앞김씨 문중이 8백 냥, 금계와 해저의 의성김씨·법흥의 고성이씨 문중이 각 5백 냥이었고, 나머지는 대체로 4백 냥 이하였다. 물론 이 돈이 모두 모아졌는지는 확인되지 않지만, 문중별로 배정된 돈의 규모가 당시 문중의 성세를 알려주기에는 충분하다.

안동부성을 탈환한 안동의병은 3월 7일(음 1.24)에 지휘부를 개편하였다. 김석중을 내쫓은 뒤 새로운 체제 즉, 전투적인 편제가 필요했기 때문이다.

1차 안동의병 지휘부의 개편(1896년 3월 7일, 음 1.24)

상 장	權世淵	도 총	柳蘭榮
부 장	金夏林	중 군	權載昊(文八)
참 모	權載重	도포장	吳 宣傳
좌포장	金	우포장	劉
서 기	蘇湖 李·美洞 金·甫峴 權濟寧·金溪 金[35]		

새로 편제된 체제를 보면, 砲를 중심으로 지휘부를 편성한 것이 특징이고, 선전관 출신을 등용한 것이 또한 그러하다. 게다가 하회나 해저와 같은 군수지원이 가능한 지역 출신이 포진한 것도 특징 가운데 하나로 손꼽힐만하다.[36] 그런데 이 편제가 이루어진 뒤 일주일 만에 권세연이 의병장에서 스스로 물러났다. 그래서 후임 의병장을 다시 천거해야 하는 일이 벌어진 것이다. 이 시기에 위에 보이는 지휘부 인물 외에 柳時淵이 소모장으로 활

35) 이긍연, 『을미의병일기』, 1896년 1월 24일자. 權載重이 참모였다는 기록이 이긍연 일기에는 없지만, 김도현의 기록에 보인다(김도현, 「벽산선생창의전말」, 『독립운동사자료집』 2, 독립운동사편찬위원회, 1970, 28쪽). 김하림은 의성김씨 동성마을인 봉화 바래미(海底) 출신이고, 류지영은 하회 출신이다. 소호는 안동시 일직면 소호리, 미동은 안동시 풍산읍 오미리, 보현은 안동시 서후면 보현이다.

36) 김상기, 「1895~1896년 안동의병의 사상적 연원과 항일투쟁」, 『史學志』 31, 단국사학회, 1998, 314쪽.

동하고 있다는 기록도 보인다.[37]

3) 2차 안동의진 결성과 김흥락의 역할

안동의진이 안동부성을 재탈환한 뒤, 항쟁 양상에 변화가 나타났다. 호좌의진의 소모장 徐相烈이 파견되어 와서, 공동작전을 요구했기 때문이다. 호좌의진은 충주성을 함락하고 난 뒤, 이를 지키기 위해 낙동과 태봉 및 수안보를 거쳐 청주로 연결되는 일본군의 병참선을 무너뜨려야 했다. 특히 김석중이 이강년의진에 의해 처단된 뒤, 신임 안동부관찰사로 임명된 李南珪가 상주에서 군사훈련을 시키면서 안동부를 장악하려는 계획을 세우고 있었는데, 이를 붕괴시키기 위해서는 공동작전이 필요했다.[38]

호좌의진과의 연합작전은 안동의진 지휘부의 급격한 변화와 함께 진행되었다. 서상렬이 안동의진에 도착한 3월 10일(음 1.27), 바로 이날 김흥락도 안동부로 입성하였다.[39] 그리고 바로 이틀 뒤인 3월 12일(음 1.29) 권세연은 안동의진의 대장직을 사퇴하였다. 한 달여 전에 있었던 패배를 자책하면서 의진이 다시 성대한 모양을 갖추었으니 물러남이 마땅하다는 것이 그 이유였다.[40]

김흥락이 성내로 들어 온 그 다음 날 그에게 닥친 과제가 의병장을 다시

37) 『赤猿日記』, 1896년 1월 25일자.

38) 서상렬은 지평의진을 결성한 뒤, 제천으로 진입하여 柳麟錫을 추대하고 湖左義陣을 결성하면서 소모장을 맡았다. 그는 호좌의진이 충주성을 점령한 뒤, 영남에서 의병을 모으고 남쪽으로부터 일본군 진입을 막기 위해 영남지역으로 파견되기를 자청했다. 그는 3월 23일에 柳麟錫에게 보낸 서신에서 "嶺邑의 여러 장수들로 하여금 鳥嶺을 방어케 하여 적의 통로를 끊자."고 제안하였다(朴貞洙, 「下沙安公乙未倡義事實」, 『독립운동사자료집』 1, 독립운동사편찬위원회, 1970, 379쪽). 이러한 작전은 뒤에 태봉전투가 있기 직전인 3월 26일(음 2.13)에 문경의 李康秊義陣이 수안보에 주둔하고 있던 일본군을 공격함으로써 실현되었다.

39) 이긍연, 『을미의병일기』, 1896년 1월 27일자.

40) 이긍연, 『을미의병일기』, 1896년 1월 29일자.

뽑아야 하는 일이었다. 안동의진은 12일 향회에서 다음 대장으로 김도화를 선출하였다. 이 자리에 김흥락이 있었음은 물론이다. 신임 대장 김도화가 그날 밤에 안동부로 입성하였다. 그는 입성하자마자 편제를 새로 꾸밀 논의에 들어갔을 것이다. 김흥락도 김도화와 더불어 의견을 교환하다가 하회의 대표 인물인 류도성과 함께 지휘장을 맡게 되었다. 1차 안동의진에서는 전면에 나서지 않고 후원자로서 역할을 맡았던 그가 김도화를 대장으로 천거하고서는 류도성과 함께 지휘장을 맡고 나선 것이다.[41]

김흥락·김도화·류도성, 이들 세 사람은 이미 처음 봉정사 회의부터 자리를 함께하면서 의병 문제를 논의했던 대표들이었다. 그 반열에 추가될 인물로는 1월 20일 1차 안동의진을 결성하던 날 좌수로 앉았던 5인 가운데 이들 3인 외에 류지호와 류지영이 있다. 류지호는 단발이라는 욕을 당했고, 류지영은 이 해에 세상을 떠나게 된다. 그렇다면 권세연이 떠난 마당에 안동의병을 이끌 최고 지도자는 이들 세 사람뿐이었고, 그럴 경우 누가 그 무거운 책임을 지느냐하는 문제는 심각한 것이었다. 또한 병호시비 문제를 극복해 나가는 과정에 양측에서 균형 잡힌 모습으로 편제가 이루어져야만 했다. 그러한 고민 끝에 김도화를 내세우고, 柳蘭榮이 떠받치며, 김흥락과 류도성이 나란히 지휘장이란 이름으로 전면에 나선 것 같다. 그렇다고 해서 김흥락이나 류도성이 실질적으로 활동성을 가진 자리를 맡은 것으로 보이지는 않는다. 안동부를 탈환하고 의병진이 성세를 이루는 속에서, 또 의병장이 바뀌는 변화 속에서 안동의진에 대한 안동인들의 참여와 지원을 끌어내려는 목적이 그런 형식을 갖추게 한 것이라 생각된다.[42]

김도화는 14일에 대장으로서 안동부에 진입하였고, 대장에 취임하였다.[43] 이어서 류난영을 都摠에 임명하고, 김흥락과 류도성을 지휘장으로

41) 이긍연, 『을미의병일기』, 1896년 2월 1일자.

42) 김도화가 김흥락과 류도성의 양대 지원축을 바탕으로 삼고 있었다. 이 사실은 의병을 더 이상 지탱해 나가기 어려울 때 이들 주요 지도자에게 간곡한 협조를 당부하는 글 속에서도 드러난다(「與金持平」·「與河回柳氏門中」, 『拓菴全集』 下, 461쪽).

선임하는 등 다음과 같이 조직을 정비하였다.[44]

2차 안동의진 지휘부(1896년 3월 14일, 음 2.1)

大　將 : 金道和	中軍將 : 權載昊(文八)[45]
都　摠 : 柳蘭榮	副　將 : 金夏林
先鋒將 : 柳時淵	召募將 : 李忠彦 · 柳昌植[46]
亞　將 : 崔世允[47]	指揮將 : 金興洛 · 柳道性

이후 안동의병은 김도화의 지휘 아래 호좌의진과 연합하여 함창 태봉의 일본군 수비대를 공격하러 나섰다. 3월 20일(음 2.7) 의병 200여 명을 거느리고 일단 풍산에 집결하여 풍기 · 순흥 · 영천(영주) · 봉화 · 선성(예안)[48] · 호좌의진과 함께 예천으로 향하였다. 3월 23일에 예천에서 안동권 6개 의진과 호좌의진으로 이루어진 7개 의진 연합이 이루어졌고, 馬盟 의식을 가졌는데,[49] 여기에 안동의진의 대표로는 중군이던 權載昊가 참석하였다. 회맹을 결성한 뒤, 맹주로 추대된 서상렬은 친일 군수로 지목된 예천군수 柳仁馨을 처단하였다.[50]

43) 이긍연, 『을미의병일기』, 1896년 2월 1일자.

44) 이긍연, 『을미의병일기』, 1896년 2월 1일자.

45) 태봉전투를 기록하면서, 金道鉉의 「碧山先生倡義顚末」에는 안동의 중군장으로 權文八을, 李兢淵의 『日記』에는 권재호로 기록하고 있어서 동일 인물임을 알 수 있다.

46) 이긍연, 『을미의병일기』, 1896년 1월 29일자.

47) 독립운동사편찬위원회, 『독립운동사자료집』 3, 1971, 576쪽.

48) 벽산 김도현은 28일에 산양 도착하여 예안의진의 중군에 취임하였다(「碧山先生倡義顚末」, 『독립운동사자료집』 2, 독립운동사편찬위원회, 1970, 719쪽).

49) 이긍연, 『을미의병일기』, 1896년 2월 13일자. 맹약문의 내용은 역적의 당이 되지 말 것, 중화의 제도를 바꾸지 말 것, 죽고 사는 것으로서 마음을 바꾸지 말 것, 딴 생각을 갖고 사적으로 행동하지 말 것, 적을 구경하기만 하고 진격하지 않는 행동을 하지 말 것 등의 다섯 명령이었다. 이 맹약문은 서상렬이 元容正을 시켜 작성한 것이라 한다(李正奎, 「六義士列傳」, 『독립운동사자료집』 1, 독립운동사편찬위원회, 1970, 174~175쪽).

50) 朴貞洙, 「下沙安公乙未倡義顚末」, 『독립운동사자료집』 1, 독립운동사편찬위원회, 1970, 406쪽(이 무렵 처단된 안동 부근의 군수는 이외에도 의성군수 李觀永, 영덕군수 鄭在寬 등이 있었다).

의병의 정면 공격은 무참히 무너졌다. 그들이 가진 장점으로는 오직 많은 수의 인원이었다. 그러나 훈련된 소규모 부대의 정면 공격에 그들은 쉽게 흩어지고 물러났다. 특히 저녁 무렵에 대구에서 증파된 일본군의 공격에 직면하면서 더 이상 전투는 무리한 것이었다. 일본 기록에 따르면, 3월 29일(음 2.16)에 의병 7,000여 명이 태봉을 공격하였으며, 일본군은 태봉 수비대와 응원하러 달려온 2개 분대로 대항하여 7시간에 걸쳐 접전하였고, 의병들은 30명 넘는 전사자를 내고서, 용궁 쪽으로 물러났다고 알려진다.[51)]

29일 밤에 의병들은 대개 예천으로 후퇴하였다가 출신지에 따라 흩어졌다. 호좌의진은 예천 京津橋(서울나들이) 근처에서 다시 싸울 계책을 마련한다고 했지만, 안동의진은 예천을 거쳐 안동으로 후퇴했고, 예안의진은 학가산을 거쳐 예안으로 돌아갔다. 안동의진은 후퇴 과정에서 뼈저린 고통을 겪어야만 했다. 봉정사 일대에서 벌어진 전투에서 크게 패하였고,[52)] 마지막으로 安奇驛(안동시 안기동 · 운안동 일대) 뒷산에서 벌어진 전투에서 權岱一을 잃었다.[53)] 중군 권재호가 250명을 거느리고 떠났는데, 모두 흩어지고 30일(음 2.17)에 돌아와 보니 16명뿐이었다.[54)] 더욱이 의병을 뒤쫓아 온 일본군은 안기에서 불을 질러 塔谷(안동시 법흥동 골짜기)까지 번지게 하여,[55)] 도심의 민가 1,000여 호를 태워버렸다. 4월 2일(음 2.20)에 벌어진 일이었고,[56)] 설상가상으로 4월 3일(음 2.21)에는 적병들이 府中의 재산을 탈취하는 사태가 빚어졌다.

---

51) 「전신선로에 관계되는 폭도들의 상황보고」, 『주한일본공사관기록』 8, 263~264쪽(구완회, 『韓末의 堤川義兵』, 집문당, 1997, 134쪽에서 재인용).

52) 「與鄕道士林」, 『拓菴全集』 下, 462쪽.

53) 「輓權生(岱一)」, 『척암전집』 하, 454쪽.

54) 이긍연, 『을미의병일기』, 1896년 2월 17일자.

55) 『赤猿日記』, 1896년 2월 21일자.

56) 이긍연, 『을미의병일기』, 1896년 2월 20일자; 李南珪, 「辭安東觀察使疏」, 『修堂集』 권2, 〈疏〉; 「碧山先生倡義顚末」, 『독립운동사자료집』 2, 독립운동사편찬위원회, 1970, 721쪽. 이남규는 안동의 처절한 모습을 보고 사직서를 제출하였다.

신임 관찰사 이남규가 상주를 거쳐 예천에 머물면서 안동부 진입 시기를 저울질하고 있었다. 안동부가 숯더미로 변한 가운데 격앙되어 있던 안동의진은 결코 이남규를 받아들이지 않으려 했다. 그렇지만 그가 하회로 진출하여 그곳에 머물면서 해산을 종용하는 曉諭文을 계속 발송하게 되자, 하회 출신과 금계 출신 의병들 사이에 격돌이 빚어졌다. 朴周大의『渚上日月』에는 그 광경을 다음과 같이 기록하였다.

> 4월 5일(음 2.23)
>
> 하회마을과 금계마을 사람들이 鳴鳳으로 徐召募(徐相烈)를 찾아가 두 마을의 是非를 가렸는데, 두 마을에서 주장하는 바가 서로 달랐다. 徐將은 하회마을의 柳씨를 잡아들여 極刑에 처하려 했으나 중단했다.[57]

여기에서 '極刑'이라는 말이 나온 것으로 보아, 당시 향회의 결론은 일단 신임 관찰사를 받아들이지 않는 것이었다. 그러면서 서상렬은 신임 관찰사를 마을에 머물게 한 하회마을에 책임을 물으려 든 것이다. 하지만 예천을 거쳐 안동으로 들어오는 초입에 있는 하회로서는 신임 관찰사 이남규가 군대를 이끌고 들어온 것을 오로지 자기 마을에만 책임을 묻는 데는 이의를 제기할 법도 했다.

이 장면은 두 마을 출신의 갈등만을 보여주는 것만은 아니다. 한편으로는 당시 안동의진에 두 마을 출신 인물들이 함께 참여했다는 사실과, 또 하나는 금계 출신들의 움직임을 통해 신임 관찰사를 받아들이지 않겠다는 김흥락의 뜻을 헤아릴 수 있기도 하다. 그러나 안동 주변의 태도는 급박하게 변해갔다. 신임 관찰사를 받아들이자는 목소리가 점점 커져간 것이다.

신임 관찰사를 받아들일 것인지에 대한 수용 여부를 결정할 모임이 열렸다. 관찰사가 안동 부근을 맴돌고 있으니, 이를 받아들이느냐 아니냐하는

---

57) 박주대 저, 박성수 주해,『渚上日月』상, 서울신문사, 1993, 260쪽.

것은 참으로 어려운 문제였다.[58] 4월 12일(음 2.30) 안동 松川에서 열린 도회가 바로 그것이다. 이 자리에서 신임 관찰사를 받아들이는 의견이 다수를 차지했다고 한다.[59] 예천 鳴鳳에서 갈등을 벌인 지 7일 만에 안동에서는 현실론이 점차 우세하게 된 것이다. 이에 대해 예안의진을 이끌고 있던 響山 李晩燾의 의지가 중요하게 작용했으리라는 견해가 있다. 이만도와 이남규가 동반 급제한 사이라는 사실 때문이다.[60]

당시 안동읍민들이 신임 관찰사를 받아들이지 않으려 했던 이유에는 안동 방화에 따른 격앙된 민심이 주로 작용했다. 이 사실은 송천도회가 열리던 4월 12일(음 2.30)자 일기에서 朴周大가 "당초에 안동읍민들이 신임 관찰사 이남규를 받아들이지 않은 것은 日軍이 방화한 데다가 徐召募將을 두려워했기 때문이다."라고 쓴 데서도 확인된다.[61] 예천 방면에서는 호좌의진 소모장 서상렬의 영향력이 대단했다는 점도 헤아릴 수 있다. 그런데 신임 관찰사 수용 문제가 바로 의병 해산 여부와 직결된다고 판단해서는 안 된다. 그 뒤에도 의병은 이어졌기 때문이다.

4월을 넘기면서 신임 관찰사에 대한 수용 문제는 매듭지어졌지만, 의병항쟁은 곳곳에서 지속되었다. 안동의진 · 선성의진 · 봉화의진 · 의성의진 · 영양의진 · 예천의진 등이 5월에도 활발하게 투쟁을 전개하고 있었다. 5월 26일(음 4.12)에 '倭將'이 安東府城 鐘樓에 올라앉아 효유한다고 떠들었지만,[62] 의병의 투쟁은 결코 위축되지 않았다. 그러다가 5월 말에 들면서 안동지역의 대표적인 문중들이 큰 피해를 당하게 되었다. 5월 31일(음 4.19)에는 상계의 퇴계종가와 책 1,400권이 불에 타버렸다. 그리고 다음 날에는

58) 이긍연, 『을미의병일기』, 1896년 2월 그믐.

59) 『赤猿日記』, 1896년 3월 4일자.

60) 趙東杰, 「傳統 名家의 近代化 수용과 獨立運動 事例－安東 川前門中의 경우」, 『대동문화연구』 36, 성균관대학교 대동문화연구원, 2000, 380쪽.

61) 박주대 저, 박성수 주해, 『渚上日月』 상, 서울신문사, 1993, 260~261쪽.

62) 이긍연, 『을미의병일기』, 1896년 4월 12일자.

퇴계종가에서 북쪽으로 10km 정도 떨어진 淸凉山의 淸凉寺와 퇴계가 수학하던 吾山堂에 불꽃이 하늘을 찌를 듯 올라갔다.[63] 의병을 지원하던 집을 불태우고, 의병들이 청량산으로 들어가 진을 치는 과정에서 벌어진 참극이었다. 이런 와중에 김흥락이 자리 잡은 금계도 결코 예외일 수는 없었다.

3. 김흥락의 수난과 안동의진의 해산

김흥락이 버티고 있던 금계에 의병 본부인 都所가 들어서기도 했다. 때문에 일본군과 안동부관찰부 병정들에 의해 마을이 통째로 공격을 받기도 하고, 그런 가운데 김흥락이 직접 병정들로부터 욕을 당하는 일이 벌어지기도 했다.

그 가운데서도 특히 7월 22일(음 6.12)의 사건은 비극적인 것이었다. 그 날은 옹천전투를 벌이던 금계 출신 砲將 金繪洛과 척후장 金鎭懿 등이 마을로 숨어들던 다음 날이다. 새벽에 '安東兵隊'가 금계에 들이닥쳐 김흥락을 바깥으로 끌어내어 묶고, 가산을 압수했다. 또 김회락과 김진의가 붙잡혀 가고, 안동부에 들어서자마자 김회락이 포살당했다. 이에 대한 이야기는 그동안 입으로만 전해져 오다가, 근래에 발견된 李兢淵의 乙未·丙申年의 日記가 그런 사실을 증명해주고 있다.

> 6월 12일(양 7월 22일) 맑음
>
> 樊溪 權內從侄이 와서 말하기를, 오늘 새벽에 병정과 읍의 무뢰배들이 많이 나와 금계가 대단히 놀랐는데, 彦直兄(金浩洛－필자 주)은 잡혔다가 도망했고,

---

63) 이긍연, 『을미의병일기』, 1896년 4월 20일자. 퇴계종가는 1907년에도 일본군에 의해 방화되는 피해를 입었다(「션현ᄉ당의 환난」, 《대한매일신보》 1907년 10월 8일자).

> 砲將 金景承 · 斥候將 金正言鎭懿가 묶여 잡혀가고 재산을 탈취당했으며, 丈席(김흥락-필자 주) 또한 욕을 당했다고 한다. 이 난리가 어떻게 여기에까지 이르렀다는 말인가! 府로 들어가자마자 砲將은 곧 砲殺되고 척후장은 지금 감옥에 갇혀 있으니 참혹하기 이를 데 없다.[64)]

또 이와 비슷한 기록이 김흥락의 제자인 李圭洪의 日記에도 적혀 있다.

> 安東兵隊長이 병정 수십 명을 금계로 보내어 선생(김흥락-필자 주)을 욕보이고 가산을 탈취해 갔다. 병정들이 새벽에 선생 댁을 기습하니 선생은 취침 중이었다. 병정들이 선생을 붙들어 내어 포박하니 선생께서 "너희들이 왜 이처럼 부당하게 욕을 보이는가"하고 크게 꾸짖어 말했다. 병정들은 문 밖으로 선생을 끌어내어 결박하여 마당에 두고 내실로 돌입하여 가산을 탈취하다가, 반나절이나 지나 돌아갔다. 남규는 이를 듣고 놀라 "金臺丈은 한 나라의 어른인데 어찌하여 이처럼 욕을 보였는가?"하고 즉시 사람을 보내 사과하고 또 사람을 시켜 탈취 당한 가산의 物目을 일일이 작성해 주면 반드시 돌려주겠다고 하면서 출동했던 병정들을 엄히 다스리겠다고 말해 왔다. 선생은 "설령 가산을 탈취해 간 것이 부당하지만, 그렇다고 이를 찾아 중간에 어찌한다는 것도 모두 허언에 지나지 않으니, 다시 더 번거롭게 하지 말고, 출동한 병정들을 크게 벌주지 말라."라고 답했다. 그러자 병정들이 이 말을 전해 듣고 서로 마주보며 하는 말이 "金臺丈은 當世 大君子라. 우리들이 어찌 이를 진심으로 송구하게 생각지 않으리"라 했다.[65)]

이들 자료는 그동안 전해지던 이야기를 사실로 확인시켜 주었다. 안동의 최고 지도자인 김흥락이 '安東兵隊' 병졸들에 의해 묶이고 무릎 꿇려지는

---

64) 이긍연, 『을미의병일기』, 1896년 6월 12일자. 여기에 등장하는 景承은 바로 김회락의 字이다. 『西山全集』의 「輔仁稧帖」을 보면 그의 호를 景升이라 했고, 1924년에 만들어진 족보에는 그가 丙申年(1896)에 義旅하다가 살해되었다고 기록되어 있으니, 景承이 바로 김회락임을 알겠다.

65) 李圭洪, 『洗心軒日記』, 1896년 7월 기사 바로 앞부분. 『洗心軒日記』는 조동걸에 의해 학계에 처음 소개되었는데(「白下 金大洛의 망명일기(1911~1913)」, 『안동문화권의 1910년대 독립운동』, 제3회 안동문화권 독립운동사연구발표회, 2000.10.14) 당시 병신년 안동의병의 동향을 파악하는 데 중요한 자료이다.

수난을 당했고, 김회락이 안동부로 끌려가 총살되었으며, 또 김진의가 투옥되었다. 퇴계학통의 정맥을 잇는 대학자요, 명문거족의 종손인 그가 당해야 했던 치욕감은 대단한 것이었다. 신임 안동부관찰사 이남규는 사태가 얼마나 심각한가를 알고 있었고, 그래서 이를 수습하기 위해 직접 나서서 사과했던 것이다.[66)]

당시 김흥락과 금계만이 그러한 고통에 잠겨 있던 것은 아니었다. 앞에서도 언급했지만 퇴계종택과 1,400권의 서적이 불태워진 사건이 앞서 이미 벌어졌었다. 이제 금계가 당하고, 또 다시 온혜도 타격을 받게 되는 일이 벌어지게 되었다. 금계가 난을 당한 뒤, 한 달 반쯤 지난 9월 6일(음 7.29) 예안에 들어온 병정들이 퇴계생가가 자리 잡은 도산면 온혜마을로 들어가 퇴계 넷째형 李瀣의 종가인 三栢堂을 불태웠다.[67)]

이런 고통 속에서도 지속되던 의병투쟁은 9월 11일(음 8.6)에 大隊長 李兼齊가 직접 병정 백여 명을 이끌고 안동부 도착하면서 마무리되었다. 9월 17일(음 8.12)에는 어사와 군수 등이 나서서 효유하고 해산하는 의병들에게 5냥씩 돈을 지급하였다. 그리고 거두어진 조총 170정을 망가뜨려 안동부에 있던 큰못 속에 집어넣었다. 9월 24일(음 8.19)에는 안동의진 대장(김도화)도 사죄하고 물러났고, 9월 30일(음 8.25) 先鋒 柳時淵도 '砲'를 납입하고 물러갔다.[68)] 이로써 안동의병은 종결되었다.

---

66) 그 사과가 사태 수습을 위한 계산에서 나온 것일 수도 있다. 김석중처럼 계략이 앞선 인물이라면 그렇게 판단하는 것이 당연하다. 하지만 이남규는 그런 인물이 아니었다. 태봉전투 후 일본군에 의해 처참하게 잿더미가 된 안동을 목격한 그는 상소를 올려 비참한 상황을 보고하고, 얼마 있지 않아 안동부관찰사 자리를 물러나 고향 홍주로 돌아가서 의병을 일으켰다. 그러므로 그가 민족적 양심 위에 서 있었다는 사실을 확인할 수 있다.

67) 참혹하게 당하다보니, "불행 중 다행인 것은 祠堂만 화를 면했다."고 기록되어 있을 정도이다(이긍연, 『을미의병일기』, 1896년 7월 29일자).

68) 이긍연, 『을미의병일기』, 1896년 8월 25일자.

4. 김흥락의 투쟁을 계승한 門中 後裔와 門人

1) 문중 후예들의 항일투쟁

김흥락은 7월 22일에 수난을 당한 뒤 금계 '西山齋'에서 병약한 몸으로 학문에 몰입하다가 의병봉기 3년 뒤인 1899년에 세상을 떠났다. 의병항쟁을 통해 나타난 그의 항일투쟁 시기는 비록 짧았으나, 그 정신은 어느 문중이나 문도들보다 강하게 이어져 내려갔다.

우선 의병에는 김흥락이 직접 나선 일이었으므로 동참자도 많았다. 확인되는 인물만 들더라도, 호계통문 발의자 가운데 한 사람인 金潤模, 1차 의진 개편시에 등장하는 서기 '금계 金',[69] 그리고 다른 기록에 등장하는 김응식,[70] 또 안동의 2차의진에 등장하는 金繪洛 · 金鎭懿 · 金浩洛 · 金瀁模(翊模) 등이 대표적 인물이다. 김흥락의 4촌인 김회락은 앞에서도 본 것처럼, 포장으로 활약하다가 7월 22일(음 6.12)에 총살되고,[71] 김진의가 척후장으로, 김호락도 의병에 일정하게 관여했다는 사실을 확인할 수 있다. 또 4월에 신임 관찰사 수용 여부를 둘러싸고 금계와 하회 출신들이 갈등을 빚었다는 대목에서도 김흥락의 문중 인물들이 의진에 대거 참여하고 있었음을 짐작할 수 있다.[72] 뒷날 3 · 1운동 직후에 있게 되는 '파리장서'에 서명한 김

69) 이긍연, 『을미의병일기』, 1896년 1월 24일자.

70) 김두만 저, 홍재걸 교주, 「大韓復讐歌」, 『國譯 澗愚逸稿』, 영남인쇄소, 1985.

71) 그는 砲將을 맡아 "甕川 회전을 치르고" 학봉종가 다락에 숨어 있다가 그날 새벽 안동부 兵隊에 체포되어 끌려갔다. 김회락과 김진의가 붙잡혀 갈 때, 가족들은 이를 따랐다. 안동부에 들어서서 김회락에게 잘못을 뉘우치라고 병대장이 요구하면서 총으로 위협하였지만, 그는 오히려 이를 나무라면서 항거하였다. 총격을 당하자, 그는 아내에게 "報讎를 가르쳐라."고 고함치면서 순국하였다는 이야기가 전해진다. 더구나 총에 맞아 피가 흐르자, "이 피가 어떤 피인데 이렇게 흘릴 수가 있나?"하며 도포자락으로 감싸 안았다는 이야기를 후손들이 전해주고 있는데, 신체발부에 대한 철저한 인식을 보여주는 대목이다.

72) 박주대 저, 박성수 주해, 『渚上日月』 상, 서울신문사, 1993, 260쪽.

양모는 김회락의 활동에 군사를 모으는 소모의 직임을 맡았다고 전해진다.[73] 그리고 전기의병에서 핵심 지도자 가운데 한 사람인 柳止鎬는 김흥락의 매부였다. 그러므로 그 아들 류연박은 김흥락의 생질이자 직계 제자인데, 그가 의병소에서 활약하고 있던 사실에서 의병에 가담한 문중 후예로 이해할 수 있겠다. 의병전쟁 가운데 중·후기의병은 안동에서 강하게 나타나지 않았다. 때문에 이 시기에는 이웃 이강년의진 혹은 김상태의진에 참가하는 경우가 많았다.[74]

금계마을 김흥락의 후예들이 의병항쟁 참여 이후 1910년에 국치를 당하자, 다시 새로운 길을 찾아 나섰다. 학봉의 생가마을인 내앞(川前) 인사들이 대거 만주로 망명하는 것과 발을 맞추어 망명길에 오른 것이다. 김흥락의 문중 후예들 가운데 만주로 망명한 인물로는 金元植과 金璉煥(1879~1947)이 대표적이다. 물론 만주를 다녀와 국내에서 활약한 인물도 있는데, 김용환은 김원식의 망명길에 동행하였다. 그 망명길에 1원 짜리 지폐로만 가득 채운 자루를 2개나 말에 싣고 떠났다고 전한다.[75] 김연환은 1912년 망명 후 폭탄 제조와 국내외 공급, 대한민국 임시정부 자금모집책으로 국내침투와 투옥, 석방과 재망명으로 활동을 펼쳐 나갔다. 김원식은 3·1운동 직후 망명하여 서로군정서·대한통의부·한족노동당·정의부·농민호조사·혁신의회 등에 가담하여 주역으로 활동하였다.[76] 중국본부한인청년동맹 상해지부 집행위원·3부 통합회의 정의부 대표·혁신의회 중앙집행위원장 등을 맡기도 했던 김원식은 이청천과 더불어 중국 관내로 이동한 뒤에는 신한독립당·조선민족혁명당 창당에도 앞장섰다.[77]

73) 김시인(학봉 김성일 종손)의 증언.

74) 금계마을 출신으로 이강년의진에 참전한 인물로는 金奎憲·金龍煥(汝見)·金賢東(繪文) 등이 있다(종손 김시인 증언).

75) 金後雄, 「우리 아배 참봉 나으리」, 『400年을 이어온 鶴峯先生 古宅의 救國活動』, 학봉선생고택, 1998, 46~47쪽.

76) 조선총독부 경북경찰부, 『고등경찰요사』, 1934, 136~137쪽; 蔡根植, 『武裝獨立運動秘史』, 대한민국공보처, 1949, 143~145쪽.

한편 국내에서는 3·1운동의 한 자락으로 '파리장서의거'가 있을 때, 여기에 김흥락의 문중 후예도 참가하였다. 안동지역 서명자는 금계 출신 金瀁模와 함께 李晩煃(도산 하계)·柳必永(예안 주진)·金秉植(내앞)·柳淵博(임동 무실 水谷) 등 5명이다.[78] 이 가운데 김양모와 김병식은 같은 의성김씨이고, 류연박은 김흥락의 생질이자 제자였다. 그런데 김양모는 아들 김연환이 만주로 가서 1912년부터 투쟁을 벌이고 있었으므로, 부자가 국내외로 나뉘어 항일투쟁을 벌이고 있었다. 그리고 국내에서 바로 프랑스 파리로 가서 활약하겠다고 준비하던 金世東의 행적은 특이한 사례에 속한다.[79] 김흥락의 손자 김용환의 장인은 김창숙과 더불어 파리장서를 추진한 李中業이다. 이중업은 예안 의병장 李晩燾의 아들이고, 그의 아내는 3·1운동을 벌이다가 두 눈을 잃었으며,[80] 그의 아들 李棟欽·李棕欽(김용환의 처남)도 광복회와 제2차 유림단의거에 참가하였다. 그러므로 모두 독립운동으로 얽힌 혈족들임을 알 수 있다.

3·1운동 직후에 금계마을의 김흥락 문중은 만주의 독립운동기지에 지원사업을 펼쳤다. 그것이 義勇團으로 대표되는 활동으로, 서로군정서에 대한 지원사업에 노력이 집중되었다. 서로군정서를 대표하고 있던 인물이 이상룡·김동삼·김원식 등 안동 출신들로, 대부분 의성김씨 문중이거나 婚班으로 연결되어 있는 친인척들이었다. 대표적으로 이상룡은 학봉종가 종손 김용환의 존고종이요, 김원식은 바로 이웃집에 살던 집안 인물이며, 김동삼은 내앞 의성김씨 일족이다. 의용단은 '군정서 총재 李啓元'(이상룡) 명의로 된 자금모집 위임장과 암호 및 권총이 일제경찰에 발각됨에 따라 그 존재가 드

77) 조선총독부 경북경찰부, 『고등경찰요사』, 1934, 119·124·127쪽; 蔡根植, 『武裝獨立運動秘史』, 대한민국공보처, 146~152쪽; 독립운동사편찬위원회, 『독립운동사』 4, 1972, 725쪽.

78) 조선총독부 경북경찰부, 『고등경찰요사』, 1934, 247~250쪽.

79) 독립운동사편찬위원회, 『독립운동사자료집』 10, 1976, 1084~1087쪽.

80) 조선총독부 경북경찰부, 『고등경찰요사』, 1934, 2쪽. 이중업의 아내는 김대락의 누이다.

러났는데, 그 결과 1922년 11월 말에 들어 대거 체포당했다. 여기에 가담한 문중의 후예로는 김현동(회문) · 김용환이 있고, 金秉東(예천군 유천면 水深洞)이나 金奎憲(상주 화북)도 여기에 속한다.[81] 특히 종손 김용환은 '의용단' 활동으로 붙잡힐 때, '세 번이나 투옥된 인물'이라고 당시 신문에 보도되었으니, 김흥락의 의지가 후대에 그대로 전해졌음을 알 수 있다.[82]

▎금계마을 김흥락 문중의 독립운동가들 계보

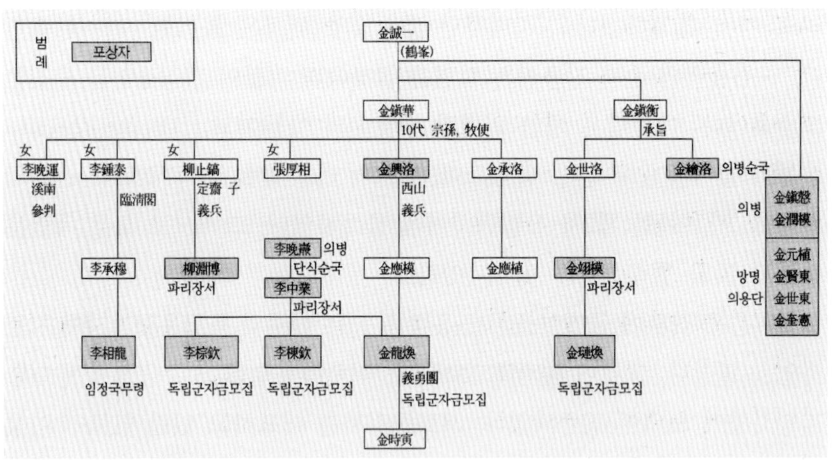

2) 門人들의 항일투쟁

김흥락이 주도적으로 참가한 전기의병에서 금계마을 사람들의 독립운동이 시작되었다. 그가 참혹한 수난을 겪고 잠시 은거하다가 작고한 뒤, 독립

81) 조선총독부 경북경찰부, 『고등경찰요사』, 1934, 208~211쪽; 독립운동사편찬위원회, 『독립운동사자료집』 10, 1976, 747~751쪽.

82) 《동아일보》 1922년 12월 30일자. 협동학교를 발의했던 河中煥이 김용환을 기리는 제문을 쓰면서 김용환이 만주로 여섯 명의 인물을 파견한 사실을 적었으니, 이 역시 만주지역에 대한 그의 지원 활동을 보여 주는 자료라고 생각된다(「汝見金龍煥志士祭文」, 『400年을 이어온 鶴峯先生 古宅의 救國活動』, 학봉선생고택, 1998).

운동은 문중 후예만이 아니라 제자들의 몫으로 넘어갔다. 중기의병으로 다시 불붙은 문도들의 투쟁은 계몽운동 · 만주 망명과 독립군기지 건설로 이어짐으로써 제자들에 의해 김흥락의 뜻이 생명력을 가지고 지속되었다.

김흥락의 문인들에 의해 전개된 독립운동은 안동지역의 것과 국내외 다른 지역의 것으로 대별할 수 있다. 의병항쟁사에서는 柳昌植이나 柳淵博이 중진층으로 움직임을 보였고, 의성의 金象鍾도 전기의병을 이끌었다. 이 가운데 류연박은 문도이면서 생질이었다. 그리고 중 · 후기의병에는 안동의진이 형성되지 않았으나, 금계 문중 인물들이 이강년의진에 참가하여 그 맥을 이었다.

안동의 계몽운동은 協東學校와 大韓協會 安東支會라는 두 가지 사례가 가장 핵심이다. 협동학교는 같은 문중인 내앞(川前)에서 시작되었는데, 대종손 金秉植이 초대 교장이었고, 金東三(金肯植 · 金宗植)이 앞장 섰으며,[83] 金大洛이 자기 집을 내놓았다. 협동학교는 경북 북부지역에서 세워진 최초의 계몽교육기관으로, 파급효과가 커서 근대 민족의식을 심어주는 데 기여하였다. 한편 李相龍에 의해 조직된 대한협회 안동지회는 안동사회에 근대적인 의식을 불어넣는 데 크게 공헌하였다. 그는 김흥락의 자형인 李鍾泰의 손자이자 김흥락의 제자였다. 대한협회 안동지회는 안동 사람들에게 처음으로 공개적인 토론광장을 마련하였다. 이는 신사회를 지향한 주제, 즉 민족의 현실문제를 파악하는 자리를 제공한 것이다. 1920년대 안동사회의 시민운동 혹은 사회운동이 어느 날 갑자기 형성된 것이 아니라, 바로 이러한 역사적 바탕 위에서 가능했다는 점을 헤아릴 필요가 있다.

1910년에 나라를 잃게 되자, 한편으로는 국외로 독립군기지를 건설하기 위해 망명하고, 다른 한편으로는 국내에서 항일투쟁을 벌여 나갔다. 만주

83) 柳佾坤은 김흥락의 문인들 명단이 수록된 「輔仁稧帖」을 분석하여 金宗植이 곧 金肯植이라는 사실을 밝혀냈다(柳佾坤 補編, 「輔仁稧帖」, 『韓末 退溪學統의 正脈 西山 金興洛』, 성균관유도회 안동지부, 2000, 319쪽). 金東三이라는 이름은 그가 만주 망명 이후 1913년 3월부터 사용한 것이다(趙東杰, 「白下 金大洛의 망명일기」, 앞의 발표문, 41쪽).

로 망명한 인물들 가운데 협동학교 관련자들은 김대락이나 김동삼이 핵심인데, 김흥락의 직계 문도인 김대락의 망명 상황은 그가 남긴 『白下日記』(1911~1913)를 통해 생생하게 전해진다. 또 대한협회 안동지회를 이끌었던 이상룡은 남만주 독립운동계의 최고 지도자가 되었다. 김흥락이 안동 독립운동계의 대부라면, 이상룡은 남만주 독립운동계의 대부가 된 것이다. 망명하자마자 이상룡은 신민회 인사들과 더불어 耕學社(1911)와 扶民團(1916) 등의 조직을 거점으로 삼아 만주지역에 동포사회를 묶어 나갔고,[84] 그들이 토지를 갖고 농사를 지으며 독립군을 양성할 수 있는 터전을 마련해 나갔다. 그 노력은 신흥무관학교로 이어져 장차 청산리 승첩을 가능하게 했고, 특히 대한민국 임시정부가 위기에 빠졌을 때 그는 초대 국무령을 맡기도 하는 등 '만주의 별'로 활약하였다.

국내에서는 문인들이 3·1운동과 파리장서에 참가함으로써 그 존재를 확실하게 드러내 보였다. 시위의 핵심 인물 가운데 宋基植과 이상동이 김흥락의 제자이고, 이미 앞에서 언급한 것처럼, 파리장서에 참가한 李中業·柳淵博·權相元은 모두 그의 제자였다.[85] 그에게는 안동문화권만이 아니라 전국적으로, 특히 경상도 전역에 제자들이 포진하고 있었다. 성주의 李承熙는 만주와 연해주에서 韓興洞을 건설하였고, 또 같은 성주 출신 宋浚弼은 파리장서의 핵심 인물로 참가하였다.

김흥락의 제자들 가운데 항일투쟁에 참여한 인물은 상당히 많다. 독립유공자로 포상된 인물이 40명을 넘는데, 이 가운데 문중 후예들을 제외한 門人만

---

84) 부민단의 결성 시기를 기존의 1912년에서 1916년으로 바로 잡아야 한다는 연구가 나왔는데, 이것이 설득력이 있으므로 이를 따른다(서중석, 「1910년대 독립운동기지 新興武官學校」, 『1920년대 鳳梧洞·青山里戰鬪와 庚申慘變에 관한 韓·中 共同硏究』 발표문, 2000년 10월 21일, 11쪽).

85) 류연박은 定齋 柳致明의 종손이자 의병 논의의 핵심 인물이던 류지호의 아들로, 그 역시 전기의병에 동참하였다. 류연박이 의병전투에 나섰다는 기록은 없으나, 김도현이 안동의병소를 방문했을 때 그곳에서 그를 만났다고 기록하였다(「碧山先生倡義顚末」, 『독립운동사자료집』 2, 독립운동사편찬위원회, 1970, 17쪽).

을 추려도 30명을 넘는다.[86] 이들의 면모와 활동 내역을 보면 독립운동사의 전반부, 즉 의병에서 계몽운동을 거쳐 3·1운동에 집중되고, 만주지역 독립운동의 경우 1930년대까지 이어졌음을 알 수 있다. 따라서 김흥락의 정신이 집단적으로 계승되었음을 확인할 수 있다. 다른 인물에서도 그러한 사례를 찾아낼 수 없는 것은 아니지만, 이처럼 대규모의 후예와 문인들이 상당히 오랫동안 국내외를 걸쳐 집단적인 항쟁을 벌인 경우를 찾아보기가 그리 쉽지 않다.

독립유공자로 포상된 김흥락의 문인

이름	출신	활동 내용	이름	출신	활동 내용
李相龍	안동 법흥	대한협회·경학사·부민단·임정 국무령	李鍾夔	안동 법흥	파리장서(면우연보에 有, 고등경찰요사에 無)
柳淵博	안동 수곡	의병·파리장서	安孝濟	경남 의령	일제통치 부인
李圭洪	경북 예천	의병	金大洛	안동 천전	협동학교·경학사·공리회
金秉植	안동 천전	협동학교·파리장서	柳昌植	안동 삼산	의병
李中業	안동 하계	파리장서	李俊久	경주 양동	의병
金東鎭	순흥 석탄	독립의군부·파리장서·2차 유림단의거	安在德	예천 장천	의병
李德厚	성주 유곡	파리장서	李用鎬	안동 하계	예안 3·1운동
朴禹鍾(慶鍾)	영해 원구	군자금 모집	金象鍾	의성 사촌	의병
李鍾元	순흥 沙渚	오적 주살	權相翊	봉화 유곡	군자금 모집
李龍羲(相東)	안동 법흥	안동 3·1운동	李鳳羲	안동 법흥	독립군
宋浚弼	성주 고산	파리장서	金昌根	봉화 해저	국내활동
金宗植(肯植)	안동 천전	협동학교·백서농장·국민대표회의·정의부	權相元	봉화 유곡	파리장서
金相直	성주 사월	3·1운동	李暾浩	영양 석보	파리장서
金壽旭	의성 사촌	의병	宋基植	안동 송천	3·1운동
李承熙	성주 대포	한흥동 건설	趙鴻基(萬基)	영양 주곡	의병·경학사
李能學	선산 송산	파리장서			

*『輔仁稧帖』 등재순.

[86] 柳佾坤 補編, 「輔仁稧帖」, 『韓末 退溪學統의 正脈 西山 金興洛』, 성균관유도회 안동지부, 2000, 251~329쪽 참조. 새로 소개된 자료를 통해 김회락·김윤모·김진의·이운호·이긍연 등의 공적이 확인되므로 포상자는 더 증가할 것이다.

5. 맺음말

김흥락은 안동의 의병항쟁을 일구어낸 인물이요, 이어진 항일투쟁에도 크게 영향을 끼친 지도자였다. 그가 퇴계학통의 정맥을 계승하면서 척사유림의 전통을 지켰는데, 일제의 침략에 맞선 것도 이러한 바탕 위에 나온 것이다. 그가 가진 역사적 위상을 정리하면 다음과 같다.

첫째, 그는 하회의 지도자 柳道性과 만나 안동사회에 짙게 드리워져 있던 屛虎是非의 그림자를 걷어내면서 민족문제를 논의하고 화합의 물꼬를 터 나간 인물이다.

둘째, 1차 안동의진 구성을 주도했다. 삼계통문과 호계통문의 발의자로서 그러했고, 금계마을 권역에서 일어나던 청경통문과 봉정사 모임도 그의 주된 영향력 안에서 추진된 것 같다. 또 안동부에서 열린 향회에 참석하여 권세연을 1대 의병장으로 추천하고 선출하는 데 주도적이었고, 그 자신도 안동부 안에 자리 잡은 都所에 머물면서 안동의진 운영에 참여하였다.

셋째, 그는 2차 안동의진 구성에서 김도화를 2대 의병장으로 추천하고, 하회의 류도성과 함께 지휘장을 맡아 안동의진의 활동을 강력하게 뒷받침하였다. 이러한 점에서 김흥락은 당시 안동의병을 편성하고 이끌어 가는 데 있어 류도성·김도화와 더불어 삼각점을 형성하고 있었다.

넷째, 김흥락의 활동은 철저하게 전 문중과 문인들이 참여하는 것이어서 강성을 띠고 있었다. 그래서 김회락이나 김진의 등 문중인사들과 후예들이 의병대열에 집단적으로 동참하였다. 그러나 김흥락 자신을 비롯하여 금계마을 학봉종가가 철저하게 수난을 당한 이유가 바로 여기에 있다.

다섯째, 김흥락의 의지는 당대에 끝나지 않고 제자와 문중 후예들에 의해 지속적으로 계승되었다. 의병만이 아니라, 계몽운동·만주 망명과 독립운동기지 건설·대한민국 임시정부와 만주지역 독립운동 지원 활동 등 끊임없는 투쟁이 그 문인들과 후예들에 의해 펼쳐지게 된 것이다. 물론 학통과 혈연을 매개로 삼아 독립운동이 펼쳐진 현상은 다른 지역에서도 찾아볼 수 있는 특징이다. 그런데 대개의 경우 의병항쟁 단계를 지나면 와해되는 경우가 많다. 이와 달리 김흥락의 문인과 후예들은 지속적으로 집단적인 투쟁을 펼쳐, 한국독립운동사에서 안동문화권이 가지는 특성으로 자리 잡게 만들었다.

2장_ 안동의병장 拓菴 金道和(1825~1912)의 항일투쟁

1. 머리말

안동은 한말 의병항쟁사의 장을 열어간 곳이다. 독립운동사의 출발점을 의병항쟁으로 잡고 있고, 그 첫걸음이 1894년에 일어난 갑오의병인데, 그것이 바로 안동에서 시작되었다. 따라서 안동은 한국 독립운동의 발상지라 평가된다.

이 지역에서 독립운동의 장이 열릴 수 있었던 데에는 그 만한 역사적 배경과 힘이 존재한 때문이다. 정치적으로 조선시대 후반기에 남인의 정치행로가 막힌 뒤 학문 생활에 몰입하면서 대의명분이 강했다. 중앙정계에서 오랫동안 소외되어 온 처지에서 중앙으로 진출할 기회를 포착하는 것도 중요한 요인이 된 것이다. 학문적으로는 퇴계학통이란 구심점을 갖고서 공동체적 의식을 소유하고 있었다. 의병의 모든 지도자들이 퇴계학맥의 정통을 잇고 있던 인물이었던 것이다. 이런 바탕 위에 신사척사운동이라 불리는 1881년 영남만인소도 가능했다. 그리고 경제적으로는 이 지역 양반들이 재지 중소지주로서 지주계급 사이의 분화와 갈등이 적었다. 사회적으로는 통혼권을 유지하면서 공동운명체적인 인식을 갖고 있었다. 이러한 여러 조건들은 바로 이 지역 의병항쟁의 특성으로 나타나게 되었다.

의병항쟁사에서 전기의병은 1894년의 갑오의병과 1895년 말에서 1896년 사이에 일어난 을미의병으로 나뉜다. 拓菴 金道和는 바로 을미의병에서 안동의병의 제2대 대장으로 활약한 인물이었다. 안동의 을미의병은 星臺 權

世淵이 의병장을 맡던 전기와 김도화가 맡던 후기의 두 단계로 나뉜다. 그는 전기에서 의병항쟁의 논의 단계에 참여하였고, 후기에는 직접 의병장으로서 활약하였다.

그의 字는 達民이요 본관은 의성이다. 그의 가계는 증조부가 大山 李象靖의 가르침을 받고 순조대에 예조참판을 지낸 龜窩公 金㙆이요, 대대로 퇴계 학통을 이어 받은 가문이었다. 그는 1825년 9월 초하루에 안동군 일직면 귀미동 본집에서 아버지는 金若洙, 어머니 晋陽鄭氏(鄭象觀의 딸) 사이에 태어났다. 처가는 고성이씨로, 그는 石洲 李相龍의 존고모부가 된다. 부친에게서 학문을 닦은 그는 1849년에 定齋 柳致明에게서 수학함으로써 퇴계의 정맥을 이어받았다. 벼슬에 뜻을 두지 않았던 그는 1893년(고종 39) 천거에 의해 의금부도사로 제수되었다.

이 글은 김도화의 의병항쟁에 초점을 두고 그 과정상의 특성을 분석하고자 한다. 먼저 그 역사적 배경이 된 갑오의병을 정리하고, 을미의병의 전기에 그가 참여했던 논의 단계, 대장으로서 참여한 후기 단계로 나누어 설명하고자 한다. 다음으로 그가 참여하고 지휘했던 태봉전투를 다루고 이어서 해산 과정까지 추적한다.

2. 을미년 안동의병 발의

한말 의병항쟁사에서 첫 머리를 장식했던 1894년(갑오년)의 안동의병을 갑오의병이라 부른다. 이 거의는 일본군이 경복궁을 침범한 '갑오변란'에 항거하여 일어난 것이다. '갑오변란'이란 일본군이 1894년 6월 20일 오후부터 경복궁을 침략하기 시작하여 이튿날 새벽에 시위대의 반격을 뚫고 경복궁을 침범한 사건이다.

'갑오변란'에 항거하는 의병항쟁이 안동에서 시작되었다. 그런데 이 갑오의병에 김도화가 참가했는지는 알 수 없다. 이 의병이 안동에서 일어났지만, 발의한 인물은 청풍지방 유생인 徐相轍이었다. 그의 본관이 달성이고, 서울에서 출생해 제천으로 옮겨와 살았는데, 제천의 전기의병 소모장이 된 서상렬과 6촌이다. 안동 일직면 소호마을의 달성서씨들과 촌수가 멀지 않은 관계였고, 내왕도 있었다. 이런 점이 그가 안동에 와서 의병을 일으키자고 앞장설 수 있던 기반이 되었다.

서상철은 1894년 8월 초 안동 일대에서 2,000여 명의 대규모 의진을 결성하였다.[1] 그는 일본군의 병참부대가 있던 함창 태봉을 공격하러 나섰고, 8월 24일 안동 근처로 정찰을 나선 다케우찌(竹內) 대위를 붙잡아 처단하였다. 그리고 9월 1일에 안동의진 600여 명이 참가한 가운데 태봉전투를 벌였다가 패하여 안동의진은 밀려나고, 서상철은 청풍 방면으로 후퇴하였다가,[2] 9월 20일 경기도 광주의 昆地岩 전투에서 크게 패한 뒤 소멸되었다.

갑오의병은 1894년 7월에서 9월 사이에 안동을 중심한 경상도 북부지역에서 전개된 항쟁이었다. 이 갑오의병은 한말 의병항쟁사에서 그 첫머리를 장식한 투쟁이라는 역사적 의의를 갖는다. 다만 여기에 김도화의 자취는 전혀 확인할 수 없다.

김도화가 참가한 안동의병은 이듬해 을미의병에서 나타났다. 을미의병이란 1895년(을미) 12월부터 이듬해 1896년(병신) 10월까지 이어진 항쟁을 말한다. 직접적인 계기는 일본에 의해 자행된 명성황후 시해사건(1895.8.20, 양 10.8)과 단발령(11.15, 양 12.30)이었다. 이 두 가지 사건은 격문과 통문 등 의병문서 대부분에 등장하였다.[3] 지방제도 개혁(1895. 윤5.1, 양 6.23)도

1) 「駐韓日本公使館記錄」, 「東學黨에 관한 件」 제177호, 「慶尙道東匪의 鎭壓에 관한 公翰」, 金允植, 「錦營來札」, 「東學亂記錄」 上, 87쪽(金祥起, 『韓末義兵硏究』, 62쪽에서 재인용).

2) 「舊韓國外交文書」 日案3, 제3185호, 「聞慶東徒와의 接戰狀況 및 戰果 報告」.

3) 權寧培, 「檄文類를 통해 본 舊韓末 義兵抗爭의 性格」, 경북대학교 박사학위 논문, 1996.

중요한 배경으로 작용되었다. 즉 전국 8도체제를 23부 337군으로 바꾼 것인데, 경상도는 안동부를 비롯하여 대구부 · 진주부 · 동래부로 나뉘었고, 안동부는 16개 군으로 구성되었는데, 안동부관찰사로 상주에서 동학농민군 진압에 공을 크게 세운 金奭中이 부임하였다.

1895년 11월 말, 양력으로 1896년 1월에 들면서 안동지방에서 의병봉기를 촉구하는 첫 통문이 돌기 시작했다. 이를 정리하면 다음과 같다.

〈자료에 보이는 안동지역 전기의병 통문〉

1. 禮安(鄕會)通文 : 1896년 1월 13일(음 乙未 11.29, 날짜 명시)[4]
2. 三溪通文 : 1896년 1월 15일 추정(음 乙未. 12월 명시)
3. 靑鏡通文 : 1896년 1월 15일(음 12.1 李兢淵 일기, 읍에서 모일 것 제안)[5]
4. 靑鏡私通 : 위와 같은 날(李兢淵 일기, 봉정사에서 面會를 열 것을 제안)[6]
5. 虎溪通文 : 1896년 1월 16일(음 12.2 李兢淵 일기)[7]
6. 安東檄文 : 1896년 1월(권세연, 대장 취임 직후)[8]
7. 安東下吏通文 : 1896년 2~3월(안동의진 구성 직후로 추정)[9]
8. 安東義兵所通文 : 1896년 ?월[10]

위의 통문이나 격문을 보면 5번까지는 의병을 일으키기 위해 명분을 내세우며 그것을 준비하는 과정에 발표된 것이고, 그 이하는 의병이 일어난 이후 강도 높은 투쟁을 천명하는 것임을 알 수 있다. 또 준비 기간에 속하는 글들이 모두 하루 이틀 차이로 쏟아져 나온 것에 주목할 필요가 있다. 이것은 단발령이 이 지방에 실질적으로 파급되자마자 동시다발적으로 의

4) 『澗愚逸稿』에는 글 제목이 「禮安鄕會通文」이라 적혀있다.
5) 李兢淵, 『乙未義兵日記』, 1895년 12월 1일자.
6) 李兢淵, 『乙未義兵日記』, 1895년 12월 1일자.
7) 李兢淵, 『乙未義兵日記』, 1895년 12월 2일자.
8) 權世淵, 「安東檄文」, 『독립운동사자료집』 1, 독립운동사편찬위원회, 1970, 97~99쪽.
9) 金喜坤, 「安東下吏通文 해제」, 『한국근현대사연구』 11, 한국근현대사학회, 1999, 310~318쪽.
10) 김두만 저, 홍재걸 교주, 『國譯 澗愚逸稿』(김두만(1872~1918)은 김흥락의 문도이다).

병에 대한 논의가 급박하게 전개되었음을 보여주는 대목이다.

첫 통문인 예안통문이 발송된 날은 1월 13일(음 1895.11.29)이다. 이것은 李晩鷹·琴鳳述·牧使 李晩胤 등을 비롯한 223명의 연명으로 작성된 것이었다.[11] 이만응(1829~1905)은 眞城李氏 上溪派 인물로, 영남만인소의 소두로 유명한 李晩孫(1811~1891)의 친동생인데, 이만손이 백부의 양자가 되어 사촌이 되었다.[12] 뒤에 이를 바탕으로 예안의진이 성립되었는데, 대장은 李晩燾였고, 부장 또는 중군으로 李中麟이 활약하였다. 예안의진은 안동의진과 연합하기도 하고, 연계 투쟁을 펼쳐 나갔다.

이틀 뒤에 예안 주하촌에 도착한 靑鏡通文(靑城書院과 鏡光書院의 통문)은 이틀 뒤인 1월 17일에 봉정사에서 面會를 가지자고 제안하였다.[13] 또 다음 날 호계서원에서 보낸 虎溪通文이 보이는데, 역시 17일 모임을 제안하고 있었다. 호계서원의 都有司였던 김도화는 당연히 이 논의를 주도해 나가는 위치에 있었던 것으로 보인다. 1월 17일에 예정대로 봉정사에서 면회가 열려 의병 창의를 결의하였다.[14] 여기에서 알 수 있는 사실은 의병을 일으키는 과정에서 그가 주요한 위치에 있었다는 것이다.

김도화는 '三溪通文' 발의자 5명 가운데 한 사람이었다. 그를 비롯하여 金興洛·柳止鎬·郭鍾錫·權晉淵·姜鍹 등이 논의에 앞장 섰고, 안동의진을 일으키자고 결의했다.

---

11) 李九榮 편역, 『湖西義兵事蹟』, 제천군문화원, 1994, 679쪽; 「倡義見聞錄」, 『독립운동사자료집』 1, 독립운동사편찬위원회, 1970, 645쪽.

12) 『眞寶李氏上溪派世譜』 上, 99쪽.

13) 청성서원은 안동시 풍산읍 막곡리에 松巖 權好文을 기려 1608(선조 41)년에 설립되었고, 경광서원은 서후면 금계리에 있는 것으로 1569년 세워진 서당을 1686(숙종 12)년에 서원으로 승격시킨 것인데, 慵齋 李宗準, 松巢 權宇, 敬堂 張興孝 등을 제향한다.

14) 안동군 예안면 주하촌(두루) 출신 李兢淵, 『을미의병일기』, 1895년 12월 1일(양 1896.1.15)부터 12월 5일(양 1.21)까지의 기록이다.

> "……中殿을 바라보니 8월의 변고가 생겼으며, 금수의 무리가 禁宮을 육박하여 심한 농간을 부리고 임금을 협박하여 슈이라 빙자하여 中外에 호령하고 속이고 있으며, 심지어 머리를 깎고 옷섶을 왼편으로 하는 야만스런 행동이 이미 임금의 주변에 가해졌습니다…… 여러분께서는 이 나라 백성 모두가 선현의 자손으로서 의리의 강론은 내력이 있고, 忠憤의 축적은 배설되지 않았으니, 각기 죽음을 맹세하고 몸소 앞장서서 주먹을 불끈 쥐고 용맹으로 떨쳐 나와 선왕의 법복과 부모의 유체를 보전할 것을 생각한다면, 어찌 위대한 일이 아니겠습니까. 아무쪼록 힘써 주소서. 아! 이 몸이 한 번 죽으면 오히려 의로운 귀신이 될 것이나 이 머리는 한 번 깎이면 영원토록 오랑캐가 되는 것이니 각자 마음에 맹세하여 대의를 붙잡기 바랍니다."[15)]

여기에서 8월의 변고라는 것은 일본이 명성황후를 시해한 을미사변을 말하고, 머리를 깎고 옷섶을 왼편으로 한다는 것은 단발령과 변복령을 의미한다. 의병 봉기가 바로 이 두 문제에 기인한다는 것을 밝힌 것이다. 특히 '머리는 한 번 깎이면 영원토록 오랑캐가 되는 것'이라는 글귀는 지방 수령들이 길거리에서 행인들의 상투를 자르고 있는 당시 절박한 상황을 보여주는 것이기도 하다. 상투를 잘린 인물들이 자결하거나 대성통곡으로 몇 나절을 보내는 상황이므로 행인이 끊어지고 민심이 어지럽기 짝이 없었다.

안동지역의 지도자들이 가진 판단은 명성황후 시해라는 국가적 모독과 단발령에 따른 극단적인 혼란에 대처할 방안이 결국 무력으로 저항하는 길밖에 없다는 것이다. 이와 연관된 사례로, 안동에 단발령을 시행하기 위해 파견된 奉命使 李圭鎭에게 하회의 柳道性이 "삭발은 임금의 참 뜻이 아니리니, 머리를 바칠지언정 단발은 할 수 없노라."[16)]고 항변했던 일이나, "머리를 깎인다는 급보를 전하니 한심스러워져 밤새도록 잠을 이루지 못했다."[17)]라는 金道鉉의 글은 의병의 직접적인 계기가 단발령에 있었음을 알

---

15) 「倡義見聞錄」, 『獨立運動史資料集』 1, 독립운동사편찬위원회, 1970, 645~646쪽.
16) 宋志香, 『安東鄕土誌』 下, 1983, 475쪽.
17) 「碧山先生倡義顚末」, 『독립운동사자료집』 2, 독립운동사편찬위원회, 1970, 16쪽.

려주고 있다.

권세연은 봉정사 모임이 있던 다음 날인 1월 18일(음 1895.12.4)에 안동부에 도착했다. 이에 김도화는 1월 20일에 류도성 · 김흥락 · 류지호 등과 함께 봉화 닭실(酉谷)마을 권세연(1836~1899)을 의병장으로 추대하였다.[18] 안동의진의 대장에 추대된 권세연은 본부 향교에서 인근지역 士民에게 의병 동참을 촉구한 격문 「慶尙道安東倡義大將 權世淵檄」을 발표하였다. 그러자 안동부관찰사 金奭中은 도피하였다. 한편 21일 鍊武亭에서 모임을 갖고 부장에 곽종석을 뽑은 뒤에 의병 편제를 갖추었다.[19]

이런 분위기 속에서 고종이 보냈다고 전해지는 밀조, 「哀痛詔」가 도착하였다. 이 밀조는 의병주창자들을 격앙시키는 효과가 있었을 것이다. 1896년 1월 29일(음 1895.12.15)에 보내진 이 밀조는 "8도 고을은 同聲相應하여 의거하라."고 요구하였다.[20] 또 "강성한 이웃이 틈을 보고 逆臣이 권력을 농간하였고, 더구나 나는 머리를 깎고 면류관을 훼손하였으니 사천 년 예의지국을 나에 이르러 하루아침에 짐승의 땅으로 만들어 버렸다."라고 하였다.[21] 그리고 영의정 金炳始를 도체찰사로, 경기지역과 지방 7도에 근왕군을 조직하려 했다. 또 "의로운 깃발을 든 선비에게 초토사의 벼슬을 주고 密符를 보낼 것이니, 각 군수는 印信을 스스로 새겨 쓰고 관찰사와 군수도 너희가 스스로 골라서 종군케 하라."[22]는 내용을 담고 있었다.

안동부관찰사 김석중은 선선히 물러나거나 도망갈 인물은 아니었다. 동학농민군이 상주를 거의 뒤덮다시피 했을 때, 이들을 진압하는 동학농민군 최후전투라고 할 수 있는 鍾谷전투까지 치러냈고, 그 공로로 안동부관찰사

18) 李兢淵, 『을미의병일기』, 1895년 12월 6일자.

19) 이긍연, 『을미의병일기』, 1월 21일자. 곽종석이 부장에 추대되었으나, 그만 유독 나오지 않았다고 한다(朴周大, 『渚上日月』, 1895년 12월 7일자).

20) 『倡義見聞錄』, 『독립운동사자료집』 1, 독립운동사편찬위원회, 1970, 647쪽.

21) 拓菴先生文集刊行會, 『拓菴全集』 下, 1983, 454쪽.

22) 척암선생문집간행회, 『척암전집』 하, 1983, 454쪽.

가 되었던 인물이다. 그런 그가 안동의진이 형성되었다고 바로 도망갈 리는 없었다. 김석중이 1월 29일(음 1895.12.15)에 안동부를 향해 밀고 들어와, 30일에 진입하였으며, 대구병정 3백 명도 안동부에 도착하였다.[23)]

흩어진 안동의진이 2차 거사를 위해 다시 결집을 추진하고 있을 때. 고종의 해산명령이 전달되었다. 러시아공사관으로 피난했던, 즉 아관파천했던 2월 11일(음 1895.12.28)에 내려진 명령이었다. 이것을 둘러싸고 지도자들은 고민에 잠겼다. 의병 봉기를 요구하는 밀조와 정반대의 명령이었기 때문이다. 왕명을 거역하면 반역에 해당하고, 해산하자니 그것이 왕의 진심에서 나온 것이 아님을 헤아릴 수 있었다. 그래서 해산령을 받아들이지 않고 전투를 지속했던 것이다.

김도화는 해산령이 있었음에도 불구하고 대장에 추대되어 활동한 데 대하여 뒷날 그 이유를 다음과 같이 밝혔다.

> 왕명을 빙자한 친일내각이 파견한 관군들이 형벌과 살륙을 일삼아 대신들을 결박하면서 국가의 명분을 무너뜨렸고, 선비들을 도살하면서 국가의 원기를 손상시켰으며, 어린 아이들이 책을 끼고 가다가 형을 당하고, 부녀자는 길쌈을 하다가 죽음을 당하고, 나무꾼은 섶을 지고 가다 길에서 죽고, 농민은 쟁기를 지고 서서 맞아 죽으며 어지럽게 쏘는 총알이 우박 퍼붓 듯해서 피가 흘러 내를 이루니 전일의 애통하게 보내신 뜻과는 일체 상반되는 것이옵니다. 전하의 인민들로 하여금 전하의 무기 앞에 모두 죽게 해야 됩니까? 기상이 처참하여 이 원통한 부르짖음이 하늘을 넘칩니다. 전하께서는 어찌 백성으로 하여금 이에 이르게 하십니까? 상반되는 일을 신들은 의심하는 바로서 곧 의병을 해산하지 못한 이유입니다.[24)]

그러한 정황은 이상룡이 그의 외숙인 안동의병장 권세연에게 보낸 편지를 통해서도 알 수 있다.

---

23) 李兢淵, 『을미의병일기』, 12월 16일자(양 1.30)

24) 「破兵後自明疏」, 『拓菴全集』 下, 척암전집간행회, 1983, 457쪽.

> 은혜로운 윤음(해산령－필자 주)이 내렸는데도 이를 거부하였으니, 일 만들기를 좋아하는 무리들이 이로써 칼자루를 휘두르지 않는다고 어찌 알 수 있겠습니까. 운수 소관입니다.[25)]

안동의진의 재결속은 다시 추진되었다. 김도현과 류시연은 청량산에서, 이상룡과 柳昌植은 의성 孤雲寺에서 의진의 재결성을 추진하였다. 안동의진은 2월 18일에 다시 안동부를 공격하여 탈환하고,[26)] 향교에 본부를 차렸다.[27)] 이레 뒤인 25일에 김도현이 안동부에 입성하였고, 영주의진도 도착하여 안기역에 머물렀다.[28)] 안동의진은 3월 2일(음 1.19)에 편제를 정비하고, 3월 7일(음 1.24)에 다시 편제를 정하였다.

안동부성을 탈환한 뒤, 안동의병장 권세연이 갑자기 사퇴하였다. 그는 3월 12일(음 1.29) 40~50여 명의 향원이 참석한 가운데 열린 향회에 單子를 보내 자신의 사퇴의사를 전했다. 권세연은 자신이 대장에 추대되어 안동부를 접수한 직후였던 1월 29일 전투에서 패한 일을 들어 자신을 자책하고 이제 연합의진이 편성되고 기세가 성대해진 새로운 상황에 알맞은 인물에게 대장직을 위임하기 위해 자진 사퇴한 것으로 보인다.[29)]

25) 「答星臺權公 丙申」, 『石洲遺稿』, 고려대학교출판부, 1973, 78쪽.

26) 앞의 李兢淵의 글, 2월 18일자. 그런데 『碧山先生倡義顚末』의 기록을 인용하여, 사실상 무혈입성한 것으로 보는 것이 좋을 것 같다는 견해가 있는데, 타당성이 있다(金祥起, 「1895~1896년 안동의병의 사상적 연원과 항일투쟁」, 『안동문화권의 의병항쟁』 발표문, 1998, 13쪽).

27) 한편 2월 19일에 안동에서 도망가던 김석중은 순검 2명과 함께 이강년의진에 체포되어 가은 농암장터에서 처단되고, 그 머리는 문경 마성 고모산성에 매달려졌다.

28) 「碧山先生倡義顚末」, 『독립운동사자료집』 2, 독립운동사편찬위원회, 1970, 20~21쪽. 안기역은 안동부성 서쪽 첫 역으로 3km 남짓 떨어진 곳이었는데, 현재의 운안동 일대였다.

29) 권세연은 한 달여 전에 있었던 관군과의 전투에서 패한 일을 들어 자신을 자책하고, 이제 연합의진이 편성되고 의진이 성대해지자 능력있는 이에게 대장직을 맡기려 자진 사퇴한 것으로 보인다(金祥起, 「1895~1896년 안동의병의 사상적 연원과 항일투쟁」, 『史學志』 31, 단국사학회, 1998, 315~316쪽).

3. 안동의병 2차 대장 취임

안동의진이 안동부성을 재탈환한 뒤, 항쟁 양상에도 변화가 나타났다. 호좌의진의 소모장 徐相烈이 파견되어 와서, 공동작전을 요구했기 때문이었다. 호좌의진이 충주성을 함락하고 난 뒤, 이를 지키기 위해 낙동과 태봉 및 수안보를 거쳐 청주로 연결되는 일본군의 병참선을 무너뜨려야 했다. 특히 김석중이 이강년의진에 의해 처단된 뒤, 신임 안동부관찰사로 임명된 李南珪가 상주에서 군사훈련을 시키면서 안동부를 장악하려는 계획을 세우고 있었는데, 이를 붕괴시키기 위해서는 공동작전이 필요했다.[30)]

호좌의진과의 연합작전은 김도화의 등장과 밀접한 관계를 가진 것으로 보인다. 그 근거는 서상렬의 안동 도착과 그의 의병장 취임이 거의 같은 시기에 이루어졌기 때문이다. 서상렬이 안동의진에 도착한 시기는 3월 10일이었다.[31)] 그의 도착은 당연히 안동의진을 필두로 경북 북부지역의 여러 의진과 연합작전을 추진하기 위한 것이었다. 그가 도착한 다음 날 권세연은 안동의진의 대장직을 사퇴하였다.

안동의진은 11일에 향회를 열고 다음 대장으로 김도화를 추대하였다. 그러자 14일에 김도화는 대장으로서 안동부에 진입하였고, 대장에 취임하였다.[32)] 이어서 柳蘭榮을 都摠에 임명하고, 김흥락과 류도성을 지휘장으로 선임하는 등 조직을 정비하였으니, 그 내용은 다음과 같다.[33)]

30) 서상렬은 지평의진을 결성한 뒤, 제천으로 진입하여 柳麟錫을 추대하고 湖左義陣을 결성하면서 소모장을 맡았다. 그는 호좌의진이 충주성을 점령한 후, 영남지역에서 의병을 모으고 남쪽으로부터 일본군 진입을 막기 위해 영남지역으로 파견되기를 자청했다. 그는 3월 23일에 柳麟錫에게 보낸 서신에서 "嶺邑의 여러 장수들로 하여금 鳥嶺을 방어케 하여 적의 통로를 끊자."고 제안하였다(朴貞洙, 「下沙安公乙未倡義事實」, 『독립운동사자료집』 1, 독립운동사편찬위원회, 1970, 379쪽). 이러한 작전은 뒤에 태봉전투가 있기 직전인 3월 26일(음 2.13)에 李康秊이 이끄는 문경의진이 수안보에 주둔하고 있던 일본군을 공격함으로써 실현되었다.

31) 李兢淵, 『을미의병일기』, 1월 27일자(양 3.10).

32) 李兢淵, 『을미의병일기』, 2월 1일자(양 3.14).

안동의진 지휘부 편제표(1896년 2월 1일 현재, 양 3.14)

직 책	성 명	비 고
대 장	김도화金道和	
중군장	권재호權載昊(文八)	
도 총	류난영柳蘭榮	하회
부 장	김하림金夏林	봉화 해저
선봉장	류시연柳時淵	무실
소모장	이충언李忠彦 · 류창식柳昌植	
아 장	최세윤崔世允	흥해, 중기의병 때 3대 의병장
지휘장	김흥락金興洛 · 류도성柳道性	

대장직을 맡은 김도화는 「倡義陳情疏」를 올리고 격문을 발송하였다. 창의소의 내용은 다음과 같이 의병봉기의 동기가 을미사변과 단발령임을 밝히고, 개화파들의 행적을 비판하는 것이었다.

> 8월의 을미사변은 임진왜란에 왜군이 명종과 중종의 능을 파헤친 사건보다 혹심하였고, 11월의 단발령은 임진왜란 때 선조와 광해군이 평안도와 함경도로 피난간 일보다도 더욱 극악한 일입니다. …… 우리의 국방권을 빼앗고 무장을 해제시켰으며, 요충을 점거하고는 우리의 재물과 곡식을 빼앗아 가면서 호시탐탐 이 나라를 삼키려는 속셈을 가진 것이 하루 아침의 일이 아닌데도 불구하고, 비굴한 말로써 동정을 빌며 무사함을 바라고 있으니, 조정에 앉아서 누가 이러한 계획을 꾸민 것입니까? …… 이때 비록 군대를 모은다고 명령해도 병사의 정신은 벌써 해이해졌으며 충신의 뜻도 이미 막힐 터이니, 장차 누구와 더불어 나라를 보전하고 적을 막겠습니까?…… 이에 죽음을 무릅쓰고 義를 일으킨 것입니다.[34]

김도화는 또 격문을 각지에 발송하였다.[35] 그 내용이 구체적으로 알려지

33) 李兢淵, 『을미의병일기』, 1896년 1월 29일자(양 3.12).

34) 이 소는 음력 을미년(1896)에 발표된 것이다. 을미년 정월 초하루는 양력 1896년 2월 13일이므로, 이 소는 김도화가 3월에 대장으로 추대된 이후에 올린 것으로 보인다(金道和, 「倡義陳情疏」, 『拓菴全集』 下, 척암전집간행회, 1983, 456쪽).

35) 이 격문이 청송의진에 도착한 시기가 김도화가 대장으로서 안동부에 진입한 지 5일 지난 1896년 2월 6일(양 3.19)이었다(『赤猿日記』, 1896년 2월 6일자).

지는 않지만, 대장에 취임하면서 의기를 고취하는 것으로 추정된다. 그리고 그는 의성군수 李觀永을 효수하였다.[36] 다음으로 김도화는 인근 영주 예안 · 봉화 · 의성 · 청송 · 예천 · 진보 · 영양 등지에 소모관을 파견하여 의병을 모집하고 진용을 확대하였다. 당시에는 이외에도 예안의 李仁和와 영양의 김도현이 주요한 인물이었다. 당시 안동의진 주변에는 영주 金禹昌, 의성 金象鍾, 진보 許薰, 영양 趙承基 등이 진용을 형성하고 있었다.

4. 연합의진 결성과 2차 태봉전투

호좌의진의 서상렬은 3월 초에 元容正 · 洪璇杓 등을 이끌고 영남지역으로 들어왔다.[37] 3월 10일 안동에 도착한 그는 안동의진에게 작전 방향을 제시한 뒤, 북부지역 일대를 순회하면서 연합의진을 추진하였다. 그가 이 지역 의진과 공동작전을 추진했던 이유는 영남지역 사족의 사회경제적 기반과 위정척사적 사상이 강했던 것을 이용하려는 데 있던 것 같다.

김도화는 서상렬부대를 맞이하면서 연합의진을 추진하였다. 연합의진 결성에 대한 논의가 진행되자, 그는 이 계획에 흔쾌하게 합의하고 나섰고, 그러한 기회가 온다면 남에게 뒤지지 않을 것이라고 다음과 같이 다짐하였다.

> "회의의 일을 알리는 여러 진의 회보가 있었으니 이미 받아보셨으리라 생각합니다. 달려가서 의논하고 싶으나 아직 그런 기회를 얻지 못하고 있습니다. 列陣의 회의가 있게 되면 힘써 달려가 남에게 뒤지지 않으려 합니다."[38]

---

36) 『赤猿日記』, 1896년 2월 6일자(양 3.19).

37) 권대웅, 「乙未義兵期 慶北 北部地域의 醴泉會盟」, 『민족문화논총』 14, 영남대학교 민족문화연구소, 1993, 65쪽.

38) 「與徐召募(相烈)」, 『拓菴先生別集』 乾 24.

그는 3월 20일(음 2.7) 의병 200여 명을 거느리고 일단 풍산에 집결하여 풍기 · 순흥 · 영천(영주) · 봉화 · 선성(예안)[39] · 호좌의진과 함께 예천으로 향하였다. 3월 23일에 예천 백사장에서 안동권 6개 의진과 호좌의진으로 이루어진 7개 의진의 연합이 이루어졌다. 말을 잡아 맹세하는 馬盟의 의식을 가졌다.[40]

여기에 안동의진의 대표로는 중군이던 權文八이 참석하였다. 회맹을 결성한 뒤, 맹주로 추대된 서상렬은 친일 군수로 지목된 예천군수 柳仁馨을 처단하였다.[41] 김도화는 맹주로 추대된 서상렬에게 "늙은 몸 이끌고 막대기 짚고 나섰으니, 하늘의 운세를 돌리는 일인들 어찌 못하리"라고 그의 마음을 표현하였다.[42] 그리고 3월 28일에 산양에 머물렀다.[43]

연합의진은 눈비 오는 날씨에도 불구하고 밤을 이용하여 예천군 용궁으로 향했다. 연합의진이 용궁을 거쳐 산양에 진을 친 것이 3월 28일(음 2.15)이었다. 이때 합세한 의진은 안동의병을 비롯하여 봉화 · 선성(예안) · 영천(영주) · 순흥 · 풍기 · 호좌의진 등 7읍의 의병이었다. 산양에 진을 친 것은 태봉에 있는 일본 병참부대를 공격하기 위함이었다.

3월 28일 연합의진은 태봉 공격을 하루 앞두고 태봉에 조금 못 미친 여러 지역에 나뉘어 하룻밤을 지냈다. 안동의진은 德通驛(현, 상주시 함창읍

---

39) 벽산 김도현은 28일에 산양 도착하여 예안의진의 중군에 취임하였다(「碧山先生倡義顚末」, 『독립운동사자료집』 2, 독립운동사편찬위원회, 1970, 719쪽).

40) 李兢淵, 『을미의병일기』, 2월 13일자(양 3.26). 맹약문의 내용은 역적의 당(무리)이 되지 말 것, 중화의 제도를 바꾸지 말 것, 죽고 사는 것으로서 마음을 바꾸지 말 것, 딴 생각을 갖고 사적으로 행동하지 말 것, 적을 구경하기만 하고 진격하지 않는 행동을 하지 말 것 등의 다섯 명령이었다. 이 맹약문은 서상렬이 元容正을 시켜 작성한 것이라 한다(李正奎, 「六義士列傳」, 『독립운동사자료집』 1, 독립운동사편찬위원회, 1970, 174~175쪽).

41) 朴貞洙, 「下沙安公乙未倡義顚末」, 앞의 책, 406쪽(이 무렵 처단된 안동 부근의 군수는 이외에도 의성군수 李觀永, 영덕군수 鄭在寬 등이 있었다).

42) 「贈徐相烈」, 『拓菴全集』, 척암전집간행위원회, 1983, 270쪽.

43) 琴錫株, 『日記』, 1896년 2월 15일자(양 3.28). 산양에 도착한 것이 2월 14일(양 3.27)로 짐작된다.

덕통리)에서, 호좌의진은 함창, 영주 · 순흥 · 예안의진은 浦內村(현, 문경군 영순면 포내리), 풍기의진은 唐橋(문경시 점촌읍내), 봉화의진은 東山村에 각각 머물렀다.[44]

연합의진과 일본군과의 전투는 3월 28일 밤에 개시되었다. 호좌의진의 선봉장 黃起龍이 거느린 의병과 일본군과의 교전이 한밤 중에 있었던 것이다. 이 전투에서 호좌의진은 패했던 것으로 알려진다. 3월 29일 아침 일찍부터 연합의진의 태봉공격이 시작되었다. 한편 이강년은 서상렬의 요청으로 조령의 길을 막고 있었다. 연합의진이 태봉을 공략할 때 배후를 옹호하려는 것이었다.[45]

3월 29일 7개 의병진은 태봉 공격에 나섰다. 여기에서 안동의진이 선봉을 맡거나 선제 사격을 하는 등 앞으로 나섰다. 선성의진이 앞서고, 풍기 · 순흥 · 영주의진이 뒤를 섰다. 그리고 안동의진이 먼저 좌측 산 위로 올라가 일본군 진지를 향해 천보총을 사격하여 일본군 1명을 죽이는 전공을 올렸다. 그러나 일본군 10여 명이 백사장으로 나와 발포하였다. 총알이 비 내리듯 떨어져 순식간에 7~8명이 전사하고 20여 명이 부상당했다. 선성의진을 비롯하여 봉화 · 풍기 · 순흥의진은 차례로 개울을 넘어 제방까지 달려가 그곳을 엄폐물로 삼으면서 몸을 숨기고 공격하였다. 일본군도 가세하여 그 수가 42명에 이르렀으며, 이들 역시 조그만 제방을 이용하여 사격을 가해왔다.

김도현은 그 장면을 이렇게 썼다. "태봉을 향해 가는데, 한 기다란 시내가 있고 커다란 들이 나 있다. 혹 산에 올라 멀리 바라보기도 하고 혹 길을 물어 후군을 기다리기도 한다. 오직 선성진이 앞에 섰고, 풍기 · 영주 · 순흥 3진은 뒤에 따라 들을 덮고 나간다."[46] 넓은 들에 조그만 구릉인 태봉과 그

44) 琴錫柱, 『日記』, 2월 15일자.

45) 朴貞洙, 『下沙安公乙未倡義顚末』, 408쪽.

46) 「碧山先生倡義顚末」, 『독립운동사자료집』 2, 독립운동사편찬위원회, 1970, 23쪽.

아래에 자리 잡은 일본군을 향해 나아가는 의병진의 기개는 높았을 것이다. 그렇지만 막상 전투가 시작되자 오합지졸인 의병들이 전술을 제대로 구사하기란 어려웠을 것이다. 김도현은 "안동군사는 뒷산에서 포를 쏘니 우리 군사는 중간에 끼어 있다."고 어려운 상황을 기록하였다. 또 그는 "안동 중군 權文八(權載昊)을 만났는데, 자기의 계교가 이루어지질 않아 도피해야 한다니 형세가 말릴 수 없다."고 했다. 즉 안동의진도 전투를 뜻대로 펼치지 못하여 후퇴한 것이다. 그날 저녁 무렵에 "黑酋 수백 명이 뒷산을 넘어 내려오는데, 의외의 포성이 터져 나오니 7진의 군사가 바람처럼 흩어지고 남는 것이 없다."고 벽산이 썼다.[47]

김도화가 직접 이 전투에 참가한 것인지 확실하지 않다. 다만 중군 권문팔이 안동의진을 이끌어 간 것은 확인된다. 그런데 김도화는 당시의 심정을 "그런 고심은 피맺힌 정성인 즉 적과 더불어 살 수 없다고 맹세하였습니다. 때문에 백면의 무리와 맨주먹의 무리가 함창의 적에 진공하여 여러 차례 교전했으나 끝내 패하고 말았습니다."라고 표현하였다.[48]

이처럼 의병의 정면 공격은 무참히 무너졌다. 그들이 가진 장점으로는 오직 많은 수의 인원이었다. 그러나 훈련된 소규모 부대의 정면 공격에 그들은 쉽게 흩어지고 물러났다. 특히 저녁 무렵에 대구에서 증파된 일본군의 공격에 직면하면서 더 이상 전투는 무리였다. 일본쪽 기록에 따르면, 3월 29일에 의병 7,000여 명이 태봉을 공격하였으며, 일본군은 태봉 수비대와 응원하러 달려온 2개 분대로 대항하여 7시간에 걸쳐 접전하였고, 의병들은 30명 넘는 전사자를 내고서 용궁 쪽으로 물러났다고 한다.[49]

29일 밤에 의병들은 대체로 예천으로 후퇴하였다가 출신지에 따라 흩어

47) 「벽산선생창의전말」, 『독립운동사자료집』 2, 독립운동사편찬위원회, 1970, 24쪽.

48) 「破兵後自明疏」, 앞의 책, 457쪽. 선성(예안)의진도 대장에 이만도였으나, 태봉전투를 이끈 인물은 중군 김도현이었다.

49) 「전신선로에 관계되는 폭도들의 상황보고」, 『주한일본공사관기록』 8, 263~264쪽(구완회, 『韓末의 堤川義兵』, 집문당, 1997, 134쪽에서 재인용).

졌다. 호좌의진은 예천 京津橋(서울나들이) 근처에서 다시 싸울 계책을 마련한다고 했지만, 안동의진은 예천을 거쳐 안동으로 후퇴했고, 예안의진은 학가산을 거쳐 예안으로 돌아갔다. 안동의진은 후퇴 과정에서 뼈저린 고통을 겪어야만 했다. 일본군은 태봉전투에서의 승세를 타고 인근의 의병진압에 나섰고, 4월 1일(음 2.19) 예천에 도착하였으나 의병들이 사라지고 없자, 그들의 집에 불을 질러 보복하였다. 또 일본군은 이튿날 아침 일찍 풍산에 주둔하고 있던 안동의진을 기습 공격하였다. 이 때문에 의병 1명이 전사하였으며, 중군장을 비롯한 의병 30여 명은 대응도 못해 보고 芋洞(풍산읍 하리) 쪽으로 물러났다. 봉정사 일대에서 벌어진 전투에서 크게 패하고,[50] 마지막으로 安奇驛(안동시 안기동 · 운안동일대) 뒷산에서 벌어진 전투에서 權垈一을 잃었다.[51]

일본군은 안동 시가지 입구 송현까지 추격한 뒤, 안동부를 의병의 소굴이라 여겨 시가와 민가에 불을 질렀다. 마침 바람을 타고 불길이 안기동에서 시작하여 塔谷(법흥동 골짜기)까지 덮쳐,[52] 안동 도심 1,000여 호의 민가가 불타버렸다.[53] 4월 2일(음 2.20)에 벌어진 참혹한 일이었다. 안동부에 불을 지른 일본군은 보병 제10연대 제1대대 소속의 50여 명이었다.

이러한 일본군의 만행은 안동부관찰사로 임명되어 안동부에 부임하기 위해 상주와 안동 경계지점, 특히 하회에 머물고 있던 이남규에 의해 조정에 전달되었다.[54] 그는 자신의 관할지인 현장에서 일본군의 만행을 목도하고 바로 상소를 올려 이를 규탄하였다. 일본군의 안동방화사건에 대하여 당시 《독립신문》도 이 사실을 보도하였다.[55]

---

50) 金道和, 「與鄕道士林」, 『拓菴全集』 下, 척암전집간행회, 1983, 462쪽.

51) 金道和, 「輓權生(垈一)」, 『拓菴全集』 下, 척암전집간행회, 1983, 462쪽.

52) 『赤猿日記』, 1896년 2월 21일자(양 4.3).

53) 李南珪의 상소문, 『高宗實錄』 中卷, 34쪽; 「辭安東察使疏」, 『修堂集』 권2, 〈疏〉; 金道鉉, 「碧山先生倡義顚末」, 『독립운동사자료집』 2, 독립운동사편찬위원회, 1970, 721쪽.

54) 박주대 저, 박성수 주해, 『渚上日月』 상, 서울신문사, 1993, 260쪽.

이남규는 의병에게 해산하라고 권하다가, 얼마 뒤 안동부관찰사에서 스스로 물러났다. 안동부가 불탄 처절한 모습을 본 그는 사직서를 제출한 뒤 귀향했다. 10년 뒤, 1906년 홍주의병을 일으킨 그는 1907년 재기를 도모하던 중 일본군에 체포되고, 서울로 압송되어 가던 도중에 아들과 함께 충남 아산 평촌에서 참살당했다.

일본군의 만행은 안동부성 안의 가옥들을 방화하는 데 그치지 않았다. 이들은 재물과 비단을 탈취해 가기도 했다. 이들이 탈취한 재물을 湖서쪽으로 가지고 갔는데, 40여 명이 짐을 지고 나갔다 하니 빼앗긴 재물의 양을 짐작할 수 있겠다.

안동부성은 벗어난 안동의진은 본부를 介木谷(용상동 낙동강쪽, 개목은 浦項으로도 표기)으로 옮겼다.[56] 4월에서 5월 초 사이에 김도화는 안동 주변에 의진을 주둔시키면서 활약하였다. 김도현이 안동의진의 도총 류난영의 초청으로 안동에 올 때, 금소의 傳舍(驛舍)에서 하룻밤을 지낸 뒤 도소로 가서 부장이 되고, 대장 김도화에게 인사했다고 한다.[57] 이 자리에서 그는 "大都에서 한번 모일 기회가 있을 것이라."고 말하면서 강한 의지를 나타냈다. 여기에서 '대도'는 물론 안동부를 의미한 것 같다. 그리고 김도화를 만난 뒤에 김도현이 부장으로서 "먼저 가서 新塘 路舍에 진을 머물렀다."고 한 사실은 대장소가 남선면에서 가까운 지역에 있었음을 의미한다.[58] 신당은 바로 임하면 신덕동의 신당이기 때문이다. 거리로 보아서 대장소가 김도화의 고향인 일직 귀미나 고운사쯤에 자리 잡았을 것 같다. 바로 이어서 대장소를 陶淵으로 옮겼다가 龍潭寺(길안 금곡리)로 이동한다는 기록도 보인다.[59]

55) 《독립신문》 1896년 4월 30일자.

56) 『赤猿日記』, 1896년 2월 21일자(양 4.3).

57) 「碧山先生倡義顚末」, 『독립운동사자료집』 2, 독립운동사편찬위원회, 1970, 721쪽.

58) 「벽산선생창의전말」, 『독립운동사자료집』 2, 독립운동사편찬위원회, 1970, 721쪽.

59) 『赤猿日記』, 1896년 2월 24일자(양 4.6).

안동의진은 興海의 崔世允을 좌익장, 영양의병장 김도현을 부장에 각각 임명하여 세력을 만회하려 안간힘을 썼다. 또 서상렬을 군사에, 이긍연을 종사관에, 권옥연을 부장으로 각각 임명하고 편제를 새롭게 하는 것도 그러한 노력의 하나였다. 또 남한산성에서 관군에 패해 이동해 온 利川義兵과 연합을 시도하기도 하고, 김도화가 봉정사로 의진을 옮기거나[60] 春陽面에서 포수 40여 명을 의병에 흡수시키고, 군자금 모금에 나선 것도 그와 마찬가지다. 그러나 4월 초에 봉정사에 주둔하던 의진이 일본군의 공격으로 흩어졌다. 김도화는 늙은 몸을 이끌고 소백산 일대에서 고난의 행군을 하지 않을 수 없었다. 그는 이 지방 선비들과 개별 문중에게 글을 보내 지원을 호소하였다.

이와 반대로 일본군들은 봉정사에 진을 치고 부중의 재산을 빼앗고 심지어는 부녀자를 강탈하기까지 하였다. 또 시골의 소를 끌고 가서 식용으로 삼았다. 4월 8일 무렵 이들의 숫자는 200명을 넘을 정도였다.

한편 신임 관찰사 이남규가 각 의진에 글을 보내어 회유하였다. 그렇게 되자 안동의진 안에서 갈등이 빚어지기도 하였다. 신임 관찰사 이남규가 상주를 거쳐 예천에 머물면서 안동부 진입시기를 저울질하고 있었다. 안동부가 숯더미로 변한 가운데 격앙된 안동의진은 결코 이남규를 받아들이려 하지 않았다. 그렇지만 그가 하회마을로 진출하여 그곳에 머물면서 해산을 종용하는 曉諭文을 계속 발송하게 되자 하회마을 출신과 금계마을 출신 의병들 사이에 격돌이 빚어졌다.

신임 관찰사의 인정 여부를 둘러싸고 각 의진의 뜻이 엇갈리게 되자, 여러 진영에 대표 파견을 요청하고 앞으로의 투쟁 방향을 결정하려 하였다. 김도화는 의진을 송천으로 옮기고서 4월 12일에 송천에서 도회를 열었다.[61] 송천도회에서 신임 관찰사를 받아들이자는 의견과 이에 반대하는 것

60) 『赤猿日記』, 1896년 3월 4일자(양 4.16).

61) 『赤猿日記』, 1896년 2월 29~30일자(양 4.11~12).

이 나왔는데, 받아들이자는 쪽이 다수였다고 한다.[62] 게다가 4월 19일에 선유사가 해산을 명령한 왕의 효유문을 가지고 다니면서 해산을 권유하고, 또한 5월 말 안동부 참사관 洪弼周가 각 문중에 서찰을 보내어 의병 해산을 청함으로써 항쟁의지를 약하게 만들었다. 특히 홍필주는 서찰을 통해 "의병해산령을 지키지 않는 것은 위로는 국가의 죄인이요, 아래로는 조선의 죄인이라"고 하면서 해산을 거듭 요청하였다. 의병들의 기를 빼는 일이었다. 그렇지만 김도화는 지속적인 투쟁을 결정했는데, 그 뒤의 투쟁 과정이 그를 증명한다.

김도화는 봉정사로 본부를 옮겼다.[63] 그가 이끈 안동의진은 선유사에게 「격고문」을 보내어 해산 명령에 따를 수 없음을 분명히 밝혔다. 그리고서 그는 안동의진을 이끌고 소백산과 태백산 일대를 행군한 것으로 보아 일본군에게 쫓기면서 전투를 벌였다. 그의 시를 보면 소백산중의 고개인 곤이령을 넘으면서, 또 소천을 지나면서 읊은 작품이 남아 있고,[64] 특히 6월 11일에 巖石에 머물렀다. 그리고 6월 15일 단오날에 읊은 陣中詩가 남아 있기도 하다.[65] 이 무렵 즉 6월 말에 최세윤은 안동의진의 좌익장이었다고 한다.[66]

6월의 더위 속에 71세의 고령이던 그의 행군은 너무나 힘든 일이었을 것이다. 지게에 얹혀 의진을 옮겼다는 이야기가 전해져 오는 것으로 보아 그 고통은 이루 말로 표현하기 어려운 것이었음에 틀림없다. 더욱이 장마비에 화승총이 제대로 힘을 쓰지 못하니 유리한 위치에서 적을 발견한다고 하더라도 비만 오면 쫓겨 다녀야 하는 형편이었다. 게다가 인적 물적 자원이 고갈되어 고통은 컸다.

62) 『赤猿日記』, 1896년 3월 4일자(양 4.16).
63) 『적원일기』, 1896년 3월 4일자.
64) 「踰鵾夷嶺」, 「小川道中」, 「到巖石村」, 『拓菴全集』 下, 척암전집간행회, 1983, 451쪽.
65) 「五月初一日 留巖石」(양 6.11), 「聽軍笳」, 「端午日示諸佐」(양 6.15), 위의 책, 451~452쪽.
66) 「碧山先生倡義顚末」, 『독립운동사자료집』 2, 독립운동사편찬위원회, 1970, 723~724쪽.

이 무렵 김도화는 어려운 사정들을 다음과 같이 류인석에게 털어 놓으면서 협조를 구했다.

> 도화의 재주는 대중을 제어하기에 모자랐고, 용력도 적을 제압하기에 부족했습니다. (중략) 지금 볼진대, 적의 세력이 강하여 본부까지도 굴과 움집처럼 되어 버렸습니다. 酒泉(醴泉이 옳은 것 같다－필자 주)도 지키지 못했고 宣城(예안)에서도 패하였습니다. (중략) 행여나 외로운 성의 형편을 살펴주시어 앞날의 군략에 대한 좋은 주책과 원대한 계략을 주시면 만전을 도모할 계책으로 삼아 본부의 生靈을 지켜나갈 방도로 삼겠습니다.[67]

또 소백산과 태백산중으로 이동하던 시기에 그는 호좌의진의 '西行' 즉 만주로 이동한다는 소식을 전해 들었다. 류인석은 6월 4일에 호좌의진을 이끌고 북상하여 만주로 이동하려는 계획을 확정하고, 북상 길에 올랐다. 이 소식을 들은 그는 태봉전투를 같이 치른 서상렬에게 "전하는 말을 듣건대, 진을 합쳐 서쪽으로 간다하니 동지의 의병진이 점점 멀어져 가는 듯하고, 슬프고 아쉬운 정 또한 구구하니, 어느 때에 다시 만나리오."라는 글을 보내 안타까운 심사를 표하였다.[68]

5. 안동의병의 해산

김도화는 태봉전투 패전 이후, 특히 안동이 불바다가 된 이후에 인적 물적 지원의 부족으로 혹독한 시련에 부딪쳤다. 그러다가 장마를 거치면서 점차 의진을 운영하는 데 한계를 느꼈다. 그가 그러한 사정을 김흥락, 하회

67) 「與柳毅庵麟錫」, 『拓菴全集』 下, 척암전집간행회, 1983, 460~461쪽.

68) 「與徐召募(相烈)」, 『척암전집』 하, 척암전집간행회, 1983, 462쪽. 호좌의진은 8월 28일 압록강 건너 만주에 도착했으며, 류인석은 다음 해인 1897년 10월에 춘천 가정리로 돌아왔다(金祥起, 『韓末義兵硏究』, 209~211쪽).

의 풍산류씨 문중, 그리고 이 지역 사림에게 보낸 글을 보면 그 고통을 쉽게 알 수 있다.

먼저 김흥락에게 보낸 서신에서 이 거사가 이 지방의 公議에서 비롯하였는데, 몇 번 패한 뒤 한 집안이나 개인적인 일로 치부되고 있다고 한탄하였고, 김흥락도 이미 물러나 문을 닫고 있으며 임무를 가진 자들도 그러하다며 답답한 심정을 하소연하였다. 그러면서 21일에 列陣會議에 참석하라고 권했다.[69]

또 풍산류씨 문중에도 비슷한 내용의 글을 보내면서 간곡하게 협조를 부탁하였다. 즉 그는 풍산류씨 문중에 크게 의지하기를 '태산장성'같이 했다면서, "봉정사에서 분산된 뒤 자리를 말고 돌아가서 하나 같이 문을 닫았고, 오직 늙고 사리에 어두워 더불어 하기 모자라니 보국대의하는 일이 무용지물이 되고 말았다."라고 했다.[70]

그리고 그는 고을의 사림들에게도 역시 유사한 글을 보냈다.

> 당초에 창의를 논할 때, 온 고을 사람들이 뜻을 같이했고, 노소가 다투어 분발하기로 하고 뜻 있는 사람은 모두가 창검을 잡고 일어나고, 재력있는 사람은 살림살이를 기울여 군비를 도와, 위로는 국가의 오랜 원수를 갚고, 아래로는 부모가 물려준 몸을 보전하고자 맹세한 것인데, (중략) 한번 봉정사에서 패한 뒤 홀홀히 떠나가서 진중에 일 맡을 이가 없고, 불러도 오지 않고 설득해도 깨닫지 못하여, 모두가 규율을 지키지 않음을 일로 삼으며, 심지어는 한가하게 쉬면서 비웃는 사람도 있고, 오히려 빈정거리는 사람도 있으니, 우리 고을의 충의의 풍속이 뜻하지 않게도 사람들 대접함에 그 박절함이 이에 이르렀습니까? 軍兵에 필요한 일체의 물품이 더욱 긴급한데 어떤 사람은 전부를 거절하고 내지 않으며, 어떤 이는 반만 내고 회피하니 군사의 주머니가 텅 비어 주림에 시달리어 전전하며 기식하는 형편입니다. 그 대세가 어느 날 갑자기 스스로 무너질 터인 즉, 여러분의 생각은 의진이 파산한 죄를 저 한 사람에게 돌리고 의젓이 義를 행하였다고 자처하시렵니까.[71]

69) 「與金持平(興洛)」, 『拓菴全集』 下, 척암전집간행회, 1983, 461쪽.
70) 「與河回柳氏門中」, 위의 책, 461쪽.

그러면서 그는 "차라리 한 사람의 손에 죽을지언정 만인의 입에 오르내려 매장되고 싶지 않으며, 지금 사람의 쇠망치를 맞아 쓰러질지언정 어찌 차마 편안히 죽어서 뒷사람의 筆誅에 죽겠느냐."[72]라는 결의를 보였다.

고종이 暗行曉諭使 張錫龍·鄭宜黙·金近始를 파견시켜 해산을 종용하였다. 그러자 김도화는 이들에게 "의병을 巡諭하려는 제공들이 먼저 힘을 합쳐 적 토벌을 맹세하면 어찌 의병이 해산되지 않으며, 국정을 좀먹고 나라를 팔아서라도 자신의 이익을 추구하는 간흉을 제거한다면 무엇 때문에 의병이 해산하지 않겠는가"라는 내용의 격문을 보내면서 자신의 태도를 분명히 밝혔다.[73] 또 안동부의 참사관인 홍필주에게 답으로 보낸 격문에서 "춘추의 의리를 들어 불공대천의 원수를 토벌하겠다는 것이고, 아니면 살신성인으로 죽도록 수행해서 명분과 절의를 지키겠다는 것이며 성패 여부는 그 다음 문제다."라고 밝혔다.[74]

1896년 7월 이후 김도화가 안동의진을 어떻게 유지했는지에 대한 기록은 아직 나타나지 않는다. 안동의진 일부가 영해전투에 참가했고,[75] 7~8월에 200명의 예안의진과 함께 400명의 안동의진이 연이어 패배했다. 이 무렵, 8월 초 안동의진의 도총은 김하림이었다.[76] 그리고 8월에 그가 金有辰을 軍官校尉로 임명한 사령장이 남아 있는 것을 보면, 아직 안동의진이 활동하고 있음을 알 수 있다.[77] 전국적으로 을미의병이 해산되는 것은 그해 여

71) 「與鄉道士林」, 위의 책, 462쪽.

72) 「檄告鄉道文」, 위의 책, 465쪽.

73) 李完栽, 「해제」, 『拓菴全集』 上, 척암전집간행회, 1983, 16쪽; 「檄告暗行曉諭使 張錫龍·鄭宜黙·金近始」, 본문에는 김근시가 金近淵으로 기록되어 있다. 위의 책, 466쪽.

74) 李完栽, 「해제」, 『拓菴全集』 上, 16쪽; 「答本府參書官洪弼周檄文」, 앞의 책 下, 466쪽.

75) 金道鉉, 「碧山先生倡義顚末」, 『독립운동사자료집』 2, 독립운동사편찬위원회, 1970, 38쪽.

76) 金道鉉, 「碧山先生倡義顚末」, 『독립운동사자료집』 2, 독립운동사편찬위원회, 1970, 45쪽.

77) 첩지에는 "金有辰 汝爲本營軍官校尉宜當爲乙事 丙申 八月 日"라는 내용의 글이 적혀 있고, 營門倭囑 다음에 '和'라는 김도화의 수결이 적혀 있다(일직면 귀미마을 김유진의 후손이 소장).

름이거나 그 전이었다. 장마를 거치면서 대다수의 의진이 힘의 한계를 느끼고 해산한 것이다.

이 무렵 8월에 영남지역 의병의 해산을 종용하는 고종의 「勅嶺南義陣」이 도착하였다.

> 너희들은 결코 풀고 돌아가지 않으니 그 뒤에도 윤음이 연이어 내려가고 선무사가 겹쳐 내려갔으나 함부로 임금의 명에 따르지 아니하고 도리어 罪戾를 범하니 부득이 병사로 하여금 시위케 한 것이다.[78]

안동의진이 해산한 것도 바로 이 직후쯤으로 여겨진다. 9월 11일(음 8.6)에 대대장 李兼齊가 직접 병정 100여 명을 이끌고 안동부에 도착한 것이다. 더 이상 버틸 공간이 없게 되었다. 9월 17일(음 8.12)에는 어사와 군수 등이 나서서 효유하고, 해산하는 의병들에게 5냥씩 돈을 지급하였으며, 조총 170정을 거두어 망가뜨려 큰 못 속에 집어넣었다. 그러자 9월 24일(음 8.19)에는 안동의진 대장(김도화)도 사죄하고 물러났고, 9월 30일(음 8.25) 선봉장이던 류시연도 砲를 납입하고 물러갔다.[79] 이로써 안동 전기의병이 종결된 것이니 9월 말일이 그날인 셈이다. 10월에 들어서는 결국 김도현이 이끄는 영양의진만 남고 모두 해산한 것인데, 그는 보름 뒤인 10월 15일(음 9.9)에 해산함으로써 전기의병 중 전국에서 가장 오래 의병을 이끈 기록을 남겼다.

김도화도 의병 봉기를 촉구하는 「애통조」와 해산을 요구하는 「해산령」 사이에 고민했던 것 같다. 고종은 아관파천 당일인 1896년 2월 11일에 내려진 해산령 이후 여러 차례에 걸쳐 해산령이나 회유하는 관리를 파견하였다. 또 관군이 파견되기도 했다. 그래서 의진을 해산시킨 뒤, 그는 이 문제

78) 「勅嶺南義陣 丙申 八月」, 『拓菴全集』, 척암전집간행회, 1983, 455쪽.

79) 李兢淵, 『乙未義兵日記』, 1896년 8월 19 · 25일자.

를 부각시켰다. "전일에 내려주신 애통한 교서와 은혜로운 諭文과 포고의 뜻과는 모두가 어긋나고 있습니다."[80] 그는 해산령이 친일 주구들에 의해 만들어진 것으로 단정하고 전투를 전개하였다.

김도화는 해산에 대한 심정을 다음과 같이 정리하였다.

> "이제 임금께서 …… 관찰부 신제도를 혁파하고 단발 명령을 거두어 의관문물이 옛 모습으로 돌린다 하시니 태평성세를 다시 오늘에 볼 수 있게 함입니다. 정말 잘 하신 일입니다. 신 등이 감히 어찌 삼가 봉행하지 않겠습니까. 돌아가 책 읽고 밭 갈며 처분의 날의 기다리겠습니다."[81]

6. 맺음말

김도화는 의병을 해산한 뒤, 정국의 변화를 지켜보면서 상소문이나 격문을 줄곧 발송하였다. 1905년 2월 을사조약에 맺어질 때 「請罷五條約疏」를 올려 격렬하게 반대하였다. 1910년 일제에 강점되자, 그는 며칠 동안 통곡하여 마치 실성한 듯하였다. 그는 「請勿合邦疏」(1910.8)를 올리고, 「慟哭詞(庚戌八月二日 見所謂布告者 慟哭賦此)」를 지었다. 그리고 「檄告統監文」·「再檄告統監文」·「布告各國公司官文」 등을 발표하였다. 그리고 강점당한 뒤에 그의 집 대문에는 '合邦大反對之家'라는 현판을 붙이고, 사실상 가택 연금 생활을 하였다.

일제강점기에 들어 그는 독립운동가들의 열전을 집필하기도 했다. 그것은 崔益鉉·閔永煥傳, 李在明傳, 安重根·李儁傳, 金舜欽傳 등 4편으로 된 6명의 열전이었다.[82] 최익현을 통해 의병과 항일순절을, 민영환과 이재명

---

80) 「破兵後自明疏」, 『拓菴全集』 下, 척암전집간행회, 1983, 457쪽.

81) 위의 글, 458쪽.

82) 「崔益鉉·閔永煥傳」, 「李在明傳」, 「安重根·李儁傳」, 「金舜欽傳」, 위의 책, 476~478쪽.

을 통해 을사조약에 대한 항거를, 안중근을 통해 왜추에 대한 투쟁을, 이준을 통해 국제적 활약과 순절을, 그리고 안동 풍산 오미동 출신 김순흠을 통해 척사유림의 단식순절을 각각 부각시켰다. 이를 통해 그의 의도가 독립운동을 펼친 인물을 부각시켜 민족의 열기를 그곳에 집중시키려는 데 있었음을 알 수 있다. 민족문제를 해결하기 위해 투쟁적인 영웅을 앞세운 것이다.

김도화는 1912년 8월, 87세로 서거하였다. 그는 의병항쟁과 구국계몽운동이라는 두 줄기 민족지성의 삶 가운데 전자의 줄기를 끝까지 지키며 살다 갔다. 무너져가는 국가를 지탱해 보려 했지만, 결국 망국의 한을 안고 간 것이다. 곽종석은 그를 추모하여, "선배들이 차례로 영락하고 이제는 김도화 선생만이 잿더미로 변한 가운데에서 홀로 우뚝하게 서서 標幟를 잡아 버티고 서 있었으니 전 영남이 받들던 지주였다."고 추앙하였다.[83)]

그는 독립운동의 출발점인 의병항쟁 가운데, 전기의병에서 안동의병장으로 활약하였다. 칠순이 지난 고령일 뿐만 아니라 훈련되지 못한 병력과 절대적으로 모자라는 물자만 가졌지만, 그는 직접 전장을 누볐다. 성패 여부는 뒤로 미루고 오직 민족문제 해결이 문제일 뿐이었다. 그는 그 시대를 대표할 최고 민족지성 가운데 한 사람이었다.

83) 郭鍾錫, 「壙誌」, 위의 책, 517쪽.

3장_ 순절지사 이중언의 생애와 자료

1. 그가 태어난 하계마을

안동에서 북쪽으로 25km 남짓 달리면 도산서원 입구에 이른다. 서원을 향해 가파른 벼랑길을 꺾어 들어 도산서원 주차장에 이르고, 다시 새로 만들어진 언덕길을 하나 넘으면 退溪 李滉의 종가로 향하는 길을 만난다. 이곳이 上溪인데, 집이라고는 종택만 보일 뿐이다. 만약 국도에서 도산서원 좁은 길로 들지 않고, 그냥 국도를 따라 북쪽으로 산길을 넘으면 온혜마을이 나온다. 龍頭山 계곡물이 騫芝山과 靈芝山 자락 사이를 졸졸 흘러나와 만들어진 溫溪, 따뜻한 물이 앞을 흐른다고 지어진 온혜마을, 지금은 조그만 온천도 들어선 이곳이 퇴계가 태어난 마을이다.

안동에서 온혜로 가다가 마을로 들어서기 전에, 파출소 맞은편 동쪽 골짜기로 접어들면 상계로 가는 길이 된다. 본래 이 길이 土溪 물줄기를 따라가는 길이다. 온계를 떠나 물길을 좇아가다보면 퇴계 종가가 단아하게 터를 잡은 상계에 이른다. 지금은 종가 본채와 사랑채인 秋月寒水亭만 조용하게 앉아 있어서, 옛날 종가 앞으로 벌려서 있던 마을 형세를 짐작하기도 힘들다.

상계에서 다시 좁다란 골짜기를 1km 남짓 더 내려가면 골짜기가 삐죽 열리면서 낙동강 한 자락이 눈앞에 다가선다. 토계가 낙동강 본류로 접어드는 어귀, 이곳이 下溪이다. 지금은 황량한 바람만 몰아들지만, 이곳에 하계마을이 있었다.

하계는 퇴계의 유적지이자 퇴계가 영원히 잠든 곳이기도 하다. 일찍이 퇴계가 養眞庵을 짓고 사유하던 곳이자, 1546년에 '동암에서 뜻을 말하다' 라는 '東巖言志' 두 편을 노래한 곳도 여기다. 더구나 그가 마지막 유택을 정한 곳이 바로 이 마을 뒷산이다. 산소 입구에 버티고 선 동암은 마치 수호신인 듯하다. 그 아래 터를 잡은 하계마을은 뒤로 퇴계 선조를 모시고, 앞으로는 낙동강을 향해 발을 뻗었다. 자랑스러운 선조의 묘소를 지키는 마을이라는 느낌도 주지만, 오히려 가르침에 털끝만큼도 벗어나지 않는 기품이 배어 있는 곳이기도 하다. 그 발치 아래 토계천을 건너 溪南 마을이 들어섰다. 그리고 뒷산을 비켜 동쪽으로 한 걸음 더 나아가면 遠村마을, 다시 한 걸음 더 가면 丹沙마을, 낙동강 개울 너머가 川沙(내살미)마을이다. 이들 마을은 모두 퇴계 손자인 東巖 李詠道의 후손들이 펼쳐 나간 공간이다.

이영도가 터를 연 하계마을에서 조선후기를 장식한 많은 인재들이 배출되었고, 그들이 남긴 족적은 역사 속에 뚜렷하게 드러난다. 그렇지만 지금 이곳에 서서 옛 모습을 조금이라도 짐작할 사람은 전혀 없다. 1975년에 안동댐이 들어서면서 옛 마을은 사라지고, 그렇게 많던 고택들이 뿔뿔이 흩어지거나 사라져 버렸기 때문이다. 그러한 사연들을 알 길이 없는 길손들은 말로만 듣던 그 하계마을이 겨우 이런 것이냐면서 의아스런 눈빛을 띠게 마련이다. 150호를 자랑하던 마을은 안동댐 만수선에 걸려 모두 사라지고, 물이 들어차지 않을 때는 황량한 빈 밭으로 만신창이가 된 몸을 드러내고 지낸다. 또 퇴계 묘소 입구에 버티고 섰던 동암 바위는 흙 속에 몸을 반이나 파묻히는 바람에 위용을 잃었다. 그 모습이 마치 몰락을 상징이라도 하는 듯, 안타깝기 그지없다. 자신의 유택 발치 아래에서 역사적 유산을 이어가며 4백 년이나 문화를 꽃피우던 후손들을 퇴계가 흐뭇하게 지켜보았을 터. 그러다가 어느 한 순간에 마치 아무것도 없던 양, 허망스럽게 변해버린 골짜기를 내려다보는 퇴계의 심정은 과연 어떠할까? 수몰된 지 30년 넘은 세월에 지나지 않지만, 옛 모습을 전해줄 인물조차 찾기 힘든 오늘을 어떻게 설명해야 할 지 그저 막막하기만 하다.

하계와 계남마을에 있던 건물 몇 채를 만수선 위로 옮겨 놓았다. 그렇다고 옛 모습을 말해주기에는 터무니없다. 만약 이곳에 하계마을 역사를 말해주는 기념비 하나 없다면 지나는 길손들은 누구도 옛 이야기를 알 수 없을 것이다. 아쉽기야 한량없지만, 그래도 마을 앞에 근년에 세워진 '하계마을 독립운동 紀蹟碑'가 마을의 존재와 역사를 전해주고 있어 그나마 다행이다. 만약 이 기념비마저 없다면 그 누가 이곳에 민족의 영웅들이 태어나고 바른 역사를 일갈하던 곳이라 알 수 있으랴. 조동걸 교수가 지은 비문을 보면서 이 마을 내력을 짚어보자.

> 우리 역사 오천년에 가장 우리다운 것은 선비의 삶이다. 선비는 누구나 추구하는 人間像으로 글과 도덕을 존중하고 의리와 범절을 세워 살아가는 모든 이를 말한다. 下溪村에도 그런 사람들이 살았다. 하계촌의 인적은 450년 전에 退溪의 養眞庵에서 비롯되나 마을은 4백 년 전에 선생의 손자 東巖(李詠道)께서 개척하였다. 眞城李氏 集姓村으로 1975년 安東湖가 범람할 때까지 370년간 선비의 기상을 드높여왔다. 이곳 선비들이 표방한 퇴계사상의 요체는 仁과 敬에 있는데 표현 방법은 때에 따라 달랐다. 임진왜란 때 起義했던 東巖은 병자호란을 당하자 79 고령에 悲憤感疾로 세상을 마쳤고 선생 12세손 響山 李晩燾와 13세손 東隱 李中彦은 경술국치 때 自靖으로 순국하였다. 致澤 인생을 見危授命으로 마감한 것이다. 이런 전통은 다시 독립운동으로 꽃피어 靑史를 새롭게 빛냈다. 故事를 알려거든 여기서 百步 올라가 先生墓所에 새겨져 있는 自銘을 보든지 百步 내려가 수몰된 하계마을에서 古人의 예던 길을 살펴보라.

하계마을은 선비마을이다. '글과 도덕을 존중하고 의리와 범절을 세워 살아가는 모든 이', 그런 선비정신이 그 어느 곳보다 자랑스럽게 전승되던 마을이 바로 하계촌이다. 퇴계 손자 동암 이영도가 터를 잡은 이 마을, 여기에서 살아온 진성이씨를 '하계파'라 부른다. 하지만 낙동강 건너 남쪽에 있는 宜仁 마을만 제외한다면, 상계와 원촌, 계남과 부포가 사실상 모두 동암의 후손들 마을이다. 동암이 둘째 아들을 퇴계의 맏손자이자 자신의 맏형인 李安道에게 양자를 들였으므로, 큰 집인 상계와 본인이 터를 잡은 하계가 모두 동암의 혈맥에 속한다. 그뿐만 아니라 강쪽으로 溪南, 고개 하나 비켜 넘어 遠村과 丹沙, 강 건너 浮浦가 모두 그의 후손들의 터전이다. 하계파는 그래서 같은 문중에서도 남다른 정서를 갖고 있다. 항상 큰 종가를 섬기면서도, 스스로 무거운 역사적 책무를 느끼고 살던 마을이 하계였다. 그러던 마을이 40여 년 전에 안동댐 건설로 사라져버린 것이다. 그것도 댐 한 복판이 아니라 상류 끝자락이니, 몇 미터만이라도 흙을 쌓아 마을을 보존하려 했다면 역사와 문화를 자랑하던 현장이 이처럼 허무하게 사라지지 않았을 것이다.

2. 퇴계 후손으로 태어나다

李中彦, 司諫院 正言을 지냈다고 해서 '정언 할배'로 불리는 그는 철종 원년, 즉 1850년 2월 12일에 안동 예안의 하계마을에서 태어났다. 그의 집은 마을에서도 가장 높은 곳에 자리 잡은 입향조 동암의 종가 守拙堂 바로 아래에 있었다. 퇴계 묘소 밑을 지키고 선 '동암' 바위 근처에 종가가 있었고, 바로 그 곁에 향산 이만도, 앞쪽에 이중언의 집이 각각 서 있었던 것이다. 그리고 그 아래로 낙동강을 거슬러 오르며 강변에 150호 넘는 집이 늘어서고 들어차 있었다.

그의 자는 仲寬이며 호는 東隱이다. '중관'이라는 자에는 너그럽고도 관대하게 살아가라는 어른의 가르침이 담긴 것이라 여겨진다. 살아가던 동안 늘 지침이 된 이름이었을 것이다. 이에 반해 '동은'이라는 호는 그가 살아가는 동안에 사용한 것이 아니라, 생을 마감하면서 후손들에게 알려준 것이었다. 세상을 하직하면서 자신의 삶과 뜻을 한마디로 정리한 호칭이자, 장례 과정에서 비로소 사용되기 시작한 이름이 '동은'이다. '東'에서 하계마을을 연 동암 선조의 뜻을 잇는 후손이라는 의미가, '隱'에서는 뒤틀려진 세상사를 외면하고 조용하게 들어앉은 삶을 살아왔다는 의지가 느껴진다. 그래서 동암 선조의 삶과 뜻을 이으면서 은일한 삶을 지향했던 선비로서, 자신의 일생을 스스로 정리한 한마디가 바로 '동은'이었다.

진성이씨 하계파는 학문과 관직이 끊이지 않고 빛을 내뿜은 명가 가운데서도 이름난 가문이다. 동암이 마을을 연 이후 문과에 급제한 인물만 쳐도 15명이나 된다. 대개 지방 출신 문과급제자를 찾아보면 군 단위로 5, 6명이거나 많더라도 10명을 넘는 경우가 흔하지 않다. 그런데 이 마을에서만 그 수치가 15명이나 되니, 글하는 마을이자 선비마을임을 말해주고도 남는다. 이중언 직계 조상도 마찬가지이다. 가까운 선조만 들더라도 5대조 李世觀은 이조참의에 증직되고, 4대조 李龜元은 첨중추부사, 조부 李彙濟는 부호군, 부친 李晩佑는 첨중추부사를 지내고 이조참판에 증직되었다. 한편 외가는 내앞(川前)마을로, 어머니 淑夫人은 金鎭斗의 딸이다. 그는 형 李中八에 이어 둘째 아들이자 막내였다.

이렇게 좋은 집안이지만 그는 세상에 태어나자마자 불행한 일을 당했다. 출생 직후에 어머니를 잃은 것이다. 그 바람에 그는 할아버지의 보살핌 속에서 성장하였다. 특히 조부는 그가 어릴 때부터 절도가 있고 굳센 그의 성품에 대해 특히 호감을 가졌고, 재주와 기상이 뛰어나 집안을 크게 일으켜 세울 수 있으리라 기대하였다.

그는 가학을 이어받았다. 하계마을의 학문은 퇴계의 학문을 가장 전형적으로 계승·발전시켜 나간 곳이다. 이곳에서 퇴계의 증손자이자 입향조 동암 이영도의 아들인 守拙堂 李岐를 잇는 학맥이 골간을 삼아 크게 두 갈래로 나뉜다. 하나는 이기(공릉참봉, 9대조)·이희철(장수도찰방, 증 이조참판, 8대조) · 이회(증 이조참판) · 이수약(정릉참봉, 증 이조판서, 6대조) · 이세관(증 이조참의, 5대조) · 이구원(4대조) · 이태순(종증조부)으로, 또 이세관 · 이구휴 · 이야순으로 이어졌다. 다른 하나는 이기 · 이희철 · 이회 · 이수약 · 이세사(지중추부사) · 이구서(경기전 참봉) · 이가순 · 이휘준으로 이어지는 것이다. 후자 흐름을 이은 인물이 李晩燾와 李晩煃 형제이며, 이중언이 스승으로 모신 재종숙 溪西 李晩松(사간원 정언, 통정대부)도 이가순을 잇는 인물이다.[1] 따라서 이만도와 이중언은 동일한 가학 학맥을 잇는 인물로서 더욱 특별한 관계를 가졌다. 뒷날 자정순국의 길을 함께 걸은 두 사람 관계가 서로 곁에 살았다는 사실만이 아니라 같은 학맥에서도 그 이유를 찾을 수 있다.

이중언은 재종숙 이만송의 영향으로 어릴 때부터 도리와 법도를 익힐 수 있었다. 만송은 문자를 강독하고 해석하는 선에 그치지 않고 충효의 대표적 인물들을 역사 속에서 찾아 가르치던 것이다. 그리하여 이중언은 15세가 되기도 전에 이미 四書에 능히 통했다. 다음 순서로 그는 집안 친척들과 산사로 들어가 본격적인 공부에 매달렸다. 四從叔인 이만규와 3종형三從兄 李中斗는 그와 함께 입산한 대표적인 친척이다. 이들 두 사람은 모두 문과에 급제하여 관직을 거치게 되는데, 이만규는 교리, 이중두는 이조참의를 지내게 된다.

3. 문과 급제와 사간원 정언, 그리고 사헌부 지평

이중언은 과거 준비에 심혈을 기울였다. 1872년(고종 9) 鄕試에 합격하고 이듬해 봄 大科에 응시했지만 낙방했다. 1875년(고종 12) 또 성균관에서

1) 권오영, 「가학의 흐름, 학문활동과 저술」, 『터를 안고 仁을 펴다』, 예문서원, 2005, 141~142쪽.

시험에 응시했지만 會試에는 나아가지 않았다. 그러다가 1879년(고종 16) 5월에 비로소 대과에 합격했다. '문과 갑과 제3인', 즉 그가 갑과 3등이란 좋은 성적으로 대과를 통과한 것이다. 그는 朝奉大夫 尙衣院 直長에 제수되었다. 나이 만 29세에 합격한 일이라 힘든 만큼이나 영광스런 일이기도 했다. 그러나 아쉽게도 이때는 자신을 길러준 할아버지가 세상을 떠난 지 2년이 지난 시기였다. 자신의 영광이 조부의 애정과 정성으로 빚어진 성과임을 잘 알고 있던 만큼, 조부 생전에 합격하지 못한 아쉬움에 그는 가슴 저려했다.

> "不肖가 과거에 합격할 수 있었던 것은 실로 할아버지께서 가르치고 독려하신 은혜에 따른 것입니다. 지금 슬하에서 얻은 영광을 돌려드리지 못하게 되었으니 그 죄로 인한 悔恨을 가눌 길이 없습니다."[2]

이는 고인이 된 조부에게 고해 올린 이야기이다. 뒷날 관직 생활을 거치면서도 그는 조부 제삿날이 다가오면 멀고먼 고향 길을 찾아 제사에 참례하였다. 더러는 홍수가 나는 바람에 왕래하면서 위험한 고비를 몇 차례나 넘기기도 했다. 전해지는 이런 이야기는 모두 그가 조부에게 갖는 지극한 그리움이자 존경심에서 나온 것이다.

문과에 급제한 그해 6월에 그는 通訓大夫로 승진하면서 成均館 典籍이 되었다. 이어서 그는 司諫院 正言으로 발령을 받았으나 외지에서 서울로 부임하기도 전에 교체되었다. 그러다가 다음 해인 1880년(고종 17) 여름에 그는 司憲府 持平에 제수되면서 다시 조정에 들어섰다. 陵廟 제사에 책임을 맡아 나아갈 때마다 법도에 한 치도 틀리지 않게 일을 진행했으며, "멀리 떨어진 궁벽한 곳에 사는 한미한 신하가 나라에 보답할 것은 오직 이 한 길 밖에 없다."고 말하곤 했다. 그러나 이마저도 그리 오래지 않아 그는

---

2) 李中業, 「家狀」, 『東隱實紀』.

고향으로 돌아왔다. 격변의 시대가 눈앞에 닥쳤기 때문이다.

4. 영남만인소를 이끌어내다

대과에 급제하던 다음 해 여름, 잠시 사헌부 지평을 맡던 그가 늦가을에 귀향하였다. 바로 그 가을에 조선 전체를 뒤흔드는 사건이 발생하였다. 『朝鮮策略』이란 책이 국내로 들어와 그 내용이 알려지자, 곳곳에서 유림들의 반발과 비판이 격렬하게 터져 나오고, 풍랑이 전국을 파도치게 만들었다.

그가 문과에 급제하던 그 시기는 외세 침략 앞에 나라가 억지로 문을 열던 때였다. 그가 청소년기를 지나던 1860년대에 이미 서양 오랑캐들이 침략해 왔고, 안동 골짜기에도 위급한 소식들이 전해졌다. 1866년 병인양요에 이어 1871년 신미양요가 벌어졌다. 프랑스와 미국의 침략이 서해안과 강화해역에서 벌어지고, 서울을 위협하는 사건이 연이어 터졌다. 흥선대원군이 전국에 포수들을 소집하였고, 경상도에서도 포수들이 서울로 향하면서 곳곳에서 소용돌이가 몰아쳤다.[3)]

서학이나 서양 오랑캐의 접근을 허용하지 말고 전통 질서를 지키라는 상소, 斥邪疏가 유림들 사이에서 터져 나왔다. 衛正斥邪論이라 불리는 이들의 논리는 주자학적 질서인 正을 지켜 나가면서, 주자학 이외의 사상, 특히 서양의 사상이나 종교가 사악하고 나쁜 것이므로 배척해야 한다는 斥邪를 주장하였다. 그렇다고 이들이 무턱대고 서양문화 도입을 반대하지는 않았다. 교역한다면 서양의 공산품 공세에 우리 농산품이 감당하지 못할 것이고, 결국에는 경제적으로 그들에게 예속되리라 경고했다. 무척 정확한 예

3) 박주대 저, 박성수 주해, 『渚上日月』 上, 서울신문사, 1993, 102~104 · 127~128쪽.

측이었다. 또 그들은 서유럽 문화가 유입됨에 따라 조선의 고유문화와 심지어 기존 질서까지도 붕괴할지도 모른다고 걱정하였다. 또 이들은 서양 열강의 침략성을 비판하는 한편, 당시 조선이 안고 있던 병폐를 개혁하라고 주장하고 나섰다.

위정척사론은 1800년대 중반 이후 열강 침탈에 대한 위기감이 높아지면서 구체적인 운동 형태로 나타났다. 1876년 강화도조약 체결로 말미암아 왜양일체론, 즉 왜와 서양 오랑캐가 동일하다는 논리로 일본과 수교를 반대하는 상소운동이 일어났다. 최익현을 비롯한 척사론자들은 개항체제로 조선사회가 일본에 의한 半植民 상태로 떨어질 우려가 있음을 지적하였고, 불평등한 조약 체결을 반대하였다.

하지만 일본의 강박을 받으면서 조선은 1876년 개항하였다. 홋카이도를 빼앗고, 오키나와의 류큐 왕조를 붕괴시켜 장악한 일본이 바로 이어 1874년에는 타이완을 침공하였다. 그리고서 다음 해에 그 함선을 돌려 제물포를 향했고, 미국의 함포외교를 흉내내어 1876년에 들자마자 수호조약이라는 이름으로 침략을 향한 교두보를 확보했다.

이중언이 대과에 합격한 시기가 1879년이니, 개항한 지 3년이 지난 해였다. 문과를 거쳐 관직 생활로 발을 내딛던 그 순간이 곧 일본 침략이 시작된 직후였고, 해외 세력을 제대로 가늠하지 못한 상태에서 혼돈을 겪던 무렵이었다. 개항 직후에 정부는 유림들을 다독이느라 일본과 서양 오랑캐는 같은 부류가 아니라고 말했다. 倭와 洋이 서로 다르니, 이를 구분하여 왜와는 통교하자는 주장이 개항으로 나아간 논리였다. 서울에 들어선 일본인이나 서양 물건을 보면서 그로서는 쉽게 현실을 수용하기가 어려웠다. 그는 '우리 樂土에서 원숭이와 새가 동맹을 맺는 상황'이라고 표현하였다. 이는 당시 현실을 바라보던 안타까운 그의 심정을 말해준다.[4]

---

[4] 李中業, 「家狀」, 『東隱實紀』.

그 무렵, 서울에 들어온 『朝鮮策略』이란 책이 천 갈래 만 갈래 파문을 일으켰다. 일본 주재 청국 공사관에 근무하던 외교관 黃遵憲이 지었다는 이 책은 1880년 8월 2차 수신사로서 일본에 갔던 김홍집이 가져온 것이다. 이중언이 사헌부 지평이 된 때가 바로 이 무렵이었다. 이 책이 유림들에게 알려지면서, 그해 11월부터 격렬한 반발이 일어나기 시작했다. 그 선두에 도산서원이 있었고, 논의의 선두그룹에 그가 서 있었다.

『조선책략』은 황준헌의 개인 의견이라는 형태로 집필되었지만, 사실상 중국의 실력자 李鴻章의 뜻이 담긴 책임에 틀림없다. 그 핵심은 러시아 남하를 막아내는 동아시아－태평양 연대를 형성하는 데 조선이 참가해야 한다는 내용이었다. 1860년대에 들어 청조가 마주친 열강세력 가운데 무엇보다 러시아가 가장 위협적이었다. 서유럽 열강이야 기껏 조차지를 장악하는 데 그치지만, 러시아는 중국과 직접 국경을 맞댄 나라이고, 1689년 네르친스크 조약 이후 줄곧 국경 문제가 심각하게 떠오른 국가였다. 특히 1860년 북경조약으로 청국은 러시아에게 연해주를 넘겨주고 말았다. 러시아 남하로 말미암아 만주지역은 청국에게 가장 고민스럽고도 위험한 공간으로 여겨지게 되었다. 청국 정부가 왕조의 발상지인 만주지역을 보존하기 위해 시행해 오던 封禁政策을 해제하고 이주정책을 펴기 시작한 이유도 거기에 있었다. 마침 조선이 일본과 조약을 맺고 개항하자, 이홍장은 미국을 끌어들여 청－조선－일본－미국으로 연결되는 대러시아 방어라인을 구상하고, 이를 위해 조선이 미국과 연대를 형성해야 한다고 요구하고 나섰다. 이 점이 바로 『조선책략』이 노린 목표였다.

이 책에는 구체적인 방안으로 親中國·結日本·聯美國을 제시하였다. 이는 중국과 친하고 일본과 결속하며 미국과 연합해야 한다는 뜻이다. 그런데 이미 청국과는 그러한 관계에 있고, 일본과는 병자수호조약을 맺은 처지이므로, 남은 과제가 바로 미국과 조약을 맺는 일이었다. 결국 청국이 요구한 사실은 조선이 미국과 연합해야 한다는 것이다.

조선 정부는 청국이 제시한 정책을 수용하는 방향으로 가닥을 잡아나갔다. 1880년 여름을 지나면서 정부의 정책기조가 구체화되어가자, 유림들의 반발이 일어나기 시작했다. 11월 1일 도산서원에서 「通文」이 발송되었다.[5] 이것이 '嶺南萬人疏'라고 불리는 거대한 저항운동의 서막이었다.

도산서원이 『조선책략』으로 말미암아 벌어지던 난국에 대처할 방도를 찾자는 논의를 제기하고 나섰다. 도산서원에서 발송된 通文이 영남지역 전역으로 전달되었다. '통문' 맨 끝에 발의자 11명 명단이 적혀 있고, 그 속에 이중언이 들어 있다. 그 내용은 다음과 같다.

上有司	李晩孫		齋任	琴鼎基
製　通	李晩恊		寫通	李晩疇
會　員	前參判	李晩運	進士	李中軾
	前參奉	李中慶	進士	李晩杰
	前校理	李晩養	進士	李　珀
	前正言	李中彦		

만 30세가 되던 1880년, 사헌부 지평으로서 잠시 서울에 머물던 그가 가을에 귀향하였다. 그때가 『조선책략』이 파문을 일으키기 시작하던 시기였다. 그리고서 마침 도산서원에서 논의를 시작하는 데 동참하였다. 일본에 개항한 것은 어쩔 수 없다고 하더라도 미국과 연합하는 일은 있을 수 없는 것으로 받아들여졌다. 도산서원 상유사 이만손을 비롯한 발의자들은 都會라 불리는 유림대표회의를 소집하기로 결정했다. 이를 위해 통문을 작성했다.

도산서원 통문은 미국과 연합해야 한다는 주장을 통렬하게 반박하였다. 통문은 청국이 미국을 끌어들이기 위해 야소교가 천주교와 다르다고 주장

---

5) 당시 서울 소식을 안동으로 전해주던 인물 가운데 대표적인 사람이 東亭 李炳鎬(일명 李定鎬)였다.

하지만, 사실상 결코 그렇지 않다고 못 박았다. 이 글은 헌종의 척사윤음을 인용하기도 하고, 정조가 내린 '先正賜侑文'에서 "비록 이단이 이에 서로 유혹하지만, 영남 일흔 한 고을이 미혹되지 않았으니, 이 때문에 鄒魯之鄕이라 하니 누구의 공로이겠습니까?"라고 물으면서 척사소를 올리자고 다음과 같이 제안하였다.

> 우리 대 영남이 선조의 보호와 가르침, 그리고 先正의 가르침을 입고 있음은 무엇 때문입니까? 아! 액운을 만나 온 세상이 망해 버렸으되, 한 줄기 문명의 기운이 우리 동방에 부쳐 있으니 어떻게 서로 사설에 빠져 晦滅을 저들에게 맡기고 말겠습니까? 선비된 자는 우리의 도를 위하여 죽을 때가 바로 지금입니다. 이에 모여 논의하고 규탄 척사를 요구하는 소를 닦기로 하고, 이번 달 25일 안동 崇報堂에서 도회를 열기로 결정하였으므로, 동지 군자들에게 받들어 고하노니 삼가 원컨대 일제히 오셔서 일의 효험을 굳게 다짐하는 바탕으로 삼게 해 주신다면 천만다행이겠습니다.[6]

도산서원 통문은 1880년 11월 25일, 안동시내에 있는 太師廟 강당인 숭보당에서 유림들의 집회인 都會를 연다고 밝혔다. 이것이 곧 영남만인소를 기점으로 삼은 辛巳(1881년) 대척사운동의 시작이었다. 그런데 실제 도회가 열린 장소는 태사묘에서 200m 정도 떨어진 안동향교(현 안동시청 자리)였다.

안동도회에서 상소 대표인 疏首로 퇴계 후손이자 도산서원 상유사이면서 '도산서원 통문' 대표 발의자인 이만손이 뽑혔다. 그리고 조사에 崔蓍述·柳必永·權述鳳·金絢輝·李炳鎬, 공사원에 金碩奎·金養鎭·金尙欽·朴載洪·河顯源 등이 선정되었다. 한편 경상우도에서는 황난선·李震相·宋寅濩 등이 성주 神光寺에 모여 척사통문을 발송하고, 開寧鄕校에 모여 척사론에 참여하였다.

6) 도산서원「通文」(일본 天理大學 소장).

경상좌우도에서 모임을 가진 유생들은 만인소 총회장소로 상주 산양(현재 문경시 산양면)을 선정하였다. 이곳은 영남만인소를 채택하기 위한 모임만이 아니라, 뒷날 1896년에 상주 태봉에 있던 일본군을 공격하기 위해 7개 의진들이 연합하고 출정하게 되는 곳이기도 하다. 같은 장소에서 15년이라는 기간을 두고 위정척사와 관련된 대규모 모임을 가진 곳이 이곳 산양이었는데, 지리적으로 영남지역 유생들이 서울로 가기 위해 거치는 길목이기도 했다.

산양 모임은 정월 20일 무렵부터 열렸다. 모인 유생들이 논의 끝에 채택한 상소문은 姜晉奎가 제출한 척사소였다. 이만손을 소수로 삼은 영남 유생들은 2월 초에 산양을 출발하여 서울로 향했다. 대궐 앞에 엎드려 집단으로 상소를 올리는 伏閤上疏에 나선 서울행이었다. 모두 4차례나 복합상소가 펼쳐졌다. 1차 복합상소는 2월 중순부터 진행되었는데, 참여한 유생은 처음에 270~300여 명이었다. 이어서 2월 하순경에는 400여 명에 이르렀고, 안동 · 상주 · 경주 · 대구 · 김해 가운데 안동과 상주 유생이 150명을 넘었다. 2월 20일에 만인소가 받아들여져 1차 상소가 끝났다. 그러나 만인소가 여기에서 종결된 것이 아니라 4차까지 이어졌다. 즉 3월 하순까지 金祖永을 소두로 2차, 김석규를 소수로 3차, 金鎭淳을 소수로 4차 상소가 이어진 것이다.

영남만인소는 도산서원 통문과 내용이 대략 비슷하였다. 중국과 친하고 일본과 결속하며 미국과 연합하여 러시아를 막는다는 『조선책략』 내용을 비판하면서 "우리나라는 옛날부터 훌륭한 법규가 있으므로 서학을 수용할 필요가 없고, 황준헌이라는 자가 중국인이라고 하지만 일본 앞잡이"라고 주장하였다. 또 이들은 『조선책략』을 가져온 김홍집을 처벌하라고 요구하고, 기독교가 단지 천주교 명칭만을 바꾸어 쉽게 전파시키려는 데 지나지 않는다고 밝혔다.

영남만인소는 개화를 추진하던 민씨정권의 퇴진을 요구하는 정치적인 성격을 지녔다. 결국 민씨 척족에 도전장을 내밀고 개화정책을 반대한 것이어서, 정부는 영남만인소가 정권에 도전하고 있다고 규정하였다. 때문에 소수 이만손과 상소문을 쓴 강진규가 유배당하기에 이르렀다. 그러자 영남 유생들의 성향은 정치투쟁에서 점차 외세배척·반외세투쟁으로 변해갔다.

영남만인소는 辛巳年 大斥邪運動의 출발점이 되었다. 이는 경기·충청·강원지역에서 상소운동이 일어나는 계기가 되었다. 이제 유림들이 당론이나 지역성을 넘어서서 일본과 서양세력의 침략에 맞서 연대투쟁을 벌이는 상황으로 발전하였다. 그리하여 충청도에서는 洪時中과 黃載顯이 상소를 올렸고, 유생 300여 명이 韓洪烈을 소수로 삼아 복합상소를 올렸다. 그리고 4월 중순 경기도에서 柳冀榮·李行遠를 중심으로 100여 명이 상소를 올렸다.

聯美論을 근거로 삼아 조미수호조약을 추진하려던 정부에 대해 전국 유생들이 궐기하고 나섰다. 정부도 그 순간 멈칫하였다. 하지만 이러한 운동은 재집권 기회를 노리던 흥선대원군세력이 쿠데타를 기도하다가 실패하는 바람에 좌절되고 말았다. 전국에서 유생들이 들고 일어난 상황을 주시하던 흥선대원군 측근세력들이 국왕을 폐하고 흥선대원군의 서자 이재선을 추대하려다가 미수에 그친 사건이 그것이다. 이로 말미암아 정부는 대원군 측근세력만이 아니라 위정척사운동 자체를 철저하게 탄압하는 빌미를 확보했던 셈이다. 정치세력의 계산과 술수로 말미암아 유림의 구국 일념이 무너졌던 셈이다.

5. 짧은 관직 생활

대과 합격에도 불구하고 그의 첫 관직 생활은 2년이 채 되지 않았다. 1880년 가을에 귀향하여 도산서원 통문 발의자 가운데 한 사람으로 참가한 그는 1881년 전반기 동안 벌어진 영남만인소에도 참가했을 것이다. 그러다가 찬물이 끼얹어진 뒤, 그는 고향에서 조상 묘소를 둘러보고 손질하며 지냈다.

1882년 봄에 東宮의 혼인 嘉禮에 참가하여 축하인사를 올렸다. 그런데 바로 그해 6월에 임오군란이 일어났다. 신식군대에 비하여 차별대우를 받던 구식군대가 들고 일어났고, 소요를 일으켜 대궐을 침범하여 왕후를 시해하려 나섰다. 왕후 민비는 서울을 벗어나 장호원으로 가서 난을 피했다. 난을 진압한다는 명분을 내걸고 청군이 서울에 밀려들어 구식군인과 그 가족들이 주로 거주하던 이태원·왕십리 일대를 쑥밭으로 만들었다. 그리고서 흥선대원군을 중국 天津으로 붙들어 가고, 袁世凱가 이끄는 청군이 정권을 농단하기 시작했다.

이러한 난국에 그는 다시 관직에 임명되었다. 1882년 9월 2일자로 '統訓大夫 行司憲府 持平'에 임명된 것이지만 곧 귀향을 선택했다. 바로 다음 해인 1883년, 그는 부친상을 당했다. 대과에 합격하고서도 관직 생활을 펼 수 없는 분위기에서 그는 오직 정성을 다해 부친상을 치렀다. 그리고 다음 해에 벌어진 갑신정변은 그에게 벼슬살이에 대한 미련을 접게 만들었다. 그래서 그는 오로지 고향에서 농사짓고 고기 잡는 것으로 일을 삼았다.

그러다가 다시 한 번 관직에 나아가는 일이 생겼다. 만 40세 나이가 되던 1890년에 그가 상경하는 일이 생겼던 것이다. 그해 가을에 神貞皇后가 사망하자, 그는 司僕寺正에 발탁되어 장례를 담당하는 데 동참하였다. 신정황후는 추존된 익종의 비이자, 헌종의 어머니이면서 고종을 선택한 인물로 '조대비'라고 널리 알려진 인물이다. 그의 관직 생활은 이번에도 잠시였고, 곧 귀향하여 전원생활에 들어갔다.

6. 집안 돌보기

이중언은 남들이 보기에 굳센 면모를 보였다. 보기에 우선 피부가 검은 편이고, 눈빛이 강렬했으며, 거기에다가 어려서부터 담력마저 강했다. 조부는 어린 나이에 모친을 잃은 그가 나약하게 자랄까봐 걱정했지만, 강직한 그의 품성을 보면서 든든하게 생각하기에 이르렀다.

그런 강직성은 관직 생활에서 여지없이 드러났다. 명쾌한 판단과 신속한 결단이 그의 장점이었다. 그러면서도 그는 무척 온화하고 자애로운 성품을 지녔다. 겉으로 풍기는 모습과 전혀 다르게 목소리는 온화하고 어려운 이웃에게 자비심을 가지는 인물이었다. 심지어 노기를 띠고 달려드는 사람에게도 부드러운 자세로 대했고, 결국에는 그런 분위기를 만들어냈다. 이러한 모습은 의리정신이 강하고 공사 분별이 뚜렷하기 때문에 가능하였다.[7]

그는 효성과 형제 사랑이 지극한 사람이었다. 어린 나이에 어머니를 잃고 조부 손에 자란 그는 가슴 한 구석에 그리움을 안고 성장했다. 자애롭게 대하던 조부와 달리, 엄격한 교육은 숙부와 형의 몫이었다. 할아버지 손에서 자라나는 막내 손자가 대개 버릇없게 되는 것을 염려한 탓에서 나온 것이리라. 그렇게 미덥고 든든하던 형이 과거시험에 세 번이나 실패하고 경제적으로 흔들리는 정황을 맞게 되자, 이중언은 살던 집을 형에게 양보하였다. 게다가 조카들이 생업을 영위할 농토조차 마련하지 못하자 자신의 형편을 살펴보지도 않고 농토를 떼어주거나 건강한 소를 나누어주기도 했다. 또 조부와 부친을 잃은 뒤에 형이 좁은 집에 사는 데다 제사 비용에 필요한 토지를 갖추지 못하자, 그가 나서서 감실을 만들고 위패를 봉안하여 극진히 제사를 받들도록 만들었다.[8]

외가에 대한 그의 애정도 남달랐다. 외가에는 혈손이 끊어지는 비극이

7) 李中業, 「家狀」, 『東隱實紀』.

8) 李中業, 「家狀」, 『東隱實紀』.

생겼다. 그러자 외가 친족 가운데에서 양자를 구해 대를 잇도록 만든 인물도 그였다. 뿐만 아니라 그 양자를 불러 몇 해 동안 관례와 혼례 등 통과의례를 가르치고, 토지도 주어서 가문을 일으킬 수 있도록 만든 사람도 그였다. 친인척에 대한 자세가 그처럼 간절했다.[9)]

문중에 어려운 일이 생겼을 때, 그는 적극적으로 나서서 해결하려 노력하였다. 종가가 어려운 일에 처하였을 때, 그는 온 몸을 던져 매달렸다. 큰종가를 보위하려는 그의 정성은 지극한 것이었다. 그리고 자신에게 가학을 전수해 준 이만송의 제사에 반드시 제수 물품을 보태어 정성을 다한 사실도 도리를 다하는 그의 인품을 보여준다. 심지어 죽음이 임박해졌을 때도 친척들이 매서운 추위에 헐벗고 지낼까 걱정하여 옷을 내어주도록 하며 어려움을 이겨낼 방책을 제시할 정도였다.

친인척 사이에 이토록 자상하고 우애롭던 이중언이 돌연 산속으로 들어갔다. 토지와 집을 형에게 넘긴 그는 만년을 보내기 위해 1892년 아예 산속 생활을 선택하였다. 일찍이 퇴계 선조가 사유하면서 글을 짓던 유적을 찾아 나선 그는 그 골짜기에서 농사도 지어가며 은둔 생활에 들어갔다. 그곳은 봉화군 林塘山 골짜기, 新巖이란 폭포 근처라고 알려진다.[10)] 임당산은 용두산 줄기인데, 봉화군 상운면 신라2리와 안동시 녹전면 매정리 사이에 있고, 신암이라는 곳과 폭포는 녹전면 매정리에 속한다. 온혜마을에서 도산중학교를 지나 북북서 방향으로 가면 다음 마을이 도산면 운곡리다. 거기에서 용두산 서쪽 기슭을 타고 넘으면 녹전면 매정리이 나온다. 그 마을과 북동쪽 상운면 신라2리 사이 신암이라는 곳과 폭포가 남아 있다.

---

9) 李中業, 「家狀」, 『東隱實紀』.
10) 李中業, 「家狀」, 『東隱實紀』.

7. 예안 선성의진 前防將으로 태봉전투에 참가하다

임당산 골짜기에 은거하던 그를 다시 세상으로 불러내는 사건이 터졌다. 1895년 민비(명성황후로 추존)가 시해되고 단발령이 시행되는 극한 상황이 그것이다. 1895년 11월 15일 내려진 단발령은 10여 일 지나자 지방에서도 시행에 들어가기에 이르렀다.[11] 그러자 곳곳에서 유림들이 뜻을 모으자는 논의가 일어났다. 안동문화권에서는 예안에서 가장 먼저 통문이 나왔다.

〈안동문화권 전기의병 관련 통문〉[12]

1. 禮安통문 : 1895년 11월 29일(양 1896.1.13)
2. 三溪통문 : 1895년 12월 1일(양 1896.1.15)
3. 靑鏡통문 : 1895년 12월 1일(양 1896.1.15)
4. 靑鏡사통 : 1895년 12월 1일(양 1896.1.15)
5. 虎溪통문 : 1895년 12월 2일(양 1896.1.16)
6. 安東격문 : 1895년 12월 7일(양 1896.1.21)

단발령이 내린 지 14일 만에 예안통문이 나왔다. 대낮에 행인을 붙들어 강제로 상투를 잘라버리는 일이 자행되고, 그것이 지방에도 확산되기 시작했다. 단발령이 예안에 도착한 날이 음력으로 1895년 11월 27일, 즉 양력으로 1896년 1월 11일이었다. 그러자 길을 나다니기가 두렵고, 민심은 격앙되어 갔다. 명성황후 시해 소식이 들릴 때에는 임오군란 때처럼 국상이 선포된 뒤에도 뒤늦게 국모가 되살아난 것처럼, 그런 일이 생길지도 모른다고 여겨졌다. 그래서 당장 의병이 일어나지는 않았다. 하지만 단발령은 달랐다. 그것이 시행되기 시작하면서 주변에서 욕을 당하는 일이 발생하자 계

11) 단발령 시행 이틀 뒤인 1895년 11월 17일이 양력 1896년 1월 1일이다. 연호를 建陽 원년으로 정한 이 해부터 정부가 양력을 사용하기 시작했다.

12) 김희곤, 「西山 金興洛(1827~1899)의 의병항쟁」, 『한국근현대사연구』 15, 한국근현대사학회, 2000, 9~10쪽.

급과 지역을 가릴 것 없이 치욕스런 난국에 직면하게 되었다. 이를 막지 못한다면 특히 지도층이자 지배계급이던 유림들로서는 걷잡을 수 없는 치욕을 겪을 것이 분명했다. 급기야 곳곳에서 거병을 논하는 통문이 동시다발로 쏟아져 나온 것이다. 그 가운데서도 예안의 통문이 앞섰다.

예안통문에는 모두 223명이 서명했다. 그런데 그 가운데 단지 7명의 이름만 전해진다. 예안 유생 李晩鷹·琴鳳烈(혹은 琴鳳述)·목사 李晩胤·진사 金壽鉉·교리 李晩孝·승지 李中斗·유생 李中鳳이 그들이다.[13] 7명 가운데 금봉렬과 김수현을 제외하면 모두 진성이씨이다. 이만응은 상계파로서 영남만인소 소수였던 이만손의 생가 동생이고, 이만윤은 의인 출신이며, 이만효와 이중봉은 상계, 그리고 이중두는 하계 출신이다. 특히 이중두는 이중언과 과거 시험을 준비하기 위해 함께 산속으로 들어가서 공부했던 8촌형이다. 그런데 예안통문 서명자 대표 7명에서 이중언 이름을 발견할 수 없다. 하지만 223명 전체 명단에는 당연히 들었으리라 짐작된다. 참가자의 면면을 보더라도, 특히 이중두와의 관련이나, 통문 직후에 결성된 예안 선성의진에 이중언이 참가했던 점을 보더라도 그가 여기에 동참하지 않았을 리가 없기 때문이다.

> (전략) 금년 8월에 우리 국모를 시해한 큰 변이 일어났는데, 우리 국모를 폐위하고 복위하는 것도 그 놈들 손에 있고, 우리 신민에게 복을 입히는 것도 그놈들 마음대로 하니 우리나라를 너무도 업신여길 뿐만 아니라 방자하고 흉악함은 날로 심하여 더구나 임금의 머리를 깎게 하고 국(상) 중에 마침내 삭발령을 내리니 아 원통합니다. 고금 천하에 오늘 같은 일이 어디 있겠습니까. 무릇 우리나라 백성치고 누구나 다 그놈들의 살을 씹고 그놈들의 배를 쪼개고 싶은 심정인데, 도리어 고개를 숙이고 강압으로 내려진 명령에 복종한단 말입니까. 목숨은 나라에 바쳐 뼈가 가루가 되고 싶으나, 머리털은 부모에게 받았으니 어찌 죽음이 두려워서 중의 머리가 된단 말입니까.

13) 김상기, 「在元山領事 報告」, 『韓末義兵資料』 Ⅱ, 독립기념관 한국독립운동사연구소, 2001, 81~82쪽.

여생을 보내겠다고 미련을 버리고 봉화 산골로 들어간 그였지만, 단발 문제가 발생하자 다시 나서지 않을 수 없었다. 예안의진, 혹은 宣城義陣이라 불린 의병에 그도 참가하고 나섰다. 당시 기록에 '선성진'이라거나 '청량진' 등이 쓰였던 점을 헤아려 여기에서는 '선성의진'이라 부른다.

의병항쟁사에서 첫걸음은 1894년 7월에 안동에서 일어났다. 갑오의병이라 불리는 이 항쟁은 청일전쟁을 일으키기 이틀 앞서 일본이 경복궁을 점령하여 명성황후를 시해하려고 시도한 만행, 즉 갑오변란에 항거하여 궐기한 것이다. 그러다가 다음 해에 실제로 명성황후가 시해되고 단발령이 강행되자 전국에서 의병이 다시 일어나고 이듬해 1896년 병신년까지 이어졌으니, 연구자들은 이를 을미·병신의병이라 부른다. 또 뒷날 1904년부터 1909년까지 다시 일어난 중·후기의병과 구분하여 '전기의병'이라 불리기도 한다.

예안에서 일어난 선성의진은 전국에서도 비교적 일찍 일어났다. 단발령이 전해진 직후에 예안통문이 발표되고, 12월 11일(양 1896.1.25)에 거병하였다. 예안에서 일어난 선성의진이 거병한 날은 안동의진이 거병한 지 8일 뒤였고, 다른 지역에 비해서는 매우 이른 것이었다. 당시 봉화에 우거하고 있던 이중언은 분연히 나섰다.

경북북부지역 전기의병과 결성 일자

의진 명칭	결성 일자	의진 명칭	거병 일자
안동의진	1.17(음 12. 3)	순흥의진	3.14(음 2. 1)
선성의진	1.25(음 12.11)	풍기의진	3.14(음 2. 1)
문경의진	2.23(음 1.11)	영주의진	3.15(음 2. 2)
영양의진	2.29(음 1.17)	영해의진	3.23(음 2.10)
예천의진	3. 3(음 1.20)	봉화의진	3.23(음 2.10)
청송의진	3.12(음 1.29)	의성의진	3.25(음 2.12)

선성의진은 앞뒤로 네 명의 의병장이 지도해 나갔다. 처음에 의병장으로

천거된 인물은 이만도였다. 그는 이중언에게 각별한 인물이었다. 하계마을에서도 옆집에 살던 이웃이자 4종숙이 되는 인물이지만, 특히 두 사람은 같은 줄기의 가학을 이어받았다. 이중언에게 이만도는 집안 아저씨이자, 학문적 선배요, 과거시험과 관직에서 길잡이였다. 그런 이만도가 이끄는 의진에 이중언이 참가한 일은 당연하다. 그런데 이만도가 이끈 선성의진은 거병한 지 8일 만에 중단되었다. 그리고 온혜마을 위쪽의 용계 출신이자 1차 선성의진 부장을 맡았던 李中麟이 2차의진을 조직하였으니, 1차의진이 해산한 뒤 보름만의 일이다. 이중언 이름이 확실하게 등장한 것도 바로 이 2차 선성의진이다.

2차 선성의진이 결성된 날은 1896년 2월 16일(음 1.4)이었다.[14] 2차 선성의진에서 이중린 대장 아래에 이중언이 활동했다는 기록은 선명하게 남아있다. 2차 선성의진이 결성된 뒤 한 달 지난 3월 14일(음 2.1), 청송의진 기록인 『赤猿日記』에 그의 이름이 나타났다. 즉 청송의진이 결성되고 이틀 지난 이날, 선성의진 軍門都總 李中穆과 鎭撫將 이중언, 그리고 영양 左防將 金道鉉이 청송의진을 방문했다는 기록이 그것이다.

> 예안의진 군문도총 이중목과 진무장 이중언, 영양 좌방장 김도현이 와서 하루 밤을 자고 돌아갔다. 그 부대의 대오는 질서와 조리가 있어 가히 볼만 하였다. 조금 후에 들으니, "양진은 青雲에 가서 의성군수 李觀永의 집을 수색하여 적의 물건들을 취하였으니, 대개 이관영은 개화당으로 대구관찰사 李重夏 무리들인 까닭에 일전에 이미 안동진에서 잡아갔다."고 한다.[15]

이 글은 청송의진이 결성된 직후, 선성의진과 영양의진 별동대가 다녀간 사실을 말해준다. 그 방문은 의병부대를 꾸려나가는 데 필요한 군수품 확보에 목표를 둔 것이었으리라 짐작된다. 그래서 단발을 앞장서서 시행한다

14) 이긍연, 『乙未義兵日記』, 1896년 1월 4일자.

15) 『赤猿日記』, 1896년 2월 1일자. 이 글에서 金燾鉉이라는 표현은 金道鉉의 잘못이다.

든지 의병 탄압에 앞장선 지방수령들을 지목하여 처단하던 일이 발생하던 당시에, 의성군수 이관영도 그러한 혐의로 안동의진에 체포되었다. 그래서 선성의진과 영양의진은 청송 청운에 있던 의성군수 이관영의 집을 수색하고 물품을 '노획'한 것이다. 그처럼 선성의진 별동대를 이끌고 방문한 지휘장 두 사람 가운데 이중언의 모습이 확연하게 확인된다. 게다가 예안과 영양의 두 의진이 질서 정연하고 당당한 모습을 띠고 있었다는 사실도 이 글이 전해주고 있다.

이중언이 선성의진에서 또 한 번 명확하게 등장하는 것은 기록은 영양 좌방장 출신이자, 2차 선성의진의 中軍으로 초빙된 김도현의 기록 「碧山先生倡義顚末」이다. 이중언과 더불어 청송을 방문했던 김도현은 영양의진에서 활약했는데, 예안 선성의진에서 초빙하는 바람에 그는 예안으로 합류하게 되었다. 그런데 본래 2차 선성의진의 중군은 광산김씨 문중의 金奭教였다. 선성의진이 3월 말에 7개 의진이 연합하여 태봉전투를 치르게 되는데, 그에 앞서 김석교는 선성의진 중군으로서 예천에서 會盟의식에 참가하였다. 즉 회맹을 맺던 3월 23일(음 2.10)까지 선성의진 중군은 김석교였다. 그런데 바로 그 직후에 김석교는 서상렬이 이끌던 호좌의진으로 들어갔다. 그 뒤를 이어 선성의진 중군 자리를 맡은 사람이 김도현이다.[16)]

이만도의 제자인 김도현은 영양군 청기 출신으로 일찍이 청량산에서 거병을 모색하던 인물이다. 김도현이 참가하면서 선성의진은 본격적인 전투 의병 성격을 띠는 편제를 갖추었다. 그리고 바로 그 편제로 태봉전투를 치르게 되고, 거기에 이중언은 前防將으로서 참전하였다. 당시 지휘부 진용을 알려주는 간단한 편제 내용은 다음과 같다.[17)]

---

16) 벽산 김도현은 28일에 산양 도착하여 예안의진 중군에 취임하였다(「碧山先生倡義顚末」, 『독립운동사자료집』 2, 독립운동사편찬위원회, 1970, 719쪽).

17) 김도현, 「碧山先生倡義顚末」, 『독립운동사자료집』 2, 독립운동사편찬위원회, 1970, 22쪽.

〈태봉전투 당시 2차 선성의진 지휘부 일부〉

대　장 : 李中麟
중　군 : 金道鉉
선봉장 : 李仁和
전방장 : 李中彦
참　모 : 李彬鎬 · 李中燁
종　사 : 李章奎

여기에 등장하는 선봉장과 전방장, 그리고 참모와 종사가 전체 지휘부는 아니었음은 당연하다. 다만 김도현의 글에 등장하는 이 인물들은 2차 선성의진 가운데서도 핵심 인물임에 틀림없다. 김녕김씨인 김도현과 영천이씨인 이장규를 제외하면, 나머지는 모두 진성이씨들이다. 이중린은 용계, 이인화는 온혜, 이중엽은 상계, 그리고 이중언과 조카 이빈호는 하계 출신이다. 그렇다면 이중언이 2차 선성의진에서 가지는 위상과 역할은 뚜렷한 셈이다.

2차 선성의진이 활동하던 무렵에 안동에서도 큰 변화가 있었다. 안동의진이 거병하자 안동부관찰사 金奭中이 도주했다가 다시 관군을 앞세워 안동부를 장악한 일이 발생하였다.[18] 그러나 한 차례 밀려났던 안동의진이 진용을 정비하고 반격하여 다시 관군을 몰아내고 안동부성을 탈환하였다. 이에 관찰사 김석중이 탈출하자, 안동의진이나 선성의진 모두가 김석중 체포령을 내렸다. 이중린이 이끌던 2차 선성의진 시절에 내려진 체포령이다.[19] 김석중은 도주하다가 마침 문경에서 이강년의진에 붙들려 농암장터에서 처단되었다.[20]

2차 선성의진은 1차와는 달리 처절한 전투를 치렀다. 선성의진은 안동·

18) 갑오개혁은 지방제도를 개편해 조선 8도를 23개 관찰부와 그 아래 337개 군을 두었다. 그러나 이 제도는 시행 1년 만인 1896년에 13개 도로 재편되었다.

19) 이긍연, 『을미의병일기』, 1896년 1월 12일자.

20) 「운강선생창의일록」, 『독립운동사자료집』 1, 독립운동사편찬위원회, 1970, 212쪽.

봉화 · 예천 · 순흥 · 영천(현 영주), 그리고 제천에서 온 湖左義陣과 더불어 일본군 병참부대 공격에 나섰다. 상주 태봉에 터를 잡은 일본군이 그 목표였다. 당시 일본군이 부산에서 대구를 거쳐 서울로 연결되는 병참노선을 확보하고 있었는데, 그 지점이 상주 낙동과 태봉을 거쳐 수안보를 거쳐 충주로 연결되고 있었다. 그래서 의병들이 태봉 주둔부대를 공격 목표로 지목했던 터였다. 호좌의진 별동대를 이끌고 3월 10일(양) 안동에 도착한 서상렬은 연합의진 결성과 태봉 공격을 제기하였다.[21] 선성의진도 기꺼이 여기에 동참하기로 결정했다. 전방장이라는 중책을 맡은 이중언이 거기에 참전한 것은 당연하다.

선성의진 선발부대는 예안을 출발하여 1차 집결지인 안동 풍산을 거쳐 3월 20일(음 2.7) 예천으로 향했다. 선성의진은 3월 23일(음 2.10) 예천읍내 강변에서 안동권 6개 의진과 호좌의진 등 7개 의진의 대표가 백마를 잡아 그 피를 마시며 동맹을 서약하고 승리를 기원했다.[22] 예천회맹이라 불리는 의식을 치른 것이다. 그 자리에서 연합의진은 다섯 가지 맹약문을 선택하였다. 역적의 무리가 되지 말 것, 중화제도를 바꾸지 말 것, 죽고 사는 것으로 마음을 바꾸지 말 것, 사적으로 행동하지 말 것, 적을 보면 진격할 것 등이 그 내용이다.[23] 그리고서 연합의진은 태봉을 공격하기 전에 의병진압을 위해 서울에서 파견된 관군을 도운 예천군수 류인형을 처형하여 기세를 올렸다.

이중언이 예안을 출발한 시기는 3월 23일, 즉 예천회맹이 열리던 그 무렵이었다. 중군 김도현 · 선봉장 이인화와 더불어 그는 선성의진 본대 300여 명을 이끌고 예안을 출발하였다. 그 행로는 서촌과 풍산 수동, 그리고 예천

21) 권대웅, 「乙未義兵期 慶北 北部地域의 醴泉會盟」, 『민족문화논총』 14, 영남대학교 민족문화연구소, 1993, 65쪽.

22) 이긍연, 『을미의병일기』, 1896년 2월 13일자.

23) 이 맹약문은 서상렬이 元容正을 시켜 작성한 것이라 한다(李正奎, 「六義士列傳」, 『독립운동사자료집』 1, 독립운동사편찬위원회, 1970, 174~175쪽).

梧川 장터를 거쳐, 28일에 산양에 도착하였다. 이들은 도착 다음 날 전투가 시작된다는 사실을 알았다.[24)]

연합의진은 눈비 오는 날씨에도 불구하고 밤을 이용하여 예천군 용궁으로 향했다. 연합의진이 용궁을 거쳐 산양에 진을 친 날이 3월 28일(음 2.15)이었다. 15년 전 1881년 영남만인소를 시작하면서 도소를 차렸던 곳이 산양이었으니, 이중언도 남다른 감회를 느꼈을 것이다. 선성의진은 3월 28일 영주·순흥의진과 더불어 浦內村(현 문경시 영순면 포내리)에 머물고,[25)] 29일 아침 일찍부터 연합의진은 태봉공격에 나섰다. 일본군 보고에 따르면 연합의진 규모가 7천여 명이었다고 전해진다. 일본군은 100명을 넘지 않았지만, 의병에 비하여 무장력이 월등했다.

태봉전투는 이틀 동안 벌어졌다. 그 선두에 선성의진이 나섰고, 풍기·순흥·영주의진이 뒤를 따랐다. 안동의진이 먼저 좌측 산 위로 올라가 일본군 진지를 향해 천보총을 발사하여 일본군 1명을 죽이는 전과를 올렸다. 그러나 일본군 10여 명이 백사장으로 나와 발포하는 바람에 의병은 순식간에 7~8명이 전사하고 20여 명이 부상을 입었다. 제방을 끼고 벌어진 전투에서 전투력 차이가 뚜렷하게 드러났다.[26)] 갑자기 일본군이 짓쳐 나오고 포성이 들리자 의병들이 바람처럼 흩어졌다. 이중언이 참가한 선성의진도 다른 의진과 마찬가지로 뒤로 물러섰다. 일본 측 자료에도 당시 일본군 수비대와 응원군 2개 분대가 증파된 가운데 7천 명과 치른 전투에서 의병 전사자가 30명에 이른다고 보고되었다.[27)]

---

24) 김도현, 「碧山先生倡義顚末」, 『독립운동사자료집』 2, 독립운동사편찬위원회, 1970, 23쪽.

25) 琴錫柱, 『日記』 丙申 2月. 안동의진은 덕통역(상주시 함창읍 덕통리), 호좌의진은 함창, 풍기의진은 당교, 봉화의진은 동산촌(문경시 영순면 율곡리)에 머물렀다.

26) 김도현, 「碧山先生倡義顚末」, 『독립운동사자료집』 2, 독립운동사편찬위원회, 1970, 23쪽.

27) 「전신선로에 관계되는 폭도들의 상황보고」, 『주한일본공사관기록』 8, 국사편찬위원회, 1993, 263~264쪽(구완회, 『韓末의 堤川義兵』, 집문당, 1997, 134쪽에서 재인용).

29일 밤에 의병들은 대체로 예천으로 후퇴하였다가 출신지에 따라 흩어졌다. 선성의진은 용궁으로 갔다가 학가산으로 이동하고, 녹전을 거쳐 예안으로 돌아온 날이 3월 31일(음 2.18)경이었다.[28] 한편 호좌의진은 예천 京津橋(서울나들이) 근처에서 다시 싸울 계책을 마련한다고 했다. 안동의진은 예천을 거쳐 안동으로 후퇴했지만, 다른 의진과 달리 후퇴 과정에서 뼈저린 고통을 겪어야만 했다. 추격해 온 일본군이 4월 2일(음 2.20)에 풍산에 주둔하던 안동의진을 기습했고, 이어서 안동시내 서쪽 입구인 송현에서 불을 질러 안동부 중심부를 태워버렸다.

안동의진은 밀려드는 일본군을 맞아 여러 곳에서 전투를 치렀고, 봉정사 전투에서 적을 막는 데 실패하였다. 그러자 안동으로 접어드는 송현 고개까지 추격해 온 일본군이 안동부를 의병의 소굴이라 하여 시가와 민가에 불을 질렀다. 마침 바람을 타고 불길이 안기동에서 시작하여[29] 塔谷(법흥동 골짜기)까지 덮쳐, 안동 도심 1,000여 호의 민가가 불타버렸다.[30] 4월 2일(음 2.20)에 벌어진 일이었다. 안동부 방화를 자행한 일본군은 보병 제10연대 제1대대 소속의 50여 명이었던 것으로 밝혀졌다.

안동이 공격받고 있다는 급보를 받은 선성의진이 급히 안동을 향했다. 안동의진에서 도움을 청하는 소식을 받자 김도현이 50여 명을 이끌고 안동부를 향했다. 도중에 밤이 깊어 중간에 광산김씨 예안파 종가인 烏川(외내) 後彫堂에서 잤는데, 김도현을 비롯한 선성의진은 산 너머로 안동부 하늘이 벌겋게 타오르는 장면을 지켜보았다. 아마 이중언도 그 속에 있었을 가능성이 크고, 그랬다면 잿더미로 변해가는 안동부를 생각하며 치를 떨었을 것이다.

---

28) 이동신, 「예안지역의 '宣城義兵(1895~1896)' 연구」, 『안동사학』 8, 안동사학회, 2003, 149쪽.

29) 『赤猿日記』, 1896년 2월 21일자(양 4.3).

30) 『高宗實錄』 中卷 34; 李南珪, 「辭安東察使疏」, 『修堂集』 2, 〈疏〉; 「碧山先生倡義顚末」, 『독립운동사자료집』 2, 독립운동사편찬위원회, 1970, 721쪽.

이후 선성의진에서 이중언의 움직임이 확연하게 드러나지 않는다. 세밀하게 그의 움직임을 담은 기록이 없으니, 언제까지 의진을 이끌었는지 알 수 없다. 선성의진이 태봉전투를 치르고 돌아온 뒤에 선성산에 산성을 개축했다거나 旗峰에 굴을 팠다는 활동이 보이는데, 선성의진이 적을 대비한 모습을 보여준다. 아마 이 무렵에 그는 김도현과 함께 움직였으리라 생각된다. 그런 가운데 4월 중순(음 3월 초)에는 김도현이 선성의진 중군에서 해임되고, 곧 안동의진 부장으로 자리를 옮기는 일이 생겼다. 세 번이나 사직을 원하기도 했지만, 사실상 의진 내부에서 생겨난 여러 가지 불협화음이 그 원인으로 작용한 듯하다.

일본군과 관군이 본격적으로 예안에 밀려들자 선성의진은 청량산으로 들어갔다. 淸凉山 산성을 기지로 삼고 버티자 일본군과 관군은 의병 근거지를 없애려 나섰다. 5월 31일(음 4.20)에 청량산 吾山堂이 불태워지거나, 심지어 그 전 날 퇴계종가에 불을 질러 1,400권 문서와 책이 소실된 일이 대표적인 사례이다.[31] 이중언의 집에서 멀지도 않은 상계마을 큰 종가에 방화사건이 일어났으니 모두들 황망하기 그지없는 사태가 아닐 수 없었다. 그 난리를 겪은 뒤 열흘 지난 6월 10일(음 4.29)에 2차 선성의진은 해산하였다. 이 무렵에 이중언이 사실상 의병에서 손은 뗀 무렵이 아닐까 추정해본다.

선성의진은 그 뒤에도 다시 살아났다. 온혜마을 이인화와 李燦和가 각각 3~4차 선성의진을 결성하여 9월까지 활동하였다.[32] 하지만 여기에 이중언이 동참했다는 자료는 나타나지 않고 있다. 물론 이 시기 의병자료 자체가 극히 희박하므로 그가 참가하지 않았다고 단정할 수는 없다. 처음부터 김도현·이인화와 더불어 활동한 정황으로 본다면 이중언이 3차의진에도 동

31) 이긍연, 『을미의병일기』, 1896년 4월 20일자.

32) 이인화는 퇴계 형인 온계 이해의 종가인 三栢堂 출신이고, 이찬화는 퇴계 생가인 老松亭 종손이다.

참했을 가능성이 있지만, 그렇다고 확정할 만한 자료가 발견되지 않으니 단정지을 수가 없다.

일본군과 관군의 반격은 안동을 뒤흔들어 놓았다. 7월 22일(음 6.12)에 있은 서후면 금계마을의 비극이나,[33] 9월 6일(음 7.29) 三栢堂이 소실되는 일이 발생했던 것이다. "불행 중 다행인 것은 사당만 화를 면했다."고 기록되어 있을 정도이다.[34] 이는 모두 의병을 이끌거나 지원했던 서산 김흥락의 본가와 선성의진 대장소로 사용된 삼백당을 보복 공격한 일이었다. 이렇게 처참하게 돌아가던 의병이 9월에 선성의진과 안동의진이, 10월 15일에 김도현이 解陣함으로써 막을 내렸다. '전기의병'이 모두 막을 내린 날이 바로 김도현이 의진을 해산한 날이다.

8. 다섯 역적의 목을 베소서

1894년과 1895~1896년에 펼쳐진 전기의병이 끝난 뒤 이중언은 1903년까지 봉화에 우거했다고 전해진다. 선성의진에 참가하여 반 년 정도 격정적인 삶을 보냈던 그가 세상과 문을 닫고 우거 생활에 들어갔던 것이다. 그가 다시 하계마을로 돌아온 시기가 1903년이었다. 향산 이만도의 아들 기암 이중업이 쓴 행장에 보면, 이때 이중언이 동암 바로 아래에 집을 지었다고 전해진다. 처음 이곳에 집을 지은 것이 아니라 봉화로 가기 전에 살던 집에서 몇 발짝 떨어지지 않은 곳이었다. 그렇다면 역시 종가 수졸당 아래쪽이고 향산댁 옆이기도 했다. 퇴계 묘소로 올라가는 입구이자, 동암 바위 아래, 또 하계마을 종가 아래에 집을 짓고 조용한 삶을 보내기 시작했다.

33) 금계 출신 砲將 金繪洛과 斥候將 金鎭懿가 7월 22일(음 6.12) 새벽에 안동병대에 붙잡혔다. 김회락은 안동부에서 총살되고, 김진의는 감옥에 갇히는 비극이 발생했다(위의 일기, 1896년 6월 12일자).

34) 이긍연, 『을미의병일기』, 1896년 7월 29일자.

> 날마다 벗들과 더불어 바둑을 두거나 술잔을 마주치면서 세상의 온갖 시름에서 벗어나고자 했다. 달 밝고 인적이 드물 때는 작은 집에서 몸가짐을 가지런히 하여 앉아서는 경전 서너 章을 낭송하곤 했다. 간혹 대삿갓에 도롱이를 걸치고 밭이랑을 손질하며 농사일을 하기도 했는데, 다른 사람들은 그가 諫議 직함을 역임한 귀한 신분이라는 사실을 알지 못했다.[35)]

이렇게 세상일을 잊고 지내던 시절도 잠시뿐, 2년 뒤에 온 나라를 뒤흔드는 일진광풍이 몰아쳤다. '을사조약' 혹은 '을사늑약'이라 불리는 조약이 체결되었다는 소식이 그 발원지였다. 1894년에 청일전쟁을 일으켜 경쟁자를 물리친 일본이 10년 뒤인 1904년에 이제 마지막 경쟁자 러시아를 해치우고자 전쟁을 일으켰다. 1903년 12월 일본각서는 대한제국을 식민지 앞 단계인 '보호국'으로 만든다는 방침을 결정하였다. 그리고서 1904년 2월 8일 인천항에서 러시아함대를 격침시키면서 침략전쟁이 시작되었다. 서울을 점령하고 황제를 위협하여 '한일의정서'를 체결하였다. 이를 근거로 삼아 일제는 3월 용산에 '한국주차군사령부'를 설치하고, 나아가 2개 사단 1만 6천 명을 상주시켰다. 8월에는 제1차 한일협약을 체결하여 재정고문과 외교고문을 받아들이게 만들어 일제는 한국을 종속의 길로 끌고 갔다. 메가타 재정고문이 화폐를 바꾸어 한국 경제를 일제에 종속시켜 나간 것이 대표적인 내용이다.

1905년 5월 일제가 러일전쟁 승리를 확신한 뒤 대한제국으로 '보호국'으로 만든다는 계획을 확정하였다. 이를 위해 외교권을 빼앗고 내정을 간섭한다는 방침도 세워졌다. 마지막 정지작업으로 미국 육군장관 태프트(W. H. Taft)와 밀약을 추진한 결과 태프트-카쓰라 조약이 맺어졌다. 그 핵심은 일본이 한국을, 미국이 필리핀을 지배한다는 것이다. 그리고서 9월 5일에 포츠머스(Portsmouth) 조약으로 러일전쟁이 종결되자, 한국을 식민지로 만드는 마지막 단계로 나아갔다. 일제 중추원의장 이토(伊藤博文)와 한국

35) 李中業, 「家狀」, 『東隱實記』.

주차군사령관 하세가와(長谷川好道), 그리고 공사 하야시(林權助)가 나서서 한국 대신들을 강압하면서 조약체결을 밀고 나갔다. 이토가 11월 15일 황제를 알현하고 조약안을 제시했다. 다음 날 이토는 외부대신 박제순을 만나 압력을 가하고, 17일에는 각 대신을 일본공사관에 불러 조약 체결을 강요하고 나섰다. 그리고서 이토가 다시 황제를 알현하러 덕수궁으로 향했다. 일본군이 궁성을 포위하여 무력시위를 벌이는 가운데 어전회의가 열렸다. 그 자리에서 한규설(참정대신) · 민영기(탁지부대신) · 이하영(법부대신)이 끝까지 조약 체결에 반대했다. 그러나 미리 이토의 강요에 굴복한 이완용(학부대신) · 이지용(내부대신) · 박제순(외부대신) · 이근택(군부대신) · 권중현(농상공부대신) 등은 이에 동의하였다. 그러자 이토는 外部大臣印을 가져오라고 강요하여 문서에 도장을 찍게 만들었다. 그 시각이 11월 18일 새벽 2시였다. 이렇게 밀어붙여 일제가 붙인 이름이 '保護條約'이다. 한국을 식민지로 만들기 앞서 '보호국' 단계가 되었다고 일제가 선언한 것이다.

하지만 이 조약은 사실상 체결된 일이 없다. 국제적으로 조약이 성립되려면 기본조건을 갖추어야 한다. 먼저 외무담당 대표가 최고통수권자로부터 신임장을 받아야 하고, 다음으로 최고통수권자의 서명이 필요하다. 그런데 이 경우에는 두 가지 조건을 전혀 갖추지 못했다. 외부대신 박제순이 황제로부터 신임장을 받은 일이 없고, 또 갖고 있지도 않았다. 더구나 최고통수권자인 황제가 이를 비준한 일도 없다. 더구나 광무황제가 이 '조약'이 합당하지 않음을 여러 차례 밝힌 사실은 조약이 성립하지 못했음을 천명한 것이다. 광무황제는 헐버트와 알렌을 통해 미국에 그 뜻을 알리고, 또한 황제가 직접 조약 자체가 무효임을 선언한 문서를 1906년 12월 1일자 영국 트리뷴지에 게재함으로써 국제사회에 그 뜻을 알리기도 했다.

지금까지 '을사보호조약' · '을사조약' · '乙巳勒約' 등으로 불러온 것은 하나 같이 문제점을 갖고 있다. 어느 것도 정확한 표현이 아니며, 더구나 '을사보호조약'이란 표현은 일제 주장을 그대로 받아들이는 것이다. 당시 유림들은 협박으로 맺어졌다고 '脅約'이라거나, 허위라고 생각하여 '僞約'이라 표현하기도 했다. 하지만 조약은 결코 맺어진 일이 없다. 그것은 어디까지나 국가 차원이 아니라 박제순과 하야시라는 두 인물 사이에 억지로 맺어진 '박제순-하야시 억지 합의'에 지나지 않는다. 즉 '조약'이 아니라 '합의서'에 지나지 않았다는 말이다. 따라서 이로 말미암아 이루어진 외교권 찬탈과 그 가짜 외교권을 내세워 간도협약을 맺고 병합으로 몰고 간 그 모든 행위가 불법이요, 원천 무효이다. 그렇지만 국제 외교와 적법 절차를 제대로 이해하기도 전에 일제가 체결되었다고 공포한 그 순간부터 전국은 울분과 저항으로 파도치는 정황이 펼쳐졌다. 일제 강요에 굴복한 대신 5명을 '을사5적'으로 규정하고 이를 처단하라는 상소가 빗발치고, 민영환과 조병세를 비롯한 자결 순국자가 속출하였다. 또 의병들이 전국에서 일어나 항쟁을 벌였다.

이런 난국에 이중언이 고요하게 세월을 보내고 있을 리는 없었다. 의리를 생명처럼 생각하고 살아왔고, 짧은 순간이나마 관직 생활을 보낸 그로서는 자신이 나서야 할 순간이라 판단했다. 그는 황제에게 상소문을 올리기로 작정하고 疏章을 지었다. 그 제목이 '請斬五賊疏', 즉 '다섯 역적의 목을 베소서'이었다. 그리고는 조카 이빈호를 데리고 서울로 향했다. 이에 앞서 옆집에서 이중업이 부친 이만도가 쓴 상소문을 갖고 서울로 향했다. 다리가 부어 제대로 걷지 못하는 아버지를 대신하여 이중업이 상경한 길이었다. 이만도가 상소문을 써서 아들 이중업에게 상경하여 소를 올리게 한 것이다. 둘은 동시에 상소문을 대궐에 제출했다.[36]

이중언이 제출한 「請斬五賊疏」 요점을 정리하면 이렇다.

> 저는 시골에 있는 사람으로서 조정의 일에 무어라 간섭한 적이 없습니다. 그런데 지금의 상황을 보니 나라가 위급한 처지에 놓여 있으므로 발을 대궐로 옮겨

36) 李中業, 「家狀」, 『東隱實紀』.

피를 쏟는 마음으로 진심을 말씀드리게 되었습니다.

일본은 우리에게 원수의 나라이니, 임진왜란 당시 명종과 중종 두 임금의 능을 파헤친 원수입니다. 왜 그런 원수를 불러 들여 근심을 자초합니까? 그런 바람에 나라 안에 서양 오랑캐들이 가득 차게 되었고, 간사한 무리들의 계략이 날로 교묘해지고 있습니다. 국모가 시해된 을미년 변란도 이 때문에 생겨난 일입니다. 그런데도 토벌과 복수의 의리를 펴지 않고 있으니, 우리나라는 과연 綱常이 있는 나라입니까? 우리나라는 과연 신하와 백성이 있기나 하는 나라입니까?

최근에 벌어진 변란은 종사와 나라 운명이라는 점에서 본다면 을미년 보다 심합니다. 강토는 祖宗의 강토이고, 인민은 조종祖宗의 인민입니다. 원수 무리들이 폐하를 협박하도록 획책했으나, 폐하께서는 '안 된다'고 말씀하셨습니다. 그러니 거절의 말씀도 엄정했고 의리도 정확했습니다. 그럼에도 불구하고 저 다섯 역적들은 어떤 인간들이기에 감히 사사로이 자발적으로 서명함으로써 조인되게 하였다는 말입니까?

이 다섯 역적은 폐하의 죄인만이 아니라 조종의 죄인이며, 천하 만고의 죄인입니다. 따라서 반드시 죽여야 할 자들이니, 그들의 머리를 베어 거리에 걸어두어야 합니다. 그래서 위조된 조약은 폐하께서 모르는 상태에서 다섯 역적이 속인 일이라는 사실을 드러내 보이신다면, 세계 모든 나라의 의혹은 저절로 해소될 것이며 전국에 걸쳐 비등해진 여론도 안정될 것입니다. 그런 다음에 각국 공관에 공문을 보내 힐난하시면서 만국공법에 입각해, 협박으로 맺은 거짓 조약들을 마땅히 폐지해야 합니다.

엎드려 바라건대 聖明을 경계하고 살피십시오. 그렇게 하신다면 宗社는 안정된 토대를 구축할 것이고, 백성은 진정될 것이며, 폐하께서도 오랜 세월 뒤에 祖宗에게 돌아가 인사를 드릴 때 하실 말씀도 있게 될 것입니다. 오로지 도끼로 목을 베이게 될 때만을 기다릴 뿐입니다.[37]

그는 '다섯 역적의 목을 베소서'라는 상소문에서 먼저 역사적 원수인 일본을 끌어들인 잘못을 지적했다. 그러면서 일본이 강압함에도 불구하고 강제 병탄의 앞 단계로 가는 일제 정책을 단호하게 거부한 황제의 의지를 그는 높이 평가했다. 그렇다면 당연히 다섯 역적을 처형하는 일이 다음 순서라고 그는 천명하면서, 그 길이야말로 안으로 안정을 가져오고, 밖으로 조

37) 李中彦, 「請斬五賊疏」, 『東隱實紀』.

약이 거짓이라는 사실을 국제적으로 확인시킬 수 있다고 확언했다.

앞에서도 말한 것처럼, 사실상 이 조약은 체결된 일이 없었다. 다만 박제순과 하야시가 억지로 합의한 문서에 지나지 않는다. 다만 일제가 그것으로 조약이 체결되었다면서 우리의 외교권을 빼앗아가고, 통감부를 설치하여 '보호국', 즉 병탄의 바로 앞 단계까지 끌고 갔을 뿐이다. 어디까지나 일제의 일방적 의도일 뿐, 우리가 합의한 일도 아니므로 원천무효임에 틀림없다.

9. 나라가 망하자, 음식을 끊고 순국하다

통곡하고 돌아온 뒤, 그는 문을 걸어 잠그고 잠적한 채로 살았다. 이웃 어른 이만도는 산으로 들어갔다. 세상만사가 뒤틀려 어느 하나 바르게 돌아가는 것이 없는 시절이었다. 마침내 1910년 8월 29일 나라가 망했다. 일제가 대한제국을 무너뜨리고 병탄한 것이다. 우리 역사에서 같은 동족 사이에 벌어진 영토 싸움이 아니라, 외적의 침략으로 나라를 빼앗긴 보기 드문 비극이 벌어졌다.

국치일, 나라를 잃은 날, 이는 하늘이 무너진 날이다. 만 60세를 맞은 이중언, 목 놓아 통곡하던 그는 "을사년 조약이 강제로 체결된 이후 오로지 한 올의 명주실과 다를 바가 없이 목숨을 영위해온 사람이다. 나라가 이 지경에 이르게 되었으니 내가 어찌 감히 살아있는 인간으로 자처하겠는가"라고 말했다. 그리고는 집 바깥에 있는 건물 깊숙한 곳의 좁은 방에 들어간 다음, 다시는 집 밖으로 한 발짝도 나가지 않았다. 밖에서 찾아오는 사람들도 만나지 않고 집안일에 간여도 하지 않았으며, 때때로 을사년에 올린 상소문, '다섯 역적의 목을 베소서'라고 주문하던 글을 읽으면서 눈물을 쏟거나 비분에 젖어 목침으로 자신의 가슴을 두드릴 뿐이었다.

나라를 잃은 1910년 가을, 온 세상은 어둡고 갈 길은 보이지 않았다. 문을 걸어 닫고 세상과 발을 끊은 이중언은 갈 길을 가늠하고 있었다. 결국 자정순국이 유일한 길이라는 생각을 굳혀 나갔다. 그날이 대개 8월 6일(양 9.9)이라 생각된다. 두문불출하며 각오를 굳혀가던 무렵에 마침 들려온 이만도가 단식 소식이 그로 하여금 마지막 결단을 내리는 계기를 마련해 주었다. 이만도가 단식에 들어간 8월 14일(양 9.17)보다 나흘 지난 18일(양 9.21), 그는 소식을 들었다. 이만도는 재산 묘막에서 단식을 시작하였는데,[38] 그 소식을 이중언만 늦게 들은 것이 아니라, 아들 李中業이나 며느리 金洛도 마찬가지였다.[39]

그는 이미 이만도가 단식에 들어가리라 짐작하고 있었던 것 같다. 그 소식을 듣자마자 놀라 벌떡 일어나서 "우리 숙부니까 이런 일을 하시는 것이다. 나는 우리 숙부의 이런 결행이 있으리라는 것을 진정 입산하시던 날부터 짐작하고 있었다. 훌륭하신 일이 아닌가! 통쾌한 일이 아닌가!"고 말했다는 대목에서 확인된다.

이만도의 뒤를 따르기로 작정한 그는 순국을 향한 시작점을 헤아렸다. 8월 27일(양 9.30)부터 죽만을 먹기 시작했다. 소화가 되지 않고 속이 거북하다는 핑계를 내세웠다. 그는 향산과 동시에 단식하기보다는 그의 순국을 기다린 뒤에 본격적으로 단식에 들어가려 작정했다. 이만도와 동시에 단식을 결행한다면 친지들이나 아랫사람들이 30리 길을 왕래하느라 제대로 뒷감당하기 어렵게 될 것이 뻔했기 때문이다. 그래서 그는 향산이 순국하는 날을 자신의 단식 시작일로 잡고, 이만도의 다음 소식을 기다렸다. 그러다가 마침내 9월 8일(양 10.10)에 부음 소식이 들려왔다.

9월 8일(양 10.10)에 이만도가 순국했다는 소식을 듣자, 그는 마음에 새

---

38) 조동걸, 「響山 李晩燾의 독립운동과 그의 遺志」, 『民族 위해 살다간 安東의 近代人物』, 한빛, 2003, 204쪽.

39) 이만도, 『靑邱日記』, 1910년 8월 17일자(음); 김희곤, 「민족의 딸, 아내 그리고 어머니」, 『民族 위해 살다간 安東의 近代人物』, 한빛, 2003, 465쪽.

겨둔 그대로 밀고 나아갔다. 우선 큰 소리로 곡한 뒤, 그는 옷을 반듯하게 차려입고 마을 앞 낙동강 건너편 내살미(川沙)에 있던 부친 사당에 참배하러 나섰다. 이승에서 마지막 인사를 드리러 나선 길이었다. 마침 바람이 매서운데다 물마저 차가워 아들과 조카들이 가마를 타고 다녀오길 권했다. 그러나 그는 "내 몸이 상처를 입어 손상되었는데 어찌 발이라고 해서 아까워하겠는가."라 말하고는 걸어서 강을 건너가 사당 앞에 엎드려 곡했다. 그리고는 곧바로 林北山에 있는 부모 묘소를 살핀 다음 큰 종가 이하 모든 선조들의 사당을 두루 찾아가 참배했다.

선조들에게 자신의 의지를 고하고 돌아온 순간이 단식 시작점이었다. 귀가하자마자 집안사람들이 권한 죽을 받지 않았다. "내 뜻이 정해진지 이미 오래되었으며 나를 기다리는 사람도 있다. 그러니 이후로 다시는 죽을 가져오지 말도록 해라."고 그는 분부했다. 한밤중에 이만도를 태운 상여가 본집으로 돌아오자, 그는 시신을 부둥켜안고 울면서 "숙부! 잘 돌아가셨습니다. 숙부! 잘 돌아가셨습니다. 조카도 마땅히 숙부를 따르겠습니다."고 말했다. 평소 족숙이요, 학문과 과거, 관직에서 한 걸음 앞을 걸어간 이만도를 그는 존경하고 살았다. 그리고 이제 마지막으로 존경하던 선배의 길을 스스로 따라가기로 다짐했다.

그가 단식을 선언하자, 부인과 아들은 당연히 만류하고 나섰다. 그러나 그의 뜻은 단호했다. 아들 瑞鎬가 울면서 고하였으나 그는 전혀 흔들리지 않았다. 딸이나 조카들이 찾아와서 만류해도 마찬가지였다. 더러는 이중언의 용기를 높이 치하하는 사람도 있었지만, 그는 애써 손을 내저으며 그만두라 말했다. 을미의병에서 함께 태봉전투에 참가했던 김도현도 방문하여 눈물로 이별했다. 김도현은 스승 이만도 앞에서 머지않아 뒤를 따르겠노라고 약속한 터였다. 실제 그는 부모상을 모두 마친 뒤, 1914년 동짓날에 영해 대진 觀魚臺에서 바다를 걸어 들어가 장렬하게 순국하게 된다.

또 맏사위 김만식의 숙부인 金紹絡이 이중언을 찾아가 "황제로부터 받은 은총이 嚮山보다 적으니, 굳이 향산을 따라 단식할 필요가 없지 않겠습니까?"라면서 단식을 그만두라고 간곡하게 말렸다. 그러자 이중언은 "부인의 守節 여부도 남편의 은공 차이에 따라 결정되는가?"라고 되물었다. 대과에 합격하고서도 관직에 나아간 기일이 짧으므로 굳이 이만도의 길을 따를 필요가 없다는 논리로 단식을 만류하려 했던 것이 김소락의 뜻이었다. 그런데 남편이 아내에게 베푼 은공이 적다고 남편이 죽은 뒤 부인이 수절하지 않아도 된다는 말이냐고 이중언이 되물은 것이다. 사실은 김소락도 굳이 단식을 만류하기보다는 그의 뜻을 높이 평가하면서 영원한 이별의식을 치르기 위한 만남을 가진 것이라 여겨진다. 그래서 김소락은 뒷날 그날을 회상하면서, 다음과 같이 평가하였다. 이중언이 강직하면서도 예리한 자세를 유지하고 있었지만 내면에는 인자하면서도 포용적인 복합적 면모를 갖추고 있었다고 전제한 뒤, 고귀한 신분에도 불구하고 관용과 포용을 베풀고, 무모할 정도의 용기를 간직했으면서도 겸손과 공경으로 일관했던 풍모를 가진 인물이라는 것이 곧 김소락의 평가였다.[40]

이중언은 단식을 시작한 다음 날인 9월 9일(양 10.11) 일제를 향해 경고하는 글을 썼다. 「警告文」이라 제목을 붙인 이 글은 자신이 단식순국을 결행하는 이유와 목표를 분명하게 드러낸 것이다. 그는 먼저 짐승 같은 무리들의 위협을 받고 있는 상황에서 '선택할 수 있는 유일한 길은 의리뿐'임을 강조했다. 다음으로 그는 향산에 이어 자신도 나라를 위해 스스로 목숨을 포기하여 의리를 지킴으로써 우리 동포가 모두 여기에 매진하여 일제 강점을 용납하지 않도록 하는 초석이 되겠다는 희망을 이 글에서 밝혔다.[41]

단식을 시작한 지 13일째 되던 9월 19일(양 10.21), 그는 族孫이자 선성의진에서 활약했던 李善求를 돌아보고 관을 준비하라면서 시 한 수를 읊었다. "어제 밤 정신이 희미한 가운데 우연히 시 몇 구절을 얻었다. 오로지

---

40) 金紹絡, 「行狀」(1915), 『東隱實紀』.

41) 이중언, 「警告文」, 『東隱實紀』.

道에 관한 것인데 나의 실정을 말하는 것 같았다."라고 말하면서 시를 읊었다.

> 가슴 속에 품은 匕首의 심정을
> 누가 풀어줄 수 있단 말인가.
> 하늘마저 끝이나 버렸으니
> 죽지 않고 할 일이 무엇이 있으랴.
> 내가 죽지 않고 있으니
> 響山翁이 빨리 오라 재촉하네.[42)]

여기에서 가슴 속에 품은 한을 풀지는 못했지만 절망적인 상황에서 선택할 수 있는 길은 오로지 죽음뿐임을 재차 강조하면서 향산을 좇아가는 그의 의지를 읽을 수 있다. 며칠 뒤 그는 "어제 밤 꿈속에서 향산옹을 찾아 栢洞에 갔는데, 반기고 즐거워하는 모습이 생전의 모습 그대로인 것을 보니 우리가 기약한 날도 얼마 남지 않은 것 같구나."라고 말했다. 상복차림으로 대기하던 친족들에게 그는 일일이 뒷일을 당부하면서 작별인사를 나누었다. 그는 염습도 얇게 하고, 장례도 간단하게 치르라고 일렀다.

10월 4일 일본 순사 3~4명이 조사한답시고 방문하여 음식을 강제로 권하라고 요구했다. 혼미해 있던 그가 갑자기 일어나 곁에 있던 사람에게 "너는 저런 놈들을 빨리 쫓아내지 않고 뭘 하느냐. 내가 당장 저놈들을 칼로 베어 죽이리라."고 했다. 임종이 가까워짐에 따라 侍者가 상투의 끈을 정돈하고 수염과 머리를 빗긴 다음 손을 들어 옷깃을 여미고 반듯하게 눕히니 숨을 거두었다. 단식을 시작한 지 27일 만인 10월 4일(양 11.5), 저녁 6시 무렵 그는 세상을 떠났다.

임종을 앞두고 그가 일러둔 대로 그의 책을 찾아 펼쳐본 가족들은 封書 하나를 발견하였다. 겉봉투에 풀을 칠하지 않고 단지 '封'이라는 글자만 적

---

42) 이중언, 「述懷辭」, 『東隱實紀』.

힌 봉투에 「警告文」이 들어 있었다. 단식을 시작한 이튿날 아침에 쓴 이 글은 규범이 무너진 세상이라면 삶을 포기하는 한이 있어도 의리를 지켜야 하는 것이 성현의 가르침이라는 점을 밝히면서 향산이 선택한 길을 따라간다는 의지를 분명히 하면서 우리 동포가 힘써 매진할 때임을 일러둔 것이었다. 그런데 바로 그 글 아래에 '東隱'이라는 호가 적혀 있었다. 살아서 사용한 호가 아니라, 죽어서 장례 치를 때 한 번 사용하기 위해 스스로 지은 것이었다. 동암 선조가 터를 잡은 마을, 그 마을을 지켜보던 '동암' 바위 아래 조용히 은거하고 살아간 선비가 바로 '동은'이었다. 10월 20일(양 11.21), 그는 부친 묘소 곁에 묻혔다.

10. 남은 사람들

1910년 늦가을 하계마을은 온통 잿빛이었다. 이만도가 단식한 지 24일이 지나 순국했고, 이중언이 그 길을 따른 것이 27일이었으니, 50일 동안 하계마을은 무거운 침묵에 휩싸였다. 한 달 20일을 동안 두 어른의 고통을 함께 안고 지낸 셈이다. 우선 후손들이 겪는 어려움은 당연했다. 어른이야 단식을 시작했으니 그렇다 치더라도, 자손들은 그럴 수 없었다. 견뎌내려면 음식을 먹어야 했고, 어른께 누를 끼치지 않으려면 소리도 냄새도 피울 수 없었다. 그러니 그게 마음대로 만들고 먹을 수 있는 게 아니었다. 더구나 손님은 줄을 이었다. 많은 집안 친인척들이 다녀가고, 함께 공부하고 교유했던 인사들이 작별하러 방문했다. 그러므로 이들 손님을 접대하는 일도 크나큰 일이었다. 후손들 처지에서 보면 참으로 딱한 날들이었다.

두 사람이 연달아 단식 순국하던 그 기간에 안동에는 스스로 삶을 마감하는 인물들이 줄을 이었다. 이미 1908년에 안동 수동 출신 金舜欽이 자결하였고, 1910년 나라를 잃은 직후 종묘가 훼철되었다는 소식을 들은 하회

류도발(1832~1910)이 절명시를 남기고서 음식을 끊은 지 17일 만인 9월 24일(양 10.26)에 순국하였다.[43] 또 와룡 살던 권용하는 9월 7일(양 10.9)에 나라가 망한 소식을 자세하게 듣고서는 기둥에 머리를 부딪쳐 피를 흘리고 자결하였다. 풍천 출신으로 도산 토계에 살던 진사 이현섭은 "내 차라리 목이 잘릴지언정 어찌 오랑캐의 백성이 될까보랴"라는 시를 남기고 단식했고, 21일 만인 10월 25일(양 11.26)에 순절하였다. 풍산 소산 출신 김택진은 이강년의진에 참가했던 인물인데, 역시 나라가 망하자 가족들에게 "천만금이 생겨도 친일하지 말라."는 유언을 남기고 단식한 끝에 10월 27일(양 11.28)에 만 36세라는 젊은 나이로 순국하였다. 여기에 안동인으로서 계룡산에 들어가 살던 부부를 포함한다면 순절지사가 9명이고, 류도발 아들 류신영까지 합치면 10명이나 된다. 1905년 이후 경술국치까지 순절한 인물이 대개 70명이 조금 못되는데, 안동인이 10%를 넘는다. 여기에 이만도의 문인 김도현까지 1914년에 자정순국하였으니 안동문화권의 의리정신과 저항정신을 확인할 수 있는 대목이 아닐 수 없다.[44]

이중언이 떠난 뒤, 후손들의 삶은 점차 어려워졌다. 후손들이 큰 기와집을 포기하고, '까치구멍집'이라 불리는 초가를 짓고 살게 된 이유도 거기에 있었다. 그의 유족으로는 부인과 1남 4녀가 있었다. 부인은 淑人으로서 豊山金氏 忘窩 金榮祖의 후예인 金奎鉉의 딸이다. 그리고 아들은 李瑞鎬이며, 사위는 金萬植 · 張師建 · 金昌璟 · 李敎仁 등이다.

아들 이서호는 부친이 순국한 뒤 집안을 보전하며 지냈다. 그러나 하계마을이나 그의 집안은 결코 가만히 앉아 있지 않았다. 우선 일제경찰이 하계마을에 파출소를 세우자, 마을 전체가 나서서 결사적으로 반대하였다. 결국 이들이 파출소를 밀어내는 데 성공하였다는 이야기가 전해진다.

43) 류도발의 아들 류신영은 1919년 광무황제가 세상을 떠났다는 소식을 듣고 아들을 서울로 보내 장례에 참석하게 만든 뒤, 3월 3일(음 2.2) 음독 자결하였다. 이는 부자가 순절한 드문 사례이다.

44) 김희곤, 『안동의 독립운동사』, 안동시, 1999, 138~143쪽.

이중언의 영향을 받은 인물로서 독립운동에 나선 사람으로는 맏사위 김만식이 대표적이다. 그는 내앞마을 都事 金鎭麟의 차남 金孝洛의 둘째 아들이다. 백부가 만주에서 독립운동을 벌인 金大洛이요, 큰 고모부가 李相龍이다. 그리고 막내 고모부가 이중업이요, 막내 고모 金洛은 곧 이만도의 맏며느리이다. 김만식은 큰 고모부를 도와 대한협회 안동지회 설립에 참여하면서 본격적으로 구국운동에 나섰다. 나라를 잃은 직후 이상룡을 비롯한 안동인사들이 망명을 계획하면서 그에게 만주지역 사전조사를 맡겼다. 그 정보를 바탕으로 백부와 큰 고모부 및 김동삼 등과 함께 그는 만주로 망명하였다. 거기에는 하계마을 李源一도 참가했다. 그는 서로군정서에서 활약하고 군자금 모집을 위해 국내를 출입하다가 1928년 청성진에서 일경에 붙들려 고초를 겪고 고문 후유증으로 병을 얻어 1933년 9월 사망하였다.

또 이만도의 아들 이중업은 광복회 지원과 파리장서(1919)에서 두각을 나타냈다. 그 아내 김락은 3·1운동에 참가했다가 수비대에 붙들려 고문 끝에 두 눈을 잃었고, 두 아들 이동흠·이종흠도 광복회와 제2차 유림단의거에 참가하였다가 모두 고통을 겪었다. 하계에 밀어닥친 광풍이 끊일 사이 없었던 것이다.

11. 그가 걸어간 길과 남긴 뜻

東隱 李中彦!

퇴계가 내려다보는 마을 하계, 그곳에 터를 잡은 입향조 동암 이영도, 입향조를 상징이나 하듯 버티고 선 동암, 그 바위 아래에서 살다간 이중언은 그래서 스스로 호를 '東隱'이라 지었다. '동암 바위 곁에 은거하고 살다가는 선비'라는 뜻이자, 그의 생애를 그대로 옮겨놓은 말이라는 점은 누구나 쉽게 헤아릴 만하다.

그는 격변의 시기에 이 땅에 태어나 의리를 세워 규범이 잡힌 세상을 만들려 노력했던 인물이다. 그가 살던 시기는 전통적인 규범이 지배하던 시절에서 열강 침략으로 판단의 기준이 모두 뒤바뀌는 격랑을 거치면서 파국으로 치닫던 과도기였다. 따라서 그가 겪은 세월은 전통 질서 속에서 자신의 뜻을 세워나가는 기본적인 삶과, 무너지는 국가를 지탱하려 버티고 서 있던 힘겨운 날들이었다. 그는 어려서 모친을 잃고 조부 영향을 받아 자라나면서 과거시험을 준비하고, 대과에 합격하였다. 그러나 관직 생활은 짧고, 더 많은 시간을 고향에서 은둔하듯 지냈다. 그 속에서 그는 네 단계에 걸쳐 중요한 일에 뛰어 들거나 앞장섰다. 첫째, 만 31세 되던 1881년 신사년, 대척사운동을 불러일으킨 도산서원 통문 작성과 영남만인소에 앞장섰다. 둘째, 그는 1895년 명성황후 시해사건과 단발령에 항거하여 예안에서 의병봉기에 참가하여 중요한 몫을 담당하였다. 만 45~46세 되던 당시 그는 선성의진 진무장과 전방장을 맡았고, 태봉전투에도 참가하였다. 셋째, 55세가 되던 1905년에는 '을사조약'이라는 '박제순－하야시 억지 합의'가 발표되자, 그는 상경하여 '다섯 역적의 목을 베소서'라는 척사 상소를 직접 올렸다. 마지막으로 1910년에 나라를 잃자 마지막 길을 가늠하다가, 족숙이요 선배인 이만도가 단식을 시작하자 스스로 그 뒤를 따르기로 작정하고, 이만도가 순국하던 날 단식을 시작하여 그도 27일 만에 순국하였다. 그의 나이 만 60세가 되던 해였다.

이를 다시 정리하자면 그의 생애는 크게 두 시기로 나뉜다. 만 60년 일생 가운데 전반기는 학문적 성장과 과거시험 준비, 그리고 대과 합격이 주류를 이루었고, 후반기는 나라가 무너지는 과정을 온 몸으로 버티면서 자신이 담당할 역사적 몫을 다하려 혼신의 힘을 쏟아 부은 나날이었다. 30대에 척사운동, 40대에 의병항쟁, 50대에 다시 척사운동, 그리고 60에 자정순국으로 그의 생애를 간략하게 표현할 수 있겠다.

당시 나라가 무너져 가던 그 시절, 민족지성이 선택한 길은 두 갈래였다.

하나는 전통을 계승하면서 나라를 붙들어 세워보려는 길이었고, 다른 하나는 새로운 문물을 받아들여 혁신적인 변화 속에 새로운 틀을 만들어 보려는 것이었다. 이중언은 바로 전자의 길을 걷다가, 나라가 무너지자마자 함께 산화해 간 민족지성 가운데 한 사람이었다. 그가 선택하고 걸은 길은 결코 정치적 목적에서 나온 행위도 아니요, 권리를 가지려거나 지키자고 나선 것도 아니었다. 그 길은 오직 대의명분과 의리에 바탕을 두었다.

그렇게 살다간 동은 이중언!

그가 지키려 했던 나라와 규범은 지금 어떠한가? 온 사회가 권력과 이권에 눈이 멀어 끝없이 거짓말을 쏟아내고 있고, 모든 부분에서 도의가 무너져 버렸다면 지나친 말일까? 한 목숨 던져 민족에게 바른 길을 제시했던 그가 지금 또 다시 혼미하고 썩어가는 파렴치한 후손을 바라본다면 얼마나 원통할까? 입으로는 통합과 통일을 내걸면서도 실제로는 철저한 편 가르기를 통해 권력을 잡거나 유지하는 데 혼을 빼앗긴 후손들, 일본이 '일제'를 버리지 않고 회귀하는 듯한 변화에도, 마치 1백 년 전에 벌어진 정세가 재생되는 듯한 실정임에도 불구하고 도의가 무너지고 건강한 상식을 무너뜨린 후손들, 이런 못난 후손을 위해 그가 목숨을 던지지는 않았다. 그러니 어찌 그가 비통한 심정을 금할 수 있겠는가. 피를 토하며 그가 부르짖는 가르침이 들리지 않는가? 큰 뜻을 세우고 바른 길로 나아가라는 그의 가르침이.

12. 해제 : 『東隱實紀』의 내용과 가치

『東隱實紀』는 일제강점에 단식으로 저항하다 순절한 李中彦(1850~1910)이 남긴 유고집이다. 여기에는 그가 직접 지은 저술을 비롯해 그의 행적에 관한 기록과 그를 추모한 사람들의 제문과 만사 등이 포함되어 있다. 이 책은 부록을 포함해 2권 1책으로 간행된 목판본으로, 서문과 跋文을 포함해 모두 82장으로 구성되어 있다. 목판의 반쪽인 半匡은 22.0cm(세로) × 17.7cm(가로)이며, 四周雙邊에 각 줄마다 界線을 갖춘 판형에 10행 21자, 곧 한 줄마자 21자씩 새겼다. 그리고 판 중간에 있는 板心에는 위아래 위에서 안쪽을 향한 네잎무늬의 魚尾 안쪽에 '東隱實紀' 板心題를 비롯하여, 권의 순서인 卷次와 쪽수에 해당하는 張次가 새겨져 있어 목판본 문집의 전형을 따르고 있음을 볼 수 있다. 그렇지만 이 실기를 간행한 목판이 현재 전해지지 않아 무척 아쉽다.

『동은실기』 목판본이 정확하게 언제 어디에서 간행되었는지에 대한 구체적인 전말을 기록한 내용은 남아 있지 않다. 그렇지만 서문을 쓴 이가 西坡 柳必永(1842~1924)과 韋山 張升澤(1838~1916)이고, 발문을 그의 4종손인 李善求(1856~1922)가 작성한 점에 비추어 보면, 이 실기는 1910년대 후반 사림의 공론을 토대로 발간되었음을 알 수 있다. 일제의 강점을 받아들이지 않고 순절한 그의 항일정신이 독립의식을 고취하는 데 귀감이 되기에 충분하다고 안동선비들이 판단했기 때문이다. 따라서 이 실기는 안동을 비롯한 영남지역 양반들이 3 · 1운동을 비롯한 각종 항일투쟁을 펼쳐 나가는 데 있어 적지 않은 영향을 끼친 것으로 판단해 볼 수 있다.

동은 이중언은 평소 조화와 융합의 현실 대응 자세를 지향하는 학문체계를 수립하면서도 국가와 사회의 안위를 위협하는 불의에 대하여는 단호하게 대처한 가문의 전통을 계승하고 있었다. 이러한 가문의 전통은 여러 대에 걸쳐 형성되었다. 고려시대 홍건적 토벌의 공로를 세웠으나 나라가 망하자 관직을 버리고 은둔했던 李子脩를 비롯해, 계유정난이 일어나던 해 진사에 합격했으나 단종이 수양대군에 의해 왕위를 찬탈당한 것을 계기로 관직 진출을 포기하고 집 앞에 老松을 심어서는 역경에 굴복하지 않고 절개를 지키려는 의지를 다졌던 李繼陽, 명종대 尹元衡의 同榜會 결성 제의를 거부하며 戚臣政權의 파행에 비판적 자세를 견지하면서 학문의 최고봉을 이룩한 이황, 임진왜란 당시 공을 세웠을 뿐만 아니라 광해군대 대북정권의 독점적 정국운영에 항의하며 관직을 버렸던 이영도 등으로 이어지면서 가문의 전통이 확립되었다.

따라서 그가 관직에 나아가서는 언관으로서 현실 모순을 신랄하게 비판하며 각종 대안을 제시했을 뿐만 아니라, 일제의 침략이 본격화하자 죽음을 무릅쓰고 저항하는 실천적 면모를 보이게 되는 것도 전혀 우연이 아니라고 하겠다. 그는 1895년 명성황후 시해와 단발령에 항의하여 일어난 을미의병에 주도적으로 참여하였고, 1905년 '박제순－하야시 억지 합의'(을사조약 · 을사늑약)가 있게 되자 직접 궁궐에 나아가 5적을 처단할 것을 주장하는 상소를 올렸다. 이러한 그의 행보가 급기야 1910년 일제의 강점을 계기로 단식을 단행해 순국의 길을 걷게 되는 계기가 되었던 것이다. 그렇기 때문에 『동은실기』는 일제의 침략에 끝까지 항거했던 그의 이러한 진면목을 극명하게 보여주고 있을 뿐만 아니라, 평소의 풍모를 흠모함과 동시에 그의 의거에 찬사를 보내는 양반들의 애절하면서도 통절한 심정이 농축되어 있다고 하겠다.

『동은실기』 내용은 이중언이 직접 저술한 유고와 그의 행록과 함께 추모의 글을 모은 부록으로 크게 두 부분으로 나누어져 있다. 먼저 유고에는 「請斬五賊疏」를 비롯해 「警告文」 · 「述懷辭」가 실려 있다.

「請斬五賊疏」는 이중언이 1905년 일제의 한국 외교권 박탈을 골자로 한 조약이 강제로 체결되었다는 소식을 전해 듣고는 조카 李斌鎬를 데리고 궁궐에 나아가 여기에 동조했던 다섯 역적을 처단하라고 요구하며 황제에게 올린 상소이다. 그는 이 상소에서 일본은 승냥이나 이리떼와 다를 바가 없는 무리이자 우리나라의 전통적인 원수이기 때문에 결코 상종할 수 없는 존재라는 점을 강조했다. 그러면서 황제의 죄인이자 조종의 죄인이며 천하만고의 죄인인 다섯 역적의 목을 베어 장대가 마른 나무가 될 때까지 걸어 둠으로써 다시는 사람을 속이고 나라를 팔아먹는 亂臣賊子가 나타날 수 없도록 하는 표본으로 삼아야 한다고 주장했다. 이와 함께 그는 하루 속히 각국의 공관에 공문을 보내 만국의 公法을 무시하고 협박으로 맺은 거짓 조약들은 마땅히 폐기 대상이 되어야 한다는 점을 널리 알려 일본이 더 이상 국제 사회에서 속임수와 농간을 부릴 수 없도록 원천적으로 차단하는 방안을 제시하기도 했다. 이 상소는 황제에게 捧入되기는 했지만 批答을 받지는 못했다.

「경고문」은 1910년 7월 25일(양 8.29) 일제가 한국을 강점한 것을 계기로 두문불출하던 이중언이 9월 8일(양 10.10) 옆집에 살던 집안 아저씨인 이만도가 단식으로 순국했다는 소식을 듣고 다음 날 본격적인 단식에 돌입하면서 지은 글이다. 여기서 그는 짐승 같은 무리들의 위협을 받고 있는 상황에서 선택할 수 있는 유일한 길은 의리뿐이라는 점을 강조하면서, 이만도에 이어 자신도 나라를 위해 스스로 목숨을 포기하여 의리를 지킴으로써 우리 동포가 모두 여기에 매진하여 일제의 강점을 용납하지 않도록 하는 초석이 되겠다는 희망을 표명했다.

「述懷辭」는 이중언이 1910년 9월 19일 단식 중 족손 이선구에게 자신이 사망한 다음 시신을 넣을 관을 준비하라고 이르면서 지난 밤에 지은 시라면서 읊어준 내용이다. 가슴 속에 품은 한을 풀지 못했지만 절망적인 상황에서 선택할 수 있는 길은 오로지 죽음뿐임을 재차 강조하면서 이만도가 손짓해 부르고 있다며 자신의 죽음이 임박했음을 알리고 있다.

한편 부록에는 권1 「遺稿」에 이어 「家狀」·「行狀」·「遺事後識」·「狀錄後識」·「傳」·「墓碣銘」·「考終日錄」 등 그의 행적에 관한 글들이 수록되어 있으며, 卷2에는 「輓詞」·「誄文」·「祭文」 등 그를 추모하는 사림들의 글들이 실려 있다.

먼저 「가장」은 이만도의 아들 李中業(1863~1921)이 지은 것으로, 이중업의 가계에서부터 시작해 그가 태어나서 사망할 때까지의 생애와 함께 稟性 등에 대해 자세하게 기록하고 있다. 이에 따르면 이중언은 체격은 보통사람과 다를 바가 없었으나 몸 전체가 鐵色을 띠어 단단하고 굳센 외형을 유지하고 있었다고 한다. 그럼에도 그의 천부적인 성품은 자애롭고 진솔하여 온유한 가운데 恒心을 유지한 것으로 평가되었다. 그리하여 그는 언론이 峻激한 사람에게는 관대하면서도 공평하게 대응했고, 사나운 기색을 보이는 사람에게도 돈독한 자세로 스스로 깨우치게 함으로써 화목한 분위기를 이끌어 냈다. 그렇지만 그는 일을 처리할 때나 처신에 있어서만큼은 義·利·公·私의 분별을 분명히 하여 맺고 끊는 것이 칼로 물건을 자르듯이 명쾌하면서도 신속했다고 한다. 이중업은 이 글을 쓰게 된 배경에 대해 이중언의 아들 이서호의 간곡한 부탁에 따른 것이라 밝히면서, 자신도 순절한 아버지를 모신 같은 처지이므로, 동병상린의 심정을 충분히 담고자 노력했음을 강조했다.

「행장」은 이서호의 요청을 받고 金紹洛(1851~1929)이 1915년 이중업이 지은 「家狀」의 내용과 자신이 직접 경험한 사실들을 토대로 작성한 것이다. 특히 그는 여기에서 단식 중이던 이중언을 찾아가 "響山보다 황제의 은총을 받은 것이 적었으니 단식을 중단해야 한다."고 주장했다가 "부인의 守節 여부도 남편 은공의 차이에 따라 결정되는가?"라는 반문에 망연자실했던 기억을 되살리기도 했다. 그러면서 김소락은 이중언이 강직하면서도 예리한 자세를 유지하고 있었지만, 내면에는 인자하면서도 포용적인 복합적 면모를 갖추고 있었다고 전제하면서, 고귀한 신분에도 불구하고 관용과 포용을 베풀고 무모할 정도의 용기를 간직했으면서도 겸손과 공경으로 일관했던 풍모를 회고했다.

「遺事後識」는 「家狀」을 읽고 감회를 적은 것으로, 崔正愚가 지었다. 먼저 이중언의 遺事를 읽으면서 비분강개한 마음에 눈물이 쏟아지는 것을 깨닫지 못했던 사실을 말했다. 최정우는 지난날 이중언을 만났을 때, 소나무와 같이 곧고 계수나무처럼 엄정한 성품을 갖고 있음을 알았지만 순국과 같은 두드러진 일을 성취할 줄은 미처 생각하지 못했음을 솔직하게 고백했다. 그러면서 이만도와 함께 가문의 雙節을 이룩한 쾌거에 존경심을 아울러 나타냈다.

「狀錄後識」는 이중언의 知友인 郭鍋가 이서호의 요청으로 지은 것이다. 李滉이 道學의 心法으로 우리나라의 영원한 人文을 열어 후세의 사람들에게 영향을 끼친 이래, 이중언이 이만도와 함께 그것을 토대로 절의를 사람들에게 심어줌으로써 나라가 망할 즈음에 근원을 깊게 하고 기강을 바로 세우는 데 크게 기여했다는 점을 부각했다.

「傳」은 이중언의 인품과 주요 행적에 대해 기록한 것으로, 曺兢燮이 지었다. 그가 백형이 과거에 세 번이나 낙방하자 자신의 田宅을 양보한 사실과, 대가 끊긴 외가에 후손을 들여 보이지 않던 일 등, 두드러진 孝友 행적을 소개하였다. 그러면서 그의 절개가 한 때의 비분강개하는 마음이나 감정에 따른 충동적인 것이 아니라 恒心에서 비롯되었다는 점을 강조했다. 그러면서 본심을 얻으면 자연 원한은 없어지는 법이기 때문에 그 역시 순국을 통해 仁을 얻었을 뿐 원한은 갖지 않았다는 확신이 글에 담겨있다.

「墓碣銘」은 이중언의 4종숙인 柳川 李晩煃(1845~1921)가 지은 것이다. 그는 이중언이 단식을 단행한 지 27일 만에 순국하자 탄식해 눈물을 흘리지 않은 사람이 없었고, 만사와 誄文을 지어 통곡하는 사람들이 적지 않았으며, 행장 등을 통해 그의 행적을 전하고 있음에도 불구하고 오직 墓道에 墓表만 없으니 묘갈명은 지어달라고 부탁하였던 것이다. 특히 그는 사서삼경을 제대로 읽은 자들은 심법을 얻어 가정의 일에서는 겸손하면서도 공손하고 나라의 일에서는 충성과 의리를 갖추어 변란을 당했을 때 목숨을 버리는 것으로 뜻을 이루어 다른 사람의 칭송의 대상이 되기 마련이라 전제하면서, 학문으로 명성을 얻었으면서도 스스로 무릎 꿇은 모자라는 자들은 그의 의거를 통해 부끄러움을 깨달아야 할 것이라며 그의 실천적 자세를 높이 평가했다.

「考終日錄」은 이중언이 단식을 시작하게 되는 과정에서부터 순국에 이르기까지 그와 주위 사람들의 동향을 비롯해 대화 내용 등 모든 상황들을 날짜별로 소상하게 기록한 내용이다. 이 일기는 누가 작성했는지 나타나고 있지는 않지만, 정황상으로 미루어볼 때 아들 이서호가 기록했을 가능성이 높아 보인다. 일기 내용은 일제에게 강점당한 1910년 7월 25일(양 8.29)부터 시작하지만, 실질적으로는 이중언이 강점이 기정사실로 굳어진 것을 확인한 다음 모든 업무를 포기하고 죽음을 결심하게 되는 8월 6일(양 9.9)부터 시작되었다. 이만도가 단식을 하고 있다는 소식을 나흘 늦은 8월 18일(양 9.21)에 듣고서는 자신도 이미 짐작하고 있던 일이라며 단식의 준비를 하게 되고, 8월 27일(양 9.30)부터 가족들에게 미음만을 가져오도록 일렀다. 그리고는 자신이 하던 집안일을 정리해 나갔다. 9월 8일(양 10.10) 이만도의 별세 소식을 듣자, 조상의 사당에 인사를 드리고는 미음마저 거부한 채 자신도 본격적인 단식에 돌입했다. 몇 차례의 고비를 넘긴 다음 단식을 시작한 지 27일 되던 10월 4일(양 11.5)에 숨을 거두었다. 그 과정에서 친척과 知友들이 찾아와 단식을 만류했지만 듣지 않는 대신 평온한 자세로 대화를 나누는 초연하고 일관된 모습을 보였고, 그러한 자세가 인상정으로 그려져 있다.

「만사」는 그의 부음을 듣고 친척을 비롯한 주위 사람들이 그의 죽음을 애도하면서 지은 글들을 모은 것이다. 여기에는 金魯銖 · 朴周大 · 李鍾夏 · 柳必永 · 柳淵博 · 申相翼 · 金𡐊 · 金華永 · 柳淵楫 · 權相翰 · 金章洛 · 柳廣鎬 · 姜銃 · 柳晦植 · 琴錫柱 · 吳世泳 · 李羲敬 · 權秉燮 · 權相翊 · 權仲夏 · 金秉宗 · 李鳳羲 · 孫厚翼 등의 사림, 족형 李中錕 · 李中稙 · 李中轍, 족제 李中均 · 李中洙 · 李厚坤, 족질 李東鎬 · 李同鎬 · 李炳祚 · 李忠鎬, 族孫 李壽春 · 李彦求 등 친지들의 글들이 수록되어 있다.

「뇌문」은 이중언의 장례 때 영전에 올린 조문으로, 金會鍾이 지었다.

「제문」은 祭日을 맞아 영전에 올린 글이다. 여기에는 黃洙 · 柳淵博 · 柳淵楫 · 金履洛 · 金胥洛 · 金健洛 · 金紹洛 · 金世秉 · 柳鳳熙 · 柳致遇 · 柳昌

植·金碩林·琴鏞夏·金應植·金鴻洛·鄭建模·朴鉉燦·李聖熙·朴瑛澤·李在明·朴鍾斗 등 사림, 3종형 李中斗, 4종숙 이만규, 3종질 李豊鎬, 족질 李宜燦·李康鎬·李秉鎬·李鍾岱, 족손 李兢淵·李善求, 사위 김만식·장사건 등 친지들의 애절한 글들이 수록되어 있다.

요컨대『동은실기』는 이중언이 가진 道學者로서의 평소 행보와 더불어 민족의 모순에 적극 대응하는 실천적 자세를 극명하게 보여주고 있다. 특히 그의 단식을 통한 순국의 과정을 생생하게 전하고 있다. 이「考終日錄」은 이만도의 단식 당시의 일기인『靑邱日記』와 더불어 국난에 임하는 도학자인 선비의 자세가 어떠해야 하는지를 일깨워주기에 충분한 것으로 판단된다. 이러한 점에서 이중언의 선비정신을 담은『동은실기』는 학술적으로도 자료적 가치가 높을 뿐만 아니라 정신사적으로도 적지 않은 의미를 갖는 것으로 평가된다.

4장_ 바다를 밟고 들어가 순국한 의병장 김도현

1. 전기의병을 일으키다

1) 의병 봉기의 길을 찾다

碧山 金道鉉(이명 肅鉉)은 한말 의병전쟁에서 대표적인 의병장 가운데 한 사람이다. 그는 1852년 경북 영양군 청초면 소청리(지금의 청기면 상청리)에서 태어났다.

김도현이 의병전쟁에 내디딘 첫걸음은 1896년 1월(양)에 나타났다. 본래 한말의 의병전쟁은 한 해 앞서 1894년 갑오년에 안동에서 처음 일어났지만, 다른 지역으로 퍼져 나가지는 않았다. 본격적으로 의병전쟁이 일어난 계기는 일본군과 낭인배들이 명성황후를 시해한 을미사변(음 1895.8.20)과 상투를 강제로 자르는 단발령(음 1895.11.15, 이틀 뒤 1896년부터 양력 사용, 1월 1일) 때문이었다. 이에 따라 영양이 포함된 경북 북부지역에서는 유림들이 사태를 논의하고 의병을 일으키자는 격문과 통문을 돌리면서 의견을 모아 갔다.

명성황후 시해도 큰 충격이지만, 무엇보다 단발령은 모두를 다급하게 만들었다. 영양지역에도 단발령을 시행한다는 급보가 전해지자 유생들은 술렁거렸고, 안동부 유생들이 의병을 일으킬 준비에 나섰다는 소식도 알려졌다. 이런 급박한 상황 속에서 영양에서도 의병을 조직하는 움직임이 나타났으니, 여기에 앞장선 인물이 바로 김도현이었다.

그는 사촌동생 金漢鉉으로부터 급한 소식을 듣게 되었다. 영양에서 백성들에게 단발을 강요한다는 것과 안동부에서 의병을 일으킬 준비에 나섰다는 것이 내용이었다. 이에 김도현도 의병을 일으키겠다는 마음을 굳혔다.

김도현은 1월 23일(음 12.9) 영양읍에서 통문을 돌리고, 이튿날 영양의 유력한 유생들과 의병 일으킬 일을 논의하였다. 그 자리에 모인 영양 유림은 안동과 예안의 상황을 살펴본 뒤 거사하자고 의견을 모았다. 김도현은 조영기와 그 임무를 맡아 안동으로 갔다.

두 사람은 안동과 예안을 들렀다. 먼저 안동부성 안에 차려진 의병부대인 안동의진(안동의병부대)과 예안읍내에 터를 잡은 선성의진(예안의병부대)을 둘러보았다. 그때 예안군은 안동부와는 다른 행정조직이었고, 의병부대도 따로 조직되었다. 이를 돌아본 뒤 김도현은 영양으로 돌아왔다. 그는 이튿날 열릴 大鄕會에서 진영을 설치하고 의병을 일으키기로 마음먹었다. 그런데 이날 김도현은 안동의진이 패하였다는 소식을 들었다. 안동을 탈출했던 안동부관찰사 김석중이 관군을 이끌고 일본군의 도움을 받으면서 안동부성을 되찾으려고 공격해 온 것인데, 이를 막던 안동의병이 져서 물러난 것이다.

이 소식을 듣던 날은 마침 종조부의 제삿날이었다. 그렇지만 그는 격분하여 통문을 돌리고 의병을 조직하고자 나섰다. 그러나 부친의 만류와 이웃마을에 머물던 안동 내앞마을 종손인 金秉植의 말을 듣고 일단 중지하였다. 「碧山先生倡義顚末」에 따르면 "김병식을 만나 말 한마디를 듣고 깨달아 돌아왔다."고 하는데, 아직은 영양 유림들의 자세가 적극적이지 않았음을 말해준다.

2) 의병을 일으키다

김도현이 거병하겠다는 생각을 가지면서도 선뜻 나서지 못하고 있던 1896년 2월 13일(음 1.1), 그는 안동의진의 소모장 柳時淵으로부터 새로운 권유를 받았다. 소모장이란 의병부대를 운영하는 데 필요한 사람과 무기, 곡식, 말과 이동수단 등 여러 가지 물자를 모집하는 책임자를 말한다. 주변 지역을 돌면서 안동의진에 필요한 사람과 물자를 거두어 공급하던 류시연이 김도현에게 청량산에서 의병을 일으켜보라고 권한 것이다. 청량산은 그의 집에서 그리 멀지도 않고, 오래된 성곽도 갖추고 있는 곳이니 알맞은 제안이라 여길 만했다. 그래서 2월 16일(음 1.4) 아우와 사촌동생, 집안사람 등 19명을 거느리고 청량산으로 갔다. 이것이 그가 의병전쟁에 나서는 본격적인 걸음이었다. 그가 청량산에 도착하던 하루 앞서 마침 예안의 제2차 선성의진이 청량산에서 조직되고 있었다.

선성의진은 모두 네 차례에 걸쳐 조직되었다. 그 가운데 김도현이 청량산에 도착한 때 조직된 것은 제2차 선성의진이었다. 이 보다 앞서 처음 그가 예안을 들렀을 때는 1차 의진이 조직된 시기였다. 1차 선성의진은 1896년 1월 25일(음 1895.12.11) 대장 李晩燾와 부장 李中麟이 앞장서서 조직하였지만, 겨우 8일 만에 해산하고 말았다. 안동의진에 붙잡히지 않으려고 탈출했던 안동부관찰사 김석중이 경군·일본군과 함께 안동부를 공격하는 바람에 안동의진이 안동부에서 밀려나자, 이에 선성의진마저 영향을 받아 해산한 것이다. 이에 부장이던 이중린이 청량산에서 다시 조직을 추슬러 2월 16일(음 1.4) 일어난 것이 제2차 선성의진이었다. 바로 여기에 김도현이 합류한 것이다. 그런데 그는 다시 길을 떠났다. 원인을 확실하게 알 수는 없는데, 그 뒤의 흐름은 봉화와 영주 일대를 돌면서 사람과 물자를 확보하는 데 초점이 맞춰졌다. 그렇다면 청량산에서 조직된 의병을 염두에 두고서 세력을 키운 뒤에 다시 선성의진과 합세하거나 공동작전을 펼치는 데 목표를 둔 것이 아닌가 짐작된다.

1896년 2월 18일(음 1.6) 그는 진용을 편성하고, 봉화로 가서 군수를 만나 무기를 요구한 끝에 총과 탄환을 받았다. 그리고서 그는 봉화 乃城에 이어, 영주를 거쳐 예안으로 갔다. 이는 의병봉기의 사실을 알리면서 무기와 사람을 모으는 길이기도 했다. 그 길에서 후한 대접을 받았고, 그를 따라 나서는 사람도 적지 않았다. 그래서 그가 옮겨 다닌 열흘도 채 안 되는 날 동안 병력은 수백 명으로 늘어났던 것이다. 다른 지역의 의병부대와 합치지는 못했지만, 여러 지역을 도는 동안 병력과 물자는 갖추어진 것이다.

그가 거느린 의병부대의 모습은 2월 25일(음 1.13) 예안을 출발하여 안동부로 들어선 기록에서 확인된다. 그가 총포로 무장한 수백 명을 이끌고 안동에 도착하여, 이틀 뒤인 2월 27일(음 1.15) 영호루 앞 낙동강 백사장에서 진법을 훈련한 기록이 그것이다.

2월 29일(음 1.17) 김도현은 병력을 이끌고 영양으로 돌아왔다. 그 이튿날 영양에서는 앞에서 말한 것처럼 조승기를 창의장으로 추대하고 조병기·조영기 등이 의병을 일으켰다. 일월면 주곡(주실마을)의 조승기가 창의장으로 추대된 것이다. 다만 이 의병은 본격적인 전투에 나서기보다는 영양에 피해가 없기를 바라는 선에 머물렀던 '시위의병'의 성격이 짙었다. 김도현은 자신이 이끄는 의병부대와 영양의진을 합치는 것이 바람직하다고 생각하여 논의했지만, 뜻대로 되지 않았다. 또 진보와 청송 등 주변 지역을 옮겨 다니며 의병부대와 통합을 시도하였지만 이마저도 성과가 없었다. 전투력을 기르려면 의병부대를 더 키워야하는데, 다른 지역에서 호응하는 것이 신통하지 않았다. 그러다가 마침내 자신의 부대와 존재를 다른 의병부대에 합류시키는 길을 택하게 되었다. 그것이 바로 예안의병의 중군을 맡게 된 일이다. 앞에서도 한 차례 말한 것처럼 예안의 의병부대는 선성의진, 또는 선성진이라 불렸다. 예안의 옛 이름이 선성현이었기 때문이다.

3) 2차 선성의진 중군을 맡아 태봉전투를 치르다

1896년 3월, '태봉전투'라는 큰 규모의 전투가 준비되고 있었다. 태봉은 그때 함창군 소속 태봉리이니, 요즘의 상주시 함창읍 태봉리가 그곳이다. 일본군이 전신선을 장악하고, 곳곳에 병참부대를 배치하고 있었다. 더구나 동학농민군을 짓밟은 뒤에는 더욱 강한 병참선을 유지하고 있었다. 일본군의 병참선이 부산에서 대구를 거쳐 북상하다가 낙동－태봉－안보－충주를 거쳐 남한강을 따라 서울로 이어져 있었다. 이에 따라 경북 북부지역에는 낙동과 태봉, 안보(수안보 옆)에 일본군이 주둔하고 있었던 것이다.

이 무렵 김도현은 영양을 중심으로 주변 지역을 다니며 의병에 필요한 자원을 모아 나가고 있었는데, 예안의 제2차 선성의진으로부터 중군을 맡아달라는 부탁을 받았다. 본래 청량산에서 일어난 이 의병부대를 淸凉義營이라고도 부르는데, 광산김씨 가문의 김석교가 중군을 맡고 있었다. 그가 3월 20일(음 2.7) 포군 50명을 이끌고 안동 풍산으로 가서 안동 · 풍기 · 순흥 · 영천(주) · 봉화 · 호좌의진과 더불어 예천으로 향했다. 그런데 중군 김석교가 갑자기 호좌의진으로 자리를 옮기는 일이 생겼다. 제천에서 남으로 옮겨온 호좌의진이 그를 초빙한 것이다. 이에 그 자리에 알맞은 인물로 추천된 사람이 바로 김도현이었다.

김석교가 이끌던 선성의진은 이미 1896년 3월 23일(음 2.10) 예천에서 7개 의병부대가 연합하는 회맹의식을 갖는 데 참가하였다. 7개 의병부대 대표들이 백마를 잡아 피를 마시거나 입술에 바르며 동맹을 서약하고 승리를 기원하였다. 연합부대는 이튿날 예천군수 류인형이 의병부대를 진압하러 온 관군 편을 들었다는 죄목을 들어 처형하여 의병들의 기세를 드높였다. 그런 뒤에 김석교가 호좌의진으로 옮겨갔고, 그 때문에 중군 자리가 비게 되자, 선성의진은 급하게 김도현을 초빙한 것이다.

김도현은 선성의진 중군으로서 추가 병력을 이끌고 예안을 출발하였다.

여기에 선봉장 이인화와 전방장 이중언 등이 함께 길을 나섰다. 이들은 문경 산양에서 연합부대와 합류하였다. 이것이 유명한 '태봉전투'의 시작이다.

〈선성의진 간부〉

대 장 : 이중린	중군장 : 김도현
선봉장 : 이인화	전방장 : 이중언
참 모 : 이빈호 · 이중엽	종 사 : 이장규

1896년 3월 28일(음 2.15) 김도현이 포함된 선성의진을 비롯하여 안동 · 풍기 · 순흥 · 영천(영주) · 봉화 등 6개 의병부대와 호좌의진의 소모장 서상렬이 이끌던 별동대가 문경 산양에 모였다. 호좌의진은 제천에서 일어난 류인석이 대장을 맡은 의병부대로, 그 별동대를 서상렬이 지휘하고 있었다. 사실상 태봉전투 기획도 서상렬의 의견에서 비롯된 것이다. 왜냐하면 제천의 호좌의진이 충주관찰부를 공격하여 충주성을 장악하고 있었는데, 남쪽에서 북쪽으로 연결되던 일본군 병참선을 미리 잘라서 막으려는 데 목적을 두고 이동해 왔기 때문이다. 그 가운데 의병부대가 연합하여 공격할 부대가 바로 상주 태봉에 주둔하던 일본군이었다.

김도현이 이끈 선성의진은 연합의진에 속해 움직였다. 의진은 길을 떠나 각각 터를 정하여 잡고서 하룻밤을 머물렀다. 예천의진은 筏峴으로 가서 진을 치고, 안동의진은 상주 德通驛으로 가서 부대를 머물렀으며, 호좌의진은 함창으로 나아갔다. 그리고 김도현이 이끌던 선성의진은 영천(영주) · 순흥의진과 함께 상주 浦內村(현 문경시 영순면 포내리)에 머물렀다. 그리고 풍기의진은 犬灘의 唐橋, 봉화의진은 상주 東山村(현 문경시 영순면 율곡리)으로 나아가 밤을 보냈다. 그런데 예기하지도 못한 일이 벌어졌다. 이날 밤 함창에 진을 친 호좌의진이 갑자기 일본군과 접전을 치르는 일이 벌어진 것이다. 이것은 태봉으로 연합하여 짓쳐 들어간다는 계획과는 차이가 있어서 혼란이 생기기도 하였다.

이튿날인 3월 29일 아침 일찍부터 태봉공격이 펼쳐졌다. 맨 앞에 김도현이 이끄는 선성의진이 나서고, 풍기 · 순흥 · 영주의진이 뒤를 따랐다. 안동의진이 먼저 왼쪽 산 위로 올라가 일본군 진지를 향해 천보총을 쏘고 일본군 1명을 죽이는 전공을 올렸다. 그러나 일본군 10여 명이 백사장으로 나와 총을 쏘는 바람에 의병들은 잠깐 동안 7~8명이 전사하고 20명 넘게 부상당하는 손실이 발생하였다. 김도현은 선성의진을 이끌고 제방까지 달려가 거기에 몸을 숨기고 공격하였다. 작은 제방을 사이에 두고 사격전이 벌어진 것이다. 그 장면을 김도현은 이렇게 썼다.

> 태봉을 향해 가는데 긴 시내가 하나 있고, 커다란 들이 하나 있다. 혹 산에 올라 멀리 바라보기도 하고, 혹 길을 물어 후군을 기다리기도 한다. 오직 선성의진이 앞장서고 풍기 · 영천 · 순흥의 3진은 뒤를 따라 들을 덮고 나아간다. 나는 요지를 살펴 긴 둑을 의지하고 포를 쏘니 마을 사람들이 모두 도망을 간다. 오직 倭酋 17명이 총을 메고 들로 나오더니 역시 조그만 둑에 의지하여 포를 쏘니 탄환이 둑을 넘어 비 오듯 쏟아진다. 우리 진에서는 군사 하나가 왜의 포에 맞아 탄환이 겨드랑이를 뚫어 피가 몹시 흐르는데, 그래도 아직 죽지 않았다. 이것을 보고 一軍이 모두 겁을 낸다. 안동 군사는 뒷산에서 포를 쏘니 우리 군사는 중간에 끼어 있다. 이에 영을 내려 퇴진하여 산으로 올라가 나무를 의지하고 바라보도록 했다. 이 싸움에 내 아우 景玉 東鉉은 포를 쏘아 黑酋 5명을 죽였고, 哨長 李五同도 역시 포를 쏘아 흑추 7명을 죽였다. 이리하여 각 진에서 포로 적을 쏘아 죽인 것이 수십 명이나 되었다. (중략) 저녁 무렵 흑추 수백 명이 뒷산을 넘어 내려오는데, 의외의 포성이 터져 나오니 7진의 군사가 바람처럼 흩어지고 남는 것이 없다. 장졸이란 불과 親卒 15 · 6명뿐이니 그 형세 어찌할 수 없다.(「벽산선생창의전말」)

훈련되지 않은 의병들을 거느리고 전투에 앞장서서 지휘하던 그의 모습이 마치 사진을 보는 듯하다. 의병 연합부대와 일본군과의 전투, 한 병사의 부상에 따른 의병들의 동요, 그런 가운데서도 김도현의 동생 김동현이 5명이나 사살하는 전과를 올린 장면이 자세하게 그려져 있다. 여기에서 왜추는 일본군, 흑추는 관군을 뜻하는 것으로 보인다.

태봉전투에서 7읍 연합의병부대는 처음 경험한 것이라 보기 힘들 만큼 격정적인 전투를 치렀다. 하지만 경험이 없고 무기도 열악하며 조직력도 부족했다. 넘치는 의기만으로는 전투를 이길 수 없어서 급하게 뒤로 밀려났다.

급하게 빠져나와 보니 김도현을 따르던 인물은 '친졸' 15~16명뿐이었다. 친졸이란 자신이 친히 돌보는 형제와 가족, 하인 등이었다. 그런데 산양에 도착할 무렵에는 남은 병사가 3~4명에 지나지 않았다고 적었으니, 상황이 얼마나 급했던지 짐작하고도 남는다. 김도현은 용궁으로 피했다가 3월 31일(음 2.18) 예안으로 돌아왔다.

김도현은 예안에 도착하자마자 중군직을 사퇴하고자 했다. 그러나 4월 1일(음 2.19) 안동의진에서 구원을 요청해 왔으므로 군사 50명을 이끌고 안동으로 나아갔다. 하지만 그가 안동부로 들어서기 전에 오천(외내) 후조당에서 밤을 보낼 때 안동부가 방화되어 불타는 바람에 하늘이 일렁이는 모습을 보았다. 일본군이 안동의병을 추적하다가 안동 서쪽 입구인 송현을 거쳐 안기동에 도착하여 불을 지르는 바람에 안동부에서 1천 호 넘게 불타는 비극이 발생하였다. 바로 그 불길이 솟아오르는 광경을 북쪽 멀리서 김도현이 바라본 것이다.

김도현은 안동으로 가던 군대를 예안으로 되돌렸다. 곧 밀어닥칠 일본군과 관군을 막아내기 위해 선성산에 성을 고쳐 쌓았다. 그런데 태봉전투를 치르고 돌아온 뒤로 선성의진 내부에서 갈등이 이어지자, 그는 사면장을 세 번이나 거듭 올렸고, 마침내 사면이 되자 그는 집으로 돌아왔다.

4) 강릉의진과 연합작전을 펼치다

김도현이 영양 본집으로 돌아온 뒤 새로운 투쟁 방법을 고민하고 있었다. 마침 그때 민용호가 이끌던 강릉의진에서 소모사 이호성을 보내 그를 초청하였다. 이에 김도현은 의병 60여 명을 거느리고 강릉으로 향했다. 민용호는 강원도 강릉을 중심으로 關東九郡都倡義所를 마련하고 활발하게 전투를 펼치다가 원산으로 진격하다가 실패한 뒤로는 강릉에서 다시 전열을 가다듬고 있었다. 병력을 모으기 위해 곳곳으로 사람과 격문을 보냈다. 여기에 김도현이 자리를 떨치고 나선 것이다.

김도현은 평해·울진·삼척을 거쳐 5월(음 3월 하순) 강릉에 도착하였다. 민용호는 김도현을 선봉장으로 임명하였고, 군사들에게는 唐布를 주어 옷을 만들어 입도록 하였다. 바로 이어서 김도현은 서울에서 온 관군과 대공산성에서 전투를 펼쳤다. 그러나 화력이 우세한 관군에 밀릴 수밖에 없어 九山驛으로 밀려났고, 아우 金東鉉을 비롯한 의병들은 사방으로 흩어졌다. 김도현은 진영을 다시 정비하고 강릉에서 대관령으로 가는 길목에 있는 普賢山城에서 전투를 벌였고, 삼척으로 이동한 뒤 다시 5월 31일(음 4.19) 대전투를 벌였다. 이때 강릉의진의 진용은 다음과 같다.

대　장 : 민용호　　선봉장 : 김도현
수성장 : 민동식　　유진장 : 김헌경
중　군 : 최중봉·강우서·이영찬·전치운·신무섭

삼척전투에서 선봉장 김도현은 수성장 민동식과 함께 성 안에 매복하고, 유진장 김헌경은 竹西樓 동쪽에 진을 쳤다. 그리고 민용호는 최중봉을 비롯한 주역들과 함께 삼척 뒤편의 三峰山 위에 구덩이를 파서 군사를 매복시켜 놓고 관군을 기다렸다. 새벽부터 시작된 관군의 공격을 맞받아치면서 치열한 전투를 벌였지만, 화력이 부족하던 의병은 끝내 오십천 강변으로 밀려나고 말았다. 이 전투에서 의병이든 관군이든 모두 병력 손실이 컸다. 그래서 김도현도 민용호와 나뉘어, 겨우 10명 남짓 병력을 거느리고 영양으로 돌아오고 말았다.

5) 해산기의 유격항전

6월 10일 무렵 김도현은 영양으로 돌아섰다. 그런데 삼척에서 흩어져 돌아온 의병을 모아보니 10명을 겨우 넘길 정도였으니 참담하기 그지없었다. 그는 고향마을 뒤편에 있는 검각산성에 본진을 두고 다시 의병을 모으려고 통문을 돌렸다. 그리고 동생 김동현을 청송 덕천에 보내 거병을 촉구하고 스스로 여러 곳을 다니면서 의병을 모았다. 그런데 난데없이 비보가 날아들었다. 6월 16일(음 5.6) 관군이 소청에 진입했다는 급보를 들은 것이다. 그는 소청으로 달려갔다. 그러나 이미 본진은 관군에 의해 무너진 뒤였다. 이에 김도현은 검각산성의 柵堡를 수리하는 일에 힘을 쏟았다. 그리고서 주변 지역을 돌면서 유격전을 펼쳤다. 그러는 사이에 6월 22일(음 5.12) 입암전투와 소청전투를 펼쳤지만, 패하고 말았다. 무기가 시원찮은 형편이라 이겨낼 수가 없었던 것이다. 입암전투가 펼쳐지던 그날 그의 지휘 아래 움직이던 鄭聖瞻을 비롯한 30명 정도 의병이 이웃 사부고개에서 일본군에 맞서다가 크게 패하는 일이 벌어졌다.

7월 13일(음 6.3) 김도현은 영해읍으로 나아갔다. 이때 김하락의진이 일본군과의 전투에서 패했다는 소식을 듣게 되었다. 경기도 이천에서 일어나 남한산성에서 활동했던 김하락이 의진을 이끌고 남하한 뒤에 의성과 경주를 거치면서 전투를 거듭 펼치다가 마침내 7월 2일 영덕에 도착하였다. 이곳에서 전열을 가다듬은 김하락의진은 申運錫이 지휘하던 영덕의진과 힘을 합쳐 7월 13~14일에 걸쳐 영덕읍내 오십천에 있던 남천쑤 일대에서 일본군에 맞서 격렬한 전투를 펼친 것이다. 이 전투에서 김하락은 탄환 2발을 맞아 중상을 입자, 오십천에 몸을 던져 장렬하게 순국하였다. 그 시신은 오십천이 동해로 흘러드는 강구에서 수습되었다.

김도현은 남천쑤전투 직후 발길을 돌려 영양으로 돌아섰다. 김도현은 안동의진과 김하락의진의 잔여 병력과 힘을 합쳐 영양에 주둔하던 관군을 공격하려다가 의견이 맞지 않자 청송 덕천으로 향했다가, 7월 20일 무렵에는 청송을 한 바퀴 돌아 영양으로 돌아왔다. 그 뒤로 한 달 동안 김도현은 의병을 이끌고 영양과 청량산, 예안지역을 떠돌면서 일본군과 관군의 움직임을 주시하고 또 맞섰다. 더러는 이웃 의병부대와 연합할 길을 찾기도 했지만, 9월 중순을 넘어서자 대부분의 의병부대가 해산하기 시작하였다. 대세가 꺾인 것이다. 예안에서 일어난 선성의진은 9월 20일(음 8.14) 해산하고, 안동의진도 9월 25일 대장 김도화가 물러나면서 끝을 맺었다.

마침내 김도현 의병부대만 남았다. 전기의병에서 그가 최후까지 버틴 기록을 남기게 된 것이다. 그는 군사를 시켜 총 113자루를 숨기고 해산을 준비하면서 영양 곳곳을 돌아다녔다. 10월 초 宣諭御使의 글을 받은 뒤인 10월 11일(음 9.5), 그는 마침내 해산을 작정하였다. "여러 진 군사들이 모두 해산했으니 나만 홀로 군사를 유지할 수 없은즉 깊은 산으로 들어가 종적을 감추자."는 것이 그의 다짐이었다. 10월 15일(음 9.9) 중양절, 그는 따르던 포졸 10여 명을 집으로 돌려보내고 마침내 의병부대를 해산하였다. 이것이 바로 전기의병의 마지막 모습이었다.

2. 상소투쟁 펼치고 의병격문 띄우다

전기의병의 마지막을 장식한 뒤, 김도현은 고향에서 학문에 힘쓰며 세월을 보냈다. 그런데 시대적 상황은 그를 조용하게 살도록 놓아두질 않았다. 영양이란 지역 자체가 태백산맥과 소백산맥이 나뉘는 틈 속에 들어 있는지라, 활빈당을 비롯한 영학당이나 화적들이 넘나들고 있었다. 민심이 흐트러지고 사회가 불안하기 그지없었다. 그러자 경상북도관찰사 이헌영은 김도현에게 5읍도집강이란 자리를 맡겼다. 영양·청송·진보·영덕·영해 등 다섯 고을의 화적을 토벌해 달라는 것이 그 주문이었다. 실제로 그가 5읍 도집강으로서 화적 토벌에 얼마만큼 나섰는지 확인되지는 않지만, 일단 영양에 터를 잡고 사회 안정에 기여했으리라 짐작은 할 수 있겠다.

1905년 외교권을 박탈당하는 일이 벌어졌다. 그러자 온 나라 유림들이 들고 일어나 조약의 무효를 주장하면서 5적을 처단하라는 요구를 담은 상소를 올리고, 각국 공사관에도 그 뜻을 알리고 나섰다. 김도현도 마찬가지였다. 그도 서울로 가서 조약이 무효라는 것과 을사5적을 처단하라는 요구를 담아 상소를 올리고, 각국 공사관에 「布告西洋各國文」이라는 포고문을 보냈다.

김도현이 여러 나라 공사관에 보낸 「포고서양각국문」은 만국공법에 맞추어 일제의 전횡을 막는데 도와 달라는 뜻을 담았다. 일제가 강제로 맺었다는 '박제순-하야시 억지 합의(을사늑약)'가 무효라는 사실을 강조하면서, 만국공법을 엄하게 적용해 달라는 내용이다. 하지만 상소투쟁은 좋은 열매를 맺지 못했다. 온 나라에서 유림들이 광무황제가 머물던 덕수궁으로 몰려들어 상소를 올리고 대성통곡을 거듭했지만, 일제의 간교하고도 집요한 침략정책을 무너뜨리지는 못했다.

서울에서 자정순국을 선택하는 유림들이 나타났다. 김도현도 상소투쟁이 아무런 성과를 거두지 못하자 자정순국의 길을 선택하려고 했다. 이때 주실마을 조병희가 만류하는 바람에 일단 고향으로 돌아왔다. 죽음보다 먼저 다시 한 번 투쟁의 깃발을 올릴 각오를 다지면서 돌아온 길이었다. 그는 도산서원에 들러 의병 일으키는 일을 논의했지만 성과를 거두지는 못했다.

고향에 돌아오자마자 바로 거사에 나섰다. 1906년 1월 21일, 그는 5읍도집강으로 활동할 때 함께 움직이던 포수들을 불러 모았다. 이를 근간으로 삼아 의병을 일으킨 것이다. 이틀 뒤인 23일 그는 영양읍내 시장에 방을 붙이고 면마다 통문을 돌려 1월 27일 의병에 함께 참가하라고 촉구하였다.

마침내 그날을 맞아 그는 포군 50~60명을 축으로 삼아 의병을 일으켰다.

김도현은 의병을 이끌고 영양군 관아를 찾아갔다. 그는 영양군수 李範喆에게 자신이 상소투쟁을 펼치려고 서울을 다녀온 이야기를 끄집어 내면서, 그곳에서 죽으려했지만 그렇지 못하고 빈손으로 돌아왔다면서 그 정황을 말했다. 그러면서 김도현은 "지금 도둑신하 무리들이 권력을 희롱하여 차마 볼 수 없는 지경에 이르렀으니 병사를 일으켜 분함을 갚고자 하노라."고 뜻을 분명하게 밝혔다. 그러자 영양군수 이범철은 설득하여 해산시킬 수 없다고 판단하고 안동에 군대를 파견해 달라고 요청하였다.

바로 이어서 14일자 《대한매일신보》와 《황성신문》에는 이범철 군수의 요청에 따라 안동에서 진위대와 일본군이 몰려들어 김도현의 가족 6~7명을 묶고 집 부근 동네에서 소 20여 마리와 재물 등을 약탈하였다는 내용이 보도되었다. 영양군수 이범철은 김도현이 5읍도집강으로 있을 때 結納錢을 거두어 의병의 군비로 쓰고자 했다는 죄목으로 체포하려 들면서, 안동 진위대를 보내 오히려 약탈한 것이다. 다만 신문에 따라서는 진위대만이 아니라 일본군을 지목한 기록도 있어서 두 병력 모두 동원된 것이라 짐작되기도 한다. 《황성신문》(1906.4.12)에는 명주 31필, 소 10마리, 돈 270냥, 안경 3개, 가락지 1개, 붓 10개, 양총 10자루, 조총 20자루 등을 빼앗고, 김도현의 친척인 金瑞鉉 등 4명이 두들겨 맞아 생명이 위태롭다고, 관찰서리 겸 대구군수 김한정의 보고를 인용하여 보도하였다. 그러므로 김도현의 집안은 말할 것도 없고, 그의 고향인 소청동 일대가 안동진위대의 약탈과 폭력으로 아비규환이 되었다. 참혹한 날이 이어지는 가운데 그도 붙잡혀 혹독한 날을 보냈다. 그런데 이러한 소식이 신문을 통해 전국에 알려지는 바람에 이범철 군수의 탐학 행위가 만천하에 드러났고, 비난의 목소리가 커졌다. 이 때문에 김도현이 붙잡혀 고생한 기간은 그리 오래지 않은 것으로 짐작된다.

마침 광무황제가 의병을 일으키라는 밀칙, 곧 비밀명령을 보내왔다고 알려진다. 그러나 그로서는 다시 의병을 일으킬만한 여유가 없었다. 집안이 풍비박산이 난 상황인 데다가 관군과 일본군이 그의 움직임을 철저하게 감시하는 상황이었기 때문이다. 그는 갈 길을 생각했다. 스스로 거병할 만한 상황은 아니더라도 곳곳에서 의병을 일으키라고 설득하고 요구하는 격문을 지어 보냈다. 이것이 바로 1906년 가을에 삼남지역 각 군에 보낸 「擬檄告三南各郡文」이다. 간신과 일본 도적이 나라를 한 순간에 뒤집어엎어 숨통을 조이는 형편임을 말하고, 오로지 의리정신에 바탕을 두고 모두가 적을 타도하는 데 나서자는 것이 격문의 주된 내용이었다. 그는 역신이야말로 일본 도적과 같다고 보고, 농기구라도 들고 도적을 몰아내는 데 참가하자고 주장하였다.

3. 영흥학교 세워 계몽운동 펼치다

그는 다시 갈 길을 가늠해 보았다. 가까운 태백산맥을 중심으로 신돌석 의병을 비롯하여 여러 조직들이 오르내리고 있었지만, 그는 쉽게 동참하기 어려웠다. 그럴 무렵 안동에서 큰 변화가 나타났다. 퇴계학맥의 본산인 안동에서 서양의 문화를 받아들여 신식교육을 펼친다는 혁명적인 새 물결이 일어나기 시작한 것이다. 이것이 바로 안동 임하면 천전(내앞마을)에서 1907년 문을 연 協東學校였다. 퇴계문화권에서 최초로 문을 연 신식교육기관이자 중등학교였다. 20대 청년유림들이 처음으로 서양의 지리와 역사·사상·과학·수학 등을 배우기 시작한 것이다. 더구나 1909년에 들어서는 계몽운동 조직인 대한협회의 안동지회가 결성되고 공화주의, 정당 훈련 등을 담은 계몽운동이 확산되고 있었다. 이런 정황에서 김도현도 위정척사적인 사고에서 점차 계몽운동으로 나아가는 변화에 발을 내딛기 시작했다. 그 결실이 英興學校를 세우고 운영한 것이다.

영흥학교는 1909년 5월 말 영양읍내에 설립된 신교육기관이자 계몽운동의 거점이었다. 김도현은 교육회장을 맡아 군수 윤필오의 도움을 받아 기본금을 적립했다. 그리고 학생들을 모집하여 학습에 힘쓰도록 힘을 기울였다. 그 뒤 이 학교는 같은 해 11월 1일 영양군 객사를 수리하여 校舍로 사용하였고, 학부의 인가를 받아 개교하였다. 이때 김도현이 교장으로 취임하였다.

여기에서 그의 고민도 떠올려 볼 수 있다. 더 이상의 무력 항전은 불가하다는 사실을 인식한 그가 계몽교육으로 활동 방향을 빠르게 돌려 영흥학교를 설립하고 인재양성에 나선 것은 쉽게 이해된다. 그러나 영흥학교를 세우는 과정에서 친일적인 영양군수 윤필오와 일본군 헌병대장의 후원을 받지 않으면 안 되는 현실적인 한계를 고민하지 않았을 리는 없어 보인다. 그렇다고 하여 그가 뜻을 바꾼 것은 아니다. 스승 이만도와의 만남과 그의 최후 선택이 그러한 사실을 명확하게 말해준다.

4. 동해 바다를 밟고 들어가 순국하다

나라가 무너지기 시작하자, 겨레의 저항은 곳곳에서 터져 나왔다. 의병전쟁은 그 역사의 앞머리를 장식하였고, 계몽운동이 바로 뒤를 따라 나왔다. 이럴 때 유림들이 선택한 길은 이에 대응할 세 가지, 곧 處變三事로 줄여서 표현되었으니, 擧義掃淸 · 去之守舊 · 致命遂志(혹은 '致命自靖')가 그것이다.

첫째 길은 침략세력에 맞서 의병을 일으키고 침략세력과 전쟁을 벌이는 것이다. 척사론을 지켜 나가던 유림들이 앞서 갔고, 점차 군인과 포수 · 농민들이 뒤를 따라 주역으로 성장했다. 둘째 길은 유교의 道統을 지키고, 그것을 보존하는 것이다. 본거지를 떠나 산속이나 섬으로 옮겨, 오로지 도통을 이어가는 데만 목표를 둔다. 계룡산으로 들어가거나 외딴 섬에 터를 잡은 선비들이 그들이다. 셋째 길은 오랑캐가 지배하는 틀 · 도덕 · 가치체계 속에 들어가는 것 자체를 부정하는 것이다. 오랑캐의 규범이 강요되는 세계를 인정할 수 없으니, 죽음으로 항쟁하는 길이다.

김도현이 선택한 길은 단연 첫 번째의 '거의소청'이었다. 의병을 일으켜 사투를 벌인 것이다. 그러다가 바꾼 노선이 계몽운동이었다. 하지만 그의 선택에는 여전히 전통 유림의 성향이 남아 있었다. 1910년 나라가 무너진 직후 스승 李晩燾와의 만남에서 그러한 정황이 확인된다.

이만도는 안동 도산면 하계마을 사람이다. 일찍이 예안에서 선성의진을 조직하여 의병장을 지낸 인물이자, 1905년에는 을사5적을 목 베라고 상소투쟁을 펼쳤을 뿐 아니라, 1910년 나라가 망했다는 소식을 듣고 자정순국의 길을 택한 사람이다. 김도현은 1896년 예안의 선성의진 중군장으로 활약하면서 이만도와 스승과 제자로 인연을 맺었다.

이만도는 1910년 9월 음식을 끊고 자결하는 길을 선택하였다. 그가 自靖殉國을 선택한 명분은 황제와 의리 지키기, 나라와 의리 지키기, 겨레와 의리 지키기였다. 이만도는 단식 기간 동안 찾아온 친구들과는 인생을 담론했고 제자들에게는 경학을 강의하며, 집안 아랫사람들에게는 살아가는 바른 길을 가르쳤다.

김도현도 이 자리에서 살아갈 바른 길과 방법을 뼈저리게 배웠다. 단식을 말리러 갔던 길에서 그가 본 것은 목숨을 건 스승의 저항의지요 바른 길을 택하여 나아가는 곧은 자세였다. 이에 김도현은 스승에게 자신도 순국의 길을 따르겠다는 뜻을 밝혔다. 그러자 스승은 "자네는 어른이 살아 계시지 않은가?"라고 답했다. 그러자 김도현은 '뒷날' 따라 가겠다고 말씀을 올렸다. 스승이 앞서고 제자는 뒷날 그 뒤를 따르겠다는 다짐이었다. 이만도는 10월 10일 순국하였다. 바로 그날 집안 조카 이중언이 다시 단식을 시작하여 27일 만에 순국하고, 가까운 곳에서 이현섭 · 이면주 · 류도발 · 권용하 · 김택진 등이 장엄한 대열을 이어갔다.

그 대열을 지켜보는 김도현은 먼저 가신 스승에게 제문을 올리고 때를 기다렸다. 그렇다고 그냥 기다리는 날은 아니었다. 영흥학교를 꾸려가는 일에 매달린 것이다. 그러다가 1914년 음력 7월 아버지가 세상을 떠났다. 상을 치른 그는 이제 스승을 따라 갈 날짜를 짚어 보며, 최후의 방법도 고민해 보았다. 그러다가 마침내 길을 나서기로 마음을 굳혔다. 蹈海殉國이 그것이다.

1914년 12월 18일(음 11.2) 손자 金礪來에게 남긴 유시에서 魯仲連의 '蹈海' 옛이야기를 떠올렸다. 노중련은 중국 전국시대 제나라 높은 절의의 상징으로 여겨져 왔다. 그는 조나라 수도 邯鄲을 방문했다가 秦의 공격으로 발이 묶여 있었다. 그런데 진의 공격에 기가 죽은 조나라 孝成王이 진나라 昭襄王을 제왕으로 인정하여 타협하려 들자, 그는 "無道한 진나라가 천하를 차지한다면, 나는 동해로 걸어 들어가 죽을 뿐이다."라면서 반대하였다. 그의 절의와 지혜는 조나라로 하여금 진의 공격에 맞서게 만들었다. 그 뒤로 '도해'라는 말은 절의를 말하는 대명사가 되었다. 그렇다고 노중련이 도해순국한 것은 아니다. 절대 꺾이지 않겠다는 결의를 말했던 고사의 용어로 남았을 뿐이었다. 그런데 김도현은 노중련의 절의와 결단을 생각하며, 동해를 자신이 떠날 마지막 장소라고 생각했다.

그 이튿날 김도현은 오랜 친구이자 의병전쟁의 후원자였던 청기면 청기리의 김병식을 찾아가 노중련의 도해 고사를 말하고, 스스로 갈 곳이 동해라고 밝혔다. 동해 바다로 가는 길은 청기면 상청리 집을 나서서 동쪽으로 난 곡령(행곡령) 고개를 넘어 영양읍내로 향하고, 태백산맥을 넘어 영해를 거쳐 바다로 이어진다. 김도현은 그 길을 머리에 그리고 있었다. 집을 나서기 앞서 그는 부친의 빈소에서 곡을 하고, 여덟 살 난 증손자 김기팔을 불러 "글을 부지런히 읽어라."는 마지막 가르침을 남겼다.

그는 가파른 곡령을 넘어 영양읍을 들렀다가 동쪽으로 나아갔다. 12월

20일 태백산맥을 넘어가는 울령 고개(울티재) 아랫동네 영양 양구리에 도착하여 하룻밤을 묵었다. 어느 사이에 기미를 알아챈 손자 김여래가 따라왔고, 뒤를 이어 아들 김영헌, 조카 김영걸, 팔촌동생 김태현 등도 다다랐다. 김도현은 자신의 길을 간곡히 말리는 자손들에게 돌이킬 수 없는 선택임을 말한 뒤, 바르고 올곧은 삶을 살도록 당부했다.

21일 일행은 울령에 올라섰다. 멀리 동해를 바라보며, 죽어서 무궁한 우리나라를 세우겠다는 시를 읊었다. 이윽고 발걸음은 창수면 소재지인 신기리에 다다랐다. 고려시대 나옹선사가 출가하면서 소나무 지팡이를 꽂은 것이 반송이 되었다는 전설이 있는 그곳, 객점인 盤松店에서 밤을 보냈다. 그리고서 22일 새벽에 동포들에게 알리는 유서를 썼다. 그 글이 바로 「동포들에게 드리는 글」인데, 나라를 되찾기 위해 모두 나서서 왜노와 싸워야 한다는 방향을 제시하였다. 또 그가 광복을 맹세하고, 죽어서도 왜적을 멸망시키겠다는 다짐을 담았다. 마치 신라의 문무대왕을 떠올리게 만든다. 그가 선택한 날이 동짓날(12월 23일, 음 11.7)이라는 사실도 밝혔다

그날 영해를 가로질러 觀魚臺 앞바다 대진에 도착했다. 찬 공기가 엄습하는 석양이었다. 바닷가에 우뚝 자리를 잡은 汕水巖에 올라 유시를 지어, 장손 김여래와 삼종제(8촌동생) 김태현에게 큰 소리로 읽으라고 일렀다.

我生五百末　　조선왕조 오백 년 끝자락에 태어나
赤血滿腔腸　　붉은 피 온 간장에 엉키었구나
中間十九載　　중년의 의병 투쟁 19년에
鬚髮老秋霜　　모발만 늙어 서리 끼었는데
國亡淚未已　　나라가 망하니 눈물이 하염없고
親歿心更傷　　어버이 여의니 마음도 아프구나
萬里欲觀海　　머나먼 바다가 보고팠는데
七日當復陽　　이레 날이 마침 동지로구나
獨立故山碧　　홀로 외롭게 서니 옛 산만 푸르고
百計無一方　　아무리 헤아려도 방책이 없네

白白千丈水　　희고 흰 저 천길 물속이
足吾一身藏　　내 한 몸 넉넉히 간직할 만 하여라

그리고 이튿날이 바로 동짓날이니, 낮이 가장 짧은 날이다. 그는 최후의 순간을 해가 떠오르는 시각에 맞추었다. 새벽 찬 바람을 맞으며 산수암 바위에 올라 떠오르는 해를 기다렸다. 시각은 辰時, 겨울날 아침 8시 무렵이다. 차디찬 바람이 몸을 휘감고 발 아래 바다는 무겁게 일렁이는 동짓날 동해바다의 이른 아침이었다. 바로 그곳 산수암 바위 위를 떠난 그는 암초를 밟고 미끄러지며 바다와 해를 향해 들어갔다. 그리고서 그는 다시 떠오르지 않았다.

'蹈海殉國!'

4년 앞서 스승 이만도 앞에서 다짐했던 그의 뜻이 이처럼 뒷날 장엄하고도 장엄한 역사를 만들어낸 것이다. 겨레 사랑은 떠오르는 태양처럼, 올곧은 뜻은 차디찬 바다처럼.

5장_ 신돌석 의진의 활동과 성격

1. 머리말

신돌석이 역사에 발자취를 남긴 기간은 그가 태어난 1878년부터 순국한 1908년 12월까지 꼭 30년이다. 그 가운데서도 선명하게 걸음을 남긴 것은 1906년 4월(양력)부터 순국할 때까지, 꼭 2년 8개월이다. 본 발표는 영덕과 영해 및 신돌석을 다루는 이번 심포지엄의 전체적인 내용 가운데 바로 이 2년 8개월 동안 신돌석의진이 펼친 활동과 그 특성을 규명하는 데 목표를 둔다.

본 주제에 접근하기에 앞서 우선 그에 대해 기초적인 사실들을 간단히 정리하면, 다음과 같다. 그는 平山申氏인 아버지 錫柱(족보에는 淅柱)와 어머니 盆城金氏 사이에 태어났다.[1] 그리고 그의 첫 이름은 '돌선'이었고, 뒤이어 사용된 아명이 돌석이며, 본 이름은 泰鎬, 字는 舜卿이었다. 신분은 몰락한 향리의 후예요, 평민이라고 정리된다. 그것은 그가 태어난 복디미 마을이 반촌이 아니라는 성향이나,[2] 그가 양반처럼 의관을 갖추었다가 봉

1) 신돌석의 형제는 위로 두 명의 누나와 아래로 남동생 한 명이 있었다. 큰누나는 朴壽燦과 결혼하였는데, 1905년에 사망하였다. 둘째 누나는 영양군 석보면 화매의 金永萬(선산김씨)과 결혼하였다. 그리고 한 살 적은 남동생 1명이 있었는데, 태범이다. 신돌석의 아내는 청주한씨 한재여(1878~1952)는 남편과 동갑인데, 영덕군 축산면 축산1리 128번지에서 출생하였다.

2) 조동일, 『인물 전설의 의미와 기능』, 영남대학교 민족문화연구소, 1980, 316쪽.

변당한 일에서도 찾을 수 있다.[3] 그리고 그의 용모에 대해서는 얼굴과 턱이 크고 넓은 편이었고, 턱수염은 적은 편이며, 검은 피부에, 천연두 자국이 있었다고 전해진다.[4]

그는 한문을, 그것도 양반가에 드나들며 공부했다. 그가 책을 펴고 글을 읽은 곳, 한문을 배운 곳은 바로 이웃 上元 마을이다. 六怡堂 李中立(1860~1892, 본관 眞城)이 자신의 사랑에서 서당을 열었고, 문중 차원에서 이를 운영하였는데, 이곳에 신돌석이 끼어 한문을 배웠다. 육이당 건물이 1891년에 지어졌으므로, 신돌석이 13~14세 나이에 이곳에서 1년 정도 공부한 것으로 판단된다. 그가 공부한 사실은 신돌석과 함께 글을 배운 이중립의 아들 李炳國의 挽詞에서 드러난다.[5]

그렇다면 신분적 한계에도 불구하고 그는 어떻게 하여 양반집 서당에서 양반 자제들과 함께 공부할 수 있었을까? 자료가 부족하지만, 헤아려 볼 수 있는 근거로 두 가지 사실을 들 수 있다. 하나는 그를 범상치 않은 인물로 여겨 받아들인 스승 이중립의 안목인데, 때문에 그 스승이 죽은 뒤에는 더 이상 공부할 수 없음을 한스러워 한 것이다. 이 말은 주변에 그를 거두어 들일만한 인물이 더 이상 없었다는 사정도 함께 말해주고 있다. 그리고 다른 하나는 신돌석의 아버지, 즉 신석주가 가문 회복을 위하여 기울인 노력의 결실이 아닌가 여겨진다. 왜냐하면 해방 후에 영덕지역에서 신돌석에 대하여 기록한 다음의 두 자료가 한결같이 신돌석의 아버지가 상당한 양의 군자금을 내놓은 사실을 보여주고 있기 때문이다.[6]

---

3) 조동일, 위의 책, 316쪽.

4) 「폭도에 관한 편책」, 『한국독립운동사자료』 12, 국사편찬위원회, 1983, 214~217쪽.

5) "한 동네 한 서당에서 친구로서 어릴 적부터 나의 부친이신 육이당의 서당에서 어른을 스승으로 함께 공부하였는데, 그의 체격이 세고 기질이 호탕하고 활달하여 지도하기가 어렵게 보였으나 그의 마음이 명민하고 局量이 넓고 힘이 뛰어나니 스승께서 범상한 인물이 아니라 인정하고 같이 공부하게 하였으나 배움을 다하지 못하는 사이 아버님께서 별세함으로 다른 곳에서 공부할 곳이 없음을 슬퍼하여"(李炳國, 「挽申舜卿」, 『敬山文集』 卷之二, 20~21쪽).

2. 義陣의 결성

신돌석이 의병사에 처음 등장하는 무대는 1906년보다 10년 앞서 1896년 전기의병이었다. 다만 당시의 활동 내용이 구전으로 전해지기만 할 뿐, 구체적인 내용을 전해주는 기록은 없다. 전기의병의 마지막 대전투였던 영덕전투, 즉 남천쑤전투를 치른 뒤에 홀연히 영덕을 떠난 그가 10년 뒤에 다시 의병의 현장에 모습을 드러냈다.

1904년부터 중기의병이 전개되는 가운데, 1906년 1월에는 영덕의 바로 이웃인 영양에서 金道鉉이 봉기하였다가 대구진위대에 의해 진압되었다. 이 무렵 신돌석이 다시금 의병을 일으킬 움직임을 보인 것으로 생각된다. 음력 3월에 들어 영천에서 鄭純基가 신돌석을 만나러 온 것이 그러한 정황을 보여주고 있다. 즉 영천에서 의병을 일으키려는 鄭鏞基가 각 지역으로 군사를 모으는 소모관을 보내고, 또 투쟁방향을 논의하는 과정에 그의 재종 동생인 정순기를 신돌석에게 파견했던 것이다.[7] 이것은 정용기가 영해와 영덕지역에서 의병을 일으킬만한 인물로 신돌석을 지목하고 있었고, 또 신돌석이 그러한 움직임을 보이고 있었다고 이해되기 때문이다.

신돌석이 영덕에서 의병을 조직한 날짜가 1906년 4월 6일(음 3.13)이었다. 그런데 그가 의병을 일으킨 날짜에 대해서는 기록마다 약간의 차이를 보이고 있다.[8] 이들 기록의 공통점은 우선 음력으로 3월, 양력으로 4월에 의병을 일으켰다는 점이다. 아무튼 자료로 보아 신돌석이 1906년에 의병을 일으킨 날짜가 음력 3월 13일, 양력 4월 6일이 기록 가운데 가장 빠르므로,

6) 「의병대장신공유사」; 「신장군실기」.

7) 「山南倡義誌」 下, 36쪽(『한국독립운동사연구』 4, 한국독립운동사연구소, 1990, 610쪽).

8) ① 4월 6일(음 3월 13일); 「申將軍實記」·『救國倡義錄』(「申將軍實記」, 『독립운동사자료집』 3, 411쪽; 영덕군, 『救國倡義錄』, 210쪽) ② 4월 8일(음 3월 15일); 「義兵大將申公遺事」 ③ 3월 20일(음력); 『梅泉野錄』("申乭石更起于大小白之間"(黃玹, 『梅泉野錄』, 국사편찬위원회, 1971, 491쪽) ④ 병오년 3월(음력); 「申乭石將軍實記」 ⑤ 4월 하순; 『高等警察要史』(조선총독부 경북경찰부, 『고등경찰요사』, 1934, 6쪽).

거병 날짜를 양력으로 계산하여 1906년 4월 6일로 정리해 둔다.

그가 의병을 일으킨 장소는 그의 집에서 100m쯤 떨어진 酒店, 金春宮의 집 앞이었다. 그 주점이 바로 동해안을 거슬러 올라가는 도로변에 있었으므로, 주점 앞이라는 말은 곧 도로변이라는 말이 된다.[9]

신돌석이 의병을 일으키던 당시의 규모에 대하여 100여 명,[10] 혹은 300명이라는 수치가 전해진다.[11] 당시 의병들의 활동을 비교적 소극적으로 보도하던 《황성신문》이 영릉의진을 100명이라고 보도한 점으로 미루어 보아, 최소한 100명 이상, 더 나아가 200~300명 규모의 의병부대가 편성되었음을 알 수 있다.

그는 의병의 이름을 '寧陵'이라 짓고, 자신이 '寧陵義兵將'이 되었다. 그런데 이 '영릉'이란 이름을 붙인 이유를 알지 못하겠다. 그저 이 이름이 寧海와 관련된 것으로 추측할 따름인데, 일단 '영릉'으로 붙였으니, 이들을 영릉의진이라 부르는 것이 마땅할 것이다. 그런데 산남의진에서는 이를 '영해의진' 혹은 '영해진'이라 불렀으니, 이 영해의진이 바로 영릉의진인 셈이다. 그들은 거병한 곳에서 바로 앞 상원마을 개천가 숲에서 훈련을 시작했고, 또 바로 남쪽으로 맞은편에 가파르게 솟아 있는 고래산 중턱에서 군사훈련을 펼쳤다는 사실이 마을 사람들의 입을 통해 전해온다.

영릉의진이 처음부터 제대로 편제를 갖추었는지는 알 수 없다. 종군한 인물들이 뒷날 작성해 놓은 자료를 보면, 다른 의병진과 비슷하고, 또 상당히 부풀려 작성된 것을 알 수 있다. 즉 해방 직후에 작성된 「倡義將名錄」이란 것이 있는데. 이 기록에는 61명의 대표적인 인물과 그들이 맡았던 직책이 소개되어 있어, 의진을 구성하고 있던 핵심 인물에 대한 정보를 어느

9) 그 주점 자리 앞은 현재 시멘트로 포장된 공터가 되어 있고, 경운기나 트랙터 등 농기계를 세워두는 장소로 쓰이고 있다.

10) 「申將軍實記」; 「禦義請兵」, 《황성신문》 1906년 5월 12일자.

11) 「義兵大將申公遺事」.

정도 파악할 수 있다.[12)]

일단 참모장이나 선봉장 · 중군장 · 포대장 · 소모장 등의 조직은 기본이다. 당시 신문이나 일본 군경의 자료를 보면, 백남수나 한참봉(한영육), 김치헌 등 주요 인물의 활동이 확인된다.

▎「창의장명록(倡義將名錄)」[13)]

번호	직책명	성명	이명	출생	본관
1	義兵陣大將	申泰浩	乭先 · 乭石 · 舜卿	1878	평산
2	通人	姜業伊			
3	執事	李穆國			
4	〃	張留洛			
5	〃	李元伊			
6	〃	李景文			
7	參謀長	朴壽燦		1867	무안
8	〃	金秉斗	敬三	1880	경주
9	都先鋒將	韓永育	樂三	1878	청하
10	分陣先鋒將	田世浩	東培	1882	담양
11	〃	李玄圭	夏玄	1874	재령
12	中軍將	金容旭	致彦	1870	광산
13	砲大將	申泰鍾	應七	1881	평산
14	〃	朴炳律	明汝	1874	밀양
15	左先鋒將	權相範	禹鄕	1876	안동
16	右先鋒將	李恒發	春瑞	1876	재령
17	先鋒將	金珠洛	穉和	1872	의성
18	中軍隊長	白南壽	聖若	1875	대흥
19	左翼隊長	李慶鎭	德閏	1880	경주
20	右翼隊長	金周泰		1880	강릉
21	〃	金炯植			진성
22	朱雀隊長	姜正欽	雨若	1875	진주
23	玄正隊將	姜敬欽	雨景	1888	진주
24	遊擊隊將	權斗用	允台	1876	안동

12) 그런데 인물과 조직체에 대한 내용을 살펴보기에 앞서, 우선 「창의장명록」이라는 자료의 성격부터 잠시 살펴봐야만 한다. 왜냐하면 이 기록 자체가 연구자들 사이에 신빙성이 그리 높지 않다고 평가되기 때문이다. 이 자료가 지나치게 과장되어 있기 때문인데, 아마도 후손들의 과도한 요구와 주문이 그대로 받아들여진 데서 비롯된 것이 아닌가 여겨진다. 그래서 일단 이 기록이 가지는 한계를 지적하고 넘어가야만 논리상 문제가 없게 될 것 같다.

25	都令將	林京鎬		1885	
26	〃	韓鎔洙		1880	청주
27	軍令將	李潤明	敬學	1884	우계
28	〃	金相弼	權一	1867	수안
29	〃	李大會		1887	광주
30	領率將	金相發	允一	1875	수안
31	〃	崔珠衡		1876	경주
32	教鍊將	李華鎮	春慶	1887	경주
33	〃	元世燦		1883	원주
34	〃	沈宣淳	德淳	1864	청송
35	軍糧將	李鍾根		1888	경주
36	左翼將	黃萬岩			평해
37	〃	朴?燦		1887	밀양
38	守衛將	林在明		1876	평택
39	行進軍	李應星		1881	월성
40	치테將	李鍾晩	仁瑞	1858	경주
41	〃	元世嚴		1890	원주
42	捕盜將	李述儀		1883	전주
43	都召募將	金秉文	用武	1878	강릉
44	分陣召募將	白夏運	忠一	1879	대흥
45	出張召募將	李洛鉉	範九	1878	재령
46	行陣召募將	權炳魯	泰瞻	1877	안동
47	守門將	朴載復		1883	무안
48	〃	李千石		1890	광주
49	召募將	張永煥		1886	울진
50	〃	元世明		1835 1859	원주
51	〃	黃載城		1883	평해
52	〃	金炯井		1883	
53	〃	崔慶植		1863	
54	〃	朴載廈		1879	무안
55	〃	鄭兆永		1890	야성
56	〃	元世祐		1881	원주
57	〃	金啓東		1879	안동
58	〃	崔基錫		1889	경주
59	〃	金炯河			
60		金淯植			
61		金有辰			

13) 「申乭石將軍實記」(영덕군, 『救國倡義錄』, 222~227쪽).

주요 구성원으로는 朴壽燦·韓永育·李夏鉉(이현규)·申泰鍾·韓鎔洙·白南壽·金致憲 등이 등장한다.[14] 이 중에 중요한 인물만 우선 간단하게 살펴보고 넘어가자.

박수찬 : 신돌석의 큰누나의 남편, 체포되어 청송으로까지 끌려갔다가 그의 아들 朴德逑(아명 逑伊)의 극진한 효행으로 풀려남[15]

한참봉 : 온정면 소태리 출신, 본명은 한영육, 신돌석이 순국하기 직전까지 활약한 네 명 부장급 가운데 한 사람, 의병 해산 후 만주로 갔다왔고, 영해지역 3·1운동에 참가하였다가 체포되어 3년 동안 옥고를 치름[16]

이하현 : 영양군 석보면 지경리 출신, 진보의진에서 활약, 신돌석과 일시적으로 연합

신태종 : 지품면 도계의 배목(소항 혹은 上所項) 출신, 청송에서 안동진위대와 전투할 때 연합작전을 구사하기 위해 산남의진에 파견됨[17]

한용수 : 신돌석의 처남, 창의 초기에 都令將, 청송전투에서 전사

백남수 : 영해면 원구동 출신, 전직 主事, 중군장·후군장[18]

김치헌 : 울진 공략에 자주 나타남

이항의 : 소모장으로서 활동이 크게 나타남[19]

김석락 : 소모장으로 활약 두드러짐

한용직 : 소모장으로 활약

14) 「義兵大將申公遺事」·「倡義將名錄」.

15) 朴德逑, 「先考寧陵義兵參謀將府君行略」; 寧海郡守 慶光國, 「書目」; 「福坪爲孝村」.

16) 온정면 소태리에 있는 한영육의 묘에 '德陵參奉'이라고 새겨져 있지만, 실제로 그가 참봉이었는지 확신이 서지 않는다. 그리고 그가 만주로 망명한 사실은 金大洛의 「白下日記」에서 확인된다. 3·1운동에 참여한 공로가 인정되어, 건국훈장 애족장이 추서되었다.

17) 『山南義陣遺事』, 261쪽.

18) 「三郡匪徒」, 《황성신문》 1907년 2월 7일자; 「南又八·白南壽 판결문」, 『독립운동사자료집』 별집 1, 독립운동사편찬위원회, 1974, 428쪽. 백남수는 신돌석 휘하에 비록 하급일지라도 관직 출신자가 소속되었다는 사례를 보여 주는 경우이다. 1999년에 건국훈장 애국장이 추서되었다.

19) 「曺秉周 등 판결문」, 『독립운동사자료집』 별집 1, 독립운동사편찬위원회, 1974, 426쪽; 「李昌英·趙俊容 판결문」, 같은 책, 420쪽. 이항의에 의해 모병된 인물로 판결문에 나타나는 사람만 쳐도 劉乭伊(진보)·金先乭(진보)·徐石根(영해)·林斗坤(청송) 등 4명이나 되니, 실제로는 상당히 많았을 것 같다.

이춘양 : 소모장으로 활약(마지막까지 신돌석을 따르던 부장급 4명 중 한 사람)

이화진 : 교련장, 영양 수비 출신

남우팔 : 포대장 출신, 창의장명록에는 빠져 있음, 1907년 10월에 교수형 확정됨[20]

여기에 등장하는 인물들을 면밀하게 추적하기는 힘들다. 하지만 한 눈에도 쉽게 알 수 있는 사실은 그들 대다수가 유명한 양반 가문의 핵심 인물이 아니라는 점이다. 「창의장명록」에 등장하는 인물 가운데 무안박씨나 재령이씨, 대흥백씨나 안동권씨 등 영해지역의 大姓들이 등장하는 점으로 보아 소수 양반층 인물들이 상층부의 일부를 구성한 것으로 보이지만, 대개 그 집안의 핵심 인물은 아닌 것 같다. 그리고 대부분의 병사들은 평민이요, 농민이었음은 두 말할 나위가 없다. 그리고 농민 이외에도 砲軍이 초반부터 활약하고 있었던 모습이 보이므로 직업포수들도 여기에 참여하고 있었음을 알 수 있다.

신돌석의 신분이 평민이었으므로 병사들의 대다수도 평민이거나 천민이었을 가능성이 크다. 신분사회가 가진 한계 때문에, 양반들이 선뜻 그 휘하에 들어가지는 못했을 것이다. 그런데 실제 사실들을 추적하면서 그러한 결론이 선입견에서 나온 것임을 알게 되었다. 신돌석 아래에 그 보다 상층 출신이 상당수 존재한 사례들이 자료 곳곳에서 발견되기 때문이다.

우선 그의 휘하에 중견 간부로 활동하던 백남수는 主事를 지낸 인물인데, 한말에 주사는 군수 바로 아래에서 실무를 담당하던 '판임관'이었다. 이외에도 1908년 8~10월에 일본군에 투항한 명단에는 '士族'·'儒生'·'童蒙'·'兩班' 등의 계급이 적힌 이름을 여러 명이 기록되어 있다. 물론 이들 대다수가 당시에 양반 신분에서 몰락한 '殘班' 계급이라고 여겨지기는 하지만, 일단 부하들 가운데 신분사회의 장벽을 넘어 자신보다 상층의 인물들을 확

20) 《관보》 1907년 10월 19일(국사편찬위원회, 『고종시대사』 6, 688쪽).

보하고 있었음을 확인할 수 있다. 이러한 사실은 영릉의진의 구성원이 평민이나 천민만으로 구성된 것이 아니라 지휘자보다도 신분이 높은 지역의 인사들도 참여했음을 알 수 있고, 신분 문제에 있어 발전적인 변화를 보여주는 사례라고 평가할 수도 있겠다.

앞에서 이미 신돌석이 육이당에서 공부함으로써 자신보다 높은 계층의 동학·동문들을 둘 수 있었다고 말했다. 맨 먼저 스승 이중립의 동생 李東和, 스승의 아들인 李炳國 등과 가깝게 지낼 수 있었고, 이후 의병진을 조직하기 위해 준비할 때도 이들로부터 많은 협조를 받을 수 있었다.[21] 그가 고향마을 바로 곁에 있는 진성이씨 양반 가문의 서당 한 모퉁이에서 글을 배우고, 또 같이 양반 집안의 젊은이들과 어울렸다는 사실만으로도 신분상의 상승을 도모하던 장면을 그려낼 수 있다.

3. 전반기의 활동(1906.4~1907.9)

1) 병사와 무기확보

거병 직후 첫 단계 작전은 병력과 무기를 확보하는 것이었다. 역사적으로 영해부의 속현이었던 영양과 진보가 필요한 자원을 확보할 수 있는 주 대상지역이 되었다. 때문에 봉기 직후에 그들은 태백산맥을 넘어 영양으로 이동하면서 자원을 모집하고 나섰던 것이고, 소모관이 된 영양 출신 李昌英,[22] 그와 함께 사형판결을 받게 되는 영양 출신 趙俊容,[23] 진보 출신 裵

21) 李炳國,「挽申舜卿」,『敬山文集』.

22) 「이창영·조준용 판결문」,『독립운동사자료집』 별집 1, 독립운동사편찬위원회, 1974, 419쪽.

23) 위와 같음. 1907년 2월에 이창영과 조준용에 대한 絞刑이 황제의 재가가 내려져 확정되었다(《황성신문》 1907년 2월 21일자).

善翰[24)] · 尹學伊,[25)] 그리고 진보 출신이자 褓商이던 申洛先[26)] 등이 바로 봉기 직후에 영양과 진보에서 모집된 대표적인 인물이다. 그리고 봉기하던 1906년 12월에서 다음 해 1월 사이에 신돌석의진은 백남수를 얻은 것도 병력 모집 가운데 특기할 만한 경우였다. 전직 主事 출신으로 1907년 현재 32세의 인물이던 그는 중군장이나 후군장을 맡아 상당한 활약상을 보였다.[27)]

그렇다면 영릉의진은 대개 어느 정도의 규모로 운영되었을까? 병사들의 규모가 일정할 리가 없지만, 시기에 따라 차이가 있었다. 신돌석이 직접 지휘하는 인원이 적게는 수십 명에서 많게는 300~400명 선에 이르렀을 것으로 보인다. 의병을 일으킨 1906년부터 전반기 성격을 보인 1907년 후반까지는 대체로 큰 규모로 활동하였다. 당시 일본 군경은 300명 선이라는 기록을 남겼고, 신문이나 일제 정보기록 및 「판결문」에도 대체로 300명 이내로 기록되어 있다. 그러니 좀 더 큰 규모라 치더라도 500명을 넘지는 않았을 것이다.

병력 모집과 아울러 무기 확보가 급선무였다. 그들이 추진한 무기 확보 방안은 두 가지였다. 하나는 관아에 보관되어 있던 무기를 장악하는 것이고, 다른 하나는 일반 민중이 가지고 있던 무기를 수집하는 일이었다. 그래서 영릉의진은 영양관아를 비롯한 관아 공격에 나섰고, 첫 사례가 4월 30일에 영양군 관아를 치고 들어간 것이다. 당시 상황을 전하는 《황성신문》은 신돌석이 이끈 영릉의진이 영양군수를 누르고 무기를 확보한 사실을 보여준다. 일단 수백 명이라는 병력 규모와 영양관아에서 확보한 무기가 총 22자루에다가 읍민들로부터 조총 35자루를 확보하였다는 사실을 알 수 있

24) 「배선한 외 4명 판결문」, 『독립운동사자료』 별집 1, 독립운동사편찬위원회, 1974, 440쪽.

25) 위와 같음.

26) 신낙선은 신돌석이 50명을 거느리고 와서 요구함에 따라 이에 참가하고 집사가 되었다고 진술하였다(위의 자료, 441쪽).

27) 「南又八 · 白南壽 판결문」, 『독립운동사자료집』 별집 1, 독립운동사편찬위원회, 1974, 428쪽; 「三郡匪徒」, 《황성신문》 1907년 2월 7일자.

다.[28] 그러므로 무장력이 급격히 증강되었음은 쉽게 헤아릴 수 있겠다. 그런데 판결문에는 영양군 관아에서 탈취한 무기로 '洋銃 2자루와 韓銃 8자루'만이 기록되어 있다. 이것은 판결을 받던 인물들이 자신이 알고 있는 내용만이거나 혹은 그 숫자를 줄여 진술한 것으로 보인다. 그런데 신문기사와는 달리 영양군 관아에서 확보한 총에 양총과 韓銃이 섞여 있다는 사실이 눈길을 끈다.[29] 또 7월 초에 영덕관아를 공격하여 "軍物을 압수"했다는 것도 이에 속한다.[30]

이처럼 영릉의진은 관아의 무기고에서 무기와 화약을 확보할 수 있었다. 이들이 사용하던 무기는 화승총이 주류를 이루었으며, 적은 수이기는 하지만 양총도 소유하고 있었다. 그런데 전투를 지속적으로 펼치기 위해서는 화약과 탄알을 만드는 납이 필요했다. 우선 무기고를 털어 이를 공급하였지만, 해안지방으로 나가 납으로 만들어진 그물추를 가져다가 납을 공급하고 한인 포수들에게서 화약을 공급받았다.[31] 그러므로 탄알을 만들어가면서 전투를 치렀음을 알 수 있다.

병력과 무기에 이어 필요한 자금과 물자도 필요했다. 식량이나 의복도 마련해야 했다. 이를 구하기 위해 유력한 인물들의 지원을 받아냈다. 출범 초기에는 영양과 진보 및 청송지역에서 양반 가문이나 비교적 부유한 집안에 협조를 청하였다. 「판결문」에 드러난 자료만으로도 봉기 직후인 1906년 4월 20일부터 5월 5일까지 보름 사이에 확보한 것이 돈 1,656냥, 백미 10말, 초혜 2죽, 점심 115상이었다.[32]

28) 「英郡義擾」, 《황성신문》 1906년 5월 14일자.

29) 「배선한 외 4명 판결문」, 『독립운동사자료집』 별집 1, 독립운동사편찬위원회, 1974, 441쪽.

30) 「盈德義兵」, 《황성신문》 1906년 7월 9일자.

31) 「暴徒に關する編冊」, 『한국독립운동사자료』 12, 214~217쪽.

32) 독립운동사편찬위원회, 『독립운동사자료집』 별집 1, 1974, 419~420, 441쪽(자세한 내역은 김희곤, 『신돌석; 백년만의 귀향』, 푸른역사, 2001, 74~81쪽 참조).

2) 양반 가문의 지원 확보

신돌석의진은 평민들에게 피해를 입히지 않으려 노력한 흔적을 여러 곳에서 보였다. 진보에서 소를 구입하여 병사들을 먹이거나 옷감을 구입하여 옷을 지어 입혔다는 점이 대표적인 사례에 속한다. 진보의 식육점에서 소 한 마리를 구입하여 군사를 배불리 먹였다던가, 당목 6필을 사서 옷을 지어 포군에게 입혔다는 것이 그것이다. 부호가에게서는 돈을 모금하고, 또 더러 빼앗기도 하지만, 신분이 낮은 인물에게서는 탈취하는 것이 아니라 정당하게 구입하는 당당한 자세를 보여주었다.[33]

또 신돌석은 양반 가문의 지원을 확보하고 있었다는 점이 큰 특징의 하나다. 앞에서 말한 바 있지만, 스승 육이당의 자제들만이 아니라 실제로 큰 가문에서 직접 지원하기도 하였다. 영해 원구나 영양 주실 및 석보 등에서 양반들이 재원을 지원한 것이 대표적 사례에 속한다. 더구나 그는 당시 애국적인 儒林의 지도자들에게 매우 신실하게 인정된 인물이었고, 이 때문에 이병국과 같은 양반층 인물이 輓詞를 남겨 그를 추모하였던 것이다.

또 양반 가문들이 그를 선뜻 지원하고 나서기도 했다. 안동 출신으로 만주독립운동계의 대표적 거두인 石洲 李相龍은 의병을 일으키고자 1만 5천금이나 되는 엄청난 돈을 투자하였다. 이는 당시 신돌석과 김상태의진의 활약에 기대하고 장기적인 의병기지를 건설하려는 의도에서 나왔다.[34] 또 1907년 일본군이 퇴계종가를 불태웠는데, 그 이유가 신돌석의진을 지원한 때문이라고 알려진다. 1908년 이상룡이 일본군에 붙잡힌 것이나, 신돌석의

33) 김희곤, 『신돌석; 백년만의 귀향』, 푸른역사, 2001, 81쪽.

34) "(이상룡은) 1905년 12월에 車晟忠을 가야산 아래로 찾아가 岩穴에서 일어나게 하고, 朴慶鍾과 힘을 합쳐서 1만 5천금의 돈을 마련해내어 그것을 자본으로 삼아 험준한 산에 기지를 설치하여 무력을 비축하는 계책으로 삼았는데, 1908년 초에 일이 마침내 실패하였다. 동남 지방의 義師로서 일찍이 府君의 명령 지휘를 따르던 신돌석 · 金相泰 등이 차례로 죽음을 당하였다"(石洲先生紀念事業會, 『石洲遺稿』 後集, 1996, 417쪽).

진이 주둔했던 영양 주실에서 趙萬基 등이 거꾸로 매달려 고문당한 것도 그러한 이유 때문이었다.[35] 이 사례들은 명문 거족 집안에서 신돌석이 이끄는 영릉의진의 전투력을 높게 평가하고 있었다는 점을 말해준다.

3) 일본 전진기지 분쇄 작전

신돌석의진의 작전 형태는 주로 영양과 청송에서 자원을 확보한 뒤에 울진과 삼척을 공격하는 것이 기본 틀이었다. 영릉의진이 갖추어지자마자 첫 공격 대상으로 울진을 정한 이후 이 전략은 지속적으로 추진되었다. 이처럼 울진이 공략대상이 된 이유는 그곳에 일본의 전초기지가 마련되고 있었기 때문이다.

동해안 도시 가운데 울진은 일본이 그들의 교두보를 만들 예정으로 일찍부터 발을 붙이기 시작한 곳이다. 이미 1890년대에 접어들면서 일본 어부와 수산업자들이 잠수기 어선을 동원하여 전복과 해삼 등 자원을 쓸어가고 있었다. 전복채취 잠수기를 사용하는 일본인들이 조선인에 비해 10배 이상의 수확을 올리고 있었던 것이다.[36] 이 때문에 조선 어부들이 분개하여 일찍부터 충돌이 벌어지고 있었다.[37] 이것은 동해안의 어장을 일본인들이 틀어쥐고 있었음을 보여준다. 신돌석이 울진을 주된 공격의 대상으로 삼은 근본 이유였던 것이다.

첫 번째의 북상은 4월 25일에 추진되었지만, 원주진위대에 의해 밀려났다. 신돌석의진의 북상 정보를 알아챈 울진군수 尹宇榮이 정부에 군대 지

35) 조동걸, 『한말의병전쟁』, 독립기념관 한국독립운동사연구소, 1989, 149쪽.

36) 「西彼杵部長의 보고서」(김정미, 「한말 경상도 영해지방의 의병전쟁」, 『대구사학』 42, 대구사학회, 1991, 83쪽에서 재인용).

37) 대표적인 사례를 든다면, 영덕과 영해에서 전기의병이 일어나기 3년 앞선 1893년에 삼척시 근덕면 장호동에서 양국 어부 사이에 큰 충돌이 벌어졌다(한우근, 「개항후 일본어민의 침투(1860~1894)」, 『東洋學』 1집, 단국대학교 동양학연구소, 1971, 288쪽).

원을 요청함에 따라 이루어진 일이다.[38] 열흘쯤 지난 5월 초에 신돌석의진은 두 번째 북상을 시도하여 8일 울진에 도착하였다. 그 길이 어디인지는 확실하지 않지만, 대개 영양군 수비를 거쳐 울진군 갈면동 골짜기를 돌파하거나, 더 서쪽 길인 일월산 동쪽 기슭을 비껴나가 불영계곡을 통해 울진으로 향했을 것이다. 이 경우 南回龍(울진 서면과 봉화 소천의 경계 골짜기)을 지나 三斤을 거쳐, 즉 불영계곡을 지나 울진으로 들어가게 된다. 영릉의진은 일본인을 사살하고, 그들이 살던 가옥을 집중적으로 부수었으며, 일본인의 돈 1,500~1,600냥을 빼앗았다.[39]

그런데 신돌석의진이 이 울진 공격에서 삼척의진과 연합했다는 사실을 보여주는 자료가 있다. 즉 1906년 봄에 都事 출신 金夏奎가 이끈 삼척지방 의병이 신돌석과 서로 호응하여 '일본 추장' 몇 명을 사로잡았다는 기록이 그것이다.[40] 이 기록은 또 신돌석이 삼척지방의 의병과 공동전선을 형성하고 전투를 펼쳤다는 점과 그 대상이 양반이 이끄는 의진이었다는 점을 알려준다. 그런데 신돌석의 목적지는 울진만이 아니라 삼척 바로 아래에 있는 장호관이었다. 그렇지만 2차 공격에서는 일단 울진까지만 북상하는 데 그쳤다. 울진관아의 순교감 군사들과 치열한 격전을 치르다가 돌아온 것이다.

그러다가 3차 진공에서 장호관전투를 치렀다. 2차 진공 이후 한 달이 지난 6월 상순에 펼쳐진 3차 진공은 바로 울진관아 공격으로 시작되었다. 2차 진공 당시에 당한 반격을 복수하고 나선 것이다. 《황성신문》의 보도는 당시 울진을 공격한 의병의 규모가 300명이 넘고, 관아가 의병의 손아귀에 들었으며, 무기고를 열어 상당수의 무기를 장악했다는 점을 알리고 있다.[41]

---

38) 《황성신문》 1906년 5월 12일자.

39) 「曺秉周 등 판결문」, 『독립운동사자료집』 별집 1, 독립운동사편찬위원회, 1974, 426쪽.

40) 「同遊錄」, 『독립운동사자료집』 1, 독립운동사편찬위원회, 1970, 559쪽.

41) 匪徒 300여 명이 본부에 돌입하여 軍器庫를 打破하고 軍物을 搶奪하며 民戶에 방화하여 수십 호가 被燒하였는데 이들은 영양·안동 등지에서 쫓겨난 나머지 무리라(《황성신문》 1906년 6월 15일자).

이 300명 의병이 모두 신돌석 휘하의 영릉의진이라는 증거는 없다. 하지만 2차 공략처럼 일단 영릉의진과 삼척을 비롯한 주변의 다른 의진이 연합하여 공격한 것으로 이해할 수 있겠다. 또 이 과정에서 그들은 무기를 확충하는 기회를 마련하였고, 이를 바탕으로 삼아 본래의 목적지인 장호관 공략길에 올랐다.[42] 세 번째 북상 시도에서 비로소 목표 지점을 공략할 수 있었던 셈이다.

4차 울진 공략은 1907년 1월 초에 펼쳐졌다. 울진읍내를 공격하고 장호동에 대한 2차 공략을 감행한 것이다. 이번에는 군수 윤우영을 포박하고, 의병 300~400명이 울진읍 우편취급소를 습격하여 우편물을 탈취하고 소각했다.[43] 다른 기록에는 우편국취급소를 공격하여 소장 이하 4명이 부상을 입고 해안으로 피신하여 상선을 이용하여 부산으로 후송하였고, 의병들은 귀중품을 갖고서 산으로 올라간 뒤 만세삼창을 하고 흩어졌다고 한다.[44]

1907년 여름인 8월에 제5차 울진진공에 나섰다. 잠시 주실마을에 머물던 영릉의진은 울진을 향해 북상길에 올랐다. 북상하던 길에 울진군 근남면 행촌동(현재 행곡리) 劉씨 집에서 10원을 획득하였다는 기록으로 보아,[45] 일월산을 돌아 옥방 · 삼근, 그리고 불영계곡을 거쳐 울진읍내로 진출하였을 것이다.

---

42) 「신장군실기」가 '長興館'을 공격하여 일본 배 9척을 격파하였다고 전하고 있지만, (「申將軍實記」, 『독립운동사자료집』 3, 독립운동사편찬위원회, 1971, 412쪽) '莊湖館'이 옳은 것 같다(김희곤, 앞의 책, 89~90쪽 참조).

43) 「義徒縛守」, 《대한매일신보》 1907년 1월 11일자.

44) 「蔚珍義擾」, 《황성신문》 1907년 1월 14일자. 이 의진이 영릉의진이라는 직접적인 언급은 없다. 당시에 울진지역을 중심으로 여러 의진들이 존재하였으므로, 이를 신돌석이 이끄는 의진으로 단정 짓기는 힘들다. 그렇지만 "정월(음력일 듯)에 울진 매화리로부터 영해 서면 수동(水洞; 현재 영덕군 창수면 수동)에 돌아와서 군졸을 모으며 군기를 준비했다."는 기록으로 보아(「申乭石將軍實記」, 『救國倡義錄』, 213쪽) 일단 신돌석이 이끄는 영릉의진이 당시 울진을 공략한 사실만은 확실해 보인다.

45) 「윤반석 · 안학룡 판결문」, 『독립운동사자료집』 별집 1, 독립운동사편찬위원회, 1974, 470쪽.

울진을 다시 공략한 영릉의진은 곧이어 삼척 藏湖洞을 향해 전진했으니, 장호관에 대한 세 번째 공략이었다. 9월 7일에 신돌석은 의진을 이끌고 강원도 삼척군 원덕면 장호동(현 삼척시 근덕면 장호)에 도착하여 전복잡이에 종사하던 일본인을 습격하여 일본인을 사살하고 노획품을 확보하였다.[46)]

4) 활동 범위와 공격 대상

전반기의 활동 범위는 남쪽에서 준비하여 북쪽을 공격하는 기본패턴에 따라, 영덕과 영해를 중심으로 그 아래위로 펼쳐졌다. 영릉의진의 발상지인 영덕과 영해에 대한 직접적인 공격은 처음에 다소간 유보하였는데, 이 지역의 군수가 공격해오기 시작하자 그것을 응징하는 순서를 밟았다. 그리고 고향을 중심으로 하여 서쪽으로 태백산맥을 넘어가서 그 남쪽의 청송과 진보 및 서쪽의 영양을 인력과 무기 및 필요한 물자의 주된 공급지로 삼았다. 그리고 여기에서 확보된 무장력과 군사력으로 북상하였는데, 평해와 울진 및 삼척 남부지역이 주된 공격 루트이면서 바로 활동 영역이었다. 따라서 전반기 신돌석의진의 활동 영역은 남쪽으로 영덕 · 청송 · 경주가 만나는 지역으로부터 북쪽이고, 영양의 동쪽이며, 삼척 남부와 울진의 아래지역이 주된 활동 지역이었다. 결국 삼척 남부지역에서 경주 북쪽지역에 이르는 태백산맥의 척추를 따라 그 좌우지역이 영릉의진의 무대였던 셈이다.

그리고 주된 공격대상은 세 가지였다. 하나는 일본인의 이주지였고, 둘

46) 재판받던 박화준(朴華俊; 대구 동문안 출신, 농민, 1911년 당시 30세)이 법정에서 "한 명을 죽였다."고 했다(「朴華俊 판결문」, 『독립운동사자료집』 별집 1, 독립운동사편찬위원회, 1974, 554~555쪽). 재판받을 때 최소한의 수치만을 말하는 것이야 당연한 일이니, 실제로는 얼마나 많은 일본인들을 공격하고 사살했는지, 또 얼마나 많은 노획품을 확보했는지 알 수 없다.

째는 관아였으며, 끝으로 일본을 위한 존재로 파악되는 기관이었다. 일본 어부나 수산업자들이 주된 공격 목표인 점은 당연하다. 이들을 공략하기 위해 여러 차례 울진으로 북상하였고, 이를 통해 어민들의 경제적 이해관계와 직접적으로 결부된 일본의 어업침탈에 강력하게 저항하였고, 일본인 이주정책을 사전에 봉쇄하려 했다. 둘째로, 관아에 대한 공격은 전투를 치르는 데 필요한 무기를 확보하기 위한 과정에서 벌이는 작전이었다. 이들이 공격한 것은 영양 · 진보 · 청송 · 울진 · 평해 · 영해 · 영덕 등의 관아였다. 셋째로 일본이 장악하거나 일본의 이익을 위해 존재하는 것으로 보이는 경무서 · 우편소 · 순교청 등이 모두 습격의 대상이었다. 1906년 5월에 진보에서 우편마차를 습격한 것,[47] 1907년 1월에 있은 4차 울진 공략에서 우편취급소를 습격하여 우편물을 탈취하고 소각한 것,[48] 그리고 우편취급소를 공격하여 소장을 비롯한 4명의 일본인에게 부상을 입혀 해상으로 격퇴시킨 일이 이에 속한다.[49]

당시 울진은 의병으로 인하여 관아, 우편취급소, 경무분서 및 기타 건물, 그리고 민가 반수 이상이 불에 타서, 군대를 주둔시킬 병영은 말할 것도 없고, 경찰분서나 경찰이 거주할 가옥조차 마련할 수 없을 만큼 파괴되어 있는 상황이었다. 그래서 일본군은 울진 부근 옥계리 민가에 수비대 營舍를, 경찰은 경찰분서를 각각 마련하고 사무를 준비하였다. 그러나 우편취급소는 아직 피난 상태여서, 모든 서류나 물건은 울진에서 2리 떨어진 죽변만에 때때로 기항하는 우편선에 맡기고 있었다.[50] 이처럼 의병들은 울진에 조성된 일본의 전초기지를 철저하게 붕괴시켜 버렸다.

47) 『駐韓日本公使館記錄』 明治 39年(1906) 5월 29일; 「曺秉周 등 판결문」, 『독립운동사자료집』 별집 1, 독립운동사편찬위원회, 1974, 426쪽.

48) 「義徒縛守」, 《대한매일신보》 1907년 1월 11일자.

49) 「蔚珍義擾」, 《황성신문》 1907년 1월 14일자.

50) 국사편찬위원회, 『한국독립운동사자료』 15, 1986, 430쪽.

5) 병사들의 생활

그리고 이 시기에는 간선 도로를 장악하고 이동도 활발하였고, 이러한 왕성한 활동과 성과 덕분에 의병을 모으는 일도 그리 어렵지 않았다. 영릉의진이 출범한 이후 1907년 여름까지는 비교적 대규모로 움직였다. 병력 규모가 적어도 100명 이상이었고, 대체로 300명 정도이며, 때로는 400~500명의 병력으로 활동하기도 했다.

전반기에 그들은 이동하는 동안 큰 마을에 주둔하고 잠도 편안하게 잤다. 후반기에 들면서 산악지역으로 이동한 뒤에는 숙박이나 행군에 어려움이 많았지만, 일본군의 본격적인 공격이 있기 이전에는 영양 주실과 같은 큰 마을에 며칠 동안 주둔하기도 하고, 식사도 늘 평상시 그대로 할 수 있었다. 더구나 옷감을 구하여 병사들에게 옷을 만들어 입히기도 하였으니, 병사들은 별로 큰 고민거리를 갖고 있지 않았다고 한다. 다른 의진에는 돈을 주고 고용한 용병적인 포수들이 있었지만, 이 의진에는 그러한 흔적이 보이지 않는다. 그리고 정보 수집은 주로 일반 통행자들에게서 얻는 것이 상례였다고 한다.[51] 민중들로부터 호응이 컸으므로 정보수집은 상당히 쉬었을 것이며, 그래서 적정을 상세하게 꿰뚫고 있었다고 여겨진다.

4. 후반기의 활동(1907.9~1908.9)

1) 일본군에 대한 '反討伐작전'

1907년 말 이후 신돌석의진의 투쟁 양상은 많이 바뀌었다. 우선 일본군

51) 「暴徒に關する編冊」, 『한국독립운동사자료』 12, 국사편찬위원회, 1983, 214~217쪽.

이 영릉의진을 적극적으로 공격하고 나서기 시작하면서 '토벌'에 대한 '반토벌'이라는 반격작전이 전개되기 시작한 것이다. 본격적으로 일본군과 마주치게 되는 시기는 제5차 울진 공격 직후 평해를 거쳐 백암온천 근처 선미동을 지나 태백산맥을 파고들던 1907년 9월이었다. 평해에 도착한 이틀 뒤인 1907년 9월 15일, 영릉의진은 영양 동북방 20리 지점에서 일본군 토벌대 제1縱隊와 마주쳤다.[52] 그런데 양군 사이에 치열한 전투가 벌어지다가, 영릉의진이 어디론가 갑자기 사라져 버렸다. 이 전투에서 '영덕가도'로 나갔다는 일본 측 보고와는 달리,[53] 실제로는 신돌석의진은 오히려 북상하고 있었다.[54] 일본군 토벌대가 판단하고 있던 방향과는 너무나 다르게 북상한 것이다. 즉 동쪽으로 나가는 척하다가 순식간에 북상한 것인데, 토벌대의 추적이나 공격을 따돌릴 만큼 신돌석의진의 움직임이 날래고 지형 이용에 탁월했음을 보여주는 한 장면이 아닐 수 없다.

제2차 반토벌작전은 1907년 11월부터 1월까지 혹한기에 펼쳐졌다. 일본군과 경찰이 혹한기를 앞둔 1907년 11월 15일부터 12월 25일까지 40일 동안 또 다시 '토벌작전'을 벌이면서 전투가 벌어졌다. 11월에 들면서 일본군 남부 수비관구 사령관이 대구지역에 주둔한 보병 제14연대 제1대대장 아카시

52) 신돌석의진에 대한 정면공격은 일본군의 전국적인 토벌작전의 하나였다. 일본군 사령부가 9월에 들어 남부 수비관구 사령관에게 명하여 문경부근 지역을 토벌하라고 명령했다. 이에 따라 키쿠치(菊地) 대좌가 보병 제14연대 및 보병 제47연대의 대부분, 그리고 기병 소대의 2분의 1, 산포병 1대, 공병 약간 등의 병력을 이끌고 문경 부근을 토벌에 나섰다. 또 남부 수비관구 사령부는 아다치(足達) 지대에도 훈령을 내려 이 작전을 돕도록 명령하였다. 이에 토벌대는 부대를 5개 縱隊로 나누어, 제1종대는 보병 제14연대 중대장 후지타(藤田) 대위가 이끌고 永川에서 청송·진보 부근을 소탕하면서 12일 영양에 도달한 뒤, 13일에는 봉화 부근의 의병을 소멸시켰다고 한다(「조선폭도토벌지」, 『독립운동사자료집』 3, 독립운동사편찬위원회, 1971, 697쪽).

53) 金正明, 「朝鮮暴徒討伐誌」, 『朝鮮獨立運動』 1, 東京:原書房, 1967, 146쪽; 「韓國暴徒蜂起の件」, 『독립운동사자료집』 별집 1, 독립운동사위원회, 1974, 1004쪽 부록; 국사편찬위원회, 『고종시대사』 6, 681쪽.

54) 《대한매일신보》 1907년 9월 20일자.

(赤司) 소좌에게 3개 중대에다가 기관총 2정까지 주어 또 다시 의병을 토벌하라고 명령하였다.[55] 이번 작전은 지난 9월의 경우보다 강도가 매우 높은 것이었다. 기관총까지 동원했을 뿐만 아니라, 이 작전에 발맞추어 삼척 주둔 일본군도 울진으로 내려오면서 압박을 가하게 만들었고, 경찰까지 총동원하였다. 즉 12월 8일 삼척 주둔 제49분대 제1중대로부터 니시무라(西村) 중위가 下士卒 41명을 인솔하고 울진 수비를 위해 출발해오자, 울진분서 순사부장 스즈키(鈴木鶴次郎)는 순사 4명과 함께 삼척에서 우편선을 타고 울진에 도착하였다.

신돌석의진은 이렇게 강한 '토벌대'의 공격에 맞서 혹한기 전투를 벌였다. 일반적으로 의병이 혹한기에는 위축되는 것이 상례이지만, 코앞에 닥친 일본군의 공격을 맞이하면서 결코 꺾이지 않고 '반토벌전'을 폈다. 그들은 일본군의 동태를 주시하면서 그 변화에 맞춰 새로운 작전계획을 수립하였다. 일본군수비대가 증파되는 현상을 보고 곧 토벌대의 총공격이 있을 것임을 짐작했던 것이다. 대규모로 이동한다면 결국 일본군의 추적에 쉽게 노출될 것이고, 그렇다면 좁은 골짜기에서 우세한 무기로 밀어 부치는 일본군을 이겨낼 수 없었을 것이다. 때문에 그들은 대부대를 소규모의 여러 부대로 나누어 산발적인 기습전을 펼쳐나가기로 전략을 짰다.[56]

이러한 변화를 일본군도 탐지하고 있었다. 영양지역에 수비대장으로 파견된 니나가와(蜷川) 소위는 "의병이 일본군의 증원 사실을 알아차리고서 대집단을 해체하고 각각의 지휘자들이 부하를 이끌고 산재해 있다."고 보고하였다. 이 가운데 신돌석이 영양군 수비면 부근에 나타나고 있다는 내용도 들어 있다.[57] 서로가 첩보전을 통하여 상대의 변화를 주시하면서, 또

55) 「朝鮮暴徒討伐誌」, 『독립운동사자료집』 3, 독립운동사편찬위원회, 1971, 717쪽; 金正明, 앞의 책 1, 160쪽.

56) 위와 같음.

57) 위와 같음.

곧 다가올 전투를 준비했던 것이다. 그러던 가운데 신돌석의진이 자랑하던 백암산(1003m)과 검마산(1017m) 사이의 獨谷(독실) 요새가 일본군에게 알려지면서 상당한 병력 손실을 입게 되었다. 1908년 1월 10일 무렵이다.[58] 신돌석의진에게는 충격이 아닐 수 없었다. 그러나 일단 그 위기를 넘긴 신돌석의진은 영양군과 울진군 사이를 넘나들며 20명에서 50명 정도 소규모로 구성된 몇 개 부대로 나뉘었고, 집중적인 일본군의 추적을 따돌리고 사라졌다. 그러므로 일본군은 신돌석의진의 주력부대가 어디 있는지 전혀 알지 못한다고 고백하였다.[59] 즉 신돌석의진은 일본군의 집중적인 공격에 맞서 산악지역 특성을 이용하여 몇 개 분대로 병력을 나누어 헤어지고 모이면서 빠져나간 것이다. 당초 일본군이 작전기일로 삼은 40일보다 한 달이나 넘겨 가면서 공격해왔지만, 신돌석의진은 끝내 이를 물리치는 데 성공하였다.

신돌석의진은 2차 반토벌전을 치른 지 한 달이 지나서 다시 제3차 반토벌전을 치러야했다. 일본군이 또다시 토벌전을 계획하고 나섰기 때문이다. 榮川(영주)경찰분서장 스즈키(鈴木) 警部가 조사한 결과 신돌석의진이 일월산 속에서 겨울을 나고 있다고 판단하였다.[60] 또한 이틀 뒤인 16일에 안동경찰분서장 곤도(近藤俊夫) 경부도 신돌석이 80명 넘는 부하를 이끌고 일월산 부근에 자리 잡고 있다고 추정하였다.[61] 이러한 정보를 바탕으로 삼아 일본군수비대는 일월산 주변에 집결해 있는 의병부대를 완전히 없애겠다는 각오로 토벌작전에 나섰다. 2월 13일 제1구사령관 야마다(山田定玄) 소좌가 예천수비대장 고토오(後藤) 대위를 비롯한 80여 명의 군대를 이

58) 「暴徒に關する編冊」, 『한국독립운동사자료』 8, 국사편찬위원회, 1979, 540쪽; 「韓國暴徒蜂起の件」, 『독립운동사자료』 별집 1, 부록, 1032쪽; 金正明, 「朝鮮暴徒討伐志」, 『朝鮮獨立運動』 1, 179쪽.

59) 『한국독립운동사자료』 9, 국사편찬위원회, 1980, 159쪽.

60) 「暴徒に關する編冊」, 『한국독립운동사자료』 9, 국사편찬위원회, 1980, 142쪽.

61) 위와 같음.

끌고 수비구역의 상황을 시찰하기 위해 영주에 도착하였다.[62] 신돌석을 비롯한 주도인물을 생포한다는 목표를 세운 영주의 경찰분서장과 야마다(山田) 소좌가 1908년 2월 16일 봉화군을 거쳐 예안으로 출동하였다.

일본군의 '의병토벌대'는 모두 6개 종대로 편성되었다. 그리고 야마다 소좌의 요구로 4개 종대에 일본 순사 1명과 한인 순사 2명씩을 배속시켰는데, 정보 수집을 위한 조치였다. 또 통역도 1명 내지 2명이 배속되었다.

▍일본군의 일월산 의병 토벌작전 계획표

縱隊號 人員	구성	제1일 15일	제2일 16일	제3일 17일	제4일 18일	제5일 19일	제6일 20일
츠네후지(常藤) 縱隊(特務曹長)	長이하 17 통역 1 순사 3	봉화 법전	봉화 粉川	봉화 內廣飛	봉화 新川	봉화 일월산	봉화 일월산
나카지마(中島) 縱隊(曹長)	長이하 14 통역 1 순사 3	봉화 법전	봉화 內獐 부근	봉화 右蓮田	봉화 新川부근	동 부근	같음
오츠카(大塚) 縱隊(特務曹長)	長이하 18 통역 순사 3	봉화 乃城	봉화군 陽谷	봉화 訥內	봉화 仙川	위와 같음	위와 같음
오가타(尾形) 縱隊(中尉)	長이하 18 통역 1 순사 3	예안	봉화군 陽谷	봉화 淸龍谷	봉화 葛分川	위와 같음	위와 같음
마에다(前田) 縱隊(少尉)	長이하 18 통역 2	예안				위와 같음	위와 같음
니나가와(蜷川) 縱隊(少尉)	長이하 12 통역 1		예안			위와 같음	위와 같음
비고	숙박지는 본 표에 예정하였을지라도 賊情에 의해 변경될 수 있다.						

* 「폭도에 관한 편책」, 『한국독립운동사자료』 9, 국사편찬위원회, 1980, 139~141쪽.

이들의 계획은 북으로는 봉화에서 남으로는 예안까지 남북으로 길게 그

62) 「暴徒に關する編册」, 『한국독립운동사자료』 9, 국사편찬위원회, 1980, 139~141쪽.

물을 친 뒤, 陣形을 그대로 유지한 채, 동쪽 일월산으로 밀어붙이는 것이었다. 6개 종대가 각각의 이동로를 샅샅이 뒤지면서 일월산을 향해 나아가서 마지막에는 통째로 포위하여 섬멸한다는 계획이었다. 6개 종대 가운데 마지막 종대인 니나가와 縱隊는 바로 1월 10일에 장파와 독곡에서 신돌석에게 타격을 주었던 그 니나가와 소위에 의해 지휘되는 부대인데, 신돌석의진의 이동로나 습성 등을 누구보다도 확실하게 파악하였기 때문이다. 토벌대를 지휘하는 야마다 소좌는 '신돌석 생포'라는 목표가 달성되리라는 가능성을 믿었다. 그러나 작전이 전개되면서 그러한 분위기는 서서히 가라앉을 수밖에 없었다. 기세 좋게 밀어붙였으나 아무런 소득이 없었기 때문이다.

신돌석의진은 반토벌전을 펼치면서 포위망을 빠져나갔다. 일본군이 20일로 예정해 둔 생포작전을 따돌리고 일월산지역을 벗어났던 것이다. 그러므로 일본군은 초조해하기 시작했다. 그러다가 신돌석의진의 별동부대가 다시 일본군과 전투를 벌였다. 그들은 협공해 온 니나가와(蜷川) 종대와 야쿠라(矢倉龜男) 부대와 전투를 벌이면서 순식간에 그 가운데를 빠져나갔다. 의병들을 놓쳐버린 이유에 대해 니나가와는 "준험한 비탈에 절벽일 뿐 아니라 한 척 이상의 적설로 움직임이 마음대로 되지 않아 추격의 효과가 극히 적었다."[63]라고 보고하였다. 눈 위에 발자국이 남는 한겨울 산악전투에서 발자취조차 찾지 못할 만큼 의병들은 날래게 빠져나간 것이다. 일본군 '토벌대'는 별다른 성과도 없이 29일에 편제를 해체하고 철수하였다.[64] 사실 철수라기보다는 패퇴하였다는 표현이 옳다.

이 전투 이후 신돌석의진은 일본군의 추격망을 완전하게 벗어났다. 이로써 신돌석은 일본군이 2월에 들어 벌인 '신돌석 생포 작전'이자 세 번째 토벌작전을 완전하게 파괴시켜 버렸다. 약 열흘 정도 집요하게 추격을 받았지만, 유격작전을 구사하며 이를 따돌리고 유유히 사라졌던 것이다.

---

63) 『한국독립운동사자료』 9, 국사편찬위원회, 1980, 165~6쪽.

64) 「조선폭도토벌지」, 『독립운동사자료집』 3, 독립운동사편찬위원회, 1971, 738쪽.

신돌석의진이 일본군의 토벌작전을 물리치자, 일본군은 새로운 작전을 들고 나왔는데, 그것이 바로 신돌석의 아내를 동원한 회유작전이었다. 1908년 3월에 韓在汝를 찾아내 안동으로 연행하고 후하게 대접한 뒤에 회유하는 글을 주어 신돌석에게 전달하게 만든 것이다. 그러나 신돌석은 이를 펴보지도 않은 채 물리치고, 다시는 가족이 이용당하지 않도록 부모와 아내를 칠보산 서쪽 기슭에 숨겨 두었다.[65]

'생포작전'이나 '회유작전'을 모두 극복해낸 신돌석은 1908년 4월에 들어 주로 평해·진보·영해 등 자신의 영역에서 활동하면서 다시 전투에 나설 준비작업에 몰두하였다. 신돌석은 4월에 280명이나 되는 의병을 이끌고 주요 거점의 하나인 희암곡으로 들어갔고, 주변에서 의병을 모으면서 군자금도 확보하였다.[66] 그리고 이것을 바탕으로 5월 30일에는 제6차 울진 공략을 밀고 나갔다. 5월 30일부터 신돌석의진은 집중적으로 울진 공략에 나서, 上竹田으로 북상해 갔다. 5월 30일(음 5.1)에서 6월 1일 사이에 신돌석의진은 울진에서 일본경찰과 정면으로 부딪쳤고,[67] 직후에 불영계곡을 거쳐 일월산 동쪽 산자락을 타고 남쪽으로 이동하고, 다시 그곳에서 동쪽 백암온천 지역으로 이동하는, 평소의 이동로를 이용하였다.[68] 울진을 치고 빠지는 작전을 순식간에 벌인 셈이다.

2) 활동 범위와 산악 유격전투

후반기에 접어들면서 신돌석의진의 활동 지역은 전반적으로 일월산을

65) 김희곤, 앞의 책, 163~167쪽.

66) 독립운동사편찬위원회, 『독립운동사자료집』 별집 1, 1974, 470쪽; 「暴徒に關する編冊」, 『한국독립운동사자료』 11, 국사편찬위원회, 1982, 390~391쪽.

67) 「이이봉 판결문」, 『독립운동사자료집』 별집 1, 독립운동사편찬위원회, 1974, 470~471쪽.

68) 「배선한 외 4명 판결문」, 『독립운동사자료집』 별집 1, 독립운동사편찬위원회, 1974, 440쪽.

중심으로 삼고 검마산과 백암산 사이를 주로 오르내렸다. 1907년 겨울에 그의 활동 영역에 대하여 엇갈리는 자료가 보인다. 하나는 1907년 겨울에 경기도 양주에서 '13도창의대진소'가 결성될 때 여기에 참가하여 교남창의 대장이 되었다는 것이고, 다른 하나는 1908년 1월 초에 그가 강원도 양구에 진출했다는 것이다. 그러나 이 모두 정확한 기록이 아니다. 첫 번째의 경우는 비록 교남창의대장으로 선정이 되었으나 신돌석이 여기에 참가하지 않았고, 두 번째의 경우는 일본군의 잘못된 정보에서 나온 것으로 판단된다.[69]

다만 이 시기에 그의 활동 영역이 일월산을 중심으로 삼으면서 다소 서쪽으로 이동했다는 점이 전반기와 다르다. 특히 봉화지역을 공략한 것이 그 대표적인 내용이다. 그리고 1907년 11월에는 한 순간 이강년의진과 연합하여 순흥을 공략한 자료가 보이는데, 이것은 신돌석의진의 별동대인 것으로 이해된다.[70]

반토벌전을 벌이면서 신돌석의진의 규모는 작아졌다. 전반기에는 200~400명 정도의 대규모 부대로 움직였지만, 후반기에 들어 산악전투를 치르면서 점차 규모가 줄어들고, 또 몇 개의 부대로 나뉘어 운용되었다. 그렇지만 1907년 12월경에는 300명 정도의 병력을 유지하고 있었다.[71] 이후 규모가 축소되면서 작전반경도 크게 좁혀졌다. 전반기에 주로 관아가 자리 잡은 도심을 공략하고 자원을 확보했지만, 후반기에 들어서는 관아에 일본군이 주둔하거나 증강 배치하는 바람에, 의병으로서는 직접 관아를 공격하여 무기나 곡식 등을 압수하기 어려워진 때문이다.

또 주된 활동 지역이 산간 지역으로 바뀌었다. 후반기에 들어서 일본군과 경찰의 집요한 추적과 '토벌작전'을 따돌려야 하는 부담 때문에 주로 활

69) 김희곤, 앞의 책, 142~146쪽 참조.

70) 위의 책, 134~136쪽.

71) 「暴徒に關する編册」, 『한국독립운동사자료』 8, 국사편찬위원회, 1979, 363쪽.

동 지역은 태백산맥 오지로 바뀌었다. 일단 순흥을 공략한 뒤로는 간혹 울진을 공격한 일이 있기는 하지만, 주로 일월산을 중심으로 주둔하고 태백산맥을 따라 오르내리며 파견되어 온 일본군이나 경찰과 전투를 벌였다.

무기는 주로 화승총이 쓰였다. 그러면서도 소수의 양총도 사용되었는데, 이것은 모두 일본군과의 전투 속에서 확보된 것이었다. 1907년 말 현재 신돌석의진의 무기가 "91자루의 화승총", 혹은 "양총 5~6정과 화승총 250~260정"이라는 기록이 있어서 비교적 넉넉한 수준이었음을 알려준다.[72] 그리고 납을 이용하여 탄환을 직접 만들어 사용하기도 했는데, 전반기와 마찬가지로 후반기에도 납으로 만들어진 그물추를 구하기 위해 끊임없이 해안지역을 왕래하였다.[73] 즉 산악지역에 주둔하면서도 해안지역으로 거듭 진출하는 모습을 보였다. 그 보급기지로 빈번히 이용한 곳은 울진부터 영덕까지 모든 해안이지만, 그 가운데서도 백암산이나 검마산 일대의 근거지에서 가까운 평해를 가장 자주 이용하였다.

3) 병사들의 생활

신돌석은 부하들이 결코 사사로이 귀가할 수 없게 하였다. 병력이 줄어드는 것을 꺼려했기 때문이라고 한다. 그래서 병사들은 가족을 만나볼 수 없었다. 물론 신돌석 그 자신도 결코 가족을 만나려 하지 않았다. 또 한 가지 특징은 병사들이 '술에 별로 뜻을 두지 않았다'는 사실이다. 그리고 신돌석의진에 속했다가 투항한 자가 "우리들은 별로 불평할 만한 점이 없었다."고 진술한 것을 보면,[74] 신돌석의진의 안정된 분위기를 알 수 있다.

활동의 성격에 따라 움직이는 인원에는 차이가 있었다. 물론 전투를 벌

72) 「暴徒に關する編冊」, 『한국독립운동사자료』 8, 국사편찬위원회, 1979, 363쪽.
73) 「暴徒に關する編冊」, 『한국독립운동사자료』 12, 국사편찬위원회, 1983, 214쪽.
74) 「暴徒に關する編冊」, 『한국독립운동사자료』 12, 국사편찬위원회, 1983, 216~217쪽.

일 경우에는 대체로 전체 의진이 한꺼번에 움직였지만, 자금과 인력을 모을 때는 대개 5~6명이 한 개의 조를 이루어 움직였다. 그리고 활동 시간도 전반기와는 대조적이었다. 전반기에는 대낮에도 활약이 가능하여 물자를 수집하고 병사를 모집하였지만, 후반기에는 주로 밤중으로부터 날이 밝기 전인 새벽까지 활약하였다. 그러니 대낮에 도심을 공격하던 전반기의 양상과는 대조적인 경우였다. 또 숙박은 초기에 주로 민가를 이용했지만, 후반기에는 토벌대의 정찰이 집중되면서 거의 산중에서 이루어졌다. 이슬이나 피할 수 있는 암벽 아래 암굴이 이용되었고, 겨울에는 산속 암자나 절터도 이용되었을 것이다. 하루 행군거리는 몇 리 정도이지만 최장거리는 8~9리, 즉 32~36km나 되었다. 그러므로 이들이 겪는 고통 가운데 가장 견디기 힘든 것이 야간 장거리 행군이었다.[75]

구성원의 직업은 대다수가 농업이었다. 그런데 신분에는 동몽 · 전직 주사 · 사족 · 유생 출신도 들어 있었다. 전체적으로 모두를 확인하기 어려우나 투항자들 가운데 동몽이나 유생들을 볼 수 있어서, 그것이 투쟁에서 나타나는 출신 성분의 한계인지 아닌지 구별하기 힘들다. 그리고 구성원들 가운데 출신 지역에 따라 갈등 관계나 알력은 없었다고 한다.[76]

4) 만주 망명 계획

1908년 8월 중순에 들면서 점차 신돌석의진의 활동이 조금씩 위축되는 모습을 보이기 시작했다. 일본군수비대가 계속 증원되고, 신돌석의진 숨통을 조이는 작전을 거듭한 것이 중요한 원인이었다. 특히 「귀순법」이 발표되면서 대열을 이탈하는 인물이 점차 늘어났고, 따라서 활동도 자연히 위축되었고, 대규모 전투도 잦아들었다.[77] 대규모에서 소규모로 바뀌고, 또

75) 「暴徒に關する編册」, 『한국독립운동사자료』 12, 국사편찬위원회, 1983, 216쪽.
76) 위와 같음.

활동 범위를 줄였으며, 일단 귀가하여 양민으로서의 모습을 보이고 있는 경우도 많다는 정황을 알 수 있다. 전반적으로 볼 때, 의병 활동이 크게 위축된 모습을 읽을 수 있겠다.

1908년 후반기에 들면서 의병항쟁이 크게 위축되는 현상은 전국적으로 동일하다. 그 요인을 여러 가지로 찾아 볼 수 있을 것이다. 우선 일본군의 대규모 증파가 당면 문제로 대두하였다. 각 군마다 수비대 명목으로 일본 정규군이 파견된 것이다. 이른바 '남한대토벌작전'은 전국 의병들의 숨통을 죄어 놓으려는 작전이었고, 특히 1907년 말에서 1908년 초 사이에 집중된 일월산 중심의 '신돌석 생포작전'은 신돌석의진의 활동 범위를 어느 정도 위축시켜 놓았다. 특히 이 시기에 발표된 「귀순법」은 의병대열에 참가하고 있던 인물들을 흔들어 놓기에 충분했다.[78] 「면죄문빙」에다가 1908년 6월에 만들어진 헌병보조원제도는 특히 의병항쟁에 타격을 주었다. 9월에 4,000명이 보조원으로 선발되었고, 헌병 1명에 2~3명 헌병보조원을 붙였다.[79]

신돌석의진에서도 1907년 말부터 투항자가 나타나더니, 1908년에 들면서 그 수가 크게 늘어났다. 물론 이 수치는 확인되는 자료에 국한된 것이다. 이렇게 투항자가 급격하게 늘어난 현상은 신돌석의진만의 것이 아니라 전반적인 상황이었다. 전국적으로 투항자 수가 증가하여 1908년 8월까지 5,844명이나 되었다. 이처럼 '효과'가 나타나자 일제는 '귀순자'에게 죄를 면

---

77) 신낙선은 귀가 시기를 8월 1일이라고 진술했다(「배선한 외 4명 판결문」, 『독립운동사자료집』 별집 1, 독립운동사편찬위원회, 1974, 441쪽).

78) 1907년 말 일본은 「歸順者免罪詔勅」을 공포하였다. 물론 그 이전에도 귀순을 장려하기 의한 조치가 있었다. 그런데 이때부터 「귀순표」라는 명칭을 「免罪文憑」이라 바꾸었다. 귀순자에게는 단순히 귀순자임을 의미하는 증표를 주는 것이 아니라 아예 죄를 면제시키는 증서, 곧 '면죄부'를 준다고 결정한 것이다. 그리고 그 증서를 주는 권한을 원래 경찰과 헌병만이 가지고 있었던 것인데, 이를 宣諭委員과 각 府尹 및 군수도 이를 줄 수 있게 만들었다. 그러니 동장을 통해 귀순 의사를 전달하면, 군수가 「면죄문빙」을 발급하였다. 즉 의병에 참가했던 사실을 죄로 묻지 않겠다는 '면죄부'를 준 것이다.

79) 駐箚朝鮮軍編, 「朝鮮駐箚軍歷史」(김정미, 앞의 글, 88쪽에서 재인용).

하게 해주는 '면죄처분' 기간을 10월 31일까지로 연장하였다. 그랬더니 10월 31일까지 전국에서 7,834명,[80] 11월 1일부터 10일 사이에 4,614명,[81] 11일에서 30일 사이에 4,787명이 각각 투항하였다.[82] 1908년 9월에서 10월 사이 한 달 남짓한 기간에 투항한 신돌석의 부하들이 무려 53명이나 되었다.[83] 그 가운데 인물이 확인되는 경우는 모두 24명이다.[84] 신돌석의진이 크게 위축되고 있는 상황이었다.

영릉의진으로서는 운명의 순간이 다가왔다. 이때 신돌석이 부하들에게 투항을 권유했다는 정황이 눈에 띈다. 그 결과 마지막까지 함께 행동하던 핵심 부장급 인물 가운데서 투항자가 나타났다. 1908년 9월에 영양·평해 지방에서 자리 잡고 있던 신돌석의진의 마지막 부장급 인물 4명의 모습은 다음과 같다.

> 柳起吉 : 丈 5척 2~3촌, 얼굴 크고 둥글며, 턱수염 적고 흑색, 안동군 一夜洞
> 韓參奉 : 장 5척 5~6촌, 체격 비대, 검은 색, 얼굴 둥글고 턱 수염 약간, 31세, 온정면 소태리(백암온천)
> 文米洞 : 장 5척 5촌 가량, 얼굴 길다, 흰 색, 턱수염 약간, 37세, 영양군 수비면 公須洞(수하리 공수골)
> 李梧村 : 장 5척 5촌 가량, 체격 비대, 얼굴 둥글고, 검은 편, 마마 자국, 42세, 수비면 本頓洞(본신리 本敦)(「폭도에 관한 편책」)[85]

이 가운데 한참봉은 1906년 4월 처음 일어날 때부터 줄곧 주역을 담당했던 韓永育이다. 나머지 인물들은 확인되지 않는데, 문미동이나 이오촌은 모두 택호로 보인다. 그런데 바로 이 직후에 이오촌과 敎鍊將으로 알려진

80) 『한국독립운동사자료』 12, 국사편찬위원회, 1983, 517쪽.
81) 위의 책, 531쪽.
82) 위의 책, 654쪽.
83) 김희곤, 앞의 책, 180쪽 〈표〉 참조.
84) 김희곤, 위의 책, 181쪽 〈표〉 참조.
85) 『한국독립운동사자료』 12, 국사편찬위원회, 1983, 215쪽.

이화진이 각각 투항하였다.[86] 끝까지 버티던 이들이 갑자기 투항한 데에는 신돌석 자신의 해산명령이 있은 때문인 것으로 추정된다. 즉 신돌석은 10월 말에 부하들에게 해산을 명한 것 같다. "풍설에 의하면 평해군 영해군 영양군내에 출몰한 적괴 신돌석은 근래 세력이 쇠퇴하여 수일 전에 친근한 부하 4명을 說諭하고 해산하였다."는 정보 자료가 그것을 말해준다.[87] 이것이 바로 이오촌과 이화진이 투항하게 되는 상황을 설명해주는 자료로 생각된다.

대체로 1908년 후반기에 접어들면, 신돌석만이 아니라 대다수의 의진들이 일본군경의 집요한 추적 때문에 버티기 힘든 상황을 맞게 되고, 지휘자들이 부하들로 하여금 오히려 투항하기를 권유하는 경우도 적지 않았다. 신돌석의진도 그러한 국면을 맞은 것이다. 다가서는 혹한도 그에게는 엄청나게 큰 부담이었다. 1906년 말에는 무기를 숨겨두고 일시적으로 해산하여 견뎠고, 1907년 겨울에는 규모가 큰 부대를 이끌면서 두 차례의 '토벌작전'을 극복하였다. 하지만 1908년 겨울은 앞의 경우와는 너무나 다른 상황이었다. 병력이 대폭 축소되었고, 보급도 갈수록 어려워졌다. 사실 더 이상 버틴다면 남은 부하들의 희생만 가져올 뿐이었다. 그래서 그는 몇 명의 인원만 남기고 모두 살길을 찾아 떠나도록 명령한 것이다. 이러한 현상은 신돌석만의 경우에 한하는 것은 아니다. 1908년 말 전국 의병이 겪는 공통적인 현상이었다.

그렇다고 신돌석이 완전히 꺾이는 것은 결코 아니었다. 그는 새로운 계획을 갖고 있었으니, 바로 만주로 가는 것이었다. 1896년 전기의병때 류인석의진이 이미 만주로 이동했던 일이 있고, 이 당시에도 홍범도를 비롯한 여러 의병부대가 만주로 이동하고 있었다. 그곳에서 독립군으로 발전해 나

86) 『한국독립운동사자료』 12, 국사편찬위원회, 1983, 443쪽.

87) 「한국주차군헌병대장 11월 18일 보고」, 『한국독립운동사자료』 12, 국사편찬위원회, 1983, 538쪽.

가는 것이 한국독립운동이 가지는 보편적인 흐름이었다. 의병들만이 아니라, 신민회를 비롯한 계몽운동가들도 만주에 독립군기지를 건설하기 위해 현지를 조사하고 토지를 물색하던 시기였다.

신돌석이 만주로 가려했던 사실을 밝혀주는 직접적인 자료가 있다. 스승의 아들이요, 동문수학했던 이병국을 몰래 찾아와 털어놓은 이야기가 바로 그것이다.

> 3년 동안 싸웠으나 국운이 이미 기울어졌으니 어찌 할 수가 없었다. 어느 날 밤에 그대(신돌석－필자 주)가 찾아와서 나에게 "지금 적의 무리들이 현상금을 걸고 내 머리를 구하고 있는데, 총탄과 화살이 퍼붓는 마당에서도 죽지 아니하였던 내가 짐승 같은 무리에게 생명을 빼앗기기보다는 차라리 서쪽으로 건너가서 여러 강국에게 원통한 사실을 호소하여 응원을 얻음이 좋지 않겠는가."라고 말한 뒤(이하 생략, 밑줄－필자)[88]

여기에서 말하는 '서쪽으로 건너간다'는 내용이나 '여러 강국에 응원을 요청한다'는 표현은 그가 만주로 가서 활동하겠다는 뜻이다. 이 밖에도 그가 만주로 가려했다는 사실을 간접적으로 알려주는 자료가 있기도 하다. 해방 직후인 1949년에 그의 삶과 공을 기리고자 '寧陵申義將紀念事業協會'라는 조직을 만들 때 발표한 취지서도 "장차 渡滿大擧를 계획할 제"라 표현하여, 신돌석이 만주로 건너가 큰일을 도모하려 했다는 점을 확인시켜주고 있다.[89] 그렇지만 꿈을 펴지 못한 채, 그는 1908년 12월 12일 새벽 1시, 그의 나이 만 30세 되던 해 겨울에 영덕군 지품면 눌곡의 황곡 상계에서 피살되었다.[90] 영릉의진이 일어난 지 꼭 2년 8개월 만의 일이었다.

---

88) 이병국, 「輓申舜卿」, 앞의 문집.

89) 이 협회는 대구 남성로 88번지에 있었고, 최고위원에 鄭顯模 · 李東厦 · 孫厚翼 · 趙瓊奎 등이, 상임위원에 신돌석의 동생인 신태범을 비롯하여 韓國源 등 8명이 들어 있었다.

90) 순국 과정에 대해서는 김희곤, 앞의 책, 198~208쪽 참조.

5. 맺음말

신돌석의진은 한말 의병사에서 실질적인 전투의병이었다. 그의 활동이 보인 특징을 정리하면 다음과 같다.

첫째, 신돌석의진에는 양반이나 사족이라 일컬어지는 상층 출신 인물들이 참가하고 있어서 신분사회의 한계를 극복해 나가는 모습을 보여주었다. 더구나 명문으로 말해지는 양반 가문에서 신돌석의진에 대한 기대와 지원이 많았던 사실도 그 특성의 하나로 말할 수 있다.

둘째, 신돌석이 이끈 영릉의진은 배후기지에서 자원을 확보한 뒤 일본의 전진기지인 울진과 삼척 남부의 장호동을 공격하는 형태를 기본 틀로 잡고 있었다. 주로 자원을 확보한 지역은 태백산맥 서쪽 골짜기를 따라 영양과 진보 및 청송 일대였고, 주된 공격로는 일월산 동쪽 자락을 따라 북상하여 불령계곡을 타고 울진으로 접근하는 것이었다. 울진에 대한 공격은 크게 여섯 차례나 펼쳐졌고, 그 가운데 세 번은 장호동을 공략하였다.

셋째, 전반기(1906.4~1907.9)에는 울진을 비롯하여 삼척 남부의 일본인 전진기지를 공격하였고, 후반기(1907.9~1908.12)에는 일본군토벌대의 공격에 맞서 싸우는 '반토벌전'을 벌였다. 그리고 이후에는 만주로 망명하여 국제적인 협조를 받아 독립전쟁을 일으키려 했지만 그것을 이루지 못하고 순국하였다. 비록 그 자신이 만주로 가는 데 실패했지만, 그의 부장 가운데 한 사람인 한영육이 망명하여 활동함으로써 여맥의 일부가 이어졌음을 확인할 수 있다.

넷째, 단일 의병부대가 2년 8개월 동안 끊임없이 전투를 벌였다는 점에서 특출한 모습을 보였다. 의병부대를 몇 개월 이상 지속적으로 유지하는 데는 많은 재력과 인력의 지속적인 공급이 필요하고, 강한 겨울 추위와도 싸워야 하는 고통이 따랐다. 때문에 대다수의 의병부대는 몇 개월 활동하다가 해산하고 다시 일어나기도 했다. 하지만 신돌석의진은 2년 8개월이라는 긴 기간을 버텨냈다.

다섯째, 영릉의진의 공격 대상은 일본인의 전진기지와 일본의 정책을 수용한 관아 및 일본인의 이익을 대변하는 기관이었다. 영해관아에 대한 공격이 그러했고, 울진의 우편취급소와 진보의 우편마차 공격이 그러했다.

여섯째, 무기를 확보하기 위해 영릉의진은 관아를 공격하였다. 관아의 무기고를 점령하고 이곳에서 필요한 무기를 확보하였다. 이외에도 필요한 탄알을 직접 제작하기 위한 납을 구하기 위해 바닷가로 내려가 그물추를 구했다. 때문에 활동하던 태백산맥과 동해안을 부지런히 내왕하는 양상을 보였다.

일곱째, 영릉의진은 태백산맥 속에 요새를 구축하고 있었다. 전반기에는 비교적 영해와 가까운 대동 골짜기가 그 가운데 중요한 곳이었고, 후반기에 들면서 깊은 산속으로 들어가 희암곡이나 독곡이 주로 이용되었다. 또 일월산 기슭이나 영양 수비면의 기프내, 즉 심천이 역시 그러한 요새의 하나로 이용되었다.

여덟째, 신돌석의진의 전투력은 탁월했다. 신돌석의진이 여러 차례에 걸쳐 '반토벌전'으로 일본군과 맞붙어 싸워내자, 일본군은 밀려난 이유를 신돌석의 날랜 활동력에다 갖다 붙일 정도였다. "그는 경찰대 · 수비대 · 헌병대에 의하여 <u>토벌당한 일이 수십 차례였으나 실로 출몰이 自在하여 용이하게 체포되지 않고</u> 지금도 오히려 영양지방에 출몰하여 剽盜를 일삼으며 수십의 부하를 두고 있다."(밑줄－필자 주)[91]라는 보고서가 그것을 말해준다.

---

91) 「폭도사편집자료」, 『독립운동사자료집』 3, 독립운동사편찬위원회, 1971, 574쪽.

6장_ 定齋 종가의 3대 독립운동과 역사적 위상

1. 머리말

定齋 柳致明(1777~1861)은 퇴계학맥의 정맥을 이은 대학자이다.[1] 일반적으로 퇴계 제자 가운데 가장 높게 평가하는 제자 세 사람으로 月川 趙穆, 鶴峯 金誠一, 西厓 柳成龍을 말한다. 세 사람의 학문과 정치적 성향은 큰 차이를 보였다. 이 가운데 학봉 김성일을 잇는 중심축이 바로 류치명으로 이어진 것이다. 따라서 류치명의 위상은 대단히 높았고, 특히 1800년대 전반기에 안동문화권을 강타한 屛虎是非에서 류치명은 가장 영향력이 큰 인물이었다. 그러한 위상을 가진 집안이었으므로, 역사적인 격변기에 주어지는 역사적 부담과 책임을 흘려 지낼 수는 없었다.

근대 민족문제가 발생할 때, 그 첫 만남은 류치명의 아들 洗山 柳止鎬(1825~1904)에서 시작되었다. 열강의 침략에 위정척사로 맞서던 전통 유림의 성격 그대로, 그도 그 흐름의 선두에 서 있었다. 안동문화권의 지도자로서 그가 의병대열에 참가했음은 당연한 일이다. 이로부터 대를 이어 민족문제를 풀어나가기 위한 대열에 그의 집안이 나서게 되었던 것이다.

1) 정재 종가는 안동시 臨東面 水谷洞 大坪(한들마을)에 있었다. 수곡동에는 水谷(무실마을)을 비롯하여 大坪(한들마을)·朴谷(박실마을) 등으로 이루어졌고, 전주류씨가 5백 년을 터 잡고 살아왔다. 그런데 1990년 무렵 임하댐이 건설되는 바람에 많은 집들이 수몰선 위로 옮겨지거나 구미시 해평면으로 집단이주하고, 또 여러 곳으로 나뉘어가기도 했다. 정재 종가는 한들 뒷산으로 옮겨졌다.

독립운동의 서막인 의병항쟁에서부터 1920년대 노동운동을 통한 독립운동에 이르기까지 3대가 거기에 참가하였던 것이다. 독립운동은 의병으로 시작하여 계몽운동, 의열투쟁, 3·1운동 등을 거쳐 만주지역 독립군, 대한민국 임시정부, 국내 사회운동, 학생운동 등 분야별로 전개되어, 광복을 맞을 때까지 51년 동안 전개되었다. 이 가운데 정재 종가의 후손들이 펼친 활동은 주로 전반과 중반 시기에 집중되었다. 즉 의병과 3·1운동, 그리고 사회운동이 그것이다.

정재 종가의 3대 독립운동을 빚어낸 주인공은 정재의 아들부터 증손자까지이다. 아들인 류지호에 이어, 맏손자 柳淵博(1844~1925)과 둘째 손자 柳淵成(1857~1919), 증손자이자 류연박의 아들인 柳東蓍(1886~1961)와 柳東著(1892~1948)가 그 주인공들이다. 이들의 활동을 시기별로 추적하고, 역사적인 위상을 정리하는 데 이 글의 목표를 둔다.

▎무실마을과 종가 위치

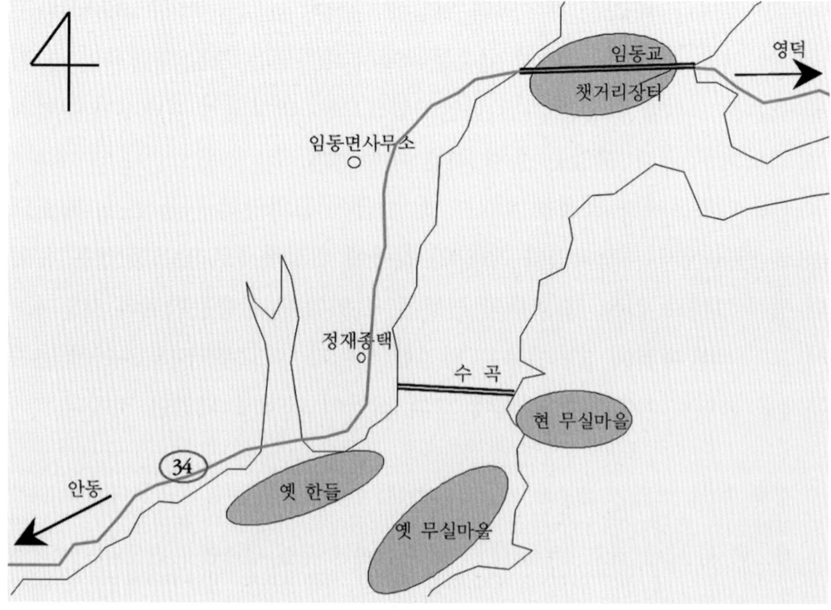

▎정재 종가 3대 독립운동가 가계도

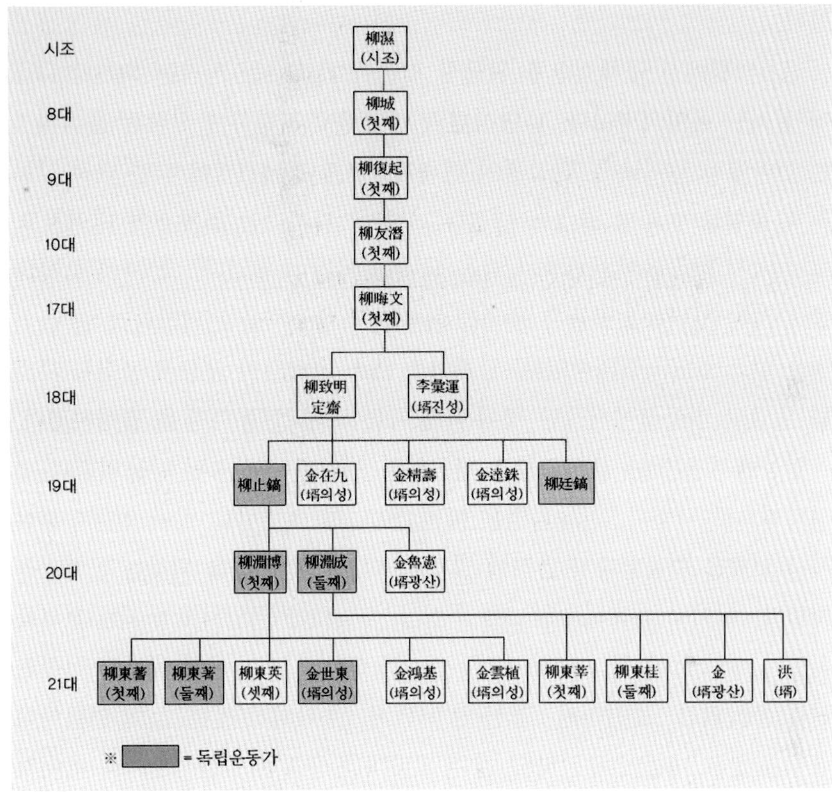

2. 의병항쟁에 나선 柳止鎬 · 淵博 부자

정재 종가 인물이 독립운동에 발을 디딘 것은 독립운동의 출발점인 의병항쟁부터였다. 의병은 세 시기로 나뉜다. 전기의병(1894~1896), 중기의병(1904~1907.7), 후기의병(1907.8~1909) 등이 그것이다. 이 가운데 안동의병은 특히 전기의병에 집중되었다. 안동에서 1894년 7월에 일어난 갑오의병은 의병사의 첫걸음이자 한국독립운동의 출발점이다. 다만 아쉽게도 갑오의병에 참가한 안동인들의 이름을 밝혀주는 자료가 아직 확인되지 않고 있다.

전기의병에서 구체적으로 활동한 인물이 드러나는 시기는 1895년 12월에 일어난 을미의병이다. 을미사변과 단발령에 저항하여 시작된 을미의병은 전국에서 일어났다. 단발령이 전해지자마자 영남지역에서 맨 먼저 안동지역 유림들이 의병 결성에 나섰다. 상투를 자른다는 斷髮令이 내려지고, 그것이 시행에 들어가기까지 열흘 남짓한 시간이 흘렀다. 그 사이에 사태를 주시하던 안동유림들은 통문을 돌리면서 대응책을 논의하다가 결국 의병을 일으키자고 결의하였다. 금계마을 西山 金興洛이 앞장서 봉정사 회의를 열었고 안동부에서 1만 명이 구름처럼 모여 '안동의병'을 결성하였다.

안동에서 일어난 을미의병은 안동부와 예안에서 결성된 안동의병과 선성의병으로 나뉜다. 안동의병은 權世淵이 1차 의병장을 맡아 안동부관찰사 김석중을 축출했다가 반격에 밀리고, 다시 안동부성을 되찾는 공방전을 치렀다. 이어서 1896년 2월 2차 의병장 金道和가 취임하고서 태봉전투를 치렀다. 3월 말에 치러진 태봉전투는 안동의진을 비롯하여 예안의 선성의진과 봉화의진 · 예천의진 · 영천(영주)의진 · 호좌의진(제천) 등이 연합하여 상주 함창의 태봉에 주둔하던 일본 수비대를 공격한 연합작전으로 펼쳐졌다. 격렬한 전투를 벌였지만 무기와 훈련에서 열세이던 의병이 밀려났고, 추격하던 일본군이 안동으로 들어와 안기동에 불을 지르는 바람에 서풍을 타고 안동부성 안의 1천 호가 넘는 집이 불타는 비극이 벌어졌다. 안기동에서 '탑곡', 그러니까 임청각 앞 7층 전탑이 있는 곳까지 불바다가 되었다. 안동부에서 밀려난 의병은 이후 동쪽으로 옮겨가며 활동하고, 예안과 봉화까지 오르내리며 전투를 벌였다. 을미의병으로 일어난 안동의병이 해산한 시기는 그해 8월 말이다. 무려 9개월 동안 펼쳐진 기나긴 항전이었다.[2)]

2) 김희곤, 『안동 사람들의 항일투쟁』, 지식산업사, 2007.

안동의병의 현장에 류지호와 맏아들 류연박의 움직임이 두 곳에서 나타났다. 영양 청기 출신이자, 예안 宣城義陣의 中軍이 되었던 김도현이 그 장면을 다음과 같이 써 놓았다.

> 1895년 12월 3일(양 1896.1.17) 都正 柳止鎬를 뵙고 그 넓은 포부를 듣고 물러나와 그 아들인 上舍 柳淵博을 만나고 돌아왔다.[3)]

이때는 의병을 일으키자는 안동통문이 나돌던 무렵이었다. 이미 나흘 앞서 예안통문이 돌았고, 이틀 앞서 삼계통문과 청경통문이, 그리고 바로 이 날 호계통문이 돌았다.[4)] 그래서 김도현은 한들로 가서 류지호를 만나 '넓은 포부'를 듣고, 그 아들 류연박과 많은 것을 이야기하고 돌아왔다. 단발령에 대한 대응책으로 의병을 논의한 것이라 짐작된다. 그리고 11일 지나 다시 두 부자에 대한 기록이 나타난다. 이번에는 안동부 성 안이었다.

> 1895년 12월 14일(양 1896.1.28) 아침 浦項橋를 건너 濟南樓 앞으로 말을 달려 갔으나, 아무도 막는 사람이 없다. 이에 水谷 上舍 柳淵博을 만나서 함께 書記所로 들어갔다. 인하여 大將所로 들어가니 대장은 곧 전 참봉 權世淵 어른이다. 다시 都所로 들어가 持平 金興洛과 都正 柳止鎬 두 어른을 만나고, 또 좌익장 尙五 李運鎬를 만나고 나왔다.[5)]

14일이면 이미 안동의병이 거병한 12월 6일(양 1896.1.20)보다 8일 지난 날이다. 의진이 결성되자마자 안동부관찰사 김석중이 도피하였고, 의병이 안동부성을 장악하였다. 김도현이 안동부를 찾았을 때는 안동의병이 성을

---

3) 金道鉉, 「碧山先生倡義顚末」, 『독립운동사자료집』 2, 독립운동사편찬위원회, 1970, 16쪽.

4) 김희곤, 『안동 사람들의 항일투쟁』, 지식산업사, 2007, 85쪽.

5) 金道鉉, 「碧山先生倡義顚末」, 『독립운동사자료집』 2, 독립운동사편찬위원회, 1970, 17쪽.

장악하고 있던 상황이다. 浦項橋, 곧 개목나루를 건너 안동부성의 남문인 濟南樓를 통해 성 안으로 들어가 류연박을 만났다. 그리고서 대장소로 가서 권세연 대장을 만나고, 다시 본부인 도소로 가서 김흥락과 류지호에 이어 좌익장 이운호를 만났다.

여기에서 우선 류연박이 안동의병에서 맡은 임무를 찾아보자. 그 답은 거병 당일 작성한 안동의병의 간부진 명단인 「安東義所爬錄」에 들어 있다. 대장 권세연과 부장 곽종석(부임 않음) 다음에 참모 네 사람이 적혀 있는데, 류연박은 바로 그 첫 순서에 나타난다. 김도현이 안동의진에 도착하여 먼저 만난 사람이 바로 본부를 책임지고 있던 참모 류연박이었던 것이다.

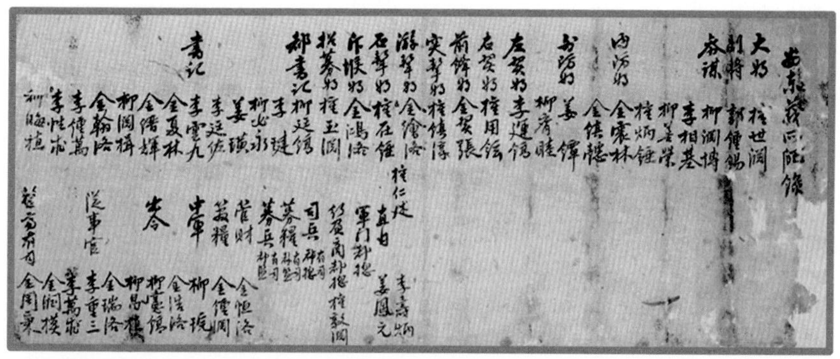

▲ 1895년 12월(음) 작성된 을미의병 당시 직제와 간부진 명단인 安東義所爬錄. 오른쪽에서 세 번째 참모 명단에 류연박이 보인다.

이어서 그는 김흥락과 더불어 류지호를 만난 것으로 확인된다. 그렇다면 류지호는 안동의병에서 어떤 역할을 맡았을까? 어디에도 그 답을 줄만한 것이 없다. 하지만 추정은 가능하다. 아들이 참모 직책을 맡아 있으니, 연로한 아버지가 또 직책을 맡는다는 것은 그리 좋아 보이지 않았을 것이다. 더구나 직임을 문중과 마을별로 나누어 맡게 했던 상황을 감안한다면 당연한 일이었을 것 같다. 당시 만 70세 노령이던 류지호는 김흥락, 石湖 柳道性, 拓菴 金道和 등과 더불어 당대 최고 지도자로서 의병을 일으키거나 의병장을 선임하는 일에 참여했다. 김도현이 안동의진을 찾아 본부에서 류지호와 김흥락을 만났다는 글을 남긴 것도 그러한 정황을 보여준다.

여기까지는 당연한 스토리이다. 그런데 여기에 참으로 억누를 수 없는 아픔과 곤혹스런 장면이 있었다. 단발령이 시행되면서 아래위 가릴 것 없이 지나는 사람을 붙잡아 상투를 잘랐다. 그러는 과정에서 당대 안동사회에서 최고 지도자인 류지호가 '욕을 당했다'라고 기록이 전해진다. 어느 정도 훼손당했는지 정확하게 알 수는 없지만 안동관찰부에 억류되어 공박 당했으니 그 정도를 짐작할 만하다. 그렇다면 안동인 전체가 마찬가지였겠지만, 특히 무실사람들의 분노는 하늘을 찌를 듯했을 것이다. 의병에 나서는 무실사람들의 결연한 투쟁 의지는 굳이 물어볼 필요도 없다.

정재 종가와 관련하여 한 사람 더 덧붙여야 할 인물은 류지호의 생가 동생인 柳廷鎬이다. 그는 다섯 사람으로 구성된 都書記를 맡았다. 자신의 생가 동생은 도서기를, 맏아들은 참모를 맡았다. 더구나 간부진에 들어있던 무실 사람은 네 명이나 더 있었다. 「안동의소파록」에는 전체 46명 가운데 무실 사람이 모두 6명인데, 류연박과 류정호 외에 중군인 柳琓과 서기 柳淵楫·柳晦植, 그리고 출령을 맡은 柳憲鎬가 그들이다. 이들 대다수가 집안 동생이나 조카들이다. 또 청송의진의 일지인 『赤猿日記』에는 柳璧鎬가 안동의진의 소모장으로 등장하기도 한다.

정재 종가는 의병에 필요한 자금을 나누어 맡는 일에도 자기 몫을 단단히 맡았을 것이다. 무실 사람들의 역할은 의병을 꾸려가기 위한 자금을 문중별로 배정한 데서도 드러난다. '안동창의소'는 의병을 일으킨 지 한 달이 지나 여러 문중별로 필요 경비를 배정하였다. 그 가운데 가장 많은 금액이 배정된 문중은 무실 전주류씨 집안을 비롯하여 하회 풍산류씨와 닭실 안동권씨 등 세 문중으로, 각각 1천 냥이었다. 다음으로는 내앞마을 의성김씨

8백 냥, 금계와 봉화 해저 의성김씨, 법흥 고성이씨 문중 각각 5백 냥, 그리고 나머지는 모두 4백 냥씩이었다. 이 수치는 당시 안동사회에서 문중별로 가지는 재력과 역량의 비율을 알려 주는 것이기도 하고, 감당해야 할 역사적 책무의 양을 전해주는 것이기도 하다. 무실마을 가운데 정재 종가가 맡았던 몫도 적지 않았을 것이다. 그러한 모습은 뒷날 1910년대 중반에 의병과 광복회의 활동 과정에서 일부 엿볼 수 있다. 1912년 4월 20일(음) 柳時淵 의병이 자금을 요구한 것이나,[6] 1917년 광복회가 이 집에 군자금을 요청한 일[7] 등이 정재 종가의 재력과 자금 지원을 짐작하게 해준다.

3. 定齋 종가에 옮겨 온 協東學校

혁신의 바람이 안동문화권, 즉 경북 북부지역 전체로 몰아치기 시작한 때는 1900년을 갓 넘어선 무렵이었다. 안동이야말로 온 나라에서 위정척사적인 분위기가 가장 강했던 곳이다. 온 나라에 불어닥친 개화 바람도 여기를 범하기는 어려웠고, 퇴계학맥을 자랑스럽게 이어가면서 대의명분을 중시하던 이곳은 그 와중에서도 아랑곳 않고 성리학적 틀을 확고하게 지켜가고 있었다. 영남만인소를 제출하여 1881년 신사년 대척사운동을 주도하던 곳도 안동문화권이었다. 그러한 세계에 개화 물결과 서양 문명을 불어넣는다는 것은 사실상 불가능한 것으로 여겨질 만했다. 더구나 정재 종가는 퇴계학맥의 정맥을 잇던 곳이니, 더 말할 나위가 없다. 그런 안동문화권에 새로운 바람을 불어 넣은 사람은 삼산 출신 柳寅植이다. 1904년 시작된 이 바람은 金東三을 비롯한 내앞마을 의성김씨 문중이 참가하면서 1907년 내앞마을에 協東學校를 건립하는 것으로 결실을 보았다.

---

6) 「柳時淵 등 5인 판결문」, 1913년 9월 15일, 대구지방법원.

7) 김희곤, 『박상진자료집』, 독립기념관 한국독립운동사연구소, 2000, 69쪽.

협동학교는 단순한 교육기관이 아니었다. 이는 안동문화권이라 불리는 경북 북부지역에 위정척사의 틀을 혁신유림으로 전환시키는 바람의 진원지일 뿐만 아니라, 독립운동을 펼쳐 나갈 역군을 길러 내는 산실이었다. 여기에 무실 사람들이 참가한 것은 당연하다. 협동학교 주역들 다수가 서간도에 독립군기지를 건설하기 위해 1911년 1월 대거 망명한 뒤, 학교 일을 이어나간 인물이 柳淵甲·柳東泰 등이었다.

1912년 10월 협동학교가 정재 종택으로 이전했다. 교장을 맡은 이는 류연갑이고, 토지 소유자 이름은 류동태로 적혀있는 것이 많았다. 만주로 옮긴 주역들이 신흥강습소를 열어 민족 인재 육성사업을 계속 이어나갔고, 남은 사람들은 정재 종가에 새로운 공간을 확보하고 학생들을 모아 그 뜻을 이어갔다. 그러므로 정재 종가가 혁신의 변화를 고스란히 이어간 역할을 맡았다는 것이 된다.

4. 임동 챗거리(鞭巷)장터 3·1운동의 주역 柳淵成

1) 계기를 만든 柳東著

1919년에 일어난 3·1운동은 한민족 모두가 독립을 추구한다는 의지를 전 세계에 분명하게 밝히는 거사였다. 1918년 11월 제1차 세계대전이 끝나고 이를 마무리 짓기 위한 회의가 프랑스 파리에서 열리게 되자, 일제는 '한국인들이 일본의 통치에 만족하여 독립을 원하지 않는다.'라는 엉터리 사실을 퍼트리고 있었다. 이는 한국문제가 다루어지는 것을 막기 위한 일제의 술책이었다. 이를 뒤집고 한국문제를 안건으로 만들어내려면, 한민족 모두가 독립을 원한다는 사실을 국제사회에 알려야만 했다. 그래서 들고 일어난 투쟁이 바로 3·1독립선언이자 만세운동이었다. 여기에 무실 사람들은 주로 임동면 소재지인 중평의 챗거리장터 만세운동을 펼치고 나섰다.

안동에서는 3월 13일 안동시내에서 이상동의 단독시위에 이어, 17일 예안면 만세운동으로 본격적인 투쟁의 불꽃을 지폈다. 18일 안동면 만세운동은 전체 안동사회의 투쟁으로 발전하여 21일 임동을 비롯하여 임하·길안·일직면 등에서 동시다발적으로 일어났다.

임동면 만세운동은 류치명의 증손자인 류동시가 광무황제 고종의 장례에 참가했다가 귀향하면서부터 비롯된 것으로 보인다. 광무황제의 장례를 앞두고, 전국 유림들은 대개 서울 궁궐로 사람을 보내 예를 표하고 지방에 남은 사람들은 지역마다 깨끗한 장소를 택하여 望哭禮를 올렸다. 이 마을에서는 류동시가 서울로 가서 인산에 참가했다가 마침 터져 나온 만세운동을 목격했다. 거리를 뒤덮은 만세시위행렬과 태극기, 그리고 선언문을 본 류동시는 독립선언서를 가지고 급히 고향으로 돌아왔다.[8] 그는 여러 어른들에게 서울의 상황을 말씀드렸고, 방안을 찾았다. 그런 가운데 핵심 인물로 떠오른 사람이 바로 月谷面 桂谷洞(예안면 계곡리) 106번지에 살던 숙부 柳淵成이다. 그의 나이는 만 62세였다.

2) 독립선언 주도하고 대구감옥에서 순국한 류연성

조카 류동시로부터 소식을 들은 류연성은 협동학교를 운영하던 류동태, 그리고 李均鎬 등과 만세운동의 방법을 논의하기 시작했다. 그는 "지금 조선 각지에서 '대한독립만세'를 고창하고, 또 관청을 파괴하는 것은 독립의 시위운동이다. 차제 만세를 부르고 관청을 파괴하여 우리의 힘을 과시하면 반드시 우리 조선은 독립의 경지에 도달할 것이다."라고 역설하면서 주체적 역량을 발휘하자고 강조하였다.[9]

8) 독립운동사편찬위원회, 『독립운동사』 3, 1971, 405쪽.

9) 「판결문」(1919.5.31, 대구지방법원), 『독립운동사자료집』 5, 독립운동사편찬위원회, 1972, 1348쪽.

3월 15일 챗거리장이라 불리는 鞭巷市場의 동쪽에 있던 공동 타작장에서 류연성(1857~1919, 월곡 계곡) · 柳東洙(1887~1978, 임동 마령) · 柳教熙(1886~1965, 임동 박곡) · 朴載植(1888~1927, 임동 중평) · 朴晋成(18778~1930, 임동 중평) 등이 논의하였다. 류연성의 나이가 다른 주동 인물에 비해 서른 살 가량이나 많다. 그는 63세로 나이 많은 노년이었지만, 나머지는 대부분 30대 젊은이였다. 나이만으로도 그는 전체를 이끌고 간 최고지도자였음을 알 수 있다. 물론 진행 과정을 보면, 그의 모습은 단연 두드러진다.

머리를 맞대고 논의한 결과, 이들은 21일 장날에 독립만세운동을 일으키자고 뜻을 정했다. 지역별로 인원 동원을 담당할 사람도 정했다. 류연성은 대곡동과 위동, 류동수는 마령동, 박진성과 박재식은 임동면 소재지인 중평동, 류교희는 수곡동과 박곡동, 그리고 李康郁(1874~1945, 예안 太谷)과 洪明聖은 갈전동을 각각 나누어 맡았다.[10] 만세운동에 사용될 태극기와 독립선언서 준비는 협동학교에서 이루어졌다. 학교가 정재 종가에 있었으니, 준비가 곧 종택에서 이루어졌다는 말이다.[11]

오후 2시 류연성을 비롯한 10여 명의 주동인물들이 시장 복판에 나타났다. 먼저 류연성은 군중들에게 독립만세를 불러야 하는 이유를 설명한 뒤, 그와 주동인물 10여 명이 앞장서서 '韓國獨立萬歲'를 앞장서 부르기 시작했다. 판결문에 따르면, 그들이 큰소리로 외친 것은 분명 '한국'의 독립이었다. 조선독립만세라거나 대한독립만세라는 기록도 많은데, 이들의 외침은 '한국독립만세'였다. 한국이나 대한이란 말은 조선총독부가 들어서자마자 사용하지 못하도록 통제했던 말이다. 이는 무너진 대한제국을 떠올리지 못

10) 위와 같음.

11) 임동시위에 참가한 사람 가운데 협동학교 학생이 많았고, 그들의 역할이 격렬한 투쟁을 끌어가는 데 기여했다. 柳林도 그러한 인물 가운데 한 사람이다. 그러한 강력한 투쟁성 때문에 3·1운동 이후 이 학교는 다시 문을 열지 못하고 폐교되고 말았다. 민족문제에 뛰어들었다가 장렬하게 산화한 것이 협동학교의 최후였다(김희곤, 『안동 사람들의 항일투쟁』, 지식산업사, 2007, 199쪽).

하게 만들기 위한 의도에서 나온 것이었다. 그런데 이들이 외친 것은 '한국 독립'이다. 무엇을 목적으로 삼았는지, 그 지향점이 분명하다.

이들이 앞장서 외치자, 군중들은 호응하여 열광적으로 만세를 부르며 대열에 참가하기 시작하였다. 이때 주재소 일본인 경찰 2명과 한인 경찰 1명이 달려와 류연성과 갈전동 출신 裵太根(1871~1923, 임동 葛田)을 주동자로 지목하고 붙잡아갔다. 그러자 류동수를 비롯한 군중들이 오히려 주재소를 공격하고 나섰다.[12] 주역을 연행한 일이 시위대를 자연스럽게 주재소로 이끌고 간 셈이었다.

일본인 순사 우치다(內田)가 시위대를 막아서다가 실패하고 밀려서 임동주재소로 도망쳤다. 이에 8백 명 군중들은 임동주재소로 밀고 들어갔다. 순사가 권총 한 발을 쏘아 저지하려 했지만, 물결을 막아낼 수 없었다. 오히려 류연성을 비롯한 조학이 · 류곡란 등은 가슴을 열어젖히고 "죽이려거든 여기를 쏘아라!"라면서 달려들었다. 이 순간 군중들은 일제경찰의 무기를 모두 빼앗고, 지적도 · 호적부 · 지세명기장 등 서류도 없애 버렸다. 주재소는 뼈대만 남았고, 대검 · 권총 · 무라다총(村田銃) 두 자루[13] · 경찰칼 세 자루 · 탄환 44발 등을 빼앗아 우물 속에 처박아버렸다. 이어서 군중들은 경찰 사택마저 부수었다. 철저한 응징이었다. 시위대가 우치다 순사와 權泰奭 순사보를 제압하고 임동주재소를 사실상 접수해 버리자 오카다(岡田) 순사는 임하주재소로 도망갔다.[14]

오후 5시 군중들은 다시 면사무소를 공격하였다. "일본의 정치를 시행하는 곳은 모두 파괴하라."는 것이 구호였다. 1,500명을 헤아리던 군중들은

12) 「판결문」(1919.5.31, 대구지방법원), 『독립운동사자료집』 5, 독립운동사편찬위원회, 1972, 1350쪽.

13) 무라다총은 유럽에 유학했던 무라다(村田經芳)가 만들어 1880년 일본 육군이 채용한 일본의 첫 국산 소총이인데, 그 뒤로 거듭 개량되어 갔다.

14) 「판결문」(1919.5.31, 대구지방법원), 『독립운동사자료집』 5, 독립운동사편찬위원회, 1972, 1352쪽.

면사무소를 부수었다. 밤을 지새우며 이어지던 투쟁을 벌이던 군중들은 일본군 수비대가 도착하던 새벽 3시에 해산하였다.[15] 하지만 임동시위가 여기에서 끝난 것은 아니다. 이들의 투쟁이 이튿날 임북면(임동 사월) 시위로 이어졌기 때문이다. 또 임동에서 활약한 류동수는 24일 영양군 청기면시위에 참가하기도 했다.

임동 만세운동에서 류연성이 단연 두각을 나타냈다. 류치명의 손자요 류연박의 동생인 그는 준비 과정에서도 크게 활약했지만, 특히 만세운동을 벌이던 그날에도 군중들에게 시위를 벌이는 정당한 이유를 설명하고 시위대를 끌고 갔다. 이로 말미암아 그는 징역 7년형이라는 보기 드문 중형을 선고 받았다. 그런데 형이 확정된 지 7일 만인 1919년 9월 25일 그는 대구감옥에서 순국하였다.

류연성은 민족문제를 해결하기 위해 자신을 던졌다. 안동에서도 가장 격렬한 투쟁을 벌여, 무려 7년형이라는 형벌을 선고받았다. 이는 형벌이 아니라 민족을 위해 투쟁한 노력의 성과였다. 더구나 그는 갇힌 지 여섯 달, 판결이 내려진 지 일주일 만에 감옥에서 옥사하였다. 장렬한 순국이 아닐 수 없다. 63세 나이에 집안 청년들을 이끌고 만세운동을 앞장서 끌고 간 류연성, 그에게서 시대를 넘어서려는 몸부림도 느껴진다. 뒷날 그 자손들이 겪어야 했던 고난은 굳이 되물어볼 필요도 없겠다.

3) 챗거리장터 만세운동에 참가한 무실 문중 사람들

류교희도 류연성에 버금가는 활약을 보였다. 박실마을 종손 柳敎熙의 동생인 그는 임동 만세운동에서 주역으로 활동하였고, 이로 말미암아 6년 형이라는 중형을 견뎌 내야 했다. 류교희나 류연성이 모두 주손의 동생이라

15) 「판결문」(1919.5.31, 대구지방법원), 『독립운동사자료집』 5, 독립운동사편찬위원회, 1972, 1353쪽.

는 점에서 공통점을 가진다. 이는 종가로서 감내할 역사적 책무를 종손의 동생이 맡고 나섰다는 느낌을 준다.

두 사람 외에도 임동면 만세운동을 끌고 나간 인사들은 일제경찰에 검거되어 혹형을 견뎌내야만 했다. 임동면시위에 이어 임북면으로 이어진 만세운동으로 말미암아 모두 69명이나 기소될 지경이었다. 이 가운데 형량을 보면 류연성이 7년, 류교희가 6년형이라는 보기 드문 중형을 선고받았다. 3·1운동 당시 민족대표라는 인물들이 3년형 안쪽으로 결정된 사실과 견주어본다면, 이들에게 덧붙여진 형량이 얼마나 높은 것인지 또 그들의 투쟁이 얼마나 격렬했는지를 가늠하게 만든다. 특히 류연성은 붙들려 간 지 여섯 달 지나, 재판이 끝나자마자 7일 만인 9월 25일 대구감옥에서 순국했다.

▌안동지역 3·1운동 주역들이 받은 형량

형량 / 지역	7년	6년	5년	4년	3년	2년 6월	2년	1년 6월	1년	10월 이하	집행 유예	계
예안			1	1	3	1	4	5	19	13	2	49
안동					1		4	1	7	8	1	22
임동	1	5			6	3	43	1		2	6	67
임하							2	11	2			15
길안			3		1			1	5	5		15
계	1	5	4	1	11	4	53	19	33	28	9	168

류연성의 지도를 받으며 만세운동을 벌인 인물들도 대부분 강성을 지녔다. 柳東洙(6년형, 마령, 애국장)·柳東嚇(2년형, 무실, 애족장)도 옥고를 치르기 시작한 지 1년 만에 대구감옥에서 순국한 점, 柳淵益(2년형, 무실, 애족장)이 가출옥하자마자 만주로 망명하여 투쟁을 이어갔던 것이다. 눈에 띄는 수곡(무실·한들·박곡·고천)사람으로는 柳淵福(징역 2년, 징역 5년, 애국장)·柳東暢(징역 2년, 애족장)·柳東煥(징역 2년, 애족장)·柳東壽(동욱·만수, 징역 1년 집행유예 3년, 애족장)·柳東馥(징역 1년 집행유예 3년)

·柳淵琦(징역 1년 집행유예 3년)·柳淵泰(징역 1년 집행유예 3년)·柳宗植(징역 1년 집행유예 3년) 등이 있다. 그밖에도 갈전의 배태근(징역 2년, 애족장), 마령의 柳致得(징역 2년), 사월의 柳景發(징역 2년), 계곡의 柳璣永(징역 2년, 애족장) 등의 활약도 뚜렷하다.

5. 파리장서(巴里Paris 長書)에 참가한 류연박

'파리장서'는 3·1운동 직후에 일부 유림세력이 파리강화회의에 우리의 독립을 요구하는 긴 청원서인 長書를 보낸 일이다. 이후 1925·6년에 유림들에 의해 의열투쟁이 있었는데, 이것을 '慶北儒林團義擧', 혹은 '2차 유림단의거'라고 부르면서, 파리장서 보낸 일을 '제1차 유림단의거'라 부르기도 한다.

지방에서 상경하여 서울에서 움직이던 일부 유림들이 1919년 1월 22일 광무황제 고종의 사망 이후 활발하게 의견을 나누고 있었다. 특히 장례 문제를 논의하는 한편, 그들도 강화회의 소식을 들으며 이에 대한 대응책을 찾고 있었다. 그 결과 국제회의에 한국 독립의 뜻을 분명하게 전달하자는 이야기가 나왔다. 이 점은 천도교나 기독교를 중심으로 논의되던 것과 다르지 않았다. 하지만 이들과 결합하여 독립선언과 만세운동으로 나아가지는 못했다. 그러다가 독립선언을 앞두고 그들은 급하게 뛰면서 전국 유림들의 뜻을 모아냈다. 프랑스 파리에서 열리는 강화회의에 독립청원서를 보내자는 것이 그 결과였다. 이것이 바로 유림들의 독립선언이자 독립청원이었다.[16]

이 거사를 논의한 사람은 안동 예안 출신 李中業을 비롯하여 金昌淑·

16) 김창숙은 1919년 3월 3일 독립선언서를 받아보고, 민족대표 33인 중 유교의 대표가 없음을 개탄하며 통곡했다(김창숙, 『心山遺稿』, 국사편찬위원회, 1973, 309쪽).

金丁鎬·柳濬根·俞鎭泰·尹中洙 등이었다.[17] 이후 본격적인 추진은 김창숙이 그의 스승 郭鍾錫을 만나면서 급진전되었다. 그 과정에서 충남지역에서도 같은 일이 추진되고 있다는 사실이 알려지면서 그 지역 유림의 거두인 金福漢과 그 계열 인물들이 여기에 합류하였다. 두 지역 대표를 비롯하여 137명이 대리 서명자 없이 모두 직접 서명하였다.[18] 이를 가지고 김창숙이 3월 말에 중국으로 갔고, 이미 파리로 파견된 신한청년당 대표 김규식에게 한문본과 영문본을 인쇄하여 보냈다.[19] 안동에서는 류연박을 비롯해 내앞마을 金秉植, 도산 하계마을 李晩煃, 예안 삼산마을 柳必永, 서후 금계마을 金瀁模(翊模) 등 5명이 여기에 서명했다.[20]

류연박은 1895년 전기의병에서 이미 참모로 활약한 이후, 다시 파리장서에 참가하여 지속적인 항일투쟁 모습을 보여 주었다. 정재 종가 종손이자 진사인 류연박은 내앞의 협동학교가 1912년 10월 한들로 옮겨질 때 자기 집을 제공하였던 인물이다. 류연박은 협동학교 교장을 지낸 내앞마을 의성김씨 종손 김병식과 함께 전통 있는 가문의 종손이면서 보수의 극치를 걷던 사회에 혁신의 물꼬를 틀어가는 데 힘을 보탠 대표적인 인물인 셈이다. 동생 류연성이 임동 만세운동에서 우뚝한 모습을 보여주었고, 그 운동의

17) 국사편찬위원회, 『심산유고』, 1973, 309~310쪽.

18) 장서는 유림들의 세계관이 변했다는 점을 뚜렷이 보여주었다. 전통적으로 중화중심의 시각을 가졌던 유림들이 이제는 만국을 평등하게 인식하고, 그것이 公議로 움직여져야 한다는 점을 강조하였다. 그들은 장서에서 "평화회의를 개최한다는 소식을 듣고서 우리는 모두 용기를 갖고, 만국이 평화롭게 된다면 우리도 만국의 하나이니 우리의 평화도 당연한 것"으로 주장했다. 또 장서는 "우리 한국이 비록 국력이 약하지만, 삼천리 강토에 2천 만 동포가 사천 년 동안 지내왔으며, 우리 손으로 우리 국가 일을 감당할 힘이 있거늘, 어찌 이웃 나라의 다스림을 받겠는가?"라고 하면서 오랜 역사 속에 흘러온 민족 역량을 내보였다. 그리고서 이 글은 "차라리 일시의 위협에 굴복되어 압박을 받을지언정 심리는 한국 민족임을 잊지 못할 것"이라고 한 뒤, 끝으로 "차라리 몸이 묶여 죽더라도 맹세코 일본의 노예가 되지 않겠노라."고 강력하게 주장하였다(김희곤, 『안동 사람들의 항일투쟁』, 지식산업사, 2007, 333쪽).

19) 조선총독부 경북경찰부, 『고등경찰요사』, 1934, 248쪽.

20) 위의 책, 248~251쪽.

계기를 맏아들 류동시가 이끌어냈으며,[21] 둘째 아들 류동저는 노동운동으로 민족문제에 접근해 나갔다. 더구나 맏사위 金世東(1870~1942, 서후 금계, 애국장)은 파리강화회의 대표를 지원하기 위해 자금모집에 나섰다가 1년 6개월 동안 옥고를 치르기도 했다. 류치명의 아들과 손자인 류지호 · 류연박의 부자의 활동은 정재 종가의 위상에 걸맞은 것임이 틀림없다.

6. 사회운동에 나선 柳東著

3 · 1운동 이후 새로운 이념이 들어와 독립운동에도 여러 갈래의 활동 무대가 열렸다. 청년운동과 학생운동, 노동 · 농민운동, 여성운동과 문화운동 등이 활발하게 진행된 것이다. 안동에도 3 · 1운동 직후부터 청년운동과 노동 · 농민운동이 시작되었고, 1920년대 초반을 지나면서 점차 사회주의 색채가 짙어져 갔다. 처음에는 색깔 구분이 없이 안동청년회로 시작되었지만, 1921년 노동운동이 시작되면서 점차 사회주의가 자리 잡기 시작했다.

류동저의 활동이 본격적으로 나타나기 시작한 시점은 안동청년회였다. 1920년 5월 23일 안동공립보통학교에서 안동청년회가 조직되었는데, 그곳에 참가한 인물 가운데 기부금을 낸 내용이 신문에 보도되었다. 류동저는 수십 명 가운데 두 번째로 많은 1백 원을 냈다고 신문에 기록되었다.[22] 이어서 안동청년회가 개최한 토론회에 참석하여 강연했다는 기록도 있다. 1920년 8월 7일 안동 太師廟에서 열린 제2회 토론회에서, 그는 權寧潤과 더불어 '事業 進行엔 經驗이 勝於學識'이란 주제로 강연하였다.[23] 또

21) 류동시의 이름이 처음 등장한 것은 1909년 5월 《황성신문》 광고였다. "안동 임동면 수곡리 측량학교에서 去月 27일에 생도 40명이 졸업하였는데 우등생에 柳淵五 · 柳東弼 · 柳淵瓚 · 金楨植 · 金宅煥 · 柳東泰 · 柳寬鎬이기로 玆以廣佈함"이라는 내용이 바로 柳東著의 이름으로 게재되었던 것이다(《황성신문》 1909년 5월 18일자).

22) 《동아일보》 1920년 6월 11일자.

1921년 6월 15일 새로운 사업으로 학술강습회가 시작되었는데, 거기에서도 그는 강사로 활동하였다.24)

청년운동은 대개 노동·농민운동으로 연결되었다. 안동지역에서 처음으로 결성된 노동운동 단체는 1920년 9월 23일에 창립된 조선노동공제회 안동지회였다. 류연갑의 손자인 류주희는 결성 당시부터 여기에 참여하고, 1921년 7월 제2회 총회에서 총간사로 선출되었다. 여기에는 류연박의 둘째 아들 류동저의 모습도 나타난다. 그는 정재 종가 출신이자 하계마을 이만도의 손자인 이동흠·이종흠의 매부이며, 금계마을 종손 김용환의 아래 동서이기도 하다. 류동저는 1921년 7월 15일 안동불교청년회관에서 열린 조선노동공제회 안동지회 제2회 정기총회에서 총간사로서 사회를 맡았다. 그 자리에서 임원을 개선하였는데, 류주희를 비롯한 60인이 간사로, 류동저를 비롯한 30인이 議事로 뽑혔다.25)

7. 맺음말

정재 종가의 역사적 위상은 달리 설명할 필요가 없겠다. 나라가 무너지고, 또 잃게 되는 현실을 맞아, 그 주인공들이 대응하고 나선 길은 일반 대중이 걷는 것과는 달라야 했다. 그들이 갖고 있던 역사적 책무가 남달랐기 때문이다.

정재 종가 주인공들은 결코 그 길을 외면하거나 비켜가지 않았다. 나라가 무너지던 과정에서, 그들은 나라를 지탱하려고 몸부림쳤다. 류지호·류연박 부자가 안동의진에 나서서 지도자가 되고 핵심 인물이 되었던 것이

23) 《동아일보》 1920년 8월 12일자.

24) 《동아일보》 1921년 6월 24일자.

25) 《동아일보》 1921년 7월 22일자.

다. 1895~1896년의 의병에서 이들 부자가 걸었던 길은 곧 구국의 길이었다.

나라가 무너진 뒤, 협동학교를 정재 종가로 옮겨왔다. 위정척사에서 애국계몽운동으로 방향을 수정한 모습을 확연하게 보여준다. 학교를 세운 주역들이 독립군기지를 세우려고 만주로 떠날 때, 그 뒷일을 맡은 핵심 인물들이 바로 정재 종가를 비롯한 전주류씨 무실 집안이었다. 새로운 시대의 인물들을 키워내는 데 종가의 역할이 결정적이었다. 종가 주인 류연박의 선택이 결정적이었을 것은 당연하다.

다음으로 류연박·류연성 형제, 류연박·류동시 부자의 활약이 두드러졌다. 임동 챗거리장터 독립선언과 만세운동의 계기를 만든 사람이 류동시이고, 그것을 꽃 피운 사람이 류연성이었다. 특히 류연성의 활약은 임동 만세운동이 전국에서도 보기 힘들만큼 강한 투쟁을 이끌어냈다. 같은 무렵에 류연박은 파리장서에 참가하여 유림들의 독립선언과 독립청원에 나섰다. 여기에는 그의 사위 김세동도 자금을 모아 힘을 보탰다.

1920년대에 들어 류연박의 아들 류동저가 청년운동과 사회운동을 통해 대를 이었다. 그는 안동청년회에 참가하여 강사를 맡기도 하고, 토론을 이끌기도 했다. 특히 그가 조선노동공제회 안동지회의 총간사를 맡아 벌인 활동은 초기 노동운동이 독립운동의 성격을 갖는 기본 틀을 만드는 일이었다. 이제 계몽운동에서 사회운동으로 전환하는 단계를 맞은 것이다. 다만 한 가지 아쉬운 점은 1920년대 중반을 넘어서면서 제3세대의 투쟁성이 줄어든 사실이다.

정재 종가는 퇴계문화권에서 가지는 역사적 무게가 대단하다. 그 위상은 역사적 부담으로 지워졌다. 위정척사에서 애국계몽운동으로, 다시 사회운동으로 이어진 3대의 활동은 전통적인 유림 집안이 민족문제에 맞서 나간 대표적인 상황을 보여주는 사례가 바로 정재 종가의 독립운동인 것이다.

제2부

7장_ 石洲 李相龍의 독립운동과 사상

1. 머리말

19세기 후반 한국은 안팎으로 격동의 시대를 맞았다. 안으로는 근대화를 지향하는 개화사상과 이에 저항하는 척사사상이 부딪치고, 밖으로는 제국주의 열강들의 침략을 맞게 되었다. 이러한 민족적 위기상황의 극복 방법으로 1894년 이래 의병항쟁이, 그리고 1900년대에 들어 계몽운동이 전개되었고, 이들은 1919년의 3·1운동에 이르러 비로소 공동의 광장에 합류하였다.

1910년대 중반까지 의병항쟁과 계몽운동이 대립적인 모습을 보였다. 대표적인 지역이 곧 안동지역이었다. 특히 이 지역은 辛巳年(1881) 척사상소의 기점인 영남만인소의 근원지요, 근대에 들어 최초의 의병인 갑오의병(1894)의 발상지라는 면에서 전통적인 척사사상의 중심임을 알 수 있다. 때문에 이 지역에 계몽사상이나 그 운동이 뿌리를 내리기에는 어려운 상황이었다. 이러한 안동지역에 계몽운동의 씨를 뿌린 대표적인 인물을 들자면, 그 사상을 도입한 東山 柳寅植과 이를 정착시켜 나간 石洲 李相龍과 一松 金東三(본명 肯植)을 내세울 수 있다. 이들은 당시로써는 혁명적이라고 할 사상의 전환을 이루었고, 따라서 "혁신유림"으로 불리고 있다.

이상룡도 처음에 의병항쟁에 간여하다가 사상을 전환하면서 계몽운동을 거쳐 구국항쟁의 일선에 나섰다. 일제에 강점된 직후 만주로 망명한 그는 만주지역 독립운동의 대표 인물이 되었고, 대한민국 임시정부의 국무령까지 역임했다. 따라서 이상룡에 대한 이해는 곧 안동지역에서 전개되었던 항일독립투쟁만이 아니라 만주를 비롯한 국외에서의 항일투쟁사의 성격 파악에도 크게 도움이 된다.

이상룡에 대한 연구는『石洲遺稿』가 고려대학교 출판부에 의해 영인되면서 시작되었고, 이후 세 분야로 발표되었다. 하나는 재만 한인 사회와 무장투쟁세력을 양성하고 운동을 이끌어 간 활동이고, 다음으로는 보수적 유학자에서 근대적 혁신유림으로 사상을 바꾼 배경과 정치 · 사회사상에 대한 검토 등이며, 끝으로는 국내 활동인 대한협회 안동지회에 대한 연구가 그것이다.[1] 여기에 최근 번역서가 발간되어 이 분야 연구에 크게 보탬을 주고 있다.[2]

2. 가계와 학통

1) 가계와 수학

이상룡은 1858년 1월 李承穆의 장남으로 태어났다. 본관은 固城이며, 字는 萬初, 號는 石洲, 初名은 象羲였다.[3] 1911년 망명 이후 相龍으로 개명하였는데, 啓元이라는 이름을 쓰기도 하였고, 啓源으로 기록된 경우도 있다. 固城李氏 가문이 안동에 뿌리를 내린 것은 15세기 후반 이상룡의 19대조 李增 때부터이다. 이증은 조선개국공신 容軒 李原의 일곱 아들 가운데 여섯째로 김종직의 문하이며, 鎭海와 靈山의 현감을 역임했는데, 처음에 安東府城 남문 밖에 우거하다가 동쪽 법흥동으로 옮겨 정착하였다.

18대조 李洺은 義興縣監을 지냈으나, 관직을 버리고 안동으로 돌아와 臨

1) 이상룡에 관한 연구로는 김정미의 「석주 이상룡의 독립운동과 사상」(1991.12, 경북대학교 박사학위논문)이 가장 대표적이다.

2) 안동독립운동기념관,『국역 석주유고』, 경인문화사, 2008.

3) 權相圭,「行狀」,『石洲遺稿』, 고려대학교출판부, 1973, 333쪽.

淸閣을 지었다. 17대조 李肱은 禮賓寺別提를 사직하고 돌아와 伴鷗亭을 지었다. 당시 사람들은 "이증 · 이명 · 이굉 3대가 사직하고 고향에 돌아오니 한 집안의 명예와 절조이다."라고 일컬었다고 한다. 그리고 임청각 洺의 여섯 아들 중 다섯 아들이 관직에 나아가면서부터 법흥동의 고성이씨는 안동 지방의 유력 재지사족으로서의 지위를 확립하게 되었다. 16세기부터 18 · 9세기에 이르기까지 영남지역 명가와 혼인 관계를 맺으면서 영남 사림파의 주류로서 확고한 입지를 굳혔다.

▎고성이씨 세계도(固城李氏 世系圖)

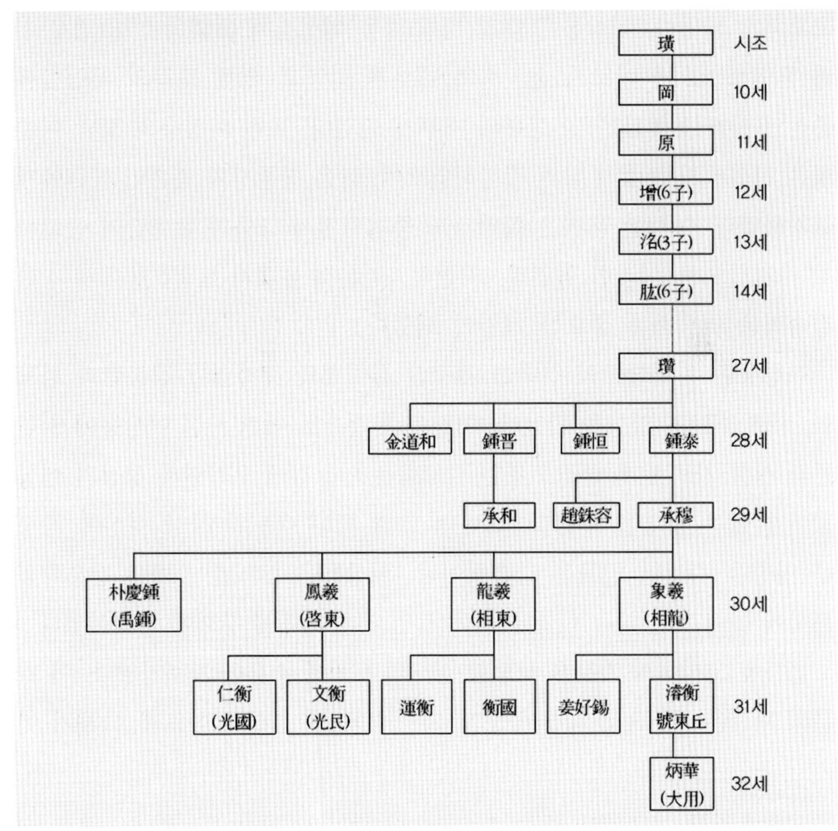

그의 가까운 조상을 보면, 증조부 帆溪公 李瓚은 동지중추부사를 역임했다. 조부 忘湖公 李鍾泰는 생원이며, 定齋 柳致明의 제자였다. 아버지 秋巖 李承穆은 1871년 서원철폐령에 반대하는 상소를 올릴 때 直日의 직분을 맡았다.

고성이씨 가문은 이때에도 인근의 유력한 양반 가문과 널리 통혼하였다. 조부 이종태가 금계 의성김씨 종손인 鎭華의 딸과 결혼하여 西山 金興洛과 처남 매부 사이가 되고, 또 拓菴 金道和는 조부의 매부가 되었다. 이처럼 김흥락과 김도화가 이상룡의 조부와 각각 처남 매부 지간이 되었다. 다음으로 부친 이승목은 안동권씨 鎭夏의 딸을 배필로 맞이하여, 을미의병장 權世淵이 이상룡의 외숙이 되었고, 영양군 일월면 주곡동 趙銖容은 그의 고모부가 되었다. 이상룡은 내앞(川前)마을 의성김씨 鎭麟의 맏딸(김우락)과 혼인하였으며 이로써 金大洛의 매부가 되었고, 영해 도곡의 무안박씨 종손인 朴慶鍾(禹鍾)이 이상룡의 매부가 되었다. 또한 이상룡의 장남 이준형은 진성이씨 晩由의 딸과 결혼하였으며, 딸은 진주강씨 종손인 好錫에게 출가하였다. 이러한 혼반은 학맥과도 중첩되면서 그들의 유대감이 공고하게 다져졌으며, 이러한 혈연적 · 지연적 · 학문적 유대가 독립운동에서 강한 결속력을 발휘하는 중요한 기반이 되었다.

이상룡은 퇴계학통의 정맥을 계승한 류치명의 제자였던 김흥락과 김도화, 平潭 李銓의 영향을 받았다. 이전은 친족으로 어린 시절 이상룡에게 한문과 시를 가르쳤다. 존고모부인 김도화는 임청각에 오가면서 성장기 이상룡에게 많은 영향을 주었다. 그런데 그의 학문 태도와 사상 형성에 가장 큰 영향을 주었던 인물은 김흥락이다. 이상룡은 1876년 19세에 김흥락의 문하에 들어갔고, 다음 해 輔仁稧에 들었으며, 20대에 강회에 참석하였다.[4]

법흥동 고성이씨 가문은 상당한 정도의 토지를 소유한 지주가였다. 이 가문의 재산은 균분으로 재산이 쪼개지는 일반적인 현상과 다르게, 17세기 이

4) 柳佾坤 補編, 「輔仁稧帖」.

후에도 오히려 증가하는 경향을 보였다. 또 재산은 노비 · 토지를 가리지 않고 대부분 안동 인근에 있었다. 특히 선대 묘소가 있었던 月谷面 陶谷(현 안동시 와룡면 도곡) 주변에 토지가 많았고, 그 외에 臨北 · 臨東과 예천지역에도 상당량 있었다고 전해진다.[5] 이러한 경제력을 바탕으로 전기의병 이후 수년간의 의병 양성과 항쟁 시도에 수만 원을 기부하였으며, 1911년 만주로 망명할 때에도 남아있는 친척들과 제사에 필요한 토지를 충분히 남겨 두고도 많은 재산을 처분하여 지니고 갔던 것이다. 뿐만 아니라 망명 이후에도 여러 차례 고향의 재산을 처분하여 독립운동자금으로 사용할 수 있었다.

2) 강학과 유림적 성장

이상룡이 성리학의 철학적인 문제에 대해 깊이 몰입하기 시작한 시기는 29세 되던 1886년 무렵이다. 이 해에 과거에 응시했으나 실패하자, 그는 과거를 포기하고 성리학 공부에 매진하기 시작했다. 그는 스승 김흥락에게 자신의 학문의 방법과 心性修養의 태도를 밝히면서, 叱正을 구하는 편지를 올렸다. 여기서 이상룡은 立志 · 居敬 · 格物致知 · 力行을 자신의 학문과 수양의 방법과 목표로 삼을 것임을 밝히면서 스승에게 敬의 중요성, 공부와 실천의 방법을 배웠다.[6]

1880년대 말, 곧 그의 나이 30대에 접어들면서 스승과 동문들 사이에 성리철학 문제에 대해 깊이 있는 토론을 벌였다.[7] 또 이 무렵부터 사회 안정과 구국의 방책을 찾고 실천에 옮겼다. 향촌사회 지배사족의 일원으로서 성리학적 가치를 실현하여, 향촌사회의 질서를 되살리고 밖으로는 외세의

5) 한국정신문화연구원, 『古文書集成』(安東法興固城李氏篇), 2000, 12~13쪽.

6) 이상룡, 「(上西山先生)別紙」, 『石洲遺稿』, 고려대학교출판부, 1973, 58~59쪽(金興洛, 『西山先生文集』, 195~196쪽에도 같은 글이 수록되어 있다).

7) 이상룡, 「(上西山先生)稟疑」, 『石洲遺稿』, 고려대학교출판부, 1973, 57쪽; 「與金學來, 紹洛」 己丑, 같은 책, 90~92쪽.

침략위협으로부터 나라를 지키려는 노력이 바로 그것이다. 이어서 그는 스승의 가르침을 받고서,[8] 1890년 임청각에서 집안사람들과 鄕飮酒禮를 주관하였으니, 향촌과 문중의 중심에 자리 잡은 그의 위상을 헤아릴 만하다.

1894년 안동에서는 직접적인 농민저항은 없었으나, 주변 예천과 상주에서는 유림군과 농민군의 전투가 일어났다. 마침 그는 承重喪을 당하여,[9] 月谷面 陶谷의 帆溪亭에 은신하였고, 兵學 연구에 힘을 썼다. 병법에 관한 체계적 저서인 「武鑑」을 짓거나, 재래식 무기인 連弩를 만들어 발사해본 것도 이 무렵의 일이다.[10] 동학농민군의 항쟁이나 청일전쟁 발발 및 의병항쟁의 영향을 받으면서, 이에 대한 대처방안을 찾는 차원에서 시도된 일이었다.

3. 국권회복운동과 사상의 전환

1) 의병기지 건설 시도

이상룡은 1890년대부터 1900년대 초반까지 향촌사회운동에 주력하였다. 그는 향촌사회에서 강회 개최, 향음주례 시행, 향약 제정과 시행 등을 이끌어 향촌질서를 다져가려고 노력했다. 또한 그는 1904년 서울에서 忠義社가 조직되자 여기에 참가했다. 이 조직은 전기의병에 참가했던 재야 유림이 주도한 것으로 이들과 연계된 재경 관인들도 참가하였다. 또한 그는 당시에 병법을 연구하여 외침에 직접 대항할 방법을 찾았다. 을미의병 때 그가 승중상으로 의병항쟁에 직접 참가하지는 못했지만, 군사 문제에 조언하고 물자를 지원하는 등 여러 활동을 펼쳤다.

8) 이상룡, 「答西山先生, 別紙」 己丑, 『石洲遺稿』, 고려대학교출판부, 1973, 56쪽.
9) 승중상은 부친을 먼저 잃은 상태에서 당한 조부상이다.
10) 權相圭, 「行狀」, 『石洲遺稿』, 고려대학교출판부, 1973, 333쪽.

그가 본격적으로 의병을 지향하고 나선 때는 1905년부터였다. 즉 러일전쟁이 끝나고 '을사조약'이 강제 체결되던 1905년 말부터 1908년 봄에 이르는 동안 그는 의병기지 건설에 나섰다. 전국 각지의 지략가·무장들과 연계하여 가야산 의병기지 건설에 매달렸던 것이 바로 그것이다. 이상룡은 경남 거창군 加祚의 의병장인 車晟忠(隱豹)과 연락하며 가야산에 의병기지를 건설하고 그곳을 거점으로 삼아 항쟁을 추진하기로 결의하였다. 그래서 그는 1906년 새해를 거창에서 맞고, 이후 3년 동안 의병기지 건설과 거병에 힘을 쏟았다. 그리하여 1908년 정월에는 1萬緡金을 거창으로 보냈다.[11]

그런데 일이 잘못되었다. 자금을 보낸 직후 차성충이 모병하고 무기를 마련하는 과정에서 거창 주둔 일본군에게 알려지게 되고, 결국 2월에 습격을 받아 모든 것을 잃고 만 것이다. 3월에 차성충이 빈손으로 안동에 와서 그 사실을 알렸다.[12] 정말 맥이 빠지는 일이 아닐 수 없었다. 이상룡은 이에 영덕의 신돌석의진과 영주·봉화에서 활약하던 김상태의진에 기대를 걸었지만, 그마저도 신돌석이 사망하고 김상태가 붙잡히는 바람에 그는 주저앉고 말았다. 여기에서 이상룡은 의병항쟁이 가지는 방략상의 한계를 깊이 인식하고 새로운 돌파구를 모색하게 되었다.

2) 대한협회 안동지회 결성과 계몽운동

1907년 11월 서울에서 대한협회가 설립될 때, 안동의 류인식이 발기인으로 참여하였다. 그러므로 이상룡도 대한협회의 존재에 대해서는 설립 당시부터 알고 있었을 것이다. 1908년 10월 대한협회에서는 총무 윤효정의 제의로 각 지방 유지인사들에게 본회의 취지를 설명하는 공함을 발송하여 대한협회 가입과 지회설립을 권유하기로 결정하고, 다음 달에 실행에 옮겼다.

11) 李圭洪, 『洗心軒日記』, 1908년 1월조.
12) 李圭洪, 『洗心軒日記』, 1908년 3월조.

1908년 말경부터 이상룡은 안동에 대한협회 지회 설립을 추진하였다. 대한협회에서 보내온 서신에 이상룡이 답한 「答敬求志士同情」이 『大韓協會會報』 10호(1909년 1월호)에 실렸다. 그는 "영남 유림들은 대개 舊見을 묵수하여 時措의 마땅함에 대해서는 생각하지 않는다."라면서, 지회 설립이 순탄하지 않을 것을 염려하였다.[13] 실제 안동지회 조직을 준비하는 과정에서 지방 유림들의 반응은 냉담하였다. 뿐만 아니라 이듬해인 1909년 2월 이상룡은 안동경찰서에 구금되는 곤경을 겪게 되었다. 의병과 내통하였다는 것이 붙잡혀간 이유였다. 거창에서 의병진을 양성하고, 순흥 · 영해 의병진과 연계하여 거사를 도모하였던 사건이 빌미가 된 듯하다.[14]

갇힌 지 한 달쯤 지나 풀려난 그는 그해 3월(음) 대한협회 안동지회를 설립하였다. 그는 대한협회를 정당으로 인식하였다. 정당 활동을 펴기 위해서는 먼저 자치 활동이 활발히 이루어져야 하며, 토론 활동을 통해 자치의 기초를 마련할 수 있을 것으로 판단하였다. 구체적으로 그는 대한협회 회관에서 정치 · 생계 부분의 각종 문제에 대해 회의를 열어 서로 토론하는 방법을 제시하였다. 이를 통해 정치적인 지식과 경험을 쌓은 위에서 참정의 실익을 누릴 수 있을 것으로 보았다. 이러한 활동이 양반 유림 중심의 향촌자치조직과 관련시켜 이해될 수도 있겠지만, 그렇다고 그것이 결코 과거의 차원에서 되풀이되는 것은 아니었다. 왜냐하면 전통적인 향촌자치조직에서의 신분제적 원칙을 극복하고 새로운 민주주의 원칙을 채택하였기 때문이다. 다시 말하자면, 대한협회 안동지회는 서양 근대사상과 제도를 받아들여 민주주의를 지방 차원에서 훈련하는 것에 목표를 둔 것이다.[15]

대한협회 안동지회는 설립 초기 재정적인 문제로 곤란을 겪었다. 지회에

13) 이상룡, 「答大韓協會」, 『石洲遺稿』, 고려대학교출판부, 1973, 72쪽.
14) 김정미, 경북대학교 박사박위 논문, 60쪽.
15) 이상룡, 「大韓協會安東支會趣旨書」, 『石洲遺稿』, 고려대학교출판부, 1973, 207쪽.

서 본회에 납부해야 할 월 회비가 연체되자, 이를 청산해 달라고 요청할 정도였다. 그의 노력과 함께 당시 안동군수 송헌면의 도움도 받으면서, 1910년에 이르러 안동지회의 세력이 상당히 커지고 단단해졌다.

한편 국내외 정치적 현실에 대한 대응방식이나 국권회복의 방법 문제에서는 그의 뚜렷한 정치적 태도를 확인할 수 있다. 이는 대한협회 본회의 활동에 대한 비판에서 구체적으로 드러났다. 일제의 침략이 점점 노골화되는 상황에 본회가 너무 소극적으로 대처하였기 때문이다. 1909년 7월 한국의 사법 및 감옥 사무를 일본 정부에 위탁하는 기유각서 체결소식을 접한 이상룡은, "근일 소위 한일 간의 양건 협약으로 국가 현상이 끝에 다다랐고 민생의 전도가 關頭에 이르렀는데, 대한협회는 침묵으로 일관하고 있을 뿐, 그 어느 누구도 저항하지 않는다."라며 본회의 정치적 무능을 통탄하였다.[16] 나아가 그는 본회가 일제의 침탈과 정부의 조처에 침묵만 지키고 있는 이유가 무엇인지 다그쳐 묻고 나무랐다. 게다가 대한협회 본회 임원들이 1909년 가을부터 일진회와의 연합을 도모하자, 이상룡은 안동지회장으로서 본회 간부인 權東鎭과 洪弼周 등에게 편지를 보내 일진회와 연합하려는 것을 격렬하게 비난하였다.[17] 이처럼 대한협회 안동지회는 본회의 권력 지향적이고 기회주의적인 태도와 지방지회에 대한 제약, 그리고 지방 사림들의 미온적인 태도와 일제의 탄압 때문에 시달리다가, 나라가 망하면서 해산되고 말았다.

3) 자강운동과 서양사상의 수용

향촌 질서 재정비 활동과 무력항쟁이 외세침략을 막는 데 한계를 보이

16) 이상룡, 「與大韓協會本會」, 『石洲遺稿』, 고려대학교출판부, 1973, 73쪽.

17) 이상룡, 「與大韓協會本會」, 『石洲遺稿』, 고려대학교출판부, 1973, 74쪽; 「與洪弼周」, 『石洲遺稿』, 고려대학교출판부, 1973, 84쪽; 「與權東鎭」, 『石洲遺稿』, 고려대학교출판부, 1973, 90쪽.

자, 이상룡은 새로운 방향을 모색하기 시작했다. "50년 동안 孔孟書를 보면서 義理를 노래하였으나 필경 空言일 뿐이다."라는 그의 판단이 바로 이러한 변화를 말해준다.[18] 그렇지만 그가 바로 변화의 중심부로 뛰어 든 것은 아니다. 당시 안동에서 류인식 · 김동삼 · 김후병 · 하중환 등이 중심이 되어 川前에 協東學校를 설립하여 신교육을 실행해 나갔지만 그가 여기에 처음부터 참가하지 않았기 때문이다. 이 무렵 그는 가야산에 진지를 구축하고 의병을 양성하며 이강년 · 신돌석 · 김상태 의병진과 연합하여 擧義할 계획을 추진 중에 있었다. 그러다가 이것이 실패하면서, 그는 계몽운동으로 방향을 전환하였다. 1908년에 읊은 시 「偶吟」에서 교육운동의 필요성을 역설한 것이나, 그의 맏처남인 金大洛이 1909년 협동학교에 자신의 가옥을 내놓은 것도 그러한 점을 말해준다.

이 무렵 이상룡은 근대 서양사상과 학문에 대해 관심을 가지면서 국권을 회복하고 근대국가를 수립하기 위한 실천 방안을 찾았다. 그는 향촌에서 士族 중심의 운동이 가지는 한계를 깨달았다. 주체와 방법의 문제에 대해 고민하였으며, 그 가운데 서양의 정치사회론에 대해 관심을 가졌던 것이다. 그의 정치사회사상과 국권회복운동론은 주로 梁啓超의 저술을 통해 모색되었는데, 자신의 현실인식의 토대 위에서 취사선택하면서 이론을 다듬어 나갔다. 「格治輯說」 · 「合群輯說」 · 「進化輯說」 · 「自由圖說」 등이 그러한 과정에서 정리된 것이다. 또 이상룡은 사물의 定理를 찾아내는 방법론으로 베이컨과 데카르트의 논리에 주목하였다. 그리고 칸트의 학설이 성리학적 사유와 상통하는 점이 있음에 주목하였으며, 그 철학을 보다 심화시키고 구조적으로 잘 설명해 내고 있는 점이 성리학과 다른 차이로 보았다.[19]

이러한 인식방법론의 문제와 함께 그가 관심을 기울인 부분은 정치 · 사회사상이었다. 그는 국가 · 국민의 개념, 국민과 국가의 관계, 국민의 의무,

18) 李相龍, 「偶吟」(무신년), 『石洲遺稿』, 고려대학교출판부, 1973, 20쪽.

19) 김정미, 앞의 논문, 51쪽.

국체 · 정체에 대한 고찰 속에서 루소의 사회계약론과 브룬츨리의 사회유기체설을 검토하고, 가족 · 마을 · 국가의 존재를 계약관계로 파악한 루소의 학설에 주목하였다. 또한 가족과 마을의 성립이 계약관계로 이루어진다는 루소의 관점에 대해 긍정하면서도, 국가의 성립을 사회계약론에 입각하여 설명하는 부분에 대해 비판하였다. 이상룡은 국가의 성립이 가족이나 마을의 성립과 다른 것으로 보았다. 또 그는 벤자민 키드의 사회진화론을 수용하였다.[20]

서양 근대사상 수용 과정에서 그가 보인 특징은 다음과 같다. 먼저 그가 향약 시행과 의병항쟁의 경험을 완전히 부정했던 것은 아니다. 향촌을 변혁운동이나 저항운동의 단위로 설정하고, 무장투쟁을 그 방법으로 택했던 점은 이후의 활동에서도 그대로 관철되어 나갔다는 점이다. 다음으로 서양사상을 수용하면서도 유학을 부정하지 않았다. 그는 자신의 유학 사상 기반 위에서 서양 사상을 재해석하면서 실천의 사상적 기반을 정립해 나갔다. 이러한 태도는 대한협회 안동지회 활동이나 서간도 독립기지 건설 과정에서도 일관되었다.

4. 고난의 만주 망명

1) 망명계획 수립

1910년 8월 나라가 망했다는 소식이 알려지자, 李晩燾를 비롯한 안동의 유림들이 단식과 자결로 항거하였다. 그런 분위기 속에 일제를 물리칠 힘을 기를 새로운 공간을 찾아 나선 인물들이 있었고, 그것이 바로 만주 망명이었다. 만주에 독립운동기지를 건설하려는 움직임은 이미 의병항쟁 당시

20) 김정미, 위의 글, 51~52쪽.

부터 시도되었다. 제천에서 류인석이 만주로 간 것도 그러하지만, 1909년에 신돌석이 만주로 가려했던 점도 마찬가지다. 또 서울에서 신민회가 무장투쟁론으로 방향을 전환하면서 국외기지 건설로 방향을 잡은 점도 그렇다. 안동의 인사들도 그러한 대세에 앞장서고 있었고, 신민회의 추진 과정과도 맞닿아 있었다.

1910년 신민회에서는 만주에 독립운동기지를 세우는 노력을 구체화 시켰다. 신민회의 강원도 담당자인 주진수가 신민회의 계획에 따라 서간도로 망명하여 독립운동기지를 건설하고 독립운동을 주도해 나갈 경북지역 인사들을 찾았다. 이에 12월경 주진수는 안동 천전마을의 金大洛과 인척 관계에 있었던 황만영을 통해, 김대락과 이상룡을 만났다.

한편 안동지역의 혁신유림들도 만주 망명을 위해 자체적으로 준비를 해나가고 있었다. 류인식 · 김대락 · 김동삼 등은 협동학교 교무회의에서 망명을 논의하였고, 자체의 조사원으로 김동삼과 김만식을 파견하였던 것이다.

이러한 상황에서 이상룡은 신민회가 추진하던 서간도 독립운동기지 건설 사업에 적극 동참하여 서간도 망명을 결심하였다. 그는 "만주는 단군 성조의 영토이며, 고구려의 강역이라, 비록 현재 살고 있는 사람들의 복식과 언어가 같지는 않지만 선조는 동일 종족인 즉, 異域이라고 할 수 없다."[21] 이에 백 번 꺾여도 좌절하지 않는 뜻으로 만주로 옮겨가 독립운동을 펴겠다고 다짐하였다.

이상룡은 신민회의 사업 계획을 소개받은 지 두 달이 채 지나지 않은 시점에서 서간도로 갔다. 그때 안동 유림들의 만주 망명은 대가족 단위로 이루어졌다. 따라서 많은 식구들의 이동과 정착에 소요될 비용 마련을 위해 대부분 논밭과 집을 팔아야만 했다. 그런데 당시 일제의 삼엄한 감시 속에서 드러내놓고 준비할 수도 없었으며, 일시에 전 가족이 함께 움직일 수도 없는 상황

---

21) 이상룡, 「西徙錄」, 『石洲遺稿』, 고려대학교출판부, 1973, 269쪽.

이었다. 일제에 나라가 무너지던 그해 겨울 일본순사가 조사차 이상룡가를 방문하였다고 한 기록에서도 감시당하고 있던 상황을 짐작할 수 있다.[22]

그는 만주로 출발하기 전날 「去國吟」이라는 시를 지었다. 이 시에서 "大地에 그물 펼쳐진 것을 이미 보았는데, 어찌 영웅 남자가 해골을 아끼랴. 고향 동산에 좋게 머물며 슬퍼하지 말게나, 태평성세 훗날에 다시 돌아와 머물 것이다."라고 노래하였다.[23] 고향을 떠나 만주로 망명하는 뜻을 밝히고 태평성세 즉 나라를 되찾는 때가 되면 고향으로 돌아올 것을 기약한 것이다.

2) 망명길

이상룡은 1911년 1월 5일(음) 새벽에 祠廟에 절하고, 날이 저물 무렵 일제경찰의 눈을 피하기 위해 홀로 길을 나섰다. 기차를 타기 위해 추풍령으로 향한 그는 하회(1.7), 상주 鳳臺(1.9)를 거쳐 추풍령(1.11)에 도착하고, 다음 날 새벽 2시에 경부선 열차를 타고 오전 8시 서울에 도착하였다. 다음 날 그는 梁起鐸의 집에서 하루 묵으면서 여러 가지 일을 논의하였다.[24]

이상룡은 1월 19일 신의주로 갔다. 이어서 1월 25일 밤에 가족이 도착하였는데, 이상룡의 막내동생 李鳳羲, 아들 李濬衡, 조카 李衡國과 李文衡 및 부녀자와 어린아이들이었다. 이상룡 일가는 1월 27일 압록강을 건넜다. 그리고 1월 29일 마차 2대를 빌려 출발하여 2월 7일에 恒道村에 도착하였고, 먼저 도착해 있던 맏처남 김대락 부자를 만났다. 당초 그들의 목적지는 유하현 삼원포였지만, 한인 망명에 대한 중국인의 경계가 심해지면서 악성 소문이 나돌고 있었으므로 항도촌에 일단 짐을 풀었다.[25]

---

22) 이상룡, 「西徙錄」, 『石洲遺稿』, 고려대학교출판부, 1973, 272쪽.
23) 이상룡, 「去國吟」 辛亥, 『石洲遺稿』, 고려대학교출판부, 1973, 24쪽.
24) 이상룡, 「西徙錄」 1월 13일, 『石洲遺稿』, 고려대학교출판부, 1973, 269~270쪽.
25) 이상룡, 「西徙錄」, 『石洲遺稿』, 고려대학교출판부, 1973, 272~274쪽.

서간도에 망명한 한인들의 당면 문제는 안정된 거주지와 농사지을 땅을 구하는 것이었으며, 청나라 관리와 우호적 관계를 유지하는 것도 중요하였다. 아울러 장기적으로 안정된 정착을 위한 방안을 모색해야 했다. 김대락과 함께 토지·조세·호적·社倉 제도 등에 대해 함께 논의하였다. 이상룡 가족은 5월 하순경 다시 유하현과 통화현의 경계에 위치한 영춘원으로 이사하고, 10월 하순에는 유하현의 大牛溝로 옮겼다. 이는 정착 과정이 순탄하지 않았음을 보여주는 대목이다.

3) 정착 과정의 난관과 극복 노력

정착 초기 생활을 보면, 망명자들이 처음부터 여러 가지 어려움에 부딪혔음을 알 수 있다. 첫째, 이동하는 도중 일본 경찰의 감시가 삼엄하였다. 둘째, 토착 중국인들과 언어가 통하지 않아 교유하는 데에 불편한 점이 많았다. 셋째, 의식주의 해결도 어려운 문제였다. 복장이 서로 달라 만주인들이 크게 꺼리는 경향이 있었으며, 주식이 좁쌀이나 강냉이였으므로 정착 초기 이주 한인들은 식생활에 큰 곤란을 겪었다. 아울러 주거환경도 열악할 뿐만 아니라 집을 쉽게 빌리지도 못하여 곤란하였다. 넷째, 기후조건이 좋지 않으며 낯선 풍토로 많은 사람들이 어려움을 겪었다.

이상룡은 이러한 문제들을 극복하기 위해 김대락과 자주 논의하면서 방향을 가늠해 나갔다. 받아들일 수밖에 없는 것은 받아들이고, 극복할 것은 극복하는 길을 찾았다. 우선 중국의 관청이 규정한 제도에 맞추지 않을 경우에는 공적인 활동이 전혀 보장되지 않는다는 한계 때문에 머리카락을 자르고 중국식 옷을 입는 파격적인 변화를 보였다. 신흥강습소의 교사와 학생들이 차례로 薙髮易服하였고, 이상룡도 1911년 6월 초 萬里溝 巡警局에 가기 위해 머리를 깎고 중국식 옷을 입었다.[26] 그리고 동포 사회가 안정을 찾으려면 토지소유 문제가 해결되어야 했지만, 중국 국적을 가지지 않는 한 그것은 불가능하였으므로 중국 民籍에 입적하는 문제를 검토하고, 이를 실행에 옮기기도 했다.[27] 또 서간도의 농업환경과 경작 방식도 검토하여, 농업환경을 개선하고 새로운 기계와 기술 보급으로 수전 개간을 확대시켜 나갔다. 그리고 서간도의 중국인 자치조직과 협의회에 이주 한인들이 어떻게 편입되어야 하며, 또 나아가 이주 한인들 스스로 자치단체 조직과 운영 등의 필요성을 인식하게 되었다. 이것이 동포 사회의 조직과 운영을 위한 방안 마련으로 나타나게 되었다.

사회경제적인 노력만이 아니라 이상룡은 역사이론적인 면에서 만주가 결코 남의 땅이 아니라 우리의 역사 무대임을 정리해 나갔다. 그는 이미 망명길에 오르기 직전에 역사서술에 나섰다. “1910년 겨울 『國史』를 抄했다.”는 것이 그를 말해준다. 그 글이 『大東歷史』의 저술로 완성되기에 이르는데, 그의 역사관을 정리하면 다음과 같다. 첫째, 한국사의 계통을 고조선－부여－고구려－발해 중심으로 체계화시켜 과거 유학자들의 단군조선－기자조선－삼한－신라라는 논리 체계를 부정하였다. 둘째, 단군조선 시기에 肅愼이 단군조선에 臣屬한 관계였음을 고증하였다. 셋째, 『滿洲原流考』·『滿洲地誌』·『漢書』·『晉書』 등을 바탕으로, 흑룡강성과 길림성 일대가 북부여의 영토라고 추정하였다. 넷째, 발해를 우리 역사의 중심 무대로 복원시켰다. 다섯째, 기왕의 역사서술에서 신라가 지나치게 부각된 점에 대해 비판하였다. 여섯째, 기자조선에 대한 종래의 인식을 재검토하여, 기자의 도읍지를 요동지역으로 비정하고, 우리 역사 속에 포함시키지 않을 것을 주장하였다.[28] 결국 이상룡은 기존 유가의 역사관, 즉 우리 역사의 무대를 압록강 이남으로 한정하고 기자의 동래를 중시하며 신라사를 중심으로 보던 경향을 극복하였다. 이것은 장차 만주에서 전개될 독립운동이 우리 역

26) 金大洛, 『西征錄』, 30~31쪽.

27) 이상룡, 「西徙錄」, 『石洲遺稿』, 고려대학교출판부, 1973, 282~283쪽.

28) 김정미, 앞의 논문, 106~109쪽.

사의 터전에서 이루어지는 것이며, 역사적으로 당위성을 갖고 있음을 확인시켜 주는 작업이었다.

5. 만주 독립운동기지 건설

1) 자치기구 조직과 자치운동

1910년대 서간도에서는 이주동포의 삶의 토대를 마련하고, 중국 당국·중국 주민과의 관계를 안정적으로 유지해 나가기 위해서 자치기구의 조직과 운영이 꼭 필요한 과제였다. 따라서 耕學社·扶民團 등의 다양한 자치기구가 조직되었다. 이 가운데 첫 조직이 바로 경학사이다. 여기에서 이상룡이 초대 사장을 맡았으니, 만주에서 그의 비중을 말해준다. 그리고 경학사 조직으로 내무·농무·재무·교무 등 부서를 두었는데, 류인식이 교무부장을 맡았다. 경학사가 내세운 것이 경작과 修學이라는 것이지만, 실제로는 독립운동을 주도해 나갈 인사들 중심의 정치적 결사체 성격이 강했다.

이어서 부민단이 결성되었다. 그 결성 시기를 둘러싸고 근래에 1916년설이 강하게 주장되고 있고,[29] 1914년에 이미 존재했다는 주장도 만만치 않다.[30] 부민단의 중앙조직으로 서무·법무·檢務·학무·재무부 등을 두고 각기 자치 및 교양을 담당하였다.[31] 중앙기관은 통화현 합니하에 두었다. 지방조직으로 대부락에 千家長 1명을 두고, 약 100가의 부락에는 區團을 설치하고 區長 혹은 百家長을 두었다. 十家戶마다 牌長 또는 十家長을 두었

29) 조동걸, 「白下 金大洛의 亡命日記(1911~1913)」, 『안동사학』 5, 안동사학회, 2000, 167~168쪽; 서중석, 「청산리전쟁 독립군의 배경」, 『한국사연구』 111, 한국사연구회, 2000, 20~21쪽.

30) 김정미, 앞의 논문, 123쪽.

31) 蔡根植, 『武裝獨立運動秘史』, 대한민국공보처, 1949, 49쪽.

다.[32] 만주지방 지방자치단체 체제와 비슷했다. 유하현과 통화현을 동서로 나누어 柳東地方總管 · 柳西地方總管 · 通東地方總管 · 通西地方總管을 두었다. 興東地方總管이 있는 것으로 보아 興京縣도 동서로 나누어 총관을 두었던 것 같다. 종전의 서무부가 의사부로, 법무부가 査判部로 개편되었다.[33]

각 지역에 다양하게 설립된 조직과 부민단과의 관계에 대해 이상룡은 '綱 속의 目'과 같은 것으로, 부민단의 설립 목적에 맞는 자치계와 실업계인 것으로 평하였다.[34] 각 지역에서 그 실정에 맞는 자치단체나 교육 시설, 경제 단체들도 부분적으로 운영되고 있었다. 그러다가 1916년경 이상룡이 부민단을 맡게 되면서 실질적인 통합을 이루었다.

2) 민족교육기관 설치와 교육 활동

이상룡은 인재 양성을 위해 민족교육을 추진하였다. 그의 큰처남인 김대락은 임시로 머물던 항도천 북산에서 1911년 2월 초순 이미 恒道義塾이라는 학교를 열었다.[35] 이후 유하현 삼원포를 중심으로 망명인사들이 모여들기 시작하자, 본격적으로 학교 설립에 대해 논의하고 사업을 추진하였다. 이어서 5월 14일에는 신흥강습소가 추가가에서 문을 열었으며, 5월 25일부터 수업을 시작하였다. 여기에 이상룡과 김대락 등이 모두 참여하였다.[36]

신흥강습소는 교사와 학생들이 함께 농토를 일구고 씨 뿌리는 병농 일치의 형태로 운영되었다. 이 무렵 신흥강습소는 여러 인사들이 사업을 구상하고 실천에 옮기는 장이 되었다. 이때 이상룡은 영춘원에 머물렀으나, 때때로 유하현 추가가에서 업무를 보기도 했다.

---

32) 蔡根植, 『武裝獨立運動秘史』, 대한민국공보처, 1949, 50쪽.

33) 金承學, 『韓國獨立史』, 독립문화사, 1965, 330~331쪽.

34) 이상룡, 「答許性山」, 『石洲遺稿』, 고려대학교출판부, 1973, 76쪽.

35) 이상룡, 「西徙錄」, 『石洲遺稿』, 고려대학교출판부, 1973, 274쪽.

36) 金大洛, 『西征錄』, 27~29쪽.

유하현에 정착하였던 한인 지도자들이 1912년 초부터 통화현 합니하로 이주하였고, 2월 그곳에 새 학교를 짓는 일에 대한 논의가 구체적으로 진행되었다. 2월 말경 학교 부지가 확정되고, 3월부터 터를 닦고 교사 신축에 들어갔다. 합니하에서 새로운 학교를 준비하는 동안 유하현 추가가의 신흥강습소도 계속 운영되었다. 5월 추가가에서 학교 총회가 열렸고, 6월에 합니하의 새 학교 낙성식이 있었다.[37] 이로써 유하현 추가가와 통화현 합니하에서 각각 학교가 운영되기 시작했다.

이 시기 신흥학교 외에도 곳곳에 학교가 세워지고, 이상룡도 여러 학교의 설립에 참여하였다. 인류 경쟁의 장에서 한민족이 제 권리를 확보하기 위해 교육이 중요한 것이라고 생각하고 있었기 때문이다. 실제로 "여덟 해 동안 小學 機關 30곳에 이르니 文敎가 밝다."라고 이상룡이 회고한 점을 통해,[38] 그가 만주 망명 직후 교육기관 증설에 노력을 기울인 사실을 확인할 수 있다. 그리고 여러 교육기관을 졸업한 인물들이 신흥학우회를 비롯한 많은 단체를 결성하였는데, 이 단체는 민족의식을 고취하고 청년독립운동 세력을 양성하기 위한 것이었다. 이러한 기반은 1919년 이후 독립운동단체 조직에 기여한 크게 기여하였다.

3) 兵營 설치

이상룡의 망명 목표는 잃어버린 나라를 되찾는 것이고, 그 방법은 무장투쟁이었다. 무장투쟁, 곧 독립전쟁을 펼치기 위해서는 독립군 양성이 무엇보다 긴급한 일이었다. 이주 한인들의 경제적 안정과 정치적 권리 획득을 위한 이상룡의 활동도 궁극적으로는 독립군 양성을 위한 것이었다. 따라서 1910년대 이주 한인 사회의 가장 큰 목표는 독립전쟁을 수행할 군사

37) 金大洛, 『壬子錄』, 17~30쪽.

38) 이상룡, 「滿洲紀事」, 『石洲遺稿』, 고려대학교출판부, 1973, 42쪽.

력의 양성이었다. 서간도 지역만 하더라도 신흥학교를 비롯해 수십 개의 학교가 운영되고 있었다. 바로 이러한 학교가 독립군을 양성하는 기반이었다. 그리고 소학교와 중학교 과정을 거친 청년들은 '白西農庄'이라든지 '馬鹿溝農庄' 혹은 '吉南庄' 같은 곳에서 좀 더 체계적인 군사훈련을 받고 독립군으로 성장했다.

백서농장은 독립군 양성을 목적으로 한 군사조직이었으며, 둔전 경영의 방식이었음을 알 수 있다. 이러한 병영 운영은 백서농장뿐만 아니라 마록구농장이나 1918년에 세워진 길남장의 운영 형태와 유사한 방식이었다. 이상룡이 마록구농장에서 활동하고 있던 청년들에게 보낸 편지인 「答馬鹿溝農庄諸君」에서, "서간도로 망명한 이래 민족 독립을 목적으로 하였지만 조금도 성취한 바가 없는데, 그 원인은 資產의 空匱에 있다. 이에 애국청년들이 마록구에 농장을 개척하여 농업에 착수한 것은 올바른 독립운동 방법이다."라고 격려하였다.[39] 이 또한 단순한 농장이라기보다는 둔전 경영 차원에서 이루어졌다. 또 吉南庄에는 20세 이상의 장정을 모집하여 農兵을 함께 하였는데, 半日은 力耕하고 半日은 習兵하였다.[40] 길남장은 마록구농장과 마찬가지로 병농 일치의 형태로 독립군과 그 물적 기반을 양성하고 있었던 것이다.

6. 독립운동기지 경영

1) 민정기관 韓族會 조직

1919년을 전후하여 서간도와 남만주 북부지역으로의 한인 이주가 급격히

39) 이상룡, 「答馬鹿溝農庄諸君」, 『石洲遺稿』, 고려대학교출판부, 1973, 128쪽.
40) 이상룡, 「三義士合傳」 甲子, 『石洲遺稿』, 고려대학교출판부, 1973, 243쪽.

증가하였다. 1919년 한 해에만 2만 5천 여 명의 한인이 이 지역으로 이주하여, 1920년 현재 서간도의 한인은 약 25만 명에 이르렀다. 또한 종래 서간도, 곧 압록강 대안지역에 정착하였다가 1920년을 전후하여 남만주 북부지방으로 재차 이주하는 경우도 많았다. 이상룡도 주거지를 환인현·통화현·유하현·해룡현 등으로 옮겼다가, 1919년에는 화전현으로, 그리고 다시 반석현으로, 즉 서간도에서 남만주 중북부지방으로 옮겨갔다. 상당수의 경상도 출신의 독립운동가와 그 가솔들도 1910년대 후반 남만주 중북부지방으로 옮겼다.

1919년 2월에서 3월 초순 사이 서간도 지역에서 독립운동의 열기가 서서히 고조되기 시작하였다. 국내 3·1운동의 소식이 전해지기 이전에, 이미 서간도 지역에서 독립운동세력의 조직적 결집이나 시위, 무장봉기를 준비하는 움직임이 일고 있었다.

국내 3·1운동에 대한 소식이 서간도에 전해진 시점은 유하현 삼원포에서 한족회 설립을 위한 준비모임이 진행되고 있던 때였다. 이 무렵 길림에서 이상룡은 「대한독립선언서」에 서명하였다. 민족대표 39인의 이름으로 발표된 이 선언은 1919년 2월로 시점을 밝혔는데, 이를 양력이라 생각하면 3·1운동 앞서 발표된 것이고, 음력으로 계산하면 대개 3·1운동 소식을 들으면서 만주지역 민족대표들이 발표한 것으로 이해할 수 있다. 이런 가운데 3월 12일에 유하현과 통화현에서부터 서간도에서의 독립만세운동은 시작되었다. 3월 중순까지는 학교와 종교단체 및 부민단원을 중심으로 하여 한국독립선언축하회나 독립경축식 등을 행하면서, 일본 밀정이나 친일파를 처단하고, 일본관헌에 대한 습격을 시도하기도 하였다.

독립선언의 소식이 전해지는 가운데 한족회가 결성되었다. 한족회는 유하현 삼원포 남단에 중앙총부를 두고 각지에 지부를 설치하였다. 한족회 중앙 간부로는 회장에 이탁, 서무사장에 金宗勳(聲魯), 査判司長에 이진산, 학무사장에 김형식, 재무사장에 남정섭, 상무사장에 金定濟, 군무사장에 양규열, 내무사장에 곽문, 검사감에 최명수가 임명되었다. 지부에는 總管·

檢督 등을 두어 지방자치를 관장하였다.

한족회의 지방조직은 유하현 · 흥경현 · 통화현 · 환인현 · 집안현 · 임강현 · 해룡현 등에 걸쳐 있었으며, 전체 호수는 1만여 호에 달하였다. 각 현은 전체를 몇 개의 區로 나누고, 區 아래에 다시 小分區를 두는 형태로 조직되었는데, 유하현의 경우에는 전체를 4개의 區로 나누고, 구 아래에 크기에 따라 3~9개의 小分區를 두었다. 각 區에는 團總理 1명, 검찰장 1명, 검찰 2~4명, 백가장 1명을 두고, 소분구에 統首 1명을 두었다.

한족회 사무소에서는 재판사무 및 행정사무를 집행하는데, 재판사무는 사판장, 검찰장이 맡고, 행정사무로는 주로 독립운동 간행물 및 지방연락 등의 사무를 담당하였다. 그리고 縣 아래에서는 17세 이상 30세 미만을 모집하여 3개월 교육을 통해 속성군대를 조직하기 위해 교련교육을 의무적으로 채택하였다. 이러한 한족회의 중앙 및 지방 조직과 행정책임자 선임 등은 1910년대 경학사와 부민단을 계승하는 자치행정조직으로서의 기능을 더욱 강화하는 것이었다.

2) 군정기관 軍政府 수립과 西路軍政署로의 개편

만주 지역의 인사들도 이상룡을 중심으로 유하현 고산자에서 모여 4월 초순 군정부를 세웠다. 상해에 대한민국 임시정부가 세워진 것과 거의 같은 시기에 만주에 이상룡 중심의 군정부가 수립된 것이다. 군정부가 당시 서간도에 세워졌던 여러 독립군 조직 가운데 하나가 아니라 다수의 독립운동단체를 규합하는 위에서 설립되었다. 이는 하나의 독립군 조직의 범위를 넘어선, 무장투쟁을 펼치기 위한 군사 정부를 세웠다는 말이다. 그런데 같은 시기에 수립된 대한민국 임시정부는 여운형을 군정부에 보내, 이름을 바꾸라거나 대한민국 임시정부 아래로 통합할 것을 타진하였다. 이에 이상룡은 “정부를 세우기에는 때가 너무 이르다. 그러나 이미 세워진 바에야, 한

민족이 어찌 두 개의 정부를 가질 수가 있겠는가? 정부를 상해에 양보하고 軍府를 署로 고친다."고 말하면서 대한민국 임시정부의 요청을 받아들였다.

1919년 11월 7일 대한민국 임시정부는 서간도의 군정부를 (서로)군정서로 개편하고 한족회의 업무도 군정서에서 관리하게 한다고 결정하였다. 즉 외형적으로 서간도의 군정기관인 군정부와 민정기관인 한족회가 군정서로 통합되고, 이 군정서가 대한민국 임시정부 아래 들어감을 뜻하는 것이다. 대한민국 임시정부의 이 같은 결정에 따른 실제적인 조직 개편은 이듬해 3월 말경 이루어졌다. 이때 군정부와 한족회를 합해 조직을 개편했는데, 명칭은 군정서로 하고 일반 행정은 한족회 명의로 시행하기로 했으며, '中華民國 東三省'에 거주하는 韓族을 그 대상으로 한다는 것이었다.

▍서로군정서(西路軍政署) 조직

부서	직명	성명	부서	직명	성명
督辦府	督辦	李啓元 (李相龍)	內務司	秘書	金有聲
	副督辦	呂 準		檢督	鄭尙黙
	副官	李章榮	法務司	法務司長	金應燮
政務廳	政務廳長	李 沰		常法課長	金 弼
	檢查課長	金水長		軍法課長	*
	統計課長	*	財務司	財務司長	南庭燮
	交涉課長	權承武	學務司	學務司長	金衡植
	秘書	宋台俊		教育課長	安世民
內務司	內務司長	郭文		編輯課長	張志必
	檢務局長	崔明洙	軍務司	軍務司長	梁圭烈
	庶務課長	金宗勳		憲兵課長	崔明洙
	交通課長	成仁浩	參謀部	參謀部長	金東三
	失業課長	金定濟	司令部	司令官	李青天
	勞動課長	*			

군정부가 군정서로 개편되고 대한민국 임시정부 아래로 들어갔다고 해서 서로군정서가 대한민국 임시정부에 종속적인 태도만을 보인 것은 아니

었다. 당시에 겉으로는 독립전쟁론을 표방하면서도 실행에 있어 소극적인 태도를 보이고 있던 대한민국 임시정부에 대해 서로군정서는 즉각 혈전, 무장투쟁을 주장하였고 그 실현을 위한 각종 요구 사항을 제시함으로써 대한민국 임시정부와 마찰하는 모습을 보이게 된다.

이 무렵 서로군정서와 대한민국 임시정부의 독립운동론은 이상룡과 안창호가 주고받은 편지 가운데 잘 드러난다. 안창호는 1919년 7월 대한민국 임시정부의 내무총장으로 취임할 무렵 '독립운동방침'을 피력하였다. 이때 독립전쟁보다는 외교적 노력을 중시하면서 통일과 외교, 군사와 재정도 강조하였다. 이에 이상룡은 1920년 초 안창호에게 보낸 편지에서, 군사와 재정에 주력해야 한다고 주장하였다. 즉 이상룡은 무장투쟁을 외교적 노력보다 우위에 두고, 군사적 활동을 독립운동의 중심으로 삼아야 한다고 역설하였고, 그것은 서로군정서 주도 세력들의 공통된 입장을 반영한 것이기도 했다.

서로군정서는 대한민국 임시정부에 대해 만주의 무장투쟁에 대한 지원을 요구하는 한편, 만주에서는 북간도의 북로군정서와 연합을 모색하였다. 이상룡은 화전현에서 김좌진과 만나 협의하였는데, 이것이 토대가 되어 1920년 5월 29일 양 군정서 사이에 조약이 맺어졌다. 대한군정서 사령관 김좌진과 서로군정서 헌병대장 성준용이 5월 29일 조약을 체결하고, 성준용이 남만주로 돌아온 것이다. 이때 군정부는 서로군정서로 개편하고, 대한민국 임시정부에 대해 즉각적인 혈전과 군사기관의 만주 이전을 요구했다.

3) 朝鮮獨立後援義勇團과 국내 자금 모집

안동인들이 서간도에 터를 잡으면서 가장 급한 것이 추가로 지원되는 자금 문제였다. 이를 해결하는 방안이 만주에서 일시 국내로 잠입하여 자금을 마련하거나, 국내에 남아 있던 인사들이 이를 지원하는 것이었다. 김흥락의 손녀이며 金龍煥의 외동딸인 金後雄은 "법흥 임청각의 존고종, 곧 이상룡이 김용환의 집에 비밀리에 온 적이 있었다."고 증언한 것은 전자에 속한다. 실제로 이상룡 자신이 직접 국내로 잠입한 것 같지는 않으나 그가 동생이나 아들 및 조카를 파견한 일을 말하는 것 같다. 그리고 "1919년에는 김용환이 1원짜리 화폐 2포대를 마련하여 金元植과 함께 말을 타고 만주로 향했다가 압록강을 건너기 전에 체포되어 신의주 경찰서에서 15일 만에 석방되었으며, 김원식은 喪服 차림으로 무사히 압록강을 건너 이상룡에게 군자금으로 전달했다."는 이야기는 후자에 속한다.

실제로 경상남북도 곳곳에서 만주 독립운동기지에 지원금을 보내거나 보내려는 시도가 계속되었다. 서로군정서에 대한 국내 군자금 모집 활동 중 일제에 발각된 가장 큰 사건은 조선독립후원의용단의 거사였다. 조선독립후원의용단이라는 존재는 1922년 12월 의용단원 중 다수가 일제경찰에 체포되면서 세상에 알려지게 되었다. 조선독립후원의용단 조직에 주도적인 역할을 담당했던 사람들 중에 김찬규는 경남 단장, 신태식은 경북 단장, 이응수는 경북 총무의 책임을 맡았다. 이후로 각지 동지의 권유 모집을 약속하고 점차 단원을 모집하였다.

4) 北京軍事統一會議 참가

1920년 8월 북경에서 박용만 · 신숙 · 신채호를 비롯한 15명의 독립운동가들이 군사통일촉성회를 조직하였다. 이상룡은 북경군사통일회의에 관심을 가지고 서로군정서 대표들과 함께 참여하였다. 1921년 2월 이상룡을 비롯하여 성준용 · 배달무 · 송호 등 서로군정서 세력이 북경에 도착했다. 2월 18일 이상룡 일행이 북경에 도착하자, 박용만 · 신숙 · 이회영 등이 마중 나왔으며, 군사통일과 시국 문제에 대해 집중적인 토론을 벌였다. 이때 북만주 영안현에서 온 白淳도 방문하여 북로군정서의 정형을 전하였다. 이튿날인 2월 19일 이상룡은 박용만 · 신숙 · 이회영 등이 함께 시국에 대해 토론하였다. 그는 또 다음 날 박용만 · 신숙 · 백순 · 이회영이 북경 교외 三貝子公園 暢觀樓에서, 군사 통일을 취지로 하여 연설하였다.

3월 5일 임시의정원 의장 尹琦燮이 이상룡에게 편지를 보내, 시국을 우려하면서 이상룡을 초청하는 뜻을 밝혔다. 4월 6일 朴贊翊이 이상룡을 방문, 군사통일회의가 개막되기 직전까지 대한민국 임시정부에서는 북경군사통일회의 세력에 대해 연락을 계속해왔다.

북경에 집결한 운동세력들은 군사통일촉성회를 조직하고 군사통일회의 개최를 준비하는 과정에서 지속적으로 대한민국 임시정부의 독립운동방략과 운동세력을 비판해 왔다. 그 결과 '대한민국 임시정부 불승인 선언'과 임시 대통령 이승만을 성토하는 목소리가 높아지면서 군사통일회의에 참가한 일부 세력들의 반대에 직면하기도 하였다. 이상룡은 군사통일회의의 대한민국 임시정부 불승인과 이승만 성토 결의에 대해 불만을 표시하고, 이를 만류하고자 하였다. 그는 대한민국 임시정부 개조를 요구하는 선에서 문제를 해결하려는 자세를 가졌던 것이다.

서로군정서에서는 액목현에서 비공식회의를 열어 5월 26일 대한민국 임시의정원에 정부 개조를 제의할 것을 결의하고, 그 결의서를 임시의정원 의장 윤기섭 앞으로 전달하기 위해 대표를 보냈다. 북경에서는 서로군정서의 정부개조 요구 결의 소식을 6월 3일경 듣게 되었다. 그 뒤 이상룡은 곧 서간도로 돌아왔다.

5) 서로군정서 재편과 독립군단 통합

이상룡은 북경군사통일회의가 진행되고 있던 4월 하순경 군사통일회의 주도세력이 대한민국 임시정부를 불승인하고 독자적인 군사기관을 조직하는 문제에 대해 비판적인 태도를 보였다. 서로군정서의 공식적인 입장은 대한민국 임시정부 존재 자체를 부정하기보다는 대한민국 임시정부를 개조할 것을 주장하는 정도였다. 이러한 태도는 1925년 그가 대한민국 임시정부 국무령에 취임할 때까지 크게 변하지 않았다.

이상룡은 6월 초순 북경에서 서간도로 돌아와 조직 개편에 나섰다. 길림에 도착하자마자 그는 서로군정서의 부독판 呂準, 참모장 李沰, 한족회 간부 金東三 · 郭文 등과 함께 토론한 결과, 대한민국 임시정부에서 이탈한다는 뜻을 결정하였다. 이어서 그는 여준 · 이탁 · 김동삼 등과 함께 액목현 군사 주둔 문제를 의논하였다. 이때 이탁과 김동삼을 파견하여 영안에 들어가게 하고, 宋虎를 파견하여 安圖에 들어가서 살펴본 뒤에 군사 주둔 지점을 준비하게 했다. 그리고 이상룡은 박용만을 총사령으로 취임시켜 서로군정서의 군사력과 재정력을 향상시키려 했다. 이것은 1921년 군사통일회의의 '국내외 독립군단의 군사 통일과 군대 양성'이라는 목표를 실현해 나가는 첫걸음으로서 중요한 의미를 지닌다고 할 수 있다. 그러나 박용만이 이 무렵 일제 밀정이라는 혐의가 일기 시작하면서 그 시도는 중단되고 말았다.

이처럼 북경의 박용만과 교섭하던 때에, 부독판 여준은 액목현의 黃地崗子에서 儉城中學院을 설치하여 운영했다. 여기서 병농 일치 방법으로, "농사를 짓는 한편 무예를 연습하고 있었다. 농한기 다섯 달 동안 정공법과 기공법을 배운다."고 했다. 이상룡도 1922년 초겨울 황지강자로 옮겨와 군사훈련을 시키면서, 1923년까지 이탁 · 황학수 등과 머물렀다.

한편 1922년부터 남만주지역을 근거로 활동하던 독립군단체들 사이에 통합운동이 추진되었다. 여기에 김동삼 · 양규열 · 김창환 등 서로군정서 간부가 참여했다. 1922년 8월 서로군정서 등 8개 단체의 대표들은 환인현 마권자에 모여 대한통의부를 결성하였다. 이때 서로군정서 의용대 총지휘관 金秋堂이 중심이 되어 대한통의부에 참가하였다. 그리고 서로군정서는 대한통의부에 참가한 뒤에도 명맥을 유지하며 활동을 지속했다. 특히 북로군정서와의 연대를 꾸준히 모색했다는 점과 중국과 러시아 경계의 몇 개 지점을 택하여 군대 주둔지로 삼으려는 구상을 갖고 있었다.

1923년 11월 樺甸會議가 개최되었다. 이때 이상룡은 呂準·梁奎烈·朴敬(慶?)鍾 등과 화전현 대표로 참가하였고, 길림 대표로서 王三德·吳仁華·柳振天·孫貞道, 상해 대표로서 金東三·裵天澤·白南春·李震山·金昌煥·金履大 등이 참가했는데, 약 10일 동안 독립운동세력의 통일과 운동 방침에 대해 토의했다. 그 결과 다음의 사항을 결정하고, 남만주의 독립운동 통일을 기했다.

> (1) 서간도의 군정서를 폐지하고 새로운 군정서를 조직하여, 그 아래 자치회를 두고 재만 한인을 통치한다.
> (2) 군정서 督弁은 이상룡, 副督弁은 여준, 정무청장 이탁으로 하고 내무·재무·군무·법무·학무의 각 司長을 둔다. 액목·화전·반석·흥경현에 지회를 두고, 또 서간도의 통의부도 참가시키기 위해 김동삼 등 5명을 파견한다.

이 회의는 무력급진파와 민력양성점진파의 양파가 연일 논의를 거듭하였다. 그러나 일련의 회의는 결실을 맺지 못하였고, 이후 그 과제는 전만통일회의주비회로 넘어갔다. 1924년 3월 하순 전만통일회의주비회가 조직되어, 이장녕이 회장으로 뽑혔다. 7월 전만통일회의주비발기회가 열렸는데, 이때 남만주에서 활동하던 8개의 독립운동단체가 참여하였다. 그해 10월 18일 11개 단체 대표가 참가한 가운데 전만통일회의가 열렸는데, 의장으로 통의부 대표 김동삼이 선출되고, 김형식은 중앙행정위원으로 뽑혔으며, 이상룡의 조카 이광민은 서로군정서 대표 자격으로 참여하였다.

1924년 11월 24일 군정서(서로군정서)·길림주민회·大韓光正團·대한통의부·노동친목회·義成團·仵倫自治會·固本稧의 8개 독립운동단체가 통합하여 정의부가 성립되었다. 이 정의부는 1920년대 전반 국내외에서 활동한 독립운동가들의 총의가 합일되어 성립된 실질적인 군정부라고 할 수 있다. 중앙집행위원에 김동삼, 幹政院 秘書長에 金元植, 중앙심판원장에 金應燮, 민사위원회 민사부 서무과 주임위원에 이광민 등 모두 안동 출신이 주역을 맡았는데, 모두 이상룡의 영향력 범위 안에 있는 인물이었다.

7. 대한민국 임시정부 개편 요구와 國務領 취임

1) 국민대표회의 대표 파견

1923년 1월 상해에서 국민대표회의가 열렸다. 세계 모든 곳에서 지역과 단체를 대표하는 독립운동가가 300명 넘게 참가하고, 대표권을 정식으로 인정받은 자가 130여 명이었다. 이 회의에 서로군정서는 배천택 · 이진산 · 김동삼을 대표로 참가시켰다. 그런데 서로군정서 대표의 위상은 대단한 것이었다. 왜냐하면 김동삼이 바로 국민대표회의에서 의장으로 뽑혔기 때문이다. 이밖에도 배천택이 임시서기 · 비서장 · 군사분과위원으로, 이진산이 헌법기초위원으로 활약하기도 했다. 한편 서간도의 통의부 · 한족회 등에서도 대표를 선출하여 국민대표회의에 참가하였다. 한족회 대표로는 김형식이 참가하였다. 여기에 참가한 김동삼 · 김형식 · 배천택 · 이진산이 모두 이상룡의 측근에서 활동하던 인물들이었으므로 자연히 이상룡의 위상을 간접적으로 확인할 수 있는 장면이다.

국민대표회의가 결렬됨으로써 대한민국 임시정부를 실질적인 독립운동 중추기관으로 개조한 후 만주의 독립군단들을 통합하여 그 산하에 두어 일관적이고 총체적인 무장투쟁을 전개하려 했던 서간도 독립운동세력의 이상 실현이 어렵게 되었다. 하지만 이러한 노력은 여기서 그치지 않고 이상룡이 대한민국 임시정부의 국무령에 취임하면서 다시 한 번 시도되었다.

2) 국무령 취임

이승만을 임시대통령에서 면직시킨 대한민국 임시정부는 박은식을 2대 임시대통령으로 선출하면서 체제 개편에 들어갔다. 그 과정에서 서북계열 인사들이 만주독립운동세력과 이상룡에 대해 관심을 가지기 시작했다. 당시 미국 동포들을 방문하고 있던 안창호는 1925년 1월 李裕弼과 趙尙燮에게 보낸 편지에서, "임시정부 명의를 존속하기 위해서는 백암 선생이나 기타 누구든지 백암 선생과 같지 않더라도 仁愛하는 德이 있는 이면 만족하고, (중략) 박은식 선생이나 이상룡 선생 같은 이를 頭領으로 추대하는 것이 좋을까 합니다."라고 하여 이승만의 후임으로 박은식과 이상룡을 추천하였다. 곧 정의부의 중심인물로 만주 독립운동세력 내에서 큰 영향력을 행사하고 있던 이상룡을 대한민국 임시정부 국무령으로 취임시킴으로써 정의부와의 통합을 기대했던 것이다.

이상룡은 1925년 7월 7일 임시헌법 제13조에 의거하여 임시의정원에서 국무령으로 선임되었다. 이에 그는 조카 이광민과 함께 1925년 8월 하순 반석현을 출발하여 9월 17일 상해에 도착하였다. 9월 22일 50여 명이 모인 청년동맹회의 환영회에 참석하였으며, 9월 23일 三一堂에서 국무령 취임식을 거행하였다.

10월 10일 그는 이탁 · 김동삼 · 오동진 · 이유필 · 尹世茸 · 玄天默 · 尹秉庸 · 金佐鎭을 국무원으로 임명했다. 이상룡은 국무원 임명에 남북만주 3부 요인을 거의 망라했을 뿐만 아니라, 출신 지역을 헤아려 평안 · 함경도의 서북은 물론 기호와 영남 출신의 인물도 아울러 기용했으나 임명된 국무원들이 취임하지 않음에 따라 組閣이 불가능했다. 상해지역 독립운동가 사이의 갈등으로 말미암아 12월경 이상룡은 북경으로 옮겼다가 이듬해 1926년 2월(음) 만주로 돌아왔다. 바로 앞서 임시의정원은 그를 국무령에서 면직시켰다.

이상룡은 독립운동의 일선에서 한 발짝 물러섰다. 당시 그의 나이가 69세의 고령이었기 때문이기도 하겠지만, 정의부 내의 분규 발생의 책임과 함께 국무령으로 취임하여 성과를 거두지 못했다는 점 때문에 그의 입지가 약화된 데도 그 이유가 있을 것이다. 그러나 이상룡은 "광복의 大事는 우리가 어찌 감히 잊으리오. 민중이 자각하고 이에 운이 도래하는 시기에 이르러, 수치스러운 志를 씻고 나쁜 생각을 호미질 할 것이다."라고 밝힌 것으로 볼 때, 독립운동가로서 자신의 임무를 포기한 것은 아니라고 여겨진다.

8. 무장항쟁론 고수와 사회주의 이해

1) 무장항쟁론

이상룡은 가야산 의병기지 건설을 추구한 이래 변함없이 무장항쟁을 기본으로 삼고 있었다. 그러한 투쟁노선은 만주에서도 마찬가지였는데, 3 · 1운동 직후에 '1919년 유리한 국제정세 속에서 맹렬한 기세로 혈전을 개시한다면, 일제의 굴레에서 벗어나 다시 해를 볼 수 있을 것'이라는 낙관을 가지기도 했다. 그러나 파리강화회의에서 한국 독립 문제가 다루어지지 않고 태평양회의도 그 개최 시기가 미루어지자, 서로군정서를 통하여 자주적인 군사력 확충과 즉각적인 혈전 개시에 더 큰 비중을 두고 군사 활동을 펼쳐나갔다. 1920년 2월 서로군정서 재만임시국민대회의 결의 사항을 통해 대한민국 임시정부에 대해 즉각적인 혈전개시를 강력히 요구하였고, 국제적 조건 또한 잘 이용할 것을 강조했다. 그는 일본을 미꾸라지에 비유하면서, "중국을 낚싯대로 삼아 미국을 낚싯줄로 이용하며 러시아를 납으로 삼은 위에서, 한인이 낚시 바늘이 되어 미꾸라지를 잡을 수 있다."라고 했다. 곧 '국제적으로 유리한 정세 속에서 독립전쟁 개시'라는 관점이었다.

그는 독립운동세력 특히 독립군단의 통합과 독립군 양성에 주력할 것을 주장했다. 그 방법으로 독립군 세력 통합을 목표로 한 북경군사통일회의 참가, 대한민국 임시정부에 대해 군사기관의 만주 이전과 독립전쟁 요구, 국민대표회의 참여, 만주 독립군단과 독립운동단체 통합운동, 대한민국 임시정부 국무령에 취임하여 만주독립운동가들 중심의 내각구성으로 독립운동을 주도해 나가려고 시도하였다. 이러한 활동의 최종 목표는 독립전쟁의 승리였고, 목표 실현을 위해 독립군 양성과 독립군단 통합, 군사력 강화를 당면 과제로 삼았다. 그는 군사 활동에 필요한 경비를 둔전의 경영으로 확보하고자 했다. 1910년대부터 그가 지속적으로 주장하고 또 실천에 옮긴 것이 학생 또는 군인들이 경영하는 농장의 개설이었다. 이러한 형태는 병영에서도 마찬가지였는데, 1921년 여름부터 본격적으로 추진되었다.

대한민국 임시정부에 계속해서 방략 전환을 요구하였다. 군정부를 서로군정서로 개편하면서부터 대한민국 임시정부에 군사 활동의 필요성을 제기했고, 그 실천을 위해 군사기관을 만주로 이전할 것을 종용했다. 그러나 서로군정서의 이러한 요구가 대한민국 임시정부에 의해 쉽게 수용되지는 않았다. 그렇지만 그는 대한민국 임시정부를 전면 부정하지는 않고, 그를 개조하여 독립운동방략을 바꾸어 나가려는 노력을 계속했다.

2) 사회주의 이해

이상룡은 1920년대 초반 사회주의 이론에 대해 관심을 나타냈다. 1921년경 사회주의에 대한 그의 인식은 단편적이었다. 그러다가 1920년대 중반 들면서 점차 사회주의에 대한 사고는 깊어졌고, 「廣義」라는 저술로 나타났다. 곧 「광의」는 그 자신이 인류의 발전을 나름대로 규격화한 것인데, 러시아 혁명과 그 이후 볼셰비키 정부에 대해 긍정적으로 평가하였다.

그는 인간을 본질적으로 평등한 보편적 존재로 보았다. 그러나 인류사회의 경쟁으로 말미암아 불평등이 초래되었으며, 경쟁 과정에서 강약에 따라 승패가 결정될 수밖에 없었다고 보았다. 이상룡은 인류사회의 발전 과정에서 경쟁으로 말미암은 불평등과 승패를 부정하지는 않았다. 그러면서도 인류사회는 그러한 불평등을 해소하면서 모든 인류의 행복을 추구하는 방향으로 나아가야 할 것으로 보고, 그러한 비전을 가졌던 루소와 공자의 관점을 소개하였다.

그는 인류 역사의 전개 과정을 통치자의 성격과 형태에 따라 多君之世·一君之世·民主之世의 3世로 나누었다. 酋長時代→封建時代→君主專制時代→立憲君主時代→總統時代→無總統時代로 나아가는 것으로 보았다. 이 가운데 총통시대는 민주공화제, 무총통시대는 사회주의 국가체제를 가리키는 것이었다. 그리고 혁명정부가 들어선 러시아를 공자가 말한 바 大同世의 단계에 이른 것으로 파악하였다. 그런데 大同之道가 이루어지기 위해서는, 토지와 자본의 공유가 선행되어야 한다고 보았다. 즉 天下爲公이 이루어져야 한다는 것이다. 인류가 도달해야 할 가장 이상적인 사회는 당시 러시아의 노농정부와 같은 무총통시대이며, 이러한 사회 단계에 이르기 위해서는 토지와 자본의 공유가 먼저 이루어져야 할 것으로 보았다. 경제적으로 불평등한 사회에서는 자유니 평등이니 하는 말은 空言에 불과하며 인류의 행복은 바랄 수 없으므로, 천하위공이 治平의 要領이라는 것이다. 바로 이러한 사회가 공자가 말한 大同世이며, 진정한 民主之世였던 것이다. 곧 정치적 자유에 앞서 私的 所有의 부정이 앞서야 비로소 인류의 진정한 행복추구가 가능하다고 보았다.

이상룡은 플라톤의 共産說, 마르크스의 사회론이 모두 토지와 자본을 公으로 삼는 것으로 立論의 主腦로 삼았다면서, 이것은 공자가 말한 바 "井田의 제도가 장차 빈부를 균등하게 할 것이다."와 같은 것으로 헤아렸다. 또한 그는 眞理法에 동서의 간격이 있지 않고 偉人의 정견이 서로 꼭 들어맞는 것이라고 평가하였다.

그는 한민족도 러시아 혁명과 같은 과정을 거쳐 노농정부 수립을 지향했던지는 분명하게 밝히지 않았다. 따라서 그의 독립운동 노선이 사회주의적인 지향을 갖고 있었는지를 단정할 수 없다. 그러나 이때 그의 자손과 친지들이 한족노동당, 남만한인청년동맹과 같은 조직의 결성을 주도하며 민족운동을 펼쳐나갔으며, 그 자신이 그들의 활동을 곁에서 지지한 점은 분명하다. 이러한 사실로 미루어 볼 때, 이상룡은 조국 해방을 비롯하여 모든 국가와 민족이, 궁극적으로는 모든 인류가 행복을 추구할 수 있는 사회 형태, 곧 大同世 단계로 나아가야 하며, 러시아의 혁명을 통해서 그 실현 가능성을 확인했던 것으로 보인다.

이상룡이 「광의」에서 말하고자 한 것은 러시아의 혁명과 그로 말미암아 나타난 사회가 천하위공의 시대 즉, '대동세'라는 주장이다. 최다수 인류의 행복을 추구하는 것이 인류사회의 목표라면, 러시아의 혁명과 공산주의 사회가 그것을 실현해낼 수 있으리라는 주장을 폈다. 그러면서도 공자가 이미 수 천 년 전에 이미 그러한 사회를 제기하였다는 사실을 강조하였다. 이러한 사실은 그가 유학적 세계관의 否定을 통해서 서양 근대사상과 사회주의 이론으로 나아가려고 한 것이 아니라, 오히려 공자의 사상을 재해석하여 자신의 세계관과 사회발전론을 뒷받침하려고 했던 것임을 보여준다.

9. 맺음말

이상룡의 독립운동과 사상에서 나타난 특성은 다음의 네 가지로 집약된다. 첫째, 그는 국권회복운동·독립운동의 기반을 향촌 즉, 지역사회로 설정하여, 지역사회의 자치조직 결성과 운영에 주력하였다. 1898년 향약의 시행, 1909년 대한협회 안동지회 활동, 그리고 1910년대 만주에서의 경학사·부민단·自新契·한족회의 조직과 활동 등 향촌사회 자치를 통해, 구체적 삶의 터전에서 주체 세력을 묶어 민족운동의 토대를 구축하는 노력을 펼쳐나갔다.

국권회복운동과 독립운동의 주체와 주도세력에 대한 인식은 대한협회 안동지회 활동 시기를 앞뒤로 변화를 보였다. 1898년 향약 시행 무렵에는 '士'를 국권회복운동의 주체로 설정하였으나, 1909년 대한협회 안동지회 결성시기에는 '新民'을 국권회복운동의 주체이자 근대국가건설의 주체로 인식하게 되었다. 이상룡은 1916년 부민단에 가담하면서 "통합자치를 행하였으며 삼권을 분립했다."라고 적었다. 이는 부민단이 민주공화제적 지향을 갖고 있었음을 보여주는 것이다. 그리고 1919년 수립된 한족회는 당시 남만주 한인 사회의 민주적인 자치정부였다. 1920년 일제의 탄압으로 독립운동 기반으로서의 남만주 한인 사회는 큰 타격을 입었고 자치정부로서의 한족회도 어려움을 겪게 되었다. 그러나 이상룡은 1925년 대한민국 임시정부의 국무령으로 있을 때 "민중을 떠나서는 독립운동사업을 성취할 수 없으니, 모든 일을 온전히 민중 본위로 진행하기 위해 민중적 토대를 세울 것"을 역설했다. 이는 그가 민중적 토대 위에서 민중 본위로 독립운동사업을 전개해 나갈 것을 촉구하였다는 점을 말해준다.

둘째, 그는 국권회복운동과 독립운동 나아가 국가건설의 주체 양성을 위한 교육에 큰 비중을 두었다. 이상룡은 대한협회 안동지회를 결성하기 이전까지는 향촌의 사족을 국권회복운동의 주체로 잡았다. 따라서 그러한 '士'를 길러내기 위한 서원교육을 중시했다. 그러나 의병항쟁을 경험하면서 지배사족, 명망가 중심의 거의로는 나라를 지켜낼 수 없음을 알아챘다. 이러한 현실 인식 위에 국권회복의 새로운 방법을 찾게 되고, 국권회복운동 주체의 자격을 갖춘 '新民' 양성을 주장하였다.

이 '신민'의 양성을 위해 무엇보다 중요한 것이 교육이었으며, 학교의 설립은 대한협회 안동지회의 중점 사업이었다. 교육의 대상은 향촌사회 구성원 전체로 확대되었다. 종래의 사족 지배층이 독점했던 서원과는 다른 차원이었을 뿐만 아니라, 대한협회 본회의 교육대상이 회원 자녀에 한정되었던 것과는 달리, 안동지회에서는 교육의 기회가 제한된 민중을 위한 야학도 실시하고자 했다. 이런 점에서 볼 때, 그가 추진하고자 했던 '신민'의 양성은 특정한 계층에 한정된 것이 아닌 국민 전체로 확대되었음을 알 수 있다. 또한 이 신민은 정치적 능력과 군사적 능력을 겸비하여 독립운동의 주체, 국가건설의 주체로서의 임무를 맡아야할 존재였다.

서간도 망명 이후 1910년대에도 가장 역점을 둔 사업은 독립운동가 양성을 위한 교육이었다. 1910년대 중반 서간도에서는 마을마다 소학교가 설립되고, 중학교육을 펴던 학교도 여러 곳이었다. 학교교육에서 강조된 부분은 민족의식 고취와 군사훈련이었다. 국내외 독립운동에서 만주의 독립운동세력이 강도 높은 무장투쟁을 지속해 나갔던 데에는 이와 같은 군사적 실력양성이 뒷받침되었던 것이다.

셋째, 이상룡의 국권회복운동·독립운동의 방법은 무장투쟁이었으며, 의병항쟁 이래 끝까지 관철되었던 민족운동 방법이었다. 그는 의병항쟁 단계에서부터 이미 실질적인 전투력을 매우 중시했으며, 당시 양반유생 중심의 의병이 지니는 한계를 극복하기 위해 의병기지 건설에 착수하기도 했다. 그러나 명망가·지사 중심의 의병투쟁의 한계를 인식하면서, 위에서 본 바와 같이 국권회복의 주체로 '신민'의 양성을 주장하고 대한협회 안동지회를 결성하였으며, 신민 중심의 향촌 단위의 항쟁을 시도했다. 당시 대한협회가 권력 지향의 정치적 성격이 짙었던 데 비해, 안동지회는 民力의 결집과 민중의 무장투쟁을 위한 단체였다는 점이 특징이다. 때문에 이상룡은 나라를 빼앗긴 후에는 무장항쟁이 가능한 만주로 망명하여 독립군기지를 건설하고 독립전쟁을 목표로 활동했던 것이다. 그리고 그는 무장투쟁의 물적 기반 확보를 위한 방법으로 국내외로부터 군자금 수집 활동도 전개하였으나, 보다 장기적인 항전을 위해서 둔전 설치를 통한 병농 일치의 방법을 모색하고 실천했다.

넷째, 그는 무장투쟁을 통해 독립을 쟁취하려는 노력을 전개해 나가는 가운데, 끊임없이 실천적 활동을 뒷받침해 줄 수 있는 논리를 찾았다. 이 과정에서 변화하는 현실을 이해하고 운동의 주체와 방법을 발전시켜 나가기 위해, 서양근대사상을 검토하고 주체적으로 수용하였다. 또 서간도로 망명하여 독립운동기지를 건설하는 과정에서 이주 한인의 경제문제 · 정치문제에 직면하여, 그 해결 방도를 찾고 실천하는 속에서 기층 민중의 삶에 대해 깊이 고민하게 되었다. 그 자신도 망명지에서 이주 한인의 경제적 · 정치적 어려움을 겪으면서 한인이 타민족으로부터 받는 억압만이 아니라, 자본과 토지의 사적 소유로 말미암아 경제적 불평등 관계로 착취당하고 있음을 인식하였다. 여기서 마르크스의 사회주의를 공자의 井田制와 大同世와 통할 수 있는 관점으로 헤아리면서, 모든 인류가 행복을 추구할 수 있는 이상적인 사회는 사적 소유를 부정하는 데서 가능하다는 인식에까지 도달하게 되었다.

이상룡은 30대의 나이에 향촌사회의 운영 문제에 주역으로 나서기 시작하고, 40대 후반에 의병기지 건설을 위해 노력하였다. 그러다가 방략의 한계를 깨닫고 계몽운동으로 방향을 바꾸었지만, 무장투쟁 노선만은 그대로 갖고 있었다. 만 53세에 만주 망명길에 오른 그는 군사기지 건설을 위해 맨 먼저 동포 사회를 구축하고 자치기관을 열었으며 교육기관과 병영을 설치하였다. 3 · 1운동 이후에는 군정부를 수립하고 서로군정서를 이끌면서 김동삼을 비롯한 인재를 지휘하여 독립운동계의 최고 인물로 자리 잡았다. 만 68세에 임시정부의 국무령으로 선출된 이유가 바로 거기에 있었다. 그는 1932년 5월 12일 길림성 舒蘭縣에서 만 74세를 일기로 순국하였다.

이상룡은 민족이 나라를 잃어 가는 과정에서 그것을 극복하려고 혼신의 힘을 쏟았고, 나라를 잃은 뒤에는 모든 기득권을 버리고 항쟁의 새로운 터전을 찾아 나섰다. 민족문제를 해결하기 위해 항상 상황을 논리적으로 진단하고 바른 길을 찾아 실천하였으니, 그의 삶은 암울한 민족을 광영의 세계로 이끌어 가는 등불이었다.

8장_ 東山 柳寅植의 생애와 독립운동

1. 머리말

한국독립운동사는 항일의병 단계부터 시작되어 일제 식민지 기간 내내 줄기차게 지속되었다. 그러나 독립운동의 전개 과정에서는 방법론, 즉 方略의 차이를 두고 민족의 역량이 하나로 합쳐지지 못하는 경우가 너무 많았다. 1900년대의 의병항쟁과 계몽운동이 그러한 한계를 노정하였고, 1920년대 말 이후 1930년대 전반기까지의 좌우세력이 역시 그러한 한계를 보여주었다. 전자의 경우는 1910년대 중반에 광복회라는 조직으로, 후자는 1920년대 후반에 신간회라는 결사를 통해 타협과 공존의 장을 어렵게 펼치기도 했지만, 그마저도 오래 지속되지는 못하였다. 더구나 일제의 민족 분열책은 민족의 항쟁력을 하나로 결집시키는 데 많은 어려움을 가져다주었다. 한국독립운동사에서 민족의 역량을 하나로 합일시키는 방략의 통일은 항상 최대의 과제였지만, 그것은 결코 쉽게 달성할 수 없는 난제였다. 그런데 본고에서 검토하려는 東山 柳寅植(1865~1928)은 이를 해결해 나간 대표적인 인물이었다.

류인식은 먼저 독립운동사의 서장인 전기의병에 참가하였다. 이어서 그는 계몽운동으로 혁명적 변신을 도모하여 계몽운동가로 전환하였고, 한 걸음 더 나아가 안동을 중심으로 한 경상북도 북부지방에 근대화 바람을 불러 일으켰다. 나라를 잃게 되자, 그는 만주로 망명하여 독립운동기지를 마련하고자 노력하였고, 일시 귀국 무렵에 체포된 뒤에는 역사서술과 계몽교육을 펼쳤다. 1920년대에 들어서는 만년임에도 불구하고 노동운동 등에도 앞장을 섰다. 때문에 그는 좌우합작체인 신간회 안동지회의 초대 회장이 되기도 하였다.

이 글은 그가 전개한 독립운동의 내용을 살펴보고 독립운동사에서 그가 가지는 위상을 검토하는 데 목표를 둔다. 우선 출생과 성장 과정을 간략히 정리하고, 독립운동에 대하여 1900년대의 계몽운동, 1910년대의 만주 망명과 귀국 후의 교육 및 저술 활동, 1920년대 교육과 사회 활동 등으로 나누어 논지를 전개하려 한다.[1)]

2. 출생과 성장

류인식은 1865년 5월 3일 안동군 동후면 주진동 삼산(현 예안면 주진리)에서 西坡 柳必永과 청주정씨 사이에 장남으로 태어났고, 뒤에 9촌숙인 柳祈永의 아들로 입양되었다.[2)] 그의 본관은 전주, 字는 聖來, 호는 東山이었

---

1) 柳寅植에 대한 연구로 다음의 것이 대표적이다. 丁淳睦, 「東山 柳寅植의 開化教育運動」, 『韓國開化教育의 理想과 展開』, 한국정신문화연구원, 1980; 俞賢淑, 「東山 柳寅植研究」, 영남대학교 석사학위 논문, 1986; 金貞美, 「東山 柳寅植의 國權恢復과 民族教育運動」, 『大丘史學』 50, 대구사학회, 1995; 趙東杰, 「安東儒林의 渡滿經緯와 獨立運動史上의 性向」, 『大丘史學』 15·16, 대구사학회, 1978; 金喜坤, 「安東協東學校의 독립운동」, 『韓國民族運動史研究』, 우송조동걸선생정년기념논총간행위원회, 1997.

2)
시조 2대 15대 16대 17대 18대 19대 20대 21대 22대
濕─克恕……正源─日休─┬─道文─致陽─┬─星鎮─祈永─寅植(양가)─┬─浚熙
　　　　　　　　　　　│　　　　　　└─定鎮(치형에게 출계)　↑　├─潤熙
　　　　　　　　　　　│　　　　　　　　↓　　　　　　　　　　│　└─漢熙
　　　　　　　　　　　└─器文─致馨─定鎮─必永─寅植(생가)

祈永은 류인식의 9촌숙이었으나, 조부인 定鎮이 양자로 출계했으므로 사실상 5촌숙인 셈이다(『全州柳氏大同譜』 참조).

다. 그의 가문은 대대로 관직 진출자가 많은 명문 중의 하나였다. 시조인 柳濕은 고려 말에 完山伯에 봉해졌고, 2대 柳克恕는 寶文閣 直提學知製敎, 3대 柳濱은 永興府使, 4대 柳義孫은 세종조에 이조와 예조참판, 7대 柳潤善은 通禮院 引儀를 지냈는데, 류윤선이 영주로 세거지를 옮겼다. 그리고 8대 柳城이 임하면 천전동(내앞) 의성김씨 가문에 장가들어 안동에 정착하였다. 9대 柳復起와 柳復立이 鶴峰 金誠一의 문인으로 임란 때 의병으로 활약했으며, 柳復立은 진주성이 함락될 때 자결했다. 그리고 15대 柳正源(三山)은 영조대에 대사간을 지냈다.[3)]

그의 가문은 서울에서 관료로서의 지위를 유지하다가 안동으로 이동한 뒤, 영남 사림으로의 길을 걸었던 것으로 보인다. 류인식의 생부인 류필영은 퇴계 학통의 정맥을 계승한 定齋 柳致明을 스승으로 삼았고, 문장과 경학에 뛰어났으며, 1919년 3·1운동 직후 유림들의 항쟁으로 나타난 파리장서의거에 참여했다가 투옥되기도 했던 인물이었다. 이처럼 그는 관직 생활과 학행 및 예학의 길을 걸어왔던 가문의 배경 속에 자라났기 때문에 그 자신이 30세에 이를 때까지 철저한 도학자로서의 길을 따라 성장하였다.

류인식은 그의 생부와 함께 류치명 아래 동문수학했던 拓菴 金道和를 스승을 삼고 학문적 성장을 도모하였다. 그는 6·7세에 이미 『史略』을 읽었고, 10세에 「劉項優劣論」을 지었으며, 15세에는 사서삼경과 「儒賢傳記」를 읽고 청년학자로 성장하였다.

그의 성품은 격정적이었다. 의롭지 않거나 선하지 않은 일에는 참지 못하였고, 벗들과의 토론을 종일토록 계속하였으며, 어른들의 꾸지람이 있더라도 그침이 없을 정도였다. 때문에 그의 양가 조부 容齋 柳星鎭은 옛 현인들의 예를 들어 덕성을 함양시키고자 노력하였다.[4)] 하지만 류인식의 이러한 격정적인 기질은 장차 극한 보수성을 가진 지방에 혁신의 바람을 들이

3) 『全州柳氏大同譜』 참조.

4) 「略歷」, 『東山文稿』, 東山先生紀念事業會, 1977, 142쪽.

치게 했던 원동력으로 작용했던 것 같다.

그가 과거를 보러 상경했던 시기가 28세 되던 1893년이었다. 그러나 조선조 마지막 시험이었던 이 과거에서 류인식은 제도의 문란과 조정의 부패를 목격하였다. 참담한 심정으로 돌아온 그는 두문불출하면서 학문에 몰입하고, 또한 자신의 앞길과 국가의 장래에 대한 깊은 시름에 잠겼다. 특히 바로 다음 해에 동학농민군이 봉기하자, 더더욱 국가의 장래와 자신의 진로를 고민했다. 그는 權奸들이 자신의 지위를 유지하기 위해 외국 군대를 끌어들임을 탄식하고 동지들과 방책을 논의했지만 뚜렷한 결론을 얻지 못하였다.[5] 이 무렵에 독립운동사의 장이 열리기 시작하였고, 그도 이 대열에 참가하게 되었다.

3. 계몽운동가로의 전환과 협동학교

독립운동사의 출발은 의병항쟁이었고, 그것의 출발점은 전기의병(1894~1896)이었다. 1894년에 전기의병의 서장이 안동에서 열렸다. 비록 이 의진이 공주 유생 徐相轍에 의해 주도되기는 하였지만, 안동지역에서 안동인들의 참여로 일어났던 것이다.[6]

류인식이 의병에 참여한 것은 1895년 말부터 1896년 사이에 펼쳐진 이른바 을미의병인 것으로 전해지고 있다. 그는 李中業·李相龍·權在重과 더불어 討賊復讐의 義를 부르짖고, 격문을 돌려 의진을 구성하였고, 청량산의 산성에 들어가 의병항쟁을 펼쳤다.[7] 당시 柳時淵과 영양의 의병장 金道鉉이 청량산에서 창의했다는 기록을 검토해 보면 이들이 모두 함께 창의하

5) 위의 책, 143쪽.
6) 김상기, 『한말의병연구』, 일조각, 1997, 105~115쪽.
7) 「略歷」, 앞의 책, 1977, 143쪽.

여 의기를 드높였던 것으로 보인다.[8] 즉 그의 나이 30세를 막 넘어선 시기에 의병항쟁에 참가함으로써 독립운동의 장에 뛰어 든 셈이었다.

류인식은 전기의병이 끝난 뒤, 천하를 돌아보면서 구국의 길을 찾았다. 그는 산속에 은둔하면서 동지들과 연락하고, 국내의 산수를 돌아보면서 형세를 살피는 등, 10년을 보냈다.[9] 그러다가 그가 서울 성균관으로 유학길에 올랐던 것은 1903년이었다. 일찍이 영남학파의 종장인 퇴계의 학통을 이은 김도화를 스승으로 섬기고 전통학문을 공부했던 그는 서울에서 申采浩를 만나면서 사상과 행동에 있어 커다란 전기를 맞았다. 그밖에도 柳瑾·張志淵 등과 사귀면서 혁신유림으로 전환한 것이다.[10] 당시는 개화혁신운동을 넘어서서 계몽운동으로 나아가고 있었고, 대외적으로는 러일전쟁의 전야에 놓여 전 국민을 긴장상태로 몰아넣고 있었다.

1904년부터 계몽운동이 시작되었다. 이 운동은 교육구국운동과 산업진흥운동이란 양대 방책으로 전개되었는데, 류인식은 서울에서 신교육의 중요성을 깊이 깨닫고 안동지방에 이를 전파시키려는 의지를 불태우게 되었다. 그리하여 신교육기관을 설립하고자 나섰다. 1904년 서울에서 시작한 계몽운동을 안동지방에서도 동시에 시도하려는 것이었다. 하지만 안동지방의 보수적 성향은 이를 쉽게 용납하지 않았고, 일단 좌절을 겪게 되었다.

류인식은 여기에서 굴하지 않고 다시 기회를 포착하려 하였다. 그 결과 1906년 고종이 興學詔勅을, 申泰休 경북관찰사가 興學訓令을 내리자, 그는 본격적으로 신교육기관 설립에 나섰고, 완고한 유림들과의 충돌도 마다하지 않았다. 그리하여 1907년에 協東學校를 출범시키는 데 성공하였다. 짧은 기간에 안동사회를 변혁시킬 신진 세력이 결속되었고, 이들의 노력이

8) 「碧山先生倡義顚末」, 『독립운동사자료집』 2, 독립운동사편찬위원회, 1971, 718쪽.

9) 「略歷」, 앞의 책, 1977, 143쪽.

10) 「上金拓菴先生書」, 『東山文稿』, 동산선생기념사업회, 10쪽; 「略歷」, 앞의 책, 1977, 143쪽.

주효했던 것이다. 이상룡이나 金東三의 활동은 그 가운데서도 두각을 나타내는 것이었고, 川前김씨 문중의 진보적 변화도 여기에 크게 기여하였다.

협동학교의 명칭은 "나라의 志向은 東國이요, 향토의 지향은 安東이며, 面의 지향은 臨東"이므로 '東'을 채택하였고, '協'은 안동군의 동쪽에 위치한 7개 면이 힘을 합쳐 설립한 것이므로 채택하여 '協東'이라 하였다.[11] 그리고 설립 재원은 虎溪書院의 재산과 천전을 비롯한 여러 문중의 것이 동원되었다. 처음에 천전 문중의 종손인 金秉植이 교장을 맡고, 류인식이 교감을 맡았다. 건물은 可山書堂을 사용하기로 하고 그것을 수리하는 동안 白下 金大洛의 사랑채를 임시 교사로 사용하였다. 여기에 金厚秉과 河中煥의 공로도 빼놓을 수 없다.[12]

협동학교는 3년제 중등학교로 출범하였지만 당시로서는 최고 학부였고, 또 학생들의 나이도 20세 정도였다. 류인식이 협동학교를 수립하던 1907년은 계몽운동의 비밀결사로서 대표적 조직인 新民會가 조직되던 해였다. 李觀稙 · 金箕壽 · 安商德 등의 교사들은 바로 이 新民會가 추천하여 파견한 인물이었다.[13] 그리고 교과 내용은 역사 · 국어 · 대수 · 화학 · 생물 · 체조 · 창가 · 외국지지 등 17개 과목으로, 당시로서는 최첨단 과목으로 짜여졌다.[14]

안동지방 계몽운동의 표상인 협동학교는 설립이나 운영 과정에서 끊임

---

11) 「協東學校 設立 趣旨文」, 《황성신문》 1908년 9월 27일자. 이 취지문에 안동 동쪽지역 7개 면이 합동하였다는데, 실제로 1913~1914년에 조선총독부 임시토지조사국에 의해 작성된 「土地調査簿」에는 안동 동부지역 7개 면(임동면 · 임현내면 · 임북면 · 임서면 · 길안면 · 동후면 · 와룡면) 21개 동에서 田 35필지 19,378평, 畓 92필지 53,544평, 대지 1필지 81평, 분묘지 1필지 59평 등 모두 73,062평이 협동학교 소유 토지로 기재되어 있다(각 면, 동별 토지에 대해서는 金喜坤, 「安東 協東學校의 독립운동」, 『韓國民族運動史硏究』, 우송조동걸선생정년기념논총간행위원회, 1997, 183~184쪽 참조).

12) 趙東杰, 『韓國民族主義의 成立과 獨立運動史硏究』, 지식산업사, 1989, 243~245쪽.

13) 위의 책, 245쪽.

14) 「학적부」 참조.

없는 도전을 받았다. 특히 류인식은 그의 생부인 류필영으로부터 의절을 당하고 스승인 김도화로부터 파문을 당하는 아픔을 겪어야만 했다.[15] 그는 1908년 김도화에게 개화의 필요성에 대한 자신의 생각을 장문의 편지로 고하였다.[16] 그런 가운데 1910년에는 인근 지역의 의병 수십 명이 들이닥쳐 교사를 살해하는 참상이 빚어지기도 했다.[17] 구국이라는 같은 목적 아래에서도 계몽운동과 의병항쟁이란 양대 방략이 서로 갈등을 보인 것이 이 지방에서만 나타난 현상은 아니었지만, 진정 참혹한 일이었다. 그렇지만 류인식의 鴻志는 이에 굴하지 않았고 오히려 더욱 굳어져 갔다. 그 결과 협동학교 출신들이 경북 북부지방에서 구국교육운동을 펼침으로써 이 지역 계몽운동의 확산에 결정적인 구실을 해낸 것이다.

한편, 1907년 11월 그는 서울에서 조직된 大韓協會를 발기하는 데 참여하였다. 이것은 대한자강회를 이어 설립된 조직으로, 柳瑾·張志淵 등과 교유하던 류인식은 여기에 발기인으로 참가하였다. 또한 류인식은 김동삼과 더불어 대한협회 안동지회 설립에 참가하였고, 동지인 석주 이상룡을 지회장으로 선출하였다. 그러나 대한협회는 출발 무렵부터 성격이 변질되었고, 급기야는 친일화하는 경향까지 보였다. 이렇게 되자 안동지회는 중앙 본부의 성격 변화에 강력히 항의하는 글을 발표함으로써 지회의 성격을 분명히 하였다.[18]

또 류인식은 1908년에 嶠南教育會 조직에 참가하였다. 교남교육회는 교남학회라고도 하는데, 경상남북도의 교육진흥을 표방하면서 서울에서 조직되었다. 전하는 말에 의하면, 류인식은 이 조직에 발기인으로 참가하고 취지서를 썼다고 한다. 이것은 다른 어느 지역보다 느리게 변화하고 있던

15) 「略歷」, 앞의 책, 1977, 144쪽.

16) 「上金拓菴先生」, 앞의 책, 1977, 8~13쪽.

17) 「弔協東學校」, 《황성신문》 1910년 7월 23일자. 이 사건의 시기에 대해 앞의 「略歷」에는 戊申年 즉 1908년이라고 쓰여 있지만, 잘못된 것이다.

18) 「與大韓協會本會」, 『石洲遺稿』, 고려대학교출판부, 1973, 73쪽.

영남지역 교육계의 변혁을 재촉하기 위한 움직임이었다.

이처럼 류인식은 40대에 접어들던 1900년대 중반에 교육 중심의 계몽운동을 펼쳐 나갔다. 중앙과 안동을 오르내리면서, 그는 중앙에서 대한협회와 교남교육회를 조직하고 이끄는 한편, 안동에서는 협동학교 설립과 운영을 통해 교육구국운동을 펼쳐 나갔던 것이다.

4. 만주 망명과 귀국

1910년에 나라를 잃게 되자, 협동학교를 이끌던 류인식을 비롯한 혁신유림들은 만주로 이동하기로 작정하였다. 이것은 新民會가 만주에 독립군기지를 건설하려던 계획과 연결된 것이었다. 이상룡은 1910년 12월에 출발하여 1911년 1월 초에 압록강을 건넜다. 여기에는 도곡에 거주하던 이상룡의 문중들이 대거 참여하였다. 이어서 1월 초에 김동삼을 비롯한 천전 문중도 떠났고, 이어서 류인식도 柳東泰에게 협동학교를 맡겨두고 만주로 망명길에 올랐다.[19]

遼寧省 柳河縣 三源堡에 도착한 류인식 등 안동 출신 인사들은 독립운동기지 건설에 총력을 기울였다. 다수의 동포들을 이주시키고 장차 독립군을 양성하여 전쟁에 대비하려는 것이 이들의 계획이었고, 그래서 그들은 우선 1911년 4월에 耕學社를 조직하였다. 이상룡이 사장이 되고, 李會榮이 내무부장, 李東寧이 재무부장, 張裕淳이 농무부장, 그리고 류인식이 교육부장을 맡았으며, 김동삼이 조직과 선전을 각각 맡았다.[20] 경학사는 취지서에서 민생과 교육이라는 두 가지 목표를 내세우고 있었다. 그것은 독립군기지 건설을 위해 먼저 이주 동포들의 안정책이 마련되어야 했기 때문이었

19) 趙東杰, 앞의 책, 247~252쪽.

20) 「東山 柳寅植 先生 年譜」, 『동산문고』, 동산선생기념사업회, 1977 참조.

다. 여기에다가 부속기관으로 신흥강습소를 설치하여 청년들을 훈련시켰다. 이것이 뒷날 신흥중학교, 신흥무관학교로 발전하여 독립군을 양성하였고, 청산리·봉오동 승첩을 세우는 기초가 되었던 것이다.

그런데 류인식은 이듬해인 1912년 7월에 잠시 귀국했다가 일제에 체포되었다.[21] 그가 돌아온 이유는 토지를 모두 팔고 전 가족을 이동시킬 계획에서 비롯하였다고 전해지고 있다. 그런데 여기에는 다른 이유가 있었을 것 같다. 1911년에 경학사를 결성하고 농사에 진력했지만, 그해에 흉년이 들었다. 일찍 추위가 닥쳐 한해가 들었고, 더구나 볍씨가 그 기후에 맞질 않았다. 독립운동기지를 마련하려는 출발 단계에서 난관에 봉착한 것이다. 그래서 국내로부터 물자나 재원이 공급되어야 하는 국면에 부딪치게 되었다. 이런 어려움 때문에 국내로부터의 지원체제가 가장 긴요한 일로 떠올랐다. 그래서 이상룡도 그의 소유지로부터 추곡을 조달하기도 했던 것이요, 류인식의 귀국도 그러한 차원에서 이해하는 것이 옳을 듯하다.

5. 1910년대 교육운동과 『大東史』 저술

1) 교육운동

일제경찰에서 풀려난 류인식은 국내 활동에 전념하였다. 그의 1910년대 국내 활동은 교육과 역사서술 두 가지로 나뉜다. 그는 안동을 중심한 경북 북부 지역에 교육구국운동의 일환으로 강습소 설치를 위해 노력을 기울였다. 일제의 탄압을 무릅쓰고 각 촌락을 순회하면서 주민의 계몽을 위해 노력하고 교육의 필요성을 고취시켰다. 이어서 그는 1917년에는 다시 협동학

21) 金大洛, 「壬子錄」, 『白下日記』 참조.

교의 교장을 맡았다.[22] 만주로 가면서 柳東泰에게 학교 일을 맡겼는데, 1912년부터는 한들 류치명 종택으로 옮겨져 柳淵甲이 교장을 맡고 있었다. 당시 定齋 종가는 한들(大坪)에서 무실(水谷)마을로 이사하였기 때문에, 한들에 있던 종택을 校舍로 사용할 수 있었다.

류인식은 1917년 다시 교장을 맡으면서 망명으로 못다한 그의 교육이념을 실천에 옮겼다. 그렇지만 1918년 3월 졸업증서에 류인식이 교장으로 기록되어 있을 뿐, 그 이후의 기록은 없다. 3·1운동이 일어날 때 류인식은 輪感(장티푸스)에 걸려 수개월을 누워 있었다. 그러면서 그는 종제인 柳萬植으로 하여금 因山에 참석토록 했다.[23] 그 가운데 협동학교 학생들은 안동면의 시위에 참가하려다가 사전에 발각되어 귀가조치 되었지만,[24] 임동면의 시위에서는 큰 역할을 맡은 것으로 전해진다.[25] 그리고 일제경찰 기록은 경상북도에서 3·1운동으로 인해 휴교에 들어가 4월 말까지 개교하지 못한 학교로 협동학교와 大邱 啓聖學校 등 2개 학교를 들고 있다.[26] 협동학교는 이후에 다시 문을 열지 못하고 임하공립보통학교와 임동공립보통학교로 재원을 넘기게 되었으니, 사실상 3·1운동으로 장렬히 산화한 셈이다. 이런 점에서 그는 비록 병으로 3·1운동에 직접 나서지는 못했다고 하더라도 그의 교육운동에 의해 성장한 청년 지도자들이나 학생들이 안동지방 3·1운동에서 크게 활약한 것이 바로 그의 공헌이라 하지 않을 수 없다.

류인식은 3·1운동 소식을 들으면서 병으로 직접 참여하지 못함을 안타까워했을 것이다. 그러면서 그는 "民智가 未開하고 시기가 너무 이르다. 그렇지만 亡國 1紀(12년)가 차기 전에 이 운동이 일어남이 어찌 장쾌하지 않

---

22) 「修業證書」·「卒業證書」, 앞의 책, 1977 참조.

23) 「略歷」, 앞의 책, 1977, 146쪽.

24) 金元錫, 「안동의 3·1운동」, 안동대학교 석사학위 논문, 1994, 25쪽.

25) 위의 글, 28쪽.

26) 독립운동사편찬위원회, 『獨立運動史資料集』 6, 1973, 825쪽.

으리요."라고 평하였다.[27] 이런 상태를 지켜보면서 그는 다음 해인 1920년 1월 10일에 자신의 처지와 국내외 독립운동계의 현실을 「此夜寒十絕」이라는 시로 표현하였다. 끝 부분 3절을 소개하면 다음과 같다.

> 노동자들이여! 이 날 밤은 춥구나
> 얼음길 눈 바다를 헤쳐온 우리인데
> 4천년 역사 가진 신령한 이 겨레가
> 왜놈들 채찍 아래 어이 신음할 건가
>
> 음산한 대륙이여! 이 날 밤은 춥다
> 우리 朝鮮 어느 곳도 신음소리뿐인데
> 들어보니 돈 많은 매국노 마을에
> 난롯불 털 담요 따스하기 봄날 같다네
>
> 오막살이 사는 이여! 이 밤 차다고 한탄하지 말라
> 땅 속에 따스한 기운 돌고 있으니
> 이제 곧 봄바람이 대지에 불어오면
> 죽은 뿌리 마른나무에 싹이 트리라[28]

류인식은 이 글을 통하여 애국청년 · 해외동포 · 학계인사 · 사회인사 · 상인 · 노동자 등에게 관심을 보였다. 여기에서 그의 관심의 범위가 노동자, 상인 등의 대중으로 확산되고 있음을 알 수 있고, 더 나아가 1920년대 그의 활동 범주가 교육운동만이 아니라 사회운동으로 전환될 것임을 시사해 주고 있다.

---

27) 「略歷」, 앞의 책, 1977, 146쪽.

28) 勞動諸君此夜寒 氷程雪海走如丸 四千餘載神明族 何異呻吟異種鞭
玄陸陰凌此夜寒 東鮮無處不愁顔 聞說多金侯爵里 炭爐毛帳煖如春
莫恨窮廬此夜寒 地中陽復已經旬 次第春風煽大地 死根枯木向榮欣
(『東山文稿』, 동산선생기념사업회, 1977, 2쪽).

2)『大東史』 편찬

류인식은 1910년대 전반기에 걸쳐『大東史』저술에 심혈을 기울인 것으로 보인다. 洪致裕와 李漢杰에게 자신의 글을 살펴보라거나 등초를 부탁하는 기록이 1917년과 1920년에 나오는 점으로 미루어 보아,[29] 이 책의 저술은 귀국 후부터 시작되어 10년 가까운 세월이 걸린 것으로 판단된다. 물론 이 책이 협동학교의 교재로 개발된 것이기도 하겠지만, 여기에는 훨씬 더 큰 의의가 있다.

일제는 이미 1890년대에 역사서술에서 침략 논리를 마련하였고, 1900년대에 들어서는 식민사학을 국내로 침투시켜 나갔다. 이에 저항하면서 최초의 근대 민족주의사관을 정립시킨 인물이 바로 류인식에게 혁신유림의 길을 제시했던 신채호였다. 신채호의『讀史新論』(1908)은 역사 서술상의 주체를 '민족'으로 설정하면서 사대주의적 존화사관을 철저히 비판하여 근대사학의 시조로 평가되고 있다. 이어서 朴殷植도 이런 차원에서 1915년에『韓國痛史』를 저술하여 국내로 반입시켰다. 이들은 모두 비록 나라를 잃었지만 민족혼만 간직한다면 나라를 되찾을 수 있다는 인식 아래 그 민족혼을 역사라는 그릇에 담아 두려 했다. 이것을 '국혼적 역사관'이라 한다.

류인식도 국수의 보전이란 차원에서 역사를 저술했다.[30] 물론 신채호·박은식과는 달리 국내라는 한계 때문에 강도는 다소 약했지만, 신채호가 만주지역을 한민족 역사의 중심무대로 설정하여 단군－부여－고구려－발해를 정통으로 인식한 것과 마찬가지로 류인식도 단군조선에 이어 기자조선과 부여, 고구려와 신라·백제, 발해와 신라를 각각 남북조로 파악하면서 연결시켰다. 그는 만주지역을 한민족의 영토로 파악하고, 단군기원을

29) 「答洪致裕」,『東山文稿』, 동산선생기념사업회, 1977, 30쪽;「答李德純」, 앞의 책 31쪽.
30) 金貞美,「東山 柳寅植의 國權恢復과 民族教育運動」,『대구사학』 50, 대구사학회, 1995, 44쪽.

사용하여 주체적인 민족주의를 표방하였다. 이러한 점은 류인식의 동지인 이상룡이 만주에서 신흥학교의 교재로 썼다고 전해지는 『大東歷史』의 경우와 같은 것이기도 하다.

羅喆에 의해 大倧敎가 창설되자, 류인식이 포고문을 쓴 것으로 전해진다.[31] 이것은 신채호나 박은식 모두 대종교에 입교한 것과 일맥상통하는 일이다. 민족주의사관 형성과 이를 바탕한 민족사 서술, 단군 신앙의 대종교 입교, 이러한 일련의 활동은 바로 독립운동 그 자체이기도 하였다.

그런데 『大東史』는 서술 방법에 있어 다소 구시대적인 체제를 극복하지 못한 모습을 보이기도 하였다. 즉 편년체 서술에 머물렀다는 점에서 한계를 가졌다는 말이다. 그렇지만 식민지 억압 통치 상태 아래에서 서술되었음에도 불구하고 국혼적 역사관을 견지했다는 점에서 높이 평가할 만하다고 본다. 더구나 그의 서술의 범위가 경술국치에까지 이르는, 당시로서는 현대사에 이르는 것이어서 더더욱 경이롭게까지 느껴진다.

6. 1920년대 교육운동과 사회운동

1) 교육운동

50대 중반을 넘어서는 1920년대에 들어 류인식은 1907년 계몽운동을 시작한 이래 계속해 왔던 교육운동을 한 단계 높게 추진하였다. 우선 많은 사설학교들을 점검하고 고등보통학교를 설립하고자 목표를 잡았다. 1920년대에 들어 안동지방에 많은 사설 학교가 세워졌다. 이것은 물론 협동학교를 기점으로 하여 확산된 교육구국운동의 결실이었다. 당시 그가 서간도

31) 「略歷」, 앞의 책, 1977, 146쪽.

에서 활약 중인 李源一에게 보낸 서신에 따르면, 이 지역에 "교육열이 크게 신장되어 7개 공립학교와 사립 강습소가 안동군에 40여 개소나 되고 생도수가 4~5천을 밑돌지 않으며 村塾에서 舊文을 배우는 곳이 없다. 대지의 사조가 마침내 반드시 범람하는 것이다."라고 안동의 교육 상황을 전하였다.[32]

그는 안동만이 아니라 대구의 교육운동에도 참가하였다. 즉 1921년에 嶠南學館(교남학교, 대륜중고등학교의 전신)의 설립을 추진하였다. 대구의 洪宙一·金永瑞·鄭雲騏 등과 협력하여 友弦書樓를 가교사로 출범한 이 학교는 6개월 과정의 초등과, 1년제 중등과, 3년제 고등과 등을 두었다. 이것은 교육운동이 다른 지역에 비해 뒤늦은 영남지역에 추진력을 불러일으킨 일이었고, 여기에 류인식은 안동지역의 각 문중과 유력 인사들로부터 설립자금을 모금하였던 것으로 전해진다.[33] 그 결과 9월에 이 학교가 설립되었다. 한편 그가 영천의 보수 유림들에게 잘못을 꾸짖으면서 신식교육의 필요성을 역설했던 일도 바로 이 당시의 일로 보인다. 즉 영천 華北面에 있던 백학서당에서 曺秉健이 신식교육을 실시할 때 보수 유림의 반발이 드세자, 류인식이 이를 통렬하게 질타하는 글을 보냈던 것이다.[34]

안동과 대구의 교육운동에 진력하던 류인식은 안동지방에 청년들을 위한 고등보통학교를 설립하고자 하였다. 그래서 1921년부터 목표를 두고 노력하다가, 다음 해 4월에 안동을 중심한 의성·청송·영양·영덕·봉화·영주·예천 등 북부지역 8개군 연합고등보통학교 기성회 창립총회를 열었다.[35] 李均鎬를 임시의장으로 선임하고, 기본금을 50만 원으로 상정하였으며, 안동군에서 20만 원, 나머지 7개 군에서 30만 원을 모금하기로 하였다.

32) 「與李源一」, 『東山文稿』 下, 동산선생기념사업회, 1977, 48쪽.

33) 「略歷」, 앞의 책, 1977, 146쪽.

34) 「通白鶴書堂士林文」, 『東山文稿』, 132~133쪽. 이육사가 이 학교에 다닌 시기가 1922년이었다(金喜坤, 「李陸史와 義烈團」, 『안동사학』 1, 안동사학회, 1994, 47쪽).

35) 「略歷」에는 7군이라 기록되어 있으나, 8군이 옳은 듯하다.

류인식은 이 과정에서 이균호에게 조언하는 등 끊임없는 관심과 애정을 기울였다. 이것은 협동학교라는 중등학교가 3·1운동으로 폐교된 뒤, 정식으로 고등보통학교를 설립하려는 것으로, 구국운동의 연장선상에서 이루어진 활동이었다. 그러나 이 사업은 재정 사정이 어려워지면서 쉽게 진척되지 못하였다.

이런 가운데 서울에서 조선민립대학 설립운동이 시작되고 있었다. 3·1운동 뒤 신교육에 대한 욕구가 커지고 지원자가 급증하자, 이러한 시대적 요구를 수용하려는 고등교육정책이 바로 조선민립대학 설립운동이었다. 류인식은 1922년 11월에 조선민립대학기성회의 발기에 참가하였다. 이 모임에는 류인식을 비롯하여 韓圭卨·李商在·尹致昭·曺晩植 등 47명이 참가했는데, 류인식은 이 자리에서 중앙집행위원으로 선임되었다. 그리고 그는 경상남북도 지역 담당 선전부장이 되어 이듬해인 1923년 3월부터 두 달 동안 영남지역을 순행하면서 한편으로는 민립대학의 필요성을 홍보하고, 또 한편으로는 기성회 자금 모집에 진력하였다.[36]

1923년 6월에는 조선민립대학 설립운동을 전개해 나가기 위한 조직이 만들어졌으니, 조선교육협회(일명 조선교육회)가 바로 그것이었다. 조선민립대학 설립운동을 벌이고 있던 류인식이 여기에 참가한 것은 당연한 일이었다.[37] 조선교육협회는 당초에 4백만 원을 모금하고, 文·法·經·理科의 4부 대학과 예과를 설치하고자 하였다. 그러다가 이 협회는 다시 7부 대학, 1,250만 원으로 목표를 수정하기도 하였다. 9월 창립총회에 1,000여 명의 회원이 집결하고 활동이 크게 퍼져가자, 일제는 이를 민족운동으로 파악하고 탄압을 가하였다. 즉 일제는 이에 바로 앞서 '경성제국대학령'을 발표하여 기운을 빼놓고, 이어서 조선민립대학기성회의 모금운동을 극력 방해하였다. 류인식은 조선민립대학기성회에 이어 이 협회에도 참가하여, 그의

36) 「略歷」, 앞의 책, 1977, 147쪽; 《동아일보》 1923년 4월 1일자.
37) 위와 같음.

교육구국운동의 범위가 전국적임을 보여 주었다.

한편 정확한 시기를 알지 못하지만, 류인식이 대중 교육을 위해 사설 도서관을 마련한 것으로 전해진다. 그것은 안동 시내에 있던 松齋 종가 소유 건물에 도서관을 마련하고 그의 『大東史』를 비치해 두어 시민들에게 읽도록 했다는 이야기다.[38] 이것은 학교 교육을 넘어서서 일반 대중에게도 교육의 기회를 주려 했던 것으로 보인다.

2) 사회운동

앞서 「此夜寒十絕」을 거론하던 부분에서 언급했듯이, 류인식은 1920년 초에 또 한 번 인식의 큰 변화를 보였다. 독립운동에 전념하고 있는 애국청년과 해외 동포, 그리고 학계인사라는 전통적인 계층만이 아니라 그는 사회운동가나 상인, 노동자 등에게까지 애정을 보이며 기대를 걸고 있었다. 이런 점이 언제부터 시작되었는지 몰라도 이 시를 통해 그가 1920년대에 사회운동에 중점을 둘 것이라는 인식 변화의 조짐을 찾을 수 있다. 과연 그는 1920년에 시작되었다고 해도 과언이 아닌 안동지방 사회운동의 서장에 참가하였다. 그것도 50대 중반의 나이에 그러했다.

3·1운동 직후, 안동에도 다른 지역과 마찬가지로 많은 사회단체들이 조직되었다. 1920년 5월 200명이 참석하여 출범한 안동청년회[39]를 비롯한 예안청년회[40]·안동부인회[41]·기독청년회[42]·불교청년회[43]·일직면금주

38) 류인식의 주손인 柳基元 증언.

39) 1920년 5월 23일에 안동공립보통학교에서 창립(《동아일보》 1920년 6월 11일자).

40) 1920년 7월 3일 예안공립보통학교에서 창립(《동아일보》 1920년 7월 19일자).

41) 《동아일보》 1920년 8월 5일자. 안동부인회 이후 여성조직은 1925년 11월에 좌파 성향을 가진 안동여성회로, 1926년 5월에는 안동여자청년회로 나타남(《동아일보》 1925년 11월 4일자, 11월 12일자, 1926년 6월 13일자).

42) 1920년 8월 3일에 안동교회에서 창립(《동아일보》 1920년 9월 6일자).

43) 1920년 8월 22일에 法龍寺에서 창립(《동아일보》 1920년 8월 31일자).

회[44] 등이 조직되었다. 대체로 청년단체가 주류를 이루었고, 교육이나 노동야학 활동을 전개해 나갔다. 안동지방 청년운동에 대한 류인식의 지도력과 영향력이 지대하였고, 특히 그의 활동 가운데 주목할 만한 것이 바로 조선노동공제회 안동지회 조직이었다.

1920년 4월 서울에서 조선노동공제회가 설립되었다. 그러자 9월 7일 동아일보 안동지국에서 50여 명이 참가한 가운데 안동지회 설립을 위한 준비회가 열렸다. 이어서 23일에 안동교회 구내에서 발기총회가 열렸는데, 총간사에 柳東著가 선출되었다. 다음 해 7월 개편된 임원진에 총간사 柳周熙를 비롯하여 간사였던 金元鎭 · 李雲鎬 · 柳浚熙 · 金南洙 등이 모두 류인식의 제자였다는 점에서 그의 위치와 역할을 쉽게 알 수 있다. 조선노동공제회 안동지회는 1921년 7월 현재 회원 1,400여 명에 의연금이 5,000원에 달하는 큰 조직체로 발전하였고, 특히 노동야학과 강연회를 개최하여 이 지방 청년운동의 표상적인 조직이 되었다.[45]

류인식은 1923년 들면서 안동지방의 물산장려운동도 이끌어 나갔다. 이 운동은 1920년 봄에 평양에서 민족 기업의 건설과 육성을 촉구하는 조직체 결성이 논의되었고, 그 결과 8월에 평양에서 조선물산장려회가 발족된 데서 비롯하였다. 1900년대 계몽운동기에 2차 산업에 대해 비로소 눈을 뜨고 1910년대 강제병합과 이에 따른 회사령 발동으로 2차 산업의 발전이 저지되고 있었다. 그런데 3 · 1운동 직후부터 경제 자립을 위한 민족적 자각이 싹트면서 이를 극복하려는 움직임이 나타난 것이다. 이 운동은 1923년 1월 서울에서 전국 조직체가 조직되는 정도로 발전하였고, 급기야는 안동지방

44) 1920년 9월 4일에 一直書塾(현 蘇湖軒)에서 창립된(《동아일보》 1920년 9월 17일자). 이 조직은 일직청년회 창립의 중추적인 역할을 했고, 일직청년회에 흡수되었다.

45) 愼鏞廈, 「朝鮮勞動共濟會의 창립과 노동운동」, 『한국사회신분과 사회계층』(한국사회사연구회논문집 3), 文學과 知性社, 1986, 107~108쪽. 안동지역 1920년대 청년운동에 대해서는 沈相勳, 「1920년대 안동지역의 청년운동」, 『安東史學』 2, 안동사학회, 1996, 109~164쪽 참조.

에도 그 영향을 미쳤다. 이 운동은 조선인의 산업적 지능 계발을 통한 산업 장려, 조선 물산 애용을 통한 조선인의 산업 육성 등을 목표로 내걸고 전국적으로 계몽강연회를 열었다. 특히 설날에 8도에서 나오는 특산 布로 깃발을 만들어 가두행렬을 하기로 계획하였지만 조선총독부의 압력으로 중단되었는데, 이때 경상도의 특산포로 안동의 葛布가 선정되었다.

그리고 그해 10월 초순에 衡平社 안동분사가 조직되었다.[46] 형평운동은 백정들의 신분해방운동이었다. 비록 1894년 갑오경장으로 백정에 대한 법제상의 차별은 없어졌지만, 1920년 초에 이르기까지 사실상 신분차별은 남아 있었다. 1923년 진주에서 일어나기 시작한 이 운동은 이웃 예천까지 커다란 바람을 몰고 왔다. 그런데 안동지역에는 백정 인구가 그렇게 많지 않아 특별한 움직임은 없었다. 그렇지만 안동에도 분사가 조직되고 형평운동에서 커다란 비중을 가진 이른바 '예천사건'을 맞아 예천지역 형평운동의 지원에 나서기도 하였다.[47]

비록 이 운동에 류인식의 이름이 나와 있지 않지만, 그가 이 운동에도 간여했음은 의심할 바 없다. 왜냐하면 그 자신이 이미 1907년에 자신의 노비를 해방시켰고, 1920년대 초에 안동지역 사회운동을 이끌고 있었기 때문이다. 더구나 안동지사의 구성원도 대다수가 백정이 아니라 오히려 혁신적인 양반층이었고, 신간회의 구성 인물과 대체로 비슷하였기 때문이기도 하다.

또 1923년부터 다른 지역과 마찬가지로 안동지역에도 경제투쟁 단체들도 속속 등장했는데, 이에 대한 류인식의 영향력도 의심할 필요가 없을 것이다. 왜냐하면 대표적인 조직인 풍산소작인회가 바로 그가 이끌던 조선노동공제회 안동지회의 영향을 받고 조직되었기 때문이다. 이 조직의 대표적

46) 《동아일보》 1923년 10월 12일자.

47) '예천사건'은 1925년 8월 9일에 형평사 예천분사 창립 2주년 기념식이 끝난 뒤 다음 날까지 일반인들이 형평사원들을 공격한 것으로 전국적인 반향을 불러 일으켰다(김중섭, 『형평운동연구』, 민영사, 1994, 172~179쪽). 이 사건 배후에는 친일적 조직인 예천청년회와 일제경찰의 힘이 작용하였던 것으로 보인다.

인물은 李準泰 · 權五卨 · 金南洙 · 李用萬 · 李會昇 · 李會源 · 李昌植 등이었는데, 이들 대부분은 소작인이 아니었다. 즉 이들은 계몽적 · 선구적 인식을 갖고 소작운동에 나선 것이었다. 이 모임의 주요 활동 내용은 소작조건 개선운동,[48] 회원 단결을 위한 규제와 자치 활동, 봉건적 신분질서 철폐운동 및 도산서원 철폐운동(1925.10) 등이었다.[49]

1924년 들면서 전국적으로 청년사회단체들의 성향이 대다수 좌경화의 길을 걸었다. 안동지역에서는 1924년 말 이후 조직된 청년단체가 그러한데, 여기에는 권오설을 중심으로 풍산소작인회와 안동청년회 인물로 구성된 火星會의 영향이 컸고,[50] 이것이 勞友會,[51] 正光團,[52] 記友團[53] 등의 결성에도 영향을 끼쳤다. 이어서 각 면의 청년회가 성향을 바꾸었고, 이들이 민중해방운동의 선구자로 주장하고 나섰다. 신흥청년회[54] · 예안청년회 · 안동청년회 · 안동청년연맹[55] · 임하청년회[56] · 남후청년회[57] · 와룡청년회 등이 계속해서 성향을 바꾸어 나갔고, 이들이 노동야학과 민중교육을 펼쳐 나갔다. 그런 가운데 1926년 조선공산당 안동군 조직의 세포조직이 풍산소작인회 속에 만들어짐에 따라 조선공산당과의 관계를 가지게 되었다.[58]

48) 《동아일보》 1923년 11월 18일자, 1924년 7월 4일 · 8월 17일 · 10월 9일자.

49) 《동아일보》 1925년 11월 27일자.

50) 권오설, 이준태 등에 의해 안동지역의 사회운동을 결집하기 위해 결성된 조직으로 화요회계 · 신흥청년동맹 · 고려공산청년회의 영향을 받았다(《동아일보》 1924년 12월 27일자, 1925년 1월 12일자).

51) 《동아일보》 1925년 10월 12일 · 18일자.

52) 안동지역 사회운동단체의 지원을 위해 1925년 11월 7일에 결성되었다가 1927년 4월 2일에 해체되었다(《동아일보》 1925년 11월 13일자, 1927년 4월 6일자).

53) 안동지역 사회운동단체의 지원을 위해 1925년 10월에 조직인데, 표면상 기자들의 모임을 표방하고 있었다(1925년 10월 25일 · 11월 6일자).

54) 1924년 9월에 풍산청년회의 후신으로 조직되었다.

55) 1925년 8월 2일에 안동청년회관에서 창립되었는데, 안동청년회 · 지호동우구락부 · 일직청년회 · 와룡청년회 · 길안청년회 · 예안청년회 · 도산구락부 · 신흥청년회 등 8개 청년회가 합류하였다(《동아일보》 1927년 5월 3일자).

56) 1925년 9월 12일에 白雲亭에서 창립(《동아일보》 1925년 9월 19일 · 25일자).

57) 1925년 9월 27일에 창립(《동아일보》 1925년 10월 2일자).

1924년 이후 민족운동에 있어 분화 현상이 뚜렷해지고 역량이 분산되어 갔다. 1924년 이광수가 《동아일보》에 「민족적 경륜」이란 글을 통해 자치론을 주장하고, 일제와 타협하는 개량주의 노선을 걸으면서 민족주의 노선에서 탈락하였다. 그러자 이에 저항하는 비타협주의, 즉 민족 좌파 노선이 생겨났다. 그리고 1926년 6·10만세운동 이후에 민족 좌파와 조선공산당 사이에 합작의 필요성이 상호 간에 제기되었다. 1926년 후반에 들면서 논의가 급진전되어, 1927년 2월 서울에서 新幹會가 결성되었다. 민족의 해방을 위해 민족주의와 공산·사회주의 세력의 결속이 이루어진 것이다. 신간회는 민족적·정치적·경제적 예속의 굴레를 과감히 벗어나며 타협주의를 배격한다는 점을 천명한 뒤, 언론·출판·집회·결사 등의 자유 쟁취와 부인·형평운동의 지원 등을 투쟁 방향으로 잡았다.

안동에서는 1927년 7월 9일 지회 설립 준비를 위한 발기 모임이,[59] 8월 26일 회원 197명이 참석한 가운데 설립대회가 각각 열렸다. 이 자리에 서울에서 파견된 洪命熹가 참석하였다. 이 대회에서 류인식은 청년들에 의해 초대 회장으로 추대되었고, 부회장에 鄭顯模(2대 회장), 총무에 權泰錫이 각각 선임되었다.[60] 그리고 주요 구성원은 교육문화운동에 참여했던 유지와 화성회·풍산소작인회 등에서 활동하고 있는 인물이었으며, 회원 수는 1928년 약 600명에 달하는 대규모의 조직이었다.

신간회 안동지회의 초대 회장에 류인식이 추대되었다는 점은 민족운동사에서 그의 위치를 가늠하게 해주는 일이다. 이것은 그가 민족주의 계열과 사회주의 계열 사이에 두 세력을 모두 아우를 수 있는 위치에 서 있었다는 것을 의미하기 때문이다. 물론 그는 민족주의 계열에 서 있었다. 그러면

58) 풍산소작인회는 제5회 정기총회에서 '각 부락에 세포단 조직'을 결의했다(《동아일보》 1926년 12월 25일자).

59) 《조선일보》 1927년 7월 17일자.

60) 《동아일보》 1927년 8월 31일자; 《조선일보》 1927년 8월 30일자.

서도 두 세력 모두의 지지를 받았다는 점에서 안동지역에서 그가 가지는 위상을 충분히 이해할 수 있다.

안동지회가 펼친 사업 가운데, 향교철폐운동이 주목된다. 일제는 성균관을 經學院이라고 개칭하고 釋奠享祀와 재산 관리만을 담당하게 하면서 친일화의 길로 몰아넣었다. 이렇게 되자, 신간회 안동지회는 영주·영양·봉화지회와 합동으로 향교 철폐를 들고 나섰던 것이다.

7. 맺음말

류인식은 한국독립운동사의 첫 장인 전기의병에 참가함으로써 독립운동의 길을 걷기 시작하였다. 불혹의 나이에 빗발치는 비난을 뚫고 가히 혁명적인 변화를 꾀하였다. 협동학교로 표상되는 계몽운동으로의 전환이 그것이었다. 만주 망명에서 귀국한 이후 1910년대 그는 줄곧 교육구국운동에 진력했고, 또 한편으로는 일제 통치 아래에서도 민족주의 사관을 갖고 『大東史』 편찬과 보급에 힘을 쏟았다. 역사 편찬, 그 자체도 독립운동의 한 길이었다. 3·1운동을 지켜보면서 그는 민중의 힘을 발견하였다. 그래서 그는 1920년대에 들면서 이전부터 걸어온 교육운동을 지속하면서도, 새롭게 사회운동에 뛰어 들었다. 耳順(60)의 나이에도 불구하고 청년들의 앞에 서서 노동운동을 비롯한 청년운동을 이끌어 갔고, 급기야 이념적 분화를 극복하여 통합을 도모했던 신간회 안동지회의 초대회장으로 추대되기도 하였다.

류인식의 독립운동은 다음과 같은 두 가지의 특징을 가졌다. 하나는 '혁신과 통합'의 길을 걸었다는 점이다. 계몽운동으로의 전환이나 만주 망명, 전국적인 교육운동, 노동운동이나 청년, 형평운동 등의 사회운동 등 그의 활동은 항상 시대를 이끌어 가는 혁신의 줄기 위에 있었고, 신간회운동은 통합의 상징이었다. 혁신이나 통합은 모두 어려운 일이다. 더욱이 어느 한 쪽에 속하면서도 양 쪽 모두를 지도하고 또 지지를 받는다는 것은 무척 어려운 일이다. 그는 바로 이를 해낸 인물이었다.

류인식의 독립운동이 가지는 또 하나의 특징은 그의 활동 범위가 전국적이었다는 사실이다. 신채호나 장지연과의 교유, 교남교육회 · 대한협회 · 신민회 · 교남학관 · 조선민립대학기성회 · 조선교육협회 · 물산장려회 · 신간회 등의 활동을 전개함에 항상 선두에 서 있었고, 중앙 조직에도 깊이 관여하였다. 그러니 그의 활동 범주를 안동지역에만 한정시켜서는 곤란하다. 즉 그는 서울과 안동을 연결하여 활동한 인물이다.

협동학교에서 출발한 동지들이 만주지역 독립운동을 이끌어 가고 있는 동안, 그는 국내에서 같은 몫을 담당하였다. 그리고 그 성향도 일치하였다. 1910 · 20년대에 이상룡이 만주지역 독립운동계의 정신적 지주로서 우뚝 서고, 김동삼이 독립운동계의 활동적인 지도자로서 독립운동계의 통합을 줄곧 추구해 나갔다. 국내외에서 모두 '혁신과 통합'의 길을 추구했던 것이다. 그러니 "協東에서 淵源한 一線陽脈의 光明이 우리 近代史의 格을 다양하게 만들었다."는 평가가 결코 허세가 아님을 잘 알 수 있다.[61]

류인식은 보수의 고장에 혁신을 불어넣고, 통합으로 변혁을 도출해냄으로써 한국독립운동사의 격을 드높인 '민족운동의 선각자요, 지도자'였다.

---

61) 趙東杰, 「協東學校紀念碑文」, 1993.

9장_ 金東三 : 만주벌 호랑이, 통합운동의 화신

1. 안동 내앞마을(川前)에서 태어나다

김동삼은 1878년 6월 23일 경북 안동 臨河面 川前洞(내앞마을) 278번지에서 金繼洛의 장남으로 태어났다. 그의 본명은 肯植이고, 宗植이라는 이름도 사용되었다. 자는 漢卿이며, 호는 一松이다. 김동삼이라는 이름은 그가 만주로 망명한 뒤에 사용한 것이다.

안동에 많은 명문거족이 있지만, 그 가운데서도 의성김씨 문중은 퇴계의 정맥을 계승한 鶴峯 金誠一 이후 명성을 드날렸다. 내앞마을은 김성일의 부친 靑溪 金璡이 들어와 정착한 이래 5백 년을 이어오면서 많은 인물을 배출한 곳이고, 특히 일제 침략기에 독립운동사에 걸출한 인재를 쏟아낸 마을이다. 한 마을에서 20명이 넘는 인물이 독립유공자로 포상되었고, 1910년대 만주 망명자가 150명을 넘을 정도이다.

김동삼은 안동의병의 최고지도자였던 西山 金興洛을 스승으로 모시고 공부했다. 김흥락은 김성일의 종손이자 퇴계학맥의 중심축을 계승한 인물인데, 1895년 12월 을미의병 당시 안동의병을 일으키는 논의를 주도하고 의병장을 선출한 뒤, 지도자로 활동하다가 어려움을 겪기도 했다. 사실상 전기의병에서 영남지역 최고 인물을 스승으로 삼았으니, 김동삼도 청소년 시기에 이미 민족문제에 대해 깊게 생각했을 것은 당연하다. 그러다가 20대 중반 나이가 된 1905년을 전후하여 서울을 드나들며 신교육에 영향을 받은 것으로 짐작된다. 1907년 안동에서 신식학교를 수립하고 교사로 나선 점이 그런 추정을 가능하게 만든다.

2. 협동학교를 세우다

김동삼이 본격적으로 독립운동에 발을 내디딘 것은 만 29세가 되던 1907년이었다. 일찍이 어린 나이에 의병항쟁을 목격했던 그는 1900년대에 들어 서울의 변화를 눈여겨보다가, 東山 柳寅植이 안동에 혁신의 바람을 끌어오자, 거기에 적극 동참하고 나섰다. 고향마을 내앞에 중등 과정인 3년제 協東學校를 설립하고 참가한 것이 바로 독립운동의 출발점이었다.

전통 질서가 강하게 자리 잡은 안동에 혁신의 물길을 끌어들이는 작업은 다른 지역에 비해 힘들었다. 서울에서는 그보다 10년 전에 이미 신식학교가 들어섰지만, 안동을 비롯한 영남지역에서는 성리학적 질서가 흔들림 없이 유지되고 있었다. 그럴 즈음 상경하여 새로운 문물을 접한 류인식이 1904년에 계몽운동을 시작하다가 목표를 달성하지 못하고, 1907년 3월 다시 시도하여 달성한 것이 협동학교 설립이었다. 여기에 류인식을 비롯하여 金厚秉·河中煥이 앞장섰고, 처음에 내앞마을 의성김씨 종손 金秉植이 교장을, 그리고 김동삼이 교사를 거쳐 교감을 맡았다. 이를 감안한다면, 앞에서 말한 것처럼 김동삼이 전통교육만이 아니라 신식교육을 받았으리라 짐작된다.

협동학교는 영남사회가 변하는 교두보이자, 새로운 깃발이었다. 그래서 당시 《대한매일신보》나 《황성신문》은 협동학교 설립과 발전상을 보도하면서 그 역할에 대하여 격려하고 기대감을 표시하였다. 유림들의 압력과 예천의병의 공격으로 교사들이 폭살당하는 어려움을 겪으면서도 협동학교는 신지식인, 젊은 지성을 육성하는 데 힘을 기울였다. 그 결과 육성된 인물들이 경북지역 곳곳으로 계몽운동을 확산시켜 나갔다. 그런 학교였으므로 어려움을 겪을 때 서울 신문에서 격려하는 글을 게재하였고, 新民會에서는 교사들을 파견하였던 것이다.

김동삼은 협동학교를 경영하는 일선에 나서는 한편, 비밀결사인 신민회와 大東青年團에 가입하여 활동하였다. 신민회와 동지적 결속 관계를 가지며 협동학교를 운영하는 한편, 서상일과 안희제 등을 중심으로 영남지역에서 조직된 대동청년단에 가입하여 경북과 경남 전체 계몽운동가를 묶어 나갔다. 이 사실은 당시 그가 서울과 대구, 그리고 안동을 잇는 큰 틀에서 활약하였고, 계몽운동 노선 가운데서도 진취적이고 강성을 지닌 비밀결사체에 가담하고 있었음을 알 수 있다. 겉으로는 협동학교라는 공개된 공간에서 민족문제를 해결해 나갈 새로운 지성을 키워내고, 속으로는 독립군 양성으로 방향을 가늠하고 있었던 것이다.

3. 만주 독립운동기지 건설에 나서다

1910년 8월에 나라가 망하자, 김동삼은 새로운 길을 찾아 나섰다. 더 이상 국내에서 인재를 양성한다는 것이 어렵다고 판단했기 때문이다. 그래서 만주로 망명하여 독립운동기지를 건설하고, 독립군을 키운 뒤에 국내진공을 감행한다는 결론에 도달했다. 그렇다고 아무런 준비 없이 갈 수는 없었다. 가족들을 포함하여 대규모로 망명하는 길이었기 때문이다. 1910년 후반 집안 동생 김만식을 만주로 파견하여 독립운동기지 건설에 필요한 기초자료를 조사시킨 것도 그 때문이었다.

白下 金大洛은 계몽운동으로 전환한 김동삼이 못마땅했을 것이다. 1908년까지 그는 협동학교에 대해 찬성하지 않았다. 그러다가 손아래 처남인 石洲 李相龍이 의병항쟁에 전심하다가 대한협회 안동지회를 출범시키자,

그도 계몽운동으로 전환하였다. 무장항쟁 노선을 포기한 것이 아니라 계몽운동에 접목시켜 나간 것이다. 그래서 자신의 집을 협동학교에 내놓았고, 당시 신문에는 그를 높이 평가한 기사가 게재되기도 했다. 그러면서 김동삼과 김대락, 그리고 이상룡은 족질 관계나 사돈 관계를 넘어 동지가 된 것이다.

김동삼은 같은 마을 출신이자 族叔인 김대락에게 논의를 구하였다. 그래서 만주 망명 계획이 수립되고, 결국 1910년 12월 말에서 이듬해 1월 사이에 대거 안동을 출발한 것이다. 안동에서 추풍령까지 걸어가고, 거기에서 기차를 이용하였다. 신의주에서는 걸어서 압록강을 건너고, 만주에서는 수레로 이동하는 멀고 험한 망명길이었다. 그런 길을 김동삼은 가문을 이끌고 갔던 것이다.

이들의 망명은 대단위로 이루어졌다. 내앞마을 의성김씨 문중과 역시 안동에 자리 잡은 이상룡의 고성이씨 문중에서 각각 150명 정도가 만주로 향했다. 또 이들과 혼반 관계를 가진 영덕의 무안박씨, 울진의 평해황씨, 안동의 흥해배씨, 그리고 영양 주실마을의 한양조씨 문중 등이 대규모로 참가하였다. 즉 한 두 사람의 망명이 아니라 문중 단위, 그것도 혼반으로 얽힌 큰 단위가 움직인 것이다.

김동삼은 1911년 1월에 압록강을 건너 남만주 유하현 삼원포에 도착했다. 그는 우선 新興學校를 설립하고 耕學社 결성에 참가하였다. 초대 사장 李相龍을 도와 독립운동기지 건설에 힘을 쏟았던 것이다. 이러한 과정은 안동 출신 인사들과 이회영 일가를 비롯한 신민회가 힘을 합쳐 벌인 사업이었다. 독립운동기지를 건설하기 위해서는 무엇보다 동포들을 이주시켜야 하는데, 그러자면 우선 경작지가 필요했고, 농사를 지을 수 있어야 했다. 그 사업을 주도해 나갈 조직이 바로 경학사였고, 거기에서 인력을 양성한 기관이 신흥강습소와 그를 이은 신흥학교·신흥무관학교였다. 신흥강습소나 그를 이은 신흥학교가 국내 안동에서 경영하던 협동학교의 연장선상에 있던 것으로 짐작되기도 한다. 그러던 1913년 3월부터 이름을 중국 東三省의 호칭을 따서 金東三, 동생은 金東滿(1920년 순국)으로 고쳐 썼다.

김동삼은 1914년에 白西農庄을 건립하고, 그 庄主가 되었다. 신흥학교 1~4회 졸업생들과 그 분교의 노동야학 졸업생 등 385명을 인솔하고, 通化縣 八里哨 깊은 산속에 들어가 군대를 창설한 것이다. 백두산 서쪽 깊은 산속에 자리 잡았다고 '백서'라는 이름을 붙이고, 군대조직이라는 사실을 감추기 위해 '농장'이라고 위장했지만, 사실상 이것은 군사병영이었다. 그러니 백서농장은 망명 이후 독립군기지를 건설하고 군대를 조직하는 데 힘을 쏟은 첫 결실이라고 평가할 수 있다.

1919년 3월 吉林에서 「大韓獨立宣言書」가 발표되었는데, 김동삼은 이상룡과 더불어 민족대표 39인 가운데 한 사람으로서 서명하였다. 이 선언 일자가 2월이라 적혀 있어 실제로 양력인지, 음력인지 확실하지 않으나, 일단 3·1운동을 전후하여 선언된 것임에 틀림없다. 당시 독립운동 최고지도자들이 서명했고, 주로 만주지역 활동자들이 주역을 맡았다. '대한'으로 망한 나라를 다시 살려 '대한'의 독립을 선언한 것이다.

당시 서간도에는 세 가지 조직이 결성되어 독립운동 전선이 새롭게 정비되었다. 하나는 종래의 부민단을 韓族會로, 다른 하나는 백서농장 군영을 西路軍政署로, 또 다른 하나는 고산자에 있는 新興中學校를 新興武官學校로 각각 개편한 것이다. 먼저 한족회는 부민단의 유하·통화·흥경현 대표들이 1919년 4월 삼원포에 모여 결성되었다. 한족회는 곧 백서농장을 철수시키고 서로군정서로 발전시켰다. 이에 따라 한족회는 民政과 軍政 이원체제를 갖추게 되었다. 이때 백서농장을 해체하고 삼원포로 귀환한 김동삼은 한족회에서 庶務司長을 맡았다. 바로 이어서 그가 서로군정서 참모장에 취임하였고, 한족회 서무사장 자리를 같은 마을 출신이자 집안 조카인 金聲魯에게 인계했다. 또 학무사장은 김대락의 아들이자 집안 동생인 金衡植이 맡았다. 백서농장 장주를 거치면서 김동삼은 독립운동계의 거성으로 자리 잡아 갔던 것이다.

여기에 등장하는 서로군정서는 당초 정부 조직으로 추진되었다. 이미 「대한독립선언서」를 통해 '대한 독립'을 선언했으니, 그렇다면 당연히 독립된 국가 수립이 뒤따라야 했다. 그래서 정부 조직에 나섰는데, 마침 4월 11일 상해에서 대한민국 임시정부가 수립되는 것을 보고서, 정부 외곽 조직으로 위상을 정리하고, 이상룡이 최고책임자인 독판을 맡았다. 한족회가 민정기관이라면, 서로군정서는 군정기관인 셈이다.

김동삼은 서로군정서 참모장을 맡아 독립군 조직을 움직여 나갔다. 1920년 여름부터 일본군 침략이 간헐적으로 자행될 때, 그는 사령관 李靑天과 함께 300여 명의 서로군정서 독립군을 지휘하여 북간도로 이동시켰다. 7월 29일에는 부대를 安圖縣 三仁坊에 주둔시키는 한편, 8월에 왕청현 西大坡의 北路軍政署를 방문하여 작전을 논의하기도 했다. 그 후 서로군정서군이 靑山里戰鬪를 치른 후 북상하여, 密山에서 북로군정서군을 비롯한 10여 개 독립군과 연합하여 大韓獨立軍團을 결성하고 러시아로 넘어갈 때, 김동삼은 서간도에 남아 독립전선을 재정비하였다. 북상한 부대와 달리 서간도에서도 다시 군사력을 기르고, 조직을 정비해야 할 일이 남아 있었기 때문이다.

청산리전투에서 대승을 거두었지만, 일본군의 보복 공세로 말미암아 서간도나 북간도지역 한인 사회는 모두 참변을 겪었다. 1920년 벌어진 庚申慘變은 김동삼 가족에게도 그대로 밀어 닥쳤다. 일본군이 삼원포 三光小學校 교장으로 활약하던 동생 김동만을 살해한 것이다. 그에 앞서 청산리대첩 와중에 같은 마을 출신이자 집안 조카인 金成魯(金圭植의 아들)가 전사하는 비극도 맞았다. 김동삼은 김형식과 논의하여 집안 인사들을 급히 북만주 영안현 周家屯(현재 영안현 강남 조선족·만주족 공동 자치향)으로 옮겼다. 이리하여 내앞마을 사람들이 서간도 시절을 마무리하고 북만주 시대를 열게 되었다. 한편 김동삼은 김정식·김창로·김성로에게 군자금 모집을 명하여 국내로 파견하였다. 그러면서 자신은 유하현과 흥경현(지금의 신빈현) 일대로 옮겨 활동했다.

▌내앞 의성김씨 김동삼 가계도－포상자와 망명자를 중심으로

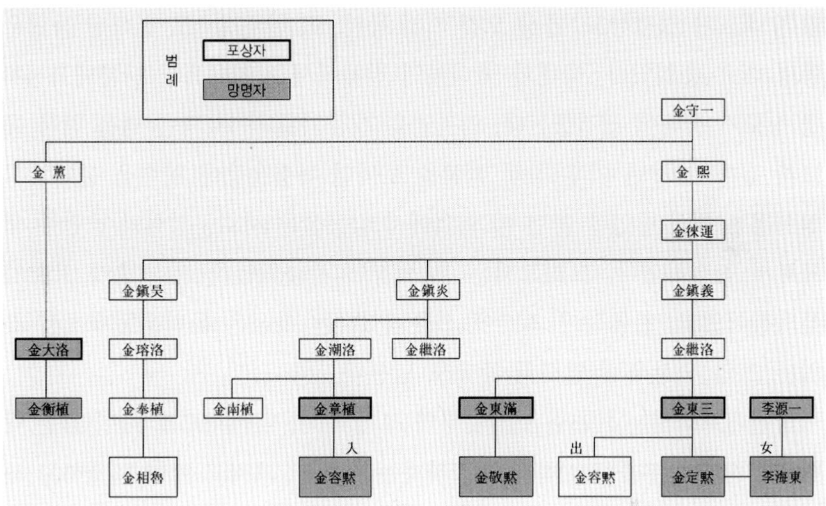

김동삼에게 주어진 역사적 책무는 경신참변으로 붕괴된 한인 동포 사회를 다시 일으켜 세우는 것과 분산된 독립군 조직을 통합하는 것이었다. 그래서 1922년 6월에 한인 사회와 독립군 통합을 도모하기 위해 南滿統一會를 주도하여 합의를 도출했으니, 그 결실이 바로 統軍府였다. 이후 8월 30일 全滿韓族統一會가 결성되고, 이 무렵 통군부는 統義府로 확대 개편되었다. 여기에서 통군부 교육부장이던 김동삼이 통의부 총장을 맡게 되었다. 청산리대첩 이후에 경신참변과 자유시참변을 거친 뒤, 만주지역 군사세력을 통합하려던 그의 노력이 진척을 보였고, 그 선두에 김동삼이 있었음을 알 수 있다.

4. 국민대표회의 의장이 되다

1921년 이후로 여러 차례 준비되던 국민대표회의가 1923년 1월부터 5월 15일 사이에 중국 上海에서 열렸다. 이 회의는 한국독립운동사에서 가장 많은 대표가 집결하고, 가장 오랜 기간 동안, 또 민주적으로 진행된 독립운동자 대표 총회였다. 국내와 국외지역 전체에서 지역대표와 단체대표 400명 정도가 상해에 집결했는데, 의결권을 가진 대표가 130명을 넘을 만큼 규모가 컸다. 1921년 이후 침체 현상을 보이던 독립운동에 활력을 불어넣고 임시정부 쇄신 방안을 찾던 이 회의에서 김동삼은 서로군정서와 남만주 대표로서 참석하였다. 그리고서는 그 의장에 선출되었다. 安昌浩와 尹海가 부의장이었고, 김동삼이 의장에 선출되었다는 사실은 독립운동계에서 가지는 그의 위상을 확인시켜 주고도 남는다.

국민대표회의는 1923년 5월 말부터 크게 두 가지 세력으로 나뉘었다. 대한민국 임시정부를 적절하게 개조하자는 개조파, 그리고 이를 해체하고 새로운 정부를 수립하자는 창조파로 나뉜 것이다. 김동삼은 김형식과 함께 개조파에 손을 들어 주었다. 정식 정부 수립은 뒤로 미루고, 일단 대한민국 임시정부를 독립운동 통할 체계에 맞게 개조해야 한다는 의견이었다. 그러나 두 가지 주장이 맞선 상태에서 5월 15일 만주에서 대표를 소환함에 따라 의장을 맡은 김동삼도 만주로 가야 했다. 6월 들어 회의에서 이탈한 창조파가 가을에 새로운 정부를 수립한다는 목표를 갖고 블라디보스토크로 떠나는 바람에 국민대표회의는 결렬되고 말았다.

5. 남만주 독립운동계 통합을 주도하다

만주로 돌아온 1923년 가을, 그에게 주어진 일은 만주지역 독립운동계를 통합하는 작업이었다. 독립군 단체들이 지리멸렬하여 도무지 갈피를 잡을 수 없던 처지였기 때문이다. 하지만 북경군사통일회의나 국민대표회의가 뚜렷한 결실을 갖고 오지 못하자, 이상룡과 梁起鐸이 다시 군사력 통합을 추진하고 있었다. 상해에서 돌아온 김동삼은 이들의 역할을 이어서 1924년 7월 10일과 10월 18일 10개 단체대표를 모아 全滿統一會議籌備會를 열었다. 거기에서 김동삼은 의장에 선임되어, 동년 11월 24일 正義府를 탄생시키는 데 주역을 맡았다. 정의부는 참의부·신민부와 함께 만주지역 3대 조직 가운데 하나였고, 정의부를 산출한 것이고, 유하현 삼원포에 그 본부를 두었다. 그리하여 1925년 만주지역 한인 사회는 민정과 군정 기능을 갖춘 3부가 정립하고, 독립군 양성과 무장력 향상, 투쟁 강도 강화 등을 도모해 나갔다. 김동삼은 정의부에서 중앙행정위원 겸 외무위원장으로 선임되었다.

안동에서 함께 망명해 온 이상룡이 1926년에 대한민국 임시정부 국무령에 선임되었다. 이상룡은 국무령에 취임하자마자 김동삼을 국무위원으로 임명하였다. 그러나 김동삼은 이상룡의 권유를 듣지 않고 만주에 남았다. 만주에서 항일무장투쟁을 전개해야 했고, 그 터전을 버려두고 상해로 갈 수 없었기 때문이다.

1927년 이후 김동삼은 국내외에 걸쳐 전개된 民族唯一黨運動에 힘을 기울였다. 이것은 독립군 단체 위에 하나의 지도 정당을 만들자는 것이고, 정부를 정당 중심으로 운영하자는 것이기도 했다. 그럴 경우 이념상 분화된 좌우세력을 통합하는 운동이란 의미를 가졌다. 1926년 10월 안창호와 원세훈이 북경에서 대독립당조직북경촉성회를 조직한 뒤에 상해와 남경, 그리고 무한과 광주로 확산되어 갔고, 국내에서는 신간회가 조직되는 분위기에서 만주지역도 민족유일당운동이 진행되었다. 그동안 끊임없이 독립운동계의 통합과 통일을 추진하던 김동삼이 이에 앞장 선 것은 너무나 당연한 사실이다. 김동삼이 1927년 4월 1일 정의부 간부 30여 명과 함께 農民互助

社를 결성하여 농민들의 상호부조 속에서 독립운동의 근거지를 굳게 만드는 등 농민조합운동의 단서를 열었던 것도 그러한 차원에서 펼쳐진 것이다. 이어서 4월 15일 길림 남쪽 永吉縣 新安屯에서 민족유일당촉성회의가 열리자, 김동삼은 정의부 중앙위원 자격으로 여기에 참석하였다.

이어서 김동삼은 1928년 5월 정의부를 대표하여 삼부통합회의를 개최하였다. 하지만 분열된 독립운동세력의 대통합을 모색했으나 실패하였다. 조직 결성 방법을 둘러싸고 이견이 표출되자, 그는 새로운 통합방법을 찾아 나섰다. 그는 1928년 7월 삼부통일회의가 결렬되기 바로 앞서 일단 정의부를 이탈하였다. 그리고 그를 비롯한 이탈세력을 규합하여 혁신의회를 조직하고 의장이 되었다. 1929년 좌우 합작을 도모하기 위해 민족유일당재만책진회가 조직되었고, 김동삼은 중앙집행위원장으로 선출되어 민족유일당 결성에 노력하였다. 그러나 1929년 4월 같은 지역에 國民府가 출범됨으로써 민족유일당 계획은 무산되고, 1929년 5월 민족유일당재만책진회도 해체되었다. 이어서 1930년 7월 韓國獨立黨이 조직되자 김동삼은 고문을 맡았다. 이러한 복잡한 흐름에서 김동삼을 주목해 보면, 통합운동의 핵심에 그가 자리 잡고 있었음을 알 수 있다.

6. 순국

김동삼은 1931년 일본군의 만주침공 직후에 일제경찰에 의해 체포당했다. 사돈인 李源一, 경북 영양 출신 여성 의열투쟁가인 南慈賢과 항일 공작을 추진하기 위해 하얼빈에 잠입했다가 일경에 검거된 것이다. 그 공작이 일본의 만주침공을 맞받아치는 투쟁이었으리라는 점은 쉽게 알 수 있다. 체포를 피한 남자현이 1932년 9월 국제연맹 조사단이 만주를 방문할 때 무명지를 잘라 독립을 호소하고, 1933년 2월에는 만주국 주재 일본대사 부토를 처단하고자 나선 사실이 이를 뒷받침해준다. 하얼빈 주재 일본영사관 경찰에 붙잡힌 김동삼은 모진 고문을 받으며 고생하다가 국내로 압송당했다.

그는 평양지방법원에서 10년형을 선고받았다. 처음에 평양감옥에서 고생하다가 서울 서대문형무소로 옮겨진 그는 만 59세가 되던 1937년 4월 13일 그곳에서 순국하였다. 장례는 평소에 그를 존경하던 萬海 韓龍雲이 주선하여 치러졌다. 한용운은 자신이 머물던 성북동 尋牛莊에서 장례를 치른 뒤, 김동삼의 유언대로 화장하여 유해를 한강에 뿌렸다. 만해가 일생에 눈물을 흘린 적이 이때 한 번뿐이라는 일화는 김동삼의 됨됨이를 말해주기도 한다.

> "나라 없는 몸 무덤은 있어 무엇하느냐. 내 죽거던 시신을 불살라 강물에 띄워라. 혼이라도 바다를 떠돌면서 왜적이 망하고 조국이 광복되는 날을 지켜보리라."

그가 남긴 마지막 말이다. 1907년 만 29세에 협동학교 설립으로 민족운동에 나선 그는 30년 동안 오직 민족의 독립에만 매달렸다. 그는 협동학교를 세워 경북 북부지역 퇴계학맥 중심부를 혁신으로 이끌고, 민족운동의 거점으로 만들어 갔다. 이곳에서 4년 동안 힘을 쏟은 문중 인사들과, 학맥과 혼맥으로 얽힌 집안들이 1911년 1월 무렵에 만주지역에 독립운동기지를 건설하기 위해 대거 망명하였다. 경학사와 신흥학교를 세우고 백서농장이라 이름 지은 병영을 운영하고, 또 이를 서로군정서로 발전시키면서 김동삼은 독립운동계의 거성으로 성장하였다. 1923년 국민대표회의에서 의장으로 선출된 것은 그의 위상을 상징적으로 보여주는 대목이다. 나이 40대를 넘어선 1920년대에는 만주지역 독립운동계에서 그는 통합의 化身이었다. 작은 단위의 독립군 조직을 통합하고, 이념과 방략에 따라 나뉜 독립운동단체들을 하나로 묶어내는 데 전념하였고, 그가 나서는 곳에는 통합과 통일이 뒤따랐다.

독립군 단체에 문제가 발생하면 그 수습회의에 의장을 독점하다시피 선출된 사람이 바로 김동삼이었다. 일찍이 만주에서 활약했던 이강훈은 '만주 한인 사회에서 이념이나 지역적인 차이에도 불구하고 비난받지 않은 지도자가 드문데, 김동삼은 어느 쪽으로부터도 비난받지 않는 큰 인물이었다'고 증언하였다. 김동삼이 지닌 지도자적 풍모를 전해주는 말이다. 정부는 그의 공을 기려 1962년에 건국훈장 대통령장을 추서하였다.

*10장_* 김원식과 김연환
: 나라 밖에서 활동한 금계마을 출신 독립운동가

1. 시작하면서

어떤 시기마다 과제를 가진다. 그 시기를 가장 대표하는 과제를 시대적 과제라 부르고, 그것을 풀어가고 이겨내는 데 필요한 정신을 시대정신이라 일컫는다. 나라가 무너질 때 그것을 버텨내는 것이, 또 나라가 무너졌을 때는 그것을 되세우는 것이 시대적 과제요, 그것을 밀어붙이는 사상적 기조가 시대정신이었다.

대부분 사람들이 타협하고 살았다고 하여 타협정신을 시대정신이라 평가하지는 않는다. 대부분이 절대빈곤에 허덕일 때 빈곤을 시대정신이라 부르지 않고, 절대빈곤을 이겨내자고 앞장서 나간 것을 시대정신이라 부르는 것과 마찬가지다. 요즘 일반인이 아니라 지식층이라고 자처하거나 권력층이라고 으스대는 사람들이 시대적인 과제와 시대정신을 제대로 헤아리지 못하는 경우가 많다. 이런 사람들은 시대정신에 투철했던 전통마을의 역사를 들여다보고 지혜를 배워야 한다.

금계마을은 시대정신을 갖고 살아온 인물들을 많이 배출하였다. 임진왜란 당시 시대적 과제를 해결하는 데 앞장섰던 鶴峯 金誠一의 행적은 근대에 들어 西山 金興洛과 그 후예들의 활동으로 다시 빛났다. 겨레가 나라를 잃어가던 시절에는 의병을 일으켜 버텼고, 나라를 잃은 뒤에는 이를 되찾아 되세우는 데 매달린 인물들이 여럿 나왔다. 그런 인물 가운데 나라 밖으로 망명하여 만주에서, 또 중국 관내지역에서 활동을 펼친 인물로 김원식과 김연환의 존재가 뚜렷하다. 그밖에도 여러 인물이 있겠지만, 지금까지 그 자취가 확실한 두 사람을 들어 금계마을 출신 독립운동가의 역사를 되짚어본다.

2. 김원식

1) 3·1운동 직전에 만주로 망명하다

김원식은 1889년 8월 27일 경상북도 안동군 서후면 금계동 841번지에서 金鍾洛과 안동김씨 사이에서 맏아들로 태어났다. 자는 繼緖, 호는 笑蒼이다. 아버지 김종락은 김흥락의 문인이고, 김원식은 또한 김흥락의 제자인 柯山 金瀅模에게서 가학을 배웠다. 14세가 되던 1902년 김원식은 대구에서 측량학교를 1년 다닌 뒤 다시 고향으로 돌아와 전통학문과 신식학문에 몰두하였다. 그가 민족문제에 눈을 뜬 계기는 이 마을이 갖고 있던 분위기였을 것이다. 이웃 종가에서 김흥락과 金龍煥으로 대표되는 독립운동가가 배출된 것에다가, 특히 김용환의 영향이 컸다는 이야기가 문중에 전해지고 있다. 나라가 무너졌을 때 그의 나이는 만 21세였으니, 민족문제에 의식을 갖고 자신이 갈 길을 가늠하기에 적당하였다.

만주에 독립운동기지를 건설하려고 떠난 안동 출신 독립운동가들의 선택은 그에게도 고스란히 전해졌다. 누구보다 내앞마을 金大洛 일가의 만주 망명은 같은 집안에서 펼쳐진 일이었고, 게다가 이를 적극적으로 지원하고 나선 인물이 바로 금계마을 종손 김용환이었기 때문이다. 김용환은 두 차례나 망명을 시도하다가 붙잡혀 돌아왔지만 독립운동기지를 세우는 데 꾸준히 지원했던 인물이다. 집안에 전해지는 이야기로는 김용환이 1915년 1

월 金燦奎 · 김현동과 함께 직접 만주로 가서 이상룡을 만나 만주의 상황을 눈으로 확인하고 국내의 의병 활동 상황을 전했다고 한다. 이것을 계기로 김용환은 만주 망명을 결심하고 군자금을 모아 만주에 전달하는 역할을 맡게 되었다고 한다. 종손 김용환보다 한 살 적지만 족숙인 김원식, 이 두 사람은 가깝게 지내면서 거사에 동참했던 것으로 보인다.

'鶴峯先生古宅'에서 펴낸 『400년을 이어온 鶴峯先生 古宅의 救國活動』(1998)에는 김원식이 만주로 망명한 때를 1919년 1월 말이라 적었는데, 아마 음력 기록일 것 같다. 그런데 일제 정보기록에는 그가 4월에 망명했다고 적혀있는데, 이것은 양력으로 적은 것이다. 그러니 대개 그가 망명길에 오른 시기는 3 · 1운동이 터지기 직전이었고, 만주에서 그의 존재가 드러난 때는 4월로 정리될 것 같다. 그의 나이 만 30세가 되던 해였다.

그가 만주로 갔던 길은 안동 출신 망명객들이 걸었던 경로와 마찬가지였을 것이다. 8년 전에 안동 사람들이 대거 망명할 때 김천역이나 추풍령역으로 가서 경부선과 경의선 기차를 타고 북상하는 길을 택했다. 김용환 · 김원식 두 사람도 마찬가지였으리라 짐작된다. 그런데 두 사람이 국경에서 검문에 걸렸는데, 김원식은 어머니가 세상을 떠난 뒤 상례를 치르던 시기라 상복을 입은 바람에 의심받지 않고 통과했지만, 김용환은 끝내 통과하지 못해 돌아오고 말았다.

2) 한족회와 서로군정서에서 활약하다

김원식은 4월 무렵 유하현 삼원포에 도착했다. 만주에서는 3 · 1운동의 물결이 밀려들면서 「대한독립선언서」가 발표되고, 길림에서 3월 12일 독립만세운동이 펼쳐졌다. 안동 사람들이 터를 잡고 있던 서간도에서 1910년대 독립운동의 결실로서 民政府와 軍政府 성격을 지닌 단체가 만들어졌다. 韓族會와 군정부(서로군정서로 이름 바꾸게 됨)가 그것이다. 족형인 김동삼은 국가와 정부를 세우는 회의에 참석하기 위해 4월 초에 상해로 가고 없었다.

여기에 도착한 김원식은 한족회에 들어가면서 독립운동을 시작하게 되었다. 한족회는 서간도 남만주지역에 펼쳐진 한인 동포 사회를 꾸려가고 있었다. 최고통수권자 아래 정부 부서와 같은 조직을 갖추었다. 김원식은 거기에서 학무부 위원을 맡았다. 그가 모습을 드러내는 장면은 1919년 12월 30일 新興學校(新興武官學校) 제4기 畢業式에 한족회 학무위원으로 참석한 것이다. 이 자리에는 한족회 요인 20여 명도 함께 참석했다. 요즘 표현으로 말하자면 정부 부처를 대표하여 졸업을 축하하기 위해 참석한 것이다.

그의 활동은 학무위원에 그치지 않고 직접 국내로 잠입하여 군자금을 모으는 일로 나아갔다. 1919년과 1920년 사이 대구와 경북지역을 중심으로 벌어진 군자금 모금 활동을 추적한 일제 기록에 그의 이름이 등장했다. 이 거사는 梁漢緯·權泰鎰·吳麒洙 등이 대구에서 폭탄을 가지고 친일파를 처단하기 위해 활동하다가 일제에 발각된 것이었다. 또한 이들은 군자금을 모집하는 임무도 맡고 있었다. 김원식은 여기에 무엇인가 일을 맡았지만, 그의 임무나 구실에 대한 기록은 없다. 다만 여기에 참가했던 허병률이나 권태일이 군자금을 모아 상해로 갔다는 사실에서 김원식도 한족회와 서로군정서의 자금을 모집하려고 움직인 것이라 짐작할 뿐이다.

다음으로 김원식의 발자취는 1922년 北京에서 드러났다. 그러다가 1922년 8월 북경에서는 李世永·申八匀·黃學秀 등 서로군정서 출신 인사들이 조직한 韓僑教育會에 그의 이름이 등장한 것이다. 한교교육회는 일제의 간도참변 때 발생한 한인 고아를 교육시키기 위해 조직한 단체였다. 이 단체는 《부득이》라는 신문을 발행하여 교육 대상자를 불러 모으고 민족의식을 불러일으키는 데 힘썼다.

그의 행적이 명확하지 않은 1920년 중반에서 1922년 중반 사이는 만주지역 한국 독립운동사가 격변을 거치면서 혼란을 극복해 나가는 과정이었다. 그 사이에 봉오동 · 청산리전투와 경신(간도)참변, 자유시참변이 연달아 터져 수많은 희생자가 나왔고, 독립군 주력이 크게 약화되었다. 이를 수습하고 해결하기 위한 노력이 북경군사통일회의와 統義府 조직으로 나타났다. 이럴 무렵 김원식은 국내 군자금 모집에 뛰어든 때문에 이런 전투나 참변에 관련이 없었을 것 같고, 1922년에 북경에서 서로군정서 출신 인물들과 함께 움직인 것으로 보아 자유시 이동과 참변이 벌어질 무렵에 남만주를 거쳐 북경으로 이동한 것이 아닌가 짐작된다.

3) 정의부에 참가하다

자유시참변 이후 만주지역 독립운동계는 새로운 편제를 갖추어 갔다. 한족회나 서로군정서의 틀을 벗어나 새로운 정부 성격을 가진 조직이 만들어진 것이다. 그 가운데 가장 대표적인 것이 1924년에 출범한 正義府였다. 김원식이 존재가치를 본격적으로 드러낸 조직은 바로 정의부였다.

경신(간도)참변과 자유시참변, 독립운동계의 혼선을 극복하기 위한 국민대표회의마저 결렬된 뒤 만주지역 독립운동가 대표들은 새로운 수습책을 찾아 머리를 맞댔다. 그 모임이 1924년 3월에 열린 전만통일회의주비회였고, 여기에 김원식은 李沰 · 梁奎烈 · 李震山 등과 함께 서로군정서를 대표하여 참석하였다. 안동 사람으로는 김동삼이 통의부 총장으로서 여기에 참석하여 회의를 이끌었다. 이 회의를 통해 김원식은 만주지역 독립운동계의 중진으로 성큼 올라서는 계기를 맞았다.

정의부는 서간도를 중심으로 하여 동으로는 琿春, 남으로는 安東(지금의 단동), 북으로는 하얼빈까지 관할 영역으로 확보하고 한인 동포 사회를 통치하면서 독립운동을 이끌었다. 이것이 만주지역에 참의부 · 신민부의 등장과 함께 3부 시대를 여는 계기가 된 것이다.

정의부는 통의부 조직을 근본으로 삼아 정부 조직을 구성하였다. 김원식은 정의부가 출범할 때 幹政院 비서장을 맡았다. 정부 조직을 생각해보면 국무위원에 해당하는 중앙행정위원이 있고, 각 행정부가 존재했다. 예를 들어 김동삼은 외무위원장을 맡았다. 간정원은 최고통수권자 중앙행정위원장을 보필하는 조직으로, 대한민국 임시정부의 국무원에 해당했다. 그러므로 김원식이 맡은 자리는 국무원 비서장과 같은 격이었다. 정의부의 공보 발행을 비롯한 각종 행정을 사실상 도맡아 처리하는 중심부의 핵심부구실을 그가 맡은 것이다. 이 자리를 늦어도 1925년 7월까지 유지한 것으로 보아, 만주로 망명한 뒤 5년쯤 지나면서 그가 독립운동계의 중진으로 자리를 굳혀 나간 것이라 정리할 수 있다.

1925년 9월 이상룡이 대한민국 임시정부 국무령으로 취임한 일은 정의부에 커다란 부담으로 작용하였다. 행정부인 중앙행정위원회와 입법부인 중앙의회 사이에 임시정부 참가를 둘러싸고 의견이 달랐고, 서로 팽팽히 맞서다가 마침내 정의부 자체의 존립에 심각한 위기를 가져온 것이다. 이를 해결하기 위해 두 차례나 정의부의 조직을 개편하면서 해결책을 찾아 나갔다. 1927년 12월의 기록을 보면 김원식은 중앙행정위원으로서 내무를 담당하면서 법원에 해당하는 中央査判所의 사판위원을 겸하고 있었다.

▎1927년 12월경 정의부 중앙조직

중앙행정위원장	玄正卿
중앙행정위원	金元植(內務), 李青天(軍事), 李奎東(産業), 金東三(敎育), 金鐸(外務: 외무에는 이외에 李鐘乾, 文學彬, 崔明洙가 더 있음), 玄益哲(財務)
상임대의원	金履大, 金球(본명은 金在德), 金時兩
중앙사판소	중앙사판소장: 李青天 사판위원: 玄正卿, 金元植
내무부 소속 경무과장	李泰傑

정의부에서 활동할 무렵이던 1925년 11월, 김원식은 다물청년당에도 이

름을 드러냈다. 이 단체는 舊土 회복이라는 뜻을 가진 '다물'을 내세웠듯이 우리 땅을 되찾는 데 목적을 두었다. 다물청년당은 1925년 5월 무렵 정의부 인물들이 대거 참여하여 정의부 하위조직의 청년단체로서 성격을 지니게 되었다. 김원식의 이름도 이때 등장했다. 다물청년당은 기관지 《다물통신》을 발행하고 각 지방에 原議會라는 세포조직을 만들어 각 지역 한인들에게 민족의식과 혁명의식을 고취시키는 활동을 벌여나갔다. 김원식이 다물청년당을 정의부 행정의 발판 조직 가운데 하나로 삼았으리라 짐작된다.

4) 동포 사회의 농업진흥운동을 벌이다

독립운동의 성패는 한인 동포 사회 운영에 달려 있었다. 독립운동을 펼치기 위한 텃밭이 바로 동포 사회요, 이를 관리하고 운영하는 것이 곧 독립운동의 바탕을 다지는 일이기 때문이다. 동포들의 직업은 대부분 농업이었으니, 중국인들에게 토지를 빌려 경작지로 개척하고 수확하여 동포 사회를 운영하고 독립운동을 지원하는 것이 큰 틀에서 이루어졌다. 따라서 이들을 지원하는 것이 무엇보다 중요했다.

김원식이 온 힘을 쏟은 동포 사회 운영 방안은 두 가지로 이루어졌다. 하나는 1924년 말에 등장한 한족노동당을 통한 활동이고, 다른 하나는 정의부의 행정 중심부에서 이를 추진하는 것이었다. 정의부에 몸담고 있던 그가 1924년 말에 결성된 한족노동당에 발을 디디면서 동포 사회의 농민운동에 본격적으로 나서게 되었으므로, 한족노동당 내용부터 정리한다.

그는 1924년 8월 한족노동당 창당을 위한 발기인으로 참여하였다. 한족노동당은 석 달 뒤 11월에 출범하였다. 이를 주도한 사람은 안동 오미마을 출신 金應燮이다. 김응섭은 대한민국 임시정부 법무차장을 잠시 맡았다가 만주로 망명했고, 고려공산당 이르쿠츠크파에 속해 활동하면서 사회주의를 받아들였다. 1923년 국민대표회의에서 창조파에 들어가 새로운 정부 구성을 시도했다가 실패한 경험도 갖고 있었다. 그가 안동 출신들이 터를 다지고 활동하던 吉林省 盤石縣으로 와서 한족노동당을 만든 것이다.

한족노동당이란 이름 자체가 사회주의 성향을 느끼게 만든다. 만주에 터를 잡고 농사를 짓던 한인 동포 자체가 무산자계급인 셈이었다. 이상룡처럼 지주 출신이라도 만주에 망명한 뒤 몇 년이 지나면 자연스럽게 모두 '무산자계급'이 되고 말았으니, 만주에 망명해서 활동하던 한인으로서는 사회주의 물결을 쉽게 받아들일 만했다. 이상룡이 공산사회를 유교의 대동사회로 견주어 해석한 것은 그의 열린 사고에서 비롯된 것이기는 하지만, 따지고 보면 이런 추세까지도 반영한 것으로 보는 편이 옳을 것이다. 하지만 민족주의 성향이 강하여 국제적인 사회주의와는 거리가 있었다. 따라서 강령도 철저한 계급혁명보다는 '광복 사업에 대한 민중적 자각정신 환기'라거나 '농촌 개량을 통한 생활상 영구적 기초 마련'에 두어졌다.

그러다가 한족노동당은 사회주의 성향으로 움직여 갔다. 1925년 11월에 열린 중앙총회 이후 한족노동당은 기관지인 《노동보》를 《농보》로 바꾸고, 사회주의 이념을 거듭 강조했다. 1926년 3월 9일 김원식이 한족노동당에서 외무를 담당하는 중앙집행위원으로 뽑힌 사실은 그의 관점 변화까지 헤아려 보게 하는 대목이다. 1927년 5월 한족노동당에서는 재만 한인보호를 위한 보호회를 조직하게 되는데, 그는 여기에 참여하고 중앙집행위원으로 선출되어 활동하였다.

한족노동당의 농민운동과 함께 그는 정의부 간부로서도 이 문제에 앞장서기 시작했으니, 농민호조사 관련 활동이 그것이다. 1927년 4월 1일 길림성 동대문 밖 대동공사에서 농민호조사의 창립대회가 열렸다. 여기에 김원식은 김동삼·김이대·현정경 등 정의부 간부 30여 명과 함께 발기인으로 참여했다. 특히 이 모임에 安昌浩의 강연이 들어있었는데, 그는 1925년부터 북만주나 내몽골지역에 대규모 농장을 건설한다는, '이상촌운동'을 추구하고 있었다. 그러나 이를 눈치 챈 일제경찰이 중국 측에 압력을 넣어 안창호를 비롯한 대표급 인물들을 붙잡아 가도록 만들었다. 여기에 참석했던 김원식도 붙잡혔는지는 확인되지 않는다. 대한민국 임시정부와 만주 지역 독립운동가들 모두가 이 문제를 해결하기 위해 총력 외교활동을 펼친 끝에 모두 풀려나게 되었다.

5) 조선공산당 만주총국에서 활동하다

1926년 가을부터 김원식은 사회주의 세계로 성큼 들어서기 시작했다. 한족노동당 활동이 그 계기가 된 것이다. 그는 1926년 가을 조선공산당 만주총국에서 움직이기 시작했다. 이로부터 1930년대로 넘어가기까지 그는 조선공산당 만주총국 · 재만농민동맹 · 재만한인반제국주의동맹 등으로 이어가며 활동을 펼쳤다.

조선공산당 만주총국은 金在鳳이 1925년 4월 국내에서 결성한 조선공산당의 만주지부 성격을 지닌 단체였다. 曺奉岩 · 崔元澤 · 尹滋瑛 등이 1926년 5월 16일 길림성 주하현 一面坡에서 결성한 이 단체에 김원식과 이상룡의 조카 이광민이 합세하였다. 김원식은 남만 지역 선전부 위원을, 이광민은 조직부 위원을 각각 맡았다.

한편 1928년 2월 한족노동당이 재만농민동맹으로 이름을 바꾸고 조직을 개편할 때 그는 집행위원이 되었다. 또 1930년 그는 김동삼 · 김응섭과 함께 재만한인반제국주의동맹에도 참가하였다. 이 동맹은 남만주 한인들이 가장 관심을 갖고 있던 토지소유권 문제, 반일반봉건과 한국독립을 결부시켜 투쟁방향을 확립함으로써 한인 농민들의 이익을 대표하는 단체로 떠올랐다. 특히 1930년 3월 전만한인반제국주의대동맹 창립주비회가 개최되었을 때 그는 김동삼과 함께 집행위원으로 활동하였다.

이처럼 김원식은 1920년대 후반에 들면서 점차 사회주의 성향이 강해지는 현상을 보였다. 그런데 이것이 사상적인 성향의 강성보다는 만주지역

동포들이 겪고 있던 상황과 밀접한 관련을 가졌다고 보는 것이 옳다. 앞서도 말한 것처럼, 남만주지역에 망명한 독립운동가와 일반 한인 동포들은 누구나 토지소유권을 갖지 못해 몇 년 지나지 않아 무산자계급으로 전락하고 말았다. 이들을 결속시키고 항일투쟁의 길로 힘을 모을 수 있는 논리로는 계급해방 논리를 민족문제 해결방안으로 접목시키는 것이었다. 따라서 본격적인 사회주의자가 되든지 아니든지 관계없이, 민족주의 성향이 짙더라도 대다수가 이 논리를 받아들이게 되었다. 김동삼이 사회주의자가 된 일은 한 차례도 없지만, 재만한인반제국주의동맹에 참가했던 사실도 이를 말해준다. 김원식의 경우도 이와 크게 다르지 않다.

6) 민족유일당운동을 펼치다

1926년부터 나라 안팎에서 좌우세력을 통합하려는 좌우합작운동, 통일전선운동이 거세게 펼쳐졌다. 나라 밖에서 1918년부터 사회주의 물결이 일어나기 시작했고, 나라 안에서는 3·1운동이 펼쳐지는 사이에 그것이 도착하고 퍼져가기 시작했다. 점차 독립운동의 성향도 분화되어 갔고, 분화가 진행될 만큼 이를 통합하자는 목소리도 번져 나오기 시작했다. 안창호가 앞장서서 좌우세력의 통합과 통일을 부르짖고 나섰다. 그 결실이 1926년 10월 북경에서 성립된 한국유일독립당북경촉성회였고, 이 운동이 중국 관내와 만주, 그리고 국내로 확산되었으니, 신간회와 근우회도 여기에 속한다. 이를 하나로 줄여서 민족유일당운동이라 부른다.

김원식은 1927년부터 1928년까지 진행되었던 재만 민족유일당운동에 참여했다. 1927년 1월 안창호가 길림에서 민족유일당 결성을 촉구하는 연설회를 연 것이 기폭제가 되었다. 4월 15일 吉林省 新安屯에서 제1회 대표자회의가 개최되자, 김원식은 김동삼·오동진·이웅 등 정의부 간부 28명과 함께 참석하고, 이들과 더불어 좌우세력을 대표하는 50여 명의 인사들이 민족유일당을 조직하기 위한 준비 기관으로 시사연구회를 만들었다. 하지만 이들 사이에 견해 차이는 너무 컸다. 그러자 다른 길을 찾았다. 그것이 바로 만주지역 독립운동계를 나누어 통치하고 있던 3부를 통합하는 것이었다. 김원식이 김동삼과 함께 1928년 4월 북만주로 올라가 신민부를 방문하고 3부 통합의 필요성을 역설한 것도 이 때문이다.

이러한 노력은 1928년 5월 12일 전민족유일당촉성회로, 9월에는 3부 통합회의 개최로 나아가게 만들었다. 그러나 통합의 방법에 대한 견해 차이는 끝내 이들의 발목을 잡았다. 김동삼 · 김원식 · 이청천 · 김상덕 등의 정의부 소수파는 김좌진을 비롯한 신민부 군정파, 김승학과 같은 참의부 다수파, 그리고 ML계열의 남만청년총동맹 · 재만농민동맹 · 북만청년동맹 등과 함께 전민족유일당촉성회를 구성했다. 이들은 1928년 12월 하순 길림에서 혁신의회를 조직했다. 여기에서 김동삼이 의장을 맡고 김원식은 중앙집행위원장을 맡았다.

민족유일당운동에서 반대 측 세력이 된 전민족유일당협의회가 국민부를 세우고 조선혁명당 결성으로 길을 열어가자, 김원식이 몸담은 혁신의회는 완전한 통합이 어렵다는 판단 아래 새로운 길을 찾았다. 그것이 민족유일당재만책진회를 거쳐 1930년 5월 한국독립당을 결성하고 나선 것이다. 조직체제는 집행위원제로 하고, 집행위원장으로 홍진을 선출하였다. 김원식은 이 과정에 참여하고 집행위원에 선출되었다.

7) 중국 관내로 옮겨 신한독립당을 조직하다

1931년 9월에 터진 일본의 만주침략은 김원식이 중요한 선택을 해야 하는 계기로 작용하였다. 1919년 만주로 망명하여 터를 닦아온 활동 무대를 떠나 중국 관내지역으로 이동하게 되었기 때문이다. 일본군이 빠르게 북상하자, 한국독립당은 11월 2일 급하게 한국독립군을 편성하고 나섰다. 그런데 만주의 중국인들은 한인을 '小日本人'이라고 부르면서 공격하는 바람에 동포들은 이중고에 시달렸다. 그러자 한국독립당(만주)이 이끌던 한국독립군은 중국군과 연합작전을 추진하였다. 그러자면 남경에 수도를 둔 중국국민당 정부에 협의해야 하고 원조를 받아야하는 급한 상황이었다. 김원식이 1932년 4월에 급하게 상해로 움직인 이유도 여기에 있으리라 짐작된다.

김원식이 상해에 도착한 때는 1932년 4월이었다. 4월 13일 국민부 군사위원장을 지낸 이웅을 만난 기록이 일제문건에 보인다. 그리고서 바로 윤봉길의거가 터진 뒤에 그는 남경에서 김원봉을 만났다. 만주에서 함께 활약했던 김상덕이 남경에서 함께 움직였다. 의열단장 김원봉은 10월에 문을 열게 되는 조선혁명군사정치간부학교의 학생인 學員을 확보하는 데 도움을 달라고 주문했고, 김원식은 만주지역 독립운동계가 처한 어려움을 해결할 방법을 논의했을 것이다. 그 결과 7월에 김원식 · 김상덕은 만주로 다시 파견되었다. 김원봉은 의열단 간부들에게 제시한 보고서에서 이들의 활동으로 '독립군 제1지대 인원 약 오백여 명을 조직'했다고 말했다. 김원봉으로서는 필요한 인력을 공급받고, 만주 한국독립군으로서는 고난에 빠진 인력을 살려내는 문제가 해결되는 길이었다. 그러니 서로의 문제를 해결하는 '좋은 거래'가 이루어졌다. 김원봉이 세울 군사간부학교 자체가 중국국민당 정부의 지원을 받아 이루어지는 것인 만큼, 이청천이 김원식에게 중국 관내로 보낸 임무는 어느 정도 해결되어 간 것이다.

이제 김원식은 만주 한국독립당의 남경 주재 대표로서 움직이기 시작했다. 여기서부터는 독립운동가의 면모도 있지만 정치인으로서의 활동도 덧붙여졌다. 남경에는 복잡한 구도를 보였다. 대한민국 임시정부의 與黨인 한국독립당(상해)과 김원봉의 의열단이 중심이 되고, 여기에 새로 김원식이 만주 한국독립당을 옮겨 심는 작업을 시작했다. 그러자 이러한 중심축에서 벗어나 있던 신익희가 한국혁명당을 조직하고서 한국독립당(만주)과 통합하자고 요청해 왔다. 이에 1933년 11월 말 한국독립당(만주)을 대표한 홍진 · 김원식, 한국혁명당 대표 윤기섭 · 연병호가 참석하여 통합을 논의하였다. 그 결과 1934년 2월 남경에서 신한독립당을 결성하였다. 김원식은 조직위원장을 맡았다.

중앙위원장 : 洪　震　　조직위원장 : 金元植
총무위원장 : 尹琦燮　　군사위원장 : 李青天
선전위원장 : 임병천　　조사위원장 : 成周寔
민중위원장 : 趙擎韓　　교섭위원장 : 申翼熙

신한독립당은 중국 관내지역에서 비주류세력과 만주의 주류세력이 통합하여 이루어진 독립운동정당이다. 이것은 독립운동 정당의 통합이란 점에서도 큰 의미를 가지지만, 만주지역에서 독립전쟁을 펼치던 세력 일부가 중국국민당 정부의 수도인 남경으로 이동하면서 정치와 독립전쟁을 병행하는 노선을 걷게 되었다는 점도 눈여겨 볼만하다. 그러한 연결선을 만드는 일을 맡은 이가 바로 김원식이었다.

8) 낙양군관학교 생도를 모집하다

1934년부터 김원식의 활동은 낙양군관학교에 입교시킬 한인청년을 모으는 데 쏠렸다. 낙양군관학교란 중국중앙육군군관학교 낙양분교를 말하는데, 여기에 제2총대 4대대 육군군관훈련반 제17대라는 이름으로 한인청년을 초급장교로 길러내는 과정이 문을 연 것이다. 이것은 1932년 윤봉길의 거 성공 이후 한국 독립운동에 대한 중국국민당 정부의 자세가 호의적으로 변하자, 김구가 蔣介石에게 면담을 요구하여 이루어진 결실이었다. 낙양군관학교에서 한인청년을 가르칠 지도자가 필요했고, 김구는 이청천을 비롯한 만주지역 독립군의 장교들에게 손을 내밀었다. 마침 만주에서 고난을 겪고 있던 이청천을 비롯한 한국독립군 간부들은 그 요청을 받아들여 중국 관내지역으로 이동하였다. 이에 따라 김원식은 낙양군관학교에 입교시킬 한인청년을 모으는 데 힘을 기울였다.

낙양군관학교에는 이청천 · 김구 · 김원봉의 세 계열의 청년들이 입교하였다. 이 가운데 이청천계열 청년은 바로 김원식이 주로 모집한 인물이었다. 이청천이 만주에서 한인청년들을 모아오기 위해 북경에 중간 연락기관을 만들었는데, 그것을 책임진 인물이 김원식이었던 것이다. 그는 북경 德勝門 안쪽 會文公宇 9號를 거점으로 삼고, 군관학교 입교생 모집에 착수하였다. 김원식은 길림시에 金斗千을 연결점으로 삼고, 다시 동아일보 길림지국 기자인 韓一光을 모집원으로 삼는 비밀 통로를 만들어 청년들을 모았다. 이를 통해 18명을 모집하는 성과를 올렸다고 일제 정보 문건이 전한다. 일제경찰이 이를 찾아내고 검거한 인물만 11명에 이르렀다.

낙양군관학교 한인청년 교육은 1년 과정인데, 단 한 차례 모집과 교육만으로 문을 닫았다. 일본이 위협하는 데다가 세 계열 사이에 벌어진 경쟁이 부정적으로 작용한 탓이다. 그런데 김원식의 활동을 알려주는 기록은 여기에서 멈춘다. 남경에 머물렀다면 일제 기록에 나타났을 것이나, 그렇지 않은 점으로 보아 북경에서 움직였다고 짐작된다.

9) 만주 길림에서 숨지다

1937년 무렵 그가 아들 金聖魯에게 “사람이 세상에 나서 正路를 찾아오다가 중도변절은 차라리 죽을지언정 행할 수 없고” 라는 내용을 담아 편지를 보냈다. 손자 김정균은 뒷날 조부 김원식이 “간도형무소에 잡혀 고생하다가 조부의 매부가 정미소를 팔아 그 자금으로 구해냈다.”는 이야기를 남겼다. 여기에서 말하는 간도형무소가 정확하게 어디를 말하는지는 알 수 없지만, 그가 ‘중도변절은 차라리 죽을지언정 행할 수 없고’라고 쓴 이유가 일제에 붙잡혀서 고통을 당하면서도 끝내 이겨내던 정황을 보여주는 것이라 짐작된다. 그렇다면 1937년 무렵 만주에서 혹독한 시련을 겪고 있었던 것이 아닌가 짐작된다.

1938년 그는 아들에게 길림으로 오라는 내용을 담은 편지를 보냈다. 이 부름에 따라 1939년 2월 김성로는 맏아들 김정균을 데리고 만주로 갔다. 김정균은 그곳이 吉林市 龍塘區 江北鄕 李家村 吳家屯이었다고 회고하였다. 김원식은 아들 · 손자와 함께 지내다가 1940년 1월 10일 52세 나이로 세상을 떠났다. 손자 김정균은 할아버지가 자결한 것이라 짐작했다. 늘 할아버지 곁에 자던 자기를 그날따라 아버지와 자라고 내보낸 것이나, 사망 이후 시신이 굳어지지 않은 점으로 보아 그렇다는 것이다.

제적등본에는 그의 사망지가 吉林省 永吉縣 江密奉村이라고 적혀 있다. 손자가 길림성 영길현에 있던 永新農場을 빈번하게 다녀왔다는 것으로 보아, 뒷날 호적에 신고할 때 사망장소를 영신농장이나 그 근처로 기록한 것 같다. 영신농장은 동포들이 개척하여 만든 곳으로 독립운동가들의 내왕이 잦은 곳이었다. 안동 현애마을 출신 김시현도 1940년대 초에 영신농장을 오갔다는 이야기를 남겼다. 정부는 1968년 그의 공을 기려 건국훈장 독립장을 추서하였다.

3. 김연환

金璉煥은 金瀁模의 아들로 1879년 10월 29일 금계리 852번지에서 태어났다. 그는 독립운동을 펼치는 동안 金鍊煥 · 金寫奇 · 金器重 등 여러 이름을 사용할 만큼 활동 또한 격렬하고 다양했다.

그가 처음 망명한 때는 1912년인데, 안동 사람들이 대개 柳河縣으로 갔던 것과는 달리 그는 奉天(瀋陽)으로 갔다. 그곳은 길림과 북경을 연결하는 중요한 거점이었는데, 小南門 근처 天城旅館을 중심으로 활약하였다. 그가 주로 맡은 일은 국내와 연락하는 일이었고, 폭탄을 만주 일대와 국내로 공급하여 의열투쟁에 쓰이도록 만드는 것이었다. 그런데 그가 제조해달라고 주문했던 폭발물을 일제가 탐지하고, 그것을 찾아내 분석하다가 폭발하는 사건이 발생하였다. 그는 일제의 악착같은 추적을 따돌리며 움직였다.

1919년 9월 15일 또 한 차례 폭발사고가 터졌다. 이번에는 천성여관 한 방에서 비밀리에 폭탄을 제조하다가 폭발이 일어나는 바람에 천성여관이 무너져 버렸다. 이 사건을 조사한 일제는 폭탄 주문자 세 사람 가운데 한 사람이 바로 안동 금계마을 출신 김연환이라고 밝혔다. 이는 그가 꾸준히 투쟁을 펼치고 있었다는 사실을 말해준다.

그는 상해로 옮겨 갔다. 1920년 1월 그는 김창숙으로부터 이미 국내에 파견되어 있던 金法이란 비밀 요원을 소개 받았다. 2월 초에 그는 국내로 잠입하여 서울에서 김법을 만나 독립운동 자금을 모을 방법을 논의하였다.

김연환은 대구에 도착하여 영양 출신 權泰駟과 대구 사람 徐健洙에게 대한민국 임시정부의 상황을 설명하고 이를 지원하고 독립운동에 나서줄 것을 권했다. 그는 또 1920년 2월 27일 상주 성하리에 사는 柳慶元을 찾고, 그 집에 모인 상주 사람 鄭在龍·姜原錫에게도 대한민국 임시정부에 자금을 지원하라고 요청하였다. 그는 이들을 설득할 때 자신이 대한민국 임시정부의 공식적인 명령을 받아온 인물이라는 증거를 제시하였는데, '대한민국 임시정부 재무부' 도장이 찍힌 「애국금납입통지서」와 재무총장 李始榮 이름으로 작성된 「영수증」이 그것이었다. 이처럼 대한민국 임시정부를 지원하기 위해 자금을 모으려고 동분서주하던 그는 2월 29일 상주읍에서 일제경찰에 붙들렸고, 1920년 6월 19일 대구지방법원에서 1년형을 선고받고 옥고를 치렀다.

출옥하자마자 김연환은 1922년 2월 다시 만주로 갔다. 그는 서로군정서의 운영자금을 마련하는 임무를 받아 또 다시 국내로 몰래 들어와 활동하다가 일경에 붙잡히고 말았다. 서울에서 함께 군자금을 모으고 있던 李萬俊이 1922년 12월 동대문경찰서에 붙잡혔는데, 취조를 견뎌내지 못하고 김연환을 함께 활동하는 부하라고 진술했다. 이만준은 경찰 취조를 받으면서 興業團 단장 金虎의 명을 받아 국내 청년들을 모아 撫松縣 白山學校에 보내고, 1922년 金仁濟·崔聖基·黃文益 등을 이끌고 국내로 들어와 김연환을 비롯하여 孫基聖·權忠洛·李再述·崔明海·沈相旭·鄭樂山 등을 포섭하여 활동했다고 밝혔다.

이에 따라 일제경찰이 샅샅이 수색하다가 끝내 김연환을 찾아내고 말았다. 서울 훈정동 유교총부에서 이사로 있던 그가 붙잡혀 조사를 받고 1923년 1월 14일 대구로 옮겨졌다. 김연환의 항일투쟁은 1910년대에서 1920년초까지 쉼 없이 이어졌다. 그의 활동은 무기를 만들어 공급하고 자금을 확보하는 데 초점을 두었고, 국내와 만주 그리고 상해를 연결하는 역동적인 투쟁을 펼쳤다. 정부는 1977년 건국훈장 애족장을 추서하였다.

4. 맺음말

김원식과 김연환의 독립운동은 독립전쟁과 의열투쟁으로 정리된다. 김원식은 초기에 만주로 망명한 안동 사람으로서는 비교적 소장층이었다. 선배들이 7~8년 먼저 망명하여 일구어 놓은 바탕 위에서 그는 독립운동을 펼쳐나가기 시작했다. 1920년대 전반기에는 서로군정서와 정의부를 중심으로 활약하였고, 1920년대 후반기에는 점차 사회주의를 받아들이면서도 좌우를 통합하는 민족유일당운동에 매달렸다. 그런 점은 이상룡과 김동삼으로 대표되는 안동 출신 독립운동가들과 마찬가지였다. 그러다가 1930년대에 들어서면서 활동 무대는 만주에서 남경으로 바뀌었다. 이는 자신만이 옮겨간 것이 아니라, 재만 한국독립당과 그것이 이끌던 한국독립군 주력이 이동한 것을 말한다. 이청천으로 대표되는 지도자들이 남경으로 옮겨 새로운 활동 근거지를 만들고 장차 대한민국 임시정부와 한국광복군의 주요 구성원으로 터를 잡는 실마리를 마련한 것이다. 그러다가 1937년 무렵 일제에 붙잡혀 곤욕을 치른 뒤로 그의 망명투쟁 20년 역사를 마감하게 되었다.

김연환은 짧은 기간 동안 다양한 활동을 펼쳤다. 폭탄을 제조하여 의열투쟁을 벌이는 것이 시작이라면, 대한민국 임시정부의 자금을 모으는 일에 매달린 것이 다음의 활동이었다. 짧은 기간 동안 굵직한 투쟁을 벌인 것이 김연환의 활동 특성이다.

금계마을에서 민족문제 해결을 위해 나선 인물들이 적지 않다. 그런데 대개 국내에서 활동하거나 나라 안팎을 연결시키는 사람이 많았고, 여기에 견주어 나라 밖에서 활약한 사람은 적은 편이다. 그렇지만 숫자에 비해 김원식이라는 큰 인물을 낳았다는 사실만으로도 금계마을의 위상이 뚜렷한 편이다.

*11장_* 權奇鎰의 독립운동과 가문의 쇠락

1. 머리말

역사의 격동기에는 개인이나 가문, 혈통이나 학통이 모두 급격한 변화를 보였다. 임진왜란이 그랬고, 일제강점기가 그랬으며, 한국전쟁도 마찬가지였다. 그 변화는 간혹 성장이기도 했고, 더러는 퇴보이기도 했다. 그러한 가운데 역사적 발전이라는 도도한 물줄기가 형성되었다. 이 글은 안동의 명문 출신의 한 사람인 秋山 권기일(1886~1920)이 독립운동에 뛰어들었다가 34세 젊은 나이에 순국하면서 나타난 개인과 문중의 사회계층의 변화를 추적하는 데 목표를 두려 한다.

권기일은 민족운동에서 전투부대에 참가하여 화려한 공적을 세웠거나 조직의 최상층 지도자로 부각된 일도 없었다. 대표급 인물로 성장하기도 전에 일찍 순국함에 따라, 수없이 사라진 많은 무명의 독립지사들처럼 후대에 알려지기 힘든 인물이 되고 말았기 때문이다. 그럼에도 불구하고 이러한 인물을 찾아내고 활동을 정리하며 평가하는 작업은 매우 의미 있는 일이다. 왜냐하면 독립운동이 유명한 몇 위인들만의 몫이 아니요, 한국인 모두가 참여하는 총체적인 에너지의 합일점이기 때문이다. 그래서 학계에서 위인이나 대표급이 아닌 인물에 대해서도 관심을 가져 왔지만, 대개 자료가 극히 부족하여 그것을 풀어나가기 힘들었다. 여기에서 다루게 될 권기일의 경우도 일찍 순국한 데다가 자료가 너무나 부족하여 그의 삶을 재구성하는 일이 거의 불가능해 보인다.

그는 한 문중의 冑孫이면서 유림의 정서를 그대로 안고 성장한 인물이었다. 또 당시 안동지방의 경제적 여건으로 보아서는 家勢가 상당히 넉넉한 형편이었고, 안동사회에서 주류로 성장하고 있었다. 그렇지만 일제강점이라는 현실 문제를 극복하기 위해 문중을 정리하고 만주로 망명하여 독립군 기지를 건설하기 위해 노력하였다. 이 과정에서 그가 맡은 역할과 활동을 추적하려 한다.

이미 말한 것처럼 자료적인 한계 속에서 우선 성장 과정과 국내 활동을 정리하고, 망명 과정과 만주지역에서 벌인 활동 및 순국 과정을 추적하려 한다. 그리고 해방 후 종가를 다시 세우려는 후손과 가문의 노력을 조명하고 후손들의 사회계층 변화를 추적한다. 그러면서 이 발표는 후대의 연구자들에게 20세기, 특히 독립운동에 따른 가문의 사회계층 변화를 추적하는 데 필요한 실마리를 남기는 데에도 목적을 둔다.

2. 가계와 성장

1) 가계와 가세

권기일이 태어난 마을은 안동시 남후면 검암1동 대곡이다. 大谷·大也·대애실·한실이라 불리기도 하는데, 1600년대 초에 權紀가 쓴 『永嘉誌』에는 이 마을을 大也谷이라 기록했으니, '대애실'이란 말을 한자로 옮겨놓은 것으로 보인다. '한실'도 뜻이 큰골이니, '대곡'인 셈이고, 대야곡과 같은 의미를 가진 지명이다. 그렇지만 실제로는 조그만 마을에 불과하니 이름과 걸맞지 않다. 이 마을에 원래 삼척김씨들이 터 잡고 살았고, 그 사실을 보여주는 비석이 마을 입구에 서 있다.

가계도 1

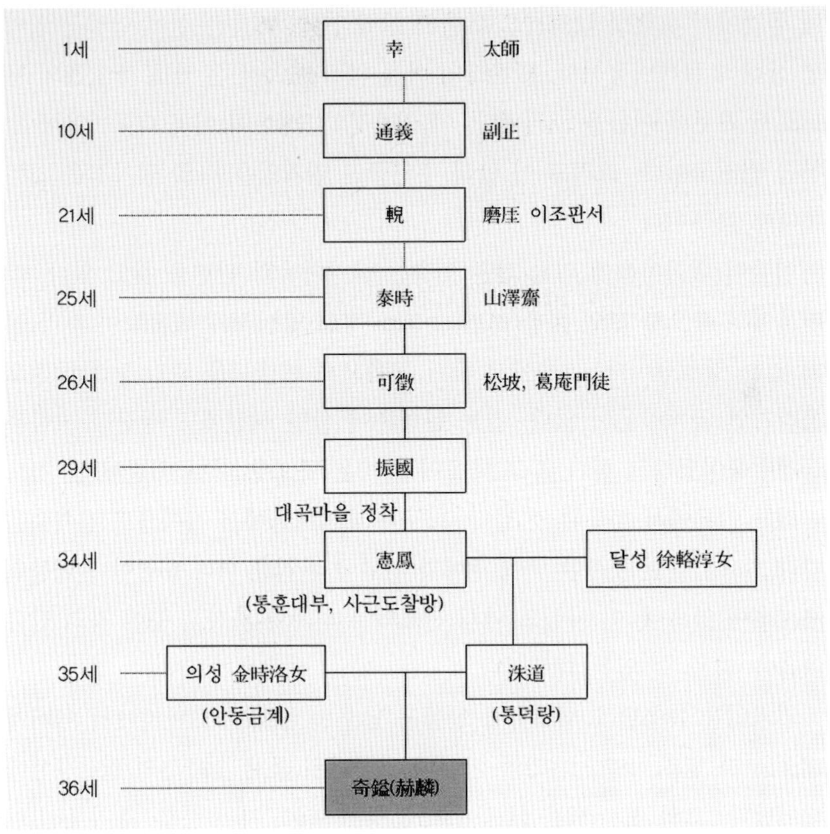

그가 태어난 집은 이 마을에서 가장 높은 위치에 서 있는 제일 큰집이다. 권기일의 조상 가운데 족보상으로 안동 남후면으로 옮겨 자리 잡은 첫 인물은 그로부터 7대조인 權振國(29세)이었다. 권기일은 안동권씨 부정공파의 36세이다. 金溪 마을에 터를 잡은 인물은 權哲經(20세)이요, 이조판서와 의정부 우참찬을 지낸 磨厓 權輗(21세), 張興孝의 제자인 權昌業(24세), 山澤齋 權泰時(25세) 등 학문에 뛰어난 인물들이 대를 이었다. 그런데 마애의 손자인 權詮(23세)이 이순신 휘하에서 싸우다 전사하자, 국가는 그 동생인

權誌에게 벼슬을 내렸다. 마애의 셋째 손자인 권지는 이를 마다하고 만년에 금계에서 眞寶縣 汶海村으로 옮겨 살았다. 이 마을은 현재 영양군 입암면 산해리 문해마을이다. 權泰時의 아들 權可徵(26세)은 葛庵 李玄逸의 문도로서 학문에 이름을 드러냈다. 이 권가징의 3대손이 이곳 대곡마을에 정착한 권진국이다. 그리고 이 글의 주인공인 권기일은 바로 권가징을 잇는 10대째 冑孫이다.

이들이 대곡마을에 터를 잡은 이유는 금계마을과 관련을 갖고 있다. 이 마을에서 북으로 트인 쪽을 보면, 2~3km 정도 떨어져 靑城書院이 자리 잡고 있는 청성산이다. 그곳에서 다시 북쪽으로 松夜川을 따라 5~6km 정도 올라가면 금계마을이 있다. 진보 문해촌에 살던 시절에도 정신적 고향은 금계마을이었다고 한다.[1] 그 마을이 가까운 곳으로 다시 이전해 온 것도 이러한 이유에서 비롯된 것 같다. 더구나 대야마을에서 서쪽으로 강기슭을 따라 2km 남짓한 곳에는 마애 권예가 만년에 관직을 떠나 10년이나 머물던 洛江亭이 있으니, 이 사실도 역시 선조의 유허지와 가까운 곳에 자리 잡은 마음을 읽을 수 있는 대목이다.

권기일은 1886년 10월 5일에 안동군 남후면 儉岩洞 31번지에서 아버지 權洙道(자 聖涵, 1870~1902)와 어머니 의성김씨(금계 金時洛의 딸) 사이에 태어났다. 그의 첫 이름은 麟述이요, 본명은 赫麟, 자는 公瑞, 호가 秋山인데, 나중에 奇鎰이라 바꾸었다고 전한다.[2] 그렇지만 먼저 '기일'을 쓰다가 '혁린'으로 본명을 바꾸었으며, 만주 망명 이후에는 호적이나 족보에 등재된 이름을 피해, 어릴 때 쓰던 '기일'을 다시 사용한 것 같다.

이름을 바꾼 과정은 설명이 필요하다. 큰 동생과 둘째 동생이 1911년 6월 2일자로 權赫龍 · 權赫驥(赫琪)라 개명했다는 사실이 「제적등본」에 실

1) 안병걸, 「혈통을 따라 흐르는 학문은 가문을 빛내고」, 『안동 금계 마을－천년불패의 땅』, 예문서원, 2000, 61쪽.

2) 『安東權氏副正公派世譜』 2; 權衡純, 「先府君遺事」(1950.1).

려 있는데, 이는 원래 奇鍾을 赫龍으로, 奇榮을 赫琪(赫驥)로 개명했다는 말이 된다. 그렇다면 권기일의 경우도 기일에서 혁린으로 바뀌었다고 봐야 옳다. 그런데 혁린이라는 이름은 동생들과 달리 이미 1908~1909년의 문서에 등장했다. 정실 후처의 소생이던 동생들이 '奇'자 이름을 쓰다가 혁린과 마찬가지로 '赫'자 항렬로 맞춘 것이라는 의미이다. 그렇다면 권기일의 경우도 원래 기일이라는 이름을 쓰다가 혁린으로 바꾸었고, 그 이름이 호적에 등재되었으며, 만주로 망명한 뒤에는 호적에 등재된 본명을 피하기 위해 원래 집에서 사용하던 '奇鎰'을 사용했다고 보는 것이 타당하다고 생각된다.

권기일이 성장하는 무렵에는 가세가 상당히 번창했던 것으로 보인다. 증조부 權奎漢이 1889년에 嘉善大夫 同知中樞府事가 되었고, 조부 權憲鳳(台錫, 자 國弼, 호 石濃, 1853~1914)이 권기일이 태어나던 1886년에 通訓大夫 行沙斤道察訪에 임명되었다. 당시 경상도 전체에 11명의 찰방이 있었는데, 沙斤道 찰방은 경남 서남부 지역을 관통하는 사근도(함양－산청－단성－진주－하동－남해, 산청－삼가)를 관장하는 지방 요직이었다. 찰방은 종6품에 지나지 않는 직급이었지만, 실제로는 驛이나 교통만 관할하는 것이 아니라 지방수령들의 잘못을 수집하고 보고하는 직무가 주어져 있어 대간을 지낸 문관들도 파견되는 실질적인 자리였다. 그래서 통훈대부라는 정3품 당하관의 직급이지만, 종6품의 실직을 받았던 것 같다.[3)]

그리고 권기일의 부친 權洙道도 通德郎을 지냈으니 당시 집안의 형편이 넉넉했음을 알 수 있다. 만 32세라는 너무 젊은 나이에 요절하는 바람에 더 이상 관직 생활을 하지는 못했지만, 장래가 기약되던 분위기였던 것이다.

---

3) 그런데 그의 이름에 약간의 혼선이 있다. 족보나 교지와 달리 「제적등본」에 그의 이름이 헌봉이 아니라 鳳憲이라 잘못 적혀있다. 뒤에 살펴보겠지만, 호적이 善山郡 海平面으로 옮겨졌다가 다시 환원되는 과정에서 빚어진 잘못으로 짐작된다.

▎가계도 2

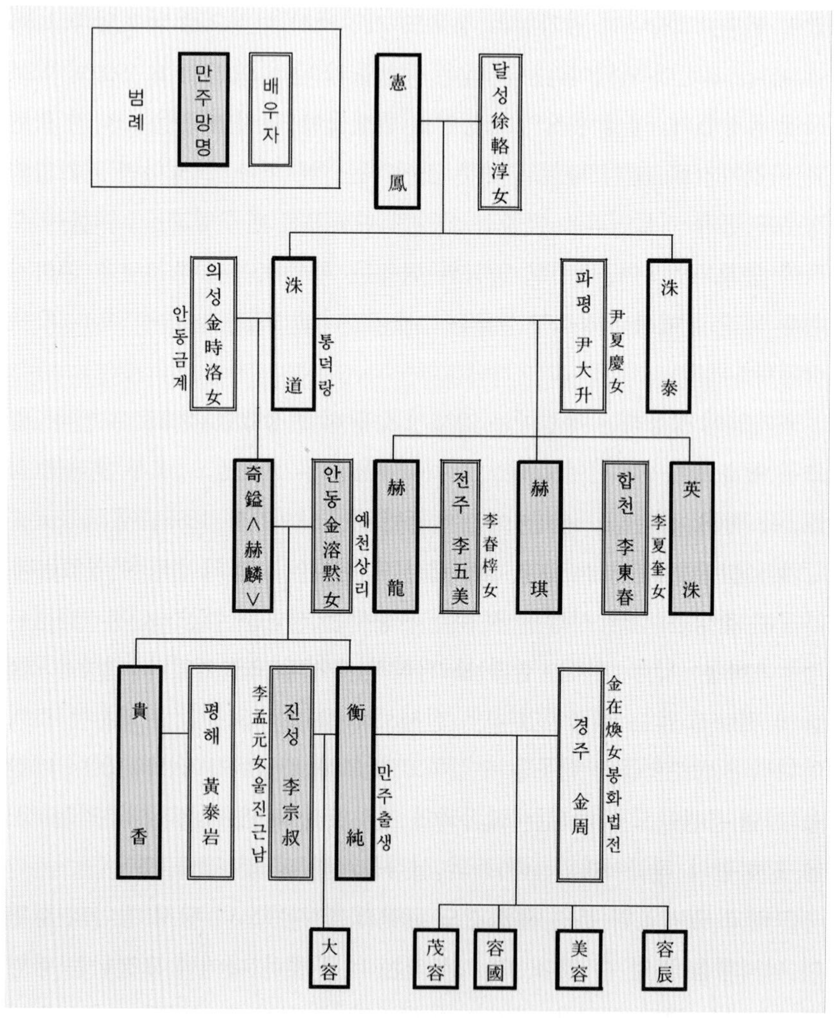

2) 성장과 사회 활동

집안의 가세가 대단했다는 사실과는 달리, 정작 권기일 자신은 불행한 성장 과정을 보내야만 했다. 그의 나이 세 살 때 어머니를, 또 열여섯 살에 아버지를 잃었기 때문이다. 그러므로 자연히 할아버지의 가르침 속에 성장하게 되었고, 조부모가 부모 역할을 맡게 되었다. 그가 어머니를 잃고 나서 얼마 있지 않아 새어머니 尹大升(파평 尹夏慶의 딸, 1870~?)을 맞았는데, 그 아래 이복동생 3형제가 생겼다.

새어머니를 맞을 즈음인 5살부터 그는 한문을 배우기 시작하였다. 그리고 만 17세가 되던 1903년에 예천군 상리면 甫谷 출신으로 가선대부로 참판을 지낸 안동김씨 金溶默의 딸(1885~1958)과 결혼하였다. 이것도 당시 그의 婚班 수준이 상당했다는 사실을 말해주는 대목이다. 그의 자녀로는 망명하기 전인 1910년에 낳은 딸 貴香이 있고, 만주로 망명한 뒤 1917년에 아들 權衡純(초명 亨純, 자는 敬集, 1917~1997)을 낳았다. 결혼한 시기에 비해 자녀를 늦게 둔 셈이다.

권기일이 사회에 눈을 뜨게 된 시기는 대개 결혼 직후, 즉 1905년을 넘어설 무렵이다. 우선 그가 스무 살을 전후한 이 무렵에 동장이나 面議員을 5년 동안이나 맡았다는 사실이 주목된다.[4] 여기에 등장하는 '면의원'의 성격을 짚어볼 필요가 있겠다.

面은 대개 19세기 후반부터 시행되고 있었는데, 대한제국 시기인 1906년 들어 그 제도가 법제화되었다. 그러다가 일제강점기에 들면 1914년 통치에 편리하도록 행정구역을 바꾸고 면장이나 면협의회를 친일세력으로 구성하게 된다.

대한제국 시기, 권기일이 면의 일을 담당했다는 그 시기에 면을 운영하는 데는 두 가지 조직이 있었다. 하나는 갑오개혁(1894년) 때 일부 시행에 들어간 3회, 즉 洞會·面會·郡會 등 의결체가 있고, 다른 하나는 면의 일을 담당하는 하급 말단의 관리가 있었다. 면장이 면회의 대표가 되고, 구성

---

4) 권형순, 앞의 글.

원은 면의원이었는데, 이 면의원은 士族 출신들이 맡기도 하고 지방의 尊位라 불리는 동네 유지가 맡기도 했다. 이에 비해 면장의 아래에서 행정을 맡은 자는 面吏員이었고, 그 자리는 하급신분의 인물이 맡는 것이 일반적이었다.

이렇게 보면, 그의 신분이나 집안의 형편이 당시 안동사회에서 내로라하는 상당한 사족이기 때문에 면회의원, 즉 면의원을 맡았음을 알 수 있다. 다만 한 가지 덧붙여 둘 사실은 1910년 이후 면장을 맡았던 인물이 대개 친일세력이라 하더라도 모두가 그렇다는 뜻은 아니다. 1919년 3·1운동 때 예안시위는 바로 면장에 의해 주도된 사실이 있기 때문이다. 하지만 이것은 예외적이고 특수한 경우라고 이해하는 것이 옳겠다.

다음으로 집안에 남아 있는 서류들을 보면 집안 재산 문제로 송사를 벌인 일이 있는데, 바로 그의 이름 권혁린으로 작성된 서류가 몇 점 남아있다. 이 사실도 아버지가 일찍 사망한 뒤, 할아버지를 대신하여 그가 맡아야 했던 일 가운데 하나였던 것이다. 그 가운데 1908~1909년에 걸쳐 手記와 標文 및 소송과 관련한 문서가 남아있다.

1907년에 大同譜 『安東權氏世譜』를 발간하였는데, 아마 거기에 착오가 있었던 모양이다. 그래서 이를 다시 인쇄하는 문제로 그 대금을 주고 약정을 맺는 것과 이것이 제대로 진행되지 않아 대금을 둘러싸고 소송이 벌어지는 장면을 담은 문서들이 약간 남아 있다. 그 서류에 권기일이 조부를 대신하여 주역으로 나서거나 대리인으로 활약한 모습이 나타난다. 만 20세에 이미 주요 서류에 등장하고, 더구나 소송대리인으로 활약한 일은 모두 어버이를 일찍 잃었기에 오는 것이고, 이를 통해 일찍 사회에 발을 디디게 된 것이다.

3. 망명과 독립운동

1) 망명

1910년에 나라를 잃게 되자, 권기일은 앞으로 나아갈 길을 가늠해 보았다. 국치의 소식이 전해지자마자 안동에서는 대표적인 지도자들이 자결하는 것으로써 항거하였다. 국치보다 앞서 1907년에 풍산 출신 金舜欽이 예천에 우거하다가 자결하였고, 국치 직후에는 예안의병장을 지낸 響山 李晩燾가 24일 동안 단식하여 자결하였으며, 그의 삼종질인 李中彦, 하회의 柳道發, 와룡의 權龍河, 풍천 출신의 李鉉燮, 소산의 金澤鎭 등이 그 뒤를 따랐다.[5)]

장렬한 순국이 거듭되면서, 다른 한편으로는 해외망명의 대열이 나타났다. 1910년 12월 말부터 시작된 대열은 1911년 1월부터 3월 사이에 집중되었는데, 내앞마을(川前)에 세워진 協東學校 관계자를 중심으로 망명이 전개되었다. 李相龍을 비롯한 도곡동의 고성이씨 문중, 金大洛과 金東三을 비롯한 내앞 의성김씨 문중, 柳寅植을 비롯한 전주류씨 문중 등이 핵심을 이루어 망명하였다. 권기일은 망명 소식을 들으면서 자신도 앞뒤를 헤아려 본 것이다.

권기일이 만주로 망명한 시기는 1912년 3월이다. 그런데 그가 망명을 염두에 둔 시기는 이보다 훨씬 앞선 1910년 말쯤으로 짐작된다. 왜냐하면 앞서 말한 것처럼, 그가 망명에 대한 논의를 이상룡과 나누었다는 이야기가 전해지기 때문이다. 사실이 그러하다면 이상룡이 망명한 1911년 1월 이전에 그러한 만남이 이루어졌을 것이다. 다만 두 사람이 논의했다는 표현보다는 권기일이 이상룡으로부터 가르침을 받거나 지시를 받았다는 편이 옳

5) 김희곤, 『안동의 독립운동사』, 안동시, 1999, 136~143쪽.

을 것이다. 두 사람의 나이나 위상으로 보아 결코 대등한 관계에 있지 않았기 때문이다.

이상룡이 먼저 떠나면서 뒤를 이어 망명한다는 방침을 세웠다고 생각된다. 그리고 조부의 허락을 받으면서 가산을 정리할 시간을 가질 필요가 있었을 것이다. 그 많은 토지들을 천천히 처분하였고, 노비문서를 불태웠다. 앞에서 본 것처럼, 엄청난 양의 토지를 매각하여야 했다. 그것도 크게 드러내지 않고 처분해야하는 큰 부담도 안고 있었을 것이다.

또 노비도 정리했다. 1894년에 공식적으로 노비가 해방되었다고 말을 하지만, 실제로 1910년에도 큰 집안에는 많은 노비들이 있었다. 그래서 만주 망명길에 오르던 집안들은 이 무렵 노비문서를 불태워 정리하는 경우가 많았는데, 이 집안도 이 무렵에 정리했다고 전해진다.

본격적인 망명 준비는 1911년 여름에 시작되었을 것 같다. 이때부터 여러 가지 변화가 나타났는데, 그 첫 움직임으로 1911년 6월 형제들의 이름을 바꾼 사실을 들 수 있다. 즉 동생 權奇鍾을 權赫龍으로, 權奇榮을 權赫琪(赫驥)로 각각 바꾼 것이다. 그 자신이 사용하던 權赫麟이라는 항렬에 맞추어 호적을 정비하였다고 생각된다. 둘째 변화는 할아버지를 비롯하여 호적 전체를 다른 지역으로 옮겨 버린 것이다. 실제 이사하지도 않으면서 서류상으로 안동군 남후면 大也洞 3통 1호에서 선산군 해평면 해평동 53번지로 호적을 옮긴 것인데, 그 시기가 1911년 12월 19일이니, 망명을 2개월 조금 더 남겨둔 시점이다. 200년 정도 내려오던 마을이요, 선조들의 묘소를 이고 있는 마을을 그대로 두고 주소지를 옮겨버린 것이다. 장차 망명길에 오를 손자와 그 가족들의 앞날을 헤아려 국내 근거지를 모호하게 지워버리려 했던 조치로 보인다. 게다가 이 사실은 할아버지 권헌봉이 손자의 망명을 적극 지지하였다는 의미도 내포한다.

사실 할아버지로서는 참으로 답답한 노릇이 아닐 수 없었을 것이다. 집안을 계승해야 하는 冑孫이 망명함으로써 대가 끊어질지도 모른다는 우려와, 아비를 일찍 잃고 자신의 손으로 키운 그 손자가 선택한 길이 돌아올 기약이 없다는 사실은 심각한 부담이 되었을 것이다. 또 고령인 자신이 다시는 손자를 볼 수 없으리라는 짐작도 고통을 더하는 일이었을 것이다. 실제로 권헌봉은 손자 권기일이 망명한 지 2년 8개월 뒤인 1914년 11월 본적지인 안동시 남후면 검암동 31번지에서 사망했고,[6] 결국 손자를 다시는 볼 수 없었다. 그럼에도 불구하고 할아버지는 손자의 결의를 높이 평가하고 스스로 짐이 되지 않아야 한다고 판단하고서 손자의 망명 준비에 맞춰 호적을 이전한 것이다.

호적 이전은 권기일의 본격적인 망명 준비가 마무리에 접어들었다는 의미다. 이전 시기인 1911년 12월부터 권기일이 망명길에 오른 1912년 3월 10일까지 두 달 20일에 지나지 않았기 때문이다. 토지 매각을 마무리하거나 뒷일을 집안 사람들에게 맡기고, 특히 육순을 맞은 할아버지를 뒤돌아보면서 권기일은 망명을 준비했던 것이다.

이를 통해 짐작할 수 있는 사실은 다음과 같다. 첫째 권기일이 망명을 생각한 시기가 1910년 후반이라는 점과 그것이 이상룡으로부터 가르침을 받으면서 비롯되었다는 사실을 알 수 있다. 둘째, 권기일의 본격적인 망명 준비는 1911년 여름에 시작되었을 것이라는 점이다. 동생들의 이름을 항렬에 맞추고 호적에 개명 신고하였던 사실이나, 이사도 하지 않은 채 호적을 선산이 있는 곳으로 옮긴 것도 모두 망명 준비와 관련이 있을 것으로 보인다. 끝으로 호적 이전 이후 3월 10일 망명 출발시기까지 두 달 20일 동안 비밀리에 전격적으로 준비가 진척된 것을 짐작할 수 있다. 그 준비에는 토지 매각을 통한 자금 준비가 핵심이었을 것이고, 그렇기 때문에 3천 석 수곡을 자랑하던 집안이 빈털터리가 된 것이다.

권기일의 망명길은 조부를 제외한 가족 전원이 함께 했다. 자신과 아내

6) 「제적등본」 참조.

김씨, 만 두 살배기 딸 귀향(1910~), 둘째 어머니 尹大升, 이복형제 권혁룡(기종 : 1890~?)과 제수 李五美(전주이씨, 李春梓의 딸, 1892~?), 권혁기(기영 : 1893~?)와 제수 李東春(합천이씨, 李夏奎의 딸, 1894~?), 權奇峰(英秀·景鶴, 1902~?) 등 모두 9명이 나섰던 것이다. 언제 어떻게 돌아올지 알 수 없는 길이었다. 실제로 권기일 자신도 그곳에서 순국하지만, 둘째 어머니도 吉林省 濱江縣 新甸(현재 黑龍江省 賓縣 新甸)에서 사망하게 된다.

그들이 어떤 길을 택하여 북상했는지 알려지지 않지만, 대개 안동 사람들이 김천이나 추풍령까지 걷거나 수레를 타고 가서 기차로 신의주까지 이동하고, 그곳에서 얼음 덮인 압록강을 걸어서 건너가는 행로를 택하였으므로 권기일 가족들도 마찬가지였을 것 같다.

2) 독립군 양성과 동포 사회 운영

만주에 도착한 일행은 길림성 通化縣 哈泥河에 정착하였다고 전한다. 이미 1년 앞서 이상룡을 비롯한 안동 출신 선배들이 터를 잡은 지역은 柳河縣 三源浦라는 곳이었다. 그곳에 두 가지의 조직이 결성되었는데, 하나는 동포들의 안착과 농업 생산을 통해 한인 사회를 일구어 나가기 위한 耕學社였고, 다른 하나는 청년들을 길러내기 위한 新興講習所였다. 그러다가 지독한 흉년이 들자 신흥강습소는 추가가에 소학교를 두고 1912년 통화현 합니하로 이동하여 중등학교를 열었다. 1912년 7월에 합니하에 새로운 교사가 신축되어 낙성식을 갖게 된 것이다.

이 기회에 신흥학교와 관련하여 명칭 문제를 한 번 정리하고 넘어가자. 추가가에 있던 초기 학교에 대해 신흥강습소라는 데는 다른 견해가 없다. 그런데 합니하에 옮겨 세운 학교는 신흥학교·신흥중학교·신흥무관학교 등으로 불려 혼란스러웠다. 이 학교의 교육과정이 중등 4년제의 본과 과정과 3개월 혹은 6개월의 무관양성 과정인 특별과로 구성되어 있었다. 그러므로 신흥중학교나 신흥무관학교로 불리게 되었다. 그런데 당시에 대외적으로 무관학교라는 용어를 마음대로 사용할 수는 없는 사정이었다. 중국 영토 안에 한인들의 무관학교가 존재한다는 사실은 일본이 이를 트집 삼아 문제를 일으킬 수 있기 때문이다. 그래서 무관학교라는 말은 대외적으로 결코 사용하지 않고, 신흥강습소라는 명칭을 공식적으로 사용한 점은 확실하다. 그러면서도 그 목적이 군대를 길러내는 것이었으므로, 동포 사회에서는 자연스럽게 신흥무관학교라 불린 것 같다. 그러다가 1919년 3·1운동 이후 공식적으로 신흥무관학교라는 이름이 사용되었다.[7]

권기일이 합니하에 도착한 시기의 상황은 이 지역에 망명한 인사들이 흉년으로 몹시 고생하고 있던 때였다. 경학사를 결성하여 '경학'이란 뜻 그대로 경작하면서 배우는 사업의 중심체 구실을 하려 하였지만, 흉년이 들어 그럴 수 없었다. 그리하여 합니하로 이전하여 새로운 경작지를 찾고, 또 중등과정과 군사양성을 목적으로 신흥학교를 세우고 있었다. 이 무렵 권기일이 도착했으니, 그가 준비해간 자금은 매우 요긴하게 쓰였을 것이다. 그리고 그도 새로운 근거지를 마련하는 작업에 참여하게 되었을 터이다.

권기일이 맡은 일 가운데 가장 대표적인 것이 동포 사회를 유지해 나가는 것이었다. 독립군기지를 건설하기 위해서는 무엇보다 안정된 동포 사회가 먼저 만들어져야 했다. 정착하고 농사를 지어 수확하며, 그 결실로써 '독립군기지' 건설의 터전을 만드는 일이야말로 정말 중요한 것임에 틀림없다. 여기에다가 그는 교육 활동에 참여하여 교육회의 일도 맡아보았다. 教育會는 1912년 이상룡과 呂準을 중심으로 조직된 것인데, 권기일이 여기에 참가한 것은 당연한 일이었다. 아들 권형순이 남긴 증언에는 學徒監을 지냈다거나 경리와 재무를 맡아보았다는 이야기가 당시 상황을 말해주는 대목이다.[8] 특히 권기일의 부인이 손자에게 남긴 말 가운데, "너의 할아버지

[7] 서중석, 「청산리전쟁 독립군의 배경」, 『한국사연구』 111, 한국사연구회, 2001, 3쪽.
[8] 권형순, 「先府君遺事」(1950.1).

도장을 잘 간직해라. 이것만 갖고 있어도 뒷날 옛날 일을 증명해 줄 일이 생길 것이다."라는 말은 권기일이 주로 동포 사회의 경리와 재무를 담당했다는 것과 관련이 있는 것 같다.[9)]

그리고 당시 자주 만난 인물로 이상룡·李青天·尹世復·金昌煥·尹琦燮·崔明洙 등이 있었다고 아들은 전한다.[10)] 이후 남만주 사회를 이끌어 나가는 조직으로 1916년에 扶民團이 결성되었는데, 권기일은 역시 이 단체에도 참가한 것으로 여겨진다. 물론 그 사실을 말해주는 직접적인 자료는 없지만, 그가 1917년까지 계속해서 합니하에 머문 것으로 판단되기 때문이다. 더구나 부민단의 조직이 그대로 한족회로 이어졌기 때문이기도 하다.

1917년은 권기일에게 희비가 엇갈리는 해였다. 12월 17일 아들 권형순을 얻어 기쁜 일이 생긴 것이고, 역시 같은 달에 불행하게도 일본 경찰에 체포되었기 때문이다. 권형순은 1917년 12월 17일 吉林省 濱江縣 新甸에서 출생했다고 호적에 기록되어 있다. 빈강현은 첫 망명지역 보다는 북쪽으로 상당히 떨어져 있는 하얼빈의 동쪽에 있는 지방으로 송화강을 끼고 있고, 특히 新甸은 그 가운데서도 바로 송화강변에 자리 잡은 지방이다. 그런데 빈강현은 1932년에 滿洲國이 수립되면서 濱江省이 되었다가, 해방 후 黑龍江省 賓縣으로 바뀌었다.

그렇다면 권기일은 당시 하얼빈 동쪽 송화강변에 있는 오늘날 흑룡강성 빈현 신전에 머물렀다는 말인데, 선뜻 이해가 되지 않는 부분이다. 즉 그는 아들이 태어나던 그 12월에 海龍縣 주재 일본영사관 경찰에 체포당해 곤욕을 치렀고 다음 해 3월에 탈출하게 되는데,[11)] 이곳과 빈강현 신전과는 너무나 거리가 멀다. 이러한 의문은 다음에 이야기하게 될 그의 순국 장소와

---

9) 손자 權大容 증언.

10) 권형순, 앞의 글(이 글에 나오는 尹始馥·金贊煥·尹基燮은 尹世復·金昌煥·尹琦燮의 잘못이다).

11) 권형순, 위의 글.

도 연계된 문제이다.

호적 기록에 의문이 생긴다. 호적은 권기일의 아내 김씨와 아들 권형순에 의해 1936년에 신고된 것이다. 19년이나 지나서 신고하면서, 출생 지역만이 아니라 권기일의 순국 장소마저도 빈강현 신전이라 말했다. 그곳은 앞에서도 말한 것처럼, 권형순이 1928년에 다시 만주로 간 이후 거주했던 곳이다. 그렇다면 아내가 남편의 독립운동 근거지요 일본군에 의해 처참하게 살해당한 그 장소를 그대로 신고하지 않았다는 말이 된다. 뒤에 말하겠지만, 독립운동가의 후예라는 사실을 숨기고 살아야하는 처지에서 출생지나 생활 근거지를 독립운동의 핵심 지역인 통화현 합니하라고 밝힐 수는 없었을 것이다. 그러므로 그곳에서 아주 북쪽으로 먼 지역을, 그것도 1920년대 이후 권기일의 형제들이 실제로 거주하고 있고, 또 권형순이 다시 만주로 가서 살고 있던 지역을 신고한다는 것은 매우 당연한 일이었다.

결국 그와 가족들이 1917년 무렵에 북상한 것이 아니라 서간도 일대, 부민단의 중심지인 통화현 합니하에 계속 머물렀다는 말이 된다. 특히 "국내에서 통화현으로 들어오는 독립운동자금을 받으러 나갔다가 일본관헌에게 붙들려 들볶이다가 이듬해 3월에 용케 탈출에 성공했다는 이야기는 당시 부친과 같이 만주에 있던 삼촌에게 들어 알고 있다."는 아들 권형순의 증언은 권기일이 국경에서 가까운 통화현에 머물고 있었음을 말해주는 장면이다.[12)]

당시 탈출 날짜에 대해 아들은 1918년 3월 29일이라 전한다. 이 회고는 또한 당시 권기일이 맡고 있던 직무가 자금 인수라는 사실을 전해주기도 한다. 한편 그가 정치외교위원으로 활약하다가 체포되었다는 기록도 있는데,[13)] 그렇다면 부민단 소속으로 그러한 직무를 수행했다는 말이 된다. 그러므로 그가 1916년부터 1919년, 곧 한족회 결성 이전까지 부민단의 재정을

12) 권중현, 「간장장수 권형순씨」, 《신동아》 1969년 8월호, 283쪽.
13) 김승학, 『한국독립사』 하, 독립문화사, 1971, 81쪽.

담당하고 외교를 담당했다고 정리된다.

이후 그가 맡은 임무 가운데 정확하게 자료에 등장하는 것은 "韓族會 區正, 教育會 委員"이다.[14] 여기에다가 그의 아들 권형순은 권기일이 百家長을 거쳐 千家長을 맡았다고 전한다. 일단 이를 통해 그의 활동이 독립운동의 기반이 되는 동포 사회의 운영에 초점을 맞추고 있었음을 알 수 있다. 경학사와 부민단을 거쳐 서간도 지역을 이끌어 가는 한인 사회의 운영체는 한족회였다. 곧 1919년 들어 서간도 지역을 중심으로 남만주 일대에 새로운 조직인 한족회가 결성되자, 권기일도 여기에 참가하여 활동했던 것이다. 한족회는 3·1운동의 바람이 만주지역을 휩쓰는 가운데 결성된 것으로, 4월 초순에 앞서부터 존재했던 부민단·自新契·교육회 등을 중심으로 유하현·통화현·환인현·집안현·임강현·해룡현 등 각 현의 지도자가 모여 만든 대규모의 한인 독립운동조직체였다. 한족회는 지역별 책임자로 總管이나 檢督을 두고 지방자치를 관장하였으며, 청년들을 모아 속성으로 군사훈련을 펼쳐 나갔다.[15]

권기일이 참가한 한족회의 중앙총부는 유하현 삼원포 시가지의 남쪽 끝 지점에 설치되었고, 최고책임자로 군정부의 참모장인 李沰이 임명되었다. 자료에 보이는 당시 중앙총부의 조직과 구성원을 보면 다음의 두 가지가 있다.

〈한족회 간부 명단〉

會 長	李 沰
庶務司長	金宗勳
査判司長	李震山
學務司長	金衡植
財務司長	南廷燮

14) 독립운동사편찬위원회, 『독립운동사자료집』 7, 1973, 1324쪽.
15) 이상룡, 「行狀」, 『石洲遺稿』, 고려대학교출판부, 1973.

商務司長 金定濟
軍務司長 梁圭烈
內務司長 郭 文
檢 查 監 崔明洙[16]

政務總長 李 沰
庶務司長 金東三
外務司長 梁圭烈
法務司長 李震山
檢察司長 崔明洙
學務司長 尹琦燮(뒤에 金衡植)
財務司長 安東源[17]

이 자료에 나타나는 인물들 가운데 김종훈이나 김동삼, 그리고 김형식은 모두 안동 내앞마을(川前) 출신이면서, 아울러 협동학교 관련자들이다. 그러므로 권기일도 이들과 함께 한족회를 중심으로 활동하고 있었다. 특히 아들 권형순이 권기일의 활동 영역으로 "중앙청"이라는 표현을 남긴 점으로 볼 때, 그것이 한족회의 중앙총부, 혹은 군정부나 서로군정서의 본부라는 점을 헤아릴 수 있다.

한족회는 만주 일대의 각 지방을 체계적으로 나누어 지방자치를 시행하였다. 다시 말하자면 民政을 펼치는 행정부의 기능을 발휘하고 있었다는 말이 된다. 여기에 비해 軍政 기능은 西路軍政署가 담당하게 된다. 권기일은 이 한족회에서 區正을 담당했다고 기록되어 있으니, 민정 분야를 맡았다는 사실을 확인할 수 있다.

그렇다면 우선 한족회의 조직을 볼 필요가 있겠다. 한족회의 기본 조직은 본부에 1천 호에 千家長, 1백 호에 百家長, 10호에 十室長을 두었다. 이

16) 국회도서관, 『한국민족운동사료』 3, 1979, 806쪽.
17) 김승학, 『한국독립사』 상, 1970, 349쪽.

와 달리 지방조직을 별도로 두기도 했다. 즉 柳河縣의 경우에는 네 개의 區로 나뉘고, 그 아래에 25~26分區를 두었다. 한 개의 구에 6개 정도의 분구를 두었다는 말이다. 그리고 각 구에 團總理 1명, 檢察長 1명, 檢察 2~4명, 백가장 1명, 小分區에 統首 1명을 두었고,[18] 그 밖의 지방에는 區正 · 區議事員 · 交涉員 · 議事部長 · 地方檢督 · 書記 · 區檢察 · 區都檢察 · 地方書記 등을 두기도 했다.[19] 이 가운데 권기일이 맡은 區正이 어느 정도의 위치인지를 알려주는 정확한 자료는 없다. 그가 백가장을 거쳐 천가장을 맡았다는 아들 권형순의 기록에다가,[20] 천가장을 맡았다는 다른 기록도 전해진다.[21] 그렇다면 백가장 시절에는 區의 대표 정도를, 천가장 시절에는 縣의 지방자치 행정기능을 맡은 것으로 추정된다.

권기일이 한족회 구정과 교육회 위원의 신분이었다는 기록은 이상룡이 대한민국 임시정부에 보낸 보고서에 나타난다. 이 보고서는 1920년 4월부터 1921년 2월 사이에 일본군에 의해 피살된 34명의 명단이 작성되어 있는데, 그 가운데 구정이 6명이었다. 그런데 김승학은 권기일이 한족회 총관이었다고 기록하였다.[22] 이러한 점들로 미루어본다면, 권기일은 서간도를 중심으로 하는 만주지역에서 한족회와 교육회라는 조직의 지역대표였고, 서로군정서라는 군정기관보다는 민정기관 활동에 중점을 둔 인물로 판단된다.

4. 순국

권기일의 순국 날짜가 1920년 음력 7월 2일인데, 이는 양력으로 8월 15일

18) 金正明, 『朝鮮獨立運動』 Ⅱ, 東京:原書房, 1967, 873쪽.
19) 金正明, 위의 책, 289~290쪽.
20) 권형순, 앞의 글.
21) 김승학, 앞의 책 하, 81쪽.
22) 위와 같음.

이다. 25년 뒤 이날에 광복을 맞게 되니, 참으로 우연치고는 기묘하다. 순국하던 장면은 "관계하던 韓僑의 武官學校에서 日軍의 습격을 받고 살해되었다."고 전한다. 즉 "통화현 합니하의 무관학교에 있다가 학교를 포위한 일본군에게 잡혀 수수밭으로 끌려 나가 전신이 총검에 찔려 절명했다."는 것인데, 아들 권형순이 삼촌으로부터 들은 이야기라고 술회하였다.[23)]

그런데 앞에서도 본 것처럼, 제적등본에는 그의 사망 장소가 '滿洲國 濱江縣 新甸'이라 적혀 있다. 그의 아내에 의해 1936년 12월 신고된 것인데, 뒷날 신고하면서 독립운동 관련성을 은폐하기 위해 다른 지역 주소를 말한 것으로 여겨진다.

그가 순국한 신흥무관학교는 通化縣 哈泥河에 있던 분교였다. 신흥무관학교는 3·1운동 이후 크게 변화하는데, 본교를 孤山子 부근으로 옮기고, 哈泥河에는 분교를 두었으며, 그 뒤에 다시 통화현 七道溝에도 분교를 두게 된 것이다.[24)] 이 가운데 그가 순국한 장소는 합니하의 신흥무관학교 옆 수수밭이다.

순국하던 1920년 8월은 봉오동전투와 청산리전투의 중간 무렵이다. 그러니 봉오동전투에서 패한 것을 만회하기 위해 침공을 계획한 일본군이 보복과 강도 높은 공격을 준비하는 과정에서 독립군의 바탕인 한인 동포사회를 공격한 것인데, 바로 그 과정에서 지역 책임자인 권기일이 살해된 것이다.

일본군의 서간도 지방에 대한 공격은 전부터 있었다. 곧 5월 31일 유하현 삼원포가 일본군의 습격을 받아 소년부터 노년에 이르는 남자 300명 넘게 잡혀가서 혹형을 당하는 비극이 벌어졌던 것이다. 이처럼 서간도 지역이 먼저 피해를 입은 이유는 현지 중국관리가 북간도 지역에 비해 일본 측 요구를 잘 들어주었기 때문이다.[25)]

---

23) 권중현, 「간장장수 권형순씨」, 《신동아》 1969년 8월호, 283~284쪽.
24) 서중석, 「후기 신흥무관학교」, 『역사학보』 169, 역사학회, 2001, 89쪽.

이제 어떻게 해서 권기일이 일본군에게 피살되고, 또 어떤 이유로 이상룡이 그 명단을 대한민국 임시정부에 보냈는지에 대해 살펴볼 차례다. 3·1운동 이후 신흥무관학교에서 길러진 독립군들이 국내진공작전을 계획하거나 일부는 국내로 진입작전을 펼치기도 하였다. 그런데 조선 주둔 일본군은 그 독립군들을 공격하기 위해 1920년 4월부터 면밀한 작전을 짜고 있었다. 마침 국제 간섭군으로 연해주를 강점하고 있던 일본군이 철수하고 있었다. 이들이 만주지역 독립군을 공격하여 무력화시킨다는 계획을 세우고, 또한 그 바탕이 되는 동포 사회를 붕괴시키고자 작정하였다. 그러다가 1920년 6월 펼쳐진 봉오동전투와 10월의 청산리전투에서 독립군이 대승을 거두게 되자, 일본군은 서북간도 지역에 대한 대대적인 공격에 나섰다. 독립군이 아닌 비무장의 동포 사회를 휩쓰는 과정에서 엄청나게 많은 동포들이 살해되었으니, 이를 庚申年(1920년)에 벌어진 참변이라 하여 '庚申慘變', 또는 '간도참변'이라 부른다. 권기일의 순국은 본격적인 '경신(간도)참변'이 있기 전, 그 서막에 해당하는 참극에 해당한다.

서간도 일대의 독립운동세력은 1920년 5월에 '중·일합동수색대'가 편성되어 활동을 시작함에 따라 최대의 위기를 맞았다. 조선총독부 아카이케(赤池) 경무국장이 봉천을 방문하여 東三省 巡閱使 張作霖과 논의하여 봉천성과 간도지역의 한국독립운동가를 검거한다는 데 합의하였다. 그 결과 조직한 것이 '중·일합동수색대'였고, 이들이 서간도 일대를 누비기 시작하였다. 이 가운데 奉天督軍 顧問 사카모토(坂本)가 이끄는 부대는 5월 15일부터 8월 18일 사이에 안동·관전·환인·통화·집안·임강·장백 등을 돌아다니며 독립운동가 277명을 체포하고 8명을 살해하였다.[26] 권기일이 순국한 날짜가 8월 15일이니, 바로 이 8명의 순국자 속에 포함된 것으로 판단된다.

25) 독립운동사편찬위원회, 『독립운동사』 5, 1973, 401쪽.

26) 「조선총독부기록 1254호」, 『한국독립운동사』 3, 1967, 664쪽.

권기일의 순국은 불행한 사건이었으나, 다행스러운 점은 그 사실이 임시정부의 서류를 통해 지금까지 알려지고 있다는 것이다. 이 문건은 '墾西軍政署 督判 李啓源'의 명의로 임시정부에 보고된 것인데, 간서군정서는 서로군정서요, 독판은 이상룡이었다. 그런데 그의 다른 이름이 李啓元이니,[27] 여기에 나오는 李啓源과 같은 인물임을 알 수 있다. 이 서류의 제목이 "大韓民國 2년 4월 이후 同 3년 2월 16일까지 일본 군경에 사살된 자의 이름"이다. 즉 1920년 4월부터 1921년 2월까지의 순국자로 보고된 명단이다.

〈순국자 명단〉

咸炳鉉(韓族會興地方總管, 興東 혹은 興京지방인 듯)
<u>**權奇鎰(한족회 區正)**</u>
辛仲華(早大 출신, 한족회 常法課長)
金憲林(日新學校 敎師, 야소교회 內)
安一龍(한족회지방검찰)
趙鐘寧(노동강습생)
方炳杰(柳西地方書記)
趙重建(한족회 前檢督)
尹俊泰(한족회 區檢察)
<u>**金東萬(三光小學校長, 金東滿 - 필자 주)**</u>
崔時明(한족회 구정, 日光小學校長)
咸贊根(한족회 區都檢察)
朴基秀(노동강습생, 同區청년회장)
金敬瑞(日光小學校 교사)
金基善(培達소학교 학감, 倍達일 듯)
李根眞(三成小學校 교감)
李淳九(合成小學校 교사)
朴秉夏(한족회 統首)
金世鐸(한족회 구정)

27) 조선총독부 경북경찰부, 『고등경찰요사』, 1934, 209쪽.

田畯闢(한족회 海南地方總管)
方仕日(한족회 區議事員及交涉員)
安同植(한족회 의사부장, 靑年團支團長)
方基典(한족회 柳西地方總管)
吳義淳
李時恒(前한족회 檢督)
李鳳圭(한족회 구정, 三成小學校 교감)
池霞榮(三成學校校監, 한족회 興東地方書記)
林寬浩(한족회 興東地方書記)
金道俊(興京地方議事部長)
黃元厚(한족회 구정, 永信學校 財務)
文信英(한족회 구정)
吳正淳 · 郭武(育英小學校長, 柳東地方總管)[28]

이 자료는 몇 가지 새로운 사실을 알려주고 있다. 첫째, 서로군정서가 대한민국 임시정부에 사실들을 보고하고 있었다는 점이다. 서로군정서가 대한민국 임시정부의 산하 조직으로 들어간 것은 이미 잘 알려진 사실이다. 다만 이러한 보고 체계에 대해서는 별로 주목하지 못해 왔다. 둘째, 한족회의 지방 조직을 보여주고 있다. 34명 명단과 직책을 보면 지방총관(3명) · 지방검독 · 지방서기 등과 구정 · 區議事員 등의 행정직 요원과 교장 · 교감 · 교사 · 강습생 등 교육관련 인물로 구성되어 있다. 이를 통해 보면, 구정이란 몇 개의 縣을 묶은 것으로 보이는 興東 · 海南 · 柳西地方의 總管보다는 작은 규모, 즉 현이나 이보다 작은 지역의 대표가 아닌가 생각된다. 셋째, 희생자 가운데에는 권기일과 같은 동향 출신으로 안동 내앞마을의 金東萬(滿이 옳다)이 발견되는데, 그가 바로 김동삼의 동생이다. 삼원포의 삼광중학교장이던 김동만이 순국한 날짜는 11월 5일(음 9월 25일)이었다.[29]

---

28) 독립운동사편찬위원회, 『독립운동사자료집』 7, 1973, 1324쪽.
29) 이해동, 『만주생활 77년』, 명지출판사, 1990, 49쪽.

권기일의 아내는 더 이상 견뎌내기 힘들었다. 그래서 남편이 순국한 뒤, 아내는 만 세 살 된 아들의 생명마저 위협을 받자 여자아이로 꾸미고서 귀국하였다. 제적등본을 보면 "1921년 11월 17일 前戶主 사망으로 호주 상속, 1922년 12월 15일 신고"라고 기록된 점에서 권기일의 아내가 아이를 데리고 귀국해서 신고한 것을 알 수 있다. 여기서 말하는 전호주는 권기일의 할아버지 權憲鳳이었을 것이다. 1911년 12월 서류상 선산군 해평으로 전적해 두고서는 더 이상 호적 장부상 진행된 것이 없고, 전호주인 할아버지의 사망 이후 승계자인 권기일 자신이 망명해 버린 상황이기 때문이다. 그러니 1922년 아내 김씨가 신고한 호주승계는 권기일의 할아버지로부터 아들 권형순에게로 2대를 뛰어 넘은 것이었다. 이런 과정에서 아내 김씨의 어려움은 다시 설명할 필요조차 없을 것이다.[30]

고향에 돌아와 고생하다가 권형순은 1928년에 아버지 권기일의 유골을 국내로 모셔오기 위해 다시 만주로 갔다. 그러나 그곳에서 막내 숙부인 權奇峰(英秀)을 만나 아버지의 유골을 수습하고서는 순국 장소인 신흥무관학교 터의 바로 뒷산 깨금다리밭으로 이장하였다. 그리고서 권형순은 숙부를 따라 길림성 賓縣 新甸溝(현재 흑룡강성 빈현 신전)에 가서 살았는데, 그곳에서 다음 해에 이청천을 우연히 만나기도 했다.[31]

그러다가 권형순은 다시 잠시 귀국했다. 그리고 1936년 선산군 해평으로 옮겨져 있던 호적을 대구지방법원 김천지청에 신청하여 다시 안동 원적지로 환원시켰다. 그러면서 아버지의 사망을 신고하고, 자신의 출생과 호주 상속을 신고하여 호적을 완전히 정리하였다. 그리고서 다시 만주로 갔던 그가 해방을 맞아 귀국한 것이다.

30) 김씨 부인은 잠시 귀국했다가 다시 만주로 가서 해방 후 귀국하여 사망하였다.
31) 권형순, 앞의 글.

5. 종가 재건 노력

1945년 9월 권형순이 돌아왔고, 一直面 長沙里의 종조부(權五常) 집 아래채에 살았다. 만 2년을 지난 1947년 12월 초순에 종택을 다시 만들어야 한다는 논의가 나왔고, 이를 위해 모금에 들어갔다. 발기인으로 權五星·權五植·權壽龍·權英達·權赫斗 등 5명이 나서서 「保宗記」, 즉 종가를 인수하기 위한 취지문을 작성하였다. 이를 바탕으로 시작된 모금에서 權五星이 1,000원을 내놓은 것을 비롯하여 모두 23명이 14,650원을 약속하였는데, 모두 수금된 것은 아니나 다수가 이에 호응하였다. 특히 權五雲이 5,000원이라는 거금을 내놓았다. 권기일의 아버지 3형제 가운데 막내인데 권오운은 당숙에게 양자로 출계하였는데, 누구보다도 본가에 대한 관심과 애정을 많이 갖고 있었다. 조카의 순국도 가슴 아픈 일이지만, 從孫子이자 冑孫인 권형순이 만주에서 귀국하여 집도 없이 살아가는 모습이 너무나 안쓰럽게 느껴졌다. 그래서 종가를 지켜나갈 그를 위해 거액을 내놓은 것이다.

새해, 즉 1948년 정월에 들면서 모금 활동은 틀이 잡혀갔다. 앞서 나왔던 「보종기」보다 훨씬 세련된 취지문이 마련되고, 또 이를 체계적으로 추진하기 위해 조직을 결성하였던 것이다. 그 조직이 1948년 정월 9일에 결성한 '輔宗禊'였다. 「輔宗禊牒」을 보면, 발기문에 해당하는 序文을 權肅八이 정월 7일에 지었고, 이틀 뒤에 21명의 이름으로 계를 발족하였다. 이것은 한 달 앞서 쓴 「保宗記」에 적힌 23명과 약속 금액에서 큰 차이가 없다. 이러한 모금 활동의 결과, 권형순과 그 가족들은 종조부의 아래채를 떠나 바로 이웃으로 독립하게 되었다.

1948년 1월, 결성 당시 보종계원으로 모금에 응한 인물들의 내역을 보면 다음과 같다.

▎보종계원의 모금 내역

이름	금액	이름	금액
權肅八	1,000	權五寅	300
權龍錫	200	權五源	100
權憲德	300	權五星	1,000
權達錫	200	權五植	1,000
權奎商	100	權五峯	1,000
權甲乭	500	權五貞	1,000
權士乭	200	權五昌	300
權肅道	100	權五宅	1,000
權五鱗	200	權英達	300
權英浩	100	權壽龍	1,000
權五雲	5,000	합 계	14,900원

이러한 문중의 노력만큼 아들 권형순의 노력도 대단했다. 그는 1950년 1월 부친의 사적을 더듬어 「先府君遺事」를 썼다. 그는 이와 비슷한 기록을 두 편이나 더 썼는데, 자신이 만 세 살 때 순국한 아버지이지만 한 순간도 잊지 않고 지내온 지난 사실들을 정리해두려 하였다. 이 글 내용이 골격에서는 크게 틀린 점이 없지만, 그가 어머니와 숙부 그리고 만주에 살면서 들은 이야기를 정리하다보니 세부적으로는 오류가 많기도 하다. 다만 이 기록이 한국전쟁이 일어나기 이전에 쓰인 것이어서 그나마 의도적인 과장의 흔적이 보이지 않는다. 그리고 권형순은 金佑東(의성김씨)에게 글을 부탁하였다.[32] 그가 쓴 「殉國烈士權君奇鎰遺事跋」은 권형순의 글을 바탕으로 권기일을 기리는 것인데, 작성 시기가 古甲子로 "黑蛇黃梅節"이라 기록되어 있으니, 즉 1953년 5월에 쓰였음을 알 수 있다.

해방 직후 귀국하여 문중의 도움으로 일직면에 조그만 집이라도 마련한 그로서는 이제 본격적으로 아버지의 활동을 정리하고 알리는 것이 가장 중요한 과제였다. 그래서 1949년부터 이를 정리하려 애를 썼고, 그 노력이

32) 김우동은 금계 출신으로 일직 망호로 옮겨와 우거한 학자였는데, 포항공대총장을 지내다가 작고한 김호길의 작은 할아버지다.

1950년 1월에 작성된 「선부군유사」로 나타난 것이다. 그때가 한국전쟁이 나기 5개월 전이다. 그는 자신만의 글로는 객관성을 확보하기 어렵다고 판단했을 터이고, 그래서 전쟁이 막바지에 이르러 중부전선에서 지루한 공방전이 펼쳐지고 있을 때 아버지의 행적을 정리하고 또 알리고자 무척 애를 썼던 것이다.

그러다가 부딪친 문제가 권기일과 권혁린이 동일인이라는 사실을 확인해 둘 필요가 있다는 사실이었다. 물론 동네에서는 그것을 잘 알고 있지만, 법적인 차원에서 문제가 발생할 경우, 이를 객관적으로 인정받을 수 있는 근거가 필요했다. 그는 1959년 9월 14일 독립지사 권기일이 권혁린과 동일인이라는 사실을 확인하기 위해 일직면장과 지서장의 이름으로 사유서를 작성하였다.[33]

앞에서도 본 것처럼, 형제들이 처음에는 '奭'자를 사용하다가, 1911년 망명을 앞두고서 모두 '赫'자로 바꾸었다. 물론 그는 이보다 훨씬 앞선 1907~8년에 이미 혁린이라는 이름을 사용하였다. 그렇지만 만주에서는 '기일'이라는 이름을 사용하였는데, 이 두 이름이 같은 인물이라는 사실을 확인하지 못할 경우 아버지의 활동 내용을 공인받기 어려웠다. 때문에 아들 권형순은 이를 확인하는 작업을 했던 것이다. 이것이 정부가 독립유공자에 대한 포상작업에 나서기 2년 앞서 이루어진 일이었으니, 권형순의 지혜가 엿보이는 대목이 아닐 수 없다. 만약 포상 작업이 펼쳐지고 있는 과정에서 이를 추진했다면 진행이 그리 수월하지 못했을 가능성이 크다.

정부에서는 1961년부터 독립유공자에 대한 포상 작업에 나섰다. 그러자 형순은 1962년 9월에는 「애국지사유족확인원」을 내각사무처에 제출하였고, 1963년 3·1절에는 드디어 아버지가 대통령표창에 추서될 수 있게 되었다. 그러나 권형순은 포상이 너무 낮게 평가되었다고 생각하고, 다시 자료

33) 「개명 사유서」.

수집과 보완 작업에 나섰다.

1964년 5월에는 남후면장의 이름으로 「이명동일인증명원」을 다시 작성하였고, 같은 해 7월에는 안동군민 826명의 서명을 받아 진정서를 제출하였다. 서명자 명단을 보면, 참으로 대단하다는 생각밖에 들지 않는다. 서명자의 출신지가 안동의 대다수 지역을 망라하고 있다. 당시 교통사정을 감안한다면, 안동 전 지역을 걸어 다니며 해낸 일이라는 것을 새삼 느끼게 된다. 이만큼 많은 서명자를 확보한 사실 자체가 대단한 일이었다. 아내를 앞장 세우고 리어카를 끌면서 간장 장수 행상을 하면서도 끝내 아버지의 역사를 검증해 내려는 그의 눈물겨운 노력이 1977년에 가서야 결실을 거두었다. 대한민국 정부가 권기일에게 그의 공을 기려 건국포장을 추서하였고, 뒤에 포상법이 바뀌면서 등급을 조정하여 1990년 12월 16일 건국훈장 애국장을 추서하였던 것이다.

6. 유족의 고난

명문 집안의 주손이 리어카를 끌고 길거리를 돌아다니며 간장을 파는 장면이 안동 시가지에 나타났다. 1970년대 초반까지도 이 지역 명문 종가에는 아랫사람이 있었다. 물론 1894년 노비가 공식적으로 해방되었지만, 실제로는 이후에도 노비가 존재하였다. 점차 그 노비들이 성과 이름을 갖추고 호적을 가지고 독립하게 되었지만, 그 자취는 상당히 오랫동안 남아 있었다. 비록 노비는 아니지만 아랫사람으로서 종가 일을 돌보는 인물이 남아 있었고, 통혼권도 크게 변하지 않고 존재해 왔다. 이런 안동사회에 명문 집안의 대를 이어가는 주손이, 그것도 아내가 치는 북소리를 앞세우고 리어카를 밀며 간장을 팔러 다니는 모습이 안동 길거리에 나타났던 것이다.

그것을 고스란히 보여주는 자료가 남아 있다. 3·1운동 50주년이 되던

1969년, 《신동아》 8월호에 게재된 사진과 글이 바로 그것이다. "오늘을 사는 한국의 서민"이란 시리즈의 32번째 글인데, 두 가지로 구성되었다. 하나는 사진기자 金順慶이 사진과 설명을 붙인 「行商하는 '婦唱夫隨'」이고, 다른 하나는 權仲鉉 기자가 쓴 「간장장수 權衡純씨」이다.

사진 에세이의 첫 장면은 구시장 골목의 어물전 앞을 지나는 부부의 모습이다. 아내 金周(만 43세)가 앞장서서 북을 치고 그 뒤에 권형순(만 52세)이 리어카를 밀고 있다. 그런데 표현이 흔히 쓰는 '夫唱婦隨'가 아니라, 남편과 아내의 순서가 뒤바뀐 '婦唱夫隨'다. 간장통이 가득 실려 있는 리어카에는 막내딸 권미용이 타고 있다. 「간장장수 權衡純씨」라는 글은 매우 사실적으로 상황을 전해주고 있다.

> 서울서 내려오는 간장을 근처의 도매상에게 사다가 리어카에 싣고 나가려면 아침 6시부터 움직여야 한다. 안동 시청에서 등사일을 해주고 있는 장남 大容이를 먼저 보내고 西部國民學校에 다니는 둘째(3학년)와 셋째(1학년)를 보내야 된다.
>
> 아이들 먹고 난 상에 그대로 앉아 부부가 식사를 끝내기가 무섭게 네 살짜리 막내딸 美容이가 리어카에 놓인 궤짝에 들어앉는다. 낮에는 빈집에 막내 혼자 둘 수 없어 데리고 나가는 것이다.
>
> 리어카에는 한 말들이 플라스틱 간장통 네 개를 앞에 놓았고 그 뒤에는 소금 광주리와 미용이 앉는 조그만 궤짝이 있다.
>
> 부인이 밀짚모자를 쓰고 둥그런 북이 매달린 끈을 목에 걸고 앞에 나서면 남편은 헌 운동모자를 앞으로 숙여 쓰고 뒤를 따라 나선다.
>
> 「덩덩 덩덩쿵」하고 무당의 굿소리 같은 북소리가 골목에서 울리기 시작하면 이들의 하루 일과가 시작되는 것이다.
>
> 부인이 치는 북소리는 힘이 있고 자리가 잡혔는데 머리가 희끗희끗한 남편이 끄는 리어카가 굴러가는 데는 좀 힘이 들어 보인다. 安東市 中心街를 지날 때면 부인의 북소리는 점점 더 커지고 당당한데 남편의 허리는 더 꾸부러지고 모자는 집을 나올 때 보다 더 숙여 씌워져 있다. 부인이 오른손의 방망이로 북을 치고 왼손으로 장단을 맞추며 크고 작은 음식점을 들러 간장이나 소금이 떨어졌나를 물어보며 앞으로 나가고 그 뒤를 남편의 리어카가 슬슬 따른다.[34)]

그토록 당당하던 한 명문 집안이 사라져버린 현장을 보여주는 기록이다. 끊이지 않고 내려온 학문과 관직의 줄기, 대단한 재력과 인물, 이 모든 것이 그야말로 짧은 기간에 모두 사라져 버렸다. '천상에서 지옥으로'라는 표현처럼 명문가의 참혹한 몰락이었다. 그것도 단지 10년 사이에 벌어진 '한 순간'의 일이었다.

7. 맺음말

권기일은 여러 대에 걸쳐 관직을 지내거나 빼어난 문장을 남긴 조상과 가세가 좋은 집안을 잇는 胄孫으로 태어났다. 그러나 부모를 모두 일찍 여의게 됨에 따라 조부 아래에서 성장하게 되었다. 그에게 청년 시절 닥친 문제는 민족문제였다. 만 24세에 국치를 당하면서 독립운동에 나설 것을 다짐하고, 노비를 해산시키고 재산을 처분하였다. 그리고서 1912년, 곧 26세의 나이에 새어머니와 동생들, 아내와 딸을 대동하고, 조부모를 남겨둔 채 망명길에 올랐다.

그가 만주에서 벌인 활동의 핵심은 한인 동포 사회를 운영하는 일이었다. 경학사나 부민단 및 한족회로 대별되는 한인 동포 사회의 운영 주체에 참가한 그는 교육 활동에 힘을 쏟았고, 또한 군자금 수송을 맡기도 했다. 독립전쟁을 벌이려는 기본 계획을 추진함에 가장 기본적으로 독립운동기지를 뒷받침할 수 있는 동포 사회의 건립과 운영이 시급했다. 때문에 그는 백가장이니, 천가장이니 하는 동포 사회의 경영자가 되어 이를 유지하면서 새로 이주해 오는 동포들을 안정시키고, 또 그들을 교육시켜 독립전쟁에 필요한 인물로 육성하는 데 기여한 것이다. 교육회의 위원이었다는 사실도

34) 權仲鉉, 앞의 글.

그러한 점을 말해준다.

그는 1920년 8월 15일, 평소 정성을 쏟아 부었던 신흥무관학교 근처 수수밭에서 일본군에 의해 처참하게 살해당했다. 26세에 망명하여 만 8년 동안 온갖 정성을 쏟아붓다가 만 34세라는 한창 나이에 순국한 것이다.

권기일의 짧은 일생을 좇아가다가 느끼는 충격은 전통적이고 부유한 가문이 민족문제를 해결하기 위해 싸우다가 순식간에 무너진 비참한 현실이다. 망명 준비 2년, 망명 투쟁 8년. 이것이 그가 역사의 도전 앞에 자신을 내던진 10년 세월이다. 이 10년의 걸음은 엄청난 변화를 가져다주었다. 그 후예들이 겪어야 하는 고난은 너무나 가혹했고, 더구나 화려했던 명가의 자취는 아예 전설 속으로 사라졌다. 리어카를 끌고 길거리에서 간장을 파는 한 초로의 인물이나 기억할 뿐, 이 집안이 천 석을 넘는 재력과 10대를 너머 전해오는 주손으로서 빼어난 인물을 배출한 집안이라는 사실은 없던 이야기가 되고 말았다.

그리고 권기일의 일생은 독립운동사 연구자들에게 만주지역 한국독립운동사에서 전투부대와 동포 사회를 유기적으로 연결시켜 파악해야 한다는 필요성을 제기해 주고 있다고 생각된다. 대체로 독립운동에 대한 기대는 화려한 전투에 맞추어져 있다. 그러므로 그 군대를 육성하고 유지시켜준 바탕, 곧 동포 사회의 경영에는 시선을 보내지 않았다. 건실한 동포 사회 없는 독립군이란 존재 자체가 불가능하다. 그럼에도 불구하고 이에 대한 관찰과 연구는 부족했다. 이 기회에 이러한 연구의 필요성을 거듭 강조해 둔다.

끝으로 이 연구가 오늘의 시점에서 중단되어서는 안 된다는 사실을 말해 두고자 한다. 한 인물과 그가 중심된 집안의 자취를 추적했듯이, 그 연장선상에서 현재와 미래의 변화상을 추적할 필요가 있다는 뜻이다. 그런 차원에서 이 연구는 앞으로 이루어질 미래역사학 또는 미래사회학의 관점에서 하나의 자료로 제공될 수 있으리라 생각한다.

12장_ 朴尙鎭(1884~1921)의 생애와 자료

1. 박상진의 생애와 독립운동

1) 박상진의 가계와 혁신유림의 길

일반적으로 한국독립운동사에서 1910년대를 공백기라 부르던 시절이 있었다. 물론 공백기는 아니었다. 다만 그렇게 불릴 만큼, 이 시기에는 다른 시기에 견주어 국내의 독립운동이 약화된 것만은 사실이다. 그 이유는 장기적인 의병전쟁을 거치면서 독립운동의 에너지 자체가 약화된 점, 유력한 지도자들이 나라 밖으로 망명한 사실, 그리고 일제가 강점하자마자 '105인사건'을 비롯하여 독립운동자를 제거하거나 엄청난 돈으로 친일분자들을 만들어내는 전략을 펼친 것 등을 지적할 수 있다. 그런데 박상진(1884~1921)의 활동은 바로 그러한 시기를 장식하는 것이어서 한국독립운동사에서 가지는 의미는 상당히 크다.

박상진은 36년 6개월 남짓 살다갔다. 그 짧은 일생 중에 독립운동에 몸을 던진 기간은 그의 나이 20대 중반에서 30대 중반까지 13년 정도이며, 앞부분 8년 정도를 활동하다가 뒷부분 4년 넘는 기간 동안 옥중 생활을 치르고, 결국 1921년 8월에 순국하였다. 그의 삶이 비록 이처럼 짧았지만, 그의 활동은 오히려 두드러졌다.

박상진은 1884년 음력 12월 7일(양력 1885.1.22) 울산시 북구 松亭洞(당시 울산군 農所面 송정리)에서 태어났다. 경주에서 울산으로 넘어가자마자 나타나는 동네가 바로 이곳이다. 그는 밀양박씨 時奎(1861~1928)와 여강이씨 사이에 장남으로 출생하였는데, 생후 100일 만에 백부 朴時龍(1851~1930)에게로 입양되었다. 그의 자는 璣伯이며, 호를 固軒이라 스스로 지었다. 그리고 만 14세가 되던 1898년에 월성최씨 鉉教의 장녀인 崔永伯과 혼인하였다.[1)]

▎박상진의 가계도

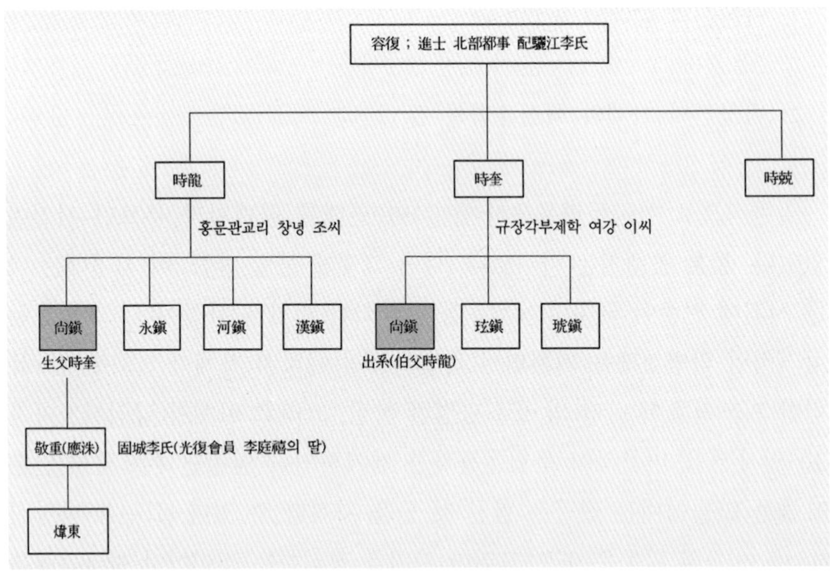

그의 집안은 한말까지 학문과 벼슬이 끊이지 않았다. 그의 할아버지 朴容復이 1870년에 진사시에 급제한 후 逸薦으로 北部都事가 되었고, 생부는 그가 태어나던 해에 增廣文科 을과에 급제하였으며, 이후 성균관 전적 · 사간원 정언 · 홍문관 시독 · 장례원 장례 · 승정원 승지 · 규장각 부제학 등을

1) 朴敬重, 「固軒朴尙鎭先生略歷」, 1946(추정). 박상진이 경남 울산 송정에서 태어났지만, 네 살 때 부친의 형제들이 경북 경주 외동면 녹동으로 이사하였고, 그가 순국할 때에도 경주 녹동이 주거지였다.

두루 거치게 되었다. 그리고 양부도 박상진의 나이 만 6세가 되던 1890년에 시행된 별시 문과에 을과 제3인으로 합격하여 홍문관 시독 · 봉상시 봉사 · 홍문관 교리 등을 역임하게 되었다. 즉 그가 태어나고 또 성장하는 과정에서 그의 생부와 양부가 모두 관직 생활에 들어서고 있었던 것이다.[2)]

그의 수학 과정은 크게 두 가지로 구분된다. 하나는 가학을 전승하던 시기요, 다른 하나는 신교육을 받던 시기이다. 만 5세가 되던 1889년부터 그의 수학 과정이 시작되었는데, 사종형 朴煃鎭(1855~1928)이 그의 스승이었으니 전형적으로 가학을 이은 셈이다. 규진이 경북 珍寶郡 興邱(현재는 영양군 청기면 흥구)로 이사하자 그도 그곳으로 이동하여 수학을 계속하였다. 그곳에서 그는 학문이나 삶에 큰 변화를 겪게 되었으니, 바로 旺山 許蔿를 만난 것이다. 진보의 흥구, 그리고 마주보는 光德에 허위의 두 형, 許薰과 許蒹이 1894년에 이주해 있었는데,[3)] 이곳에 온 허위를 만나면서 박상진이 살아가는 길은 달라진 것이다. 다음 해부터 그는 허위를 스승으로 모시게 되고, 1902년에는 서울로 가서 허위에게 정치와 병학을 배웠다.[4)] 이로써 그는 혁신유림의 길을 걷게 되었다.[5)]

21세가 되던 1905년에 그는 신교육을 받기 시작하였다. 물론 허위의 가르침에 따른 것이다. 2월에 개교한 양정의숙 전문부에서 법률 · 경제를 공부하기 시작하였고, 1908년에 安熙濟와 더불어 양정의숙 전문부를 졸업하였다.[6)] 그동안 그는 변화와 고통을 겪으면서 학교를 다녔다. 한편으로는 서울에서 중앙의 인물들을 만나고, 또 외국인을 접하면서 세계관을 달리하

---

2) 위의 자료; 朴孟鎭, 「固軒實記略抄」, 1945~1946.

3) 趙東杰, 「大韓光復會의 結成과 그 先行組織」, 『韓國民族主義의 成立과 獨立運動史研究』, 지식산업사, 1989, 265쪽.

4) 추모사업추진위원회, 「故光復會總司令朴尙鎭氏略歷」, 1960.

5) 趙東杰, 앞의 책, 266쪽.

6) 추모사업추진위원회, 「故光復會總司令朴尙鎭氏略歷」, 1960; 朴敬重, 「固軒朴尙鎭先生略歷」, 1946(추정).

게 된 것이 변화요, 스승 허위가 의병을 이끌고 전투를 벌이고 서울진공작전을 감행하였으며, 더구나 체포되어 사형되는 장면을 대해야 했던 것이 고통이었다. 그런 변화 과정에서 1906년 고향에 잠시 돌아와 있던 틈에 영덕에서 전기의병에 참여하였던 申乭石을 만나 의형제를 맺었다고 전한다.[7] 신돌석이 1906년 4월에 거병하였으므로 이 보다 앞선 시기로 보아야겠고, 신돌석 자료에도 대개 1~2년 정도 앞선 것으로 전해지고 있다. 1906년 그는 향리 녹동의 가족들 일부를 서울로 이사시켰다.[8] 이 무렵 중요한 인물을 만나 의형제를 맺었으니, 홍성에서 상경한 金佐鎭(1889~1930)이었고,[9] 뒷날 광복회 부사령으로 영입하게 되는 바탕을 마련한 것이었다.

2) 박상진의 독립운동

박상진의 독립운동 노선은 한국독립운동사에서 1910년을 전후한 시기의 특성을 가장 정확하게 말해주는 것이다. 1904년 이후 1910년대 전반기까지 통틀어 한국독립운동사의 방략은 의병전쟁과 계몽운동, 두 가지로 이루어졌다. 독립을 추구하는 목적은 같았지만, 방법을 달리한 이 양대 방략은 하나로 통합되기에는 상당히 어려웠다. 더구나 두 방략 사이에는 갈등마저 빚어지기도 했다. 그런데 그는 이를 적절하게 통합하는 노선을 취했다.

우선 그가 독립운동에 뛰어든 출발점을 보면 계몽운동임을 알 수 있다. 1908년에 결성된 嶠南教育會와 達城親睦會에 가담하면서 그의 독립운동이 시작되었기 때문이다.[10] 전자는 서울에서, 그리고 후자는 대구에서 조직된

7) 위와 같음.

8) 朴敬重, 「固軒朴尙鎭先生略歷」, 1946(추정).

9) 朴敬重, 「固軒朴尙鎭先生略歷」, 1946(추정).

10) 달성친목회 명단에 대해서는 權大雄, 「1910年代 慶尙道地方의 獨立運動團體 硏究」, 영남대학교 박사학위 논문, 1993, 122쪽. 교남교육회 명단은 《교남교육회잡지》 1권 1호, 「회원명부」 참조(교남교육회원 명단에 박상진의 아버지 박시규가 들어 있고, 끝에 출신지 표시가 없는 '朴相鎭'이 포함되어 있는데, 이 이름이 朴尙鎭이라고 추정된다).

대표적인 계몽운동단체였다. 그가 신교육을 받으면서 교육구국운동에 참여한 것이다. 그렇지만 그는 스승 허위가 1907년에 서울진공작전을 펼치다가 1908년 10월에 사형되는 뼈아픈 장면을 지켜보아야 했다. 더구나 그는 거의 혼자서 장례를 도맡다시피 했다. 허위의 큰형 허훈은 작고하였고, 둘째 형 허겸은 만주로 망명하여 독립군으로서 활동하고 있었기 때문에, 사실상 박상진이 혼자서 시신을 수습하고 김천 지례로 운구하여 장례를 치렀다.[11] 이 과정에서 그는 쓰러져 가는 국가를 붙들어야 하는 일과 스승의 원수를 갚는 길이 별도의 것이 아닌, 하나의 길임을 되새겼을 것이다. 그러므로 그가 비교적 온건성을 띠는 계몽운동에만 매달려 있을 리 없었고, 1909년에 강성을 지닌 신민회에 가입했다고 전해지는데,[12] 이것도 바로 '의병적 계몽운동', '계몽적 의병전쟁'을 지향하고 있었던 것으로 이해하는 것이 옳겠고, 또 1910년 판사등용시험에 합격하여 평양지원에 발령이 났으나, 부임하지 않고 사직한 것도 그러한 연유에서 말미암은 것 같다.[13]

그가 추구하고자 했던 독립운동의 방향은 독립전쟁을 펼치는 것이었다. 친일부호들을 처단하다가 순국하였다고 해서, 그를 의열투쟁적인 인물로 평가한다면 큰 잘못이다. 그의 궁극적인 목적이 어디에 있었던가를 살펴보면, 바로 독립전쟁을 통한 광복이라는 것을 알 수 있기 때문이다. 더구나 스승의 순국을 체험하면서 어차피 의병을 갖고 일본을 꺾을 수 없다는 사실을 이미 그는 알고 있었다. 그렇다면 의병 수준을 능가하는 군사력이 필요하다는 것은 자명한 이치이고, 또 국제적인 여건이 만들어져야 한다는 사실은 그가 양정의숙 전문부를 다니면서, 또 서울에 주재한 외국인들을 만나고 중국 상해를 드나들면서 터득했을 것이다.

독립전쟁을 펼치자면 무엇보다도 군사력이 필요했다. 그러나 국내에서

11) 「義兵大將旺山許先生略歷」, 『旺山許先生擧義事實大略』, 1959.
12) 朴敬重, 「固軒朴尙鎭先生略歷」, 1946(추정).
13) 조선총독부 경북경찰부, 『고등경찰요사』, 1934, 179~180쪽.

는 군대를 조직하거나 키울 수 없으니, 당연히 그 기지를 만주에서 찾아야만 했다. 또 기지를 만들기 위해서는 자금이 필요했고, 그 터전 위에 인력이 공급되어야 했으니, 동포들에 대한 이주를 독려해야 했다. 그러자면 한편으로는 자금을 마련하면서, 다른 한편으로는 전국적인 인력 공급망을 만들어야 하는데, 이 모두 기왕의 계몽운동이나 의병전쟁 가운데 한 가지 방략만으로는 불가능한 것이었다. 따라서 그가 계몽운동과 의병항쟁 주역들을 찾아 이를 하나로 묶는 작업에 나섰던 것이다.

먼저 대구에서 1915년 정월 대보름날 安逸庵에서 조직된 조선국권회복단에 참가하면서 대구를 중심한 유력 인사들과 활동 방향을 가늠하였다. 이들을 통해 자금을 모으고, 또 부호들을 파악하여 자금 모집의 자원을 확보해 나갔다.[14)]

그런데 박상진이 계획하던 작업의 틀은 대구나 경주 혹은 풍기와 같은 조그마한 지역의 것이 아니었다. 그는 국내와 국외를 하나로 묶는 큰 틀을 구상하고 있었다. 때문에 자신의 계획에 맞는 인물을 찾아 나섰고, 李觀求를 만나 함께 큰 틀의 투쟁을 논의하기도 했던 것이나,[15)] 의병 출신자들을 찾아 나선 것도 역시 같은 목적에서였다. 더구나 만주지역에도 지부를 설치한 것도 그러했는데, 우재룡을 길림에 파견하여, 孫一民 · 梁載勳(또는 圭烈) · 朱鎭洙 · 李洪珠 등과 결합하여 광복회 길림지부를 결성했던 것이다.[16)]

그가 의병 출신자들을 찾아다닌 이유는 물론 이러한 큰 틀에 있기도 하지만, 또한 친일부호들에게서 자금을 받아내려면 결국 무력이 필요했고, 이를 위해서는 의병 출신자들이 적격이었기 때문이기도 했다. 이를 위해 이미 1913년에 풍기에서 의병 경력 소유자들이 조직한 풍기광복단 지도부

14) 權大雄, 앞의 책, 137쪽.

15) 李觀求, 「義勇實記」, 1952(추정).

16) 독립운동사편찬위원회, 『독립운동사자료집』 10, 1976, 1105 · 1109쪽.

와 만나 동지로서의 결속을 다짐하고,[17] 조선국권회복단이 결성된 1915년 그해 7월 15일에 대구 달성공원에서 광복회를 조직하였다. 그는 이 조직의 총사령이 되고, 부사령에는 만주에서 활약하던 이진룡이 맡았고, 이진룡이 체포된 뒤,[18] 김좌진이 부사령을 계승하였다.[19] '총사령'·'부사령'이란 어휘 자체는 광복회가 바로 독립군을 지향하고 있음을 보여주는 가장 단적인 용어였다.

조선국권회복단의 강성을 띤 인물들과 의병 출신의 풍기광복단의 합류는 당시 독립운동의 양대 방략이던 계몽운동과 의병항쟁이 하나로 합류한 것이기도 하고, 공화주의와 복벽주의의 결합이기도 했다. 하지만 무엇보다도 박상진 그 자신의 성향이 바로 두 계열을 묶어 독립전쟁을 지향하는 것이었음을 주목할 필요가 있다. 독립전쟁을 치르기 위해서는 두 계열 모두가 필요했고, 박상진은 이를 확연하게 인식하고 있었던 터였다.

박상진은 또 자금 마련을 위해 직접 사업을 펼치기도 하였다. 그 자신이 직접 회사를 차리기도 하고, 또 동지들로 하여금 곳곳에 상회나 상점을 차리게 하여 한편으로 자금을 마련하면서,[20] 다른 한편으로 그 자금을 만주로 송금하여 군사력 양성에 쓰이도록 하였다. 그 자신이 직접 만든 회사 가운데 곡물상인 尙德泰商會가 알려지고 있고,[21] 1914년 3월에 포목상(내

17) 박상진은 金山義陣 출신 梁濟安의 소개로 李福雨와 함께 풍기를 방문하여 蔡基中을 만나고, 향후 함께 투쟁하기로 합의하였고(「梁碧濤公濟安實記」), 이어서 의병 실패 후 심산에 은신해 있던 우재룡을 양제안·채기중 등의 소개로 풍기 근처에서 만나 의기투합하였다(禹在龍, 「禹在龍은 故友朴尙鎭의 約歷을 手抄」).

18) 만주부사령 이진룡이 1917년 5월 25일 관전현 청산구에서 일제에 의해 체포되었고,(《매일신보》 1917년 6월 19일자) 다음 해 5월 1일 사형되었다(「李鎭龍 義兵將의 抗日武裝鬪爭」).

19) 禹在龍, 「白山實記」.

20) 양산의 尹顯泰, 의령의 안희제, 평양의 李仁實, 충주의 金聖栢에게 권유하여 상점을 개설케 하였다고 전한다(朴孟鎭, 「固軒實記略抄」).

21) 상덕태상회 이름은 당시 서울과 인천에 와 있던 중국의 유명한 상회의 상호가 '○덕태'라는 점을 본뜬 것이면서, 이와 함께 그의 이름에서 '尙', 함께 회사를 설립한 평양의 金德基에서 '德', 전주의 吳赫泰 이름에서 '泰'를 각각 취한 것 같다.

외물산일 듯)도 개업했다고 전해진다. 그리고 동지들에게 요구하여 만들어지기도 했는데, 영주의 大同商店이 대표적인 것이다. 물론 1911년 만주 안동현에 안동여관을,[22] 1916년 안동현에 三達洋行, 1917년 장춘에 곡물무역상 尙元洋行을 설립·운영한 것 등이 있다.[23] 이외에도 삼척·광주·예산·연기·인천·용천 등에도 곡물상점이 설치되었고,[24] 이러한 기관은 자금을 모으는 일만이 아니라 조직을 연결하는 거점의 기능을 갖고 있기도 했다. 이 모든 행위가 바로 그의 방략에 기초를 둔 것이었다. 그런데 대구에서 포목상(內外物産)이 어려워져 결국 6개월 만에 문을 닫았는데, 뒤처리를 맡았던 崔浚과의 송사 문제로 박상진 집안의 재산은 거의 거덜이 나고 말았다. 그런데 지금까지 상덕태상회가 이때 문을 닫은 것으로 이야기되어 왔지만, 이번 자료집 발간 과정에서 1915년 4월자 '상덕태상회'로 보낸 三井物產의 청구서가 확인됨으로써 상덕태상회가 기존 이론보다 좀 더 오래 존립했음을 알게 되었다.

그가 자금 모집을 위해 공격 대상으로 삼은 것은 친일부호들과 금광을 비롯한 광산 및 세금 수송 우편마차 등이었다. 친일부호를 처단한 것은 그들이 자진하여 자금을 내놓도록 하려는 전략에서 나온 것이다. 물론 자금을 내놓은 인물 가운데에는 자진하여 헌납한 애국인물도 있었다. 그렇지만 친일부호들은 여기에 완강하게 저항하였고, 광복회원들은 이를 처단하여 다른 친일부호들에게 경종을 울렸다. 벌교부호 서도현 사살과 보성 박곡의 梁在誠 처단,[25] 장승원에 대한 군자금 모집 시도,[26] 대구 서우순에 대한 모금사건 즉, 속칭 '대구권총사건',[27] 칠곡(현 구미시 오태)의 장승원 처단,[28]

---

22) 朴敬重, 「固軒朴尙鎭先生略歷」, 1946(추정).

23) 우재룡, 「白山實記」; 姜德相, 『現代史資料』 25, 東京:みすず書房, 57쪽.

24) 趙東杰, 「大韓光復會 硏究」, 『韓國民族主義의 성립과 獨立運動史硏究』, 지식산업사, 1989, 287쪽.

25) 《동아일보》 1922년 11월 12일자.

26) 독립운동사편찬위원회, 『독립운동사자료집』 11, 1976, 683쪽.

도고면장 朴容夏 처단 등이 대표적이다.[29] 그리고 금광에 잠입하여 자금을 마련하기도 했고, 우편마차를 습격하여 수송 중이던 세금을 탈취하기도 했다.[30] 만주부사령 이진룡 등이 10월에 雲山金鑛의 수송마차를 습격하였으나, 실패하고 말았고,[31] 稷山金鑛 습격을 계획하기도 했다.[32]

박상진은 두 번에 걸쳐 구속되었다. 처음에는 '대구권총사건'에 권총을 제공한 혐의로 구속된 것인데, 1916년 말에 체포되어 1917년 7월에 출옥하였다. 그리고 6개월이 조금 지난 1918년 2월 1일, 생모의 출상 하루 전날 장례에 참석했다가 다시 체포되었다. 장승원을 처단하는 데 주범이라는 혐의로 다시 옥살이가 시작되었고, 3년 6개월 만인 1921년 8월 11일에 대구감옥에서 사형이 집행되어, 순국하였다.[33] 그는 순국하기에 앞서 두 편의 글을 남겼다. 하나는 순국하기 하루 전, 또 하나는 순국한 당일 지은 遺詩이다. 죽음을 앞두고서도, 그는 오직 못다 이룬 꿈을 한탄하면서 스스로를 꾸짖고 있었다.

母葬未成	어머님 葬禮 마치지 못한 채
君讐未服	나라님 怨讐도 갚지를 못했네
國土未復	빼앗긴 疆土마저 되찾지 못했으니
死何面目	이내 몸, 무슨 面目으로 저승길 걸어갈까

27) 《매일신보》 1916년 9월 6일자.

28) 독립운동사편찬위원회, 『독립운동사자료집』 11, 1976, 677쪽.

29) 독립운동사편찬위원회, 『독립운동사자료집』 11, 1976, 696쪽.

30) 경주 광명리에서 우재룡과 권영만이 우편마차를 습격하여 영일군에서 거두어 가던 세금을 탈취하였다(《매일신보》 1915년 12월 26일자).

31) 《매일신보》 1917년 6월 19일자.

32) 조선총독부 경북경찰부, 『고등경찰요사』, 1934, 180쪽; 독립운동사편찬위원회, 앞의 책, 683쪽.

33) 이 보다 앞서 4월에 장두환이 마포감옥에서 옥사했고, 박상진과 김한종의 순국 다음 날 서대문감옥에서 채기중·강순필·김경태·임세규의 사형이 각각 집행되었다(素夢義士遺稿).

難復生此世上	다시 태어나기 힘든 이 世上에
幸得爲男子身	다행히 大丈夫로 태어났건만
無一事成功去	이룬 일 하나 없이 저 世上에 가려하니
青山嘲綠水嚬	青山이 조롱하고 綠水가 비웃누나

2. 자료의 종류와 내용

박상진의 생애와 독립운동에 관한 자료 가운데 특징은 아쉽게도 그가 남긴 저술이 없다는 점이다. 워낙 잦은 수색에 편지글 하나 제대로 둘 수 없었다는 후손의 말을 빌리지 않더라도, 그가 자료를 남길 수 없었다는 정황은 충분히 이해된다. 그러다보니 남은 자료는 대다수가 경찰과 검찰의 기록이나 판결문, 그리고 해방 이후 가족과 동지들이 정리한 것이 주류를 이룬다. 그것들을 크게 7개 분야로 나누어 정리하고자 한다.

1) 경찰 · 검찰 기록

여기에 두 가지 자료가 소개되어 있다. 첫째는 「국권회복을 표방하는 불온단체원 발견 처분의 건(광복회)」이다. 이것은 1917년 11월의 張承遠(경북 칠곡면 북이면, 현 구미시 오태동) 처단, 1918년 1월의 朴容夏(충남 아산 도고면장) 처단 등의 내용과 주모자를 체포하는 과정이 정리되어 있고, 이어서 광복회 명의로 1917년 8월에 발표된 통고문과 이에 덧붙여진 '주의사항' 및 '특정배당금증' 등이 소개되고 있다.

둘째 자료는 위의 자료에 이은 '續報'이다. 金漢鍾 · 張斗煥 등을 비롯한 관련 인사를 체포하고 이들로부터 회원의 모집방법, 통고문 제작배포 등을 조사하여 정리하였으며, 도고면장 처단과 자금모집, 사용하던 暗號(隱語)

및 증거품목들을 제시하고 있다. 이어서 앞서 나온 「통고문」과는 약간 다른 「告示」를 소개하였는데, 이는 1917년 11월에 발표된 것이며, 여기에도 역시 '주의사항'과 '특정배당금증'이 붙어 있다.

2) 광복회 관련 재판기록

광복회에 대한 판결문 4편을 소개하였다. 시기 순으로 보아, 첫째는 공주지방법원의 예심(1918.10.19)인데, 박상진 · 채기중 · 김한종 · 장두환을 비롯한 모두 40명에 대한 판결이다. 광복회의 조직과 활동에 대하여 상세하게 그 전말을 기록하고 있다. 이어서 둘째는 경성복심법원(1919.9.22) 판결인데, 19명의 상고와 10명에 대한 검사의 공소 제기가 있어서 이루어진 판결이다. 셋째는 대구복심법원(1920.9.11) 판결로 박상진과 김한종의 두 사람에 대한 판결로 여기에서 두 사람은 사형을 선고받았다. 끝으로 경성고등법원(1920.11.4) 판결은 박상진 · 김한종의 상고에 대한 법률심으로서, 두 사람의 상고가 기각되고 사형을 확정지은 것이다. 네 가지 판결문 가운데 앞의 세 가지는 대개 비슷한 내용이 많고, 끝의 것은 법률심이라서 내용이 다르다. 이 자료집에는 앞의 두 판결문의 번역문만 싣고, 뒤의 두 자료는 원문까지 싣는다.

3) 재산분쟁 관련 서류

박상진의 재산분쟁 관련 기록은 크게 두 가지로 나뉜다. 하나는 1910년대 후반에서 1920년대 초에 걸친 것으로 李景七과의 관계에서 비롯된 것이다. 광산을 인수하려는 계획을 가진 양부의 뜻을 따르다가, 빌리지도 않은 돈을 빌린 것으로 처리되어 억울하게 갚아야 하는 과정에서 빚어지는 송사였다. 경성지방법원의 증인소환 요구에 몸이 아파 참석하지 못하니 경주지청의 촉탁신문을 청원한 1915년 9월 7일자 「청원서」와, 이와 함께 신문을 받았던 내용을 정리한 「李鎬淵과 李景七 間의 사실」이 있다. 그리고 이에 따른 '변상금' 등에 관한 불완전한 짜투리 기록들이 있고, 이어서 「판결문」과 이에 대한 양부의 「불복신립서」가 있다.

둘째는 경주 최부자로 유명한 崔浚과의 송사 문제이다. 박상진이 독립운동자금을 마련하고 이를 적절하게 공급하기 위해 대구에 1912년 곡물상인 상덕태상회를, 1914년에는 포목상인 내외물산(?)을 각각 개설하였다. 이 포목상 경영이 6개월 만에 실패하자, 외상거래를 위해 설정해 두었던 三井物産(부산지점)의 근저당 3만 원을 처리하는 과정에서 문제가 복잡하게 얽혔다. 박상진은 독립운동 방략 실천을 위해 국내외를 휘돌고 있었고, 재산처리 문제는 모두 사촌 처남인 최준에게 맡겨두었다. 三井物産에 의해 경매처분된 재산을 최준이 인수하였고, 그 재산을 둘러싸고 박상진과 최준 사이에 '사전에 약속된 독립운동자금'이라던가, 아니면 '합법적으로 인수한 사유재산'이라는 주장이 엇갈리면서 벌어진 송사내용이다. 더구나 앞에서부터 전개되어 온 이호연 · 이경칠과의 소송 문제마저 여기에 걸쳐 있어서 사건은 더욱 복잡해졌다. 이 자료집 발간은 독립운동의 자료를 정리하는 데 목적이 있으므로 송사 그 자체에 초점을 두지 않고, 다만 여기에서는 박상진이 독립운동과 재산을 어떻게 엮어나가려 했는지를 알려주는 자료만 소개하고자 한다.

그런데 상덕태상회 앞으로 발행된 三井物産의 「청구서」가 한 장 남아 있다. 그동안 상덕태상회가 1912년에 개설하여 얼마동안 존립했는지 알 수 없었는데, 일단 1915년 4월 23일자로 三井物産이 상덕태상회에 보낸 「청구서」가 남아 있어서, 이 무렵까지 상덕태상회가 존재하고 있었음을 확인할 수 있다. 「不服申立書」 · 「有體動産差押調書」 · 「追加不服理由ノ申立書」 · 「證人訊問」 등은 모두 박상진 집안의 재산이 붕괴되는 과정에서 빚어지는 아픈 장면 가운데 한 단면을 보여주는 자료들이다.

4) 제문과 부의록

「祭亡子尙鎭文」은 박상진이 순국한 지 2년, 1923년 음력 7월 7일에 대상을 맞아 생부인 박시규가 아들을 영결하며 쓴 제문이다. 독립운동가로 짧게 살다간 자랑스러운 아들에 대한 생부의 자긍심과 안타까움이 어우러져 있고, 최준과의 송사 문제가 깔려 있다.

그리고 「賻儀錄」은 '辛酉 七月 初八日 未時'라는 표제의 12쪽과 소상 때 기록 2쪽이 함께 철해져 있고, 이와 별도로 「辛酉 七月 十八日 葬禮時門親錄」이 있다. 앞의 기록에는 당시 대구와 인근에 있던 동지들 가운데 徐相日 · 金在烈 · 裵相徹 · 許伯 · 朴民東 등의 이름이 보이고, 최준도 들어있다. 그리고 뒤의 자료에는 친인척의 기록인데, 그중에 동지 李庭禧와 최준의 동생 崔潤 이름도 보인다.

5) 서간문

서간문은 5편이 있다. 첫째는 1911년 음력 9월 24일자로 盧相稷의 사돈이자 박상진의 양부인 朴時龍이 화갑을 맞는데 대해 보낸 안부편지이다. 둘째와 넷째 서간문은 박상진의 친필이다. 1911년 음력 10월 13일에 친구 任春植에게 양부 校理公의 회갑연을 부탁하는 편지가 그 하나요, 1918년 음력 2월 26일에 공주 감옥에서 동생들에게 변호사 선임과 기타 문제에 대해 쓴 봉함엽서가 또 하나이다. 그의 친필 자료는 거의 전하지 않는데, 이들 두 서간문과 소송자료 문건에 등장하는 「청원서」와 「사실」이 그 전부인 셈이다. 그 다음으로 李景七과의 재판 문제로 金應燮이 박상진에게 보낸 두 건의 편지가 있는데, 생각만큼 잘 풀리지 않는 소송 과정의 답답한 모습을 보여주고 있다.

6) 略史

여기에서는 해방 직후 쓰인 박상진 관련 자료들을 정리했다. 우선 첫째로 박상진의 아들 朴敬重에 의해 1946년 무렵에 쓰인 「固軒朴尙鎭先生略歷」이 있다. 신민회 활동(약력에는 독립의군부로 되어 있으나, 이는 박경중의 착오임을 알 수 있다)과 1916년 대구권총사건으로 체포되었을 때 고문으로 정강이뼈가 반 이상 들어 난 채로 정운일과 함께 병감에 수용되어 있었으며, 당시 채기중이 면회를 오는 등 연락이 끊이지 않았었고, 그가 1917년 7월 만기출옥하자 만주에서 김동삼이 국내에 잠입하여 서로 만나 함께 만주로 간 사실 등이 기록되어 있다. 김동삼이 이 시기에 국내에 잠입했다는 다른 자료는 없지만, 그럴 개연성이 전혀 없는 것은 아니다.

둘째, 박상진의 6촌 朴孟鎭이 1945~1946년 무렵에 쓴 「固軒實記略抄」(手抄本)이 있다. 手抄本인 이 글은 박상진의 순국 전말과 광복회의 약력 소개에 초점을 두고 있다. 셋째, 「故光復會總司令固軒朴尙鎭氏의 略歷」은 1960년 6월에 추모사업준비위원회에서 정리한 약력이다. 넷째, 1946년에 쓴 것으로 보이는 禹在龍의 「禹在龍은 故友 朴尙鎭의 約歷을 手抄」라는 자료이다. 박상진과 최초 만남의 과정이 기록되어 있다. 양제안의 소개로 박상진·이복우·채기중이 먼저 만났고, 양제안과 그의 아들 梁漢紀와 채기중 등의 소개로 우재룡을 만난 사실을 알 수 있다. 따라서 「梁碧濤公濟安實記」와 함께 광복회 결성 이면에 숨어있는 양제안의 역할을 알 수 있는 자료이기도 하다. 다섯째, 韓焄이 1945년 8월 19일에 쓴 「大韓光復團」이라는 自筆履歷書가 있다. 이외에도 광복회의 「光復會復活趣旨沿革」(1945)와 광복단 중앙총부의 「光復團略史」 등이 있다.

7) 實記

해방 후에 생존한 박상진의 동지들이 쓴 '實記' 가운데 주로 박상진의 활동과 관련된 부분만을 추렸다. 우선 『白山實記』는 禹在龍이 口述한 것을 鄭路鎔이 정리한 『白山旅話』의 국역본이다. 이 가운데 박상진과 관계된 후반부를 소개한다. 다음으로 1952년에 李觀求에 의해 쓰인 手抄本 「義勇實記」 가운데에서 서문과 그의 자서전 및 박상진을 소개한 부분을 추려 옮긴다. 끝으로 집필 시기가 불명한 梁漢緯의 수초본 「梁碧濤公濟安實記」인데, 이것도 전반부의 의병내용을 빼고 후반부만 옮겨 놓았다. 이 글들은 자기 중심으로 회고하다보니 시기적으로 혹은 시각적인 문제에서 서로 엇갈리는 부분도 있지만, 대체로 이들 사이의 만남이 이루어지는 과정이나 활동 내용을 보여주는 자료를 담고 있다.

8) 신문자료

신문자료는 1915년부터 1930년까지 34건의 기사를 모았다. 《매일신보》·《독립신문》·《동아일보》·《조선일보》 등 네 가지 신문에서 박상진 관련 기사를 정리하였는데, 우편마차 습격과 대구부호로부터 자금을 확보하던 과정이 초반을 장식하고, 중반부터는 판결과 사형집행 소식, 그리고 후반에는 남은 동지들의 활약과 체포 및 동지들의 사형 집행 소식이 주류를 이룬다.

(1) 《매일신보》 1915.12.26 : 慶州 阿火間에서 官金逢賊
(2) 《매일신보》 1916. 9. 6 : 强盜追者를 射홈
(3) 《매일신보》 1917. 4.28 : 大邱拳銃强盜判決言渡
(4) 《매일신보》 1917. 6.19 : 大賊魁逮捕의 苦心－만용무쌍의 리진용을 잡던 리약이

(5) 《매일신보》 1917.11.15 : 嶺南首富 兇漢에 銃殺됨－돈 3천 원을 청구하다가 살해
(6) 《매일신보》 1919. 9.24 : 光復會事件 公訴判決－수형이 오명이요, 무죄가 칠명이라
(7) 《독립신문》 1919.10.10 : 光復會員判決
(8) 《동아일보》 1920. 6.30 : 대구에서 중대범인 체포
(9) 《동아일보》 1920. 7. 2 : 대구에서 체포된 중대범인은 權寧萬
(10) 《동아일보》 1920. 8.28 : 光復會公判
(11) 《동아일보》 1920. 9.14 : 光復會 朴尙鎭等 辯論申請은 棄却, 그들은 결국 死刑
(12) 《조선일보》 1921. 2.17 : 광복회 본부는 경찰서 앞
(13) 《동아일보》 1921. 6.11 : 張承遠 銃殺한 光復會員 禹利見
(14) 《동아일보》 1921. 8. 7 : 光復團의 朴尙鎭死刑執行在邇
(15) 《동아일보》 1921. 8.10 : 朴尙鎭의 減刑運動
(16) 《동아일보》 1921. 8.13 : 「大邱特電」 朴尙鎭死刑執行－11일 하오1시 大邱監獄에서, 朴尙鎭은 13분 만에 絕命되어, 同日에 共犯 金漢鍾도 執行
(17) 《매일신보》 1921. 8.13 : 朴尙鎭等死刑執行－박상진은 십삼분에 절명, 김한종은 십이분에 절명
(18) 《동아일보》 1921. 8.17 : 五年만에 愛子屍體를 붓들고 우는 朴尙鎭의 부친 朴時奎氏의 경상
(19) 《동아일보》 1921. 8.18 : 朴尙鎭의 屍體 「13일 경주도착」 처가 교리崔氏 집에서 장사 준비
(20) 《동아일보》 1921. 8.23 : 朴尙鎭의 埋葬
(21) 《동아일보》 1922. 3. 3 : 寶城富豪를 암살한 이병화 체포
(22) 《동아일보》 1921.12.25 : 朴尙鎭의 連繫로 光復會의 關係者 禹利見등 17명 예심결정
(23) 《동아일보》 1922. 2.27 : 禹利見 공판연기
(24) 《동아일보》 1922. 3.27 : 朴尙鎭의 差入關係로 수백원을 주었다는 일과 權寧萬의 답변, 禹利見등 공판속기
(25) 《동아일보》 1922. 3.31 : 禹利見은 사형구형 기타는 10년 이하
(26) 《동아일보》 1922. 4.14 : 禹利見은 무기징역 기타는 8년 이하의 징역

(27) 《동아일보》 1922.11.12 : 벌교부호를 위협하여 1만 4천 원을 강탈한 범인은 암살단의 거두 韓禹錫등 4명, 검사는 각 5년을 구형
(28) 《동아일보》 1922.12.17 : 대구에 중대사건
(29) 《동아일보》 1922.12.20 : 경북사건 내용
(30) 《동아일보》 1922.12.21 : 검거된 28명, 대구의 중대사건
(31) 《동아일보》 1922.12.23 : 경북 중대사건의 경찰 측에서 발표한 전말
(32) 《동아일보》 1922.12.30 : 獨立後援 義勇團
(33) 《조선일보》 1927. 7. 2 : 광복회 여당 대구에서 체포
(34) 《동아일보》 1930. 2.13 : 김좌진과 광복단
(35) 《동아일보》 1930. 2.15 : 김좌진과 박상진의 관계

3. 남기는 말

박상진과 광복회에 대한 자료는 이외에도 더러 알려지고 있다. 「宜庵手記」·「湖石手記」·『一宇金漢鍾義士略傳』 등이 대표적이고,[34] 민단조합이나 조선국권회복단의 자료도 마찬가지이다. 그러나 여기에서는 박상진의 삶과 투쟁에 초점을 맞추어 한정시켰다. 또 후손들이 갖고 있는 자료에는 최준과의 송사를 다룬 것, 친인척이나 동지들 사이에 오간 서신, 해방 직후 이 집안에 던져진 발송자 불명의 협박장 등 몇 가지 자료가 남아 있기도 하다. 하지만 이들은 박상진의 독립운동과 직접적인 관계가 없는 것으로 여겨 이 자료집에 수록하지 않았다.

한편 앞으로 새로운 자료의 발굴을 기대한다. 계몽운동 방략의 연장선상에서 이해되고 있는 거점 확보에 대한 것으로, 특히 상덕태상회의 내용을 알려줄 수 있는 자료 발굴을 기대한다. 이를 위해서는 일본 三井物産의 자

[34] 李成雨는 이들 자료를 분석하고 신빙성을 정리해 두고 있다(이성우, 「광복회 연구」, 충남대학교 박사학위 논문, 2007).

료 조사가 필요할 것이다. 또 신진 연구자들이 각 지역별로 광복회 연구를 새롭게 시작하고 있기 때문에, 박상진에 대한 자료가 추가로 발굴될 수 있으리라 생각된다. 이 자료집 발간으로 박상진 · 광복회 · 1910년대 독립운동 노선에 대한 깊고도 넓은 연구가 이루어지길 바란다(독립기념관, 『박상진 자료집』, 2000).

13장_* 김창숙 : 올곧고 서릿발 같은 삶을 살다간 독립운동가

1. 을사년 상소투쟁으로 민족문제에 나서다

金昌淑(1879~1962)은 心山이란 호로 널리 알려지고 있다. 1879년 7월 10일 경북 성주군 大家面 七峰洞에서 金護林의 장남으로 태어났다. 본관은 義城으로 東岡 金宇顒의 주손이다. 자는 文佐, 호는 心山 · 直岡이고, 독립운동을 펼치다가 일제에 붙잡혀 혹독한 고문과 오랜 옥고로 말미암아 몸을 가누기 힘든 앉은뱅이가 되었다고 하여 스스로 '앉은뱅이 노인'이라는 躄翁으로 부르기도 하였다. 그의 일생을 기록한 『벽옹일대기』란 책 제목도 여기에서 말미암은 것이다.

그는 어려서부터 한학을 배우고, 李種杞 · 郭鍾錫 · 李承熙 · 張錫英 등으로부터 성리학을 배워 전통적인 유림으로 성장하였다. 그가 민족문제에 적극 나서기 시작한 때는 외교권을 빼앗기던 1905년, 만 26세가 되던 때였다. 외교권을 빼앗긴 조약을 흔히 乙巳勒約이라 표현하지만, 늑약이라면 억지로 맺어졌다는 뜻이 되므로, 을사조약과 결과가 달라지지 않는다. 조약 체결 과정이나 문서를 보면 온전한 조약이 맺어졌다고 볼 수 없다. 그러니 '박제순－하야시 메모'라거나 '박제순－하야시 억지 합의' 정도로 표현하고 이해하는 것이 바람직해 보인다. 그런데 당시 전국에 알려지기로는 일

* 이 글은 2014년 10월 11일 독립기념관과 경향신문 주최로 심산김창숙기념관에서 강연했던 원고본이다.

단 조약이 위협과 압박 속에 강제로 맺어졌고(脅約 · 勒約), 외교권을 잃었다는 것이다.

김창숙이 발걸음을 내디뎌 민족문제로 성큼 나선 계기가 바로 이것이었다. 그는 스승 이승희를 따라 서울에 도착하여 대한문 앞에서 을사오적의 목을 베라는 「請斬五賊疏」를 올렸다. 전국 유림들이 대거 나선 상소투쟁이었다. 전국의 유림들이 들고 일어나 상소투쟁을 벌였지만, 사태를 돌이킬 수는 없었다. 그러자 유림들 사이에서는 자신이 선택할 길을 두고 고민하다가, 끝내 스스로 목숨을 끊어 항거하는 자정순국을 펼치거나, 문을 닫고 세상과 통로를 막거나, 민족문제를 해결할 수 있는 새로운 길을 찾아나서는 일이 벌어졌다.

2. 국채보상운동과 계몽운동에 나서다

김창숙은 이 가운데 새로운 길을 찾아 나서는 발걸음을 보였다. 그것이 바로 대구에서 발원된 국채보상운동을 확산시키는 데 뛰어든 것이다. 1905년 경부선이 개통되고 지방의 상권이 일본으로 본격적으로 넘어가기 시작했다. 이럴 무렵 외채 때문에 나라가 망할 것이라는 우려가 퍼져나갔다. 특히 대구부성을 무너뜨리고 일제 상권이 대구부성 안을 덮치자, 이 지역 유지들이 국채를 갚아 나라가 무너지는 것을 막아내자고 나섰다. 1906년 말에 터지기 시작한 국채보상운동이 바로 그것이다. 담배를 끊어 국채 1,300만 원을 갚자는 이 운동은 경북지역을 거쳐 전국으로 퍼져갔다.

김창숙은 全國斷煙同盟會 성주대표가 되어 국채보상기금을 마련하는 데 앞장섰다. 그러나 그것마저 일제의 탄압으로 무너지자, 그는 성주 지방에서 모은 단연금을 기금으로 삼아 자신의 선조 김우옹을 모신 晴川書院에 사립 星明學校를 세워 민족교육운동을 펼치는 쪽으로 가닥을 잡았다. 여기에서 말하는 성명학교가 신식교육을 내세우는 것인 만큼 유림의 반대가 컸다. 그 반대를 설득하거나 잠재우면서 서양의 문물교육을 받아들이려는 그의 자세는 보수 유림의 틀을 넘어선 것임을 말해준다.

계몽운동은 단순히 미지의 세계에 등불을 밝히는 것이 아니다. 여기에는 무너지는 나라를 지탱할 힘을 길러낸다는 데 목표가 있었다. 그러기 위해 사람을 기르고, 민족자본을 쌓아야 했다. 그러한 운동을 펼쳐나갈 새로운 구심체가 논의되고, 1907년 비밀리에 조직된 신민회와 공개적으로 등장한 대한협회가 그 구실을 맡았다. 김창숙은 1908년 대한협회 성주지회를 만들었다. 그는 "나라가 곧 망하겠다. 지금 문을 닫고 글만 읽을 때가 아니다."라고 판단하고, 성주 鄉射堂에 대한협회 성주지회를 두어 총무를 맡았다. 그는 대한협회 지부를 꾸리면서 대중들에게 그 목적을 다음처럼 말했다.

> "우리들이 이 모임을 만든 것은 장차 조국을 구하고자 함입니다. 조국을 구하고자 할진대 마땅히 구습의 혁파부터 시작해야 하며, 구습을 혁파하고자 할진대 마땅히 계급 타파로부터 시작하여야 하며, 계급을 타파하고자 할진대 마땅히 우리의 이 모임으로부터 시작해야 할 것입니다."

이러한 구절은 안동지회장 이상룡이 주장한 내용과는 조금 다르다. 안동에서는 아예 국가의 주인이 민이며, 대한협회는 정당의 모임이라고 주장하고 나선 것이다. 이와 달리 김창숙은 계급 타파를 들고 나섰다. 성주지역 유림의 분위기를 말해주는 것이라 짐작된다. 성주지역 유림이 안고 있던 가장 큰 과제가 바로 봉건적 신분 사회를 극복하는 것이고, 이것이 곧 나라를 되살려 세우는 데 기여할 것이라는 점이 김창숙의 판단이었던 셈이다.

1909년 친일단체 일진회가 한일합병론을 들고 나왔다. 그러자 김창숙은 "이 역적들을 성토하지 않는 자 또한 역적이다."라고 분개하면서, 일진회의 매국행위를 규탄하는 데 앞장섰다. 그는 성주 유림들의 뜻을 모아 일진회와 매국노를 규탄하는 성토문을 중추원과 신문사에 보내 민족적 각성을 촉구하였다. 이 때문에 그는 일본군 헌병분견소와 경찰주재소에 붙잡혀가서 성토문을 취소하라고 강요를 받았지만, 온갖 고초를 견뎌내면서 끝내 뜻을 굽히지 않았다.

1910년 8월 29일 나라가 무너졌다. 그러자 그는 통분한 심정을 이기지 못하여 술로 세월을 보냈다. 20대 나이에 민족문제에 눈을 뜨고, 30대에 들어서서 본격적으로 국채보상운동과 계몽운동에 힘을 쏟았던 그가 나라가 무너진 뒤 허탈감에 빠져 술로 나날을 보내고 있었던 것이다. 그를 술의 나락에서 이끌어낸 사람은 곧 어머니였다. "학문을 닦으면서 서서히 나라의 광복을 도모하되 기회를 보아 움직이는 것이 곧 너의 나아갈 길이다."라는 모친의 가르침을 받고서, 그는 오로지 책읽기와 학문 연구에 전념하며 기회를 기다렸다.

3. 제1차 유림단의거에 앞장서다

그가 독립운동이란 길에 우뚝 나선 계기는 제1차 세계대전의 종전과 3·1독립선언이다. 1918년 11월 11일 독일이 항복하면서 제1차 세계대전이 끝나고, 전후 처리 원칙을 논의하기 위해 파리에서 강화회의가 열렸다. 여기에 맞춰 중국 상해에서 김규식이 대표로 파견되고, 민족자결주의 원칙에 맞춰 나라 안팎의 모든 동포들이 한국의 독립을 선언하고 나섰다. 2월 8일 도쿄 한인유학생의 조선독립선언을 출발로 삼아, 국내의 3·1독립선언, 길림의 '대한독립선언' 등으로 확산되어 갔다. 그럴 때 유림의 이름으로 독립청원서가 마련되고, 이를 파리로 보내는 일이 펼쳐졌으니, 이를 '파리장서(Paris 長書)'라고 부른다.

김규식이 상해에서 파리로 출발한 날은 2월 1일이다. 이에 앞서 상해에서 파견된 요원들이 남쪽으로 일본과 한국 남부지역, 북쪽으로는 평안도와 황해도를 거쳐 서울로, 또 다른 인물들은 만주와 연해주로 파견되어 독립선언을 유도하였다. 이때 전국에서 유림들은 서울로 대표를 보내 봉도단으로 참가하도록 하였다. 이 무렵 서울에 와 있던 이중업을 비롯한 몇몇 유림은 독립선언에 유림이 빠진 사실을 확인하였다. 눈앞에 펼쳐지는 거사를 보면서 500년 역사의 주역이던 유림이 빠진 사실에 망연자실했다. 이에 김창숙 · 이중업을 비롯한 몇몇 인사가 독자적인 독립청원운동을 펼치기로 방향을 잡았다. 유림이 주체가 된 독립청원서를 파리강화회의에 보내기로 작정한 것이다.

김창숙은 스승 곽종석을 찾아 상황을 알리고, 독립청원서를 부탁하였다. 이것이 진행되던 가운데 마침 충청도 지역에서도 김복한을 중심으로 같은 움직임이 진행되고 있었다. 그래서 두 세력이 힘을 합쳐 모두 137명의 연명으로 독립청원서가 만들어졌다. 일제경찰의 집요한 추적을 따돌리고 독립청원서를 가지고 상해로 출발한 이가 바로 김창숙이었다.

그는 1919년 3월 23일 용산역을 출발하여 중국 단동과 봉천(선양)을 거쳐 3월 27일 상해에 도착하였다. 그가 직접 파리로 가려다가 이미 파견되어 있던 김규식에게 보내는 것이 좋겠다는 주변의 의견에 따라 파리강화회의와 각국 외교관서, 중국 요인들에게 독립청원서를 보냈다.

4. 상해 · 광동 · 북경에서 활약하다

독립선언에서 '조선이 독립국임'을 밝혔으니, 그 국가를 세우는 것이 다음 순서였다. 이에 따라 대한민국이 세워지고, 이를 망명지에서 운영할 조직으로 '임시정부'와 '임시의정원'이 1919년 4월 11일 출범하였다. 그러면서 국토를 회복하면 '정부'와 '국회'가 대한민국을 운영하게 된다는 내용을 제헌헌법인 '대한민국 임시헌장'에 담았다.

김창숙은 임시국회에 해당하는 대한민국 임시의정원에 의원으로 뽑혔다. 의원은 출신 지역에 따라 배정되었는데, 그는 경상도 출신 의원이 된 것이다. 또 교통위원을 맡아 연통제와 교통국을 운영하여 나라 밖에서 국내 행정을 장악하려는 계획에도 기여하였다.

「파리장서」를 발송한 이후 이와 관련된 영남유림계 활동의 여진이 중국과 국내 두 곳에서 이어졌다. 중국에서는 김창숙이 귀국하지 않고 그곳에서 활동을 펼쳤던 것이고, 국내에서는 독립청원을 위한 활동이 이어지고 있었다.

김창숙은 1919년에 대한민국 임시정부 수립과 초기 활동에 참가하고, 유림대표라는 위상을 갖고 중국 혁명인사들과 외교 활동을 펼쳤다. 그가 국내를 출발할 때 이미 곽종석으로부터 중국 혁명세력과의 연계에 대해 주문을 받았다. 곽종석은 구체적으로 雲南 출신의 실력자 李文治를 지목하면서 접촉 대상 인물로 제시했었다. 그래서 김창숙이 李文治와의 만남을 기대하고 있을 때, 오히려 李文治의 측근 인물인 凌鉞이 면담을 요청해 왔고, 이후 그와 여러 차례 마음을 터놓고 협력 방법을 논의하게 되었다. 그러다가 김창숙은 마침 북방 군벌과 남북평화회의를 벌이려고 상해에 도착한 孫文과 1919년 7월 초순 프랑스조계 莫利愛路에서 면담을 가졌다. 孫文은 김창숙으로부터 3·1운동의 상황을 듣고 그의 저서 『孫文學院』을 선물로 주면서 한국 독립운동에 참고가 되기를 바랬다.

김창숙은 한 달 뒤 廣東으로 가서 중국 혁명인사들과 면담을 가졌다. 孫文과의 면담 이후 그의 발걸음이 빨라지고 또 확신에 찼다. 우선 그는 參·衆議院의 발기로 한국독립후원회를 조직하도록 이끌어 냈다. 衆議院 부의장 褚輔成 의장의 사회로 열린 이 회의는 독립운동 자금을 모금하도록 결의하였고, 또 유학생들을 광동으로 불러 영어·중국어를 특별 강습하기로 하였다. 이에 따라 모금 활동에 들어갔고, 또 金尙德·張弼錫 등 50여 명

유학생이 파견되었다. 이어서 김창숙은 전 외교총장 徐謙과 논의하여 中韓互助會(혹은 중한호조사)를 조직하는 데 힘을 기울였다.

그런데 한국독립후원회는 출국 이전부터 믿었던 李文治의 자금 횡령에 의해 무너졌다. 모금된 자금을 관리하던 이문치가 그의 사위 이완과 함께 자금을 갖고 사라져 버린 것이다. 더구나 이를 추적하던 김창숙은 이문치가 보낸 청년들에 의해 테러 공격에 직면하는 위험한 순간을 맞기도 했다. 이 사건은 김창숙의 행로에 커다란 좌절과 변화를 가져다주었다. 더 이상 중국 혁명인사들에게 지원을 요구할 수 없게 되었던 것이다. 더구나 국내로부터 '유림대표'라는 이름에 걸맞은 지원이 조직적으로 이루어지질 못했던 것도 작용하였다.

김창숙은 대한민국 임시정부 수립 초기에 잠시 발을 딛었다가 곧 그 영역을 벗어나 북경으로 활동 무대를 옮겼다. 이승만이 앞서 미국 윌슨대통령에게 한국을 위임통치해 달라고 청원하였다는 이야기를 들은 김창숙은 신채호와 더불어 그런 이승만을 대한민국 임시정부의 임시대통령으로 인정할 수 없다는 주장을 폈던 것이다. 그리고서 그는 신채호와 더불어 북경에 터를 잡고 활동하였다. 1921년 1월 신채호가 발행하던 《천고》라는 잡지의 편집을 돕고, 4월에는 신채호 · 김원봉 · 이극로 등과 함께 1919년 2월 이승만 성토문을 발표하였다.

5. 제2차 유림단의거를 펼치다

김창숙은 외교 활동을 벌인 뒤, 새로운 방략 구상에 들어갔다. 대한민국 임시정부 반대 세력들이 포진한 북경으로 옮겼다. 그곳에서 그는 신채호 · 이회영 등과 가까이 지내면서 투쟁방향을 모색하고 있었다. 당시의 독립운동계 전체를 보면, 대한민국 임시정부가 펼친 외교 활동이 한계를 드러내면서 주춤해졌고, 만주지역을 중심으로 펼쳐진 독립전쟁은 봉오동·청산리전투를 고비로 크게 약화되었다. 그래서 의열투쟁만이 주된 방략으로 펼쳐지고 있었다. 즉 제1차 세계대전의 마무리라는 국제정세의 변화를 독립의 기회로 이용하려던 시도도, 일본군과의 전쟁을 통한 독립 달성도 모두 일단 좌절되었던 것이다.

결국 장기적이고 근본적인 방략을 세워야 할 시점에 도착하였다. 그런 요구가 바로 독립전쟁 준비방략의 추진으로 나타났다. 이를 추진하려는 근본 이유는 당시 국제정세가 전쟁을 종결시키고 안정기에 접어든 데 있었다. 1차 세계대전이 자본주의 열강들의 시장분배에 대한 재편 요구로 터진 것이고, 그 전쟁이 일단 수습되면서 프랑스 파리에서 열린 강화회의는 베르사유(Versailles)체제를 만들어 냈다. 즉 국제적으로 자본주의 열강의 안정기에 접어든 시기였으므로, 장기적인 전쟁 준비에 들어가야 했다.

이 방략을 일찍 도입한 것이 金九가 주도한 韓國勞兵會였다. 이와 비슷한 계획으로 안창호의 '이상촌', 이회영의 '자치촌' 건설 계획도 있었고, 의열단 간부들이 황포군관학교에 입교한 것도 마찬가지였다.

제2차 유림단의거가 본격화된 때는 1925년 봄이었다. 그는 토지 구입과 개간 비용으로 20만 원을 산정하였다. 그는 대상 토지에 대해 李夢庚과 徐謙 등 중국의 실력자와 협의하고, 서겸이 군벌 馮玉祥과 논의하였다. 그 결과 내몽골 지역인 綏遠과 包頭의 3만 정보가 적당하다고 권유를 받았다. 이에 따라 김창숙은 군사기지를 내몽골지역에 건설한다고 작정하고 다음 수순을 밟기 시작하였다.

다음 단계의 작업은 바로 자금 모집이었다. 자금 모집 대상은 영남지역의 유림계였다. 그런데 이러한 계획에 박차를 가하게 만드는 계기가 국내로부터 전해졌다. 서울에 俛宇 郭鍾錫의 문집간행소가 설치되었다는 것이다. 그렇다면 서울에 많은 유림들이 내왕할 것이고, 더구나 그 사업을 위해 자금이 모여지고 있을 것이기 때문이다. 그는 서울로 보낼 요원을 정하고,

스스로도 서울로 향했다.

상해에서 그가 확보한 요원은 宋永祜·李鳳魯·金華植 등이었다. 송영호는 경북 영주, 김화식은 봉화, 이봉로는 달성군 출신으로 대부분 1924년 북경에 도착하여 가깝게 소통하고 있었다. 이들은 1925년 4월부터 7월(음 3월~5월)에 걸쳐 모임을 갖고 자금 모집과 무관학교 설립 및 국내진공 계획을 세웠다. 모금액을 20만 원으로 예정하고, 모금대상자를 영남지방 유림으로 한정지었다. 또 필요하면 무기를 사용한다는 방침을 굳혔다. 이것은 1910년대 중반에 광복회가 모금하던 방법과 동일한 것이었다. 이들은 모젤식 자동권총 2정과 탄환 25발을 구입하였다.

1925년 6월 말 송영호가 먼저 입국하여 김창숙과 김화식이 국내로 진입하는 데 필요한 경비를 마련하여 북경으로 김창숙에게 보냈다. 이봉로는 상해에서 가져온 권총 2정과 탄환 16발, 김창숙에게 받은 박은식의『韓國獨立運動之血史』4·5권을 갖고 7·8월경에 국내로 들어 왔다.

김창숙은 17세이던 아들 金煥基에게도 말하지 않고 북경을 출발하였다. 하얼빈을 거쳐 8월 중순(음 6월 하순)에 서울로 들어왔다. 김창숙은 9월 초에 積善洞 68번지에 방을 얻어 회합 장소를 마련하고 동대문 밖 永島寺도 주요 아지트의 하나로 확보하고, 송영호와 김화식이 합류하였다. 계획대로 俛宇集刊所에 왕래하던 한주학파의 핵심 인물들을 합류시키는 작업에 나설 단계였다. 면우집간소에 연락하여 郭奫(곽종석 조카)과 金榥(김창숙의 족숙)을 불러 만났다. 10월 말에는 소식을 듣고 상경한 鄭守基·孫厚翼를 만났다. 그리고서 본격적인 자금 모집에 착수하였다. 송영호는 자신의 토지를 매각하는 등 자금 확보에 나서 1,260원을 김창숙에게 전달하였다.

자금 모집이 계획보다 모자라자, 직접 남행길에 올랐다. 대구와 진주를 방문하여 유림들에게 협조를 요청하였다. 하지만 목표대로 되지는 않았다. 이럴 경우 모험단원을 동원한 강제 징수 단계에 들어간다는 계획에 따라 무장조직을 만들었다. 新建同盟團이 그것이다.

1925년 10월 하순(음 9월 2일) 낙원동 134번지의 평양옥에 있던 김창숙의 숙소에서 김창숙 · 김화식 · 송영호 · 곽윤 · 김황 · 손후익 · 河章煥 · 李字根(성주 李基炳) 등이 참석한 가운데 신건동맹단이 결성된 것이다. 10월 하순부터 다양한 노력을 펼쳤으나, 목표 달성은 힘들었다. 12월 말 김창숙은 대구에서 유림들을 소집하여 활동 무대를 넓혔지만, 이마저도 제대로 먹혀들지 않았다. 더구나 김창숙은 1926년 1월(음 25년 12월 말)에 언양에서 타고 가던 자동차가 구르는 바람에 허리를 크게 다쳤다. 孫晉洙 · 厚翼 부자의 지극한 간호와 사돈 이재락의 도움을 받으면서 조금씩 회복되어 갔다.

김창숙은 국내 자금 모집 활동을 정리하기로 작정하였다. 기대했던 것과는 너무나 다른 현실에다가 그 자신 크게 중상을 입어 버티기 힘들었고, 게다가 일본경찰의 추적이 시작되었기 때문이다. 그는 3월 3일 범어사에서 손후익 · 정수기 · 이재락 등이 모여 마지막 회의를 가졌다. 그 결과 중국으로 자금을 지니고 갈 인물로 마산에 사는 무역상 金昌鐸(김창숙의 족질)을 선정했다. 그 자금으로 의열단원을 다시 국내로 파견하여 적 기관을 파괴하고 친일부호들을 응징하겠다고 결의를 굳혔다. 김창숙은 그 비장한 심정을 다음과 같이 털어놓았다.

> 전후 8개월 동안 6軍이 북을 쳐도 일어나지 않고 지금 왜경이 사방으로 흩어져 수사한다고 하니 일이 이미 실패…… 서겸을 만날 면목도 없고……이 돈을 의열단 결사대 손에 직접 전해주어 왜정의 각 기관을 파괴하고 친일 부자를 박멸하여 국내 民氣를 고무할 것

김창숙은 3월 22일 삼랑진을 떠나 서울을 거쳐 봉천으로 갔고, 운반책임을 맡은 김창탁으로부터 3,360원을 돌려받았다. 김창숙이 떠난 일주일 뒤, 4월 2일에 김화식이 체포됨으로써 관련자에 대한 대대적인 검거 바람이 불어 닥쳤다. 이후 5월 중순까지 대부분의 관련자가 체포되었다. 이 거사로

기소된 인물들 가운데 실형을 선고받은 인물과 형량은 다음과 같다.

> 송영호(3년) · 김화식(3년) · 이봉로(2년) · 손후익(1년6월) · 이종흠(1년) · 이재락(1년) · 김창탁(10월) · 이원태(10월) · 이우락(8월) · 이영로(8월) · 홍순철(벌금 70원) · 김동식(벌금 30원)

6. 나석주의거 일으키다

김창숙은 1926년 5월 상해에 도착하여 이동녕 · 김구 · 김두봉 · 류자명 · 정원 등을 만나 의열투쟁의 필요성을 역설하였다. 그는 국내 인심이 죽어 있음을 설명하고, 이를 회복하기 위해서는 청년 결사대를 국내로 파견하여 총독부의 산하기관을 파괴함으로써 의기를 고취시켜야 한다고 주장했다. 그러자 김구가 이에 적극 동의하면서, 羅錫疇와 李承春을 추천해 주었다. 그리고 류자명도 그의 인물인 韓鳳根을 추천했다. 그런데 이처럼 김구와 류자명을 통해 요원을 확보해 나갈 때, 서울에서 유림단 검거 소식이 신문을 통해 전해졌다. 그러자 김창숙은 더욱 서둘렀다.

나석주와 이승춘은 김구가 길러낸 의열투쟁에 '준비된 요원'이었다. 황해도 재령 출신인 나석주는 일찍이 양산학교에서 김구의 가르침을 받았고, 만주로 망명하여 무관학교에서 군사간부로 성장했다. 나석주는 대한민국 임시정부 경무국 경호원으로 활동하였고, 한국노병회원이 되어 1923년 초에 중국 洛陽군벌 吳佩孚가 경영하던 邯鄲軍事講習所에 들어가 교육을 마쳤다. 이듬해 그는 중국군 초급장교로 임관되어 중대장으로 복무하다가, 1925년 상해로 돌아와 대한민국 임시정부에서 활동하였다. 그리고 이승춘도 김구의 가르침을 받은 인물인데, 1924년에 1년 동안 징역형을 받고 출옥한 지 그리 오래 되지 않은 인물이었다.

나석주의 공격 목표는 동양척식주식회사와 조선식산은행을 파괴하는 것이었다. 그의 고향 재령평야가 일본인의 소유로 변한 데 따른 통분이 그의 가슴 밑바닥에 깔려 있기도 했다. 그는 중국에 있으면서도 재령평야에 3년 동안 흉년이 들어 상황이 매우 어렵다는 소식을 잘 알고 있었고, 일제의 침탈에 대해서도 그러했다.

김창숙이 무기와 행동 자금을 나석주 등에게 주면서 "제군이 義를 취하는 데 용감함은 다른 날 獨立史에 빛나게 될 것이니 힘써 주오."라고 당부하였다. 이들이 즉시 威海衛로 향하여 갔는데, 대개 그러했듯이 해로로 잠입할 계획이었다. 김창숙은 권총 구입비로 400원을 주었고, 이에 한봉근은 권총 7정과 실탄 490발을 구입하였다. 그리고 폭탄은 신채호가 보관하던 2개를 사용하기로 하였다.

나석주는 마침내 단독 입국을 시도하였다. 그는 1926년 12월 26일 오후 2시 인천에 도착하였다. 그는 고향 평안남도 진남포로 향하다가 경계가 삼엄하자 발길을 돌려 서울에 도착했다. 그는 28일 오후 2시 10분에 남대문통 2정목에 있던 조선식산은행에 폭탄을 던졌다. 그러나 이것이 폭발하지 않자, 그는 바로 황금정 2정목의 동양척식주식회사로 이동하여 직원을 공격하고, 폭탄을 던졌지만 이마저도 폭발하지 않았다. 거사 준비 과정이 너무 길다보니 폭탄의 성능에 문제가 생긴 것으로 생각된다. 이후 나석주는 경찰에 맞서 총격전을 벌여 다하타 유이지(田畑唯次) 경부보를 사살하였고, 그러다가 자신의 가슴에 권총 세 발을 발사하여 자결하였다.

7. 국내로 잡혀와 옥고 치르다

나석주를 국내로 잠입시킨 뒤 김창숙은 상해에서 이동녕 · 김구 등과 함께 지내며 독립운동단체의 통합운동을 추진하였다. 그러다가 1926년 12월

27일에는 임시의정원 부의장에 선임되어 대한민국 임시정부의 재건에도 힘을 쏟았다. 대한민국 임시정부가 가장 고난의 시기를 겪던 무렵이었다. 그러다가 몸이 아파 상해 공동조계의 영국인 병원 共濟醫院에 입원하게 되었다. 공동조계는 프랑스조계와 달리 일제경찰의 활동이 자유로웠다. 그래서 어쩔 수 없는 질병이 아니고서는 공동조계로 움직이는 일이 없던 상황이었다. 그가 입원해 있던 사실을 알아챈 상해 주재 일본총영사관 경찰이 1927년 5월 1일 그를 기습하는 바람에 그는 붙잡히고 말았다.

김창숙은 일본 나가사키를 거쳐 국내로 잡혀왔다. 대구경찰서와 형무소에 갇힌 그는 참혹한 고문을 견뎌내야만 했다. 고통이 가혹했지만, 그는 전혀 굽히지 않았다. 그는 "너희들이 고문을 해서 정보를 얻어 내려느냐. 나는 비록 고문으로 죽는 한이 있더라고 결코 함부로 말하지 않을 것이다."라고 하면서 결코 꺾이지 않는 독립의지로 버텨냈다.

그는 변호사의 변론마저 거부했다. "나는 대한 사람으로 일본 법률을 부인하는 사람이다. 일본의 법률을 부인하면서 만약 일본 법률론자에게 변호를 위탁한다면 얼마나 대의에 모순되는 일인가?"라는 것이 그 이유였다. 더 나아가 일본인 재판장이 본적을 묻자, "없다."고 대답했다. "나라가 없는데 본적이 어디 있느냐."는 것이 그의 되물음이었다. 그러니 그는 재판 자체를 받아들이지 않겠다고 저항한 것이다. 그런 고통을 견디며 법정투쟁을 벌인 끝에, 그는 1928년 12월 징역 14년형을 받자 공소도 거부해버렸다. 대전형무소로 이감되어 옥고를 치르던 그는 고문과 옥고로 다리를 못쓰는 지경에 이르렀다. 더구나 병이 위중해지자, 1934년 9월 그는 형집행이 정지되어 감옥에서 풀려났다. 다리를 쓸 수 없는 스스로를 '躄翁', 곧 앉은뱅이 늙은이라 부르게 된 것이다.

더 이상 움직일 수 없는 형편이지만, 일제 식민통치를 거부하는 그의 자세는 한치도 변하지 않았다. 창씨개명을 거부하는 것을 비롯하여, 광복 직전에는 조선건국동맹에 참가하기도 했다가, 1945년 8월 7일 붙잡혀 갇히기도 하였다.

광복을 맞은 뒤, 그의 활동은 크게 세 가지로 정리된다. 첫째, 그는 반탁운동에 앞장섰다. 환국한 대한민국 임시정부의 요인과 더불어 신탁반대운동에 힘을 쏟았다. 둘째, 반독재투쟁이었다. 이승만이 집권하면서 한국현대사를 장식하기 시작한 장기 권력 독점과 그를 위한 온갖 부정부패와 인권유린을 목격하던 그는 반독재 민주화운동에 나선 것이다. 독립운동이 이제는 민주화운동으로 전환되었음을 말해준다. 셋째로 그는 유교의 진흥을 위해 힘을 쏟았다. 전국 유림의 힘을 모아 儒道會 總本部를 조직하고 그 위원장으로 뽑혀 활동하는 한편, 成均館大學을 세워 학장 · 총장을 역임하면서 유학을 근대적으로 발전시키며 후진을 길러내는 일에 마지막 힘을 다 바쳤다. 그러다가 1962년 5월 10일 서울 중앙의료원에서 서거하였으니, 84세였다.

그의 삶은 오로지 시대적 과제를 해결하는 데 쏠렸다. 외교권을 잃었을 때는 상소투쟁으로, 나라가 기울어지자 국채보상운동과 계몽운동으로 나섰다. 만 40세에 3 · 1운동이 일어나자 그는 파리장서운동, 곧 제1차 유림단의거에 앞장섰고, 대한민국 임시정부에 참가한 뒤 독립운동기지 건설을 계획하고 제2차 유림단의거를 펼쳤다. 일제에 붙잡혀 만신창이가 된 몸이었지만, 그의 뜻과 자세는 한 치도 흔들리지 않고, 민족문제 해결에 집중하였다. 60대 중반에 광복을 맞은 그는 지난날의 독립운동을 새 시대의 민족운동으로 이어갔다. 하나는 분단이란 과제를 해결하기 위한 통일운동이요, 다른 하나는 독재 권력에 맞서는 민주화운동이며, 셋째는 친일 잔재를 극복하는 민족 정체성 회복 운동이다. 신탁통치 반대와 단정반대 투쟁, 이승만대통령 하야 요구성명 발표와 반독재투쟁, 성균관대학을 세우고 유림계의 친일역사 청산운동을 벌인 것 등이 여기에 속한다. 이 모든 것들이 제국주의에 맞서서 투쟁한 올곧은 정신이 한 치도 꺾이지 않고 그대로 이어진 것이다. 그가 걸었던 길은 올곧은 뜻과 삶으로 칼날처럼 살다간 지도자의 모습이 아닐 수 없다.

*14장_* 권도인 : 하와이 노동이민자의 독립운동

1. 하와이 노동이민과 사업가로 성공

權道仁(1888~1962)은 하와이 노동이민자 중에서 사업에 성공한 인물 가운데 한 사람이다. 안동 출신이라고만 알려지던 그의 출신지는 몇 년 전에 겨우 영양 석보면 북계동 출신이라는 사실이 확인되었다.

1888년 9월 27일 부친 權河一과 모친 金鳳周 사이에 3남 가운데 맏아들로 태어난 그는 하와이로 노동이민을 떠났다. 그가 Siberia호를 타고 호놀룰루에 도착한 날짜는 1905년 2월 13일이었다. 당시 그의 나이는 만 16세 7개월로 이민노동자의 연령에 이르지 못한 것이어서, 이민을 위해 상당한 노력이 필요했다고 한다. 호놀룰루 도착자 명단에 그의 나이가 18세로 적힌 사실이 그것을 의미한다.

호놀룰루에 도착한 권도인은 처음에 Kauai섬의 Koloa로 갔다. 그의 이름이 민족운동 선상에 처음 드러난 곳이 바로 여기였다. 1909년 안중근의거 소식을 듣고 의연금 모집이 벌어졌고, 그 성금으로 『大東偉人安重根傳』(洪宗杓 저, 서울 재동 출신)을 편찬했는데, 그 부록에 적힌 의연금 납부 내역에 그가 1원(현재 20불에 해당)을 출연한 것으로 기록되어 있다. 그리고 그도 1910년 9월 4일에는 대한인국민회 Koloa지방회 회장에 취임함으로써 일정한 몫을 담당하기 시작했다. 4년 넘게 사탕수수밭에서 일하던 그는 1910년 말이나 다음 해쯤에 호놀룰루로 이동하고, 시내에서 점원으로 일했다.

하와이에 첫 사진신부가 도착한 것이 1910년 11월이었다. 호놀룰루로 이동한 권도인도 이 소식에 흥분하였고, 자신도 사진을 국내로 보냈다. 그 결과 권도인은 하와이에 도착한 지 7년이 되던 1912년 10월, 만 24세에 결혼하였다. 아내가 될 18세의 이희경이 10월 2일 하와이에 도착했다. 신혼 시절 그는 Punchbowl Street에 살았다.

1928~1929년에 권도인은 가구점 King Furniture Store를 열어 사업가로 성장하였다. Coyne Furniture Company에 가구장식 견습생으로 근무하던 그는 자신의 집 지하에 작업실을 마련하고 밤늦도록 실용가구 제작에 몰입하였다. 그러다가 Pele Street에 거주하던 시절, 'Chimney Plate'라는 새로운 가구를 만들어 1924년 6월 24일 처음으로 미국의 특허를 획득하는 데 성공하였다.

권도인의 신상품 개발과 특허 획득으로 생활이 크게 향상되었다. 그렇지만 그의 사업이 그리 순탄한 것만은 아니었다. 자신의 첫 가구점인 King Furniture Store를 열자마자 불어 닥친 미국의 경제공황은 그에게 커다란 고통을 안겨주었다. 그러나 그는 다시 일어났고, 1936년에는 South Beretania Street 819호에 가구점을 열었다. 이어서 1937년에 5월에는 사업을 크게 확장하였다. 《국민보》는 그 상황을 다음과 같이 전하고 있다.

> 총재무 권도인 씨는 의장적 가구와 실내장식의 오랜 이력과 전문연구로 대성취를 가진 분인데, 그 사업을 확장하기 위하여 만여 원 자본으로 기지를 사고 상품의 진열을 위한 정묘한 건축을 남베리타니아 819호에 짓고, 공장과 곳간은 따로 다른 자리에 두었는데, 그 진열소 새 건축의 공사가 미구에 마치겠으며, 금년에는 특별 미술적 가구와 실내장식의 주문으로 들어온 일감이 너무나 밀려, 그 분들에게는 좀 곤란한 점도 없지 않다 하며, 씨의 따님 권마가레트 양은 하와이대학에 금년이 4학년생인데, 실내장식을 전문으로 공부하여 우등의 성적을 가졌고, 각 학교의 소식을 들으면 씨의 자녀들은 다 응용미술에 특재와 취미를 가졌다하여, 씨도 응용미술의 여러 가지 발명품을 가졌고 지금도 항상 그 면으로

연구를 쉬지 않는 분이니, 그 미술의 특재와 취미는 現前的이라 한다.(《국민보》 1937년 5월 12일자)

또 6월에도 대왕가구점(킹가구점)의 상품진열소 건축에 대한 기사가 다루어졌다. 11월에는 그곳의 가구상품전시장 뒤의 집을 헐고 전시장을 연장하고, 산뜻한 건물을 지어 제조소를 준비하였다. 그 소식은 하와이 영자신문에도 크게 소개될 정도로 유명한 것이 되었다.

그의 신상품 개발에 대한 의지는 대단하였다. 특히 쉼 없는 그의 노력은 근면성의 상징이라 여겨질 정도였다. 아내의 불평이 끝없이 이어지고, 주중의 교회 예배에 자주 빠지며, 일요일 예배마저도 빠지는 경우가 허다할 정도로 발명에 몰입하였다. 그래서 아내는 그가 심지어 마귀의 세계로 빠져들었다고 불만을 털어놓을 지경이었다. 그런 속에서도 신상품 개발에 대한 집념과 근면성은 정말 남다른 것이었다. 집의 지하실에서 공구와 씨름하던 그는 여러 가지 신상품을 개발하게 되고, 여러 개의 특허를 획득에 이르렀다.

그가 만들어 낸 것 가운데 가장 히트상품이 Poinciana Drapery였다. 라틴어로 '아름다운 커튼'이라는 이 제품은 대나무를 잘게 쪼개 발처럼 만들어 옆으로 펼치는 커튼인데, 거기다가 그림을 그려 넣어 매우 아름다운 것이다. 일 년 내내 기온이 한국의 초여름 같이 따뜻하거나 조금 더운 하와이에서는 바람을 집안으로 공급할 수 있으면서도 이웃의 시선을 차단할 수 있는 장치가 필요했다. 천으로 만든 커튼은 그것이 불가능했고, 더구나 짧게 자주 내리는 비에 약하기도 했다. 따라서 대나무 살대로 만든 커튼은 이런 제약점을 모두 이겨낼 수 있었다. 공기가 들며나는 것이 수월하고, 짧게 내리는 비에도 금방 마르며, 볕에도 강한 속성을 가졌다. 더구나 안팎의 시선을 차단하면서도 우아한 그림으로 장식되었으니, 대단한 작품이 아닐 수 없다. 그런데 이 커튼을 매달아서 펼치고 접는 데에는 반드시 정밀한 레일을 만들어야 했다. 이것 또한 권도인의 아이디어에서 나왔다. 이 모든 것을 묶어 또 특허를 획득하게 되었고, 불티나게 팔려 나갔다. 당시에 이것에 대한 호응이 매우 높아서 본토인 샌프란시스코에 공장을 설립해야 할 지경이었다.

양질의 제품을 만들어 내기 위해서는 또한 양질의 원료가 중요하기는 예나 지금이나 마찬가지다. 그래서 그는 우수한 품질의 대나무를 구하기 위해 1940년에 일본 나라지역의 대나무 밭을 직접 여행하기도 했다. 그렇지만 모든 것이 순탄한 것만은 아니었다. 1941년 12월 7일(하와이 시각) 아침에 시작된 일본군의 하와이 진주만 공습은 원료 공급의 차단만이 아니라, 소비지인 본토와의 연결마저 어렵게 만들었다. 또 전시체제로 인하여 모든 수요가 기본적인 생필품에만 맞추어지다 보니, 그가 만든 상품의 구매력은 바닥을 치게 되었다. 경제공황 이후에 다시 그에게 몰아닥친 위기였다.

권도인은 그 위기를 다시 기회로 잡아냈다. 우선 커튼을 만들고 남은 대나무 조각들을 이용하여 핸드백을 만들었다. 대나무를 얇게 잘라 만든 핸드백은 내구성도 뛰어나고 자연 질감이 좋아 인기가 높았다. 특히 전쟁 말기인 1944년 7월 4일 독립기념일에는 핸드백에 성조기 문양을 넣어 히트를 쳤다. 그리고 야간통금이 실시되고, 일본군의 공습에 대비하여 야간에는 등화관제가 실시되었다. 따라서 밤이 되면 하와이 전체가 암흑세계였다. 집집마다 일찍 저녁 식사를 마치고 불을 켜지 못했고, 방 하나 정도는 완전히 밀폐하여 가족들이 밤 시간을 보냈다. 그러니 덥고 불쾌할 수밖에 없었다. 그 어려운 상황을 해결하는 것이 권도인의 지속적인 탐구정신과 근면성에서 나왔다. 빛이 바깥으로 새나가지 않는 커튼, 즉 Black Curtain을 개발한 것이다. Aiea지역에 있던 해군병원에 이 제품을 선물했고, 그 보답으로 그는 해군이 베푼 만찬에 초대되기도 했다. 또 전시회에 출품한 소식이 The Honolulu Advertiser(1942.4.21)를 타고 보도되기도 하였다.

한편 권도인은 자원하여 민병대에 참가하였다. 자신의 트럭을 몰고 자원운전자가 되어 물자를 실어 나른 것이다. 그러면서 하와이대학교 ROTC에 소속된 맏아들 권영만을 입대시키고, 뒤에 보이스카우트 출신인 둘째 아들도 입대시켰는데, 둘째가 훈련소에 있을 때 전쟁이 끝났다.

2. 독립운동에 나서다

1) 하와이 한인 사회의 양분화

1909년 2월 하와이국민회가 결성되었다. 하와이 정부는 국민회에 準警察權을 주었고, 따라서 하와이국민회(이하 국민회)는 準自治政府 성격을 가지게 되었다. 마침 그해 10월 26일에 터진 안중근의거 소식에 의연금을 모으고, 『大東偉人安重根傳』도 출간하였다. 민족문제를 내걸고 이민자들이 하나로 뭉칠 수 있는 계기가 된 셈이다. 당시 Kauai섬 Koloa에 거주하던 권도인도 1원을 출연한 것으로 기록되어 있다.

국민회는 朴容萬이라는 걸출한 지도자를 《신한국보》의 주필로 선임하여 초빙하니, 1912년 11월 30일에 박용만이 도착하였다. 국민회는 박용만의 권고를 받아들여 다시 이승만도 초청하였으니, 1913년 2월 27일에 그가 도착하였다. 하지만 이것이 안정된 하와이 한인 사회가 기나긴 반목과 갈등의 세월에 출발점이 될 줄은 아무도 몰랐다.

이승만은 국민회의 초청을 받아 왔지만, 곧 그것을 손아귀에 틀어쥐었다. 뿐만 아니라 교회와 학교까지도 모두 장악하였다. 그 과정에서 이승만은 하와이 경찰에 국민회 간부를 고발하거나 재판을 밀고 나가 한인 사회는 쑥밭으로 변했다. 그러던 그가 1919년 수립된 대한민국 임시정부의 초대 임시대통령이 되자, 이승만계의 세력은 하늘을 찌를 듯 했고, 국민회를 만들고 지켜온 박용만계는 허탈 상태에 빠졌다. 이승만이 미국 본토로 갔다가 상해에 들른 것이 1920년 12월부터 다음 해 5월 말까지였다. 상해의 대한민국 임시정부 정국에 아무런 도움을 주지 못한 이승만은 돌아오는 길에 하와이에 들러 자신을 지원해 줄 조직으로 동지회를 결성하고 동지식산회사를 설립하는 등 자신의 추종자들을 결속시켜 나갔다. 1925년 3월에 이승만이 대한민국 임시정부의 임시대통령에서 면직당하자, 국민회는 아연 활기를 찾았다. 《단산시보》를 발간하여 이승만을 보내고 박은식을 맞는 대한민국 임시정부의 정황을 소개하고 대한민국 임시정부에 대해 납세해야 하는 이유를 보도하였다. 또 7월 8일에 호놀룰루에 도착하는 박용만의 소식과 강연회 소식을 연달아 보도하였다. 그러자 이승만은 박용만을 공산주의자라고 몰아 하와이 경찰에 고발하는 사태까지 벌어졌다.

하와이 한인 사회는 이처럼 이승만계와 반이승만계로 뚜렷하게 양분되었다. 특히 대권을 빼앗긴 반이승만계는 박용만이 만주에서 암살되자 허탈감에 빠졌다. 그러다가 1931년에는 김현구 · 김원용 등 새로운 세력이 이승만에 대항하고 나서면서 다시 세력을 결집하고 대한민국 임시정부를 후원하였다. 그리고 이들이 국민회를 되살렸다. 1937년에 일제의 패망을 예견하면서 두 세력 사이에 통합을 위한 움직임이 나타났다. 국민 · 동지 양회가 합동을 도모하고, 양회 합동 선언서를 발표하면서, 새 명칭으로 대한인회를 선택하기도 하지만, 결국에는 결실을 맺지 못했다. 그런데 1941년에 진주만이 일본군에 의해 습격을 당한 뒤, 대한민국 임시정부가 다시 활동 파트너로 이승만을 선택하자 반이승만계는 또 한 번 실망하였다. 더구나 해방 이후 이승만이 초대 대통령에 당선되는 순간 할 말을 잊게 되었다.

2) 독립운동 참가

권도인은 매우 정치적인 인물이 아니었다. 물론 민족문제에 대해 남보다 관심이 없었던 것도 아니지만, 그렇다고 정치 문제에 그리 나설 처지에 있지도 않았다. 그가 독립운동을 위해 망명한 인물도 아니요, 정치지도자도 아니었다. 그는 말 그대로 노동이민자였다. 더구나 그는 17세라는 어린 나이에 이민 길에 올랐으므로 남들 앞에 나설 수 있지도 않았다. 하지만 그가 걸은 노선만큼은 반이승만계였다. 초기 이민자로서 자신이 참여하여 가꾸어 놓은 텃밭을 뒤늦게 초대되어 온 이승만이 모두 장악해 버린 데 대하여 분개하였고, 따라서 반이승만 노선을 걸었던 것이다.

그가 민족문제에 기여한 일은 대개 두 가지로 구분된다. 하나는 국민회를 비롯한 조직의 간부를 맡아 한인 사회를 움직여 나가면서 민족정신을 앙양하는 것이고, 다른 하나는 의연금이나 구제금 및 후원금을 기부하고 대한민국 임시정부를 지원하는 것이었다.

그가 민족문제에 대해 반응을 보인 것은 앞에서 본 것처럼 1909년 안중근의거 소식이 전해지면서 비롯되었다. 남들처럼 그도 의연금을 낸 일이 그것이다. 다음으로 그가 단체의 일을 맡은 것을 보면, 첫 번째 경우가 1910년 9월 4일 대한인국민회 골로아 지방회 회장에 취임한 것이다. 하지만 아직도 본격적인 민족운동 단계에 접어든 것은 아니었다.

그가 본격적으로 민족문제에 관심을 갖고 조직적인 활동을 보인 시기는 만 39세에 들던 1937년이었다. 그는 1월 20일에 국민회 총임원 선거에서 실업부원이라는 임원직을 맡게 되었다. 당시는 국민회가 번성하다가 이승만에 의해 초토화된 뒤, 다시 세력을 만회한 시기였다. 내실을 도모하는 것이 당시의 주요 과제요, 권도인으로서는 South Beretania Street 819호에 가구점을 열어 본격적으로 성장해 나가던 단계였다. 이후로 그는 국민회의 주요 인물 가운데 한 사람으로 자리를 잡아갔다. 발명과 사업에 대한 집념에다가 민족문제에 대한 그의 투자가 본격화된 것이다.

그의 활동은 대부분 국민회를 중심으로 펼쳐졌다. 우선 국민회의 임원으로 활약한 내용을 보면, 임원이나 지역 대의원으로 활약한 것을 들 수 있다. 1937년 2월 3일 국민회 총임원회에서 청년회 세칙제정위원이 되고, 4월에 국민회 예비회원의 세칙을 기초하였으며, 같은 4월에 재무에 만장일치로 선임되었다. 그러다가 권도인만이 아니라 국민회 전체를 다시 흥분시킨 사건이 일어났으니, 바로 중일전쟁이 발발한 것이다.

중일전쟁이야말로 독립의 지름길로 인식되었다. 그것이 바로 미국의 참전으로 연결될 것이고, 그러면 한국의 독립이 달성될 수 있을 것으로 전망하고 있었기 때문이다. 특히 그 점은 외교보다는 독립전쟁을 구현하려 했던 박용만계열의 인물들이 기대하던 상황이다. 8월 14일 국민회 총임원회는 대한민국 임시정부에서 온 공보의 뜻을 설명하고 사무를 처리하였다. 전시체제를 맞은 대한민국 임시정부가 하와이 동포들에게 전쟁비용의 지원을 요청한 것이다. 국민회는 당장 혈성금 모금에 들어갔다. 그리고 임원들이 비상근무를 시작하였다. 매일 밤에 임원이 회관에서 당직으로 근무하게 된 것인데, 한 주에 한 번씩 담당하는 당직근무에 권도인의 근무일이 매주 토요일로 정해졌다.

이어서 국민회는 준전시체제에 맞추어 8월 27일에 찬무회를 조직하였다. 대한민국 임시정부의 군사 활동을 후원하는 데 목적을 둔 이 찬무회는 후방의 참모부 성격을 표방하고, 재무부 · 선전부 · 기밀부를 두었는데, 권도인은 재무부를 담당하였다. 혈성금 모금과 지출에는 재무를 맡은 권도인의 역할이 절대적이었다. 국민회의 임원으로서 그의 활동은 1945년 1월 20일 국민회 대의회에 카와이 · 라나이 지역 참의원으로 피선되는 등 해방 이후로 이어졌다.

다음으로 권도인은 국민회 대표의 한 사람이 되어 양분화된 하와이 한인사회를 통합하기 위해 노력하였다. 국민회는 중일전쟁이라는 정세변화에 대응하기 위해 이승만계 단체인 동지회와 합동을 추진하였다. 10월 8일에 권도인은 국민회 총임원회에 참석하여, 총회장 조병요를 비롯하여, 안원규 등 11인과 더불어 교섭위원에 선정되었다. 이들이 합동하려는 의도가 "임시정부를 봉대하여 독립운동을 극력 후원하려는 이유로 무조건적으로 절대 합동을 국민회가 주장할 일"이라는 기사에서 확인된다. 권도인은 정봉관 · 김원용 · 한길수 · 정인수 등과 함께 국민회의 통합교섭위원으로 선출되어 여러 차례 회의에 참석하였고, 「국민회 · 동지회 통합에 대한 기원」이라는 성명서에도 서명하였다. 또 11월 18일부터 22일까지 국민회 · 동지회 연합의회를 네 차례나 진행하는 과정에서 그도 펀치볼 지역 대의원 자격으로 활동하였다. 하지만 이들의 노력에도 불구하고 국민회와 동지회의 연합은 일단 좌절되고 말았다.

1938년에 들면서 권도인의 활약은 점차 더 뚜렷해졌다. 그 하나로 3월 13일에 열린 '안도산추도회'에서 추도사를 담당했던 사실에서 확인된다. 또 그는 《국민보》의 한 號를 안도산 선생 추도호로 발행하자고 제의하여 성사시키기도 하였다. 1915년에 안창호가 하와이를 방문하여 국민회와 이승만 계열의 갈등을 조정하기 위해 반 년 동안 노력하다가 실패하고 샌프란시스코로 돌아간 일이 있어, 국민회계 인물들은 대개 안창호에 대해 호감을 갖고 있었다.

권도인이 참가한 활동 가운데에서도 가장 그의 의지가 많이 담긴 것은 한인 사회를 건강하게 유지하는 데 목적을 둔 호상제도였다. 그는 1938년 3월 12일에 국민회 총임원회에서 호상제도를 논의하면서 지방시찰담 및 의견을 발표하여 호상제도의 확장을 결의하도록 이끌었다. 그리하여 6월 1일에 호상제도를 확장하고, 권도인이 호상부원 5명 가운데 한 사람으로 선임되었다.

권도인의 활동 가운데 가장 정치성을 띤 것이 1941년에 열린 해외한족대회에서 드러났다. 4월 20일에 해외한족대회가 호놀룰루에서 개최될 때, 권도인은 황사용이 대표직을 사면하자, 그를 대신하여 대표로 선정되었다. 비록 후원회 본부와 교섭 과정에 있어 회의 당일 현지에 도착하지 않았지만, 4월 29일에 발표된 결의안에는 그가 조선의용대 미주후원회연합회 대표로 표현되었다. 호놀룰루 밀러스트리트 1306호에서 개최된 이 회의에는 북미 대한인국민회 대표 한시대 · 김호 · 송종익을 비롯하여 미주지역 일대에서 활약하던 인물들이 대거 참가하였고, 거기에 권도인이 조선의용대 미주후원회를 대표하여 참가한 것이다.

그가 어떻게 하여 조선의용대의 후원회에 가담하게 되었는지, 이를 해결해 줄 직접적인 자료는 발견되지 않는다. 일단 두 가지를 상정해 볼 수 있겠다. 하나는 한길수와의 관계로 인한 것이다. 한길수는 1930년대에 들면서 하와이 한인 사회에서 두각을 나타냈고, 1933년 이후로 반이승만의 노선을 걷기 시작하였다. 1938년 겨울부터는 워싱턴에서 활동하기 시작했고, 그에게 재정 지원을 위한 단체로 중한민중동맹단이 결성되었다. 여기에 권도인도 지원하고 나선 것이 그와 한길수의 결속이 확인되는 첫걸음으로 보인다. 즉 1938년 12월 2일에 한길수의 외교 활동과 순행 강연을 목적으로 호놀룰루에서 중한민중동맹단이 조직될 때, 권도인은 차신호 · 최선주 · 최창덕 · 서재근 · 민찬호 · 정봉관 · 이태성 · 김백수 · 김경준 · 오창익 등과 함께 이를 발기한 것으로 전해진다. 권도인은 반이승만 노선을 견지한 인물이다. 즉 한길수와 같은 배를 탄 권도인이 한길수가 선택한 길을 긍정적으로 인식하고, 조선의용대 후원에 나선 것으로 이해된다.

다른 하나는 박용만의 독립전쟁론 차원에서 짐작해 볼 수도 있다. 1937년 7월에 중일전쟁이 일어나자마자 그는 국민회의 전시비상조직체로 결성된 찬무회의 재무를 맡는 한편, 전시비용을 지원하기 위해 혈성금 모금에 솔선하였다. 1938년 10월에 중국 관내지역에서 최초로 결성된 군사조직인 조선의용대에 대해 그가 높은 선호도를 보였으리라는 짐작은 쉽게 가능하다. 조선민족전선연맹과 조선의용대를 이끌고 있던 김원봉이 바로 박용만 암살의 배후 지도자라는 점이 부정적으로 작용할 만하지만, 반이승만 노선과 무장항쟁 노선을 취하던 조선의용대를 지원하는 것이 정서적으로 맞았다. 따라서 당시까지도 외교에만 매달려 있던 이승만과 그 계열을 생각한다면, 반이승만 노선을 견지하던 그로서는 당연히 조선의용대를 후원하고 나선 것은 당연하다고 생각된다. 그의 노선 선택에 한길수의 역할도 상당했던 것으로 전해진다.

해외한족대회는 재미한족연합위원회로 이어졌다. 임시정부가 주미외교부를 두면서, 국민회의 강력한 반발에도 불구하고 결국 이승만이 대표로 선임되었다. 대한민국 임시정부에 대해 느끼는 소원한 마음은 헤아릴 수 없었고, 권도인이 조선민족혁명당을 지원하고 나선 것도 이와 관련이 있었을 것이다. 그러나 그는 1944년 8월 23일에 대미 한인외교대표기관 구성을 위한 공동노력에 참여했고, 동지회를 대화의 장에 끌어내는 데 힘을 기울였다. 8월 23일에 조선민족혁명당 사무소에서 비공식 모임을 갖고, 박상하 · 현순 등과 함께 협의하는 기회를 가진 것도 그런 차원의 움직임이었다. 9월 24일 대미 외교대표기관 구성을 위한 한인 각 단체 대표회의에 참석하고, 동지회와의 연합 통일을 추진할 것과 연합위원회를 상설기관으로 두기로 결의하는 데에도 참여하였다.

권도인은 1941년 12월 7일(하와이 시각) 일본의 진주만 공습 직후부터 전시체제에 맞는 활동을 벌이기 시작했다. 전쟁 기간 동안 자신의 두 아들을 전쟁터로 보내고, 자신은 전시공채를 구입하거나, 국방헌금을 기부하면서 헌금 모금에 앞장섰다. 1942년 12월 30일자 신문에 그의 공채구입액이 4,200원이라 보도되었다. 그리고 1943년 1월에는 미국공채 구입 위원으로 활약하였고, 3월에는 미국 전시공채를 1,000원이나 구입하였다. 또 7월에는 미국 국방후원금에 대한 특별의연금을 논의하고, 위원장 정덕흥과 함께 6명의 위원 가운데 한 사람으로 활약하였다. "당석에서 특연으로 호놀룰루 가구상 사업가 권도인 씨 1,000원으로 시작되어……"라는 보도는 그를 말해준다. 그 자리에서 권도인이 발언한 내용이 다음과 같이 보도되기도 하였다.

권도인 씨는 본래부터 한인청년 중 항공기사 양성을 찬성하였다. 이에 대하여

> 열광적으로 대찬성하며 일반 좌중에게 말하되, 여러분이 아시듯이 우리가 빈손으로 이 나라에 와서 이만치 향상 진보하며 여유 있는 생활을 하는 은덕이 다 미국 정부의 후덕에 있습니다. 국가에 대하여 보은함은 생명까지 희생하는데, 우리가 몇 천 원, 몇 백 원을 정부에 바쳐서 진정으로 미국을 사랑하는 정의를 표하자 하였다."(《국민보》 1943년 7월 14일자)

7월에도 한미승전후원금 모금에서 참여자 가운데 가장 많은 액수인 1,000원을 내놓았고, 한미승전후원금 모집위원으로도 맹활약을 벌였다. 그리고 1945년 6월 20일 한미문화협회 부재무로서 한국도서관 도서 모집 및 도서대금을 기부 받는 일도 담당하였으니, 그의 활동력이 왕성하였음을 알 수 있다.

3) 독립운동 자금 지원

권도인은 이민 이후부터 해방에 이르기까지 많은 성금을 내놓았다. 정착 초기에 안중근의거 소식을 듣고 첫 의연금을 낸 이래, 국민회의 의무금을 비롯하여 호상비 등 한인 사회를 운영하기 위한 자금도 출연하였지만, 혈성금을 비롯한 대한민국 임시정부 지원비도 많이 출연하였다. 다만 그 구체적인 통계를 확인할 수 없어 일단 《국민보》에 기사화된 것만 통계로 잡아보았다.

표의 내용은 실제의 수치와 차이가 크다. 왜냐하면 매달 한 번씩 지불하는 의무금이나 혈성금 및 호상비 등이 한 번만 기록되었기 때문이다. 그것이 매달 징수된 것이라면 항목별 합계는 상당히 많을 것이지만, 그것을 제외하고서라도 총액이 상당히 많은 편이다. 그가 얼마나 열성적으로 한인 사회의 운영과 민족운동을 위한 자금 마련에 앞장섰는지 확인할 수 있는 부분이 아닐 수 없다.

▍권도인이 출연한 각종 의연금

	의연금	국민기금	의무금	특연	호상비	혈성금	구제금	인구세	신문대금	독립금	공채	후원금	초대비	합계
1909년	1													
1936.12.30		10												
1937. 1.13			5											
1937. 1.20				1										
1937. 1.27					0.5									
1937. 2. 3				27										
1937. 5.19			10											
1937. 8.25						1 (매달)								
1937. 9.15							0.5							
1937.10.13					0.5									
1937.11.17						1								
1937.11.17								1						
1937.11.17									2.5					
1938. 6. 1					0.5									
1938. 6.29					1									
1938.10.19									2.5					
1938.10.12					1									
1938.10.12								1						
1938.11.18					1									
1938.11.30					1									
1942. 4.22										75				
1942.12.30											4,200			
1943. 3.17											1,000			
1943. 5. 5							10							
1943. 7.14				1,000										
1943. 7.21												1,000		
1944. 9.13								10						
1944.12. 6			5											
1944.12. 6				250										
1945. 2.21													72	
1945. 4. 4				250										
1945. 5.24			10											
1945. 5.24								10						
1945. 8. 8				250										
합계(원)	1	10	30	1,778	4.5	2	10.5	22	5	75	5,200	1,000	72원	8,210

* 위의 수치는 《국민보》 1936년부터 1945년 기사에 보도된 내용만을 계산한 것임.

3. 광복 이후 이야기

해방 후 권도인은 몇 차례 귀국을 시도하였지만, 번번이 좌절되었다. 우선 해방 직후에는 아내의 죽음으로 인하여 자녀들을 두고 긴 여행을 할 수 없었다. 또 이승만이 대통령에 선출되자, 반이승만계 인물들은 추방되다시피 하와이로 돌아설 수밖에 없었다. 이어서 한국전쟁도 그의 고국방문을 주춤하게 했지만, 종전 이후에도 그의 고국방문은 실현되지 못했다. 동경까지 가서 귀국을 여러 번 시도했지만, 영사관에서는 반이승만 노선을 걸었던 그의 과거를 이유로 비자 발급을 거부했다고 알려진다.

권도인은 만 74세가 되던 1962년 4월 24일 호놀룰루에서 사망하였다. 1950년 들어 샌프란시스코에 문을 연 지점을 방문하던 중, 교통사고로 중상을 입고 고생하다가 사망했다.

만 16세라는 어린 나이에 노동이민 길에 오른 그가 정착하고, 사진신부를 맞아 결혼한 뒤 가구점의 노동자로 생계를 꾸려 나갔다. 그러면서 끊임없는 그의 탐구심과 근면성은 숱한 특허 획득이라는 결실을 가져왔고, 이를 바탕으로 자신의 가구점을 개업하는 성과를 거두었다. 경제공황이 몰아닥쳐 실의에 빠지기도 하였지만, 그의 발명 노력은 오히려 상황을 유리하게 극복할 수 있게 만들었다. 일본의 진주만 기습으로 또 다시 사업에 어려움이 나타나도, 전시체제에 맞는 물품을 개발하고 모자라는 인력을 노인으로 대체하면서 놀라운 신제품을 만들어냈다. 그러한 근면성과 개발의욕이 그로 하여금 하와이 지역의 주요 인물로 자리 잡게 만들었다.

그는 민족문제에도 눈을 떠 민족운동에 참가하였다. 비록 학식이 없고, 영어 구사력이 떨어졌지만, 국민회를 유지하는 일이야말로 민족의 독립을 달성하는 한 방편임을 깨달았다. 그래서 국민회를 유지하고 동포 사회를 안정시키기 위해 호상제도를 주도하였으며, 대한민국 임시정부를 지지하면서 혈성금 납부와 찬무회 운영에 앞장섰다. 그는 항상 반이승만 노선을 선택하였다. 그는 하와이에 첫 발을 딛고 터전을 닦은 사람으로서, 그들에 의해 초청된 이승만이 한인 사회를 범죄 집단으로 몰고, 그러면서 터전을 앗아가는 장면을 지켜보면서 철저한 반이승만 노선을 견지하였다. 그가 조선의용대 미주후원회를 대표하여 재미한족연합위원회에 참가한 것도 그러한 차원의 것이다.

영양 출신의 한 청소년이 국권침탈기에 하와이로 노동자가 되어 이민하고, 착실한 정착 과정을 거쳐 건실한 가정을 꾸렸다. 자녀 4명을 모두 대학 이상의 학교를 마치도록 하고, 사회의 중견이 되도록 길러냈다. 그래서 2세대만이 아니라 3세대와 4세대들이 미국의 도처에서 터를 잡고 생활하고 있다. 즉 그가 하나의 씨앗이 되어 뿌리를 내린 결실이 지금 하와이만이 아니라 미국 본토로 퍼지면서 자랑스러운 핏줄을 이어가고 있는 것이다.

한편 그의 아내 이희경도 독립운동에 공을 세웠다. 대구 신명여학교 출신인 이금례는 사진결혼 이후 이희경이라는 이름을 사용했다. 그는 남편을 따라 국민회에서 활동하였으며, 특히 전시에는 대한부인구제회를 조직하여 활동했다. 그래서 두 사람 모두 독립유공자로 포상되었다. 정부는 1998년 권도인에게 건국훈장 애족장을, 2002년 이희경에게 건국포장을 각각 추서하였다.

제3부

*15장_* 金洛(1862~1929) : 안동 3대 독립운동 가문의 안주인

1. 한국독립운동사에서 여성은 어떤 위치에 있나

한국사는 남성 위주로 서술되어 왔다. 그래서 역사서술에서 가능하면 여성을 발굴하여 많이 다루고자 노력하는 경우도 있다. 그렇지만 여성이 중심이 되거나 주역으로 활약했다고 기록한 자료가 극히 적기 때문에 사실상 여성을 중심인물로 등장시킨다는 사실 자체가 너무나 어려운 일이다.

이러한 특징은 한국독립운동사에서도 마찬가지다. 독립운동의 서장인 의병항쟁에서 여성의 존재를 찾을 길은 없다. 계몽운동에 들어서서 신식교육의 도입과 함께 신여성들이 등장하게 되었지만, 아직 그들이 전면으로 나서기에는 역량이 부족했다. 그러다가 여성이 독립운동에 발을 내디딘 가장 중요한 계기는 3·1운동이었다. 여학생들이 이 시위에 참여하며 많은 순국자가 배출되는 과정에서 여성이 독립운동의 중심무대로 떠오르기 시작한 것이다. 그리고 1920년대 초반부터 본격적으로 여성운동이 전개되기 시작하였고, 이후에는 의열투쟁이나 사회주의운동 분야까지 여성들이 다양하게 참여하게 되었다. 하지만 이 역시 소수에 지나지 않았다.

그렇다면 유가의 안방주인, 양반 가문의 안주인들은 어떠했을까? 이에 대한 사례나 서술은 거의 찾아보기 힘들다. 여성운동의 초점이 대개 신교육을 이수한 신여성에게 두어졌기 때문에 전통 양반집의 여성들이 펼친 활동 내용을 정확하게 찾아내기 힘들고, 더욱이 남자들의 독립운동에 가려 그들의 생활조차 확인하기 힘들 지경이다. 남자들의 빛나는 투쟁의 뒤편에서 그저 '뒷바라지'라는 이름으로 살고 있었는지, 아니면 독립운동의 상당한 부분을 관여하고 있었는지 도무지 알 길이 없다. 많은 수의 독립운동가들이 국외로 망명하는데, 여성들도 동행하였지만 그들의 활동에 대해서는 극히 제한적으로만 전해지고 있다.[1)]

여기 한 평생을 독립운동이라는 틀 속에 살다간 여성을 소개하려 한다. 친정이나 시가에서 접하는 모든 사람들이 독립운동이라는 거대한 구도 속에서 움직이고 숨쉬는 '독립운동 가문'을 들여다보면서, 그 중심에서 한 여성이 걸었던 길이 어떠한 모습이었는지 확인하려 한다. 그리하여 독립운동사 서술에서 여성을, 그것도 전통 명가의 안방주인이 살았던 삶의 모습을 정리하여, 그동안 거의 무시되기만 해 왔던 유가의 안주인과 민족문제의 상관관계를 밝혀나가는 사례로 제시하려 한다.

2. 안동의 명가, 내앞(川前)에서 태어나 하계로 시집가다

김락은 안동시 임하면 천전리(내앞마을) 243번지에서 1862년 12월 2일(음)에 태어났다. 제국주의 열강이 침략해 오기 시작한 무렵이었지만, 아직 안동에는 직접적인 충격이 전해지지 않는 평온한 분위기 속에, 부친 金鎭麟(1825~1895, 본관 의성)과 모친 朴周(1824~1877, 본관 함양) 사이에 막내로 태어났다. 아버지는 입향조인 靑溪 金璡의 둘째 아들인 龜峰 金守一의 30世로, 都事를 지낸 인물이며, 어머니는 朴得寧의 딸이다.

도사댁으로 불린 김락의 집은 "사람 천 석, 글 천 석, 밥 천 석으로 '삼천석 댁'이라는 별칭이 있을 정도"로 당시 융성했다고 전해진다.[2)] 이처럼 관

---

1) 영양의 남자현이 의병항쟁에서 남편을 잃자 만주로 망명하여 독립운동에 참가한 사실은 극히 예외적인 사실이다.

직과 문장이 빼어난 집안이니, 그가 태어나 성장하는 과정에서 수준높은 가정교육을 받았으리라는 사실은 누구나 짐작하고도 남을 만하다. 더구나 그것도 4남 3녀 가운데 막내딸로, 또 아버지가 만 37세라는 비교적 많은 나이에 태어났고, 특히 큰오빠인 金大洛과는 17세나 차이가 날 정도이니 집안 모두로부터 귀여움을 독차지했으리라는 추정은 쉽게 가능하다. 그렇다고 해서 그저 복된 나날만 계속된 것은 아니다. 그가 이 세상에 태어나서 겪은 첫 고통이라면 만 15세 되던 해에 어머니를 잃은 일이다.

▎친정 가계도

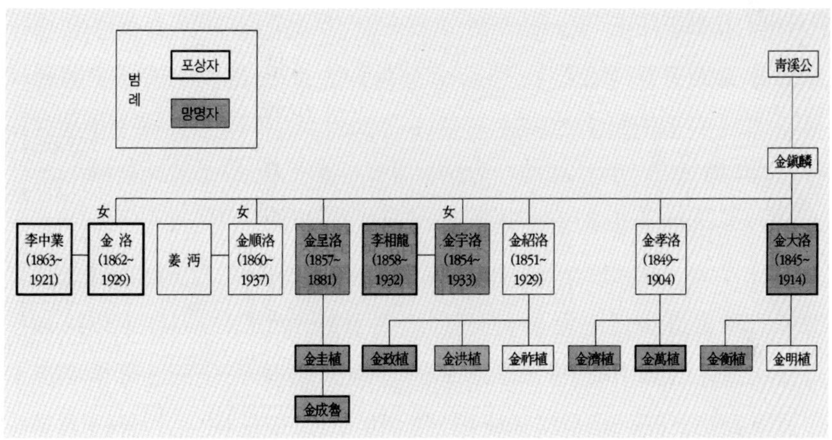

어머니를 여의고 3년이 지난 1880년, 만 18세 나이에 김락은 결혼하였다. 시댁은 안동시 도산면 토계 248번지, 즉 하계마을에 자리 잡은 진성이씨 문중이고, 남편은 당시 양산군수를 역임하던 響山 李晩燾(1842~1910, 본관 진성)의 맏아들 李中業(1863~1921)이었다.

결혼한 이듬해에 안동은 위정척사의 물결로 온통 뒤덮였다. 1881년(신사

---

2) 조동걸, 「白下 金大洛의 亡命日記(1911~1913)」, 『安東史學』 5, 안동사학회, 2000, 147쪽.

년), 외세를 등에 업은 개화에 대해 반대하는 척사유림의 격렬한 논의를 안방에서 지켜보았을 것이다. 전국에서 가장 강한 개화반대운동이던 영남만인소가 바로 안동을 중심으로 추진되었고, 소를 올리던 대표가 바로 이웃 상계 종가의 李晩孫이었으니, 시댁 문중이 여기에 모두 참가하게 된 것은 당연하다. 그리고 시어른도 연이어 공조참의와 승정원 동부승지에 임명되었으나 끝내 사양하고 고향에 자리 잡으면서, 柏洞書堂을 짓고 후학을 가르치며 학문에 힘썼다. 그러므로 김락도 시어른을 가까이 모실 수 있게 되었고, 시어머니의 가르침 아래 집안을 꾸려 나갔다.

▌시가의 가계도

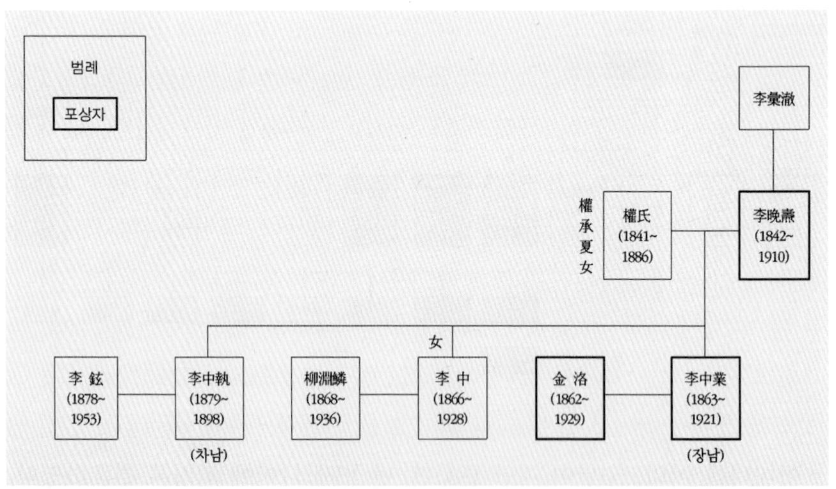

그러다가 시집간 지 6년 만인 1886년 김락은 시어머니를 잃었다. 친정에서 어머니를 잃고 3년 만에 결혼하면서 새로 친정어머니를 만난 듯 극진히 모시던 시어머니 권씨(1841~1886, 權承夏의 딸)가 만 45세의 나이로 세상을 떠난 것이다. 이제 맏며느리인 그로서는 네 살 어린 시누이 李中(1866~1928, 1893년 박실 柳淵麟과 결혼)과 일곱 살 된 어린 시동생 李中執

(1879~1898)을 보살피며 집안일을 책임져야 했다. 그 후 3년 뒤에 첫 아들 李棟欽을 낳았으니, 시동생과 아들을 같이 돌보는 처지가 되었다.

3. 三代에 걸친 독립운동가를 한 몸으로 버텨내다

1) 예안의병장으로 나선 시아버지

시집간 지 얼마 뒤, 그에게 무거운 삶의 짐이 쏟아졌다. 시어머니 상을 치른 뒤에 홀로된 시어른을 모시면서 어린 시동생을 보살펴야 했고, 또 아들을 길러야했다. 그러던 그에게 또다시 새로운 부담이 닥쳐왔다. 1896년 1월 시어른이 만 54세의 나이로 예안의병장을 맡은 것이다. 한국독립운동사에서 첫 장이 의병항쟁으로 시작되고, 그 가운데서도 안동의병이 1894년 여름에 일어남으로써, 안동이 한국독립운동의 발상지가 되었다. 그해 제천에서 서상철이 예안으로 찾아와 의병을 논의한 주요 인물이 바로 그의 시어른인 이만도였다.[3] 이때 이만도는 소모관 李容鎬와 더불어 의병 봉기를 추진하기도 했다.[4]

1896년 1월 시어른 이만도는 예안의병을 일으켰다. 을미(1895)년 11월 29일, 즉 양력으로 1896년 1월 13일에 발송된 「예안통문」의 주창자 가운데 대표인물이 시어른인데,[5] 예안의병을 결성하고 잠시 동안 의병장을 맡았다. 당시 이만도의 아들이자 김락의 남편인 이중업이 만 33세 되던 시기였으므로, 이 의병에 참가했을 것이다. 비록 기록에는 선명하게 드러나지 않지만,

3) 『響山日記』, 1894년 7월 20일(음).

4) 『響山文集』 附錄, 「年譜」, 甲午 九月條.

5) 「예안통문」은 이만도를 비롯하여 李晩鷹 · 李晩允 · 琴鳳述 · 李晩煃 · 金壽鉉 · 李中鳳 등 223명의 이름으로 작성되었다. 이만규는 이만도의 동생이니, 김락의 시숙부이다.

아버지가 맡고 나선 의병에 30대 초반의 아들이 집안만 지키고 있을 리 만무하기 때문이다.

예안의병은 영양 청기에서 碧山 金道鉉을 中軍으로 초빙해 왔다. 이때 남편은 김도현이 이끈 예안의병의 중심 인물이 되어 출전하였다. 1896년 3월 29일부터 이틀 동안 안동·예천·봉화·영천(영주)·제천의병 등과 함께 상주 함창의 태봉에 주둔하던 일본군 병참부대를 공격하였는데, 예안의병이 그 선두에 섰다.[6)]

전투에서 후퇴한 뒤인 4월 2일 안동시가지가 일본군의 방화로 불타고, 5월에 들어서는 예안도 집중 공격을 받았다. 즉 1896년 5월 31일(음 4.19)에 퇴계종가가, 또 다음 날에는 청량산 吾山堂이 불타는 비극을 맞았다. 곧 이어서 온혜마을 삼백당은 사당만 남기고 모두 소실되었다. 바로 이웃 상계와 온혜에서, 그것도 하늘같이 섬기던 큰 종가가 일본군과 관군에 의해 불태워졌다. 그 바람에 1,400여 권의 책이 소실되는 난리를 겪으면서 토계가 쑥밭이 되었던 것이다.[7)]

그렇다면 김락은 어떤 장면을 지켜보게 되었을까? 짧은 기간이었지만 시어른이 의병장을 맡았고, 시숙부와 남편도 여기에 중요한 임무를 띠고 참가했을 터이다. 그러므로 집안 아랫사람들과 종복들도 모두 여기에 참가한 것은 당연하다. 온 마을이 그랬을 터이므로, 안방에서 내다보는 하계마을의 모습은 불안하고 분주하며, 그래서 하룻밤이라도 마음 편히 잠을 잘 수 없는 나날이었을 것이다. 집안 아녀자들을 다독이며, 집안이 흔들리지 않게 틀을 유지하는 것이 갓 서른을 넘긴 젊은 안방 주인의 임무였다. 더구나 지척에서 일어나고 있던 사태를 바라보는 김락의 심정이 얼마나 불안하고 복잡했을지 쉽게 헤아릴 만하다. 안으로는 들이닥치는 충격을 삭이면서, 바깥으로는 대갓집 안주인으로 흔들림 없는 자세를 보여야만 했기

6) 「벽산선생창의전말」, 『독립운동사자료집』 2, 독립운동사편찬위원회, 1970, 23~25쪽.
7) 李兢淵, 『을미의병일기』, 1896년 4월 19~20일자(음).

때문이다.

2) 계몽운동의 선구자, 친가 식구들

의병항쟁의 물결이 잠잠해진 뒤, 약 10년 세월이 흐르면서 안동에도 새로운 물결이 들어오기 시작했다. 안동에서 의병이 일어나던 그 무렵에 서울에서는 이미 신교육 기관이 잇달아 생겨날 정도로 개화와 혁신의 물결이 깊게 자리 잡아 가고 있었다. 전기의병이 끝난 뒤에 안동의 젊은 유림들이 서울로 올라가 새로운 문물을 접하기 시작한 때가 이 무렵이었다. 서울에서 새로운 조직에 참여하기도 하고, 새로운 서양문물을 소개하는『飮氷室文集』과 같은 책을 읽으면서 새 시대의 흐름을 몸으로 느끼기도 하였다.

안동에 혁신의 물결을 끌고 온 두 선구자를 들자면, 協東學校를 열어 간 東山 柳寅植과 대한협회 안동지회를 조직한 石洲 李相龍이 있다. 협동학교는 1907년에 바로 김락의 친가마을에 세워졌으니 자연히 주된 관심으로 떠올랐다. 그런데 그 무렵 친정 큰오빠는 협동학교의 계몽운동가들이 표방하고 있던 신식교육에 부정적인 자세, 즉 급진적인 변화를 반대하는 인식을 갖고 있었다. 이 당시 큰형부 이상룡도 계몽운동에 반대하는 인식을 갖고 있던 것은 마찬가지였다. 그 사실은 큰형부가 1904년 서울에서 忠義社에 참가했다가 내려와 1906년부터 1908년 사이에 의병항쟁을 위해 거금을 투자했던 데서 확인된다. 이는 경남 거창군 가조면, 가야산 기슭에 의병부대 기지를 건설하고 무장시켜 항쟁을 벌이고자 15,000금이라는 엄청난 자금을 투자했던 것인데, 다만 아쉽게도 좋은 결실을 거두지는 못하였다.[8] 그러니까 큰오빠 김대락이 큰형부 이상룡과 마찬가지로 1908년 초반까지는 계몽운동에 반대하고 있었고, 또 의병을 추진하거나 이에 공감을 갖고 있었다

---

8) 李圭洪,『洗心軒日記』, 1908년 정월조.

고 말할 수 있다.

그러다가 1909년 큰형부 이상룡은 노선을 혁신하여 계몽운동의 길을 택하였다. 즉 형부가 대한협회 안동지회를 조직하여 지회장을 맡았고, 강연회를 열어 民度를 높이고 신문물을 받아들이면서 시민사회를 추구해 나가기 시작했다. 그러자 원래 계몽운동을 반대하던 큰오빠도 《대한협회회보》를 읽고서 시대가 어떻게 변천하고 있는지를 깨닫게 되었다. 그래서 자신이 살던 큰집, 즉 김락의 친정집을 홀연히 협동학교에 희사하고 자신은 조그만 집을 지어 이사하였다.[9] 큰형부의 활동이 안동사회에서 시민운동의 첫걸음을 만들고 있었다면, 친정 동네에서는 경북 북부지역 최초의 중등학교가 만들어져 새 시대에 맞는 새 지도자를 육성하고 있었다고 정리될 수 있다.

친정의 혁신적인 변화 현상은 시댁의 분위기와는 전혀 달랐다. 시어른이 생존해 있고, 또 그를 중심으로 사고의 범주가 정해지고 움직였기 때문에, 시댁은 위정척사적인 분위기를 안고 있었다. 그러므로 혁신적인 변화를 보이던 친정과 보수적인 길을 고집하던 시댁의 흐름이 눈앞에서 벌어지고 있었던 것이다. 그렇기 때문에 친정식구들의 동향이 시댁에서 그리 좋게 말해질 수 없는 일들이었으니, 김락이 마음고생을 겪는 것은 당연한 일이었을 것이다. 더구나 1904년 둘째 오빠 김효락이 사망하는 바람에 가슴 아린 날들이 계속되었다.

3) 24일 동안 단식하여 순국한 시아버지

1910년 8월 나라를 잃었다. 이제 어떻게 살아야 하는지 모두 길을 알 수 없었다. 그저 기막힐 뿐이었다. 이럴 때 시어른이 단식에 들어갔다. 식민지

9) 조동걸, 「白下 金大洛의 亡命日記(1911~1913)」, 『安東史學』 5, 안동사학회, 2000, 150~151쪽.

땅에서 무릎 꿇고 살 수 없다는 지도자의 자존심이 서릿발처럼 느껴지는 장면이다.

1905년 이후 1910년 나라를 잃는 순간까지 전국에서 60명 가까운 인사들이 자결하여 일본에 항거하였다. 그 가운데 안동인사들이 절대 다수를 차지한다. 7명이 이 무렵에 자결하고, 다른 지역 출신 인물 두 사람이 안동에 옮겨 살다가 자결했다. 이 시기 이후인 1919년 광무황제 고종의 죽음에 다시 자결한 인물이 나왔다. 그 가운데 1910년 나라를 잃은 직후에 순국한 인물이 가장 많다.

김락의 시아버지 이만도는 나라가 망한 직후 예안 청구동에서 단식에 들어갔다. 나라를 잃었으니 지역의 큰 지도자로서 그냥 가만히 있지는 못할 것이고, 며칠 단식하여 체면이라도 유지할 필요도 있을 법하다. 하지만 시어른의 단식은 시위용이거나 체면용이 아니었다. 얼마나 그 의지가 굳은지 확실하게 알 수 있었다. 며칠 늦게 소식을 들은 며느리 김락은 앞이 캄캄했을 것이다. 당시 일본군을 피해 城谷(재산면 바드실)에 머물고 있던 남편이 소식을 듣고 달려가 시어른을 찾아뵌 날이 단식에 들어간 지 나흘째 되던 날이었다.[10] 그러므로 김락도 그 뒤에 사실을 들었을 것이고, 눈물을 쏟으며 달려갔을 것이다.

자결하는 방법 가운데 고통이 가장 심한 것이 단식이다. 시어른이 단식하고 있지만, 며느리는 매 끼니마다 죽과 밥을 준비하여 눈물로 대령한다. 굶겠다고 선언한 시어른께 밥상도 차려드리지 않는 것은 자식된 도리가 아니다. 그러니 끼니마다 준비하여 지극 정성으로 권하기는 해도, 어른의 뜻이 국가와 민족을 위한 것이고, 또 그 의지가 워낙 단호하니 어쩔 도리가 없다. 게다가 시어른이 굶는다고 해서 같이 굶을 수도 없다. 가족들을 먹여야 하고, 소식을 듣고 찾아오는 친척이나 제자들에게도 식사를 대접해야

10) 『靑邱日記』, 1910년 8월 17일조(음).

한다. 그렇게 하려면 스스로도 먹어야 한다. 하지만 굶는 어른을 두고 어찌 목에 밥이 제대로 넘어갈까? 밥 반, 눈물 반, 그것도 구석에 앉아 남몰래 먹는 그 밥이 어떠했을지 눈에 선하기만 하다.

결국 24일 동안 단식하던 시어른이 순국하였다. 서럽기야 한정 없지만, 그런 큰 그릇의 어른을 시아버지로 모셨다는 점에 한편으로는 가슴 벅찬 구석도 있었을 것이다. 그때가 만 48세, 남편의 격한 감정을 위로하면서, 자녀들에게는 할아버지의 뜻이 무엇인지를 가르치는 현숙한 아내요, 어머니였다.

4) 만주로 망명하는 친정 식구들을 보내며

시어른을 보내고 상복에 눈물도 마르기 전, 친정에서도 역시 충격적인 일이 벌어지고 있었다. 큰오빠가 앞장서서 친정의 대소가 친척들을 이끌고 멀고먼 만주 망명길에 오른 것이다. 사실 그에게 김대락은 큰오빠라기보다는 오히려 아버지와 같은 존재였다. 나이도 17살이나 차이 났던 데다가 친정아버지가 세상을 떠난 뒤 실제 위치도 그러했다. 그런 오빠가 친인척을 이끌고 만주로 향한 것이다.

친정의 직계 가족으로 큰오빠네 조카인 金衡植(호 月松), 둘째 오빠네 金萬植과 金濟植, 셋째 오빠네 金祚植과 金政植, 그리고 넷째 오빠네 金圭植과 손자 金成魯 등이 만주로 향했다. 특히 먼저 세상을 떠난 둘째 오빠의 혈육까지 이끌고 떠나는 큰오빠에 대해, 더구나 여기에 그 인원만큼 부녀자들이 동행하는 엄청난 걸음이었으니, 이를 떠나보내는 그의 심정이 어떠했는지 헤아리기조차 힘들다. 게다가 언니네도 함께 출발하였다. 큰형부 이상룡은 법흥동과 도곡의 고성이씨 문중 30여 가구를 이끌고 떠났다. 모두 남만주에 독립군기지를 건설하기 위해 길을 나선 것이다.

큰오빠와 큰형부네 가족과 친족들이 1910년 12월 말부터 이듬해 3월까지 안동을 출발하여 압록강 너머 남만주로 향했다. 추풍령이나 김천까지 남자는 걷고 여자는 수레를 타고서 길을 갔다. 그곳에서 경부선 열차를 이용하여 신의주로 이동하고, 압록강을 건너 유하현 삼원포로 갔다. 물론 이들이 아무런 준비 없이 어느 날 갑자기 떠난 것이 아니다. 나라를 잃자마자 1910년 가을에 이미 현장 조사를 폈고, 그 뒤에 본격적인 망명 준비에 나선 것이다. 그 준비에 김동삼이나 김만식이 중요한 역할을 맡았다. 안동에서 망명한 인사들은 그곳에 도착하자마자 耕學社를 조직하여 독립운동기지를 건설하기 위한 근거지를 확보해 나갔다. 그 길에 나선 선두가 김락의 큰오빠와 큰형부였던 것이다.

이런 충격적인 일들이 펼쳐지던 무렵, 김락은 시어른을 보내고 눈물도 채 마르지 않은 상태였다. 거기에다가 다시 친정 가족들과 생이별해야 하는 기막힌 순간을 맞이했으니, 그로서는 이보다 더 큰 충격이 있지 않았을 것 같다. 다시 만날 수 있을지, 실제로는 결코 만날 수 없었던 그 이별의 장면이 펼쳐진 것이다. 그런 길이었기에 그의 가슴은 찢어질 수밖에 없었다.

5) 남편과 맏아들이 연이어 벌이는 항일투쟁

만주로 망명한 뒤 한동안 안동사회는 정적에 잠긴 듯하였다. 시어른이 단식 순국하고 친정 식구들이 대거 만주로 망명한 뒤, 마치 태풍이 지난 뒤의 정적과도 같아 보였지만, 사실은 폭풍전야였다. 우선 남편 이중업은 민심을 일으켜 일제강점에 도전하려 했다. 그것이 바로 1914년 안동과 봉화 장날에 붙였다는 「唐橋檄文」이다. 1896년 3월 태봉전투를 치르던 장면을 그리면서 유림들에게 다시 義氣를 불러일으키려는 뜻이 그 속에 담겨 있다.

1910년대 중반을 넘어서면서, 이제는 아들이 대를 이어 독립운동 무대로 성큼 나섰다. 1889년에 태어난 맏아들은 20대 나이에 접어들면서 독립운동가의 명문답게 투쟁의 대열에 나서기 시작했다. 그 첫 무대가 1915년에 결성된 光復會였다.[11)]

맏아들이 광복회에 참가하기 시작한 계기는 그 총사령인 朴尙鎭을 집안에 숨겨주던 일에서 비롯된 것이 아닌가 생각된다. 김락은 어느 날 갑자기 멀리서 온 비밀스런 남자를 집안에 숨겨두는 부담스런 일을 맡아야 했다. 집안에 전해지는 이야기에 따르면, 일제경찰의 눈을 피해 집으로 온 박상진을 남편이 받아들여 집 뒤 대나무 밭에 있던 토굴에 숨겨주었다고 한다. 그럴 만큼 이미 이 집안은 박상진과 긴밀한 관계에 있었던 것이다.[12)] 그리고 광복회는 만주에 독립군기지를 건설하고 이를 바탕으로 독립전쟁을 전개한다는 목표 아래 군자금을 모집하였다. 특히 친일부호들을 공격하여 자금을 확보한다는 방안을 마련하고 그 대상의 한 사람으로 경북 칠곡면 인동의 張承遠을 1917년 11월 10일에 처단하였다. 그런데 이 거사를 전후하여 비밀 아지트였던 한 지역이 안동이었던 것 같다. 박상진이 이 집에 있었고, 채기중이 장승원 처단에 바로 앞서 안동군 동후면 도곡 李鍾譔의 집에 숨어 있었으며,[13)] 처단 직후 우재룡도 하계로 와서 피신했다고 전해진다.

1917년 늦가을, 박상진을 집안에 숨겨두던 그곳에서 맏아들 이동흠과 박상진은 동지가 되었다. 물론 그 이전에도 만나지 않은 것은 아닐 터이지만, 광복회와 관련하여 두 사람이 깊은 이야기를 나눈 자리가 바로 이 집이었

11) 광복회는 1915년 7월에 대구 달성공원에서 비밀리에 결성된 독립운동단체이다. 1913년 채기중을 비롯한 의병항쟁 계열의 인물 몇 명이 풍기에 모여 조직한 광복단, 그리고 1915년 1월에 대구에서 계몽운동단체로 출발한 조선국권회복단원 가운데 박상진을 비롯한 강경파 인사 몇 명이 합류하여 결성된 것이다.

12) 허위 형제들이 선산군 임은(현 구미)에서 진보면 흥구(현 영양군 흥구)로 이주한 뒤에, 이곳에서 박상진은 허위를 만나 스승으로 모시게 되었다. 그런데 허위 집안과 김락의 시가는 매우 가까운 내왕을 하고 있던 사이였다. 허위의 질녀가 이육사의 아버지 이가호와 결혼한 것도 그러한 배경에서 이루어진 일이다.

13) 「경성복심법원 판결문」(1919)(『朴尙鎭資料集』, 독립기념관 한국독립운동사연구소, 2000, 52쪽 참조).

다는 말이다. 맏아들 李棟欽과 박상진은 각각 만 28세와 33세로 다섯 살 차이였다. 피 끓는 젊은 두 사람의 만남은 바로 결과를 가져왔으니, 그것이 다음 해 봄에 맏아들이 군자금 모집에 나서는 것으로 나타났다.

김락은 1918년 4월 어느 날 갑자기 맏아들 이동흠이 일본 경찰에 체포되는 날벼락 같은 소식을 들었다. 하늘이 무너지는 듯한 순간이 아닐 수 없다. 내막을 듣고 보니 맏아들이 1918년 4월 2일 경북 봉화군의 부호로 알려진 李廷弼에게 군자금 1,000원을 헌납하라고 요구한 것이었다. 여기에 사용된 통고장이 바로 光復會 이름으로 작성된 것이었다. 봉화헌병분견대가 이를 탐지하고 안동경찰서가 조사한 결과, "이동흠이 앞서 광복회원이 발송한 협박문 내용을 들어 알고 있어서 이를 핑계로 금전을 모으려 했다."고 정리되고, 맏아들은 봉투에 이름을 대필해 주었던 도산면장 李明鎬와 함께 일제경찰에 체포되었다. 그리고 이들과 광복회와는 아무런 관계가 없는 것으로 판정되었다.[14)]

전후 모든 사실이 경찰 조사에서 드러날 터이므로, 박상진을 숨겨둔 이야기며, 자금을 모아 주거나 여기에 도움을 준 모든 인물들이 확인되게 마련이다. 그러니 집안 전체가 숨죽이며 다음 일을 지켜보는 순간이 아닐 수 없었다. 그런데 결과는 그러한 사실의 전모가 드러나지 않은 채, 광복회와는 아무런 관련이 없다는 것으로 정리되었다. 그 바람에, 1918년 11월 대구지방법원에서 보안법 위반과 공갈미수라는 혐의로 5월형이라는, 비교적 가벼운 형을 언도받는 것으로 마무리되었다.

실제로 광복회가 부호들에게 자금모집을 위해 통고장을 보낸다는 말을 전해들은 일이 있어서 그것을 흉내 내어 일을 벌였다고 하더라도, 그것을 그대로 믿을 일본 경찰이 아니다. 내용을 보면, 맏아들이 광복회의 통보서를 미리 받아보았다거나 이를 실행에 옮기는 과정이 바로 이정필에게 통

14) 조선총독부 경북경찰부, 『고등경찰요사』, 1934, 265쪽.

보서를 보낸 거사였음은 쉽게 헤아릴 만하다. 그럼에도 불구하고 애써 광복회와의 관련이 없는 것으로 마무리한 데에 그럴만한 배경이 있을 법하다. 아마 예안의병장 출신에다가 일제강점에는 24일 동안 단식하여 순국한 이만도의 장손이라는 사실과, 여기에 胄孫을 살려야 한다는 문중의 요구가 이런 결과를 가져오지 않았을까 추정해 본다. 그래서 박상진을 집에 숨겨둔 사실은 전혀 드러나지 않은 채 집안의 이야기로만 전해지는 것 같다.[15)]

젊은 독립운동가를 숨겨두면서 지낸 날들, 아들을 통해 음식을 전달하고 의복을 입히며 숨도 조심조심 쉬어야 하던 그의 모습이 느껴진다. 더구나 이 일로 아들이 광복회 활동에 뛰어 들고, 구금되어 옥살이를 해내는 과정이나, 또 이를 구원하려고 문중이 모두 나서는 상황에 어머니 김락의 심정이 어떠했을지 헤아려 봄직하다.

6) 제1차 유림단의거(파리장서)를 이끈 남편

1918년 11월 제1차 세계대전이 끝난 이듬해 프랑스 파리에서 전쟁의 뒷마무리를 위한 강화회의가 열렸다. 이 회의에 조선이 독립을 원한다는 결의를 전달하고 이를 국내외에서 전 민족이 증명해 보이려는 시위가 전개되었으니, 이것이 바로 3·1운동이다. 국내 시위를 준비하는 과정에서 유림들이 참여하지 못하자, 서울에서 추이를 지켜보던 혁신유림 몇 명이 앞으로 나섰다. 파리강화회의에 유림의 의사를 확실하게 전달하자는 데 뜻을 모으고 '독립청원서'를 보내기로 의견을 모았다. 그리고서 서명 작업에 들어간 것이다. 이 거사가 '제1차 유림단의거' 혹은 '파리장서'라고 불린다.

여기에 남편 이중업이 서울에서 이 작업의 핵심 인물로 뛰고 있었다. 그

15) 안동에 숨어 지내던 박상진은 1917년 12월 20일 생모의 사망 소식을 듣고 장례에 참석하기 위해 귀가했다가 붙잡혀, 1921년 사형순국하였다.

는 3 · 1운동이 터진 다음 날부터 金昌淑 · 金丁鎬 · 成泰英 · 柳濬根 등과 활동방향을 논의하고, 실행 계획을 수립하는 데 참여하였다. 독립청원서 서명자를 모집하는 과정에서 그는 강원도와 충북을 담당하였고, 柳鎭泰 · 성태영 · 尹中洙 등과 서명자 명단을 모아 김창숙에게 전달하여 해외로 가져나가게 만들었다. 그러한 가운데 그의 영향이 안동에 그대로 미친 사실은 따로 덧붙여 설명할 필요도 없다. 평소 그렇게 따랐던 숙부 李晩煃는 단호하게 여기에 참여하였고, 예안 주진의 柳必永, 임하 천전의 金秉植, 임동 수곡의 柳淵博, 서후 금계의 金瀁模 등 안동 인사들도 여기에 참여하였다.

그렇지만 파리장서의 효과는 나타나지 않았다. 하기야 거족적으로 전개된 3 · 1운동마저도 외국 신문에 보도되기는 했지만 강화회의에 영향을 전혀 주지 못하였다. 패전국의 식민지를 처리하는 문제를 다루는 자리에, 승전국 일본의 식민지인 조선 문제는 언급조차 되지 않았던 것이다. 그러자 남편은 또 다른 방안을 찾아 나섰다. 뒤에 말하겠지만, 이 무렵 김락, 즉 이중업의 아내는 3 · 1운동에 참여했다가 고문을 받아 실명한 상태였다. 그러니 남편의 활동이 조금 누그러들 만한 상황임에도 불구하고, 오히려 이중업은 새로운 길을 찾아 나서고 있었다. 그때가 1920년 11월(음력일 듯)이었다.

파리강화회의가 유림의 독립청원서를 무시한 데 대해, 남편 이중업은 장석영(칠곡) · 권상익(봉화) · 김황(산청) · 손후익(울주) 등과 논의하여 전통적으로 관계를 맺어온 중국 유력 인사에게 독립청원서를 보내야 한다고 결의하였다. 그 대상으로 孫文과 吳佩孚를 점찍고, 손문과 중국 정부에 보낼 2통은 권상익이, 오패부에게 보낼 1통은 장석영이 각각 작성하였고, 이것을 중국으로 가져가는 책임을 남편이 맡았다. 그런데 남편이 중국으로 출발 직전인 1921년 6월에 사망함에 따라 계획이 중단되고 말았다. 즉 남편은 숨을 거두는 마지막 순간까지 독립청원서를 작성하고 이를 중국으로 갖고 가려 했던 것이다.[16]

장렬한 죽음이 아닐 수 없다. 그렇지만 그를 떠나보내야 하는 김락의 처지로서는 참으로 하늘이 무너지는 순간이 아닐 수 없다. 더구나 그는 남편의 얼굴도 직접 확인하지 못한 채 보내야 하는 처절한 순간을 맞았다. 왜냐하면 자신이 이미 두 눈을 잃은 상태였기 때문이다.

4. 3·1운동 벌이다가 두 눈을 잃고

줄곧 독립운동이 집을 중심으로 펼쳐지던 가운데, 김락 그 자신이 여기에 직접 뛰어들었다. 1919년의 3·1운동이 그 현장이었다. 안동지방에서 3·1운동이 일어난 시기는 양력으로 3월 13일 안동면에서 이상동 혼자 태극기를 들고 뛴 일이었다. 그렇지만 대중에 의해 집단으로 시도된 첫 시위는 17일 예안시위였고, 이것이 다음 날 안동시위로 연결되었다. 김락은 그 시위에 참가하였다가 체포되었고, 고문으로 두 눈을 잃게 되는 참극을 당했다. 이 장면에 대해 조선총독부 경북경찰부(현 경북경찰국에 해당)가 고등계 형사를 위한 지침서로 제작한 것으로 보이는 『고등경찰요사』에는 다음과 같이 기록되어 있다.

> 안동의 양반 故 이중업의 처는 대정 8년(1919) 소요당시 수비대에 끌려가 취조 받은 결과 失明했고, 이후 11년 동안 고생한 끝에 소화 4년(1929) 2월에 사망했기 때문에, 밤낮 적개심을 잊을 수 없다는 뜻을 아들 이동흠이 스스로 고백하고 있다.[17]

이 짧은 글이 김락의 투쟁과 어려운 만년에 대해 세 가지 사실을 말해주

---

16) 이것이 제1차 유림단의거의 뒷모습인데, 필자는 이를 제1차 유림단의거의 '2차 독립청원운동'으로 표현하고자 한다.

17) 조선총독부 경북경찰부, 『고등경찰요사』, 1934, 2쪽.

고 있다. 첫째, 그가 3·1운동 시위에 참가하였다는 부분이다. 그 곳이 예안인지 아니면 안동면인지 확실하지는 않지만, 예안시위는 3월 17일과 22일, 안동시위는 3월 18일과 23일에 있었다. 모두 하루 사이로 연결되는 것인데, 실제로 시위도 예안에서 전개되다가 밤 새워 안동으로 넘어와 안동시위에 합류하는 형태였다. 그런데 만 57세나 되는 나이로 볼 때, 그는 예안시위에 참가한 것으로 보는 것이 타당할 것 같다.

둘째, 수비대에 잡혀가서 취조를 받다가 두 눈을 잃었다는 부분이다. 시위를 벌이다가 수비대에 체포당했고, 취조를 받고 고문이 가해지던 과정에서 실명하였다는 사실을 알 수 있다. 당시 할머니로 인식될 무렵인데도 불구하고 가혹하게 다룬 수비대의 잔학성이 드러나는 장면이다.

끝으로, 이 글은 두 눈을 잃은 채 11년 동안이나 살다간 힘든 그의 삶을 보여주고 있다. 집안에 전해지는 이야기로는 이 11년 사이에 두 번이나 자결을 시도했다고 한다. 한 많은 세월이 아닐 수 없다. 이 시기에 닥친 첫 번째 고통은 남편을 잃은 일이다.

그는 남편이 1920년 말부터 제1차 유림단의거의 1차 독립청원에 이은 2차 독립청원운동을 벌이는 것을 들었을 것이고, 이에 마음 졸이다가 남편의 급작스런 죽음을 맞이하게 되었다. 그렇지 않아도 남편이 중국으로 간다면 다시 살아서 만날 기약이 없다고 생각하던 터였을 것이나, 남편은 출발하기도 전에 영결하고야 만 것이다. 두 눈을 잃은 몸으로 남편을 보냈다. 어디 흘릴 눈물이라도 남았으랴. 아마 자결을 시도한 것도 장례를 치른 뒤가 아닐까 추정해 본다.

그렇다면 일제경찰은 왜 이런 기록을 책의 머리글에 제시했는지 생각해 봄 직하다. 그들은 경북지역의 독립운동을 잠재우고 식민통치를 펼쳐나가기 위해 그 원인을 확실하게 알아야 했을 것이다. 그래서 분석한 결과, 강한 항일투쟁의 원인에는 역사적인 바탕이 있음을 깨닫게 되고, 그것이 멀리는 임진왜란에까지 이른다는 사실을 알게 되었다. 그리고서 이것이 의병과 계몽운동 및 3·1운동을 거치면서 항일의식이 더욱 강하게 자리 잡게 되었다고 파악하고, 투쟁을 진압하는 과정에서 항일 배일의식이 더욱 강해진 것으로 분석하였다. 이에 일제경찰은 그 대표적인 사례로 김락의 투쟁과 죽음을 든 것이다.

5. 아들과 사위들이 이어가는 항일투쟁

1) 군자금 모집의 핵심 인물, 맏사위 김용환

만주로 망명해 간 친정 가족들이 걱정되지만, 이미 두 눈을 잃고 살아가는 할머니 김락, 육순의 나이에 그 주변에서는 만주로 망명한 친척들에게 자금을 보내야 한다는 긴급한 일이 벌어지고 있었다. 여기에 그의 맏사위가 나섰다. 맏사위 金龍煥(1887~1946)은 금계마을 학봉 김성일의 종손이요, 이미 이강년의진에 참여해서 순흥 上丹谷 전투에 참여했다고 전해지는 인물이다. 그가 3·1운동 이후에 만주로 망명을 시도했는데, 중간에 체포되어 강제로 귀향하였다. 그래서 김락으로서는 맏사위가 잡혀 돌아왔다는 소식을 듣게 되었고, 1~2년 남짓 지난 어느 날 사위가 또 다시 경찰에 체포되었다는 소식을 듣게 되었다. 알고 보니 1921년에 결성된 義勇團에 맏사위가 참가했다는 사실 때문이었다.

의용단은 만주지역의 독립군, 특히 그 가운데서도 서로군정서에 군자금을 지원하기 위해 조직된 국내 조직이다. 서로군정서에 안동 출신 인사들이 집중되었기 때문에, 이를 지원하는 의용단에도 안동인들이 중심을 이루고 있었다. 당시 서로군정서의 독판이 바로 큰형부 이상룡(자료에 李啓元)이었고, 그 이름으로 작성된 자금모집 위임장이 안동에 도착하였다. 여기에 호응하여 자금 모집과 송금 활동을 펼쳤는데, 그 내용이 일제경찰에 드러난 시기가 1922년 11월이었다. 경찰 기록을 보면, 의용단의 경북단장에 申泰植, 경남단장에 김찬규였다. 금계 출신은 김현동(회문)이 경북단의 간사로, 김용환이 서기로 각각 참여하였고, 金奎憲도 역시 여기에 참가하였다.[18)]

김락은 금계종가 종부로 있던 맏딸이 걱정되지 않을 리 없었다. 이미 '파락호'라고 소문이 날 만큼 종가 재산을 거덜 내던 맏사위의 기이한 행적 때문에 속도 태웠을 것이고, 큰딸 걱정도 많았을 것이다. 그러면서도 한편으로는 대갓집의 종손인 맏사위가 벌이는 이상한 행동에, 얼른 손에 잡히지는 않지만 무엇인가 있으리라는 추측도 해 보았을 것이다. 그런데 곧 드러난 사실은 그가 만주로 독립운동자금을 보내는 일에 관여하고 있었다는 사실을 알게 된 것이다. 맏사위가 '파락호'가 아니라 의용단원으로서 활약했다는 사실에 한편으로는 다행스러운 느낌도 가졌을 것 같다.

▎자녀 가계도

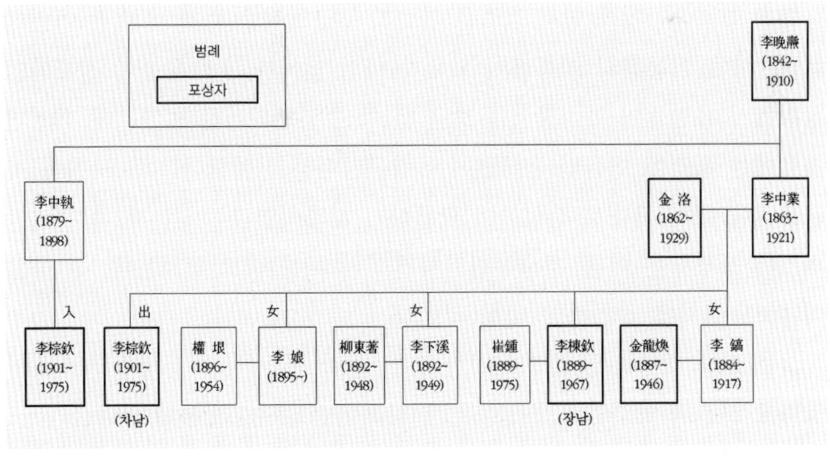

18) 조선총독부 경북경찰부, 『고등경찰요사』, 1934, 207~211쪽; 《매일신보》 1922년 12월 30일자; 《동아일보》 1922년 12월 30일자.

2) 안동지역 사회운동을 벌인 둘째 사위

둘째 사위 류동저는 진사 류연박의 아들이니, 定齋 柳致明의 증손자요, 洗山 柳止鎬의 손자이므로, 명문 출신임은 달리 덧붙여 말할 필요가 없다. 둘째 사위는 김락이 시위에 나섰다가 실명당한 그때부터 자료에 등장한다. 1920년 5월 창립된 안동청년회에 참여해 의연금으로 거금 100원을 기부하였고, 안동청년회의 토론회에 權寧潤과 더불어 지정토론자로 토론을 벌이기도 하였다. 또 그는 1921년 6월에 열린 학술강습회에서 교사로 활동하였고, 1921년 7월에 열린 조선노동공제회 안동지회 제2회 총회에서는 그가 議事로 선출되기도 하였다.[19] 첫째 사위에 비해 둘째 사위는 비교적 온건한 활동 양상을 보인 셈이다.

3) 제2차 유림단의거에 참가한 두 아들

1920년대 중반에 들면서 김락은 아들의 구금소식을 듣게 되었다. 이번에는 두 아들 이동흠과 이종흠이 모두가 나선 것이다. 3·1운동이 전개되던 상황에서 유림들이 파리장서를 보낸 제1차 유림단의거를 벌였는데, 1925년 가을에는 북경에 머물던 金昌淑이 독립군기지를 건설한다는 목표 아래 자금모집을 위해 국내로 잠입하여 활동하기 시작하였다. 이를 제2차 유림단의거(일제경찰은 이를 '경북유림단사건'이라 부름)라고 부르는데, 두 아들이 바로 여기에 참가하고 나선 것이다.

둘째 아들 이종흠은 일찍 사망한 숙부, 김락으로서는 시동생인 李中執의 양자로 사후 입양되었다. 이종흠은 연락책이던 鄭守基로부터 연락을 받고, 형 이동흠과 논의한 결과, 1925년 11월에 대구로 가서 김창숙을 만나고 권

19) 《동아일보》 1921년 7월 22일자.

총 한 자루를 받아 돌아왔다. 이 권총을 들고 이종흠은 영양 석보 원리의 양외숙부인 李鉉炳을 찾아가 자금을 요구하였지만 목적을 달성하지 못했고, 이것이 탄로 남으로써 형제 두 사람이 모두 1926년 5월에 체포되었다. 이후 두 사람은 모진 고문을 당하다가, 1927년 2월에 형이 면소, 동생은 징역 1년에 집행유예 4년을 받고 풀려났다.[20]

두 아들이 모두 구금된 기간은 바로 1926년 5월 이후 9~10개월 정도였다. 그는 앞을 보지 못해 나들이도 못하지만, 들려오는 자식들의 소식에 애간장이 녹아나는 시간이었다. 그러면서도 아들이나 사위의 투쟁이 시어른의 삶과 교훈을 받드는 일임을 그는 확신하고 살았을 것이다.

6. 왜 우리는 그를 기리는가

안동의 명가에서 태어나 귀하게 자라던 김락이 15세에 어머니를 잃고 18세에 하계 명문집안으로 시집갔다. 이후 그 앞에 펼쳐진 세계는 민족문제로 일관되었고, 그는 독립운동 명가를 만들어 나가는 구심점이 되었다. 새댁 시절에 시어머니를 잃고 남겨진 시동생을 돌보며 살았고, 33세 되던 1895년 친정아버지가 세상을 떠났다. 그리고 다음 해에는 시어른이 예안의 병장이 되고, 시숙부를 비롯한 온 집안이 독립운동에 나섰다. 남편까지 여기에 참여한 것도 물론이리라.

48세 되던 1910년에 나라가 망하자, 시어른이 24일 동안 단식하여 순국하는 장면을 눈물로 지켜보았다. 바로 이어서 상복에 아직도 눈물이 그치지 않는 상황에서 아버지처럼 여기던 친정 큰오빠가 가족을 이끌고 만주로 망명길에 나섰다. 여기에는 큰언니네도 함께 나섰고, 남만주에 독립군기지

20) 「판결문」, 1927년 3월 29일, 대구지방법원; 「형사기록(유림단사건)」, 1926년 5월 21일.

를 건설할 목적으로 떠난 고행의 길이었다. 그가 친정 식구를 그리워하며 머나먼 북녘을 바라보는 사이에 남편은 1914년 안동과 봉화 장터에 격문을 발표했고, 또 1917년 늦가을에 광복회 총사령 박상진을 집에 숨겨주면서 가슴을 조였다. 이 일이 있고 난 다음 해 봄, 맏아들이 광복회와 연계된 활동을 벌이다가 구속되어 애를 태웠다. 그리고 다음 해, 즉 1919년 서울에서 3·1운동이 일어날 때 서울에서 활동하던 남편은 곧 '파리장서'라 불리는 '제1차 유림단의거'의 핵심 인물로 뛰어다녔다. 이때 그 자신도 57세라는 나이에도 불구하고 예안시위에 참여하였다가 일본군 수비대에 체포되어 취조를 받던 가운데 불행하게도 두 눈을 잃는 참극을 당했다.

전혀 세상을 바라볼 수 없는 캄캄한 세계에, 오직 귀로 모든 것을 받아들이는 그 무렵인 1920년 말부터 남편은 새로운 투쟁을 벌이고 있었다. 다시 독립청원서를 중국으로 가져간다는 것이 그 내용이었고, 숨 죽이며 듣고 있던 그에게 들이닥친 소식은 남편이 중국으로 가기 직전 사망했다는 것이었다. 그와 같은 시기에 맏사위가 망명길에 올랐다가 압록강을 건너기 직전에 체포되는 일이 벌어졌다. 또 남편을 보내고 한 숨 짓는 사이에 강제로 고향으로 돌아온 맏사위가 의용단에 가담하여 서로군정서를 비롯한 만주 독립운동계에 자금을 모아 보내다가 또 다시 체포되었고, 둘째 사위는 안동지역 사회운동에 참가하고 있었다. 그러다가 1925년부터 제2차 유림단의거라 불리는 투쟁에 참여했던 두 아들은 다음 해에 모두 구금되었다. 그가 환갑을 4년이나 넘긴 지난 나이에 두 아들이 몽땅 구속된 것이다. 그 아들이 풀려 나오고 2년 뒤인 1929년 2월 12일(음 1월 3일)에 그는 눈을 감았다.

한국독립운동의 첫 장이 의병항쟁이요, 의병항쟁의 첫걸음이 1894년 안동에서 시작되었다. 그 시작하는 마당에 시집의 사랑방은 중요한 위치를 차지하였다. 그 이후 그가 세상을 떠난 1929년까지 35년 동안 집안은 온통 독립운동으로 해가 뜨고 날이 졌다. 그 한 가운데 김락이 있었고, 그를 중심으로 3대에 걸친 독립운동사가 전개되었다. 그럼에도 불구하고 지금까지 그는 역사 속에 파묻혀 지내왔다.

삼대에 걸쳐 독립운동가를 배출한 "한국독립운동사의 명가"를 이야기하면서도, 우리는 그 주역을 놓치고 지내왔다. 여자라는 이유 때문이라는 생각이 짙게 든다. 그러기에 글 한 줄 남아있지 않고, 그를 기리는 이야기조차 없었다. 한국독립운동사에서 이런 여성이 전혀 없지는 않을 터이지만, 찬란한 인물들의 한 복판에 서서 그것을 부여안고 쓰러지지 않도록 지탱한 인물을 찾기란 여간 어려운 것이 아니다. 그만큼 그의 위상은 두드러지고 높다.

*16장_* 南慈賢 : 만주를 울린 열혈여장부

1. 의병에 참전한 남편의 전사

남자현은 영양군 석보면 지경리에서 1873년 12월 7일 태어났다. 기록에 따라서는 안동시 일직면 일직리 혹은 귀미동이 출생지라는 주장도 있지만, 그것은 남편의 족보에 기록된 남편 본적지 기록과 혼돈한 때문인 것 같다. 그는 南珽漢과 이씨 부인 사이에 둘째 딸로 태어났다.

남자현은 어려서부터 총명했고, 그 점을 헤아린 부친이 딸에게 일찍부터 글을 가르쳤다. 그 때문에 그는 일곱 살에 이미 한글과 한문을 터득하고, 12세에 소학과 대학을 읽었으며, 14세에는 四書를 독파했고, 시를 지었다고 전해진다.

그런 남자현은 19세에 결혼했는데, 안동시 일직면 귀미동 출신 의성김씨 金永周가 남편이다. 남자현이 걸은 고통의 시작점은 바로 남편이 의병전투에 참가했다가 전사하던 1896년이었다. 남편 김영주는 그해 7월 11일 진보군 진보면 흥구동에서 있었던 전투에서 전사했다고 전해진다. 흥구동은 지경리 마을에서 서쪽 국도와 하천을 사이에 두고 있어서, 부르면 들릴 듯 가까운 마을이다.

뒷날 남자현이 순국한 직후에 나온 신문보도에 "본적지에 본부를 둔 한국의병대 대장 김○○의 부하 김영주와 같이…"라고 알려지거나, 해방 이후 김영주가 '한국의병대 소대장'이었다고 말해지지만, 이것만으로는 그가 실제 어느 의진 소속이었는지 헤아릴 수 없다.

그렇다면 김영주가 활약한 의병진은 어느 의진일까? 약전에는 남정한이 의병에 참가한 것으로 기록하고 있으나 확인할 길이 없다. 다만 이 시기에 흥구전투를 치러낼 수 있던 의진은 세 가지로 추정된다.

하나는 許蔿의 형인 許薰과 許蒹이 일으킨 의병이다. 흥구동은 일월산에서 흘러내린 물이 3면을 감돌아 흘러 마치 반도처럼 형성된 곳인데, 1894년 허위의 맏형 허훈이 동생들과 여기로 이주하여 얼마간 지내다가 하천 남쪽 건너 진보로 이주했다. 바로 그 허훈과 동생 허겸이 1896년 초 진보의병을 조직하여 활동했다.

두 번째로는 김도현의진이다. 영양군 청기 출신인 김도현은 1896년 1월 이미 의병을 일으켰고, 안동 예안에서 선성의진의 중군을 맡아 3월에 태봉전투를 치렀으며, 여름에는 삼척전투를 치른 뒤에 영양으로 돌아와 바로 이 지역에서 전투를 벌이고 있었다.

세 번째는 신돌석의진이다. 1896년 4월 영덕에서 일어난 신돌석의진은 이 시기에 영양과 청송을 오르내리면서 자원을 확보한 뒤 일본인 침략의 전초기지가 마련되던 울진과 삼척을 공격하였다. 그런 과정에서 신돌석의진은 청송과 영양관아와 진보일대에서 식량과 병력을 확보하였다.

이 세 의진 가운데, 남자현의 남편 김영주가 전사한 1896년 7월의 흥구전투 주역은 김도현의진일 가능성이 크다. 일단 그가 참가한 의진의 대장이 '김○○'라고 전해지는 점은 특히 그럴 가능성이 높다고 볼 수 있는 근거이기도 하다. 영양지역, 특히 진보 근처에서 이 시기에 의병진을 이끌면서 전투를 치렀던 의병장 가운데 김씨 성을 가진 인물은 김도현뿐이다. 그렇다면 남편 김영주는 김도현의진에 속하여 진보와 일월산을 연결하던 산줄기를 오르내리면서 전투를 치르던 가운데 전사한 것으로 이해된다.

당시 남자현은 첫 아이를 임신하고 있었다. 남편을 보내고 난 뒤에 유복자로 태어난 아이가 金星三이다. 남자현은 아이를 기르면서 한편으로 홀로 된 시어머니를 극진히 봉양하였고, 진보군 진보면에서 효부상을 받기도 했다고 전해진다. 이렇게 가정을 꾸려나가던 남자현이 민족문제에 나서기 시작한 시기는 바로 나라를 잃은 뒤였다.

2. 국내 독립운동 가담

남자현이 펼친 독립운동의 무대는 국내와 국외 두 영역으로 나뉜다. 우선 고향에서 그는 유복자를 기르면서 독립운동가들의 활동에 연계망을 가지기 시작했다. 그런데 남자현이 이미 1913년부터 독립운동가들과 연락을 가지며 움직였다는 자료도 보인다. 1913년부터 5년 동안 崔英鎬 · 蔡燦(백광운) · 李河鎭 · 南聖老 · 徐錫振 · 權某 등과 연락하며 활동을 시작했고, 이후 5년 동안 국내 조직에 참가했다는 것이 그 골자이다. 하지만 충북 충주 출신이면서 이강년의진에 참가했던 채찬이 망국 직후에 만주로 망명하여 서간도 일대에서 활약했던 사실을 감안한다면, 남자현이 이들과 연계된 시기가 1910년대 전반이 아니라 1920년대요, 그곳도 국내가 아니라 만주가 아닌가 짐작된다. 그렇다면 남자현 순국 직후에 국내에서 발행된 신문에서 이러한 보도가 나온 근거가 있었을 것이다. 아마 1920년대 서간도일대에서 함께 활약하던 내용이 잘못 전해진 것이 아닌가 여겨진다. 그렇지 않다면 만주에서 활약하던 최영호나 채찬이 국내공작을 전개하는 과정에서 연결되었을 가능성도 있다. 그리고 채찬이 서간도일대에서 활약하고 白西農庄에 참가했는데, 안동 출신 김동삼이 그 庄主였던 점에서 남자현의 망명과 안동 출신 인사들의 관련성을 생각하게 된다.

남자현은 만 46세가 되던 1919년 2월 말 고향을 떠나 망명길에 나섰다. 그 과정에서 일단 서울에 잠시 머물렀다. 아들의 이야기를 바탕으로 삼아 보도한 순국 직후의 기사에는 남자현이 서울 남대문통에 살던 김씨 부인이라는 인물의 편지를 받고 상경했다고 전해진다. 보도 내용에 따르면, 3·1운동이 일어나기 사흘 전인 1919년 2월 26일 남자현은 시위운동이 일어난다는 소식을 편지로 받고 상경했고, 연희전문학교 부근에 있던 교회당에서 김씨 부인과 협의한 뒤 교회 신자들과 더불어 3월 1일 오후 3시에 '조선선언격문'을 뿌리고 시위에 참가했다는 것이 그 내용이다. 이러한 내용은 해방 이후 귀국한 아들 김성삼의 회고담에서도 그대로 되풀이되었다. 서울에서 신자를 규합하여 당일 1시에 '조선독립선언서'를 들고 다니며 배포했다는 시각이 3시가 아니라 1시라는 점만 다르다.

이 내용을 다시 음미해 보면, 서울에 올라간 사흘 사이에 많은 일이 벌어졌다. 그를 서울로 불러들인 김씨 부인이 누구인지 알 수 없지만, 일단 교회와 연결된 인물임이 분명하다. 그가 상경하자마자 3·1운동에 뛰어든 것만이 아니라 교회에 발을 들여놓았다는 사실도 주목을 끌기에 충분하다. 만약 서울에서 교회에 다니기 시작했다면, 그가 만주로 망명한 뒤에 선교활동이나 교회를 중심으로 민족교육운동을 펼친 기원이 여기에 있기 때문이다.

3. 만주지역에서 펼친 독립운동

1) 교육운동

남자현은 열흘 남짓 서울에서 활동하다가 3월 9일 만주 망명길에 올랐다. 그가 도착하여 자취가 드러나는 곳은 通化縣이다. 그곳 尾洞 金紀周의 집에 아들을 남겨둔 그는 본격적으로 활동 무대를 찾아 누비기 시작했다. 자료가 남아있지 않아 구체적으로 자취를 세밀하게 추적할 수는 없지만,

대개 서간도일대가 그 무대였을 것이다.

간단하게 추적되는 자취만 정리하면, 1921년 길림성 額穆縣 나인구에서 주로 교육단체를 조직하고, 20개가 넘는 기관을 만들었다. 또 당시에 액목현 杉松六道溝에서 활약했다는 기록도 있다. 다음 해 1922년 압록강 바로 건너 환인현에서 '참의부 중대장 백광운' 이름으로 자금모집에 나섰다. 백광운은 남자현이 고향에 있던 1910년대에 연결되었다던 인물 가운데 한 사람인 채찬이다. 따라서 남자현은 이 당시 참의부에 소속되어 활동했고, 독립군을 유지하기 위한 자금 마련에 앞장선 것이 그의 활약이었다고 이해된다.

또 그는 1923년 가을 환인현에서 女子勸學會를 조직하였다. 1923년 액목현 蛟河에서 활동했다거나 1925년 新站에서 생활 근거지를 마련하고 가족을 이주시켰다는 이야기도 있다. 또 이 무렵에 만주지역에는 독립운동계를 통일하려는 움직임도 활발했는데, 그도 여기에 적극 동참하고 나섰다. 길림주민회장 이규동, 의성단장 편강렬, 그리고 양기탁과 손일민 등이 그와 더불어 활동을 벌인 인물이다. 50세가 되던 1920년대 중반까지 그의 활동은 대개 교회를 설립하고 여자교육회를 조직하여 민족의식을 고취시키는데 초점을 두었던 것으로 정리된다.

2) '吉林事件' 구명운동과 국내침투공작

남자현의 활동은 1927년 들어 독립운동계의 전면에 선명하게 드러났다. 우선 그해 2월 말에 터진 '吉林事件'에서 그의 활동은 단연 부각되었다. 길림사건이란 안창호를 비롯한 독립운동계의 최고급 지도자 47명이 중국 관헌에 검거된 사건으로 일본에 넘겨질 수도 있는 심각한 일이었다.

이때는 좌우합작운동이 국내외 전역에서 펼쳐지던 무렵이다. 민족문제를 해결하기 위해 분화된 이념 차이를 극복하려는 움직임이 곧 민족유일당운동이었다. 그 요지는 하나의 민족정당을 조직하여 그를 중심으로 민족문제를 해결하자는 것이다. 그러한 선두에 안창호가 있었다. 그는 1926년 10월 북경에서 좌파와 연합하여 대독립당조직북경촉성회를 결성시킴으로써 이른바 민족유일당운동에 불을 붙였다. 그 불길은 1927년 들면서 만주와 국내로 확산되었고, 1927년 2월 15일 국내에서 결성된 신간회도 거기에 포함된다.

안창호가 좌우합작이란 불길을 지피기 위해 만주를 방문했다. 마침 길림에서 만주지역 독립운동계 지도자들이 만주지역 무장단체의 통합과 대독립당 건설계획을 토의하고 있었다. 안창호는 길림성 동대문 밖 大東公司에서 김동삼 · 오동진 · 고할신 · 이철 · 김이대 등 지도자들과 함께 논의하고 연설하는 기회를 가졌다. 그런데 일제경찰이 중국 길림성 당국에게 그 모임을 공산주의자들의 집회라고 속여 이들을 현장에서 구속하도록 만드는 일이 발생했다. 주요 인사들이 대거 길림독군서에 잡혀 들어갔고, 자칫하면 일본에 넘겨질지도 모르는 일이 터진 것이다. 이에 대한민국 임시정부를 비롯한 전체 독립운동계가 이들의 구명운동에 나섰는데, 이때 남자현의 활약은 뛰어났다. 남자현은 남달리 옥바라지에도 힘을 쏟는 한편, 사건을 전체 독립운동계에 알리고 비상대책반을 꾸리는 등 동분서주했다. 빠르게 비상사태를 전달하여 중국에 연고가 닿은 거의 모든 동포들이 구명운동을 돕고 나섰다고 표현할 수 있을 정도였다. 그 덕분에 주요 인사들이 일제에 넘겨지지 않고 풀려날 수 있었다.

길림사건 직후 남자현의 활동 양상은 변화를 보였다. 교육 활동에서 의열투쟁으로 전환한 것이다. 의열투쟁이란 적의 주요 기관이나 주요 인물을 직접 공격하는 투쟁방법으로, 불특정 다수를 공격하는 테러와는 근본적으로 다른 방략이다. 나이가 들수록 투쟁 방법이 온건해지기 마련인 일반적인 사례와는 다른 것이었다. 그가 나선 첫 의열투쟁은 국내에 요원을 파견하여 사이토 마코토(齋藤實) 총독을 암살하려던 거사였다. 1927년 4월 朴靑

山 · 金文居 · 李靑守 등과 함께 길림성 안에서 계획을 마련하였다. 4월 중순 남자현은 김문거로부터 권총 한 자루와 탄환 8발을 받아 가지고 서울로 잠입하는 데 성공하였다. 혜화동 28번지 高某 집에서 교회 신자로 변장하여 총독 암살을 준비해 나갔지만 뜻을 이루지 못하고 말았는데, 그 이유는 확실하지 않다. 남자현은 경계망을 벗어나 다시 만주로 빠져 나갔다.

3) 김동삼 구출작전과 국제연맹 조사단 혈서전달 시도

이후 남자현의 활동은 자주 나타나지 않았다. 그러다가 만주지역 최고 인물인 김동삼이 일제에 체포되는 사태가 터지자 다시 그의 움직임이 나타났다. 일제가 만주를 침공한 직후인 1931년 10월, 만주지역 최고 지도자 김동삼이 하얼빈 주재 일본총영사관 경찰에 붙들렸다. 남자현은 친척으로 가장하고 김동삼과 면회하면서 안팎 소식을 알렸다. 마침 신의주로 이송된다는 소식을 들은 남자현은 구출 작전을 세웠다. 하지만 이동 날짜가 갑자기 변경되는 바람에 기회를 놓치고 말았다.

만주를 침략한 일제는 그곳에 만주국이라는 허수아비 국가를 세웠다. 1932년 3월 1일이 그날이니, 우리로서는 3 · 1운동 13주년이 되는 날이다. 새로운 도시를 세워 新京이라 이름 지었는데, 長春이 그곳이다. 그러자 국제연맹은 일제의 만주침략을 비난하는 국제 여론에 따라 그 현장을 조사하기 위해 대표단을 파견하였다. 그러자 남자현은 그것이 우리의 뜻을 국제사회에 정확하게 알릴 수 있는 기회라고 판단하였다. 확실하게 우리 민족의 독립의지를 전할 방법을 찾던 그는 마침내 혈서를 써서 전달하리라 결심하였다.

그는 1932년 9월 19일 국제연맹조사단장 릿튼(Victor Alexender George Lytton)의 방문 시기를 혈서 전달 날짜로 잡았다. 그는 하얼빈 남강 마기구에 있던 어느 중국인 음식점에서 왼쪽 무명지 손가락 두 마디를 자르고,

흐르는 피로 글씨를 썼다. '한국독립원韓國獨立願'이란 말, 곧 한국의 독립을 원한다는 우리 민족의 뜻을 붉은 피로 썼다. 그리고서 잘린 손가락을 함께 싸서 릿튼을 비롯한 국제연맹 조사단에게 전하기 위해 기회를 살폈다. 경계가 너무 엄중하여 쉽게 기회가 오지 않자 인력거를 끄는 사람에게 대양 1원을 주어 전해달라고 맡겼지만 그것이 실패하고 말았다. 또 이때 그는 부녀들의 독립운동에 대해서도 보고하는 보고서를 보낸 것으로 전해지기도 한다.

4) 만주국 주재 일본 전권대사 처단 시도

허수아비 국가인 만주국을 내세워 일제는 만주를 통치하면서, 중국 관내 지역 침공을 준비하고 있었다. 당시 만주에서 일제의 최고 인물 가운데 한 사람이 부토 노부요시(武藤信義) 전권대사였다. 남자현은 이를 처단 대상으로 삼고 계획을 세웠다. 마침 만주국 수립 1주년을 맞는 1933년 3월 1일을 거사 날짜로 잡았다.

무기 확보가 우선 이루어져야 했다. 그래서 남자현은 1933년 1월 20일, 부하 鄭春奉을 비롯하여 몇 명의 중국인과 함께 무기 조달 방법을 논의하였다. 마침내 그는 권총 한 자루, 탄환, 폭탄 두 개 등을 조달받기로 약속하였다. 그 내용은 27일 오후 4시, 남강 길림가 4호 馬技遠 집 문 앞에 표시한 붉은 천을 암호로 삼고 무기가 든 과일 상자를 전달한다는 것이었다.

남자현은 2월 22일 道外承德街 114호 원내 9호 權守僧으로부터 대양 3원을 빌려 도외구도가 무송도사진관에 가서 최후의 기념사진을 찍었다. 그리고 다음 날 오전 10시에 신경의 거사 장소를 확인한 뒤, 다시 노파로 변장하고 무기와 폭탄을 운반하러 길을 나섰다. 하지만 그는 불행하게도 밀정의 밀고로 거사 직전인 2월 27일 하얼빈 道外正陽街에서 일제경찰에 검거되고 말았다.

4. 순국

남자현은 하얼빈 주재 일본영사관 감옥에서 여섯 달 동안이나 혹형에 시달렸다. 그러다가 그는 마침내 단안을 내렸다. 가혹한 형에 시달리며 욕되게 사느니 차라리 죽음으로써 항거하자는 결단이 그것이다. 8월에 들어 그는 단식투쟁으로 맞섰다. 음식을 끊은 지 9일 만에 그는 사경을 헤매게 되었다. 8월 17일 오후 1시 30분에 그는 인사불성인 채 '병보석'이라는 이름으로 가족에게 인계되었다.

그는 적십자 병원을 거쳐 하얼빈 地段街의 한국인 조씨가 경영하는 여관에서 아들과 여러 동지의 간호를 받았다. 당시 아들을 만난 남자현은 몇 가지 유언을 남겼는데, "첫째는 자신이 가지고 있는 돈 200원을 조선이 독립되는 날 독립축하금으로 바쳐라. 둘째, 손자 시연을 대학까지 공부시켜 내 뜻을 알게 하라. 셋째, 남은 돈 49원 80전의 절반은 손자 공부하는 데 쓰고 나머지 반은 친정의 증손자에게 주어라."는 내용이었다.

최후를 기록한 당시 신문에는 다음과 같이 보도되었다.

> "이미 죽기를 각오한 바이니까…… 斷指한 손을 기운 없이 내어놓으면서 이것(단지한 손가락)이나 찾아야지…… 기운이 없어 말하지 못하고 혼수상태에 들어갔다."(《조선중앙일보》 1933년 8월 26일자).

그가 손가락 마디를 잘라 혈서를 썼다는 사실은 이 마지막 말에서도 확인할 수 있다. 이외에도 그가 "독립은 정신으로 이루어지느니라."는 말을 마지막으로 남겼다는 이야기도 전해진다.

그는 혼수상태로 풀려난 지 닷새 만인 1933년 8월 22일, 만 60세의 나이로 순국하였다. '부토(武藤信義) 謀殺犯'이라는 제목 아래 그의 순국 사실이 국내에 바로 보도되었다.

> "30년 만주를 유일한 무대로 조선○○운동에 종사하던 남자현(여자)은 당지 감옥에 구금중이든 바, 단식 9일만인 지난 17일에 보석 출옥하였는데, 연일 단식을 계속한 결과 22일 상오(하오) 12시 반경에 당지 조선려관에서 영면하였다." (《조선중앙일보》 1933년 8월 27일자).

장례는 바로 다음 날 오후에 진행되었다. 즉 23일 오후 3시 무렵, 유지 30여 명이 모인 가운데 조선여관에서 영결식이 치러지고, 3시 20분에 발인하여 6시경에 마가구 공동묘지에 안장되었다. 장례가 하루 만에 치러진 이유가 있었을 것이다. '병보석'이라는 이름으로 가족에게 인계된 뒤, 남자현의 동정은 일제경찰의 눈을 한 순간도 떼지 못하게 만들었을 것은 분명하다. 그러니 순국 직후 일제가 장례를 강요한 사실은 의심할 필요도 없다.

그런데 9월 들어 장례와 관련된 작은 사건이 하나 생겼다. 아들 김성삼이 부고를 인쇄하여 반포하던 가운데 일본총영사관 경찰서에서 부고 4백 장을 압수한 사건이 그것이다. 일제경찰이 내건 압수 사유는 남자현의 사망 원인이 단식 때문이 아니라 병 때문이라는 주장이었다. 이는 일제가 단식투쟁으로 남자현이 순국했다는 사실을 감추려고 애를 썼던 사실을 보여준다. 그리고 이것이 보도된 시점이 9월이라는 점으로 보아, 압수된 부고가 장례식을 알리는 것이라기보다는 곧 있게 될 묘비 입석식과 관련된 것이 아닌가 짐작된다.

1933년 10월 12일 오후 4시 외국인 공동묘지에 자리 잡은 남자현 묘 앞에 비석이 세워졌다. 하얼빈시 南崗區 東大直街 1호, 남강 러시아 공동묘지 서쪽 한인 묘역이 그곳이다.

남자현이 순국한 다음 해인 1934년 1주기 추도회가 열렸다. 당시 蛟河에 거주하던 아들 김성삼의 집에서 열린 순국 1주기 추도회를 국내 신문은 다음과 같이 보도하였다.

> "도만 십여 년래 쓰러져가는 조선민족사회를 위해 일향분투하던 고 남자현 여사는 작년 가을 하르빈 감옥에서 나오자마자 옥중고초의 여독으로 마침내 세상을 떠난바 지난 8월 22일은 동여사의 1주기이므로 현재 교하(蛟河)에 거주하는 김성삼(金星三) 씨 자택에서 1주년 추도회를 거행하였다더라."(《동아일보》 1934년 9월 5일자).

남자현의 투쟁은 해방 이후 다시 역사의 무대에 등장하였다. 해방되던 이듬해 8월 22일에 독립촉성애국부인회가 추념회를 개최한 것이다. '13년 전, 17일 단식으로 옥사한 남자현 여사'를 추념한다는 취지를 내걸고 오후 2시부터 인사동 승동예배당에서 모임을 열었다. 독립운동사에서 보기 드문 열혈투쟁가, 특히 여성운동사에서는 상징적인 인물로 평가받기에 충분한 인물이기 때문이다. 더욱이 그는 전통사회에서 성장한 인물이 아닌가. 신식교육을 받은 신여성이 아니라, 그는 전통적인 규범 속에서 성장한 '구여성'이다. 더욱이 그는 남편을 의병전쟁에서 잃은 뒤, 유복자를 키우며 살았다. 그런 그가 만 46세라는 비교적 많은 나이에 외아들을 데리고 만주로 망명하여 만 60세에 이르기까지 만주 벌판과 국내를 오르내리며 활동을 펼쳤다. 한국근대여성사와 한국독립운동사에서 그의 위상은 단연 뚜렷하다.

17장_ 崔松雪堂(1855~1939) 연구

1. 머리말

최송설당은 한말과 국권상실기에 걸쳐 커다란 족적을 남기고 간 여인이다. 누구나 그것이 號이므로 본래의 이름이 있으리라 생각한다. 그러나 본래 그의 이름을 찾을 길이 없을 뿐만 아니라, 1912년에 처음 작성된 호적에도 그의 이름은 '崔松雪堂'이라고 적혀 있을 따름이다. 따라서 그를 최송설당이란 이름으로 부를 수밖에 없다. 더러는 광무황제 고종이 지어준 것으로 전해지기도 하지만, 정확한 근거는 알 길이 없다. 다만 그가 남긴 가사에 소나무와 눈을 노래한 「蒼松」과 「白雪」, 즉 짙고 푸른 소나무와 흰 눈을 노래한 대목에서 그 연유를 짐작할 뿐이다.[1] 또 그가 처음으로 이 이름을 사용한 시기도 알 수 없다. 일단 호적 작성과 서울 무교동에 '송설당'이라는 당호를 붙인 집을 지은 시기가 모두 1912년이라는 사실에서, 최송설당이라는 이름이 늦어도 1912년 이전에 사용되기 시작했다는 점을 확인할 수 있다.

최송설당, 그의 생존 시기는 前近代에서 近代로 나아가는 역사적 전환기이면서도, 일본제국주의의 식민지라는 질곡 속이었다. 따라서 그의 행로는 보편적이고도 특수한 과제가 모두 풀어야 할 역사적 책무로 버티고 있었다. 근대화 과정에서 겪는 여성이 극복해야 하는 보편적 과제와 망해버린 집안의 후손이 풀어야 할 특수한 과제를 갖고 있었다. 또한 이 두 가지는 전통시대의

1) 「蒼松」·「白雪」(『松雪堂集』).

굴레이기도 했다. 이에 반하여 그가 엮어낸 김천고등보통학교(이하 김천고보) 설립은 자신이나 가문만의 과제가 아니라, 김천지역의 숙원 사업을 풀어낸 역사적 행보이자 민족교육사적인 의미를 가지는 것으로 평가되고 있다.

이 연구는 근대화 과정에서 여성이라는 한계와 몰락가문 출신이라는 굴레를 극복하면서 민족인재 양성에 기여한 최송설당의 생애를 추적하고 평가하는 데 목적을 둔다. 지금까지 대개 여성인물사는 신식교육을 받은 인물에 초점이 맞추어졌다. 그런 경우와 달리 최송설당은 신식교육과는 거리가 먼 사람이고, 또 일반여성과는 전혀 다른 삶을 살았던 사람이다. 출생부터 생애를 매듭지을 때까지 일생이 일반여성으로는 상상할 수 없는 길을 걸었다. 따라서 그에 대한 추적은 근대여성사 정리라는 면에서나 교육운동사에서 도움을 주리라고 생각한다.

2. 출생과 김천 생활

1) 김천에서 출생

송설당은 1855년(철종 6) 8월 29일 金山郡 郡內面 文山里, 지금의 김천시 문당동에서 아버지 崔昌煥(본관 和順)과 어머니 鄭玉瓊(본관 慶州, 鄭在成의 딸) 사이에 딸 3자매 가운데 장녀로 태어났다. 선대의 고향은 김천이지만, 몇 세대 앞서 평북 정주로 옮겼다가 다시 옛 고행으로 돌아온 탓에, 그는 김천에서 태어났다.[2)]

---

2) 송설당의 11대조는 南冥 曺植의 수제자인 守愚堂 崔永慶이요, 6대조인 崔世浩(1685~1729)는 禮曹佐郎, 5대조 崔重寔(1703~1750)은 折衝將軍 行龍讓衛 副護軍, 고조부인 崔天成(1729~1776)은 咸興中軍을, 그리고 증조부 崔鳳寬(1758~1812)도 副護軍을 지냈다. 김천지역에 세거하던 집안이 무관직을 맡으면서 평북 정주와 선천지역으로 옮겨가 살았던 것 같다.

그의 집안이 다시 김천과 인연을 맺은 계기는 1811년에 평안도에서 터진 洪景來亂이었다. 증조부 崔鳳寬은 副護軍이었고, 당연히 홍경래 난군을 진압하는 임무를 맡았다. 그런데 최봉관의 외가 江陵劉氏가 오히려 난군에 가담하였고, 더구나 최봉관 자신 또한 평안도 선천군이 반군에 의해 함락될 때 이에 항전하지 않았다는 죄목으로, 체포되어 옥사하였다. 그리고 그의 맏아들 崔翔文을 비롯한 4형제는 전라도 古阜로 유배되었다. 이는 역적의 집안으로 망해버렸음을 말한다. 최상문의 아들인 崔昌煥, 즉 송설당의 아버지는 고부에서 태어나 그곳에서 자랐다. 뒷날 김천지역에서 송설당이 '고부할매'라고 불린 이유도 바로 거기에 있었다.

최창환이 김천으로 이주한 시기는 1849년이나 1850년으로 추정된다. 그는 아버지 최상문이 1847년에 사망하자 장례를 치른 뒤, 홀로된 모친 海州盧氏를 모시고 김천으로 이주하였다고 전해진다. 그래서 그 시기가 대개 1849~1850년 무렵이라 추정된다. 먼저 이곳으로 옮겨온 숙부와 종형제를 찾아 이동한 것이고, 8대조 이상 선조의 세거지를 찾아 옮긴 것이기도 하다.

송설당은 1855년 8월 29일 김천에서 태어났다. 부친 최창환이 김천으로 이주한 지 5년 정도 지난 무렵이었다. 송설당은 첫 딸이었고, 그 아래로 두 명의 딸이 더 태어났다. 유배지에서 태어나 부친을 잃고 김천으로 이주한 최창환의 삶은 고달픔 그 자체였다. 멸문의 화를 당한 처지에서 伸寃되지 않는다면 집안을 재기시킬 수 없었다. 더구나 주손인 최창환에게는 아들조차 없으니, 신원되더라도 가문을 다시 세울 수가 없었다.

송설당의 부친 최창환은 신원과 가문계승이라는 두 가지 숙제를 가졌다. 양자 즉, 송설당에게는 養弟를 들이게 된 것도 이러한 이유 때문이다. 최창환은 사망하기 4년 앞선 1882년 에 사촌 동생 崔昌福(崔翯文의 아들)의 아들 崔光翼을 들여 양자로 삼았다. 송설당에게는 종숙부의 아들이니 재종제, 즉 6촌 동생을 친동생으로 맞아들인 것이다. 두 가지 큰 과제 가운데 하나는 해결된 셈이다.

2) 김천 생활

송설당이 김천에 거주한 시기는 전후 두 차례로 나뉜다. 첫 시기가 1855년에 태어나서 1894년에 상경하기까지 약 40년 정도이다. 이후 서울에 정착하고서 1930년까지 김천을 오가며 30여 년을 보냈다. 그리고 1930년부터 1939년 사망할 때까지 10년 정도 김천에서 살았다. 그러므로 결국 송설당의 삶은 서울로 상경하기 이전 김천 시절과 서울 체류 시기 및 귀향 시기로 나뉘며, 84년 일생 가운데 전반부 40년과 마지막 10년 등 모두 50년 정도를 김천에서 보낸 셈이다.

송설당은 김천에서 부친으로부터 한학과 한글을 배웠다. 그가 남긴 문집『松雪堂集』에 담긴 漢詩나 歌辭를 보노라면, 송설당이 한문과 한글을 공부한 사실만은 확실하다. 특히 여자라는 조건에서 그 정도의 글을 남길 수 있었다면 마음먹고 가르치고 배운 것임에 틀림없고, 능력도 만만치 않음을 알 수 있다. 그리고 만 27세에 재종제 최광익을 들여 아버지의 대를 잇게 한 사실도 김천 거주 시절의 일이다. 그러다가 31세 되던 1886년 6월 19일에 부친이 사망하자, 전라도 咸平 新光面 三泉洞까지 운구하여 안장하였다. '선산 아래에 안장'했다는 점에서 그곳에 유배되었다가 사망한 송설당의 조부 최상문의 묘소가 있음을 알 수 있다.

송설당을 이야기할 때 제기되는 대표적인 주제 가운데 하나가 혼인 문제이다. 두 동생은 모두 결혼하여 자식을 두었는데,[3] 송설당은 자녀가 없어서 결혼한 일이 없는 것처럼 여겨져 왔다. 실제로는 혼인한 사실은 있지만 오래 가지는 않은 것으로 보이고, 자신도 그것을 그리 드러내놓고 말하기

[3] 둘째는 文鎭源(본관 南平)에게 출가하여 아들 文孝永과 文友永을 두었고, 셋째는 曺宇永(본관 昌寧)에게 출가하여 아들 曺相傑을 두었다.

좋아하지 않았다.[4)]

다음 주제가 송설당이 김천에 거주할 무렵 살림살이 규모인데, 상경하기 앞서 이미 재산을 형성하기 시작했다. 물론 1910년대만큼 거부는 아니더라도 어렵지 않을 만큼 재산을 쌓기 시작했다는 뜻이다. 그런데 아버지의 서당 훈도 생활이 그리 돈벌이가 되는 일이 아님은 물론이다. 또 부친이 사망한 1886년은 송설당이 만 31세가 되는 시기인데, 단순하게 근검절약했다거나 바느질이나 농사만으로 유족할 만큼 재산을 만든다는 것은 불가능했다. 그 상황에서 그가 재산을 증식시킬 수 있던 데에는 일반적인 행로를 걷지 않았을 것이다. 이런 형편은 1930년 5월에 발간된 《삼천리》에 발표된 金壽吉의 글에서 "빈한한 書生의 가정에 태어나서 …… 직접 商路에 나서서(밑줄-필자 주) 여러 방면으로 千辛萬苦를 하여서……"라는 대목이 이를 뒷받침해 준다.[5)]

3. 上京과 入宮

송설당의 일생에서 최대 승부수가 바로 서울행이었다. 그의 상경은 오직 문중의 숙원 과제를 푸는 데 목표를 둔 것이었다. 그것을 해결하는 길이야말로, 門戶 보전 · 분묘수축 · 자손충효 相傳 · 화순최씨 번창 등이며, 이것

4) 송설당과 부부의 연을 가진 인물로 김천의 裵文玉과 상주 출신으로 오위장을 지낸 李瑢敎가 전해진다(박성수, 『조선의 부정부패 그 멸망에 이른 역사』, 규장각, 1999, 131~132쪽). 박성수의 책은 鄭煥德이 지은 「南柯夢」을 底本으로 삼아 당시 사회를 분석한 것이다. 정환덕은 경북 영천 출신이자, 김천의 봉계 남전에 우거하다가, 1890년대부터 1908년까지 고종의 측근이면서 侍從院 副卿을 역임한 인물인데, 당시 고종을 중심으로 벌어지던 일화를 기록하였다. 「南柯夢」은 믿기 어려운 내용도 있지만, 당시 덕수궁을 중심으로 벌어지는 망국의 과정을 정확하게 전해주는 장면도 있어 모두 허구로 돌려버릴 자료는 아닌 것 같다.

5) 金壽吉, 「崔松雪堂女史一代記-三十萬圓을 教育에」, 《삼천리》 제6호, 1930년 5월 1일, 48쪽.

이 일생의 축원이자 과업이라고 송설당 스스로가 밝혔다.[6)]

송설당의 상경 시기에 대해서는 자료에 따라 1894년에서 1896년 사이로 말해진다. 대개 1895년 후반이거나 1896년 초 정도로 보면 무리가 없을 것 같다. "東學亂에 살 수가 없어 난을 피해왔지요."라는 대담기사나,[7)] "병신년(1896년)에 상경했다."는 기사가 그를 뒷받침해준다.[8)]

서울에 도착한 뒤, 그는 積善洞에 자리 잡았다.[9)] 상경한 뒤 송설당은 오직 조상 伸寃問題 해결에 몰두했다. 그래서 고종이 러시아공사관에서 1897년 2월에 慶運宮(현 덕수궁)으로 옮길 무렵으로 짐작되는 시기에 송설당은 덕수궁의 '李某 과장'으로 알려지는 인물 부인(엄상궁의 친동생)과 친교 관계를 맺었다.[10)]

송설당의 삶을 완전히 바꿔 놓은 일대 사건은 뭐니 뭐니 해도 '영친왕 보모'가 된 사실이다. 그래서 송설당이라면 키워드(key word)로 단연 '영친왕 보모'라 말해진다. 그렇다면 어떻게 하여 그가 영친왕의 보모라는 신분이 되었을까? 영친왕이 1897년 10월 20일생이고, 태어난 장소는 덕수궁이었으니, 송설당의 입궁도 이 시기 덕수궁이었을 것은 당연하다.

전해지는 송설당의 입궁 전말은 두 가지가 있다. 우선 하나는 송설당이

6) 「즈술自述」 선대 묘소 찾아 봉축하는 일을 "십세전에 새긴 마음"이라 표현하였다.

7) 「교육사업에 희생한/ 최송설당 일생/ 전재산 삼십이만원으로/ 김천에 고보설치」, 《조선일보》 1931년 1월 1일자.

8) 「故崔松雪堂女史의 四十九日祭에 當하야」 3, 《동아일보》 1939년 8월 15일자.

9) 金壽吉, 「崔松雪堂女史一代記－三十萬圓을 敎育에」, 《삼천리》 제6호, 1930년 5월 1일, 49쪽. 그가 무교동에 살았다고 전해지는 시기는 1907~1908년, 즉 궁궐에 들어갔다가 나온 직후의 일이라고 생각된다. 1908년에 그의 거처가 麴洞, 즉 무교동이라는 사실은 당시 신문기사에서 확인된다(「文明女士」, 《대한매일신보》 1908년 1월 18일자).

10) 崔恩喜, 「잊지 못할 女流名人들」 18, 《한국일보》 1962년 5월 24일자. 이 글에 나오는 엄상궁 동생의 남편 李某 과장은 당시 전화과장으로서 고종의 측근으로 지냈다고 「남가몽」에 기록된 李圭讚인 것 같다. 《관보》에는 李圭贊으로 등장하고, 언제 첫 발령을 받았는지 알 수 없으나, 1899년 6월에 通信司電話課長이었다(《황성신문》 1298호, 1899년 6월 28일자).

강남에 있는 奉恩寺에 드나들며 엄상궁의 여동생과 가까웠는데, 엄상궁의 잉태 소식을 듣고 아들을 점지해 달라고 백일기도를 올렸고, 남다른 그의 정성이 엄상궁의 귀에까지 들어갔다는 이야기다. 게다가 산후용품을 최고급으로 준비해 두었다가, 영친왕이 태어나자마자 엄상궁에게 바쳐서 이를 높게 평가받아 입궁하게 되고 영친왕의 보모가 되었다는 것이다.

또 다른 한 가지는 「南柯夢」에 전해지는 사실이다. 그것을 요약하면 송설당이 영친왕의 출생을 現夢했다는 것이다.

> 엄상궁의 거처에 드나드는 문상궁을 알게 되고, 그로부터 아들이라는 胎占을 쳐줄 사람을 구한다는 이야기를 들은 송설당은 자신이 엄상궁의 生男에 대한 꿈을 꾸었다고 알렸다. 그러면서 "바라옵건대 해산 때 필요한 모든 물건은 소첩이 장만하여 올리려고 하오니 받아 주시도록 주선하여 주십시오"라고 부탁하였다. 이 소식은 엄상궁을 거쳐 고종에게 알려지고, 그것이 받아들여졌다. 그리고 영친왕 출산 이후 품계가 오른 엄귀인이 고부댁(송설당－필자 주)을 불러 소원을 물었고, 그 결과 이용교가 창녕군수(창원의 잘못－필자 주)로 자리를 얻게 되고, 뒤에 김해군수를 거쳐 진주목사(진주군수의 잘못－필자 주)가 되기도 했다.[11]

왕자 잉태에 대한 기원에 젖어 있는 엄상궁에게는 아들 잉태를 현몽했다는 사실만으로도 대단한 소식이었을 것이다. 더군다나 거기에 덧붙여 산후용품 일체를 장만하여 바치니 그에 대한 보답이 이용교의 관직으로 나타났다는 것이 이야기의 핵심이다.

'황세자 보모'가 된 과정에 대한 이야기가 뒷날 여류기자 崔恩喜에 의해 자세하게 정리되기도 했다.[12] 최은희 기자의 글은 송설당이 최고 인물인 고종에게로 다가가는 '계단정책'을 단계별로 설명한 글이다. 엄상궁이 잉태하였다는 소식을 들은 송설당이 왕자 탄생을 위해 백일 불공을 드렸고, 그 사실이 엄상궁의 동생을 통해 엄상궁에게 전해졌으며, 출산 예정일이 다가

11) 박성수, 『조선의 부정부패 그 멸망에 이른 역사』, 규장각, 1999, 140~146쪽.
12) 崔恩喜, 「잊지 못할 女流名人들」 18, 《한국일보》 1962년 5월 24일자.

옴에 출산에 필요한 물품 일체를 고급품으로 장만하여 진상하였고, 그 결과 영친왕의 보모가 되었다는 사실이 골자이다.

두 가지 이야기의 공통점은 송설당이 입궁하기 위해 노력한 사실이다. 목표 지점이 엄상궁이고, 접근 루트가 엄상궁의 동생이며, 접근 방법이 엄상궁의 生男기원과 최고의 출산용품 공급이었다. 왕자의 잉태를 학수고대하던 엄상궁과 고관과의 연결을 목표로 삼은 송설당 사이에 절묘한 만남이 이루어졌고, 마침내 송설당은 덕수궁으로 입궐하여 영친왕 李垠의 保姆가 되었다.

덕수궁에 들어간 송설당이 잠시도 잊지 않은 문제가 조상 伸寃이었다. 그것은 바로 입궐한 지 4년 만에 이루어진 復權이 그것을 증명해 주고도 남는다. 즉 1901년 11월에 고종황제가 '沒籍의 復權'을 내려준 것이다. 선조의 죄가 씻어진 것이요, 89년 만에 세상을 제대로 볼 수 있는 기회를 찾은 것이다. 그것만이 아니었다. 가문 중흥을 위한 송설당의 노력은 養弟 崔光翼을 英陵 참봉으로 만들었고, 뒤에 정3품으로 승격시켰다. 게다가 종형제 崔漢翼과 崔海翼도 6품 관직에 오를 정도였다.[13]

일단 조상을 신원시키자마자, 바로 증조부의 허묘를 만들었다. 고향땅 정주 어디에 묻혀 있을 증조부의 원혼을 달래고자 김천군 松雲洞(송정 뒷산)에 허묘를 만든 것이다. 그가 남긴 가사 한 편이 한 맺힌 심정을 헤아리게 만든다.

> "우리 증조 철천지원 자자손손 遺恨터니, 天日이 照臨하사 광무오년 신원되니, 冥冥幽魂봉안코자 衣帶棺槨 갖추어서 金泉郡 松雲洞에 緬奉하야 뫼셧세라"[14]

송설당에 대해 풀어야 할 다음 과제는 덕수궁에서 나온 시기다. 송설당

13) 「自述」.

14) 「松雲洞運石」.

이 궁 밖으로 나와 활동한 것은 1912년 무교동 94번지에 '松雪堂'이란 집을 지은 일이다. 그가 궁 밖으로 나온 시기는 이 보다 훨씬 앞인 것으로 생각된다. 일단 그가 1911년 이전에 궁궐에서 나온 사실은 그가 지은 가사 「感恩」에서 확인된다. 엄비가 세상을 떠났을 때에 장례에 참여하지 못하였고, 엄비의 大喪에 맞춰 김천에서 상경하여 엄비의 묘소인 청량리 永徽園을 찾아 참배하였던 것이다.[15]

그렇다면 송설당이 덕수궁을 나온 시기는 언제까지로 소급될 수 있을까? 이 문제는 일제의 침략과 관계된 것으로 세 가지 점에서 추정해 볼 수 있다. 첫째, '영친왕의 보모'라는 직책이 소멸된 일이다. 1907년 6월에 헤이그 밀사 문제가 터져 나오고, 9월 17일에 고종황제가 퇴위하였으며, 순종이 그 뒤를 이어 등극하였다. 그리고서 일제의 강요에 의해 12월 5일에 영친왕이 이토 히로부미에 이끌려 일본으로 출발하였으니, 이것이 어머니 엄비와의 영원한 이별이었고,[16] 송설당으로서는 '영친왕 보모'의 종결점이었다.

둘째, 일제가 통감부를 설치한 뒤로 정부조직에 대한 대대적인 정리 작업을 기획하고 나서면서 궁내부 조직에 대한 대대적인 정리를 들 수 있다. 1907년 11월 27일 궁내부 신관제의 발포로 경리원을 비롯한 다수의 궁내부 소속 院·司들을 폐지하고 관리도 대폭 감축하는 한편, 일본인을 궁내부 수뇌에 배치하였다. 궁내부에 대한 대대적인 정리 작업 속에 女官들도 당연히 줄게 되었을 터였다.

셋째, 1908년 1월 《대한매일신보》 기사에서 그의 거처가 서울 麴洞으로 확인된다.[17] 따라서 송설당의 궁궐 생활은 늦어도 1907년 말, 즉 영친왕이 일본으로 가던 시기에는 끝이 난 것으로 가늠된다.

그렇다면 송설당의 궁중 생활은 10년 정도라는 말이 된다. 그 10년 사이

---

15) 「感恩」, 『松雪堂集』.

16) 李王垠傳記刊行會, 『英親王李垠傳』, 東京:共榮書房, 1978, 71~72쪽.

17) 「文明女士」, 《대한매일신보》 1908년 1월 18일자.

에 송설당의 인생은 완전히 바뀌었다. 80년 동안 내려온 가문의 숙원이던 문제가 해결된 것이고, 다른 하나는 사회경제적인 그의 위상이 완전히 바뀐 것이다.

4. 재산 축적과 가문 중흥

1) 거부가 된 전말

송설당이 대단한 재력을 가진 시점은 궁궐에서 나오던 전후로 보인다. 재산 규모가 확인된 시기는 김천고보를 설립하고자 재단에 재산을 등록하는 과정에서 목록이 작성된 1930년이다. 하지만 그러한 재력이 갖추어진 시기는 궁궐에서 나오던 무렵이 아닌가 짐작된다. 1912년 무교동 94번지에 '松雪堂'이라는 큰집을 지었다던가, 곳곳에 많은 義捐金을 내놓은 것도 그를 의미한다.

여기에서 주목되는 점은 입궁 이전과 이후 그의 경제적인 삶이 크게 바뀌었다는 사실인데, 그렇다면 궁궐 생활이 결정적인 변화를 가져왔다는 의미가 된다. 여기에는 두 가지 설명이 가능하다. 하나는 궁중에 머물던 시기나 궁궐에서 나오면서 엄비로부터 토지를 받았을 것이라는 것과, 다른 하나는 남편이던 이용교가 창원과 김해 및 진주군수로 지내던 시기에 확보한 것일 수 있다는 점이다.

두 가지 가능성 가운데 우선 엄비와의 관계부터 살펴보기로 한다. 엄비는 영친왕을 낳고서 慶善宮이라는 궁호를 받았는데, 그곳에 많은 토지가 주어졌다. 따라서 경선궁 소속 궁방전이 전국에 걸쳐 무수히 많을 뿐만 아니라, 영친왕부에 속한 토지도 대단히 많았다. 엄비가 교육에 뜻을 두고 학교를 설립하고 나섰을 때 기부한 땅들이 그러한 것의 일부였다. 이런 정황은 송설당에게도 적용이 가능하다. 송설당이 궁중에 머물던 시절이나 궁궐을 나오면서 엄비로부터 상당한 양의 토지를 받았으리라는 짐작은 크게 잘못된 것이 아닐 것이다. 더구나 당시에 토지를 둘러싸고 문제도 많았다. 1907년 영친왕궁 소속 토지와 문서가 경선궁으로 이관되었다가 다시 東宮으로 이관되는 변화가 있기도 했다. 일제가 황실재산을 국유재산으로 정리하여 황실의 재정적 기초를 해체시키려 드는 과정에서 이에 맞서는 저항도 만만하지 않았던 것이다. 그렇지만 일제는 이를 그냥 두지 않았고, 끝내 궁내부 및 경선궁 소속의 토지들을 이관시켜 나갔다. 이러한 틈바구니에서 엄비는 경선궁과 영친왕궁 소유 토지를 교육 사업에 투입하기도 했지만, 다른 용도로 변경시키기도 하였다. 이러한 정황이 송설당의 토지 소유와 관련이 있지 않을까 추정해 본다.

두 번째 추정이 이용교의 경남지역 군수 재임과 관련된 것이다. 이용교는 1897년 4월 창원군수가 되고,[18] 1899년 8월 김해군수,[19] 1903년 진주군수가 되었다.[20] 재임 기간으로 보면 김해군수 재임 기간이 만 4년 정도로 가장 길었다.[21] 이러한 이용교의 군수 재임은 송설당에게도 토지소유에 대한 기회로 작용했으리라 짐작된다. 송설당의 재산 형성 과정에서 이용교와의 관련을 말해주는 자료도 있다. 즉 이용교가 창원군수가 되어 부임함에 따라 그는 '內位'의 지위로 수행하였고, 이어서 김해군수와 진주군수를 역임하는 동안 저축하여 재산을 모을 수 있었으며, 그러다가 이용교가 관직을 떠나고 사망하자, 송설당이 그 재화를 간직하게 된 것이라는 보도 내용이 그것이다.[22)]

18) 『고종실록』 1897년 4월 20일자. "受勅 昌原郡守四月三十日到任".

19) 《관보》 1333호, 1899년 8월 7일자.

20) 《관보》 2402호, 1903년 1월 29일자.

21) 이용교는 1905년 2월에 '수만냥의 돈을 부정하게 貪汚한 죄'로 투옥되었다가 12월에 석방되었다(『고종실록』 1905년 2월 10일자; 《관보》 1905년 2월 21일자; 《관보》 1905년 12월 19일자).

송설당이 소유한 토지는 몇 지역에 집중되었다. 김천이 대표적이고, 청원과 대전지역, 그리고 멀리 경남의 김해지역 등이었다. 특히 김해지역의 경우는 이용교의 김해군수 재임과 관련이 클 듯하고, 엄비의 경선궁 소유지와도 관련이 있을 가능성도 크다. 이러한 추정을 확인하기 위해 송설당이 소유했던 토지 일부를 가려 조사하였다. 송설당이 소유했다가 송설교육재단에 넘긴 김해지역 토지를 확인한 결과, 김해면 · 장유면 · 진영면 · 주촌면 등 지금의 김해지역 전반에 걸쳐 토지가 분포했고, 논과 밭, 잡종지, 대지 가운데 논이 가장 많았다. 재단에 남아있는 자료에서 김해지역 토지는 모두 154필지이지만, 그 가운데 극히 일부의 필지인 10필지만을 선정하여 舊登記를 열람한 결과를 보면 다음 표와 같다.

▍김해지역 소유지 내역(일부 표본 조사)

면	동리	지번	지목	地積(평)	등기 시기	등기 목적	비고
김해면	어방리	193	답	2,380	1913.10	소유권보존등기	餘慶坊後 麴洞
	어방리	224	답	449	1913.10	보존등기	위와 같음
	외동리	658	답	2,436	1909.06	사후증명	
	내동리	855	답	2,158	1909.06	사후증명	
	풍류리	268	잡종	1,417	1917.05	매매등기	소유권등기 직후
장유면	화목리	14	잡종	7,062	1919.10	보존등기	
	응달리	115	답	2,120	1909.06	分事로 轉字	
진례면	수가리	384	답	13,876	1909.10	分事로 轉字	
	수가리	440	답	6,756	1918.11	분할등기	
	송현리	129	답	1,199	1918.05	보존등기	

여기에서 보이는 등기 시기는 1909년이 4건, 1913년이 2건, 1917년 1건, 1918년 3건 등이다. 그런데 이들 시기가 송설당의 토지취득 시기라고 생각되지는 않는다. 왜냐하면 등기부의 첫 항목인 기재 이유를 보면 모두 토지를 당시에 처음으로 매입한 것이라기보다는, 실제로 소유한 뒤 시간적인

22) 「故崔松雪堂女史의 四十九日祭를 當하야」, 《동아일보》 1939년 8월 15일자.

공백이 있은 다음 뒤늦게 소유권을 보존하려고 등기한 것으로 보이기 때문이다.

그렇다면 황실재산 처분이라는 과정과 관련되었거나 이용교의 재임 시절 확보했을 가능성이 모두 가능하다. 과연 어느 쪽의 가능성이 더 크다고 단정 짓기는 어렵지만, 둘 다 가능한 이야기임은 확실해 보인다. 정리하자면 송설당이 대토지 소유자로 변신한 동기가 엄비의 양여에 의해 이루어진 것과 이용교 재임 시절 장악한 토지를 아우른 것이 아닌가 추정된다. 그렇지 않다면 1909년 혹은 1910년 무렵에 갑자기 그렇게 많은 토지 소유자로 변신할 수 없기 때문이다.

한편 송설당의 재산 형성과 왕실의 관계를 음미해 볼 수 있는 자료로는 송설당이 지은 가사와 신문보도가 있다. 우선 송설당이 지은 가사에서 엄비의 은혜에 감복하는 내용이 그것이다. 1913년 영휘원을 참배하면서 남긴 「感恩」이 그러하고, 육순을 맞아 지은 「自述」, 「追感」, 「重陽」, 「純獻貴妃輓」 등에서 한결같다. 송설당은 「自述」에서 엄비의 은혜가 태산같이 높고, 바다처럼 깊다는 것을 표현하였다. 그러면서 송설당은 그 은혜를 來世에서 반드시 갚겠다는 의지를 거듭 다짐하고 있었던 것이다. 엄비가 베푼 은혜는 여러 가지였을 것이다. 당연히 가문의 회복이 가장 앞서는 것이고, 거기에다가 재정의 도움이 컸으리라는 짐작도 가능하다. 조카들을 앞세우거나 혼자서 엄비의 묘소 永徽園을 자주 참배한 이유도 거기에 있었던 것 같다.[23] 「追感」에서 "永徽園을 향해 가서 鞠躬하고 배례한 후……"라고 읊었다. 또 1913(육순) 7월 엄비의 大朞를 맞아 김천에서 기차로 상경하였는데, 그 장면을 「感恩」이란 가사에도 담아냈다.[24]

그리고 1926년에 「崔松雪堂의 美擧」라는 기사도 송설당의 재산 형성과

23) "洪陵(명성황후 – 필자 주) 永徽(엄비 – 필자 주), 두 능원에 展拜하고 물러나와 錫胄 錫台 錫斗輩와 산보하여 돌아오니"(「重陽」).

24) 「感恩」.

왕실과의 관련성을 보여준다. "高宗太皇帝의 무한한 총애를 밧던 중"이라거나 "거룩하신 은혜를 입어서 모흔 재산을"(밑줄–필자 주)이라는 구절이 대표적인 내용이다.[25] 송설당이 근검치산으로 수십만 원의 재산을 모았다고 하면서도 거룩하신 은혜로 모은 것이라고 덧붙인 보도 내용은 송설당의 재산 형성이 왕실 재산과 관련 있음을 말해주는 대목으로 이해하는 데에는 결코 무리가 없을 것이다.

2) 가문 바로 세우기

(1) '송설당' 건축과 양자 입양

송설당은 1901년 궁중에서 증조부의 죄를 씻고 가문을 다시 일으킬 기초를 마련했다. 양제와 사촌들에게 관직까지 안겨준 송설당은 가문을 현창하는 사업에 힘을 쏟았다. 아마 궁궐에서 나온 직후라고 추정되는 1908년 5월에 그는 우선 부친의 묘소를 다시 손질하고 돌을 세웠다. 그리고 花樹會를 열고, 가문을 번듯하게 세우고자 원근 宗親에게 토지와 學資金을 주었다.[26]

그는 서울에서 확고하게 자리를 잡았다. 1912년 8월 서울 武橋洞 94번지(현 무교동 코오롱빌딩 자리)에 저택을 건립하고 松雪堂이라는 당호를 내건 것이다. "서북창문 열어놓고 인왕 북악 바라보니"라는 글도 바로 송설당에서 지어진 것임을 쉽게 알 수 있다.[27] 당시의 송설당 건물을 확인할 자료가 없어 규모나 형태를 짐작할 수 없다. 토지등기부에는 1935년에 행정구획 변경과 분할등기로 인하여 94번지가 8개 필지로 나뉜 것을 알 수 있다.

---

25) 「崔松雪堂의 美擧」, 《조선일보》 1926년 11월 16일자.

26) 「自述」; 崔恩喜, 「잊지 못할 女流名人들」 18, '詩文集을 最初로 펴낸 崔松雪堂女士', 《한국일보》 1962년 5월 24일자.

27) 「偶吟」.

12평에서 40평 사이에 잘게 분할된 토지의 지목은 모두 垈地이고, 전체가 234평이었다. 따라서 송설당이 들어선 대지가 234평이며, 그 어느 부분에 기와집이 들어선 것으로 짐작된다.[28)]

그는 '송설당' 건물을 짓기 바로 앞서 1912년 9월 양자를 맞아들였다. 1882년에 養弟로 맞아들였던 崔光翼에게서 만 11세가 된 둘째 아들 崔錫斗를 입양한 것이니, 양제를 받아들인 뒤 30년 만에 '崔養弟의 아들'을 양자로 삼은 셈이다. 앞서는 양제를 받아들여 아버지의 근심을 해결했다면, 이번에는 자신의 허전한 미래를 채운 것이다. 하지만 이 입양은 오래가지 않았다. 입양한 지 14년 지난 1926년 4월에 정식으로 '協議離緣', 즉 법적으로 입양 사실을 취소한 것이다.[29)] 주된 이유가 양자 최석두의 생활 태도 때문이었다고 전해진다. 일본으로 유학시켰는데, 우에노(上野)음악학교를 다닌 양자가 예술을 전공한 사람으로 형식에 얽매이지 않고 자유분방하게 움직이는 생활 자세를 보이게 되자, 철저하게 계산하고 꼼꼼하게 챙기며 살아온 송설당으로서는 이를 받아들이는 데 한계가 있었던 모양이다. 송설당으로서는 가슴 아픈 일이 아닐 수 없었을 것이다.[30)]

(2) 조상 묘소 확인과 단장 사업

송설당이 상경하여 가문의 '伸寃'을 달성했으니, 다음 과제는 조상 묘소를 찾는 일이었다. 회갑이 되던 1914(갑인년)을 맞아 2월(음)에 양제 최광익의 맏아들인 崔錫台를 정주와 선천으로 보냈고, 그 결과 104년 동안 잊어버

28) 이렇게 분할된 토지는 모두 1935년과 1936년 사이에 매매된 것으로 등기부에 정리되었다.

29) 양자였던 석두는 최송설당의 호적에서 삭제되고 김천군 김천면 황금정 76번지 12호 崔錫台에게로 復籍되었다(「제적등본」).

30) 송설당 묘소 상석 옆면에는 양자의 이름을 새겼다가 파양한 뒤에 그것을 깊게 파낸 자국이 명료하게 남아있다.

리고 내려온 8대조까지의 선조 묘소를 찾게 되었다.[31] 그 낭보를 받자, 송설당은 서울 加佐洞에 있던 석물공장에 부탁하여 석물 제작에 들어갔다. 송설당은 이를 기차에 싣고서 선조 묘소로 향해 서울을 출발하였다.[32]

그는 평안북도 宣川 梧木洞에 자리 잡은 고조부(崔鳳寬)의 분묘를 찾아 魂遊石 · 香爐石 · 望柱石 · 長大石을 모셨다. 이어서 동네의 노인들을 모셔 접대하고, 일가친척인 崔德弘에게 묘를 수호해 달라고 부탁하기도 했다. 이어서 8대조부터 6대조 묘소를 찾아 五里亭을 거쳐 定州驛으로 갔다. 白峴에 자리 잡은 8대조와 7대조의 묘소 앞에 석물을 안치하고, 제수 음식을 진설한 뒤 절을 올렸다. 이어서 6대조(崔世浩)가 계신 鳳鶴山 묘소를 찾고 석물을 안치하였다.[33] 또한 蛾眉山으로 향했으니, 아마 5대조의 묘소가 거기에 있었던 때문인 것 같다.[34] 이로써 송설당은 조상의 죄를 씻고 가문을 일으키면서 조상의 묘소를 찾아 석물을 안치하는 전통적인 문중의 현창 사업을 하나도 빠짐없이 마쳤는데, 마침 그해가 육순이 되던 1914년이었다. 어릴 때부터 切齒腐心 한스럽게 가슴에 담아온 숙원 사업을, 인생을 정리할 만한 나이인 육순에 이르러 모두 달성한 것이다.

3) 지극한 佛心과 자선사업

(1) 지극한 佛心과 施主

송설당은 독실한 불교 신자요, 전국 사찰에 시주를 많이 한 것으로 알려지고 있다. 그가 불교에 귀의한 시기를 명확하게 알 수는 없으나, 대개 서울에 올라간 이후이고, 특히 그 과정에서 엄비의 동생과 만나면서 궁궐로

31) 「自述」; 「累代先墓奉審及立石記事 送錫台之定州宣川先墓奉審」.

32) 「先墓立石經營」.

33) 「白峴及鳳鶴山省墓」.

34) 「葛峴省墓」.

들어가는 계기가 마련된 것으로 알려지고 있다. 그렇다면 사찰에 대한 시주는 역시 궁궐로 들어간 이후이며, 특히 궁궐에서 나온 뒤에 집중된 것으로 보는 것이 옳겠다. 입궁하기 전에 그가 다닌 사찰은 서울 강남 무역회관 바로 뒤편에 있는 奉恩寺로 알려진다.

송설당의 佛心은 상당히 깊었다. 그러한 내용을 보여주는 단적인 사례는 1930년 2월에 김천고보 설립 계획을 확정하면서 작성한 계약서에서 찾을 수 있다. 그 계약서 내용은 장례를 불교식으로 치르고, 시신을 화장하여 석함에 안치하여 미리 만들어 둔 묘소에 안장할 것이며, 貞傑齋 대청마루에 불상을 봉안하라는 것이었다.[35] 특히 불상을 봉안하라는 대목은 정걸재를 법당으로 꾸미고 불상과 함께 자신을 봉안하라는 말이다. 사찰에서 자신의 영생을 기원하는 것 대신에 자신이 살던 정걸재 자체를 사후에 法堂 형식의 祠堂으로 만들라는 것이니, 바로 뒤편에 자리 잡은 묘소와 그 앞의 법당, 그리고 그 아래 김천고보라는 講堂을 두는 구도인 셈이다. 한 가지 흥미로운 사실은 불상을 봉안하면서 그 좌우에 '李王殿下'와 '李王妃殿下', 즉 영친왕의 내외와 송설당 자신의 尊位를 봉안하고, 養弟 최광익 및 여동생의 위패를 모시라고 규정한 부분이다.[36] 영친왕과의 관련성과 가계 계승을 위해 종손인 養弟, 그리고 자매들의 관계를 보여주는 대목이다.

송설당의 사진 자료 가운데 盛裝한 것이 눈에 띈다. 늦어도 1926년 이전에 촬영된 이 사진을 보면,[37] 머리에 족두리를 쓰고, 한복으로 치장했는데, 보통 한복이 아님을 쉽게 알 수 있다. 梵語로 가득 장식된 긴 옷고름을 앞에 드리운 이 사진은 전통 한복에다가 불교식 장식을 가미한 것임을 보여준다. 이 사진은 그와 불교와의 관계를 말해 주는 것인데, 일반적으로 사찰

35) 「契約書」, 『松雪六十年史』, 1991, 257쪽.

36) 「契約書」, 『松雪六十年史』, 1991, 257쪽.

37) 이 사진이 《조선일보》 1926년 11월 16일자 기사에 등장하는 것으로 보아 그 이전에 찍어둔 것임을 알 수 있다.

에서 승도들을 부르는 '보살님'이 아니라 실제 '보살'의 경지에 오른 인물인 것처럼 여겨진 것일지도 모르겠고, '活佛'이라 평가되던 일이 우연이 아닌 듯하다.[38]

그는 전국의 많은 사찰에 시주했는데, 규모도 상당했던 모양이다. 1911~1912년에 전국 30개 本山 사찰에 많은 금액을 시주했다고 보도된 것도 그러한 정황을 말해주는 사례 가운데 하나다.[39] 육순이 되던 1914년에 약을 복용하기 위해 청암사를 방문했다거나,[40] 동문 밖 永導寺를 방문한 이야기,[41] 1915년에 경남 창녕군의 화왕산 기슭에 있는 道成庵 아래 거대한 바위에 새겨진 큼직한 글씨로 '崔松雪堂'이라고 새겨진 각석도 마찬가지다.[42] 송설당의 시주는 이것만으로 그치지 않는다. 다만 일일이 확인할 수 없을 뿐인데, 법주사의 福泉庵 경우도 그러하다. 복천암에 송설당이 시주한 80cm 높이의 두 개의 큰 燭臺와 명문이 새겨진 冥器도 그런 것 가운데 하나이다. 또 북한산에 남아있는 각석도 그러한 결과 가운데 하나가 아닌가 짐작된다.

그런데 한 가지 눈여겨 볼만한 것은 청암계곡의 각석이나, 창녕 火旺山 道成庵, 북한산의 '최송설당'이라는 각석의 글씨는 가로든 세로든 대개 1m 정도의 길이인데, 그 서체가 거의 동일하다는 점이다. 그렇다면 이 모든 것이 평소 송설당과 관련된 글씨를 도맡았던 惶堂 金敦熙의 작품이 아닐까 생각되기도 하고, 혹은 도성암 각석에 덧붙여 새겨져 있는 李東魯의 글씨일 수 있다는 생각도 든다. 그리고 금강산에도 '崔松雪堂'이라는 대형 글자가 새겨진 각석이 남아있다는 이야기가 전해지는데,[43] 이것도 그가 楡岾

38) 「故崔松雪堂女史의 四十九日祭를 當하야」 1, 《동아일보》 1939년 8월 12일자.

39) 「故崔松雪堂女史의 四十九日祭를 當하야」 3, 《동아일보》 1939년 8월 15일자.

40) 「청암〈」; 「青巖寺」.

41) 「永導寺賞蓮花」.

42) 창녕 화왕산 도성암 아래에 있는 바위 글씨 "최송설당" 글자 옆에 조그만 글씨로 "大正乙卯春 李東魯"가 새겨져 있다. 한편 이 지역에서는 최송설당이 명성황후의 총애를 받던 무당으로 전해지고, 그래서 그 바위는 무속인들이 치성드리는 곳이 되었다고 전해진다(河正求의 증언, 前창녕문화원장, 창녕읍 말흘리 산1-2 거주).

寺 · 表訓寺 · 正陽寺에 대한 漢詩를 남긴 점이나,[44] 평남 안변의 釋王寺도 모두 시주와 관계된 사찰로 여겨진다.[45]

송설당의 시주 이야기에 김천의 淸巖寺에 대한 시주가 가장 대표적이다. 금세기에 들어 청암사가 새로운 면모를 보인 계기는 大雲堂의 활약에 의한 것이다. 즉 바로 이 대운당과 송설당의 만남이 오늘의 청암사를 가져온 결정적인 계기로 여겨진다.

> "고종(광무가 옳다－필자 주) 9년(1905년) 당시 주지 대운당 스님이 잠결에 빨간 주머니를 얻는 꿈을 꾼 후 한양에 가니, <u>어느 노보살님</u> 한 분이 자신이 죽은 후에도 3년 동안 염불해 달라고 부탁하며 <u>대시주</u>를 하였습니다. 이리하여 대운당 스님은 쇠락한 극락전을 다시 중건하고 萬日會를 결성하여 극락전을 염불당으로서 염불소리가 끊어지지 않았다고 합니다."[46](밑줄－필자 주)

여기에 나타나는 '어느 노보살님'은 송설당임이 거의 확실하다. 왜냐하면 청암사 일주문을 들어서기 전 200여 m 앞에 세워진 시주비가 그 사실을 증명하고도 남기 때문이다. 높이 1미터가 약간 넘는 자연석 표면을 갈아서 비문을 새겨 넣을 직사각형의 반듯한 공간을 만든 뒤 '大施主 崔松雪堂'을 새겨 넣었다. 제작 시기를 경신년 暮春이라 했으니 1920년 늦은 봄이다.[47]

---

43) 『松雪六十年史』, 1991, 256쪽.

44) 「表訓寺凌波樓」·「楡岾寺山映樓」·「正陽寺歇惺樓」.

45) 「釋王寺」.

46) 「청암사 소개」(http://chungamsa.org).

47) 대운당과 송설당이 만난 시기가 언제인지 정확하지 않다. 청암사의 인터넷 홈페이지에 제공된 자료에는 그 시기가 1905년인 것처럼 표현했지만, 시주 공덕을 기리는 각석은 1920년에 세워졌으므로 차이가 있다. 청암사가 대화재를 입은 마지막 시기가 1911년 9월 21일 밤이다. 따라서 1920년에 세워진 공덕비는 1905년 시주에 대한 것이 아니라, 1911년 대화재 이후에 투입된 거금의 '대시주'에 대한 보답일 가능성이 크다. 혹은 1905년 무렵에 1차 시주가 있고, 1910년대 중후반에 다시 대규모 시주가 있은 것으로 이해할 수도 있다. 청암계곡 암벽에 새겨진 '崔松雪堂'이라는 글씨도 그러한 사연을 담고 있는 것 같다. 뒷날 송설당이 김천고보 설립의 뜻을 밝힘에 따라 후원회가 결성될 때, 大雲堂이 참가한 사실도 그 인연에서 나온 것 같다.

(2) 자선사업

송설당의 자선사업은 널리 알려져 왔지만, 그것이 언제부터 시작되었는지 확실하게 알 수 없다. 다만 기록에는 그의 첫 의연금 납부가 1908년 1월에 있었던 것으로 확인된다. 덕수궁을 나온 직후라고 생각되는 이 시기에 그가 의연금을 납부한 소식이 《대한매일신보》에 「文明女士」라는 제목으로 보도될 정도였다.

> 麴洞居하난 有志婦人 崔松雪堂이 共立新報를 購覽하다가 其慷慨激切한 議論을 恒常感歎不已하더니 今番 平壤에서 諸婦人이 共立新報捐助金 募集하는 趣旨書를 傳布하매 崔婦人이 同情을 表하기 위하야 本社에 金四圓을 傳致하얏스니 該婦人의 文明에 有志는 참 感歎할만 하더라[48]

그리고 1910년대 초반에 송설당은 김천 校洞의 주민을 구휼하기 위해 벼 50석을 희사하여 소작인들로부터 慈母로 추앙을 받았다고 전해진다.[49] 또 1915년에는 京城婦人會에 거금을 기부하고 日本赤十字社 특별회원이 되었다고 전해진다. 이어서 1917년(63세)에 어머니 鄭氏가 사망하였는데, "淨財를 育英에 써라."고 당부하였다고 한다. 그리고 이해에 金泉公立普通學校에 기부함에 따라 총독이 포상한 일이 있고, 금릉유치원과 금릉학원에도 유지비를 기부한 것으로 전해진다.[50]

송설당이 본격적으로 사회사업에 나서려던 계획이 일반인들에게 알려진 사실은 1926년 신문기사를 통해 확인된다. 「崔松雪堂의 美擧」라는 표제로 보도된 기사는 "國恩을 報答코자 社會事業에 投資", "자긔가 모흔 재산을 푸러 고아원 등을 설립하랴고"라는 부제를 달았다. 이 기사 끝 부분에서 송

48) 「文明女士」, 《대한매일신보》 1908년 1월 18일자.

49) 『松雪六十年史』, 1991, 322쪽.

50) 『松雪六十年史』, 1991, 322쪽.

설당이 평소 소작인들에게 너그러웠고, 그래서 친부모와 다름없이 칭송을 받았다는 사실이 확인된다. 그리고 '남자도 아닌 여자'가 72세의 고령임에도 불구하고 자신의 전 재산을 사회사업에 투자하기로 결심한 사실을 전하는 이 글은 송설당의 계획이 고아원이나 유치원 설립에 있다는 점도 알려주고 있다. 아울러 이 기사는 '거룩하신 은혜를 입어서 모은 재산을 은혜롭게 사용하여 국은을 갚겠다'는 그의 다짐도 담고 있다.[51]

그렇다면 송설당이 1920년대 중반을 넘어서면서 일생을 정리하는 작업 가운데 마지막 일이라고 할 수 있는 재산정리 방법으로 사회사업과 육영사업을 염두에 두고 있었고, 일단 그러한 계획을 실행에 옮기려 했던 시기가 1926년 말이라 짐작된다. 1929년에 김천의 금릉학원과 금릉유치원에 일백원씩 기부금을 냈던 일은 그러한 연장선에서 있었던 조그만 사례에 지나지 않을 것 같다.[52]

5. 晩年 정리 작업과 육영사업 구상

1) 晩年 정리 작업

송설당은 서울에서 자리 잡았지만 김천과 서울을 여러 차례 거듭 내왕하였다. 1907년 말 무렵에 덕수궁을 나온 그가 국동(무교동)에 거주하던 사실이 1908년 1월에 확인된다. 이후 서울의 거처를 확고하게 만든 것이 1912년 국동, 즉 무교동 94번지에 세운 '송설당'이었다. 이곳을 주된 거처로 삼은 그는 부지런히 서울과 김천을 오르내렸다. 그러면서 그는 점차 만년을 맞는 준비에 들어갔다. 우선 만년을 보낼 거처를 김천에 마련한다는 생각을

51) 「崔松雪堂의 美擧」, 《조선일보》 1926년 11월 16일자.
52) 《동아일보》 1929년 9월 18일자.

굳혀 나갔다. 만 65세가 되던 1919년에 그가 김천시 부곡동 뒷동산 고성산록에 古阜齋室 '貞傑齋'를 지은 이유도 거기에 있었다.

정걸재는 正寢과 翠白軒이라는 부속 건물로 구성되었다. 정걸재는 '冂' 형태의 1층 기와집이다. 북쪽을 바라보는 산기슭에 북향으로 세워진 이 집은 중앙에 마루가 있고, 양편에 대칭으로 방과 마루를 각각 하나씩 두었다. 왼편 안쪽 방이 송설당의 방이고, 그 앞은 응접실이었으며, 반대편은 주로 서재로 사용되었다. 지금까지 남아있다면 대단히 귀중한 유형문화재가 되었을 이 건물이 불행하게도 한국전쟁 당시에 화재로 소실되었다. 겨우 사진이 그 모습을, 또 주춧돌이 규모와 형태를 알려주고 있을 따름이다.[53] 한편 1935년에 지어진 취백헌은 안채이면서 송설당이 식사하던 곳이고, 그의 일상생활을 뒷바라지하던 가족과 친인척이 살던 곳이기도 하다.

송설당은 정걸재를 세운 그 다음 해, 즉 1920년에 그 정걸재 바로 뒤편에 자신이 묻힐 假墓를 설치함으로써 일생을 마무리하는 手順을 일단 마친 셈이었다. 가묘에 石函을 준비한 사실은 불교식 화장을 전제로 한 것이니, 장례 방법까지 스스로 결정하였던 것이다. 1919년에 건립한 정걸재가 만년을 보낼 고향의 陽宅이라면, 가묘 준비는 이승을 떠난 뒤 머물 영원한 안식처인 陰宅인 셈이었다. 이제 마지막 행보가 자신의 글을 정리한 사업인데, 그의 삶을 회상하며 노래하거나 유명한 인사들에게 부탁하여 받은 글을 모두 담아 문집을 펴냈다. 1922년 12월 1일 3권 3책으로 발간된『松雪堂集』이 그것인데,[54] 국내만이 아니라 외국의 유명 도서관에도 발송되었다고 전해진다.

그렇다면 이제 남은 일은 오직 한가지이다. 엄청난 재산을 처리하는 것이 바로 마지막 과제였다. 조상의 묘소를 정비하고 섬기는 사업을 마무리

---

53) 이 건물에 사용된 돌은 황경석이며, 벽돌은 평양에서 제작된 것이고, 건축비가 5만 원이었다고 전해진다. 김천고보 설립시에 본관 건물 건축비가 5만 원이었던 것을 비교해 보면, 대단히 거금을 들인 공사임을 알 수 있다(이근구 증언).

54) 1권은 漢詩, 2권은 가사, 3권은 부록으로 구성되었다.

했고, 자선사업에도 기여했으며, 많은 사찰에 시주하기도 했다. 그리고서 60대 중반을 넘기던 그에게 남은 과제가 재산을 정리하는 것이었다. 실제로는 김천고보 설립이 마지막 단계이지만, 1920년대까지는 아직 그의 뇌리에 그것이 확실하게 자리 잡지는 않았던 것 같다.

2) 1920년대 전반의 육영사업 계획

송설당이 학교를 건립하겠다는 계획을 확정한 시기는 1930년이다. 그렇다면 그가 언제부터 그러한 계획을 마음에 담기 시작했는지 궁금하지 않을 수 없다. 일단 그가 김천고보 설립을 다짐하고 李漢騏와 계약을 맺은 날이 1930년 2월 23일이니, 여기에서 소급해 볼 수 있겠다.

송설당이 본격적으로 교육 사업에 관심을 가진 시기는 1920년대였다. 물론 그 이전에도 교육에 전혀 관심을 가지지 않았다는 말은 아니다. 교육에 남다른 관심을 갖고 투자했던 엄비와 그의 관련성을 생각해보더라도, 일단 그가 교육 문제에 얼마간 관심을 가진 것은 사실일 것이다. 그런데 그는 우선 조상의 위상을 살려내는 일에 매달렸고, 이어서 사찰 시주와 자선사업에 주목하였다. 그런 뒤에 그가 고향에 교육기관을 설립하겠다는 의견을 마음속으로나마 가지게 된 시기는 일단 1920년대에 들어서 가능해 보인다.

1920년대에 그가 가진 육영사업 계획은 고아원이나 유치원을 설립하는 것이었다. 1926년에 "재산 전부를 사회적 사업에 투입하기로 결심하고 고아원 혹은 유치원을 설립하여 부모 없고 가엾은 아이들을 교양하기 위해 늙은 몸을 바치고 가진 물질을 희생한다."는 계획을 담아낸 기사 내용이 그를 말해준다.[55] 그렇다면 일단 1926년까지는 그가 김천고보 설립에 뜻을 두지 않았다는 말이 되고, 1926년 이후 1930년 사이에 전기가 마련되었다는

55) 「崔松雪堂의 美擧」, 《조선일보》 1926년 11월 16일자.

말이 된다.

송설당의 김천고보에 대한 인식과 자세는 3단계로 변화해 갔다. 김천고보 설립운동에 대한 이야기를 전해 듣고, 또 이에 기부할 것을 요구받은 것이 첫 단계요, 이에 대해 회의한 것이 두 번째 단계이며, 단안을 내린 것이 마지막 세 번째 단계이다.

3) 김천고보 설립 권유에 대한 고민

1920년대 주요 도시에서는 고등보통학교를 설립하려는 운동이 일어났다. 1900년대에 신교육을 표방하는 학숙 · 학당 · 학교가 설립되고, 1910년대에 보통학교로 편제되면서 1면 1교제로 나아가게 되고, 1920년대에 들어 고등보통학교 설립운동이 일어났다. 그러나 대개 일제 측의 방해공작으로 주저앉고 말았으니, 안동의 경우가 대표적이다. 경북 북부지역 8개 군이 협력하여 안동고보를 설립하자는 운동이 안동군청의 방해공작으로 마감된 것이다.

김천에서도 1923년 1월에 고등보통학교설립기성회가 논의되기 시작했다. 일시 중단되다가 1924년에는 발기인회를 재개하여 30만 원이라는 기금 목표를 내걸고 활동하였으나 성과를 거두지 못했다. 이어서 1925년에도 고덕환을 비롯한 중심 인물들이 기성회를 추진하다가 중단되었으며, 1928년 3월 29일에 가서야 비로소 김천고등보통학교기성회가 창립총회를 가질 수 있었다. 하지만 학교 설립에 대한 이들의 열망과는 달리 자금력은 턱없이 부족한 것이었다. 뜻만 있고, 실행력이 없는 형편이었다. 그러니 이들이 김천 출신으로서 재산이 많다고 알려졌을 송설당을 주목한 것은 당연한 일이었다. 동향 출신이자 거부로 알려진 그에게 동참을 호소하거나 사업 자체를 권유하는 일은 지극히 자연스러운 것이다. 그렇지만 당초 송설당은 김천고보 설립에 대한 적극적인 의도가 없었다. 육영사업에 대한 뜻이 없던 것이 아니라, 고아원과 유치원 설립 정도로 생각하고 있었기 때문이다. 그 이유 가운데 하나가 자신의 자금력이 거기에 미치지 못한 것으로 판단한 것이라 짐작된다. 왜냐하면 송설당은 김천고보 설립에 필요한 금액을 30만 원이라 생각하고, 미리 자신의 재산이 여기에 미치지 않는다고 판단한 것 같다.

그렇다면 30만 원이라는 금액은 어디에서 나왔을까. 1924년에 김천고등보통학교설립기성회를 준비할 때 기금 목표로 세워진 금액이 30만 원이었다. 이것은 1922년 11월 12일에 세워진 100평 규모의 금릉청년회관을 세우는 데 1만 원이 들었던 점을 감안하여 산출된 금액이었다.[56] 30만 원을 산정했다는 사실은 3천평 규모의 학교를 세우겠다는 계획이라는 말이다. 송설당이 김천고보 설립이 자신의 능력을 넘는 것이라 짐작하고 고개를 저었을 때는 이미 30만 원으로 추산되던 이야기를 들은 뒤였을 것이다.

송설당이 김천지역 인사들의 의사를 물리친 데에는 또 다른 두 가지의 이유가 있었다. 하나는 1928년, 즉 김천지역에서 고등보통학교 설립운동이 절정기를 지난 시기에 송설당이 자신의 재산을 해인사에 시주하겠다고 약속했다고 전해지는 것이 바로 그 내용이다. 남다른 佛心으로 일찍부터 전국의 사찰에 시주해 왔던 송설당이 인생을 정리하면서 전 재산을 들어 해인사에 시주한다는 계획은 충분히 가능한 이야기이다.[57] 또 다른 한 가지 이유는 송설당이 1928년에 유치원과 여자보통학교를 설립하겠다는 뜻을 가지고 있었기 때문이다. 이러한 사실은 당시 김천에서 사법서사로 활동하던 李漢騏에게 유치원과 여자보통학교 설립과 경영에 대한 내용을 조사해 달라고 부탁했다는 이야기에서 드러난다.[58]

---

56) 金陵青年會館落成及創立紀念式(壬戌年 11월 12일자) 사진, 『松雪六十年史』, 1991, 255쪽.

57) 당시 해인사의 주지는 李晦光으로, 일본의 曹洞宗을 끌어 들여 우리의 불교를 거기에 병합시키려는 계획을 세우고 밀고 나간 인물이다.

58) 『松雪六十年史』, 1991, 256쪽.

이상의 이야기를 종합하면, 송설당은 1928년까지 자신의 재산을 해인사에 시주하는 것과 유치원·여자보통학교를 설립하는 두 가지 방향으로 가닥을 잡고 있었다는 말이 된다. 그러다가 변화가 나타난 것이 1929년 8월에 나타났다. 신임하던 이한기를 비밀리에 상경시켜 자신의 재산을 조사하여 평가해 보라고 주문하였다. 이한기는 평가에 앞서 그 목적이 궁금하였고, 이를 탐문하던 끝에 해인사에 시주하기 위한 행보라는 사실을 알았다.

6. 김천고보 건립

1) 재단 설립 결정

송설당이 해인사 시주에서 김천고보 설립으로 방향을 전환한 시기는 1930년 새해 벽두라고 짐작된다. 그렇다면 무엇이 그로 하여금 마지막 결단을 가져왔을까? 무엇보다 자신의 정확한 재산평가 결과가 중요하게 작용한 것으로 보인다. 그가 김천고보 설립에 반대한 것이 아니라 30만 원이라는 필요 경비를 듣고 자신의 역량 밖이라고 생각했던 터였는데, 평가 결과가 30만 원을 넘는다는 사실에 급선회한 것이라 여겨진다.

여기에 주요 인사들의 설득 작업도 주효하였던 것 같다. 당초 이한기가 송설당으로부터 재산 조사와 평가 작업을 부탁받고서 조사 작업에 들어가는 한편으로, 해인사 시주를 목적으로 재산 조사 작업에 들어간다는 사실을 김천고보 설립운동에 앞장서고 있던 高德煥에게 알렸고, 자금 전환의 방안 모색에도 들어간 것이다. 그 결과 송설당과 인연을 가진 유력 인사들이 거의 총동원 되다시피 하였는데, 이때 활약한 인물로 萬海 韓龍雲과 변호사 李仁이 대표적이다.[59)]

이처럼 송설당이 김천고보 설립을 작정하고 나선 시기는 1929년 말에서

1930년 초 사이였다. 1929년 전반기까지는 김천고보를 설립하는 데 자신의 전 재산을 투입한다는 계산을 갖고 있지 않다가, 1929년 후반기에 해인사 시주를 단행하기 위해 재산 조사와 평가 작업에 들어간 도중에 변화가 나타난 것이다. 그러면서 김천고보 설립을 도모하던 인사들이 산정한 필요 금액 30만 원을 넘는다는 사실에 송설당이 고무되고, 특히 믿을만한 인사들이 설득해 오자 방향을 선회한 것으로 정리된다.

송설당은 1930년 2월 23일자로 이한기와 계약서를 작성하였다. 30만 원의 금액으로 '金泉中等學校'를 경영할 목적으로 법인을 구성한다는 방침과 그 임무를 이한기에게 위임한다는 전제 아래 9개 항목으로 된 「계약서」를 작성한 것이다. 내용의 골자는 송설당 생계비 지급, 사후 장례와 제사 및 재단 명칭 등을 규정하는 것이다. 양자를 받아들여 제사를 받들게 하려다가 罷養함에 따라 제사지낼 주체가 없어졌는데, 설립될 재단법인과 학교가 그것을 담당하라는 뜻이다. 그리고 전 재산을 희사하는 형편이므로 재단이 생계비를 지급한다는 항목도 들어갔다.[60)]

이어서 「約定書」도 작성되었다. 302,100원이라는 총액과 세부내역이 제시되었는데, 예금된 자금 10만 원과 전국에 산재한 논과 밭, 그리고 임야 등 부동산 202,100원이 골자이다. 이 계약서에 이사(감사)진도 포함되었다. 崔錫台 · 崔東烈 · 高德煥 · 李漢騏 · 金鍾鎬 · 曺相傑 · 文昌永 등 7명이 그들이다.[61)]

최석태는 양 동생의 아들이니 친가의 종손인 셈이고, 고모인 송설당을 가장 가까이에서 모신 인물이다. 앞에서 본 것처럼, 송설당이 최석태로 하여금 선조들의 죄가 풀린 뒤에 평북 정주로 보내 선조들의 묘소를 찾게 만

59) 『松雪六十年史』, 1991, 256쪽.

60) 「契約書」(김천중 · 고등학교 소장).

61) 「約定書」에는 文昌永이, 재단정관에는 文穆永이 이사 혹은 감사로 기록되어 있는데, 같은 사람이다.

들기도 했다. 특히 최석태는 종손이라는 위치와 서울 시절부터 임종 때까지 송설당을 모신 처지였으므로 재단이사들 가운데서도 집안을 대표하는 위치에 있었다고 생각된다. 그리고 최동렬은 재종질(7촌 조카)이고, 조상걸과 문창영은 여동생의 아들이니, 모두 친인척인 셈이다. 나머지 3명은 모두 지역 유지였으니, 고덕환이 김천고보 설립을 위해 일찍부터 활약하던 대표적인 인물이요, 이한기는 이미 송설당의 신임을 받아온 인물이며, 김종호는 경성의학전문학교를 졸업하고 김천에서 回生醫院을 경영하던 의사였다.

이 사실이 중앙 일간지를 통해 바로 세상에 알려졌고, 칭송의 소리가 전국으로 확산되었다. 양대 일간지는 2월 26일자로 그 소식을 보도하였고, 의미를 찬양하는 논설을 연거푸 실었다. 이어서 2월 23일자로 작성된, 전 재산 302,100원을 희사한다는 최송설당 「성명서」와 3월 1일자로 발표된 '재단법인 송설당교육재단 김천고등보통학교 창립사무집행자' 7인 이름의 「포고문」 全文이 함께 보도되었다.[62] 그러자 김천에서는 4월 1일에 김천고등보통학교후원회가 결성되었다. 1920년대를 줄곧 풀지 못한 채 넘어온 숙원사업이 바야흐로 눈앞에 현실로 나타나는 단계가 된 셈이다. 김천고보 설립운동 본부를 이한기의 주소(대화정 299-1)에 두고 본격적으로 밀고 나갔다. 그러나 好事多魔라는 말처럼, 장애가 나타났다. 조선총독부가 반대하고 나선 것이다.

2) 日帝 반대를 극복

일제는 인문계 학교 증설을 억제하는 정책을 폈다. 이에 따라 경상북도 학무과는 김천고보 설립 신청에 대해 김천고등보통학교가 아닌 상업이나 농업학교, 즉 실업학교로 방향을 바꾸라고 요구하고 나선 것이다.

---

62) 《동아일보》 1930년 3월 5일자.

여기에서 송설당의 자세는 결정적인 것으로 여겨진다. 인문계 고등보통학교가 아니라 실업계 학교라면, 아예 기부 사실 자체를 취소하겠다고 배수진을 치고 나온 것이다. "고보학제 변경에 절대 불응 결의"라거나 "고보가 아니면 기부 취소할 터"라고 보도된 내용이 그 사실을 전해준다.[63] 일을 추진하던 인물 가운데에는 더러 이를 받아들이자는 타협책을 들고 나왔지만, 송설당의 자세는 단호했다. 민족을 살려낼 인재를 양성하자면 실업학교가 아니라 인문계 학교를 설립해야만 한다는 것이 송설당의 확고부동한 생각이었던 것이다.

5월에서 6월 사이에 추진 세력과 경상북도 사이에 공방전이 펼쳐졌다. 학교 설립을 위한 공식적인 발표가 나온 뒤 한 달 만인 3월 24일자로 「설립허가원」을 경상북도에 제출하였다. 이어서 受任理事, 즉 임무를 부여받은 이사들이 부지런히 경상북도 학무과와 씨름을 벌였다. 그러나 일은 쉽게 진척되지 않고, 진정하는 사람과 이를 거부하는 경상북도 사이에 갈등마저 벌어졌다. 그러는 사이에 송설당은 고향에서 살겠다며 1930년 6월 29일 김천으로 내려왔다. 김천역 앞에는 화환과 취주악대를 앞세운 환영인파가 인산인해를 이루었다. 그가 김천고보 건설 예정지 뒤편에 자리 잡은 정걸재로 향하는 길가에는 사람의 물결이 넘실댔다.[64]

송설당이 정걸재에 定住한 사실 자체가 수임이사들로 하여금 분발하게 만든 모양이다. 본질적으로 조선총독부의 방침을 고치지 않고서는 목표를 달성할 수 없다는 판단에 이른 송설당은 결국 사이토 마코토(齋藤實) 총독의 아내 사이토 하루코(齋藤春子)를 만나 협상을 벌였다.[65]

---

63) 《조선일보》 1930년 5월 18일 · 6월 5일자.

64) 바로 이 길은 김천고보 설립 50주년을 맞은 1981년에 '松雪路'라는 이름을 가지게 되었다.

65) 1939년 6월 16일에 송설당이 별세하자, 齋藤實(당시 총독과 내각총리대신 역임하고 퇴임)의 부인인 齋藤春子가 弔電을 보내온 것도(《동아일보》 1939년 6월 25일자) 이러한 인연 때문이라 짐작된다.

그리하여 1930년 후반에 들면서 점차 다시 희망이 나타나기 시작했다. 조선총독부가 기존 고등보통학교 제도를 일부 수정한 뒤에 김천고보를 여기에 맞추어 설립시킨다는 방안을 들고 나온 것이다. 그리하여 조선총독부는 1930년 10월 말에 들어 김천고보 설립을 허가하는 쪽으로 방향을 선회하였고, 1931년 1월에 고등보통학교 규정 일부를 개정하여 인문계 학교에 실업 과목을 교과과정에 첨가하였다.

그런데 밀고 밀리는 과정에서 송설당이 기부한 금액에 차이가 나타났다. 당초 제시했던 재산이 302,100원인데, 320,000원으로 증액된 것이다. 설립이 1년 밀리게 되자 기본금 302,100원에다가 1930년도 수익예상금 26,000원을 합친 예산안을 마련했는데, 물가 저락과 곡물 감소로 16,000원 부족분이 생겼다면서 조선총독부 학무국이 제동을 걸고 나왔다. 이에 송설당은 자신의 서울 처소인 '송설당' 집을 내놓는다고 선언하고 나섰다. 그 평가액이 23,000원이므로 조선총독부의 이의 제기를 막아내는 데 충분한 것이었다.[66] 이것은 송설당의 결연한 의지를 보여주는 대목이다.

3) 김천고보 개교

위기와 난관을 넘어서서 1931년 2월 5일 '재단법인 송설당교육재단'은 인가를 받았다. 이어서 3월 17일에 김천고보 설립이 조선총독부 학무국에 의해 정식으로 승인되었으니, 총독부 고시 제145호가 그것이다.[67] 재산을 한 푼도 남겨두지 않고 모두 투입하겠다는 결연한 송설당의 의지가 승리를 거둔 원동력이었다. 그래서 뒷날 "최송설당 여사가 사재 전부를 이 학교 설립을 위해 내놓고, 그 意氣가 本府(총독부)로 하여금 감동시켰기 때문에 특별히 김천고보에 설립인가를 줌에 이르렀다. 이 인가는 물론 특별한 것"이라

66) 《동아일보》 1930년 11월 12일자.
67) 《동아일보》 1931년 3월 21일자.

거나, "최 여사는 조선여성사 또한 조선문화사의 1항을 장식하기에 충분하다."라고 평가되기도 했다.[68] 특히 "寂寞의 김천을 활기의 김천으로, 草野의 김천을 理想의 김천으로"라는 평가는 정확한 것이었다.[69]

김천고보는 1931년 3월 27일과 28일에 입학시험을 치르면서 본격적인 학사 일정에 들어갔다. 30일에 安一英을 초대 교장으로 초빙하였고, 이어서 5월 9일에 강당을 준공하면서 입학식을 거행하고 수업을 시작하였다. 5학급으로 시작된 김천고보는 설립되자 파격적인 행보를 보였다. 학생 수도 정원을 50%나 초과할 정도로 선발하여 인재육성에 대해 욕심을 내는 한편, 서울지역 교사의 급여에 두 배나 되는 금액을 지급하면서 우수한 교사를 초빙한 것이다.[70] 어느 재단보다 튼튼한 재력이 그 뒤를 튼튼히 받치고 있었기에 가능했다. 안일영 초대교장이 약속대로 1년 만에 사임하자, 1932년 1월 15일에 2대 교장에 초대 교무주임을 맡았던 鄭烈模가 취임하였다. 그리고 이해 8월 31일에 本館 校舍가 준공되었다.

김천고보가 문을 열자, 김천만이 아니라 경북지역 전체에서 학생들이 진학하였다. 김천을 중심으로 상주·의성·선산(구미)·성주·고령 등 경북 남서부지역 일대의 학생들이 몰려들었고, 심지어 경북 동해안지역 학생들도 진학했다. 특히 인문학교로 문을 열었기 때문에 진학 열기도 높았고, 교육 내용도 자연스럽게 민족 교육에 무게를 두게 되었다. 교장으로 재임하던 정열모는 1942년 10월 20일에 '조선어학회사건'으로 검거되고, 1944년 9

68) 逵捨藏, 『慶北大鑑』, 1936, 1114쪽. 金東秀는 「최송설당·白善行 등 부호가 재산을 사회사업에 내놓은 것으로 예찬함」이란 글을 통해 '남 최송설당, 북 백선행'이라는 두 여성 부호의 사회사업을 찬양하였다(「개벽평단」, 《개벽》 제2호, 1934년 12월 1일자). 또 李光洙는 「옛 朝鮮人의 根本道德 全體主義와 求實主義 人生觀」이란 글에서 "최송설당 등의 사회봉사자들의 갸륵한 행위가 西洋式 個人主義에서 나온 것이 아니요 도리어 傳說的 朝鮮精神에서 나온 것"이라고 평가하였다(《동광》 제34호, 1932년 6월호).

69) 「김천고보교의 창립」, 《동아일보》 1931년 4월 25일자.

70) 『松雪六十年史』, 1991, 253쪽.

월 30일에 예심종결로 석방될 때까지 옥고를 치른 사실도 김천고보의 성격을 보여주는 한 사례라고 생각된다. 또 송설당이 굳이 인문학교를 고집하고 밀고나간 이유도 거기에 있었던 것이다. 인문계 김천고보 설립은 송설당 생애에서 마지막 승부수이자 대단한 성공작이었다.

4) 송설당 기념 동상 제막

송설당의 나이 만 80세가 되던 1935년에 김천고보에는 그를 기리는 대규모 행사가 준비되고 있었다. 개교 4주년을 맞은 그해 5월 9일에 교기 '靑松白雪旗'가 제정되고, 그 자리에서 '김천고등보통학교 교주 최송설당 여사 기념동상건설기성회 발기준비회'가 결성된 것이다. 송설당이 생애를 마감하기 이전에 동상을 제작하여 봉헌하자는 추진 인물들의 의도가 담긴 것이다. 11인으로 구성된 실행위원회가 구성되고, 金復鎭이 제작을 맡았다.

동상 건립에 대한 호응은 전국적으로 대단한 열기를 보였다. 당시 동상 건립을 위해 10전에서 50원에 이르는 성금을 보내온 인원이 단체와 개인을 합쳐 1천 명을 넘는다. 신의주고등보통학교 · 동래일신여학교 · 대구계성학교 등의 교직원이 단체로 보내온 경우, 심지어 '금오산공립보통학교 교직원 및 아동 일동'이란 경우도 있었다. 曺晩植 · 方應模 · 尹致昊와 같은 인물이 보이는가 하면, 울릉도 島司의 참여도 있었다. 또 국내만이 아니라 圖們과 같은 만주지역에서 성금을 보내온 인물도 보인다. 이처럼 송설당을 기리는 동상 제작에 전 국민의 호응은 대단한 것이었다.

동상 제막식은 그해 11월 30일에 열렸다. 그 자리에는 宋鎭禹 · 呂運亨 · 方應模 · 白南薰 · 崔奎東 · 李仁 · 宋鎭禹 등 유력 인사를 비롯하여 각지에서 1천여 명이 참석하였다. 그 자리에서 呂運亨(조선중앙일보 사장)이 기념사를 통해 김천고보를 '사막의 오아시스'로 비견하였다. 이 자리에서 송설당이 동상제막식장에서 특별교실(과학관) 건립에 필요한 건축비용을, 재단에서 지급한 생활비를 아껴 모은 자신의 마지막 재산으로 감당하겠다고 발표하였다. 완전히 빈손으로 돌아가겠다고 선언한 셈이다. 이 문제를 송설당이 자신의 마지막 재산을 던져 넣어 해결한다는 선언이었다.[71]

한결같이 송설당의 업적을 기리는 이야기가 오갔다. 주요 일간지들이 뉴스와 논설로 송설당의 업적을 찬양하였고,[72] 동상제막식 참관 소감을 연재하기도 하였다.[73] 동상제막의 의미를 "社會를 爲한 獻身的 實行人으로서의 活敎訓의 씸볼로 볼 것"이라고 정리하면서,[74] 송설당을 본받은 제3의 교육투자가를 기다린다면서 독려하고 나서기도 했다. 이는 송설당의 행적을 교훈삼아 '확대 재생산'하라는 주문이었다.

7. 맺음말

송정 정걸재에서 만년을 보내던 송설당은 1939년 6월 16일 오전 10시 40분에 만 84세로 인생을 마감했다.[75] 정걸재의 동쪽 방인 정침에서 별세하였으니, 평소에 사용하던 방이요, 사후에는 3년 동안 賓廳으로 사용하라고 당부하던 그 방이었다. 그런데 그가 떠나기 보름 전인 5월 30일에 자신의 사후에 대한 유언을 남겼다. "永爲私學 涵養民族精神 一人定邦國 一人鎭東洋 克遵此道 勿負吾志"이 그것이다. 학교 유지와 인재 양성에 대한 당부가 그 핵심이다. 다음으로 송설당은 생활비를 아껴 저축한 마지막 재산마저도 학교에 편입한다고 유언하였다. 매월 지급된 생활비를 아껴 저축했다가 이

71) 《동아일보》·《조선일보》·《조선중앙일보》 1935년 12월 3일자.

72) 「거룩한 최송설당」, 《동아일보》 1935년 12월 1일자; 「최송설당 여사의 장거」, 《조선일보》 1935년 12월 2일자.

73) 「최송설당여사 동상제막식 소감」, 《조선일보》 1935년 12월 5~8일자.

74) 「崔松雪堂女史 銅像除幕式所感」(四), 《조선일보》 1935년 12월 8일자.

75) 《동아일보》 1939년 6월 17일자.

마저도 모두 기부한 것이다. 기본금 출자와 특별교실 설립에 대한 2차 기부에 이어, 이것은 생을 마감을 앞두고 행한 마지막이자 3차 기부였다. 어느 하나도 남기지 않고 모두 송설교육재단에 희사하고 떠났다.[76]

장례는 7일장으로 치러졌다. 6월 22일 學校葬으로 진행된 장례식은 오전 8시에 발인하고, 10시에 錦町 공설운동장에서 고별식을 가진 뒤, 시내를 한 바퀴 돌아 송정으로 향했다. 정무총감과 학무국장 및 도지사 등이 화환을 보내왔고,[77] 일간지들도 다투어 장례식을 보도하고 특집을 연재하기도 하면서 송설당의 공을 기렸다.[78]

송설당과 김천의 만남은 그리 밝은 편은 아니었다. 홍경래란과 이에 연루되어 몰락한 가문, 그리고 살기 위해 새로운 터전을 찾아 이동한 곳이 김천이니, 송설당 개인이나 가문 모두가 고단한 현실이 아닐 수 없었다. 어떻게 보면 기구한 인연이지만, 그 만남이 가장 소중한 모습으로 변해간 것이 송설당과 김천의 만남이요 관계라고 말할 만하다.

송설당의 생애에서 두 번의 큰 전기가 있었다. 하나는 만 41세 되던 1896년에 상경하여 돌파구를 열어나간 것이고, 다른 하나는 만 75세 되던 1930년에 김천고보 설립을 작정하고 나선 것이다. 전자의 경우, 즉 상경하여 돌파구를 열어간 그의 노력은 누대의 숙원 과제인 가문 신원을 달성하고, 자신이 계산하기 힘들만큼 많은 재력을 가져오기도 했다. 이에 비해 김천고보 설립을 작정하고 나선 후자는 기념할 만한 업적이었다. 특히 후자는 김천사회에 커다란 변화를 가져옴으로써 더욱 빛나 보인다. 본래 김천이란 지역은 그리 대단한 사대부나 학자를 배출한 곳이라고 할 수 없던 곳이다. 그러다가 1905년에 경부선이 부설되면서 교통의 요지로 떠오른 곳인데, 거

76) 장례를 치른 이틀 뒤, 즉 49제 날에 재단과 학교 관계자들이 모인 자리에서 고인의 유지를 받들어 遺産에 대한 처분을 결의하였다(「故崔松雪堂女史의 四十九日祭를 當하야」 4, 《동아일보》 1939년 8월 17일자).

77) 《동아일보》 1939년 6월 25일자.

78) 「故崔松雪堂女史의 四十九日祭를 當하야」 1~4, 《동아일보》 1939년 8월 12~17일자.

기에 비해 정신적인 면이나 인재 육성이라는 면에서는 여기에 부합되지 못했다. 그러던 김천에서 다수의 인재를 배출된 계기가 바로 김천고보 설립에서 마련되었고, 그를 가능하게 만든 주인공이 바로 송설당이다. 그래서 송설당과 김천의 만남을 "寂寞의 김천을 活氣의 김천으로, 草野의 김천을 理想의 김천으로"라거나,[79] "遺業은 千秋에 그 빛을 남길 것이고, 功德과 芳名은 학교의 운명과 아울러 이 세상 끝까지 영원히 비칠지니"라고 평가했던 것이다.[80]

송설당은 전근대 사회에서 태어나 근대사회로 이행하는 단계를 살다간 여성이다. 그는 여성이라는 처지와 불우한 집안 출신이라는 중첩된 한계를 깨쳐나갔다는 점에서, 그리고 시대적 장벽을 넘어서서 모은 모든 재산을 민족 인재 양성을 위한 교육기관 설립에 투자했다는 사실에서 한국근대여성사의 한 장을 장식하기에 충분하다.

79) 「김천고보교의 창립」, 《동아일보》 1931년 4월 25일자.

80) 「故崔松雪堂女史의 四十九日祭를 當하야」 4, 《동아일보》 1939년 8월 17일자. 정부는 1963년 8월 15일 광복절을 맞아 문화포장을 추서하였다.

제4부

18장_ 김시현 : 한 순간도 꺾이지 않은 항일투쟁의 삶

1. 머리말

민족문제를 해결하려 나선 인물 가운데, 金始顯은 강렬한 투쟁성을 보여주는 대표적 인물에 속한다. 그가 펼친 항일투쟁을 단일 주제로 추적한 연구가 이미 나왔고,[1] 그 결과 김시현의 가계나 학력, 그리고 그가 펼친 항일투쟁 내용은 어느 정도 정리되었다. 하지만 공백도 많은 데다가 새로운 자료가 발굴되어 다시 보완될 필요가 생겼다. 특히 의열투쟁사에서 김시현이 차지하는 위상에 비하여 연구 성과는 너무 낮은 편이다. 그래서 이 글은 한국 의열투쟁사에서 위상이 뚜렷하면서도 연구가 미흡한 김시현의 항일투쟁과 성격을 복원시키는 데 목적을 둔다.

김시현은 안동시 풍산읍 현애동에서 1883년에 태어났다. 안동김씨(후안동, 신안동) 출신으로 양반 가문에서 태어난 그는 혼인 관계를 통해 독립운동가들과 연결되었다. 큰고모부가 안동 예안현 宣城義兵將을 지낸 李仁和요, 매제는 의열투쟁가 김지섭의 동생 金禧燮이다. 또 의병장 이강년은 고모부 이인화와 처남 매부 사이이다. 독립운동에 참가한 인물이 엮여있는 집안에서 자라난 그는 전통적인 한학을 배운 뒤, 1899년 상경하여 中橋義塾을 다니고, 교남교육회에 가입하여 활동하다가, 1911년 일본 메이지대학 전문부 법학과에 입학하여 1917년 35세 나이에 졸업하고 귀국했다.

1) 양형석, 「金始顯(1883~1966)의 抗日鬪爭」, 『安東史學』 3, 안동사학회, 1998, 121~153쪽.

▍김시현의 가계도(判官公 係權派－承議郎 克 派)

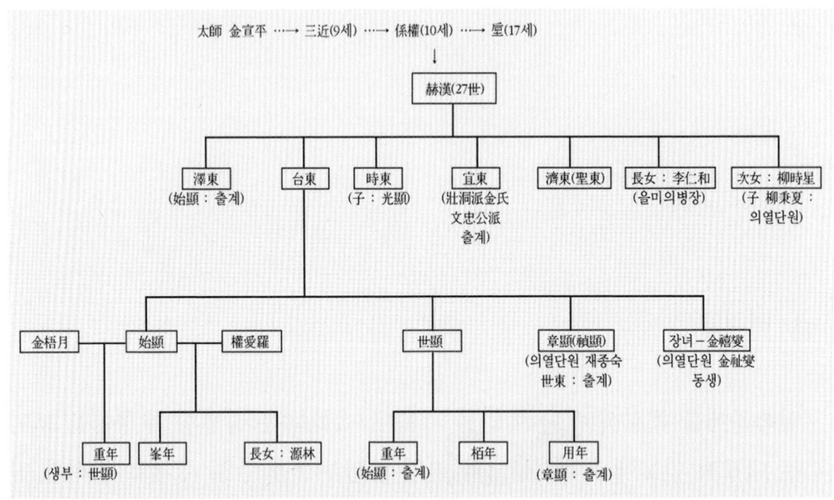

* 출전 : 양형석, 「金始顯(1883~1966)의 抗日鬪爭」, 『安東史學』 3, 안동사학회, 1998, 128쪽.

김시현이 민족문제에 정면으로 맞서기 시작한 때는 일본 유학에서 돌아온 직후였다. 3·1운동이 바로 그가 항일투쟁의 외길을 걷는 출발점이었다. 확실한 증거는 없지만, 그가 3·1운동으로 말미암아 상주 헌병대에 두 달 정도 붙들렸다가 1919년 5월에 상해로 망명하였다고 전해진다. 이로부터 그의 항일투쟁은 한 번도 흔들리지 않고 곧장 이어졌다. 상해와 만주, 그리고 대한군정서를 지원하는 국내 조직에 깊게 관여했던 그는 대한군정서 자금, 임시정부 지원 활동과 의열단원으로서 왕성한 활동을 펼쳐 나갔다.

이 글은 김시현의 활동 가운데 완성도가 낮은 세 부분을 중점적으로 다룬다. 첫째, 극동민족대회와 관련하여 그의 동향을 추적한다. 회의 참가 대표로 선정되는 과정과 여정, 대회 참가와 동정 등을 살핀다. 둘째, 익히 알려진 의열단의 국내 무기 반입시도에 대해 다시 조사한다. 이것이 1923년 '5월 거사'를 시도하는 첫 단계 사업임을 눈 여겨 보면서, 김시현이 담당한 역할과 위상을 다시 살핀다. 마지막으로 그가 조선혁명군사정치간부학교

에 기여한 내용을 밝혀, 이것도 그가 펼친 의열투쟁의 하나라는 관점에서 평가하려 한다.[2)]

2. 모스크바 극동민족대회에 대표로 참가

그가 독립운동계에 모습을 확연하게 드러낸 출발점이 의열단 활동이다. 상해와 길림에서 활동하던 그가 1920년 의열단원으로서 귀국하여 활약하다가 12월 일경에 검거되었다. 그리고 1년 옥고를 치른 뒤에 다시 중국으로 이동한 그가 이번에는 국제회의에 한국의 대표단 가운데 한 사람으로 지명되면서 새로운 모습을 드러냈다. 그 국제회의가 바로 1922년 1월에 모스크바에서 열린 극동민족대회(극동노력자대회, 혹은 극동인민대표회의)였다.[3)]

그렇다면 어떻게 김시현이 이 국제회의에 한국인을 대표하는 56명 가운데 한 사람으로 참가하게 되었을까? 여기에는 해결해야 할 과제가 하나 둘이 아니다. 우선 이 대회가 열리게 된 연유를 간단하게 살펴볼 필요가 있다.

당시 한국 독립운동가들은 모두 두 개의 국제회의에 눈길을 모으고 있었다. 하나는 워싱턴회의이고, 다른 하나는 소련에서 준비하고 있던 회의였

2) 의열투쟁을 테러라고 잘못 알고 있는 경우가 많다. 의열투쟁은 결코 테러가 아니다. 테러는 불특정한 인물들을 차별 없이 무조건 공격하고 파괴하고 사살하는 것이지만, 의열투쟁은 이것과 전혀 달리 침략의 원흉이나 침략 및 통치기관을 처단하는 것이기 때문이다(조동걸, 「이봉창 의거의 역사성과 현재성」, 『이봉창의사와 한국독립운동』, 단국대학교출판부, 2002, 71~72쪽 참조). 우리 독립운동사에서 주요 투쟁 방략 가운데 하나로 선택된 의열투쟁은 결코 무고한 민중을 목표로 삼은 파렴치한 행위가 아니다. 그것은 어디까지나 제국주의 침략국의 수뇌부와 그 명령을 따르는 기관, 그리고 침략에 앞장선 인물을 공략하는 '反침략전쟁'이었다.

3) 이 회의에 대한 명칭은 다양하게 쓰였다. 참가국 언어별로 번역되고 통용되면서 공식적으로 사용된 명칭이 많았기 때문이다. 이 글에서는 회의 명칭을 종합적으로 검토하고 제시한 임경석의 견해를 따라 '극동민족대회'라는 이름을 사용한다(임경석, 『한국 사회주의의 기원』, 역사비평사, 2003, 496~497쪽).

다. 앞의 것은 태평양군축회의인데, 이승만을 비롯한 대한민국 임시정부는 여기에 노력을 쏟아 붙고 있었다. 1920년 12월부터 6개월 동안 대한민국 임시정부에 체류하던 이승만이 이 회의에 외교 활동을 편다는 명분을 내걸고 상해를 빠져나가 하와이로 갔고, 대한민국 임시정부는 외교지원책을 마련하기 위해 孫文이 이끌던 호법정부에 국무총리 신규식을 보내 공동대응을 도모했다. 국내에서도 이 회의에 관심을 갖고 지원하는 노력들이 나타났다. 워싱턴회의는 1921년 11월부터 다음 해 2월 사이에 열렸다.

한편 소련도 이에 맞서는 국제회의를 기획하고 있었다. 이미 1920년 7~8월에 코민테른이 제2차대회를 열어 '민족-식민지 문제 테제'를 채택한 뒤, 다음 달에 아제르바이잔 바쿠에서 동방민족대회를 열었다. 이어서 코민테른은 그 후속 회의를 준비하고 있었다. 마침 자본주의 열강이 워싱턴회의를 추진하자, 그들은 이에 대항하여 동방으로 혁명을 퍼뜨릴 수 있는 모임을 마련했다. 그 핵심은 워싱턴회의와 같은 시기인 1921년 11월 11일에 이르쿠츠크에서 '약소민족은 단결하라'는 표제를 내걸고 극동 여러 나라의 공산당과 민족혁명단체 대표자의 연석회의를 소집한다는 계획이었다. 그러한 움직임은 독립운동가들에게 그대로 전달되고, 그들의 시선이 모스크바로 집중되는 것은 당연했다. 자본주의 열강이 눈길조차 주지 않은 것과 달리 이는 너무나 반가운 일이 아닐 수 없었다. 이념의 차이는 큰 문제가 되지 않았다. 사회주의를 수용하거나 그렇지 않거나 관계없이 많은 인사들이 소련으로 가려고 나섰다.

많은 독립운동가들이 소련으로 향하면서 1921년 초겨울은 흥분에 찬 시기였다. 이들이 보기에 소련은 강대국이고, 한국문제를 적극적으로 이해하고 원조한다는 코민테른의 정책 기조가 전해졌기 때문이다. 대회 소집을 맡은 기관은 코민테른 극동비서부였다. 한국인 대표자 선정은 극동비서부 고려부가 담당했다. 이르쿠츠크파 고려공산당은 당시 북경을 거쳐 같은 해 1921년 11월 상해에 근거지를 마련하였고, 따라서 대회 참가 대표 선정은 주로 상해에서 이루어졌다. 코민테른에서 선정한 대표 인원에 상해에서 가장 많은 인원이 배정되었다. 그 속에는 고려공산당 중앙위원회 대표 6명에 상해지부와 고려공산청년회 대표 2명이 포함되었다. 이르쿠츠크에서는 대표적인 독립군 지도자 홍범도를 비롯하여 10명의 대표가 선정되었고, 국내나 만주, 그리고 일본에서도 대표가 선정되었다. 그리하여 모두 56명이라는 많은 한인 대표가 회의가 열릴 예정인 이르쿠츠크로 향했다.[4)]

김시현이 1921년 10월에 출옥했다고 보면, 나오자마자 바로 소련행 기회가 그에게 주어진 셈이다. 즉 출옥 시기와 러시아 파견 대표 선정 작업 시기가 딱 맞아떨어진 것이다. 그가 대표로 선정된 과정에는 조선노동대회와 고려공산당 이르쿠츠크파, 그리고 일제경찰 간부이면서도 의열단을 몰래 지원하던 黃鈺 경부가 있었다.

당시 국외에서는 이르쿠츠크파와 상해파가 1921년 5월에 각각 고려공산당을 결성하고 세력 경쟁을 벌이고 있었다. 이들은 경쟁 지역을 국내로 확산하고, 각각 별도로 국내 조직 기반을 마련해 나갔다. 그 결과 상해파는 1921년 5월에 내지부를 두는 반면, 이르쿠츠크파는 같은 해 10월쯤에 이르쿠츠크파 서울위원회를 설치하였다. 마침 이르쿠츠크파는 국내 파견원 李敎淡과 徐超를 국내에 파견하는 한편, 극동민족대회에 참석할 사람을 조선노동대회 지도자 盧秉熙와 황옥 경부를 통해 물색하였다. 그 결과 국내 대표자들에게 위임장을 발급한 단체와 대표 인원 수는 조선노동대회(6명), 조선공제단(3명), 조선학생대회(2명), 조선청년회연합회(2명) 등 13명이었다.[5)]

출옥한 김시현이 조선노동대회와 연결된 것이 바로 이 무렵이다. 조선노동대회에 그가 어떻게 연결되었는지 확실하지 않다. 다만 6명 대표 가운데에는 고향 이웃마을 오미 출신이자, 뒷날 조선공산당 초대 책임비서가 되는 김재봉도 들어 있었다.

4) 임경석, 『한국 사회주의의 기원』, 역사비평사, 2003, 495~500쪽.

5) 임경석, 『한국 사회주의의 기원』, 역사비평사, 2003, 500쪽.

김시현을 대표로 선정하고 대회 참가를 권한 인물은 황옥이라고 전해진다. 그에게서 여비 50원을 받은 김시현은 상해로 가서 고려공산당에 가입한 뒤 이 대회에 참가한 것 같다.[6] 그렇다면 황옥은 이르쿠츠크파 고려공산당 상해지부의 요청을 받고, 김시현을 비롯한 몇몇 인사를 천거했다고 정리된다. 그런데 김시현은 뒷날 "모스크바 대회에 참석할 국내 대표자 20여 명 선발 및 여비를 마련하기 위해 활동하면서, 황옥으로부터 여행증 12매를 받아 국경을 통과시켜 대표들을 보냈으며, 나는 여운형 · 나용균 · 김규식과 함께 이르쿠츠크를 경유하여 모스크바에 갔다."고 증언하였다.[7] 즉 황옥이라는 현직 경부가 극동민족대회에 파견될 한국인 대표를 선정하는 데 직접 관여했다는 것이다.

여기에서 황옥을 눈여겨 둘 만하다. 그는 김시현을 대표 반열에 추천하고, 여비와 통행증을 확보해 준 사람이다. 더구나 이보다 2년 뒤에 터진 '의열단 제2차 국내무기반입 시도'에서 김시현과 가장 중요한 동지요 동반자로 활약했던 인물이 바로 현직 경부 황옥이기 때문이다. 그런데 김시현과 황옥의 만남이 이때가 처음은 아닌 것 같다. 1920년 김시현이 검거될 당시에 이미 황옥과 연계된 것 같다. 그래서 김시현 일행이 국경을 돌파할 때 필요한 증명서를 황옥이 제공해 주었다는 이야기가 전해진다.

김시현이 받은 조선노동대회 대표 위임장은 조그만 명주 조각으로 만들어졌다. 혹한을 견디기 위해 솜을 겹겹으로 누빈 누비옷을 입었을 것은 분명한데, 위임장은 바로 그 솜 속에 감추고 갈 수 있도록 명주 조각으로 만들어졌다. 누비옷 속에 넣어 박음질해도 괜찮으므로 쉽게 노출되지도 않으

6) 황옥은 현직 경부로 재직하면서 평소 잘 알고 지내던 김시현을 이용하여 고려공산당의 내정과 극동민족대회의 내용을 탐지하자고 경찰부장에게 보고해, 김시현에게 여비를 주어 대회에 참가토록 했으며, 1922년 8월 김시현에게서 이 대회의 상황을 보고받았다고 진술하였다(京城地方法院檢事局, 『金始顯 · 黃鈺事件調書』, 471쪽; 金俊燁 · 金昌順, 『한국공산주의운동사』 1, 청계연구소, 1986, 369~370쪽).

7) 이종률, 「조국을 세우기 위한 투쟁의 일생」－김시현선생과 그 영부인의 전기－(미간행), 1961, 76~87쪽.

면서 손상 염려도 없었다.

조선노동대회에 6명의 대표 선발권이 주어졌는데, 김시현의 위임장이 '십호(拾號)'로 기록되었다. 그렇다면 조선노동대회가 6명만이 아니라 더 많은 인물을 대표로 추천했다는 것 같은데, 이것이 허수인지 아니면 실수인지 알 수 없다. 이 자료는 대회 이름을 '동양민족혁명단체대표회'라고 기록하였다. 본문 아래에 회장 文鐸과 서기 洪聖玉의 이름과 서명, 그리고 '勞働大會之印'이라는 직인도 찍혀 있다. 발급 날짜는 10월 24일로 적혀있다.[8] 이것은 상해지역 대표들이 위임된 시기가 대개 10월 20일에서 27일 사이였던 것과 비슷하다.

대회 참가자들은 대체로 두 가지 노선을 선택했다. 하나는 만주를 통하는 길이고, 다른 하나는 몽골을 횡단하는 것이었다. 만주를 통한 길은 봉천(심양) · 장춘 · 하얼빈 · 치치하얼 · 만주리까지 철도를 이용하는 것인데, 편리한 만큼 남만주철도가 일제 관할이었으므로 검거될 위험성이 높았다. 반대로 몽골을 선택하는 경우에는 위험성이 적지만, 너무나 힘들고 어려운 길이었다. 그래서 대개 만주를 경유하는 길을 선택하였다.

다수 인물이 하얼빈과 만주리를 거쳐 러시아로 들어섰다. 모스크바에서 김시현과 결혼하게 되는 권애라나 조선공산당의 주역으로 등장하게 되는 임원근 · 김단야 · 조동호 등, 그리고 안동 현애 출신 김재봉 등이 모두 이 길을 선택하였다. 그리고 대체로 11월 초에서 말일까지 만주리에 도착하였다. 그렇다면 김시현도 이들과 마찬가지로 1921년 10월에 국내를 출발하고 상해를 들렀다가 11월 어느 날 만주리역에 도착한 것으로 짐작된다. 뒷날 그가 회고하기로는 1921년 7월에 이르쿠츠크에 들렀을 때 '자유시참변' 뒤처리를 위한 재판에 배석하여 극형을 반대하고 무마시켰다고 말했다.[9] 이

8) 「김시현 위임장」(러시아 모스크바 현대문서보관소 소장).

9) 이종률, 「조국을 세우기 위한 투쟁의 일생」－김시현선생과 그 영부인의 전기－(미간행), 1961, 82~87쪽.

말에서 일단 그가 이르쿠츠크에 도착한 사실만은 확인되는 셈이다. 다만 그 시기가 7월이 아니라 11월이었다. 왜냐하면 '자유시참변' 관련 최종판결 시기가 1921년 11월 27일부터 30일까지였기 때문이다.

그런데 12월 1일까지 참가 대표 가운데 절반만 도착하는 바람에 회의 개최가 밀리고 있었다. 일본이나 중국 등 각국 참가자들이 신변의 위험을 줄이기 위해 몽골을 가로지르는 경우도 있어서 대다수 인물들의 도착이 늦어지던 데다가, 경쟁대상이던 워싱턴회의가 연기되고 있던 터라, 코민테른으로서는 이를 지켜볼 필요가 있었기 때문이다.

코민테른은 회의 계획을 변경시켰다. 회의 시작 시기가 1922년 1월 말로 연기되고, 장소도 모스크바로 변경되었다. 이르쿠츠크에 집결해 있던 대표들이 기대에 부풀어 모스크바로 향했다. 소련의 수도를 방문한다는 것이나, 소련 최고지도자 레닌을 만날 것이라는 점도 그들을 들뜨게 만들 만한 '사건'이었다. 1922년 1월 7일, 마침내 대표들을 태운 특별열차가 모스크바역에 도착하였다.[10] 참석자들은 모두 자신을 파견한 단체나 기관의 위임장을 제시하고, 학력 · 투쟁 경력 · 참가 목적 등을 담은 조사표를 작성하여 코민테른 극동비서부 고려부에 제출했다. 회의 주최자는 그들에게 신분을 확인하고 대표자격 증서를 교부하였다. 김시현도 다른 대표들과 마찬가지로 조사표를 작성하고 대표자격증서를 받았다.

마침내 1922년 1월 21일에 모스크바 크렘린 궁전에서 개회식이 열렸다.[11] 소련이 아닌 극동지역 참가자들은 한국을 비롯하여 9개 국가나 민족이었다. 참가자 144명 가운데 한국 대표가 52명(뒤에 56명으로 증원)으로 가장 많고, 중국 42명, 일본 16명 등으로 뒤를 이었다. 한국 대표 인원 수는 소련으로 향한 한국 독립운동가들의 기대와 열정이 드러나는 수치이다. 또 의장단에 중국 · 일본 · 몽골 등과 함께 2명씩 배정받아 김규식과 여운형이

10) 임경석, 『한국 사회주의의 기원』, 역사비평사, 2003, 517쪽.
11) 《조선일보》 1925년 1월 23일자.

포함되었다.[12]

회의는 2월 2일까지 13일 동안 진행되고, 숙소는 소비에트 제3관이었다. 이 회의에서 결의된 한국문제는 크게 세 가지로 정리된다. 첫째, 조선에서 계급의식이 아직 발달하지 못했으므로 계급운동이 시기상조이다. 둘째, 일반대중이 민족운동에 동참하고 있으므로 계급운동자가 독립운동을 후원하고 지지해야 한다. 셋째, 상해에 있는 대한민국 임시정부는 그 조직을 개혁시켜야 한다. 회의는 2월 2일 대회선언을 채택하는 것으로 막을 내렸다. 시작은 모스크바에서 있었지만, 폐막은 페트로그라드 우리츠키 궁전에서 열렸다. 그 직후 대표들이 속속 소련을 출발하였고, 대개 3월 중순에는 본래 활동하던 곳으로 돌아왔다.

김시현은 대회가 끝난 뒤 상해로 이동하였다. 상해 도착 시기는 대체로 1922년 5월 무렵이었다. 그런데 그의 곁에는 모스크바에서 만난 인생의 동반자 權愛羅가 있었다. 고향에 본 부인이 있었으므로, 권애라는 두 번째 부인이 된 셈이다. 개성 호수돈여학교를 거쳐 이화학당 보육과를 졸업하고 개성 충교예배당 유치원 교사가 된 그녀는 3·1운동에 참가했다가 4개월 감금과 6개월 옥고를 치러낸 신여성이었다.[13] 출옥 이후 권애라는 일본을 거쳐 다시 중국으로 망명하고 蘇州 景海義塾 사범과에 진학하였다. 이 무렵 권애라는 상해애국부인회에서 활약했고, 따라서 해방 이후 그는 상해애국부인회 대표로 모스크바에 갔었다고 회고하기도 했다. 하지만 실제 그는 고려공산당 상해지부(이르쿠츠크파) 대표로 파견된 것 같다.[14] 극동민족대회 기간 동안 오락회가 열렸는데, 권애라가 개성난봉가에서 박연폭포를 창과 소프라노 음색을 가미해 불러 인기를 얻었고, 그 직후 김시현과 급속하게 맺어져, 결국 회의 참가자들 앞에서 결혼을 선포했다.[15] 자신보다 16세

12) 임경석, 『한국 사회주의의 기원』, 역사비평사, 2003, 536쪽.
13) 박용옥, 『한국여성항일운동사연구』, 지식산업사, 1997, 70~74쪽.
14) 임경석, 『한국 사회주의의 기원』, 역사비평사, 2003, 508쪽.

나 어린 권애라와 회의 기간 동안 평생 동지이자 연인으로 살아갈 인연을 맺는 순간이었다.

상해로 돌아온 뒤, 김시현은 국내에서 대중투쟁을 전개하기 위해 이동하였다. 1922년 중·후반기에 그는 서로군정서와 국내 의용단을 연결하는 데 몰두하는 한편, 의열단의 국내공작에 앞장섰다. 그리고 1923년에는 의열단의 제2차 국내 무기반입 시도가 그의 대표적인 활동 사례다.

3. 적 기관 파괴를 위한 대량 무기 국내 반입

1922년 5월에 상해로 돌아오면서, 김시현은 투쟁 방향을 정리했다. 핵심은 네 가지였다. 첫째, 민족독립혁명이 민족주의를 철학으로 삼고 민족적 자각심과 자주력 확보가 급선무다. 둘째, 이를 위해서는 실질적인 항일투쟁을 전개해야 한다. 셋째, 구체적으로 조선총독부·동양척식주식회사·군사령부·경제시설 등 주요 기관과 중심인물을 공격해야 한다. 넷째, 이를 실천에 옮기기 위해 폭탄제조가 필요하다. 그래서 그는 폭탄제조와 확보, 국내 수송과 주요 기관 폭파 및 일제 인물 처단을 당면 목표로 삼고, 장건상·김원봉 등 의열단 지도자들과 상해에서 폭탄을 확보하러 나섰다.[16)]

상해에 도착한 지 두 달 만에 그는 국내로 잠입했다. 만주와 국내를 연결하려는 두 가지 계획을 실천에 옮기는 데 목적이 있었다. 서로군정서와 국내 의용단을 연결하는 것이 그 하나요, 의열단의 국내공작을 수행하는 것이 다른 하나였다. 특히 그가 두각을 드러낸 거사는 의열단 관련 활동이다. 김시현은 국내로 잠입했다.

15) 이종률, 「조국을 세우기 위한 투쟁의 일생」-김시현선생과 그 영부인의 전기-(미간행), 1961, 90~109쪽.

16) 이종률, 「조국을 세우기 위한 투쟁의 일생」-김시현선생과 그 영부인의 전기-(미간행), 1961, 136~142쪽.

마침 의열단은 1922년에 대규모 계획을 추진하고 있었다. 1920년부터 추진하던 침략 기관 파괴와 일제 주요 인물 처단을 대규모로 일으킨다는 것이 그 핵심이었다. 이미 1920년에 경남 진영과 밀양으로 폭탄을 들여왔던 일, 같은 해 9월에 부산경찰서장 폭살의거, 12월 밀양경찰서 투탄, 1921년 조선총독부 투탄, 1922년 3월 상해 일본 다나카(田中) 대장 저격의거 등이 연속적으로 추진되고 있던 터였다. 따라서 1922년 후반기에도 그러한 연장선상에서 국내에 요원을 파견하여 적 기관을 부수고 요인을 처단한다는 계획을 세운 것이다.

먼저 풀어야 할 과업은 작전을 펼치는 데 필요한 폭탄과 권총 등 무기를 국내로 옮기는 작업이었다. 상해에서 무기를 마련하더라도 그것을 국내로 안전하게 운송하는 것이 너무나 어렵고 힘든 일이기 때문이다. 그래서 이를 담당할 인물로 서울에서 무산자동지회를 이끌던 金翰이 적격 인물로 지목되고, 의열단은 1922년 6월 崔用德·李鍾岩(일명 梁健浩)을 파견하여 김한과 접선하였다. 또 의열단의 계획을 이해하고 의열단장 김원봉, 대한민국 임시정부 외무차장 장건상과 협의한 뒤 7월경에 국내로 잠입한 김시현은 여기에 연계되고 있었다.[17] 하지만 불행하게도 김한이 일경에 검거되는 바람에 의열단의 계획은 차질을 빚게 되었다. 바로 그때 김시현이 그 임무를 대신 맡을 주인공으로 선택되었다.

김시현은 문제를 풀어줄 연결고리로 경기도경찰부 고등계 경부 황옥을 선택했다. 이미 1921년 10월에 극동민족대회에 파견될 대표로 선정될 때 도와주었고, 여비와 통행증을 마련해 준 황옥이었으므로, 김시현이 그를 지목한 것은 당연했을 것이다. 그래서 김시현은 9월 15일에 황옥에게 의열단의 국내 거사 계획, 즉 주요 기관 파괴와 일제 요인 처단 계획을 말하고 도움을 청했다. 김시현은 황옥을 확실하게 신임하였고, "자기는 황옥 덕택

17) 국회도서관, 『한국민족운동사료』 중국편, 1976, 416쪽.

으로 체포를 면할 수 있었고, 또 동지들도 그로 말미암아 크게 도움 받았으므로, 황옥이 동지 가운데 한 사람임은 조금도 의심할 여지가 없다."라고 표현할 정도였다.[18] 특히 백윤화 판사에게 자금을 강요하던 일 때문에 김지섭이 쫓기게 되자, 황옥은 국민대표회의 내용을 탐지한다는 목적을 내걸고 김지섭에게 다른 사람 이름으로 된 여권을 만들어주어 상해로 보내기도 했다고 알려진다.[19]

1922년 12월 말에 황옥을 이용한다는 계획이 상해에 알려지자, 장건상이 李賢俊을 서울로 파견하여 김시현과 황옥에게 천진에서 만나자고 요구하였다. 무기가 모두 준비되었으므로 천진으로 와서 받아 가라는 김원봉의 주문이 전달된 것이다. 1923년 2월 초에 김시현은 미리 안동현을 답사하고 폭탄 중계지점을 확인했다. 황옥은 마침 상해에서 열리고 있던 국민대표회의를 탐문하고, 오리무중이던 '종로경찰서 투탄사건(김상옥의거)'과 관련된 정보를 수집한다는 명목으로 천진으로 출장가게 되었다. 그 출장에는 안동 출신 유석현을 황옥의 밀정이라 이름 붙이고 동행했다. 그때 유석현은 서울에서 백윤화 판사에게 군자금을 요구하다가 검거 직전에 놓인 위급한 상황에 맞닥뜨려 있었다.

천진 프랑스조계 중국여관에서 김시현은 김원봉을 만났다. 김원봉 앞에서 황옥은 의열단에 가입하고 서약하는 의식을 가졌다. 현직에 있는 일제 경찰 경부를 의열단원으로 확보하고 국내로 무기를 가져가라고 주문한 일은 상상하기 힘든 장면이 아닐 수 없고, 김시현의 판단을 받아들인 김원봉의 결단도 대단하다는 생각이 든다.

당시 이들이 세운 계획은 5월에 거사를 일으킨다는 것이었다. 조선총독부와 식산은행, 매일신보, 그리고 전국 8도 도청을 공격 목표로 설정했다. 첫 단계는 무기를 국내로 옮기는 것이고, 두 번째 단계는 파괴와 처단임무

18) 「판결문」, 『독립운동사자료집』 11, 독립운동사편찬위원회, 1976, 753~755쪽.
19) 유석현 인터뷰(독립기념관 소장).

를 수행할 요원을 천진에서 국내로 파견하여 전국에서 거사를 수행한다는 내용이었다.[20]

김시현은 황옥, 유석현과 더불어 김원봉이 가져다준 무기를 받아들였다. 대형 폭탄 6개, 소형 폭탄 30개, 시한폭탄용 시계 6개, 뇌관 6개, 권총과 탄알 수백 발, 「조선혁명선언」과 「조선관공리에게 고함」 등 전단 수백 장이 국내로 옮겨갈 물품이었다.[21] 김시현과 황옥, 그리고 유석현은 큰 가방 세 개를 나누어 들고 1923년 3월 5일 천진을 출발하여, 7일에 안동현 조선일보 지국장 홍종우 집에 옮겨 놓았다.

한편 홍종우는 무기를 국내로 들여놓기 위해 연극을 꾸몄다. 조선일보 안동지국이 개설된 직후라는 시점을 이용하여 개국 축하연을 연 것이다. 나혜석의 남편이자 안동 주재 일본영사관 부영사이던 金宇英, 영사관 소속 경부 3명 등을 포함한 경찰관 5명, 강 건너에서 넘어온 신의주경찰서 경부 崔斗天, 그리고 천진에서 안동에 막 도착한 김시현과 황옥 등이 모여 앉았다. 신의주에서 기생을 불러 흥을 돋우고 경찰들을 만취시켰다. 흥이 무르익어 자연스럽게 신의주에서 2차 연회를 열자는 제안이 나오게 되고, 새벽에 술기운에 잔뜩 도도해진 일행은 압록강을 건넜다. 물론 그 인력거에는 무기 일부가 실려 있었다.[22]

안동현에서 무기는 두 부분으로 나뉘어 보관되었다. 그 가운데 하나가 3월 8일 새벽에 신의주로 들어왔고, 나머지는 3월 10일 황옥이 인력거를 타고 앞장서는 가운데 신의주로 옮겨졌다. 11일 아침에 김시현은 먼저 반입된 무기 가운데 대형폭탄 3개와 소형폭탄 5개를 묶어 철도화물로 서울 효자동에 사는 趙漢石(일명 趙晃)과 金思容에게 부쳤다.[23] 황옥이 주선하여

20) 유석현 인터뷰(독립기념관 소장).

21) 독립운동사편찬위원회, 『독립운동사자료집』 11, 1976, 734~736쪽.

22) 이종률, 「조국을 세우기 위한 투쟁의 일생」 – 김시현선생과 그 영부인의 전기 – (미간행), 1961, 170~176쪽.

23) 독립운동사편찬위원회, 『독립운동사자료집』 11, 1976, 309~311쪽.

철도 공용 화물칸을 이용할 수 있었다. 한편 황옥은 11일 폭탄 10개와 권총 3정, 탄환 백 수십 발을 들고 서울로 이동했다. 그것을 조황의 집에 맡겨두었다. 그런데 조황은 평소에 가깝게 지내던 金斗衡에게 황옥이 맡긴 무기를 보관해달라고 부탁했다. 그러자 김두형이 이 사실을 경기도 경찰부에 밀고해 버렸다. 이 바람에 모든 사실이 드러나고 국내외 관련자들이 차례로 일경에 붙들렸다. 김두형은 이름을 일곱 개나 사용한 밀정이자, 고등계 경부보 가와사키와 가까운 인물이었다. 안동 출신으로 권태일이 본명이라고 전해지기도 하고, 權相鎬라고도 알려진다.[24]

한편 김시현은 신의주에서 황옥으로부터 연락 오기를 기다리다가 소식이 없자, 1923년 3월 13일 서울에 잠입하였다. 사건이 발각되었음을 뒤늦게 알아차린 그는 탈출하려고 오종섭 집에 갔다가 도리어 밀고를 당하여 일경에 붙들리고 말았다.[25] 이로 말미암아 김시현은 1924년 8월 21일 결심 공판에서 10년의 선고를 받았다. 또 폭탄 반입 직전에 얽혀 있던 '백윤화 판사 자금 요구 사건'과 관련하여 하회 출신 柳時泰가 7년, 柳秉夏가 6년형을 선고 받았다.

김시현은 공판이 진행되던 1923년 12월 12일 서대문형무소에서 단식에 들어갔다. 본뜻을 이루지 못하고 10년이란 기간을 '아무런 의미 없이' 철창에서 보내야 한다는 현실에 부딪치자, 그는 차라리 끼니를 끊어 죽음을 선택했던 것이다. 쇠약할 대로 쇠약해진 그의 모습은 처참해졌지만, 그의 뜻만은 굳었다. 그런데 17일에 부친이 면회하면서, "네가 여전히 절식할 것 같으면 내가 오늘밤 집에 가서 가슴에 칼을 꽂고 죽겠다."고 단호한 결의를

24) 《조선중앙일보》 1949년 7월 3일자. 1949년 6월 2일에 반민특위에 검거되어 조사받는 과정에서 증인이 그의 본명을 권상호라고 밝혔다. 김두형은 조황과 함께 의병에 참가했다가 무기징역을 선고받고 투옥되었다가, 1910년 나라를 잃게 되자 풀려난 인물이라고 전해진다(유석현 인터뷰, 독립기념관 소장).

25) 《동아일보》 1923년 4월 13일자; 이종률, 「조국을 세우기 위한 투쟁의 일생」－김시현선생과 그 영부인의 전기－(미간행), 1961, 200~201쪽.

보였다. 한참동안 고민하던 김시현은 눈물을 흘리며 단식을 중단하겠다고 말씀드렸다. 《동아일보》는 그러한 내용을 보도하면서 표제어로 다음과 같이 내걸었다.

> "主義이냐? 人情이냐?
> 悲痛한 父子의 心情!
> 네가 밥을 안 먹으면 내가 먼저 죽겠다
> 부친의 부탁에 밥을 다시 먹는 김시현[26]

김시현은 대구 및 안동형무소 등으로 옮겨지면 만 6년 가까운 옥고를 치르다가, 1929년 1월 29일 대구형무소에서 나왔다. 감옥을 나서자마자 그는 곧바로 길림으로 향하였다. 가족들이 휴양하라고 만류하자, 그는 "나의 攝生은 독립운동뿐이다."라면서 곧장 만주로 향했다.[27] 오랜 옥고에도 불구하고 전혀 꺾이지 않은 그의 투쟁 의지와 자세를 보여준다.

4. 조선혁명군사정치간부학교 활동과 밀정 처단

1929년 망명한 김시현의 존재가 이름이 독립운동선상에 다시 나타난 시점은 1932년이었다. 의열단이 남경에 설립한 조선혁명군사정치간부학교라는 이름의 군관학교 운영에 그의 존재가 드러난 시기가 바로 이때였다.

의열단은 1925년부터 성격이 확연하게 바뀌었다. 의열투쟁만으로 독립을 달성하기란 불가능하다는 판단 아래 장차 군대를 길러 독립전쟁을 펼쳐야 한다는 결론에 이르렀다. 그래서 핵심 간부들이 광동성 광주에 문을 연

26) 《동아일보》 1923년 12월 20일자.

27) 이종률, 「조국을 세우기 위한 투쟁의 일생」 –김시현선생과 그 영부인의 전기–(미간행), 1961, 214쪽.

黃埔軍官學校에 입학하고, 초급장교로 길러졌다. 그런데 그 과정에서 김원봉을 비롯한 핵심 인물들이 사회주의 사상을 수용하고, 특히 무창봉기에도 참가하였다. 김원봉은 상해를 거쳐 북경으로 이동하고, 그곳에서 레닌주의 정치학교를 운영하기도 했다. 그러다가 일제가 만주를 침공하기 앞서, 그는 중국국민당 정부를 찾아 남경으로 이동했고, 황포군관학교 4기 동기생들의 도움을 받아 남경 근교에 조선혁명군사정치간부학교(이하 군사간부학교)라는 군관학교를 세웠다. 그때가 바로 1932년 10월이었다.

이후 의열단은 1935년 9월까지 3년 넘는 기간 동안 초급장교를 육성하였다. 1기 26명, 2기 55명, 3기 44명 등 모두 125명이 그들이다. 학교의 정식명칭은 중국국민정부 군사위원회 간부훈련반 제6대인데,[28] 이처럼 정식명칭이 중국국민정부 군사위원회 소속 훈련대로 쓰게 된 이유는 일본과의 마찰을 피하려는 데 있었다. 군사간부학교 설립은 한중연합 공작으로서 대표적인 결실이라 할만하다.

1932년 6, 7월에 중국국민당 군사위원회의 승인을 얻음으로써 지원이 확정되었다. 이를 바탕으로 1932년 9월에 의열단은 제6차 정기대회를 열고, “한중합작으로 군관학교를 설립하여 조선혁명당 조직에 필요한 전위투사를 양성한다.”는 방침을 결정했다.[29] 이것은 의열단이 1928년 11월 창립 9주년 기념선언문에서 ‘개인폭력중심 노선에서 전투적 협동전선’으로 전환하겠다고 밝힌 방침과 연속선상에서 이해된다.

김시현에게 군사간부학교 소식을 알려주고 동참을 권한 인물은 당시 천진 공과대학에서 영문학을 가르치고 있던 金奎植이었다. 이미 모스크바 극동민족대표회의에서 함께 활동했던 인연도 있고, 의열단이라는 틀 안에서 주고받은 정서도 있었다. 김규식은 중국국민당 정부의 지원으로 남경에 군

---

28) 韓相禱, 『한국독립운동과 중국군관학교』, 문학과지성사, 1994, 213쪽.

29) 조선총독부 경무국, 「軍官學校事件ノ眞相」, 『한국민족해방운동사자료총서』 3, 경원문화사, 1988, 145쪽.

사간부학교를 세운다는 내용을 말하고 남경을 다녀오자고 권했다. 이에 김시현은 선뜻 찬성하고 김규식과 더불어 상해를 거쳐 남경을 방문했다. 그곳에서 김원봉과 논의한 끝에, 김시현은 생도를 모집하는 '초모관' 역할을 맡았다.

군사간부학교를 유지하려면 생도모집이 가장 중요한 일이었다. 따라서 비밀리에 생도를 모집하기 위한 전방 공작 거점이 필요했다. 김시현은 바로 그 맨 앞에 터를 잡았다. 그가 맡을 구역은 북경을 중심으로 삼고 국내와 만주, 화북 및 화중 지역이라는 넓은 곳이었다. 그가 실제로 북경에서 남경으로 신입 생도요원을 동행하여 연결시킨 사례가 있다. 안동 출신 李陸史가 바로 그다.[30)]

이육사는 처남 안병철과 군사간부학교 1기생 26명에 속했다. 그가 북경에서 기차를 타고 남경의 북쪽 건너 편 浦口驛에 도착했는데, 그 일행은 김시현을 비롯하여 윤세주 · 이육사 · 안병철 등 4명이었다. 포구역에 마중나온 인물은 이춘암이었고, 일행이 長江을 건너 김원봉을 만났다.[31)] 이어서 김시현이 데려온 이육사를 비롯한 세 사람은 모두 군사간부학교 1기생으로 입교하게 되었다. 이처럼 김시현은 북경에서 생도들을 확보하고 이를 남경으로 옮겨 장차 군사간부를 육성해내는 데 공을 세웠다.

김시현은 의열단의 주요 간부로 활동을 이어나갔다. 군사간부학교 1기생이 졸업한 뒤, 그는 의열단 지도부 대표 자격으로 1933년 6월 말 남경에서 열린 의열단 전체회의에 참석했다. 이틀에 걸쳐 열린 회의는 남경 교외에 자리 잡은 孝陵 근처 어느 사원에서 중국국민정부 군사훈련반 제5대의 학교 강당에서 막을 열었다. 의열단장 김원봉을 비롯하여 8명의 교관, 그리고 김시현을 비롯한 4명의 지방 출석 단원, 1기 졸업생 가운데 18명이 그 자리에 참석하였다. 그 자리에서 김시현은 김원봉을 비롯한 7명의 중앙집

30) 김희곤, 『이육사 평전』, 푸른역사, 2010, 126~127쪽.

31) 「증인 이원록 신문조서」, 『한민족독립운동사자료』 31, 국사편찬위원회, 1997, 187쪽.

행위원 가운데 한 사람으로 뽑혔다.[32)]

김시현이 남경 시절 의열단 간부로서 펼친 활동에는 배반자를 처단하는 일도 있었다. 1933년 북경지역에 군사간부학교 1기생 출신 韓朔平(일명 朴俊彬)이 파견되어 활동하고 있었는데, 김시현은 그가 변절하여 밀정 노릇을 하고 있다는 사실을 알아챘다. 한삭평은 앞서 남경에서 열린 의열단 전체회의에서 중앙집행위원으로 논의될 만큼 동기생 가운데 신망이 높았다. 그러므로 그에 대한 조사와 평가는 무척 조심스런 일이었다. 추적하던 끝에 김시현의 판단이 옳았다는 사실이 드러났다. 일제 검사가 작성한 보고서에 한삭평이 '再歸順'하여 첩자로 활동하고 있다고 기록되었는데, 이는 김시현이 제대로 보고 있었음을 말해준다. 특히 한삭평이 '재귀순'했다는 점은 이미 그 앞서도 일제에 투항한 일이 있었다는 말이기도 하다. 또 같은 기록에는 김시현이 한삭평을 밀정이라고 판단하고 처단하려 들자, 한삭평이 그 기미를 알아채고서 '자수'했다고 적혀있다.[33)]

김시현은 그를 제거하고자 치밀한 계획을 세웠다. 1934년 10월 그는 한삭평을 처단하기 위해 나섰다. 황포군관학교 4기생이자 당시 군사간부학교 교관이던 盧乙龍(일명 盧一龍)과 다른 한 명의 요원을 대동하고 그는 북경으로 갔다. 김시현을 비롯한 일행은 일경이 보호하고 있기 때문에 면밀한 준비를 거쳐 마침내 한삭평을 처단했다.[34)] 그러나 배반자 처단으로 말미암아, 그는 일제경찰에 검거되고 말았다.

1929년에 대구형무소를 나온 지 6년 만에 그는 다시 구금 생활을 시작했다. 1935년 2월 15일 살인미수 혐의로 경성지방법원에서 징역 5년을 언도받은 그는 일본 나가사키 형무소에 송치되어 옥고를 치렀다. 4년 7개월이

32) 조선총독부 경무국, 1934.12「軍官學校事件ノ眞相」,『한국민족해방운동사자료총서』 3, 경원문화사, 1988, 394~410쪽.

33) 社會問題資料硏究會,『思想情勢視察報告集』3, 京都:東洋文化社, 1976, 428쪽.

34) 金正明,『朝鮮獨立運動』2, 東京:原書房, 1976, 526쪽.

나 되는 기간을 감옥에서 보낸 그는 1939년 9월 8일 나가사키 형무소에서 출감하였다. 그리고서 그는 그 이듬해 1월 서울로 돌아와서 4월 북경으로 건너갔다.[35] 그리고서 1944년 북경에서 다시 붙들려 옥고를 치르다가 해방을 맞았다.

5. 맺음말

김시현의 항일투쟁은 격정적이라는 한마디로 그 색깔을 표현할 수 있다. 평소 말이 적은 그가 행동은 무섭도록 격렬하고, 또 끈질긴 면모를 보였다. 메이지대학 출신으로 30대 중반이란 나이에 독립운동에 뛰어든 그는 줄곧 의열투쟁이라는 한줄기 방략을 이어 나갔다.

그가 선택한 독립운동 방략은 처음에 만주지역 독립군기지와 대한민국 임시정부를 지원하는 것이었다. 의용단이나 주비단에 그가 관련을 가진 것으로 일제경찰이 판단한 이유가 거기에 있었다. 그 목적을 달성하는 방법으로 의열투쟁이 가장 적절한 방법이라고 그는 판단했다. 마침 1920년 이래 의열단이 국내외에서 쉼 없이 거사를 터트리고 있었고, 그도 여기에 적극 나섰다. 의용단과 주비단으로 활동하다가 1년 옥고를 치른 것도 그러한 활동에서 빚어진 일이었다.

그의 투쟁 성향은 극동민족대회에 다녀오면서 더욱 강해졌다. 한국 대표 56명 가운데 한 사람으로 활동한 그는 회의 도중 계급혁명에 앞서 직접 대중투쟁이 필요하다는 논의를 가슴에 새기고 이를 실행에 옮기기로 작정했다. 그래서 상해로 돌아오자마자 장건상과 김원봉을 만나 국내 투쟁 방향을 논의했다. 1922년 7월 국내로 잠입하고, 1923년 의열단의 '5월 거사'의 핵

35) 이종률, 「조국을 세우기 위한 투쟁의 일생」-김시현선생과 그 영부인의 전기-(미간행), 1961, 231쪽.

심 인물이 되었다. 그는 대량의 폭탄과 권총을 들여와 조선총독부와 8개 도청 등 적 기관을 파괴하고 요인을 처단하겠다는 '5월 거사'를 밀고 나갔다. 그 첫 단계로 무기를 국내로 들여오기 위해 황옥이란 현직 경부를 끌어들였던 것이다. 아쉽게도 밀고로 거사 추진은 막을 내렸다.

만 6년 동안 옥고를 치른 그는 출옥하자마자 다시 망명하였다. 그는 다시 의열단에 관계를 맺었다. 1932년 의열단이 남경에 조선혁명군사정치간부학교를 만들게 되자, 그는 북경지부장을 맡아 생도 모집에 나섰다. 또한 그는 의열단 중앙집행위원으로 활동하기도 했다. 뿐만 아니라 변절자에 대한 처단도 그의 몫이었다. 군사간부학교 1기생 한삭평을 처단한 것 역시 의열투쟁의 연속이었다.

1939년 나가사키 형무소를 나온 그는 또 다시 국내외를 오가며 활동을 폈고, 북경과 서울에서 두 차례나 옥고를 치르다가 해방되어 서울헌병대 구치감에서 자유를 맞았다. 그동안 부인과 아들 김봉년도 신경(장춘) 감옥에서 3년 동안 고생하다가 풀려났다.[36] 1924년 8월 공판정에서 그는 "나는 다만 조선을 위하여 일하였을 뿐"이라고 밝혔고, 1929년 대구형무소를 나와 다시 만주로 갈 때 "나의 섭생은 독립운동뿐"라고 선언했다. 한 번 참가하기도 어려운 의열투쟁의 길에 그는 평생토록 몸을 던졌다. 그가 참가한 독립운동기 26년 동안 14년 투쟁과 12년 옥고라는 길고도 험한 생을 살았다.

그 항일정신은 독립운동으로 끝나지 않고 해방 이후 반독재 민주화 운동으로 이어졌다. 1952년 6월 25일 전시 수도 부산에서 이승만 대통령이 '부산정치파동'을 일으켜 장기 독재정권으로 방향을 틀어가자, 그를 저격하는 거사가 일어났는데, 김시현이 바로 그 주역이었다. 이로 말미암아 그는 사형을 언도받고 8년 동안 옥고를 치르다가 4·19혁명 직후 석방되었다. 권

36) 이종률, 「조국을 세우기 위한 투쟁의 일생」-김시현선생과 그 영부인의 전기-(미간행), 1961, 268~269쪽.

력을 장기간 독점하려던 이승만을 제거하려던 그의 시도는 '반독재 · 민주화 투쟁'으로 평가될 수 있고, 그 투쟁은 항일투쟁기에 그가 변함없이 걸었던 의열투쟁이 이어진 것이라 여겨진다.

한 번도 망설이지 않고, 한 차례도 주저앉지 않은 항일투사, 그가 김시현이다.

*19장_* 김재봉, 조선공산당 초대 책임비서

1. 시작하면서

'제1차 조선공산당 책임비서', 이는 김재봉을 부를 때 쓰이는 관용어이다. 그렇다고 그의 이름이 널리 불린 것도 아니고, 알려진 것도 아니다. 그의 이름은 학자들에게만 익숙할 뿐, 일반인들에게는 별로 알려져 있지도 않았다. 광복을 맞은 지 60년을 넘는 기간 동안 그의 이름은 누구 입에서나 쉽게 나오지 않았고, 입 밖으로 뱉어내는 것조차 쉽지 않았다. 그러니 자연스럽게 그의 이름은 잊혀 왔고, 일부러 그의 이름을 끄집어내는 사람도 보기 힘들었다. 냉전의 굴레는 그만큼 강했고, 근래에 이르기까지 실체에 대한 접근조차 그리 쉽지 않았다.

2005년, 이 해는 광복 60주년을 맞은 것만이 아니라 김재봉이나 그를 아는 사람들에게는 모두 특별한 해였다. 이른 봄에 맞이한 3·1절은 그리도 오랜 굴레가 스르르 풀린 날이다. 신문과 방송에 여운형·권오설과 더불어 큼지막하게 그의 이름도 알려졌다. 건국훈장이 추서된 날이 바로 이날이었다. 대한민국을 세우는 데 기여했다는 점이 건국훈장을 추서하는 이유이고, 김재봉이 항일투쟁기에 펼친 활동이 바로 대한민국 건국에 기초가 되었다는 사실이 국가적인 차원에서 인정된 것이다.

'빨갱이'를 포상할 수는 없다는 목소리도 컸다. 국민의 정서란 무시할 수 없고, 그 속에는 그만한 논리도 있다. 그런데도 불구하고 이들을 포상하는 이유도 분명히 설득력을 갖고 있다. 한국 공산주의자들이 자신이 그 길을 선택한 이유가 바로 '독립'을 목표로 삼았기 때문이다. 김재봉이 1922년에 모스크바에서 열린 극동민족대회(극동노력자대회 · 극동인민대표회의)에 참가하면서 작성한 자필 글을 보면, '조선의 독립을 목표'로 삼고, 이를 위해 '공산주의를 희망'한다는 점을 분명히 밝혔다. 항일투쟁기에 살다간 공산주의자들의 대다수가 조선의 독립을 목표로 삼았고, 그를 위한 방안으로 공산주의를 선택한 것을 확인할 수 있다. 결국 그들은 독립운동가로 평가받을 충분한 이유가 있다.

그렇다고 사회주의 길을 걸은 인물을 모두 독립유공자로 평가할 수는 없다. 해방 이후 남북으로 분단되고, 피 흘리는 참상을 겪는 과정에서 대한민국 건국을 방해하거나 존립 자체를 위태롭게 만든 사람들에게까지 대한민국이 독립유공자로 포상할 수는 없다는 한계를 가진다. 왜냐하면 독립유공자 포상 자체가 통일한국이 아니라 대한민국이라는 국가의 틀 안에서 이루어지는 일이기 때문이다. 대한민국 건국을 방해하고 그것을 붕괴시키려 했던 일은 대한민국으로서는 반국가 행위였다. 그들을 포상한다는 것은 자신을 부정한 인물까지도 유공자로 포상한다는 일이 된다. 그래서 우선 대한민국 건국에 방해되거나 존립에 해를 끼치지 않은 인사들에게 포상하자는 논의, 즉 독립운동가와 독립유공자를 분리하여 포상범위를 넓혀나가자는 논의가 수 년 사이에 진행되어 왔고, 그 결실이 2005년에 이루어진 것이다. 아쉬운 점도 있지만, 논의 과정에서 배제된 인물도 통일이 되면 자연스럽게 해결되리라 여긴다.

2. 그가 태어난 오미마을

김재봉이 태어난 마을은 안동에서 가장 서쪽 편에 있는 오미마을이다. 행정 명칭으로 안동시 풍산읍 오미동이다. 예천에서 안동으로 넘어가는 조그만 고개를 지나면 남쪽 기슭에 풍서초등학교가 있고, 그 산 너머에 이 마을이 있다. 말발굽처럼 둥글게 굽은 안쪽에 마을이 있다면, 국도는 굽은 등 밖으로 지나가고 있어서 국도에서는 마을이 전혀 보이지도 않는다. 그래서 국도에서 산을 빙 둘러 남서쪽으로 난 입구를 찾아 접어들어야 마을에 들어갈 수 있다. 그 흔한 자동차 소리조차 들리지 않는 조용한 마을, 둘러싼 봉우리 안으로 큰 기와 고택 10여 채를 비롯하여 수 십호가 조용하게 햇빛을 안아 들이고 있다.

지명에 조금만 관심이 있다면 '五美'라는 말이 훌륭한 다섯 사람이나 다섯 봉우리(뫼)에서 따온 이름이라 직감할 수 있을 것이다. 본래 五陵村으로 불렸다고 전해지는 것처럼, 다섯 봉우리가 마을을 부드럽게 감싸고 있는 정형을 알만하고, 그 '五陵'이 다섯 봉우리, 곧 '오뫼'이니 오미동 이름 유래를 짐작할 만하다.

또 마을 이름이 조선 인조가 하사한 것이라는 이야기도 전해진다. 고려 고종대 인물 金文迪을 시조로 삼은 풍산김씨 후손 가운데 조선 중종 때 虛白堂 金楊震이 다시 이곳에 터를 잡은 지 5백 년이 넘었다. 그런데 김양진의 손자 悠然堂 金大賢이 아들 9명을 두었는데, 일찍 사망한 김염조를 제외한 8형제가 모두 진사시에 합격하고, 5형제(김봉조 · 김영조 · 김연조 · 김응조 · 김숭조)가 문과에 급제하자, 8司馬와 5大科라는 뜻을 담아 인조가 '八蓮五桂之美'라 칭찬하고 오미동이란 이름을 하사했다는 이야기가 전해지는 것이다.

3. 출생과 성장

8형제 가운데 첫째 鶴湖 金奉祖, 넷째 深谷 金慶祖, 여덟째 雪松 金崇祖는 오미에 세거하고, 나머지는 봉화 오록과 예천 벌방으로 옮겨 터를 잡았다. 장남 김봉조는 아버지 유연당 종가를 잇고, 그 후에는 학호공파라고 불린다. 넷째 김경조 후예는 심곡공파요, 막내 김숭조 후예는 설송공파로 불린다. 그리고 이 마을은 허백당 김양진과 유연당 김대현, 죽봉 김간 등이 불천위로 모시고 있고, 대과 급제자 51명(문과 21, 무과 30)에 생원·진사 77명을 배출했으니, 그 역사적 위상과 무게가 대단했음을 알 수 있다.

더구나 이 마을은 학맥이나 혼맥이 철저하게 하회마을과 연결되었다. 서애 류성룡 학맥을 계승하면서 통혼도 마찬가지였다. 또 도산의 진성이씨 문중과도 혼맥을 가짐으로써 안동문화권에서 오미마을이 가지는 위치는 튼튼하였다. 하회마을의 든든한 배경은 오히려 간섭과 불편함을 가져다주는 요인이기도 했다. 1895년 12월에 일어난 안동의 을미의병에서 하회마을 유지들에 가로막혀 자신의 뜻을 마음대로 펼치지 못하던 모습이 당시 기록에 보인다. 많은 인재를 배출한 마을이자 막강한 문중과 맥을 통했지만, 그 그늘 속에 견제 당하기도 했다는 말이다.

오미마을은 근대에 들면서도 많은 인재를 배출했다. 그 가운데 독립운동사에 빛나는 인물만 들더라도 서로군정서에서 활약한 김만수(학호공파), 단식순절한 김순흠, 대한민국 임시정부와 만주에서 활약한 김응섭, 그리고 김재봉(이상 심곡공파), 의열투쟁사의 표상 김지섭(설송공파) 등이 있다.

오미마을을 들어서면 오래된 기와집이 10여 채 보이는데, 그 가운데 중심부에 영감댁이 있고, 그 동쪽편으로 참봉댁이 있다. 김재봉이 태어난 집은 바로 참봉댁이다. 김재봉의 고조부 金斗欽이 참봉을 지냈으므로 불리는 택호이다. 참봉댁 규모는 상당히 크다. 대문을 들어서기도 전에 문 입구에는 아랫사람들이 살던 집터가 있고, 대문을 들어서면 본채까지 넓은 땅이 있고, 동쪽으로 별채 사랑이 있다. 본채는 口자 형태로 지어졌고, 사랑채와 안채로 구성되어 있다. 사랑채와 안채는 시선을 완전하게 차단하여 '내외법'을 지켰다.

김재봉은 1891년 5월 19일에 오미마을에서 세가 좋은 참봉댁에서 金文燮의 다섯 아들 가운데 장남으로 태어났다. 在龍·在河·在鴻·在鸞이 김재봉의 동생들이다. 그는 자를 周瑞라 하고, 호는 槿田이라 붙였다. 언제부터 근전이란 호를 사용했는지 알 수는 없지만, 1937년 추석 무렵에 금강산을 다녀와서 남긴 시첩『東海岸走笻小帖』첫머리에 '踏破八百餘里槿田'이라는 말을 쓴 것으로 보아, 늦어도 이 무렵에는 '무궁화 강토'라는 뜻을 가진 '槿田'을 자신의 호로 사용한 것이 아닌가 짐작된다. 김재봉이 태어난 가문의 위상을 짐작할 만한 집이다. 더구나 김재봉 부친 김문섭이 가진 토지도 많았다. 다음의 표에서 확인되듯이 오미마을에서 김재봉의 아버지가 세 번째로 많은 토지를 가졌다. 이 수치는 오미마을 토지에만 한정된 통계이지만, 주변지역이나 인근 예천 등에서도 많은 토지를 소유했을 것은 의심할 필요가 없다. 결국 김재봉은 상대적으로 넉넉한 경제 환경에서 태어나고 성장했다고 정리된다. 특히 안동지역에는 대토지소유자가 없기 때문에 이 정도의 토지만으로도 상층으로 분류된다.

▎오미마을 상농층이 소유한 오미마을 내 토지

번호	소유자	농지			垈地	墳墓地	林野	비고
		畓	田	계				
①	權相魯	3,598	5,815	9,413	884	–	127	
②	金洛謨	6,533	15,485	22,018	909	–	–	
③	金文燮	12,957	14,934	27,891	1,034	–	–	김재봉 부친
④	金秉鍵	7,527	6,828	14,355	705	–	–	
⑤	金秉度	2,705	10,039	12,744	595	–	–	
⑥	金秉烈	8,169	4,497	12,666	794	462	–	
⑦	金秉喆	9,476	7,748	17,224	1,123	–	–	
⑧	金秉穆	5,016	4,360	9,376	–	–	–	
⑨	金履燮	9,439	6,490	15,929	–	328	–	김정섭 동생
⑩	金鼎燮	17,498	10,818	28,316	2,467	–	240	영감댁 주손 김응섭의 형
⑪	金昌燮	41,407	30,675	72,082	2,742	–	901	유연당 종손
⑫	金泰秀	5,899	7,035	12,934	442	–	–	

※ 강윤정,「일제강점기 오미마을의 사회경제적 양상과 정치적 동향」,『안동지역 주요 동성마을의 전통과 정체성』, 안동대학교 안동문화연구소, 2005년 6월 3일 발표지, 128쪽.

4. 경성공업전습소를 다니고, 계몽운동에 나서다

김재봉은 갑오의병과 을미의병 3, 4년 전에 태어났다. 어린 나이에 그 정황은 기억하지 못하지만, 이야기는 많이 듣고 자랐을 것이다. 1894년 갑오의병에 이어 1895년 12월에 터진 을미의병은 이 마을에도 적지 않은 영향을 주었다. 특히 1896년 3월에 터진 태봉전투에서 부상당한 의병들이 마을에 몰려들어 신음하고, 의진에 자금을 납부하던 장면은 金鼎燮의 『日錄』에 고스란히 드러난다.[1] 그런 와중에 김재봉은 일곱 살에 재종조부 雲齋公 門下에서 한학을 배우고,[2] 족숙인 김이섭과 김응섭 형제로부터 가학을 전수받아 한학을 익혔다.

그가 이어받은 가학은 물론 전통학문이었다. 실제로 어느 정도까지 익혔는지 알 수 없지만, 그 당시 안동문화권 양반 가문 출신들은 대체로 청소년기를 넘어서면 사서삼경을 마치는 것이 일반적이었다. 그러므로 그도 마찬가지였을 것 같다. 그가 남긴 한문 서신이나 한시들이 그의 학습 수준을 높게 평가할 만하다는 판단을 하게 해준다.

1907년 무렵, 즉 18세 정도 되던 나이에 그는 결혼하였다. 상주 정경세의 후손인 鄭演默의 맏딸 鄭在凰이 그 배필이었다. 그가 金錬과 金鍛 두 아들을 두게 되는데, 맏아들 金錬이 태어난 때가 1909년이었으니, 전통학문을 매듭지으면서 신학문 수학으로 방향을 전환하던 시기였다.

고향에서 전통학문을 배운 그가 신식학문을 접하게 된 시기는 자료에 따라 약간 다르지 만 대개 결혼하던 무렵이라 판단된다. 해방 직후인 1946년 3월 30일에 박헌영이 쓴 「고 김재봉 동지를 위한 추도사(요지)」에는 그가 19세에 대구 계성학교를 졸업하였다고 기록하였다.[3] 이 글에는 그를 1890

---

1) 金鼎燮, 『日錄』 참조.

2) 《해방일보》 1946년 4월 1일자.

3) 《해방일보》 1946년 4월 1일자.

년생이라고 밝혔으므로 대개 1908년 혹은 1909년에 졸업했다는 말인데, 실제로 계성학교 학적부에 그의 이름을 찾을 수 없다. 물론 계성학교 학적부 자체가 완전하지는 않지만, 1910년을 갓 지난 시기에 정리된 졸업생 명단에는 졸업생과 중퇴생들의 진학과 전학 내용이 적혀 있는데, 그의 이름이 들어있지 않다.

그렇다면 김재봉이 신학문을 수용한 행적은 다른 곳에서 찾아야 한다. 박헌영이 추도사에서 계성학교를 이어 京城工業專習所를 다녔다고 말했다. 경성공업전습소는 서울 이화동에 있었고, 뒷날 서울공업고등학교와 서울대학교 공과대학의 전신이 된다. 그 학적부는 지금 서울공업고등학교에 보존되어 있다. 학적부에는 김재봉이 1912년에 입학하였고, 그 이전에는 다음과 같은 학습 과정을 거쳤다고 기재되어 있다.

> 융희원년(1907) 2월 4일 사립보통학교 수업
> 융희3년(1909) 11월 12일 사립廣明學校 수업
> 명치44년(1911) 7월 6일 사립中東學校 수업

처음에 나오는 사립보통학교가 일단 안동의 어느 학교일 터이지만, 구체적으로 어느 학교인지 알 수 없다. 1907년이라면 안동에서 사립중등학교인 協東學校가 설립되고, 안동부에 永嘉學校가 문을 열었으며, 안동공립보통학교는 1909년에 문을 열었다. 그런데 단지 사립보통학교를 다녔다는 기록만으로는, 어느 학교라고 판단하기 어렵다. 다만 그 다음에 나오는 광명학교는 분명하게 확인된다. 이 학교는 1908년 풍산에서 세워졌는데, 교남교육회 회원인 金炳杰·金泰東이 학교 설립 비용과 운영 경비를 부담하였다고 전해지는 학교이다.[4] 설립자 두 사람이 모두 이웃 素山마을 안동김씨 출신이라 짐작되므로, 이 학교도 소산마을에 있었을 것 같다.

---

4) 「學界彙聞」, 《교남교육회잡지》 11호, 28쪽.

▎1900년대 설립된 안동지역의 공 · 사립학교[5)]

학교명	장소	설립 연도	설립	설립인	학제	출전
永嘉學校	府內	1907	사립	안동 유지	소학	황 1908.8.18
東明學校	鄕校	1908.9	사립	안동 유지	소학	황 1908.9.3
協東學校	臨河 川前	1907.7	사립	柳寅植 金厚秉 河中煥	중등	황 1908.9.27 황 1908.10.7
光東學校	西後	1908.7	사립	안동김씨 종약소	소학	황 1908.7.22 황 1910.10.22
安東普通學校	府內		공립		소학	황 1909.11.28
寶文義塾	陶山 書院	1909.12	사립	眞城李氏 李忠鎬 李尙鎬	소학	황 1910.1.12
廣明學校	豊山	1908.	사립	풍산 유지, 金炳杰 김태동	소학	황 1910.4.3
東陽學校	東先		사립	안승국 남하제 안중찬 김영갑	소학	대 1910.4.6

* '황'은 《황성신문》, '대'는 《대한매일신보》.

광명학교에서 소학교 과정을 마친 그로서는 한 단계 높은 과정을 찾았을 것이고, 중등 과정으로는 안동에서 협동학교와 대구 계성학교가 존재했다. 그리고서 그는 서울로 가서 사립중동학교에 입학하였다. 다만 그가 대구 계성학교를 다녔다는 말이 뒷날까지 전해진 점을 고려한다면, 서울로 가기 전에 짧은 기간이라도 계성학교를 다니다가 상경한 것으로 이해하는 것이 좋을 것 같다. 그가 서울로 간 때는 1910년 무렵인 것 같다. 사립중동학교에서 수업한 것으로 작성된 시기가 1911년 7월 6일인데, 이것이 입학인지 졸업인지 분명하지 않지만, 일단 1911년에 중동학교 어느 학년을 다녔다는 사실 만큼은 확실한 셈이다. 그런데 중동학교 학적부는 6 · 25전쟁 당시 소실되는 바람에 그를 확인할 수 없다.

이어서 1912년 3월 20일에 그는 경성공업전습소에 입학하였다. 공업전습소는 경기도를 비롯하여 각 도마다 설치되기는 했지만, 그가 졸업한 곳은

5) 權大雄, 「韓末 慶北地方의 私立學校와 그 性格」, 『국사관논총』 36, 국사편찬위원회, 1997.

서울 이화동에 자리 잡은 것으로, 지방의 것과는 달리 조선총독부 직할 경성공업전습소라 불렸다. 이것은 1907년에 설립되었는데, 염직과 · 도기과 · 금공과 · 목공과 · 응용화학과 · 토목과 등 6개과로 구성되었다가, 1910년에 토목과는 없어졌다.[6] 이 경성공업전습소는 뒷날 경성공업학교 · 경성공업전문학교 · 경성제국대학 공대를 거쳐 서울대학교 공대로 이어지게 된다. 그가 입학했을 1912년 당시에는 본과(2년) · 전공과(1년) · 실과(1년) 등 모두 13개 학급으로 구성되었고, 580명이 지원하여 137명이 입학하였으니 4.23 : 1의 경쟁률을 보인 셈이다.[7]

김재봉이 굳이 공업전습소를 택한 이유는 알 수 없다. 가정의 경제적 사정이나 가학의 전통으로 보면 선뜻 이해되지 않지만, 당시 그 길이 첨단 분야로 인식되었을 것이라고 짐작되기도 한다. 그래서 지원자가 적지 않았고, 안동 사람들도 지원하였다. 김재봉과 같은 시기에 경성공업전습소를 다닌 안동인은 모두 5명이다. 맨 먼저 1911년에 染織科에 입학한 金洪漢은 소산마을 출신인데, 노모의 병환이 심해 중퇴한 것으로 기록되어 있다. 바로 이웃인 소산마을에서 김홍한이 서울로 진학한 사실은 이들에게 영향을 주기에 충분했을 것이라 추정된다. 바로 다음 해에 네 사람이나 입학한 것이 그러한 추정을 가능하게 만든다. 오미마을 출신 김재봉(염직과)과 金英燮(응용화학과), 남후면 검안리 南春燮(염직과), 풍산 상리 우룡골 李準泰(金工科)가 바로 그들이다. 남춘섭을 제외한 나머지는 같은 마을이거나 가까운 마을 출신이다. 김영섭은 같은 마을 출신이자 집안 아저씨뻘이 되고, 이준태는 풍산들 동쪽 편 우룡골 출신이면서 장차 가장 가까운 동지로 활동하게 된다.

김재봉이 경성공업전습소에 입학한 날은 1912년 3월 20일이었다. 그런데 동기생들은 모두 이 보다 한 달이나 앞선 2월 16일에 입학하였다. 입

6) 『조선총독부 통계연보』(1912), 699쪽.
7) 『조선총독부 통계연보』(1913), 716쪽.

학 수속이 늦어졌거나 추가로 입학한 경우라고 짐작된다. 한 달이나 늦게 들어갔으므로 앞서나간 진도를 맞추기가 어려웠던 모양이다. 1912년 음력 3월 14일자로 장인에게 보낸 그의 편지는 당시 그런 정황을 보여준다.

> 수개월이나 늦게 들어가서 학과가 쌓인 것이 거의 책 한 권이 됩니다. 과목은 화학 · 물리 · 산술 · 일어 · 도화 · 실습 전문이 있는데, 매일 시간은 주야 스물 네 시간에, 조석 먹는데 세 시간이 들고, 학과 네 시간, 실습 다섯 시간, 취침 일곱 시간, 복습시간은 세 시간뿐입니다. 밤에는 전기를 사용하므로 시간 외에는 등촉도 밝히지 못해 복습하기 어렵습니다.[8]

입학도 늦었지만, 졸업은 더 늦었다. 동기생들은 1913년 12월에 졸업했지만, 그가 졸업한 시기는 꼬박 한 해가 늦은 1914년 12월이었다. 2학년까지는 함께 승급하였지만, 졸업은 한 해 늦었다. 학적부에 '낙제'라고 기록되어 있는 점으로 보아, 3학년 재학 시절에 무슨 일이 생긴 것이다. 3학년에 진급하던 1914년 2월에는 기숙사에 들어가서 규칙이 점점 더 까다로워진다고 편지에 쓰기도 했다.[9]

경성공업전습소를 마친 김재봉은 곧 귀향하였다. 이후 그의 활동이 드러나는 것이 1917년 고향마을에 신교육 기관을 만든 일이다. 그가 金冑燮과 더불어 만든 오릉학술강습회(소)가 그것이다. 오릉의숙을 발전시켰다고 전해지는 이 기관이 처음부터 김재봉과 김주섭의 손으로 만들어진 것인지, 혹은 앞서부터 세워진 오릉의숙이 이들로 말미암아 발전된 것인지는 확실하지 않다. 그렇지만 일단 이들이 서울에서 배운 신교육을 마을 청소년들에게 전수시키려 노력한 점은 확실하다. 당시 안동에는 주요 가문들이 자리 잡은 마을마다 문중 단위, 혹은 마을 단위로 신교육을 도입한

8) 김재봉이 장인 鄭演黙에게 보낸 서신(1912년 3월 14일자).
9) 장인에게 보낸 서신(1914년 2월 12일자).

교육기관이 들어섰다. 가까운 마을을 보면, 경성공업전습소를 다니다가 중퇴하고 귀향했던 김홍한이 1913년에 소산마을에 세운 소산서숙, 하회마을의 동화학교, 가일마을에 권오설이 세운 원흥의숙, 마애의 망천서숙 등이 있었다.

5. 대한민국 임시정부 지원 활동에 참가하다

오릉학술강습소에서 마을 청소년을 가르치던 김재봉이 확실하게 독립운동에 발을 디딘 것으로 확인되는 시점은 대한민국 임시정부 지원 활동에 참가한 1919년 가을이다. 그런데 3·1운동 무렵에 그가 어디에 있었는지 확실하지는 않다. 1918년 후반에 서울과 대구, 그리고 고향을 오르내리던 장면은 편지 자료에서 드러나지만,[10] 실제 3·1운동 당시에 그가 어디에서 무엇을 했는지 확인되지 않는다. 그런데 오미마을 사람들이 3·1운동 당시 적극적으로 시위에 참가한 사실은 확인되지 않고, 단지 개인적으로 연고지에서 활동한 경우만 보였을 뿐이다.[11] 사실 풍산지역 전체가 3·1운동에 소극적인 태도를 보였다. 그렇다고 해서 서울에서 학교를 다녔고 고향에 돌아와 학술강습소를 세워 후배를 기르던 그가 전국이 들썩했던 만세시위에 가만히 앉아 있었을 리는 없었을 것이다.

그는 만세시위가 전국으로 열기를 뿜고 있던 4월 무렵에 안동을 떠났다. 집을 떠나 어디로 다녔는지 모르지만 늦어도 9월 초순에는 서울에 있었다. 그가 집으로 보낸 서신에서 그 사실이 드러난다. 즉 자신이 출타한 지 "너다섯 달 지났으니"라는 표현이나, 7월에 큰 동생 金在龍이 사망한 데 따른

10) 김재봉이 손위 처남 鄭在鑲에게 보낸 편지(1918년 11월 25일자).

11) 1918년에 예안보통학교를 졸업한 金九鉉이 1919년 3월 17일에 예안시위에 참가한 경우가 그것이다.

통한의 아픔을 토로한 이야기, 만주일보사 기자로 입사하기 직전이라는 표현 등이 그의 서울 체류 사실을 말해준다.[12] 만주일보 경성지사 기자로 들어가기 위해 협의하던 기간도 있었을 터이므로, 그가 3·1운동 직후에는 서울에서 움직이고 있었다고 봐야할 것 같다.

김재봉이 만주일보사 기자가 된 시점은 그가 대한민국 임시정부 지원 활동을 시작한 때와 맞물린다. 동생이 죽은 그런 와중에도 그는 서울에서 투쟁 방향을 모색하고 있었던 것이다. 그 내용은 전혀 드러나지 않다가 1921년 1월경에 안상길이 체포당함으로 말미암아 세상에 알려지게 되었다.

그는 1919년 9월에 서울에서 安相吉을 만났다. 또한 고향 이웃마을 우롱골 출신이자 경성공업전습소를 같이 다닌 이준태도 함께 만난 자리였다. 당시 안상길은 중국 상해로 가서 대한민국 임시정부를 방문하고 비밀리에 귀국하던 참이었다. 안상길은 安昌浩를 비롯한 요인들을 만나고 대한민국 임시정부 교통부 산하의 '경북 교통부장'이라는 직책을 맡아 귀국했고,[13] 서울에 들어서자마자 이들과 만났다. 청진동 302번지에 있던 進一旅館이 그 장소였다. 그렇다면 김재봉은 안상길의 상해행을 몰랐을까? 상해에서 돌아온 안상길이 연락하는 바람에 비로소 만날 수 있었을까? 그렇지는 않을 것 같다.

안상길은 안동시 와룡면 중가구동 출신이다. 안동시에서 북쪽으로 도산서원으로 가는 길을 따라 8km 정도 거리에 와룡면 소재지 조금 못 미쳐 오른쪽으로 안동댐으로 연결되는 1차선 도로가 나온다. 이 길을 따라 1.5km 들어가면 南興이라는 마을이 있는데, 이 마을이 순흥안씨들의 집성촌이다. 여기에서 다시 남쪽 샛길로 조금 더 들어가면 안상길의 생가 터가 옛날을 말해주고 있다. 현재 지명으로는 안동시 와룡면 중가구 1리 517번지가 생가 터요, 바로 옆 518번지가 안상길이 분가해 살던 집터이다.[14] 상

12) 김재봉이 부친에게 보낸 서신(1919년 9월 12일자).
13) 《독립신문》 1921년 2월 17일자.

당히 부유한 집안 출신으로 부친 安承國이 이미 광복회에 군자금을 지원한 일이 있었다. 안상길은 차남이었고, 장차 모스크바 동방노력자공산대학으로 유학하게 되는 安相勳은 4남이었다.[15)]

다시 본론으로 돌아가서, 김재봉이 안상길의 상해행을 몰랐으리라 짐작하기는 어렵다. 오미마을에서 당시 가장 명망이 높던 김응섭이 대한민국 임시정부 수립 과정에 참가하고 법무차장을 맡았던 점이나, 김지섭이 그를 쫓아 상해로 간 사실을 김재봉이 전혀 모르고 있었을 리가 없기 때문이다. 그 자신도 상해행을 마음속으로 저울질해 보았을 가능성도 크다. 그런데 인척이 되는 안상길이 상해로 갔다. 그리고 안상길이 귀국하던 길에 김재봉을 서울에서 만났다. 그렇다면 서로 한마디 상의도 없이 진행된 일이지는 않았을 것이다. 돌아오자마자 서울에서 상해에 다녀온 결과를 이야기하고 활동 방향을 결정한 사실이 그러한 정황을 짐작하게 해준다. 그리고 그 자리에 이웃 마을 우롱골 출신이자 경성공업전습소 동기생 이준태도 동참한 사실은 뜻을 함께하고 있었음을 말해준다.

김재봉과 이준태는 안상길이 다녀온 대한민국 임시정부 이야기를 들었다. 안상길이 맨손이 아니라 경북 교통부장이라는 직책을 맡아온 일은 고무적이었다. 그것이 단순한 직함이 아니었다. 당시 대한민국 임시정부는 국내 행정을 원격 통치한다는 목표 아래 부서별로 정부와 국내를 연결하는 체제를 갖추어 나갔다. 내무부의 연통부, 교통부의 교통국, 그리고 군무부의 籌備團이 대표적이다. 교통국이 마련한 연결망을 통해 국내의 도와 시·군, 그리고 면까지 관리를 직접 임명하고, 정부의 통치행위를 펼쳐가며, 주비단을 통해 군사동원력을 확보한다는 것이 기본 계획이었다. 그 계

14) 안상길은 10남 2녀 가운데 둘째이다. 생가는 1949년 음력 3월 11일에 경찰에 의해 방화되었다고 전해진다(안승국의 증손이자 冑孫인 安孝日 증언, 안상길의 종손자, 1935년생).

15) 이 마을 출신으로서 사회주의운동사에 등장하는 안상준·안상윤·안상태(안상경) 등은 모두 가까운 형제들이다.

획이 실천에 옮겨져 성과를 올리기도 했지만, 일제에 의해 철저하게 차단되기에 이른다. 안상길이 맡은 임무가 경북 교통부장이고, 따라서 경북지역에 거점을 마련하는 일이 주된 목표였다.

안상길의 이야기를 증명해주는 자료도 있었다. 즉 안상길이 상해에서 가져온《독립신문》·「대한민국임시정부헌법」·「교통부규칙」·「愛國金收合委員辭令書」·「愛國金領收證」 등은 김재봉과 이준태를 움직일 수 있는 확실한 증거물이었다.[16] 또 한 가지 안상길에게 주어진 임무가 대한민국 임시정부에 애국금을 모아서 보내는 일이었다.

안상길은 왕성한 기운이 넘치던 대한민국 임시정부 모습과 그를 구성하던 인물들에 대해 이야기 했을 것이고, 특히 갖고 온《독립신문》이나「대한민국 임시헌장」 등 문서는 김재봉과 이준태를 흥분시키기에 충분하였을 터였다. 그러므로 애국금 수집에 선뜻 나서게 되었고, 구체적인 활동 방향을 논의하였을 것이다. 그 결과가 바로 고향 안동과 대구를 중심으로 거점을 마련하고 자금을 모은다는 전략 수립으로 나타났다. 안상길이 대구에서 미곡상점을 열게 된 이유가 바로 거기에 있었다. 그리고 안동에도 거점이 필요했고, 그 역할을 맡은 비밀 아지트가 錦南旅館이었다.[17] 대구에는 안상길 스스로 상점을 열어 거점을 삼았고, 안동에는 자신의 애첩인 河成卿이 경영하던 금남여관을 이용하였다.

1919년 8월에 시작된 활동이 어느 정도 성과를 올렸는지 알 수는 없다. 그런데 김재봉이 滿洲日報 경성지사 기자로 활동을 시작한 시기가 바로 9월이었다. 그 시기는 안상길이 대한민국 임시정부를 다녀온 직후였고, 그렇다면 김재봉이 만주일보 기자로 입사한 것도 전략적인 의미를 가지

16) 「판결문」, 1921년 6월 2일, 경성지방법원.

17) 이 여관은 이후에도 여러 차례 안동지역 사회주의운동가들의 근거지로 이용되는데, 바로 이곳에 숨겨둔 서류가 발각된 것이다. 지금은 그 여관이 없어졌지만, 안동시내 한 복판에 있는 신한은행 정문에서 남쪽으로 30m 정도 떨어진 서쪽 골목길 안에 있던 기와집이었다.

는 것으로 이해할 수 있다. 안상길이 대구에서 미곡상을 열고, 안동에는 금남여관이라는 아지트를 둔 채, 그는 서울에서 기자로 활동한 것이다. 이들이 구체적으로 얼마만큼 자금을 모아 대한민국 임시정부로 보냈는지 확인할 길이 없다. 하지만 일단 1년 넘는 기간 동안 활동한 사실만큼은 인정된다.

1920년에 김재봉이 벌인 또 하나의 활동 무대는 노동운동에 발을 내디딘 것이다. 1922년 1월에 김재봉이 모스크바에서 극동민족대회에 참가하면서 자필로 작성한 조사표에는 그가 조선노동대회 대표로 회의에 참석한 것으로 기록되어 있다. 또 조선노동대회가 발행한 위임장도 남아있다. 조선노동대회는 1920년 2월 16일 서울에서 결성된 단체로 조선노동공제회와 함께 3·1운동 직후 국내 노농운동의 대표적인 단체 가운데 하나였다. 비록 노동운동 단체라는 이름을 갖고 있었지만, 아직은 상호부조와 계몽운동의 성격이 강한 지식인 중심의 단체에 머물고 있었다. 거기에는 김재봉과 같은 고향 출신이자 경성공업전습소를 같이 다닌 이준태도 가입해 있었다. 즉 김재봉이 한편으로는 안상길을 축으로 만들어진 대한민국 임시정부 지원 활동을 펼치면서, 다른 한편으로는 이준태와 더불어 비록 계몽적인 차원이라고 하더라도 노동운동을 시작하던 때가 바로 1920년이었다는 셈이다.

김재봉이 일제경찰에 검거되기는 1920년 12월 말이었다. 안상길이 12월 27일에 체포되었으므로,[18] 그도 이 무렵에 검거된 것으로 짐작된다. 그렇다면 활동 기간은 1년 4개월 정도였고, 성과도 적지 않았을 것 같다. 활동하던 그들이 "天道教人과 耶蘇教人間에 檄文을 配布하다가 去月 二十七日 敵手에 被捉하엿더라."라는 《독립신문》 보도는 이들이 격문을 배포하여 저항성을 일깨우고 대한민국 임시정부 지원금을 확보하는 것을 활동 방향

18) 《독립신문》 1921년 2월 17일자.

으로 잡았던 사실을 확인할 수 있다. 그렇지만 일제경찰이 낌새를 알아채고 금남여관을 수색하여 숨겨둔 문서를 찾아내는 바람에, 이들은 모두 체포되고 말았다.

일제경찰이 이 거사를 '조선독립단사건'이라 이름 지었다. 이름이 거창하여 무슨 큰 단체가 만들어진 것 같지만, 실제로 결사체를 조직하지는 않은 것 같다. 그렇다면 억지로 덮어씌운 셈이다. 이로 말미암아 안상길이 1년, 김재봉이 6개월의 징역형을 치렀다. 안상길이 대한민국 임시정부 경북교통부장이라는 직책과 역할로서 주역 대우를 받아 1년형을, 그리고 김재봉이 펼친 활동으로 6개월형을 치른 것이다. 거창한 사건 이름에 비해 형량은 그리 많지 않았으니, 실제 일제경찰이 파악한 활동성과는 그리 대단한 것이 아니었던 모양이다. 그런데 이준태는 체포되어 고생했지만 실형을 선고받지는 않았다. 뒷날 변함없는 동지로 활동한 점을 보면, 두 사람이 모든 책임을 진 것으로 이해되기도 한다.

1920년 12월 27일에 체포되고, 1921년 3월 이후 반년 동안 옥고를 치른 김재봉이 다시 사회로 나온 시기는 그해 9월 무렵이라 생각된다. 1921년 가을, 비록 구속 기간과 6개월 옥고 기간이지만, 김재봉 앞에는 새로운 세계가 나타났고, 그 자신도 새로운 활동 방향을 가늠했을 것이다.

옥고를 치른 김재봉이 출옥한 시기는 1921년 9월이었다. 우선 부친에게 편지를 썼다. "저는 지난 오랜 동안 별 탈 없었고, 오늘 방면되어서도 또한 별 뒤탈이 없습니다. 다만 이후로도 마땅히 근신할 계획입니다."[19] 부친에게 심려를 끼쳐드린 점을 죄송하게 생각하면서 이후로 근신하겠다고 말씀드린 것이다. 그러면서 주소를 '西大門界 滿洲日報 京城支社'로 기재하였다. 아직 만주일보 기자 신분은 그대로 유지하고 있었다는 말이다.

19) 김재봉이 부친에게 보낸 서신(1921년 8월 3일자).

6. 모스크바 극동민족대회에 참가하다[20)]

옥고를 치르고 나와서 비록 부친에게 '근신'하겠다고 말씀드렸지만, 그의 마음에는 이미 망명 계획이 들어차 있었다. 그렇지만 국외로 나가서 활동한다는 계획은 이미 옥중에서 형성된 것으로 짐작된다. 출옥하자마자 얼마 지나지 않아 국외로 나간 행적이 그를 증명하고도 남는다. 마침 그가 출옥하던 무렵에 국내외에서 민족운동에 투신한 인물들은 모두 국제회의에 시선을 집중시키고 있었다. 하나는 워싱턴회의이고, 다른 하나는 소련에서 준비하고 있던 회의였다. 앞의 것은 태평양군축회의인데, 이승만은 노력을 쏟아 붙고 있었다. 6개월 동안 대한민국 임시정부에 체류하던 이승만이 이 회의에 외교 활동을 편다는 명분을 내걸고 하와이로 떠났고, 대한민국 임시정부는 손문이 이끌던 호법정부에 국무총리 신규식을 파견하여 공동대응책 마련에 나섰다. 국내에서도 이 회의에 관심을 갖고 지원하는 노력들이 나타났다. 그 워싱턴회의는 결국 1921년 11월부터 다음 해 2월 사이에 열렸다.

워싱턴회의가 준비되는 동안 소련에서도 이에 맞서는 국제회의가 기획되고 있었다. 이미 1920년 7~8월에 코민테른이 제2차대회를 열어 '민족－식민지 문제 테제'를 채택하고, 다음 달에 아제르바이잔 바쿠에서 동방민족대회를 개최하였다. 코민테른은 다시 그 후속회의를 준비하고 있었던 것이다. 마침 자본주의 열강이 워싱턴회의를 준비하자, 그들은 이에 대항하여 동방으로 혁명을 확산시킬 수 있는 모임을 준비했다. 같은 시기인 1921년 11월 11일에 이르쿠츠크에서 '약소민족은 단결하라'는 표제를 내걸고 극동 여러 나라의 공산당과 민족혁명단체 대표자의 연석회의를 소집한다는 계

20) 이 회의에 대한 명칭은 다양하게 쓰였다. 참가국 언어별로 번역되고 통용되면서 공식적으로 사용된 명칭이 많았기 때문이다. 이 글에서는 근래에 회의 명칭을 종합적으로 검토하고 제시한 임경석의 견해를 따라 '극동민족대회'로 쓴다(임경석, 『한국 사회주의의 기원』, 역사비평사, 2003, 496~497쪽).

획이 그 골자였다. 코민테른은 한국문제에 깊은 관심을 갖고 있었다. 그러한 움직임은 독립운동가들에게 그대로 전달되었고, 그들의 시선이 모스크바로 집중되는 것은 당연한 일이었다. 자본주의 열강이 눈길조차 주지 않은 것과 비교하면 너무나 반가운 일이 아닐 수 없었다. 그래서 이념의 차이는 크게 문제가 되지 않았다. 사회주의를 수용하거나 그렇지 않거나 관계없이 많은 인사들이 소련으로 가기를 희망했다.

많은 인사들이 소련으로 떠나면서 1921년 초겨울은 흥분으로 들썩였다. 이들이 보기에는 소련은 강대국이었고, 우리 민족문제를 적극적으로 이해하고 원조한다는 정책 기조에 흥분하기에 충분했던 터였다. 대회소집을 주관한 기관은 코민테른 극동비서부였다. 한국인 대표자 선정은 극동비서부 고려부가 담당했다. 이 기관은 고려공산당 이르쿠츠크파와 긴밀한 관계를 가졌는데, 1921년 5월에 이르쿠츠크에서 건설된 고려공산당은 당시 북경을 거쳐 같은 해 11월에는 상해에 근거지를 마련하였다. 따라서 이 대회에 파견될 대표자 선정은 주로 상해에서 이루어졌고, 또 실제로 상해에서 활동하던 인물들이 가장 많이 선정되기도 했다. 코민테른에서 선정한 대표 가운데 상해에서 가장 많은 인원이 배정되었고, 그 속에는 고려공산당 중앙위원회 대표 6명에 상해지부와 고려공산청년회 대표 2명이 포함되었다. 이르쿠츠크에서는 대표적인 독립군 지도자 홍범도를 비롯하여 10명의 대표가 선정되었고, 국내나 만주, 그리고 일본에서도 대표가 선정되었다. 그리하여 모두 56명이라는 많은 한인 대표가 회의가 열릴 예정인 이르쿠츠크로 향했다.[21)]

이런 시기에 김재봉이 출옥했고, 그 앞에 소련행이라는 기회가 던져졌다. 당시 국외에서는 이르쿠츠크파와 상해파가 1921년 5월에 각각 고려공산당을 결성하고 세력 경쟁을 벌이고 있었다. 이들은 경쟁지역을 국내로

---

21) 임경석, 『한국 사회주의의 기원』, 역사비평사, 2003, 495~500쪽.

확산하고, 각각 별도로 국내 조직기반을 마련해 나갔다. 그 결과 상해파는 1921년 5월에 내지부를 두었고, 이르쿠츠크파는 같은 해 10월쯤에 이르쿠츠크파 서울위원회를 설치하였다. 마침 이르쿠츠크파는 국내 파견원 李敎淡과 徐超를 국내에 파견하는 한편, 극동민족대회에 참석할 사람을 조선노동대회 지도자 盧秉熙와 조선총독부 경무국 경부로 재직하던 黃鈺을 통해 물색하였다. 그 결과 국내 대표자들에게 위임장을 발급한 단체와 대표인원수는 조선노동대회(6명), 조선공제단(3명), 조선학생대회(2명), 조선청년회연합회(2명) 등 13명이었다.[22] 출옥한 김재봉이 조선노동대회와 연결된 것이 바로 이 무렵이다. 조선노동대회에 그가 어떻게 연결되었는지 확실하지 않다. 다만 6명 대표 가운데에는 고향 이웃마을 현애 출신인 金始顯도 들어 있었다.

김재봉이 받은 조선노동대회 대표 위임장은 조그만 명주 조각으로 만들어졌다. 혹한을 견디기 위해 솜을 겹겹으로 누빈 누비옷을 입었을 것은 분명한데, 위임장은 바로 그 솜 속에 감추고 갈 수 있도록 명주 조각으로 만들어졌다. 누비옷 속에 넣어 박음질해도 괜찮으므로 쉽게 노출되지도 않으면서 손상 염려도 없었다. 붓으로 작성된 본문 내용은 이렇다.

> "본회 회원 김재봉을 대표로 선정하여 본년 11월 11일 노서아 일쿠스크에서 개최하는 동양민족혁명단체대표회에 출석하는 일체 권한을 위임함"

대회 이름이 여러 가지로 쓰였는데, 여기에는 동양민족혁명단체대표회라고 기록되었다. 본문 아래에 회장 文鐸과 서기 洪聖玉의 이름과 서명, 그리고 '勞動大會之印'이라는 직인도 찍혀 있다. 발급 날짜는 10월 24일로 적혀있다. 이것은 상해지역 대표들이 위임된 시기가 대개 10월 20일에서 27일 사이였던 것과 비슷하다.

22) 임경석, 『한국 사회주의의 기원』, 역사비평사, 2003, 500쪽.

김재봉이 소련 영역으로 발을 들여놓은 시기는 남들보다 좀 늦은 편이다. 국경을 앞둔 만주리역에 대표들이 도착하기 시작한 시기가 10월 말이거나 11월 초였는데, 그가 그곳에 다다른 시기는 11월 30일이었다. 회의가 예정된 날이 11월 11일이므로, 조바심 나는 행로였을 것이다. 국내에서 출발 자체가 늦은 것인지, 아니면 상해를 들렀다가 북상하느라 그랬는지 알 수 없다. 정황을 보아 조선노동대회 위임을 받은 뒤에 국내에서 지체하지는 않았으리라 생각되고, 뒷날 그가 상해를 거쳤다는 이야기가 전해지는 점으로 보아,[23] 일단 그가 상해를 방문한 뒤 천진과 장춘으로 연결되는 남만주철도와 하얼빈을 거쳐 만주리에 이르는 중동철도를 타고 이동한 것으로 짐작된다. 그렇더라도 예정된 날에 회의가 열렸다면 그가 회의에 참석하기 어려웠을 것이다. 그런데 12월 1일까지 대상자의 절반만 도착하여 회의 개최가 연기되고 있었다. 일본이나 중국 등 각국 참가자들이 신변의 위험을 줄이기 위해 몽골을 횡단하는 경우도 있어서 대다수 인물들의 도착이 늦어지고 있었던 데다가, 경쟁 대상이던 워싱턴회의가 연기되고 있던 터라, 코민테른으로서는 이를 지켜볼 필요가 있었기 때문이다.

코민테른은 회의 계획을 변경시켰다. 회의 시작 시기가 1922년 1월 말로 연기되고, 장소는 수도인 모스크바로 변경되었다. 이르쿠츠크에서 집결해 있던 대표들이 기대에 부풀어 모스크바로 향했다. 소련의 수도를 방문한다는 것이나, 소련 최고지도자 레닌을 만날 것이라는 점도 그들을 흥분시키기에 충분한 '사건'이었다. 1922년 1월 7일, 마침내 대표들을 태운 특별열차가 모스크바역에 도착하였다.[24] 참석자들은 모두 자신을 파견한 단체나 기관의 위임장을 제시하고, 학력과 투쟁경력 및 참석 목적 등을 담은 조사표를 작성하여 코민테른 극동비서부 고려부에 제출했다. 이에 대하여 회의

---

23) 1926년 3월 2일 신문조서(제2회); 《조선일보》 1927년 9월 13일자; 2주기 추도사(박헌영, 《해방일보》 1946년 4월 1일자).

24) 임경석, 『한국 사회주의의 기원』, 역사비평사, 2003, 517쪽.

주최자는 그들에게 신분을 확인하고 대표자격 증서를 교부하였다.

그는 조사표에 자신의 직업을 '공업'이라고 적었다. 이와 달리 이력서에는 '방직공'이라 기록했다. 위임장을 준 조선노동대회와 자신이 졸업한 경성공업전습소 염직과 경력을 묶어낸 것이 곧 방직공이라는 직업이었다. 그리고 조선노동대회 대표로 위임장을 받은 처지이므로, 자신이 서울에서 조선노동대회에 몸을 담고 활약하고 있다고 적었다. 특히 눈에 띄는 부분은 '목적과 희망'이라는 난이다. 대회에 참가한 목적과 희망으로 이해되는데, 그는 "조선 독립을 목적하고, 공산주의를 희망함"이라고 적었다. 그가 무엇을 목표로 삼았는지 확연하게 드러나는 대목이다. 그가 '조선 독립'을 최고 가치이자 목표로 삼았다. 그러면서 회의 개최국의 이념인 공산주의를 희망한다고 기재하였다. 당시까지 공산주의 이론이나 이념에 대하여 막연하게 이해하던 그였지만, 일단 소련으로 향하면서 공산주의에 대한 지향성이 강하게 다가섰을 것이다. 이것은 반대로 자본주의와 자본가에 대한 부정적 인식을 말해주기도 한다. 나중에 검찰 신문에서 그는 이 회의가 "자본가에 의해 개최되던 범태평양회의에 대항하여 개최된 것"으로 설명하였다.[25] 독점자본세력이 극동지역에서 이권을 확산시키고자 모인 태평양회의를 무너뜨릴 방법이 곧 무산자계급의 결속과 항쟁이며, 극동민족대회가 바로 그 길이라고 그는 판단하였다.

마침내 1922년 1월 21일에 모스크바 크렘린 궁전에서 개회식이 열렸다.[26] 소련이 아닌 극동지역 참가자들은 한국을 비롯하여 9개 국가나 민족이었다. 144명 참가자 가운데 한국대표가 52명(뒤에 56명으로 증원)으로 가장 많고, 다음으로 중국이 42명, 일본이 16명이었다. 소련으로 향한 우리 독립운동가들의 기대와 열정이 드러나는 수치이다. 또 의장단에 중국·일본·몽골 등과 함께 2명씩 배정받아 김규식과 여운형이 포함되었다.[27]

25) 「신문조서」.
26) 《조선일보》 1925년 1월 23일자.

회의는 2월 2일까지 13일 동안 진행되고, 숙소는 소비에트 제3관이었다. 이 회의에서 결의된 한국문제는 크게 세 가지로 정리된다. 첫째, 조선에서 계급의식이 아직 발달하지 못했으므로 계급운동이 시기상조이다. 둘째, 일반대중이 민족운동에 동참하고 있으므로 계급운동자가 독립운동을 후원하고 지지해야 한다. 셋째, 상해에 있는 대한민국 임시정부는 그 조직을 개혁시켜야 한다.

회의는 2월 2일 대회선언을 채택하는 것으로 막을 내렸다. 시작은 모스크바에서 있었지만, 폐막은 페트로그라드 우리츠키 궁전에서 열렸다. 그 직후 대표들이 속속 소련을 출발하였고, 대개 3월 중순에는 본래 활동하던 곳으로 돌아왔다. 그런데 김재봉은 당장 귀국하지 않고 1년 정도 소련에 머물렀다.

7. 이르쿠츠크파에 가담하여 꼬르뷰로의 적자가 되다

회의 직후 김재봉은 모스크바를 떠나 코민테른 극동비서부가 있는 치타에 도착했다. 그곳에서 벌인 일은 두 가지였다. 하나는 치타에 있던 한인학교에서 그는 산술과 한문을 가르치는 일이었고, 다른 하나는 사회주의를 익히는 것이었다. 물론 국내에서 사회주의 사조를 접하고 익힌 일은 있지만, 결코 본격적인 학습이 아니었다. 더구나 본 고장인 소련을 방문하고, 그것도 모스크바에서 열린 극동민족대회에도 참가했던 만큼 그로서는 사회주의를 익혀야 한다는 필요성을 절실하게 느꼈을 터였다. 『마르크스 자본론』·『사회주의학』·『레닌주의』·『진화』·『전위』 등이 그가 읽었다고 밝힌 책 이름이다.[28]

---

27) 임경석, 『한국 사회주의의 기원』, 역사비평사, 2003, 536쪽.

28) 「신문조서」(2회, 신의주형무소).

또 한 가지 그가 심혈을 기울인 일은 두 파로 나뉜 고려공산당을 통일시키려는 일이었다. 고려공산당 이르쿠츠크파와 상해파의 갈등은 코민테른의 통합 요구와 압력에도 불구하고, 쉽게 해결되지 않던 난제 가운데 난제였다. 바로 그 문제에 김재봉이 뛰어 들었다. 치타에서 사회주의 학습에 몰두하던 그는 1922년 10월 베르흐네우진스크로 이동하였다. 그곳에서 열린 고려공산당 통합 대회에 참석하기 위한 걸음이었다. 두 파의 통합을 도모하던 그 모임은 결국 견해 차이와 주도권 경쟁 때문에 분열만 확인하는 기회였다. 두 파는 각자 별도 회합을 열었다. 김재봉 그도 어느 한쪽을 선택해야 하는 순간을 맞았다. 결국 그는 치타에서 열린 이르쿠츠크파의 고려공산당 대회에 참가하였고, 그 자리에서 중앙위원으로 뽑혔다.

소련에서 그는 정치적 결단을 내렸다. 이르쿠츠크파를 선택했을 뿐만 아니라 중앙위원으로서 중심권역에 포진하게 된 것이다. 파벌투쟁을 끝내려 나섰다가 그도 결국에는 그 소용돌이에서 결코 자유로울 수 없게 된 것이다. 그렇지만 그는 그리 만만하게 소용돌이 속에 빨려들지는 않았다.

1922년 12월에 조선공산당 중앙총국, 즉 꼬르뷰로가 블라디보스토크에서 조직되었다. 이것은 한인 사회주의자들의 계획이 아니라, 코민테른이 국내 각 사회주의 그룹을 통합하여 조선공산당을 건립한다는 계획 아래 만들어진 조직이다. 코민테른이 제4회 대회에서 조선문제위원회 결정에 따라 꼬르뷰로를 만들고서, 바로 이어 국내공작에 나섰다. 국내에 조선공산당 건설을 위한 기초 작업에 들어갔고, 그러자면 국내 운동세력을 통합을 이끌어내야 했다. 그 임무를 띠고 국내로 파견된 인물이 바로 김재봉과 辛鐵이었다. 이들이 입국한 시기는 바로 이듬해 봄, 즉 1923년 3월이었다.

김재봉이 블라디보스토크에 도착한 시기는 바로 꼬르뷰로가 조직되던 무렵이었다. 그곳에서 김재봉은 '해삼위청년회'를 이끌었다고 전해진다. 당시 신문보도를 보면 연해주 지역에는 고려공산당 지휘를 받아 설립된 청년회가 지역마다 존재했는데, 그 가운데 주요 단체와 대표자 및 인원 수는

다음과 같다고 보도되었다.[29]

블라디보스토크 지역 고려공산당 청년회

지역	대표	인원
해삼위(海蔘威)	김재봉	300
이르쿠츠크(尼市)	한천석(韓千石)	150
바라바시	유문빈(俞文彬)	150
연추(煙秋)	천민(千珉)	70
스라우얀카	김고사(金高士)	70

이를 본다면 그가 블라디보스토크에 도착하자마자 고려공산당 지도를 받는 그 지역 청년회를 대표하는 위치에 섰다는 사실을 알 수 있다. 하지만 이해하기 힘든 사실은 이 보도가 나온 1923년 4월까지 그가 본격적으로 자리를 굳힐 만한 틈이 없었다는 점이다. 그럼에도 불구하고 그가 연해주에서 가장 규모가 큰 해삼위지역 청년회를 대표하게 되었다는 점은 놀랍기만 하다. 이르쿠츠크파의 중앙위원이라는 위치나, 꼬르뷰로에서 그에게 거는 기대감이 가져다준 결과가 아닌지 궁금하다. 그러한 기대감이 국내 당 조직을 위한 요원으로 파견되는 디딤돌이 된 것으로 추정되기도 한다.

8. 귀국하여 꼬르뷰로 내지부를 건설하다

김재봉은 국내를 떠난 지 1년 반 정도 지나 조용하게 서울로 잠입하였다. 비록 소리 없는 귀국이지만, 그 길은 '코민테른의 嫡子'가 되어 돌아오는 영광스런 것이기도 했다. 국내 사회주의 세력의 통합 달성과 조선공산당 건설이라는 임무가 지워져 있었으니 만치, 그로서는 감당하기 힘든 역

29) 《동아일보》 1923년 4월 10일자.

사적 무게가 느껴지는 순간이었을 것이다.

김재봉과 신철은 우선 꼬르뷰로 內地部 건설에 나섰다. 두 사람은 역할을 나누어 맡았다. 김재봉은 주로 조선공산당 건설에 초점을 맞추어 나갔다면, 신철은 고려공산청년회 중앙총국과 관련된 일을 풀어 나갔다. 마침내 김재봉은 1923년 5월 꼬르뷰로 내지부를 결성시켰다. 그런데 이 내지부 구성에서 김재봉이 세심한 주의를 기울여야 했다. 당 건설도 건설이지만, 해외에서 갈등을 벌이고 있는 현상이 국내에 그대로 파급된다는 것은 치명적인 일이기 때문이었다. 국내에서 형성된 해외파에 대한 거부현상을 극복해야 하는 장벽이 존재했기 때문이다. 그 자신이 비록 이르쿠츠크파에 속한 인물이지만, 당 건설만은 중도적인 위치에서 추진해야 했다. 내지부 결성에 이르쿠츠크파도 참가하지만, 중립당이 중심을 이룬 점이 그 사실을 암시한다. 중립당은 내지부 결성 당시 9명의 위원 가운데 4명을 파견할 정도로 관심이 높았다.

김재봉은 내지부를 조직하고 8월경부터 책임자로 활동하였다. 그런데 아무리 그가 '코민테른의 적자'로서 귀국했다고 하더라도 서울에 아무런 기초조직이 없이는 조직의 근간을 마련할 수 없었을 것이다. 특히 1921년 10월쯤에 국외로 나간 그로서는 그 사이에 분위기가 급변한 서울에서 자신이 설 수 있는 공간이 좁을 수밖에 없었다. 바로 그 난관을 헤치고 바탕을 확보하는 데 핵심 역할을 맡아준 인물이 바로 이준태였다. 김재봉이 러시아에 체류하던 사이에 서울에서 터를 잡고 무산자동맹회를 이끌면서 지도자로 자리를 굳힌 이준태는 귀국한 김재봉이 가진 임무와 역할을 이해하고 적극 도왔다. 김재봉이 내지부 책임자가 될 수 있던 바탕에는 바로 동향 출신이자 경성공업전습소 동문인 이준태의 역량과 지원이 크게 기여했으리라 생각된다. 이준태는 중립당의 지도자 金翰과 절친한 사이로, 1922년 1월 무산자동맹회에도 함께 참가하였다. 김재봉이 1923년 7월에 결성된 신사상연구회에 가입한 것도 그러한 차원에서 이해된다.

신사상연구회 결성은 김재봉이 귀국한 뒤, 두 달 남짓 지난 시점이다. 이준태가 신사상연구회 결성 주역 가운데 한 사람으로 움직였고, 김재봉도 당연히 거기에 참가하였다. 서울 낙원동 173번지, 파고다공원 동문 앞에 회관을 마련하였다. 이 단체는 이름 그대로 '신사상', 즉 "새로 수입되고 있던 코뮤니즘의 연구가 그 목적"이었다.[30] 그러면서 이 목적을 달성하기 위해 강습회와 토론회를 가지며 도서와 잡지를 발간하자는 활동 방침을 정했다.[31] 여기에 발기인을 나선 인물은 洪璔植 · 洪命熹 · 尹德炳 · 金炳僖 · 李載誠 · 李昇馥 · 趙奎洙 · 이준태 · 姜相熙 · 具然欽 · 洪悳裕 · 원우관 · 朴敦緖 · 金燦 · 朴一秉 · 金鴻爵 등 16명인데,[32] 대개 무산자동맹회와 조선노동연맹회에 관련된 자들이었다. 이들은 곧 김재봉에게 자신의 임무를 수행하는 데 동지적 결속을 가지는 인물인 셈이다.

김재봉은 1923년 8월에 내지부를 이끌면서 당 건설 기반을 다지는 작업에 나섰다. 이를 위해 전국 노동단체와 소작단체를 합하여 全鮮勞動總同盟發起會를 결성하는 한편, 청년단체도 정리하여 全鮮靑年總同盟을 조직하기로 결정했다. 청년단체는 1924년 2월에 무산자청년회와 토요회가 결합하여, 신흥청년동맹으로 발전하였다.[33] 이는 내지부의 강력한 경쟁세력인 서울콤그룹 휘하의 서울청년회에 대응하는 단체였다. 청년운동 단체와 달리 노농운동 단체의 통합은 그리 쉽지 않았다. 1923년 9월 1일에 關東大地震를 당한 일제가 모든 집회를 금지시켰기 때문이다. 그러자 내지부는 南鮮과 西鮮으로 구분하여 노농동맹을 조직한 뒤, 다음 순서로 전국적 조직을 결성한다는 전략을 세웠다.[34] 그 첫 결실이 1924년 3월 대구에서 141개 단체가 가맹하여 결성된 남선노농동맹이었다.

---

30) 金璟載, 「金燦時代의 火曜會」, 《삼천리》 7권 5호, 1935년 6월 1일자, 45쪽.
31) 《동아일보》 1923년 7월 11일자.
32) 《동아일보》 1923년 7월 11일자.
33) 《동아일보》 1924년 2월 13일자.
34) 「高共靑 一般 進行 情況」.

김재봉은 조금씩 다급한 마음을 갖게 되었다. 국외에서 경험한 분파 양상이 국내라고 다르지 않았고, 세력을 통합한 당 건설이 쉽지 않기 때문이었다. 더구나 위험이 시시각각 다가왔다. 조직 자체가 일제 정보망에 잡히기 시작했다. 마침 양대 세력 가운데 하나인 서울콤그룹이 내지부를 해산한다면 통합에 응한다는 의견을 전해왔다. 그러자 김재봉은 1924년 3월경 내지부를 해산시켰다. 그리고서 당 건설의 근간이 될 조직을 만들었으니, '13인회'가 그것이다. 여기에는 내지부 · 북성회파 · 상해파 · 서울콤그룹 등의 대표자들이 모두 참가하였다. 김재봉은 당연히 내지부의 대표로서 그 자리에 참가하였다.

'13인회'의 정식 명칭은 '조선공산당창립준비위원회'였다. 즉 이것은 조선공산당 창립을 목적으로 삼은 조직이었다. 구체적인 방법의 하나로 이들은 1924년 4월 조선노농총동맹과 조선청년총동맹을 결성하였다. 하지만 작업은 그리 쉽게 나아가지 않았다. 역시 높은 벽이 그곳에 있었던 것이다. 서울콤그룹을 이끌던 김사국은 블라디보스토크의 오르그뷰로와 관계없이 당을 결성하고, 그 뒤에 코민테른에 가입하자고 주장하였다. 반면에서 김재봉을 중심한 내지부 계열과 상해파는 국내외를 가리지 말고 하나의 역량으로 결집하며, 코민테른의 지도 아래 당을 창립하자고 주장하였다.[35] 견해 차이는 좁혀지지 않는 데다, 1924년 9월 두 세력을 통합하려고 노력하던 鄭在達과 李星이 일제경찰에 체포되고, 관련이 있어 보이는 인물들이 대거 검거되었다. 김재봉도 결코 예외가 될 수 없었으니, 10월 7일에 종로경찰서에 붙잡혔다.

> "년전에 모스크바 국제공산당회의에 조선대표로 출석하였던 정재달과 해삼위 공산당신문 선봉 주간이던 이성李聖은 모 사명을 가지고 조선으로 들어왔다가 월전에 종로경찰서에 체포, 이성태 유진희 신백우 원우관 김재봉 등 체포, 이봉수 피체, 8명 검사국으로 이첩하리라, 종로서 三輪 고등계 주임 말하다."[36]

35) 「黨의 破裂의 原因 及 黨의 組織方針」.

36) 《동아일보》 1924년 10월 19일자.

이 사건으로 말미암아 13인회는 목표 달성도 하지 못한 채 주저앉고 말았다. 더구나 두 세력 사이에 견해 차이가 해소된 것이 아니라, 오히려 서로 불신감만 깊어갔다. 김재봉은 부친에게 잠시 종로경찰서에 잡혀갔다온 사연을 이렇게 썼다.

> "저는 저간에 사귄 친구가 먼 곳에서 와 수차 상면했다는 혐의를 받고 있었습니다. 완전석방이 아니라 취조서류가 검사국을 거치는 동안 신체상 구속만 면한 중", "신문사는 계속해서 출근해도 또한 구애됨이 없기 때문에 내일부터 입사할 계획입니다."[37]

전에 사귄 친구가 멀리서 서울로 찾아와서 만났고, 그것이 빌미가 되어 구속되었다는 것이 부친에게 밝힌 요점이다. 블라디보스토크에서 왔던 정재달과 이성(본명 李載馥)을 만나고 논의하던 내용에 대한 표현이다.

13인회를 중심으로 당 창건을 위해 노력하던 1924년에 그는《조선일보》기자로 활동하기도 했다. 당시 사회주의 활동의 주역들이 기자로 활동하고 있었는데,《조선일보》에 김재봉 · 김단야 · 신백우, 동아일보에 이봉수 · 박헌영 · 임원근 · 조동호 · 허정숙 등이 활발한 움직임을 보이고 있었다. 그는 부친에게 보낸 서신에서 "호구지책으로 조선일보사에 입사하여 근무하고 있습니다."라고 밝히면서 "출처와 취사에 있어 신분상 구속받는 일이 조금도 없다면 우선 이 일을 하면서 천천히 장래를 관찰할 생각입니다."라는 뜻을 말씀드렸다.[38] 부친에게는 조선일보사 근무가 '호구지책'이라고 밝혔는데, 당시 그가 받은 월급은 60원이었다.[39] 그가 조선일보사에 근무한 시기는 1년 남짓하다고 생각된다. 1925년 8월에 조선일보사를 그만

---

37) 1924년 9월 25일자 부친에게 보낸 편지(서신 날짜는 음력), 그는 이 편지 끄트머리에 추신으로 '지주편에 가담하지 말기'를 간곡하게 당부하였다.

38) 부친에게 보낸 편지(1924년 8월 21일자).

39) 「신문조서」(2회), 1926년 3월 2일자, 신의주지방법원.

두었다는 서신을 보면, 조선일보사 기자로 활동한 시기가 그쯤 된다는 사실을 확인할 수 있다. 당시 조선일보가 정간당하고, 이로 말미암아 그는 경찰에 검거되어 보름 정도 고생한 뒤 풀려났다.[40] 그리고서 그가 바로 퇴사한 것이다.

9. 화요회와 풍산소작인회 결성

13인회가 결실을 거두지 못하자 김재봉은 자신을 중심으로 인물들을 하나로 묶는 새로운 단체, 즉 당 건설을 위한 구심체를 다시 결성하고 나섰다. 신사상연구회 차원이 아니라 당 결성을 위한 실질적인 단계로 승급된 조직이 필요했다. 당시 함께 활동을 벌인 金璟載가 "김재봉 · 이준태 · 김찬 · 윤덕병 등 실제 운동가가 이 회에 가입하면서 단순한 연구기관에서 실제운동 집단으로 재조직하자는 주장이 나왔고, 그 결실이 화요회"라고 기록해 두었다.[41] 결국 김재봉 · 이준태 · 김찬 등으로 구성된 그룹이 당 결성을 위한 마지막 수순을 밟은 셈이다. 그 결실이 신사상연구회를 발전시켜 1924년 11월 19일에 결성한 화요회이다. 세력 통합으로 당을 건설하려던 13인회 주역들이 일제경찰에 검거되는 난국을 겪고, 김재봉 자신도 종로경찰서에 잡혀 들어갔다가 나오는 과정을 거치면서 나아갈 방향을 가늠해 보았다. 13인회 결성을 위해 해산시킨 꼬르뷰로 내지부를 대신할 조직이 필요했다. 그래서 신사상연구회를 투쟁단체로 급을 높여 화요회를 결성한 것이다.

화요회는 전국적인 기초조직을 만들어 나갔다. 고향 안동에도 김남수가

40) 김재봉은 조선일보가 정간된 이유에 대해 "대체로 불온하다고 인식되어 그로 말미암아 핍박당한 것, 그 외 관계 관청에 미움 받은 것이 주요인"이라고 썼다(1925년 8월 13일 부친에게 보낸 편지).

41) 金璟載, 「金燦時代의 火曜會」, 《삼천리》 7권 5호, 1935년 6월 1일자.

나서서 1925년 1월에 화성회를 조직하였는데, 사실상 화요회 안동지회인 셈이다. 또 같은 1월에 잡지 발간을 통해 계몽과 세력 확장을 꾀하고자 火花社을 설립하고 사상운동 잡지 《화화》 발간에 들어갔다. 2월에 창간호 발행을 준비하면서 이와 함께 농민잡지와 부인잡지도 준비하였는데, 이것이 모두 화요회에서 추진하던 사업이었다. 그 발기인을 보면 김재봉을 비롯하여 서울에서는 김찬 · 박일병 · 이승복 · 윤덕병 · 강상희 등이고, 전국적으로 많은 인물이 참여하였다. 특히 안동에서는 안상길이 발기인으로 동참하였다.[42] 즉 안동에서 화성회를 김남수가, 화화사 활동을 안상길이, 그리고 풍산소작인회를 이준태가 각각 맡아서 자신의 역할을 소화해 나가던 시기가 바로 1924년 11월 이후 1925년 초 사이였다. 그리고 권오설이 서울로 상경하여 김재봉을 든든하게 뒷받침하던 시기도 이때였다.

13인회를 중심으로 통합된 당 조직을 시도하던 1924년 여름에 그는 고향을 한 차례 다녀왔다. 서울에서 사회주의 운동의 한복판에서 활동하면서 그는 새로운 지원세력을 필요로 했다. 물론 이준태와 김남수가 든든한 배경으로 버티고 있었지만, 또 다른 지원세력이 필요했다. 특히 고향 안동에서 사회주의 운동을 이끌고 혁신을 주도해 나갈 인물, 그러면서 중앙 무대 중심부에 들어설 새로운 인물이 필요했던 것이다. 1924년 여름에 그가 귀향했을 때 바로 권오설과의 만남이 이루어진 것으로 짐작된다. 거기에 이준태도 동행했을 가능성이 크다. 왜냐하면 풍산소작인회 결성 과정에서 김재봉은 서울에 있었지만, 실제 현장에서 권오설에게 선배로서 함께 움직여 나간 인물이 바로 이준태였기 때문이다.

김재봉과 이준태는 일단 고향의 노농운동을 든든하게 꾸려나갈 필요가 있다고 생각했던 것 같다. 그러면서 새로운 인력을 확보한다는 계획을 세웠던 것으로 보인다. 그 결실이 바로 1923년 11월에 결성한 풍산소작인회

---

42) 《동아일보》 1925년 1월 28일자.

였다.[43)]

풍산소작인회의 조직과 활동에 지대한 영향을 미쳤던 사람은 이준태와 권오설이었다. 풍산소작인회가 일반 소작인회와 가장 다른 점은 지도부 구성인물의 대부분이 양반 가문 출신으로서 자작농이거나 자소작농이었으며, 그중에는 고등교육을 받은 지식인들도 있었다는 점이다.[44)] 이러한 조직에 소작농·자작농·중소지주·지식인들이 망라될 수 있었던 요인은 이준태를 비롯하여 권오설·김남수·안상길 등이 이 지방에서 영향력 있는 집안 출신이었기 때문이다. 예안이씨(풍산 하리), 안동권씨(풍천 佳谷), 풍산김씨(풍산 五美), 안동김씨(풍산 素山)가 집행위원 다수 차지하였다.

풍산소작인회는 이준태와 권오설의 역할을 뒤바꿔 준 것으로 보인다. 안동과 서울을 전체적으로 묶어 볼 때, 풍산소작인회의 조직 기반은 서울에서 활약하던 이준태가 귀향하여 활동 근거지를 마련한 것이기도 하지만, 권오설에게는 이와 반대로 서울로 상경하여 활동할 수 있는 터전이 되기도 했기 때문이다. 즉 권오설이 1924년 4월 풍산소작인회 대표로 서울로 상경하여 일약 조선노농총동맹의 중앙집행위원으로 활약할 수 있던 원동력이 되었다. 그러면서 김재봉·김남수·안기성·권태석·류연화 등과 함께 중앙의 사회주의운동계에 탄탄한 결속력과 응집력을 보이게 되었다.

김재봉이 1924년 10월에 종로경찰서에서 풀려난 직후에 부친에게 보낸 편지 말미에 '지주 편에 서지 마시라'는 간곡한 부탁을 드린 점도 바로 풍산소작인회 결성 직전의 모습이다. 풍산소작인회를 조직한 권오설은 그 대표 직함을 내걸고 바로 상경하였고, 조선노농총동맹 중앙부로 성큼 들어섰다. 권오설의 상경은 김재봉에게 천군만마와 같았다.

화요회는 마침내 당 건설을 위한 마지막 단계로 접어들었다. 김재봉을

---

43) 《동아일보》 1923년 11월 18일자.

44) 강정숙, 「일제하 안동지방 농민운동에 관한 연구」, 『한국근대농촌운동사』, 열음사, 1988, 365쪽.

비롯한 주역들이 전조선민중운동자대회를 준비하고 나섰다. 서울에서 김재봉을 비롯하여 홍덕유 · 장지필 · 구연흠 · 주세죽 · 허정숙 · 안기성 · 김단야 · 박헌영 · 김찬 · 조봉암 · 권오설 등과 지방에서 72명이 준비위원으로 선정되었다. 서울 지역 준비위원으로 나선 안기성은 권오설과 같은 안동 가일(가곡)마을 출신이다. 한편 안동에서는 이준태와 김남수가 일을 맡았다.[45]

10. 조선공산당 창당과 활동

1925년 4월 17일에 마침내 조선공산당이 결성되었다. 김재봉이 이끈 화요회 그룹은 경찰의 시선을 따돌리기 위해 행사를 가졌다. 즉 같은 날 오전부터 오후 늦게까지 동대문 밖 상춘원에서 全鮮記者大會 야유회를 연 것이다. 당시 사회주의자 다수가 기자로 활동하던 시절이라, 경찰들의 시선이 거기에 집중되기 마련이었다. 창당 회의는 그 틈에 서울 시내 한복판에서 기습적으로 열렸다. 12명이 오후 1시에 黃金町 一丁目, 지금 롯데호텔 커피숍 근처에 있던 중국요리점 雅叙園에 집결하였다. 조선공산당을 창당한다는 데 합의하고, 전형위원을 선정한 뒤, 중앙집행위원과 검사위원을 선임하였다. 김재봉 · 김두전 · 유진희 · 주종건 · 조동호 · 정윤해 · 김찬 등 7명이 중앙집행위원, 윤덕병 · 송봉우 · 조봉암 등 3명이 검사위원으로 각각 선임되었다.

창당 다음 날인 4월 18일에 가회동 김찬 집에서 열린 제1차 중앙집행위원회는 조직을 구성하였다. 비서부 김재봉, 정경부 유진희, 인사부 김약수, 조직부 김찬, 선전부 조동호, 조사부 주종건, 노동부 정운해 등이 그것이

45) 《동아일보》 1925년 2월 19일자.

다.[46] 김재봉은 중앙집행위원 가운데서도 가장 중요한 비서부 책임을 맡았고, 코민테른에 보내는 문서에는 '책임비서'라고 밝혔다. 조선공산당은 조동호로 하여금 코민테른에 창당 사실을 보고하기 위해 모스크바로 파견하였다. 조동호에 대한 증명서와 함께 「조선공산당창립총회록」을 보냈다. 총회록을 보면, 4월 17일에 서울에서 19인이 참석한 가운데 제1회 대표회를 열었고, 회의 경과와 중앙집행위원 및 검사위원 인선 내용을 적었다.

5월에 제2차 중앙집행위원회를 가졌다. 신문 과정에서 5월 혹은 6월이라 그가 답했지만, 그 시기는 5월 27일이라 여겨진다. 조봉암에게 코민테른 중앙집행위원회에 파견하는 대표로 선임하고 위임장을 준 날이 바로 이날이기 때문이다. 위임장에는 조봉암을 '조선공산당전권대표보좌의 권리'를 위임한다고 명시하고, 책임비서 김재봉을 비롯한 중앙집행위원 명단과 서명, 그리고 당 직인을 찍어 보냈다. 그럼에도 불구하고 김재봉은 신의주와 서대문형무소에서 있었던 신문 과정에서 제2차 중앙집행위원회가 참석자 인원 부족으로 별다른 사항을 결의하지 못했다고 시치미를 뗐다.

한편 조선공산당 창당에 맞추어 고려공산청년회도 결성되었다. 조선공산당 창당 다음 날이자 조선공산당 제1차 중앙집행위원회가 열리던 4월 18일에 고려공산청년회가 결성되고, 박헌영이 책임비서를 맡았다. 여기에는 김재봉의 동문으로서 든든한 인물인 권오설이 역시 7인으로 구성된 중앙집행위원의 한 사람으로 우뚝 자리 잡았다.

김재봉이 《조선일보》에 근무하면서 조선공산당을 결성하는 동안 일제 경찰을 계속 따돌렸다. 일제경찰이 쳐놓은 덫이나 탐색선을 피해 나가면서 활동을 폈던 것이다. 그러다가 7월에 한 차례 위기를 겪었다. 김재봉은 7월 21일 종로경찰서에 체포되었다가 8월 6일에 석방되었다. 그는 "평소 하등 근거할 만한 사실이 없기 때문에 이런 일시 불행했다가 결국 무사 방면되

[46] 「신문조서」(제3회), 1926년 5월 13일, 신의주지방법원.

는 일이 생긴 것"이라고 편지를 쓴 일이 있다.[47]

조선공산당을 창당하던 그 무렵 김재봉은 건강이 그리 좋지 않았다. 이전에도 그랬고, 그 뒤에도 계속해서 김재봉은 건강이 그리 좋은 편은 아닌 것 같다. 하지만 그중에서도 조선공산당 창당 직후한 시기에 특히 좋지 않았던 것 같다. 1925년 4월(음력)에 부친에게 보낸 서신에서도 "저는 근래 들어 또 건강이 좋지 않은 채, 주증은 신열과 두통입니다. 누워 지내는 지가 벌써 사 오일이나 되었지만"이라거나,[48] "감기 같은데 단순한 감기도 아닌 무엇인지 모를 증세로 근 열흘 내외동안 자리에 누워 앓았습니다."라고 썼다.[49] 또 8월에 부친에게 보낸 글에는 설사와 학질에 걸려 십여 일 동안 고생했다는 이야기도 썼다.[50] 이 밖에도 그가 부친이나 친척에게 보낸 서신에는 거의 어김없이 감기라거나 속병에 시달리고 있다고 썼고, 나중에 옥중에서 보낸 서신도 마찬가지였다. 그런 점으로 미루어본다면, 그의 건강이 좋은 편은 아니었고 항상 조금씩 병을 지니고 있는 인물이었던 셈인데, 조선공산당을 결성하고 이끌던 그 무렵에 특히 더 그러했다. 그런 몸인데도 불구하고 그는 항상 선두에 나서고 있었던 것이다.

1925년, 조선공산당을 만든 그 시기에 그가 참가한 일에는 '예천사건'이라 불리는 형평운동 지원도 있다. 형평운동사에서 가장 큰 비극이라 말할 만큼 희생이 컸던 경북 예천의 형평사피습사건에 대하여 23개 단체 대표들이 모여 이를 규탄하고 조사단을 파견하면서 형평운동의 근본 의의를 대중에게 알리려고 노력하였다. 그래서 예천사건에 대하여 조사하고 희생자를 위문하며, 대중에게 제대로 알리는 작업을 실천해 나갈 실천위원으로 5명이 선임되었는데, 김재봉을 비롯하여 김찬 · 김약수 · 권오설 · 이석 등이 그

[47] 萬군에게 답함(1925년? 8월 13일자).
[48] 부친에게 보낸 서신(음력 1925년 4월 15일자).
[49] 부친에게 보낸 서신(음력 1925년 4월 29일자).
[50] 부친에게 보낸 서신(음력 1925년 8월 13일자).

들이다.[51] 예천사건 현장에는 안동에서 이준태와 김남수가 현장에서 직접 지원 활동을 폈고, 특히 김남수는 사건 1개월 뒤에 상경하여 보고회를 가짐으로써 형평운동에 대한 편견을 무너뜨리고 제대로 확산되는 길을 제시하기도 했다.

11. 1925년 12월에 검거되다

조선공산당이 결성되고 국내외로 발전해 나갔다. 안으로는 각 지역에 야체이카와 프랙션을 만들면서 지방으로 회원을 증대시켰고, 밖으로는 코민테른에 결성 사실을 알리고 상해를 비롯한 해외 거점을 확보해 나갔다. 그러다가 조선공산당이 결정적인 위기를 맞았다. 1925년 12월에 터진 '신의주사건'이라 불리는 것이 그것이다.

11월 22일 신의주에서 新滿靑年會員 金得麟의 실수로 검거의 단서가 제공되었다. 이로부터 신의주경찰서와 종로경찰서가 연합하여 사회주의자에 대한 대대적인 검거작업이 펼쳐짐에 따라 1차 20여 명이 검거되었다. 사태가 이렇게 진행되자, 김재봉은 자신도 일제경찰을 피하기 힘들다고 판단했다. 자신에게도 검거 손길이 미칠 것이고, 그렇다면 당이 붕괴되는 것은 시간문제일 뿐이었다. 가장 시급한 대책으로 마련한 것이 후계자를 선정하는 작업이었다. 12월 중순에 서울 수창동 김정숙 집에서 김찬과 협의한 뒤, 후계자로 강달영과 이준태를 선정했다. 그래서 이들을 불러 면담하고, 다시 이봉수 · 김철수 · 홍남표를 추가시켰다.[52] 자신들이 검거된 뒤 사업을 이어나갈 인물을 선정한 것인데, 강달영에게 책임비서 계승을, 동향 출신이자 절대적 신뢰자인 이준태에게 당 조직 만회라는 과제를 안겨주었다. 바

51) 《시대일보》 1925년 8월 21일자.
52) 《조선일보》 1927년 4월 3일자.

로 그 직후 예상했듯이 김재봉도 일제경찰에 검거되고 말았다.

신의주에서 기나긴 신문 과정과 옥고가 시작되었다. 신의주경찰서에서 모진 고통 속에 진행되던 조사는 1926년 2월부터 신의주지방법원 신문으로 이어졌다. 그곳에서는 2월 12일 · 3월 2일 · 5월 13일 · 5월 21일 등 모두 네 차례 신문을 받았다. 주된 내용은 김재봉이 사회주의를 수용한 과정, 모스크바 행적과 꼬르뷰로 내지부 건설, 그리고 조선공산당 창당과 이후 활동에 관한 것이었다.

신의주형무소에서 그가 집으로 부친 편지는 동생 김재홍과 김재하에게도 보내졌다. 4월 말에 홑두루마기를 부탁하면서 예심법정으로 나갈 때에 두루마기를 갖추어 입고 나간다는 사실이 적혀 있다.[53] 또 5월에는 춘추내의를 부탁하기도 했고, 자신이 입던 털내복을 잘 갈무리하라고 부탁했다.[54] 특히 사식으로 먹던 점심 한 끼를 그만 중단하라거나, 부친이 먼 길을 오시지 말도록 주문하기도 했다. 그러면서 예심이 언제 끝날지 모른다고 쓰기도 했다.[55]

김재봉을 비롯한 관련 인물들이 갑자기 서울 서대문형무소로 이감되었다.[56] 마침 6 · 10만세운동이 일어나자, 일제가 '신의주사건' 관련자와 합동심리가 필요하다고 판단했기 때문이다. 널리 말해지던 '1차당'과 '2차당' 관련 인물들이 한꺼번에 심문받게 된 것이다.

1926년 7월 24일 그는 김상주와 함께 아침 9시 18분에 신의주를 출발하는 열차를 탔고, 일본 순사 두 사람이 이들을 호송했다.[57] 신의주역에서는 일제경찰의 경계가 엄중하였지만, 그런 속에서도 동지들이 말없이 그를 전별하였다고 보도되었다. 김재봉이 탄 열차가 밤 9시 30분에 서울역에 도착

53) 在河에게 보낸 서신(1926년 4월 29일자).

54) 在鴻에게 보낸 서신(1926년 5월 7일 · 28일자).

55) 재홍에게 보낸 서신(1926년 6월 6일 · 9일자).

56) 《선봉》 1926년 8월 8일자.

57) 《동아일보》 1926년 7월 25일자; 《조선일보》 1926년 7월 25일자.

할 예정이라는 기사로 미루어보아,[58] 그는 신의주를 출발한 지 12시간 정도 지난 당일 밤에 서울에 도착했을 것이다. 김재봉만이 아니라 박헌영 · 임원근 · 김두전 · 송봉우 · 유진희 · 김상주 · 진병기 · 윤덕병 등 20명이 신의주에서 서대문형무소로 이감되었다.[59] 서대문형무소에 수감된 이들은 종로경찰서에 검거된 이른바 '2차당' 인물들과 연계되어 심문을 받았다.

김재봉은 동생에게 경성지방법원으로 옮기게 되었다는 사실을 편지로 알렸다. 그러면서 맏아들 金鍊의 혼처를 구하라고 주문하고, 두 아들 김연과 金鋌에게 글자교육을 강화하라고 주문했으며, 또 둘째 아들 이름이 僻字라는 생각이 들므로 金鍛으로 바꾸라고 당부하였다. 또 그는 동생에게 부친이 서울을 방문하시려는 것을 다음 공판 시기로 연기해 달라거나, 읽을 책을 주문했다. 반입할 수 있는 책에 한계가 있었으므로 『맹자』와 『시전』을 요구했다.[60]

옥중에 있으면서도 그의 맏아들 혼인 문제는 상당히 신경이 쓰이는 것이었다. 며느리는 안동 임하 내앞마을(川前)의 金容大의 딸이었다. 그래서 아들에게 결혼한 뒤로 성인으로서 살아갈 도리를 당부하였다. 그리고 옥중에서 입을 솜두루마기를 부탁했다. 아예 이불과 두루마기 겸용으로 입고 사용할 수 있도록 만들어 달라고 주문했다. '이불을 겸한 두루마기'는 추운 겨울을 지낼 감옥살이에 적절하고 실용적이라는 느낌을 준다.[61]

9월 초에 공판이 개시되었지만 그 진행은 느렸다. 실제로 그가 심문을 받게 된 시기는 더 늦은 1927년 초였다. 1927년 2월 17일 · 2월 18일 · 3월 5일 등 모두 세 차례에 걸쳐 심문이 있었다. 당시 내용은 주로 조선공산당 창당 과정과 '신의주사건'으로 검거되기 직전에 후계자들에게 연결시키던

58) 《시대일보》 1926년 7월 25일자.
59) 《선봉》 1926년 8월 8일자.
60) 재홍에게 보낸 서신(1926년 7월 28일 · 8월 27일 · 10월 15일자).
61) 재홍에게 보낸 서신(1926년 10월 15일자).

과정에 집중되었다. 하지만 그는 이른바 '2차당'이라는 존재와 그 구성원에 대해 모른다는 답변으로 일관하였다. 집요한 심문에도 불구하고, 그는 자신이 알고 있거나 만난 사람이 결코 몇 사람 되지 않는다는 점을 분명하게 답했다.

길게 끌던 예심이 1927년 3월 31일에 끝났다. 김재봉 자신을 포함하여 이른바 1차당 그룹, 그리고 6·10만세운동을 이끌어낸 권오설을 비롯한 2차당 그룹에 대한 예심이 함께 종결되었다.[62] 그는 공판을 기다리면서 변호를 韓相億과 崔鎭에게 위임했다는 사실을 동생에게 알렸다.[63] 서대문형무소에서 자주 건강하지 못한 모습을 보이면서도 그는 서신을 통해 집안 걱정을 토로하였다. 인삼재배를 시도한 집 소식에 그 결과를 거듭 물었고,[64] 동경으로 간 맏아들 소식이나, 모친이 낙상하였다는 이야기에 조바심을 내는 글을 집으로 거듭 보냈다. 그러면서 면회오거나 경제적으로 도와준 집안 형제들에게 감사한 이야기도 썼다.[65] 공판이 지루하게 늘어져갔다. 그러는 사이에 집안으로 보내는 글에 조금씩 짜증이 묻어나기도 했다. 동경으로 잠시 다니러 간 동생 김재홍의 소식을 묻거나 인삼재배 소식을 집안 동생에게 묻는 글이 거듭되었다. 1927년 7월에는 우유 한 병씩 마시게 되었다는 이야기도 쓰여 있다.[66] 막내동생 이름을 金在鸞에서 金在麟으로 바꾸라고 권유하기도 했다.[67]

1928년 1월 20일에 구형이 있었다. 1927년 3월 31일에 예심이 끝났으니, 해를 바꾸면서 무려 열 달이나 걸려 구형이 이루어진 것이다. 그것도 7년

62) 《동아일보》 1927년 4월 3일자; 《조선일보》 1927년 4월 3일자.
63) 재홍에게 보낸 서신(1927년 4월 12일자).
64) 재홍에게 보낸 서신(1927년 5월 9일자); 재하에게 보낸 서신(1927년 8월 12일자).
65) 재하에게 보낸 서신(1927년 6월 4일자).
66) 재하에게 보낸 서신(1927년 7월 23일자).
67) 재하에게 보낸 서신(1927년 9월 24일자). 족보나 호적에는 재란이란 이름이 그대로 사용되었다.

이라는 장기구형이었다. 그리고 2월 13일에 있은 판결에서 그는 6년형을 선고받았다. 지긋 지긋한 심리와 공판 과정이었지만, 이제 감옥에서 오랜 세월을 보내야 했다. 그는 동생에게 책을 보내달라고 부탁했다. 그가 주문한 책은 『辭林』(金澤 편찬)과 『種의 源』, 그리고 심리학과 생물학, 기타 자연과학 서적이었다. 그러면서 동경에 있는 장남에게 영어를 학습하라고 주문하고 동생에게는 인삼재배를 거듭 묻고 주문했다.[68] 동경에 유학하던 장남에게는 『最精世界地圖』·『明鮮漢和辭典』과 심리학·논리학·윤리학·기타 자연과학 관련 서적을 주문하였다.[69]

옥살이는 세월없이 지나갔다. 몸은 자주 아프고 병감에 수용되는 일도 자주 생겼다. 1928년 여름에는 그가 폐병으로 신음 중이라는 보도까지 나왔다.[70] 병감에 수용된 인물을 보도한 내용에서 등장한 것인데, 병감 수용 사실은 이해되지만 '폐병'이라는 점은 확실하지 않다. 비록 그가 자주 병약한 모습을 보이기는 하더라도 폐병이라는 이야기는 이때 한 번만 등장하기 때문이다. 바깥세상이 어떻게 변해가든 그곳에서는 그저 막힌 세상에서 면회자와 엽서로 바깥 소식을 들었다. 평소 그물뜨기와 봉투붙이기 작업을 했지만,[71] 특히 힘 드는 일은 독방에 갇혀 지내는 것이었다. 독방살이는 그 자체가 또 다른 중형이었다. 1931년 11월에 출옥하면서 기자에 밝힌 이야기에서 그는 7년 대부분을 독방에서 보냈다면서 그 문제점을 다음과 같이 술회하였다.

> "감옥에서는 칠년동안에 대부분을 獨房에 잇섯슴이다마는 감옥내의 대우는 말할 것도 업지마는 항상 병자가 만히 생기는 원인은 長期囚를 독방에 두는 것이 정신상은 물론 륙체에도 병이 나도록 하는 것임이다. 운운"[72]

---

68) 재홍에게 보낸 서신.

69) 동경의 장남에게 보낸 서신(10월 21일자).

70) 《중외일보》 1928년 8월 18일자.

71) 재홍에게 보낸 서신(1931년 6월 19일자).

그는 바람결에 무너져가는 나라 소식을 듣고, 집안 걱정을 엽서로 쏟아냈다. 봉함엽서에서 정치적인 이야기를 담아낼 수는 없으니, 집안 이야기가 주류를 이루었다. 동경으로 간 장남이 언제 귀국하는지 묻고 차남의 성적표를 보내라고 주문했다. 집안에서 蠶農과 인삼 재배, 그리고 釀造에 손을 댄다는 소식에 묻고 또 물었다.[73] 양조는 하지 말라고 강하게 말하고 인삼도 지질이 적합하지 않으면 재미없을 것이라고 단정하였다.[74] 그러다가 집에 불이 났다는 소식에 망연자실했다. 큰 사랑채가 불탔다는 소식을 동경에 유학하고 있던 장남에게 들었다. 엽서를 보내는 것도 횟수가 정해져 있어서 장남에게 글을 보낼 경우, 고향 동생에게는 연락하지 못했다. 그래서 "요전 定期 편지는 鍊兒에게 하엿다. 매우 바랏을 것이다."라고 동생에게 사정을 알리기도 했다.[75]

김재봉이 다른 사람들과 다른 독특한 면모를 보인 장면은 그가 한학자의 체취를 풍긴 점이다. 옥중에서 한시를 짓고 즐겨 읊는 모습은 보는 이로 하여금 한학자의 풍모를 느낄 수 있게 만들었다. 어릴 때부터 한학을 배우고 가학을 이어받은 그로서는 무척 당연한 이야기이지만, 그를 모르는 사람에게는 낯선 일일 수도 있었다.

> 날마다 工場에 드러가서 그 괴로운 일을 하면서도(網絲) 漢學者인 舊風이 그저 남어서 漢詩를 짓너라고 흥얼흥얼 한다고 한다 그의 詩를 아즉 發表치 못함이 遺憾이나 佳作도 만히 잇다고 한다 身體는 별 故障이 업스나 感情이 너무 예민하게 되야 박게 잇는 親知間에 편지 한 장이나 書籍 한 册 差入식혀 주지 안는 것을 퍽이나 섭섭하게 생각하고 엇던 째에는 興奮이 되야 혼자 怒叱하다가 또 悲哀를 한다고 한다 平素에 그와 親한 이들은 勿論이고 다른 同志間이라도 一字慰問의 편지라도 하는 것이 그에 對하야 퍽이나 慰安이 될 듯하다.[76]

72) 《조선일보》 1931년 11월 19일자.

73) 재홍에게 보낸 서신(1928년 6월 16일자).

74) 재홍에게 보낸 서신(1928년 8월 16일자).

75) 재홍에게 보낸 서신(1928년 12월 24일자).

이 글은 옥중 공장에서 그가 망사를 뜨는 괴로운 일을 하기도 했지만, 한시를 즐겨 짓고 읊는 모습에서 한학자의 풍모를 갖추고 지냈다는 사실을 전하고 있다. 또 이 글은 그가 바깥세상 소식에 목말라했고, 서적을 반입해 주기를 간절히 바라고 있던 모습도 알려 준다. 옥고를 마칠 무렵에는 그가 에스페란토를 배우겠다고 나섰다. 두 차례나 '엣스어語' 책자를 보내달라고 동생에게 글을 썼다.[77]

1929년에 들어서는 보리농사가 흉년이라는 소식에 안타까워했고, 동경에서 보내온 장남의 서신에 잘못된 글자가 많다고 지적하기도 했다.[78] 또 그해 추석이 지나 들려온 풍작 소식에 안심하면서 막내동생 김재린의 혼사를 명년 안으로 추진하라고 당부했다.[79] 이어서 집안 아저씨인 金幹燮이 면회 와서 경제공황이 극도에 달했다고 전해준 소식과 또 막내동생 김재린의 혼처에 대해 질문하기도 했다.[80]

특히 1931년에 들면 그는 더욱 조바심을 낼만한 일이 있었다. 출옥하게 되는 1931년이 부친의 晬辰, 즉 회갑을 맞는 해였다. 그래서 그는 "한 달만 먼저 나가면 모실 텐데"라면서 조금은 기대하는 듯하다가, 이내 부친 회갑 이전에 출옥할 희망을 단념하길 바란다고 동생에게 주문하였다.[81]

12. 출옥 이야기

1928년 11월에 '은사령'이라는 이름으로 많은 사람들이 감형되었는데, 그

76) 「獄中滿悤」, 《별건곤》 제32호, 1930년 9월 1일, 123쪽.
77) 재홍에게 보낸 서신(1931년 2월 16일 · 6월 4일자).
78) 재홍에게 보낸 서신(1929년 6월 19일자).
79) 재홍에게 보낸 서신(1929년 10월 15일자).
80) 재홍에게 보낸 서신(1929년 12월 20일자).
81) 재홍에게 보낸 서신(1931년 2월 16일 · 6월 4일자).

도 감형자 명단에 들어 있었다.[82] 확실하게 얼마 기간이나 감형되었는지 확실하지 않지만, 대개 6~8개월 정도 줄어든 것 같다. "그는 六年의 刑을 바든 까닭에 來來 明年(昭和 七年) 四月에나 다시 이 세상 봄 구경을 할 것이다."라는 글이 있었는데,[83] 실제로는 이보다 6개월 앞서 1931년 11월에 출옥했다. 또 그가 출옥한 직후에 보도된 신문기사에는 미결상태가 6백여 일인데, 미결 기간이 360일 계산되어 실제로 만 6년 동안 옥고를 치렀다고 했다. 그렇다면 240일 정도는 미결 기간으로 계산되지도 않았고, 또 그 만큼 기간을 감형되었다는 말이 된다.[84]

1931년 11월 18일, 김재봉이 출옥하였다. 일단 인사동에 있던 樂世旅館에 방을 정하고 잠시 요양에 들어간 그는 신문기자들의 방문을 받았다. 《동아일보》·《조선일보》 모두가 그를 방문한 인터뷰 기사를 실었다. 꼬박 6년 만에 세상에 나와서 격세의 감이 있다는 간단한 말이 《동아일보》에 실린 반면,[85] 《조선일보》에는 좀 더 자세한 내용이 게재되었다. 후자의 글을 보면, 출옥 당시 그의 건강이 극히 좋지 않았다는 사실을 확인할 수 있다.

> 장구한 시일을 감옥에서 신음한 관계로 그의 건강은 극히 조치모하야 胃臟炎과 神經痛으로 고민하는 중이며 시골인 경북 安東에는 로친의 병환이 또한 위독함으로 수일 후 그의 향제로 도라 가리라는데…… 감옥에서는 칠년동안에 대부분을 獨房에 잇섯슴이다마는 감옥내의 대우는 말할 것도 업지마는 항상 병자가 만히 생기는 원인은 長期囚를 독방에 두는 것이 정신상은 물론 륙체에도 병이 나도록 하는 것임이다. 운운[86]

옥중 생활 대부분 기간이 독방 생활이었다. 장기수가 독방에서 생활하는

82) 《중외일보》 1928년 11월 12일자.
83) 「獄中滿悤」, 《별건곤》 제32호, 1930년 9월 1일, 123쪽.
84) 《조선일보》 1931년 11월 19일자.
85) 《동아일보》 1931년 11월 19일자.
86) 《조선일보》 1931년 11월 19일자.

그 자체만으로도 정신적으로 육체적으로 병을 강요하는 또 다른 형벌이라는 뜻이 들어있다. 위장병과 신경통으로 시달리는 그였지만, 귀향이 다급한 처지였다. 모친이 위독했기 때문이다. 1931년 8월에 동생에게 보낸 편지에도, 그는 모친의 병환을 걱정하면서 '신의술', 신식 서양의술을 찾아 치료받도록 하라고 일렀다. 그러면서 만주에서 귀국하여 치료를 받고 있던 김응섭의 치료 경과를 묻기도 했다.[87]

13. 출옥 이후의 삶과 서거

김재봉은 출옥한 직후부터 10년 동안 하루도 편안한 날을 맞을 수 없었다. 본인 스스로 건강을 제대로 유지하기 힘들었지만, 게다가 집안에 맑은 날이 별로 없었기 때문이다. 우선 출옥한 지 두 주일만인 12월 2일에 모친이 사망하였다. 자신의 몸도 추스르기 전이었다. 더구나 6년이나 감옥에 있는 동안 모친이 얼마나 자신을 애타게 그리워했는지 그도 잘 헤아리고 있었다. 장기수로 옥고를 치르던 아들을 두고 그 모친이 얼마나 괴로운 삶을 지냈는지 김재봉 자신도 헤아리고 남았을 터였다.

조금만 일찍 출옥해도 부친 회갑연에 참석할 수 있다고 기대하던 그가 아닌가. 다르게 생각한다면 자신이 모친상을 치를 수 있는 것만으로도 다행일 수도 있지만, 비통하고 안타까운 날이 아닐 수가 없었다. 비록 국가와 민족을 위한 일로 옥고를 치렀지만, 부모에게는 불효일 수밖에 없지 않은가. 가까운 동지 조동호는 "여러 해 영어 생활에서 겨우 석방되어 집으로 돌아가자 얼마 안 되어 갑자기 당한 흉변이라 망극한 슬픔이 과연 어떻게 억누를 수 있었겠습니까?"라고 문상하는 편지를 보냈다.[88] 여러 동지들이

87) 재홍에게 보낸 편지(1931년 8월 20일자).

88) 1931년 12월 3일 조동호가 김재봉에게 보낸 문상 서신.

그러했겠지만, 그나마 조동호의 조문 서신이 남아 있어서 정황을 짐작하게 만든다.

슬픔은 여기에서 끝나지 않았다. 1932년 12월 2일, 그러니까 모친을 잃은 뒤 정확하게 한 해되는 바로 그날에 동생 김재홍이 사망하였다. 그가 옥살이하던 시절 동안 꼬박 그 뒷바라지를 맡았던 동생이 아닌가. 옥바라지만 아니었다. 동생은 부모님을 모시면서 집안일을 도맡아 살림을 꾸려나갔다. 형의 두 아들, 즉 조카에 대한 교육과 혼사까지 치러나간 동생이 아닌가. 그런 동생이 25세 젊은 나이에 세상을 떠난 것이다. 세상 모든 일이 허망스러웠으리라.

아픈 마음을 달래려면 세월이 필요했다. 자연을 벗하며 지내는 날들이 있어야 했다. 그래서 나선 일이 벌을 치는 양봉이었다. 이 사실은 1934년 잡지 기사를 통해 알려졌다. 생계에 도움이 되는 일이어서 벌을 치는 것이 아니라, 벌을 따라 다니다 보면 신선한 공기를 마실 수 있고, 따뜻한 햇살을 받을 수 있어서 소일거리로 그 일을 택하였다고 그는 밝혔다.[89] 서대문형무소를 나오자마자 자신의 몸도 추스르기도 전에 모친과 큰 동생을 연달아 잃고 비틀거리던 김재봉, 그는 세월을 보내면서 자신을 다시 일으켜 세우려 애를 썼다. 그러던 1930년대 전반기는 그의 나이 40대 전반기였다. 늘 경찰의 감시를 받아가면서도 움직이고 또 움직였다. 그래서 점차 그의 건강도 회복되어 갔다.

그렇게 몸을 가꾼 뒤, 그는 걸어서 먼 여행길에 올랐다. 만 46세가 되던 1937년 음력 8월 10일, 추석을 닷새 앞둔 날에 무궁화 강토(槿田)를 답사하러 나섰다. '가뿐한 신과 짧은 지팡이'로 '내 땅'을 밟으러 나선 길이다. 전체 여정이 어떠했는지 알 수 없지만, 그가 남긴 시 11편은 동해안을 거쳐 금강산을 유람한 자취를 보여준다. 집 떠난 지 나흘만인 14일에 대관령에 올라

89) 「出頭巨頭의 其後 =第一·二次 共産黨事件의 首腦者, 民衆運動者大會事件의 首腦者」, 《삼천리》 제6권 제5호, 1934년 5월 1일, 113쪽.

글을 짓고, 다음 날 추석은 강릉에서 머물렀다. 양양 낙산사(8.16), 淸澗亭(8.17), 외금강 온정리(9.3), 만물상(9.4), 神溪寺(9.5), 옥류동과 구룡폭포(9.6)를 거친 그는 마침내 비로봉에 올라 내금강과 외금강을 바라보았다.

여행길에 지은 시 11편을 담아 9월 14일자로 『東海岸走節小帖』을 묶었다. 아마 이 날짜가 여행을 마친 날이거나, 고향에 도착하던 무렵이 아닌가 여겨진다. 그러니 꼬박 한 달이 넘는 여정인 셈이다. 작은 지팡이 하나 들고 나선 길이요, 정감을 한시로 그려냈다. 그러면서도 정치적이거나 사회성 있는 단어는 한마디도 넣지 않았다. 일제와 부딪치지 않으려던 그의 심정을 헤아릴 만하다. 하지만 곳곳에 시름겨운 그의 심정을 담아냈다. 대관령에 올라 지은 「登大關嶺上頂」 마지막에 다음과 같이 표현하였다.

莫言越嶺多勞憊	고개 넘기 힘들고 고달프다 말하지 말라
度世難關等此行	인생행로 난관이 이만 못지 않으리

이것은 평범한 말이기도 하지만, 고난에 찬 그의 생애를 말해주기도 한다. 11편 모두 아름다운 무궁화 강토를 노래했는데, 어느 하나 나무랄 데 없는 수작이다. 동해안을 따라 오르며 지은 글과 마지막으로 비로봉에 올라 내금강과 외금강을 바라보며 지은 것을 보자.

東海岸	동해안
無非勝地合樓坮	아름다운 곳 누요 대에 마땅치 않음이 없다
曲曲區區步步來	구비 구비 구역 구역을 걸음 걸음 왔다
白鷺飛時山雨霽	해오라기 나는 때 산 비 개이고
明沙隨處海棠開	하얀 모래밭을 따라 해당화 피었다
鷄鳴狗吠烟霞里	닭 울고 개 짖고 내 끼고 노을 지는 마을
漁笛棹歌日月涯	고기잡이 젓대 놋소리 해 달 뜨는 가
客路綀長松桂外	나그넷길 길구나 솔 계수 밖
關東風景短笻催	관동 풍경 보자구나 짧은 작대 재촉한다

登毘盧峰望內外金剛　　비로봉에 올라 내 · 외금강을 바라보다

山間流水水間山　　산 사이엔 흐르는 물이요 물 사이엔 산인데
萬二千峰在此間　　만 이천 봉우리 이 사이에 있다
朝罄暮鐘連極樂　　아침 풍경 저녁 종소리 극락에 이어지고
前奇後恠隔塵寰　　앞은 기기 뒤는 괴괴 속세를 단절했네
岩戴石澗峨洋奏　　바위가 돌 개울 머리이고 아양곡[90]을 탄주할 제
桂院松簷日月間　　솔인가 계수로 빚은 절집 해 달 사이에 있네
描寫金剛誰有手　　금강산을 그려낼 새 누구라 능수일까
西風投筆一笻還　　서풍에 붓 던지고 작대 하나로 돌아가노라

금강산을 다녀온 이듬해에 부친이 세상을 떠났다. 1938년 5월 9일에 부친이 만 68세로 별세한 것이다. 옥살이 이후 6년 반 정도 모시고 살 수 있었던 사실만으로도 다행스럽게 여겨야 했다. 그런데 1940년대에 들어 연이어 그에게 슬픈 일이 닥쳤다. 1941년 9월 18일에 차남 金鍛이 25세라는 젊은 나이에 사망한 것이다. 또 그 다음 해 1942년에는 맏제수와 넷째 동생이 반 년 사이로 사망하였다. 큰 동생 김재룡은 3 · 1운동 직후인 1919년 여름에 사망하였고, 당시 김재봉은 서울에 머물면서 사회운동을 모색하던 시기였고. 결국 상에도 참석하지 못하였다. 청상과부가 된 첫 제수가 섧고도 섧은 세월을 살다가 사망한 것이다. 또 넷째 동생 金在鸞(在麟)이 30세에 사망했다. 기가 막힌 일이니 무슨 말이 나올 수 있었으랴.

그렇게 애달픈 날을 보내다가, 김재봉 자신도 만 53세가 되던 1944년 3월 27일(음 2월 28일)에 세상을 떠났다. 아프고 쓰라린 아픔들이 건강을 해치고 병을 깊게 만든 지도 모른다. 고향 마을에서 멀지 않은 현애 근처 선산에 그의 영원한 집이 마련되었다. 해방 전야, 그의 집에는 슬픈 먹구름이 짙게 드리워져 있었다.

90) 峨洋曲; "산峨峨兮若泰山 洋洋兮若江河" 시구에서 '峨'와 '洋'을 따서 우뚝한 산과 드넓은 물과 같은 선비의 뜻을 가리키는 비유어로 쓰임.

14. 박헌영이 주도한 추도회

해방 이후 김재봉은 잠시 역사 무대로 다시 등장하였다. 박헌영 중심으로 다시 결성된 조선공산당이 김재봉의 2주기를 맞아 추도회를 거행한 것이다. 신문기사에 따르면, "오늘 故 金在鳳氏 第二週朞 悼追會"라는 타이틀 아래, '재경 동지들의 주최'로 열리는 추도회가 3월 30일에 계동 140의 3호, 2층에서 열린다고 보도되었다. 서거일이 음력 2월 28일인데, 1946년 당시에는 양력으로 3월 30일이었다. 추도회 보도문에 김재봉이 '제1차 조공책임비서'라고 지칭되었다.[91] 이에 비해 《해방일보》는 다음과 같은 표제어를 내걸고 추도식을 자세하게 소개하였다.

> 我黨 第一代 責任秘書
> 故 金在鳳 同志 二週年 追悼式
> 黨 本部에서 嚴肅히 擧行하다

기사에 따르면, 당 본부가 있던 계동 140번지 3호, 2층에서 행사가 열렸다. 이들이 조선공산당을 계승하고 있다는 사실도 '我黨 제1대 책임비서'라는 표현에서 확인할 수 있다. 오후 4시에 시작된 식은 5시 30분까지 진행되었다. 이주하의 개회사로 시작된 식은 당을 대표하여 권오직이 추도문을 낭독하고, 홍덕유가 개인 자격으로 추도문을 이었으며, 종숙이자 변호사인 金完燮이 집안을 대표한 추도사를 말하는 순서로 진행되었다.[92]

하이라이트는 박헌영의 추도사에 있었다. 박헌영은 '고 김재봉 동지를 위한 추도사'라는 제목으로 이야기를 풀어 갔다. 그는 역사를 진보와 반동으로 구분한 뒤, 김재봉을 진보적이라 규정하면서, '조선의 위대한 지도자'

91) 《조선인민보》 1946년 3월 30일자.

92) 추도식이 열리던 당시는 김재봉의 탈상 치르느라 가족들은 모두 고향에 머물고 있었다.

라고 평가하였다. 1925년에 국외에서 국내로 들어와 조선공산당을 조직한 일이 곧 위대한 진보였다고 규정한 박헌영은 다만 1925년부터 1929년 사이에 존재한 조선공산당이 완전한 당이 아니라 파적 경향을 극복하지 못한 한계를 가졌다고 지적했다. 그러면서 해방직후 그들에게 주어진 역사적 과제는 '진실한 볼셰비키화 지향과 강철 같은 볼셰비키의 규율을 세우는 것'이라고 천명하였다.[93] 김재봉의 후손들은 해방 직후에 박헌영이 오미마을 김재봉의 집을 다녀갔다고 말한다. 이는 박헌영이 밝힌 추도사에서 김재봉을 위대한 지도자로 평가한 사실과 상통하는 점으로 이해된다.

1946년 4월 17일, 조선공산당 창당 21주년을 맞아 김재봉은 또 다시 《해방일보》와 《조선인민보》에 소개되었다. 이후 김재봉을 소개하는 일은 눈에 띄지 않는다. 조선공산당이 불법단체로 규정된 뒤로는 김재봉에 대한 언급은 나타나지 않았고, 더구나 분단과 전쟁으로 말미암아 그에 대한 이야기는 깊은 땅 속에 묻혔다. 다시는 살아나지 않을 것처럼 깊고 깊은 어둠 속에 잠겨버렸다. 그리고는 반세기 넘는 동안 그의 이름을 애써 부르거나 찾는 이가 거의 없었다.

15. 그를 다시 평가하며

1891년에 태어나 1944년에 서거한 김재봉, 그의 삶은 겨우 53년에 지나지 않았다. 넉넉하고 세가 좋은 양반 가문에 태어나 청소년기에 전통 유학을 배우고 자라난 그가 신교육을 받기 시작한 것은 청년기를 지나던 1910년을 전후한 즈음이었다. 1912년부터 다닌 경성공업전습소 교육과정은 그에게 첨단 분야 학습만이 아니라 민족문제를 바라보는 눈을 가지는 시기이기도

93) 《해방일보》 1946년 4월 1일자.

했다. 그래서 졸업한 직후 고향으로 돌아와 오릉학술강습소에서 후배를 양성하는 데 힘을 기울였다. 집안 후배 양성이기도 했지만, 민족의식을 불어넣는 구국교육이기도 했다.

1919년 3·1운동을 지켜보면서 상경한 그는 상해를 다녀온 안상길과 더불어 대한민국 임시정부 지원 활동에 나섰다. 이것이 20대 후반의 나이에 그가 본격적으로 나선 민족운동의 첫걸음이었다. 이로 말미암아 1921년, 만 20세 나이에 6개월 징역형을 겪은 그는 출옥하자마자 모스크바에서 열린 극동민족대회에 참석하였다. 만 30세를 넘어서면서 펼치기 시작한 사회주의운동의 발단이 여기에서 마련되었다. 극동민족대회를 마치고 러시아에 1년 넘게 머물면서 그는 사회주의를 본격적으로 학습하고, 블라디보스토크에서 공산청년회를 이끌다가 꼬르뷰로의 '적자'가 되어 국내로 들어왔다. 꼬르뷰로 내지부를 조직하고, 화요회를 거쳐 조선공산당 결성으로 밀고 나아갔다. 30대 중반에 쏟아 부은 그의 피와 땀이 거둔 결실이었다. '제1차 조선공산당 초대 책임비서'라는 이름으로 선명하게 드러난 그의 존재는 곧 서대문형무소에서 6년을 보내는 고난으로 연결되었다. 그리고서 다시 민족의 품으로 돌아온 것이 1931년, 그의 나이 만 40세 되던 해였다. 그리고서 가정의 아픔을 거듭 당하면서도 또한 병으로 약해진 몸을 추스르느라 애쓰던 여생이 13년이었다.

전후를 따져보면, 청춘을 바쳐 활동하던 기간이 20년 정도였다. 그 가운데 교육운동에 5년, 대한민국 임시정부 지원 활동과 사회주의운동에 7년, 그리고 옥고 기간 6년이 그 대부분을 차지한다. 그러고 보면 참으로 불꽃 같은 삶이었다. 그런 불꽃이 한 번 꺼진 뒤에 다시는 살아나지 않을 것처럼 긴긴 침묵과 암흑 속에 묻혔다. 그리고 다시 그 불씨를 되살린 것이 광복 60주년을 맞은 2005년이었다. 86주년을 맞은 3·1절에 대한민국 정부가 그를 독립유공자로 평가하여 건국훈장 애국장을 추서한 것이다.

그가 사회주의자였고 조선공산당 초대 책임비서였다. 그러나 그는 국제공산주의자가 아니라, 민족문제 해결을 가장 높은 목표로 삼은 민족적 사회주의자요 사회적 민족주의자였다. 그리고 그가 걸은 길 자체도 계급해방보다는 민족해방에 더 높은 가치를 부여한 것이었다. 따라서 그의 삶은 민족해방을 향한 것이었고, 독립운동 그 자체였다. 또 해방 이후 대한민국 건국이나 존립에 부정적인 영향을 미친 일도 없었다. 이런 인물의 업적을 지하에 묻어둔다는 사실 자체가 민족의 역사적 역량을 축소시키는 행위에 지나지 않는다. 그에 대한 적극적이고도 긍정적인 평가는 민족사의 영역을 바르고도 넓게 보는 바람직한 일임에 틀림없다.

20장_ 李準泰 : 1920년대 勞農運動을 중심으로

1. 머리말

안동은 보수와 혁신이 병존한 곳이다. 근대에 접어 들 무렵 위정척사사상과 운동의 중심지 가운데 하나였고, 그를 바탕으로 가장 먼저 의병항쟁이 시작된 곳이라는 점에서 대표적인 보수지역이었다. 이에 반해 계몽운동으로 전환하고, 기득권을 포기한 채 대거 만주로 망명하거나, 사회주의운동에서 전국 굴지의 인물을 배출한 점에서 혁신성도 드러냈다. 그러한 혁신성이 1920년대에 들면서 두 가지의 특성으로 나타났다. 하나는 주력이 만주로 이동하여 독립군기지를 건설하고 그것을 주도했다는 점인데, 여기에는 만주지역의 독립운동에 대하여 국내에서 지속적으로 지원 활동을 펼친 점도 함께 평가되어야 한다. 다른 하나는 안동의 핵심 양반 가문 청년들이 사회운동과 사회주의운동 분야에서 두각을 나타냈다는 점이다. 그것도 안동지역만이 아니라 서울 중심부에서 그러했다는 점에서 특기할 만하다.

안동 출신 사회주의운동가 가운데 제1차 조선공산당 집행위원장이던 김재봉이나 제2차당의 중앙집행위원이요 고려공산청년회 책임비서였던 권오설에 대해서는 익히 알려져 있다. 그리고 제3차당과 안동의 사회운동에 구심점 역할을 맡은 김남수의 경우도 일부 사실이 알려지고 있다.[1] 그렇지만 이준태라는 인물에 대해서는 별달리 정리된 것이 없다. 그의 활동 내용이나 범위가 결코 앞의 인물들보다 뒤지지 않음에도 불구하고 자료의 부족으로 접근조차 시도되지 않았다. 그래서 본고는 '잊혀진 사회주의운동가' 이준태의 생애 가운데, 그가 정력적으로 활동을 벌인 1920년대에 초점을 맞추어 그의 삶을 추적하려 한다. 그럴 경우 서울과 안동을 종합적으로 바라보는 노농운동과 사회주의운동의 내용을 체계적으로 정리하는 데 보탬이 될 것이다.

이준태는 1892년 12월 29일 安東市 豊山邑 上里洞 364번지(당시 안동군 豊縣內面 上里洞 364, 싱구실)에서 아버지 李洙學과 어머니 안동권씨 사이에 맏아들로 태어났다.[2] 그가 태어난 마을은 全義·禮安李氏가 모여 사는 집성촌인데,[3] 그는 예안이씨 22세이며, 그의 집안이 안동에 자리 잡은 후로 따진다면 부사직공파(안동파) 17세가 된다.

그의 집안은 양반 유림으로서의 전통을 고스란히 전하고 있었다. 14대조 李洪仁이 임진왜란 때 의병장으로서 안동 九潭戰鬪에서 공을 세우고 순국하였고, 5대조 李敬裕는 通訓大夫行司憲府持平을 지냈다.[4] 비록 신원카드에는 그의 신분을 상민이라고 적혀 있지만, 그가 신문을 받는 과정에서 신분을 양반이라고 밝혔다.[5] 이는 그의 집안이 안동 사회에서 양반으로 분류되는 수준이었음을 말해주는 대목이다. 그의 외가와 처가는 모두 서후면

1) 김재봉과 권오설 및 김남수에 대해 2001년에 한국근현대사학회와 안동대학교 안동문화연구소가 공동으로 "1920년대 안동 출신 사회주의운동가"라는 대주제 아래 「金在鳳과 조선공산당」(신주백), 「權五卨과 6·10만세운동」(장석흥), 「金南洙(1899~1945)와 안동지역 사회주의운동」(김희곤)이란 세 편의 글이 발표되었다. 이 가운데 김남수에 관한 글은 『한국근현대사연구』 21(2002.6)에 수정 게재되었고, 이에 앞서 『金南洙先生資料集』(집문당, 2001)이 발간되기도 하였다.

2) 「신원카드」.

3) 全義李氏 10세에 해당하는 李翊(1300년대 崇政大夫 判中樞院 典法判書)이 禮安(宣城)李氏 시조가 된다.

4) 예안이씨 司直公派 족보와 世系圖 참조.

5) 「피의자 신문조서」, 1927년 7월 27일, 종로경찰서.

鳴洞의 甫峴에 자리 잡은 안동권씨 僕射公派 判書公系로 안동지역에서 잘 알려진 양반 집안 가운데 하나다.[6] 그는 장차 3남 1녀를 두었다.[7]

그가 사용한 호는 鶴巖 · 一岡 · 一烽 등이며, 權赫 · 權哲이라는 이름도 사용했다. 鶴巖이란 호는 1920년에 《동아일보》에 기고한 필명인데, 안동에서 가장 높은 鶴駕山에서 따온 것 같고, 이는 또한 안동 출신 사회주의운동가인 金南洙가 鶴山이란 호를 사용한 것과 연관이 있는 것 같기도 하다. 그리고 一岡은 1921년에 역시 《동아일보》에 기고한 글에 사용한 필명이었다. 또 一烽이라는 호나 權赫이라는 이름이 「신원카드」에 기록된 점으로 미루어보아, 그것이 1920년대 중반에 본격적으로 사회운동을 펼쳐나가는 단계에서 사용된 것 같다.[8]

2. 측량기사로 토지조사사업에 참가

1900년을 전후한 시기에 안동지역 양반 가문에서는 자녀들에게 경학을 가르치는 것이 일반적인 교육과정이었다. 때문에 양반 가문 출신인 이준태도 이와 마찬가지로 집안에서 전통적으로 한문을 수학했을 것이라는 추측은 어렵지 않다. 그런데 한 가지 특이한 일이 나타났는데, 그가 나이 10대 중반에 측량학교를 다녔다는 사실이다. 그렇게 된 이유를 분명하게 찾을 수 없다. 전국적으로 토지쟁송 문제에 대처하기 위해 문중별로 측량학교를

6) 甫峴의 안동권씨들은 복야공파 판서공계에 속하는 양반 집안인데, 1896년 안동 전기의병에 이곳 출신 權濟寧이 서기로서 활약하였다.

7) 1927년에 작성된 그의 신문조서에는 가족으로 어머니와 처, 그리고 4명의 자식이 있다고 밝혔다.(「신문조서」, 1927년 7월 27일) 맏아들 李春植(完伊)이 1911년 정월생인 점으로 보아, 늦어도 1910년 이전에는 결혼한 것 같고, 그렇다면 그가 금곡측량학교를 다니던 시기와 비슷하다고 생각된다. 둘째 李海植(1916년생)과 셋째 李慶植(1919년생) 등은 그가 사회운동가가 되기 이전, 즉 측량기사로 활동하던 시기에 둔 아들이고, 막내 李英植(1925년생)은 안동에서 勞農運動을 전개하던 시기에 둔 딸이다(「제적등본」 참조).

8) 「신원카드」.

세우던 정황에서 안동에도 측량학교가 생겨났다. 吉城測量學校는 안동김씨 문중에서, 그리고 이준태가 다닌 金谷測量學校는 안동권씨 문중에서 설립하였다. 따라서 그가 이 학교를 다니게 된 이유는 아마도 그의 나이 만 세 살이던 1895년에 아버지가 일찍 사망하고 할아버지 아래에서 성장하는 과정에서 현실적인 생계 문제를 고려한 것일 수 있다는 점, 그리고 금곡측량학교가 안동권씨 집안에서 운영된 것이라는 점에서 그의 외가와 처가가 모두 안동권씨 집안이라는 사실과도 어느 정도 연결성을 가진 듯하다.

이준태는 17세가 되던 1909년 1월 10일에 私立金谷測量學校의 細部測量科程을 졸업하였다.[9] 몇 년 과정인지 알 수 없지만, 일단 10대 중반의 나이에 측량학교의 세부측량 과정을 마친 것이다. 그리고서 그는 상경하여 조선총독부 공업전습소의 金工科를 다녔고, 만 21세가 되던 1913년 12월 20일에 졸업하였다.[10]

측량기사로 성장한 그는 만 22세 되던 1914년 5월 31일 臨時土地調査局事務員及技術員養成所의 所定科目을 修了하였다.[11] 이어서 그가 바로 취업했는지 알 수는 없지만, 그 다음 해인 1915년 12월 31일자로 그는 조선총독부 임시토지조사국 技手補로 발령되고 月俸 十三圓을 받게 되었다.[12] 이어서 그는 1916년 11월 15일 조선총독부 임시토지조사국 技手로 승급하고 8級俸을 받고,[13] 같은 날짜에 文官分限令에 따라 면직되었다.[14] 비록 文官

9) 「졸업증서」 제94호, 직인은 '安東郡測量學校之章'. 이 학교는 안동권씨 문중에서 개설한 것으로 전해진다.

10) 「졸업장」 참고. 이 경성공업전습소는 당시 3년 과정이었고, 경성공업학교, 경성공업전문학교, 경성제국대학 공대를 거쳐 서울대학교 공대로 이어지게 된다. 한편 같은 안동 출신이자 장차 사회주의운동에서 같은 노선을 걷게 되는 金在鳳은 이준태보다 한 해 앞선 1912년에 경성공업전습소의 염직과를 입학하였다(「독립유공자평생이력서」 참조).

11) 「졸업증서」 203호.

12) 「발령장」.

13) 「발령장」.

14) 「사령장」.

이라는 범주에서는 벗어났지만, 그가 "토지조사국의 기수로서 3년 동안 근무했다."고 밝힌 점으로 미루어 보아 아마 1917년 혹은 1918년 말, 즉 토지조사사업 마무리 단계까지 측량작업에 참여한 것으로 짐작된다. 그렇다면 20대 전반의 나이에 이준태는 일제의 한국통치 일선에 서 있은 셈이다. 일제가 한국을 강점하자마자 절대 주력 산업인 1차 산업을 근본적으로 장악하기 위해 시작한 토지조사사업의 일선에 서서 참가하고 있었기 때문이다. 안정된 급여를 받으면서 비교적 편하게 생활할 수 있는 세계가 열린 것이다.

그러던 그가 갑자기 사회운동에 뛰어 들었다. 어떠한 자료도 발견되지 않고 있어서, 무슨 이유나 계기로 전혀 반대의 길로 나서게 되었는지 도무지 짐작이 가지 않는다. 추정해 본다면, 일단 두 가지를 상정해 볼 수 있겠다. 하나는 그가 토지조사사업에 참가하는 과정에서 민족문제에 인식을 가진 것이라거나, 다른 하나는 3·1운동이 그에게 전환점으로 작용한 것이 아닌가 하는 것이다. 그렇지만 그가 3·1운동 당시 어디에서 어떠한 움직임을 보였는지 전혀 알려지지 않아 막연한 상태이다.

3. 임시정부 자금 지원 활동과 문화운동

1) 독립운동으로의 전환과 임시정부 자금 지원 활동

이준태가 독립운동에 발을 내디딘 것을 보여주는 첫 자료는 1919년 음력 8월에 나타났다. 즉 음력 7월에 상해로 대한민국 임시정부를 찾아갔던 안동 출신 安相吉이 그곳에서 安昌浩를 비롯한 요인들을 만나고 대한민국 임시정부 교통부 산하의 경상북도 교통부장이라는 직책을 맡아 그 다음 달에 귀국하였는데,[15] 서울로 도착하자마자 만난 인물이 동향 출신이 김재봉과 이준태였던 것이다. 당시 이준태는 金在鳳과 함께 서울 청진동 進一旅館에서 안상길을 만나게 되고, 그로부터 대한민국 임시정부에 다녀 온 이야기를 들었고, 또 안상길이 상해에서 가져온 《독립신문》·「대한민국임시정부헌법」·「교통부규칙」·「愛國金收合委員辭令書」·「愛國金領收證」 등을 보았다. 그리고 안상길의 활동 목적이 임시정부에 보낼 애국금 모집이라는 것을 확인하였다. 그런데 이들이 애국금 모집을 위해 대구와 안동을 중심으로 활동하다가 체포되고 말았다.[16] 그들이 체포된 정확한 시기를 알 길이 없지만, 대개 1920년 말로 보인다.[17] 일본 경찰이 이 거사를 '朝鮮獨立團事件'이라 이름 붙였지만, 실제로 결사체를 조직하지는 않은 것 같다. 이 활동으로 안상길이 1년, 김재봉이 6개월의 징역형을 치렀다.

여기에서 의문점이 두 가지 나타난다. 하나는 안상길이 상해에 다녀온 것이 오직 그 만의 단독 계획과 활동인지, 또 안상길이 돌아오자마자 어떻게 진일여관에서 세 사람이 만날 수 있었는지 등이다. 전혀 알 길이 없는데, 다만 추정할 수 있는 점은 1919년 무렵에 이들 세 사람은 이미 서울에서 함께 활동을 벌일 만한 관계를 가졌다는 사실이다. 세 사람이 안동 출신이라는 공통점만이 아니라 김재봉이 안상길의 外族이고, 이준태와 김재봉이 같은 풍산 출신이기도 하지만, 경성공업전습소 동문이라는 공통점도 갖고 있었다. 따라서 이들 사이에는 3·1운동이 일어난 직후 대한민국 임시정부의 소식을 듣고 이를 파악하고 또 지원하려는 의도를 가지게 되었고, 여기에 이준태도 동참한 것으로 추정된다.

그리고 또 하나의 의문은 이 활동에서 이준태의 역할이 보이지 않는다는 점이다. 그가 안상길·김재봉과 더불어 진일여관에서 만나서 대한민국 임

15) 《독립신문》 1921년 2월 17일자.

16) 「판결문」, 1921년 6월 2일, 경성지방법원.

17) 미결 구류가 시작된 일시가 1921년 3월 초이고, 안상길의 1년형 만기가 1922년 3월 초였다. 그러므로 경찰에 체포된 시기는 1920년 후반이나 말 정도로 추정된다.

시정부의 문서를 보았고, 애국금 모금에 대해 논의하였다는 사실만은 판결문에서 확인된다. 그럼에도 불구하고 이준태가 형벌에 처해지지 않은 사실은 이준태가 안상길과 김재봉을 만나고 《독립신문》을 비롯한 대한민국 임시정부의 문서를 보며 논의에 참가했을 뿐, 더 이상의 활동을 하지는 않았기 때문일 것이다. 특히 세 사람 가운데 이준태만이 어떠한 벌칙도 받지 않은 점은 그가 본격적으로 움직임을 보이기 전에 안상길과 김재봉이 체포된 데 따른 현상이 아닌가 추정된다. 그렇지만 비록 징역형을 받지 않았다고 하더라도 이준태가 일제경찰에 의해 상당한 고초를 치렀으리라는 점은 판결문을 통해 알 수 있다. 그러므로 이준태가 독립운동에 발을 내 디딘 확실한 계기는 1919년 가을에 대한민국 임시정부에 대한 소식을 둘러싸고 안동 출신 젊은이들이 모여 논의하는 과정에서 만들어진 것으로 생각된다.

2) 순회강연을 통한 문화운동의 전개

이준태는 '조선독립단사건'으로 일경에 체포되기 전에 이미 서울에서 두각을 나타내고 있었다. 1920년 7월 17일자 《동아일보》에 「學友會主催巡廻講演辯士諸君」이라는 글을 '鶴巖 李準泰'라는 이름으로 발표하였던 것이다.[18] 그는 이 글에서 홍수를 무릅쓰고 전국순회강연에 나서는 청년들을 격려하면서 2천만 민족에 대한 사랑을 요구하였다. 그러면서 자신은 병으로 누워 있어 여기에 동참하지 못하는 현실을 사과하였다.

이준태의 그러한 활동은 다음 해인 1921년에도 이어졌다. 즉 「不遠한 하기휴학과 학생제군」이라는 글이 '一岡 李準泰' 명의로 기고되었던 것이다. 이 글에서 이준태는 여름 방학을 맞은 학생들에게 "강연단을 조직하여 농촌으로 가라."고 요구하고 나섰다.

18) 《동아일보》 1920년 7월 17일자.

> 未開한 同胞를 깨우라 그네는 말을 ᄒᆞ고 四肢를 움즉이지마는 諸君이 ᄋᆞ니면 써그은 가지가 될 것이오 또는 그네가 ᄋᆞ니면 諸君은 羽翼 업는 鶴이 될 것이다 換言ᄒᆞ면 諸君과 그네의 生命은 連鎖的 關係가 잇다 엇지 舜間인들 等閑에 付ᄒᆞ랴 그러고 諸君의 熱辯이 到ᄒᆞᆯ 때는 눈에 曙光이 빗취고 귀에는 배달族의 細胞 뛰노는 쇼리가 들릴 것이다 그것만으로도 足히 勞苦를 忘ᄒᆞ고 快樂을 覺ᄒᆞᆯ 것이 안인가 此는 實노 活劇이며 喜劇이다 此로부터 鍛鍊ᄒᆞ는 技藝는 可히 出衆ᄒᆞᆫ 俳優가 되고야 말지며 宇宙의 生命에 合一ᄒᆞ고야 말리로다 믄득 地球라는 舞臺에 各樣俳優가 伯仲을 다토을 때 배달派라는 一行이 特秀한 技能을 發揮ᄒᆞ야 嘖嘖ᄒᆞᆫ 榮譽를 橫으로 四萬理, 縱으로 千萬代에 紹介ᄒᆞᆯ가 ᄒᆞ노라 學生 諸君이여.(밑줄−필자)[19]

이준태의 기본 뜻은 동포가 미개하므로 이를 깨우쳐야 하고, 그를 위해서는 학생들이 농촌으로 가야한다는 것이다. 그는 농촌의 동포와 학생들의 생명이 상대가 없이는 존재할 수 없는 '연쇄적 관계'로 파악하였다. 따라서 학생들이 나서는 길이 곧 相生의 길이므로 적극 나서야 하며, 이를 바탕으로 배달민족의 자긍심을 일깨워야 한다는 뜻을 학생들에게 요구하고 나선 것이다. 특히 그는 '배달파'라는 부분에 글씨를 굵게 처리하여 깨우칠 동포와 특수한 기능의 민족을 연결시켰다. 즉 강연운동의 목표가 결국은 미개한 동포를 세계적으로 영광된 민족으로 승화시키는 것임을 밝힌 셈이고, 학생들이 그 길에 나서야 한다는 점을 강조하였다.

두 번에 걸친 신문 기고문을 통해 이준태가 1920년과 1921년에 학생들에게 순회강연에 나서기를 요구하고, 또 격려하였다는 사실을 확인했다. 그는 이러한 순회강연을 1920년부터 주창하거나 추진한 것으로 보인다. 왜냐하면 두 번째의 글, 즉 1921년의 글에서 그는 "昨年에 勃發ᄒᆞᆫ 第一聲을 繼續ᄒᆞ며"라고 표현했기 때문이다. 그렇다면 그도 여기에 동참한 것은 당연한 일이라 여겨진다. 비록 1920년의 글에서 자신이 병으로 누워 있어 동참하지 못함을 사죄하였지만, 순회강연을 독려하고 있는 점으로 미루어 볼

19) 《조선일보》 1921년 6월 8일자.

때, 그가 이미 그 운동에 상당히 깊게 간여하고 또 선도하고 있었음을 알 수 있다. 그렇다면 이준태는 1919년 가을 이후에 대한민국 임시정부에 애국금을 보내는 일에 연관되어 있기도 했지만, 다른 한편으로는 농촌에 대한 강연사업에 비중을 더 두고 있었다고 판단된다.

3) 火曜會・火星會 결성과 전위운동

(1) 무산자동맹회・신사상연구회・화요회

이준태가 사회주의운동에 뛰어든 기점이 1922년이라 생각된다. 이해 1월 19일에 국내 최초의 사회주의운동단체라고 평가되는 無産者同志會가 결성되었는데, 그도 여기에 참가하였기 때문이다. 그리고 2개월이 조금 더 지난 3월 31일에 무산자동지회와 新人同盟이 통합하여 無産者同盟會로 확대 개편되었다. 이준태는 여기에 참가하여 1923년 1월에는 金翰・元友觀・金達鉉 등과 더불어 무산자동맹회의 상임위원을 맡았다.[20)]

1923년 7월에 이준태는 '신사상연구회' 발기인으로 참가하였다. 이름 그대로 새로운 사상인 사회주의사상을 연구하자는 것을 목적으로 삼고, 서울 낙원동 173번지에 본부를 둔 이 단체는 목적을 달성하기 위해 강습회와 토론회를 가지며 도서와 잡지를 발간하자는 활동 방침을 정했다.[21)] 이미 계급적 색채가 가장 강한 무산자동맹회를 운영하던 인물들이 이처럼 신사상연구회라는 연구단체를 결성하게 된 바탕에는 가장 강성을 보이던 金翰이 義烈團과 朴烈의 항쟁에 연좌되어 투옥되는 바람에 무산자동맹회 자체가

20) 尖口生, 「까마구의 雌雄」, 《개벽》 34, 1923년 4월 1일, 52~53쪽. 무산자동맹은 1922년 7월에 峴底洞 南山町 宋伯爵 토지를 빌려 회관과 공장으로 사용하려고 40여 평 지하 건물을 짓다가 자금난으로 중단했다. 1923년 초 사무실은 觀水洞 47번지 100여 칸 되는 한옥의 한 모퉁이 2칸 반을 10원에 세 들어 있었다.

21) 《동아일보》 1923년 7월 11일자.

탄압을 받고 있었고, 따라서 활동이 사실상 불가능한 상태에 빠졌기 때문이다. 그래서 돌파구를 마련해야 하는 절박한 형편이었으므로 연구단체를 표방한 신사상연구회를 발기하고 나선 것이다. 결국 무산자동맹회가 실행단체인데 반하여, 신사상연구회는 "당시 새로 수입되고 있던 코뮤니즘의 연구가 그 목적"이었다.[22] 여기에 발기인으로 나선 인물은 洪增植 · 洪命憙 · 尹德炳 · 金炳僖 · 李載誠 · 李昇馥 · 趙奎洙 · **李準泰** · 姜相熙 · 具然欽 · 洪悳裕 · 元友觀 · 朴敦緖 · 金燦 · 朴一秉 · 金鴻爵 등 16명인데,[23] 대개 무산자동맹회와 조선노동연맹회에 관련된 인물들로 구성되었다.

신사상연구회가 연구단체라는 이름을 내걸면서도, 사실은 투쟁단체로 변모해 나갔다. 이에 대하여 당시 함께 활동을 벌인 金璟載가 "김재봉 · 이준태 · 김찬 · 윤덕병 등 실제운동가가 이 회에 가입하면서 단순한 연구기관에서 실제운동 집단으로 재조직하자는 주장이 나왔고, 그 결실이 火曜會"라고 기록해 두었다.[24] 즉 신사상연구회가 1924년 11월 19일에 火曜會로 바뀌게 되었던 것이다. 그런데 김경재가 말하는 '실제운동가' 네 사람 가운데 김재봉을 제외한 나머지 3명은 발기인으로 참가한 사람이기 때문에, 이들이 참가하면서 성격이 바뀌었다고 표현하기보다는, 오히려 이들 네 사람이 특히 '실제운동가'로서의 성향을 강하게 지녔던 것으로 이해하는 편이 옳을 것 같다. 또한 '실제운동'으로 전환한 것이 사상단체라는 한계를 극복하고 조직적인 운동을 펼치려는 발전적이고도 자연스런 과정이었다.

여기에서 이준태는 동향 출신이자 경성공업전습소 동문인 김재봉을 다시 만났다. 1923년 7월에 신사상연구회를 출범시키기 앞서 그해 5월경에 김재봉이 귀국하여 서울의 무대에 합류한 것이다.[25] 따라서 '조선독립단사

---

[22] 金璟載, 「金燦時代의 火曜會」, 《삼천리》 7권 5호, 1935년 6월 1일, 45쪽.
[23] 《동아일보》 1923년 7월 11일자.
[24] 金璟載, 「金燦時代의 火曜會」, 《삼천리》 7권 5호, 1935년 6월 1일.
[25] 金俊燁 · 金昌順, 『한국공산주의운동사』 2, 청계연구소, 1986, 41쪽 · 200쪽.

건'으로 옥고를 치른 뒤 만주로 떠나 모스크바에서 열린 극동인민대표회의에 참가하고, 다시 블라디보스톡에서 꼬르뷰로의 국내부, 혹은 內地部 결성이라는 임무를 띠고 몰래 국내로 들어온 김재봉과의 만남은 두 사람 모두에게 힘이 되는 일이었다. 이준태에게는 국제적 정보와 신임을 확인하는 것이고, 김재봉으로서는 이준태가 확보해 둔 서울지역의 활동 영역이 무엇보다 중요한 바탕이 되기 때문이었다.

김재봉이 1921년 출옥하자마자 국내를 떠났기 때문에 국내 운동과 그다지 관계를 맺지 못했다. 그런 그가 활동 공백을 극복하고 코민테른의 명령을 받고 귀국한, 다시 말하자면 정통성을 가진 인물로 내지부의 책임자가 되었다. 그러한 김재봉이 서울에서 터를 잡는 과정에 이준태가 확실한 도움을 주었을 것으로 짐작된다. 왜냐하면 김재봉과 동향 출신이자 동문인 이준태가 1920년부터 서울에서 활동하면서 터를 잡았을 뿐만 아니라, 김재봉이 귀국하기 직전까지 중립당 지도자 金翰과 절친한 사이로, 1922년 1월부터 무산자동지회에 이어 무산자동맹회에도 함께 참가하면서 노농운동과 계급운동의 텃밭을 확보하고 있었기 때문이다. 그러한 바탕 위에 1924년 2월에는 김재봉이 金燦과 힘을 합쳐 신흥청년동맹을 결성하기에 이르렀다.[26] 그리고서 그해 11월에 화요회를 결성하였다.

(2) 火星會

서울에서 1924년 11월에 화요회가 결성되자, 안동에서는 두 달 뒤인 1925년 1월에 화성회가 결성되었다. 이름부터 이들 단체의 연관성을 알 수 있을 정도로, 화성회는 화요회 안동지회와 같은 성격을 가진 조직이었다. 창립위원은 이준태를 비롯하여 권오설 · 권태석 · 김남수 등 4인이었다.[27] 이

---

26) 「김찬 조서」, 220쪽(김준엽 · 김창순, 『한국공산주의운동사』 2, 201쪽에서 재인용).
27) 《조선일보》 1925년 1월 11일자(석).

준태가 서울에서 일찍부터 노동운동의 터를 닦은 인물이라면, 김남수는 조선노동공제회 활동을 통해 서울과 안동의 연결고리였으며, 권오설은 풍산소작인회를 발판으로 노농운동의 핵심부로 진출한 새 인물이고, 권태석도 안동에서 기자로 활동하다가 1920년대 중반에 상경하여 활동하게 되는 인물이었다. 이들이 서울에서 화요회를 결성하자마자, 배경세력이자 후원세력인 고향의 인물들을 모아 화성회를 조직한 것이다.

화성회는 1925년 1월 8일 11시에 안동시내 율세동에 자리 잡은 錦南旅館에서 창립되었다. 금남여관은 이미 1920년에 '조선독립단사건'이라는 임시정부 자금모집과 관련된 아지트로 사용된 적이 있어 상당히 알려진 장소였다. 역시 여기에도 참가하고 있던 안상길로서는 그의 첩인 河成卿이 경영하던 여관이기도 했다. 그곳에 20여 명이 모여 창립총회를 열었다. 그 자리에서 이준태와 김원진 외 7인으로 구성된 집행위원회가 조직되었다.[28)]

▎화성회 간부 조직표

성명	소속 단체	기타 사항
李準泰	풍산소작인회, 무산자동맹, 조선노농총동맹(중앙) 집행위원, 화요회	조공2차당(차석비서)으로 피검(1926)
權五卨	풍산소작인회, 화요회, 조선노농총동맹(중앙집행위원)	고려공산청년회, 6·10만세운동과 조공2차당으로 피검(1926)
安相吉	풍산소작인회, 조선노농총동맹(중앙집행위원)	조공4차당으로 피검(1928)
金如原	풍산소작인회, 와룡청년회	
南東煥	일직청년회	
金元鎭	안동청년회	동아일보 안동지국 기자
權泰錫	안동기자단	동아일보 안동지국장
李奎鎬	도산구락부, 예안청년회	동아일보 기자
金南洙	안동청년회, 안동기자단, 안동노동공제회	동아일보 기자, 조선일보 지국장, 조공3차당으로 피검(1928)
權淵建	길안청년회, 안동기우단	朝鮮之光 안동지사 기자

28) 《동아일보》 1925년 1월 12일자.

창설 당시 간부들의 면면을 보면, 크게 세 가지 활동 성향을 보인다. 대개 풍산소작인회 소속이거나 안동지역 청년회에서 활동하던 인물이요, 또 기자 출신이라는 점이다. 그러면서 서울에서 활동하던 대부분이 조선노농총동맹과 화요회 소속이었다는 점도 눈에 띈다. 따라서 화성회가 화요회로 대변되는 서울중심의 사회주의운동을 그대로 옮겨놓은 조직이요, 화요회의 세포조직이었으며, 또한 안동지역의 노농운동을 총체적으로 지휘하는 본부의 역할을 맡은 단체였다. 실제 화성회가 다루고자 목표한 내용들을 보면, 노농운동 · 청년운동 · 형평운동 등 안동지역 사회운동을 모두 담고 있음을 알 수 있고, 프로문고를 설치한다는 점도 지향하는 방향을 분명하게 보여준다.[29)]

이준태가 화성회에서 보인 활동에는 동지들과 함께 강연회를 열어 안동지역 청년들을 지도한 사실이 나타난다. 창립하자마자 화성회가 강연회를 열었다. 그 자리에서 이준태는 김남수 · 권오설 · 김원진 등과 함께 강연하였고, 이준태의 강연 주제는 '勞農運動의 意義'였다.[30)]

1925년 초반에 이준태는 화성회와 풍산소작인회 활동에 부지런히 움직이고 있었다. 1월에 화성회를 결성한 뒤, 2월에는 화요회가 주최하는 전조선민중운동자대회의 준비위원으로서 활동하였고,[31)] 4월에 조선공산당 1차당이 결성되자 5월에 김찬의 권유에 따라 입당하였고, 바로 이 5월 6일에

29) 1) 每月一日의(月例會)를 開하며, 講演會及演劇을 臨時巡廻 開催할 事. 2) 小作運動과 勞動運動에 對하야 그 根本精神을 民衆에 理解케하며 積極的으로 應援할 事. 3) 青年運動을 促進할 事. 4) 適宜한 地方에 青年團體를 組織케할 事. 5) 既成青年團體의 內容에 缺陷이 有時에는 此를 改革케할 事. 6) 青年運動에 統一에 努力할 事. 7) 衡平運動에 對하야 그 根本精神을 民衆에게 理解케하며 積極的으로 應援할 事. 8) 前安東勞動共濟會의 事實을 昭詳히 調査하야 社會에 公開할 事. 9) 프로文庫를 設置할 事(《조선일보》 1925년 1월 13일자).

30) 강연자와 주제는 다음과 같다. 金南洙 : 社會運動의 本流. 李準泰 : 勞農運動의 意義. 權五卨 : 『리부크네히트』와 『룩센부르크』. 金元鎭 : 無産階級의 活動(《조선일보》 1925년 1월 13일자).

31) 《조선일보》 1925년 2월 18일자.

화성회 총회에서 집행위원으로 선출되기도 하였다.[32] 안동과 서울에서 그의 활동이 대단히 활발하였음을 알 수 있다.

4. 조선공산당 활동

1) 꼬르뷰로 내지부와 제1차 조선공산당 가입

1923년 4월에 김찬이 귀국하여 조선공산당 조직을 준비하는 모임을 거듭하는 가운데, 같은 달에 辛鐵, 5월에 김재봉이 속속 귀국하였다. 신철과 김재봉이 김찬의 주선으로 申伯雨 · 尹德炳 · 元友觀 · 李英 · 金裕寅 · 任鳳淳 등 서울에서 활동하던 인물과 접선하여 비밀결사 조직에 대해 토의하였다. 이들 가운데 신백우와 윤덕병은 조선노동연맹회, 원우관은 무산자동맹회, 이영 · 김유인 · 임봉순은 서울청년회 지도자였다. 그 과정에서 역할이 분명하게 나뉘게 되었으니, 신철은 주로 고려공산청년회 중앙총국, 김재봉은 조선공산당 건설과 관련된 활동에 치중하게 되었다. 논의 결과 첫 결실이 김재봉이 귀국한 직후인 1923년 6월에 꼬르뷰로 내지부가 결성되었으니, 여기에는 서울청년회계를 제외하고 중립당을 중심으로 이르쿠츠크파 등이 참가하였다.

1923년 6월에 화요회 · 북풍회계 간부들이 김찬의 집에 모여 꼬르뷰로 내지부를 조직하고, 조선공산당과 고려공산청년회로 양분하여, 당은 김재봉을 책임비서로, 이봉수 · 김약수 · 신백우 · 원우관을 간부로 삼아 추진되고, 공청은 신철을 책임비서로, 安秉珍과 金燦을 간부로 선출하였다. 여기에 이준태와 권오설이 가입한 것은 물론이다.[33]

32) 《동아일보》 1925년 5월 21일자.

꼬르뷰로 내지부를 조직하고 당과 공청조직으로 양분한 김재봉 등은 유능한 당원 획득에 진력하면서 조직투쟁에 힘을 쏟았다. 이에 이준태를 비롯한 윤덕병 · 권오설 · 홍덕유 · 김단야 · 임원근 등은 《시대일보》(뒤에 《중앙일보》)를 비롯한 8개의 당야체이카(세포)를 확보하는 데 성공하고, 지방에는 신의주를 비롯한 10개소에 각각 1개의 당야체이카 확보하였다.[34] 1925년 1월 25일자로 국제공산청년동맹에 보고한 내지부, 즉 화요파 현황을 보면, 표현단체와 사상단체가 있었는데, 화요회 · 무산자동맹회 · 여성동우회(이상 경성) · 구이동맹(진주) · 정오회(대구) · 십팔회(광주) · 무산자동맹(순천) · 화요회(인천) · 혜성회(마산) · **화성회(안동)** · 사회사상연구회(해주) 등이, 농민단체로는 경북지역에 **안동** · **풍천** · 대구 · 의성이 소속되었다.[35]

1925년 4월 17일에 조선공산당(1차당)이, 그리고 다음 날 고려공산청년회가 서울에서 결성되었다. 이준태는 5월에 여기에 입당하였다. 그런데 김재봉의 활동 무대를 만드는 데 기여한 그가 정작 창당 논의 과정에 등장하지 않고, 다만 김찬의 권유에 따라 입당하였다는 사실을 확인할 수 있다.[36] 그런데 1차당의 창당과 초기 활동기에 이준태는 안동지역의 노농운동에 힘을 집중시키고 있던 시기였다. 후술하게 될 풍산소작인회와 앞에서 본 화성회 활동에 진력하고 있던 시기가 바로 1차당의 창당과 초기 활동 시기였다.

그렇다면 이준태가 1차당 창당과 활동기에 안동지역에서 활약한 이유를 검토해야 한다. 자료가 없어 분명하게 단정하기는 힘들지만, 일단 다음 두

33) 「김찬 조서」, 225쪽(김준엽 · 김창순, 『한국공산주의운동사』 2, 202 · 206 · 209쪽에서 재인용).

34) 김준엽 · 김창순, 앞의 책, 205쪽.

35) 신주백, 「김재봉과 조선공산당」, 『1920년대 안동출신 사회주의운동가』(한국근현대사학회 63회 발표회), 2001, 12쪽.

36) 「김찬 신문조서」(12회), 1926년 11월 16일, 서대문형무소.

가지를 상정해 볼 수 있다. 하나는 서울의 활동을 지원할 지방 기초조직 마련이라는 것이다. 풍산소작인회와 화성회를 통해 안동지역 대중운동을 확고하게 만들면서, 그 과정에서 새 인물을 서울로 진출시켜 세력을 강화시키는 것이 그가 맡은 역할이 아닌가 여겨진다. 또 하나는 1차당이 위험에 빠질 경우, 이를 이어나갈 예비간부를 중앙에서 격리시킨 것이 아닌가 추정되기도 한다. 이렇게 추정하도록 만드는 근거는 서울의 상황이 격변함에도 불구하고 그가 1차당이 무너질 때까지 철저하게 안동지역의 노농운동에 전념한 사실이다.

2) 제2차 조선공산당 결성과 활동

안동지역에서 사회운동에 전력을 쏟던 이준태는 1925년 11월 중순경에 상경하였다.[37] 조선공산당 1차당이 붕괴되면서 김재봉은 그를 후계자로 지목하여 상경시켰기 때문이다. 당시 김재봉이 쫓기고 있었다. 윤덕병과 陳秉基 등이 신의주경찰서에 검거되면서 1차당의 존재가 발각되는 것은 시간문제였다. 12월 10일경에 김재봉이 피신 문제와 당을 맡을 후계자에 대해 김찬과 논의하였다. 그 결과 이준태는 1차당을 계승하여 2차당을 이끌어 가는 핵심 인물이 되었다. 김재봉이 이준태에게 후사를 맡겼기 때문이다.

이준태가 일을 맡는 과정은 크게 세 단계로 나뉜다. 첫 단계는 이준태가 강달영과 함께 김재봉을 만나 그들의 의논 결과를 들은 것이다. 즉 김재봉은 김찬과 후계자에 대해 의논한 결과, 책임비서 강달영을 비롯하여 이준태·홍남표·이봉수·김철수 등 5명을 선정한 사실을 설명하고 "홍남표와 김철수 및 이봉수를 만나 일동이 간부가 되어 상호협력하여 공산당을 위하

37) 「신문조서(5회)」, 1927년 8월 4일, 종로경찰서.

여 진력해 달라."고 부탁하였다.[38]

둘째 단계는 구체적으로 5명이 모이고 역할을 분담하는 과정이다. 여기에서 이준태는 조직 과정의 중추 역할을 맡았다. 김재봉은 강달영에게 후임되기를 요구하여 승낙 받은 뒤, 상세한 것은 이준태와 협의하라는 개괄적인 인계하였고, 강달영은 그 뜻을 이준태에게 말하고 함께 협력할 것을 약속하고서 일단 진주로 귀향하였다.[39] 이준태는 강달영이 귀향한 그 사이에 김재봉과 김찬이 지명한 인물들과 교섭을 벌였다.[40] 그리고서 강달영이 서울로 돌아오자 조직을 완료했고,[41] 또 이준태는 김재봉의 이야기대로 조선공산당의 인장을 홍덕유가 보관하고 있다는 사실을 강달영에게 전하기도 했다.[42] 이것이 대개 1925년 12월 중순 이후 다음 해 1 · 2월 사이에 벌어진 내역이다.

한편 이준태는 1926년 1 · 2월에 거듭 경찰에 소환되기도 하고, 벌금형을 받는 일을 당하기도 했다. 전자의 경우 구체적으로 어떤 사건인지 확인되지 않는데, 조선노농총동맹 상무위원이라는 신분으로 이준태가 서울 종로경찰서에 소환된 일이 발생하였다.[43] 그렇다고 하더라도 이 당시 그가 2차당을 결성하고 있다는 사실은 전혀 드러나지 않았다. 그리고 후자의 경우는 2월 6일 대구복심법원 안동지청에서 명예훼손죄로 벌금 50원

38) 「김재봉 외 19인 조서(3)」, 1091~1094쪽, 김재봉 진술; 「김찬 조서」, 54~55쪽(김준엽 · 김창순, 378쪽에서 재인용).

39) 경성지방법원검사국, 「第2次朝鮮共産黨事件檢擧に關する報告綴」, 1926, 143~144쪽(김준엽 · 김창순, 앞의 책, 380쪽에서 재인용).

40) "작년(1925년) 12월 중순경에 부내 관훈동 29번지 具然欽의 집에 집합하였다. 그 집합방법은 내가 홍남표 및 이봉수에게 통지하고, 이봉수는 김철수를 대동하였다. 강달영은 시골에서 귀경하였던가 그 여부는 잘 모르겠다."(「강달영 외 48인 조서」, 354~355쪽, 김준엽 · 김창순, 앞의 책, 383쪽에서 재인용).

41) 「이준태 신문조서(5회)」, 1927년 8월 4일, 종로경찰서.

42) 이준태 진술, 「강달영 외 48인 조서」, 353~354쪽(김준엽 · 김창순, 앞의 책, 381쪽에서 재인용).

43) 《조선일보》 1926년 1월 15일자.

에 처해지고, 또 완납한 일이 생겼다.[44] 무슨 일 때문이었는지 전혀 알 길이 없다.

세 번째 단계는 이준태가 차석비서로서 활동한 것이다. 2차당은 1926년 2월 중순 부서조직을 결정하였다. 중앙집행위원 5인이 참석하여 비서부 · 조직부 · 선전부 등 3개 부를 두기로 결정하고, 비서부에 강달영 · 이준태, 조직부에 김철수 · 홍남표, 선전부에 이봉수 등으로 편제하였다.[45] 비서부에서는 강달영이 책임비서요, 이준태가 차석비서를 맡았다. 이어서 3월에 열린 6회 중앙집행위원회에서는 북풍회 · 화요회 · 조선노동당 · 무산자동맹 등 4단체가 해체하여 통합하기로 결의하면서, 고려공산청년회 간부 1명을 조선공산당의 중앙집행위원으로 정하는 당규대로 권오설을 간부로 보선하였다. 곧 이어서 1차당 시절부터 당원으로서 활동하던 권오설과 全政琯(全德) 등 2명을 중앙집행위원으로 추가 선정하여 모두 7명으로 늘어났다.[46] 이들의 신분을 한마디로 요약하면 화요회계와 조선노농총동맹의 간부 및 언론계 중견이라고 정리할 수 있다.[47] 이 무렵 안동 출신 인물이 추가로 입당하게 되었는데, 1926년 2월에 柳淵和가 2차당에, 권오설의 가까운 친척이자 같은 마을 출신인 權五尙이 4월에 고려공산청년회에 입당하였다. 당시 조선공산당의 조직을 보면 다음 표와 같다.

44) 「신문조서」, 1926년 11월 15일, 서대문형무소.

45) 「강달영 외 48인 조서」, 21~34쪽 · 355쪽(김준엽 · 김창순, 앞의 책, 382쪽에서 재인용).

46) 김준엽 · 김창순, 383~384쪽.

47) 이준태 · 강달영 · 권오설 : 화요회와 조선노농총동맹 중앙집행위원, 1차당.
이봉수 : 동아일보 경제부장, 꼬르뷰로 국내부 간부.
김철수 · 이봉수 : 국내대표로 상해 고려공산당결당대회 참가.
전정관 : 1차당, 권오설과 밀접.

조선공산당 조직[48)]

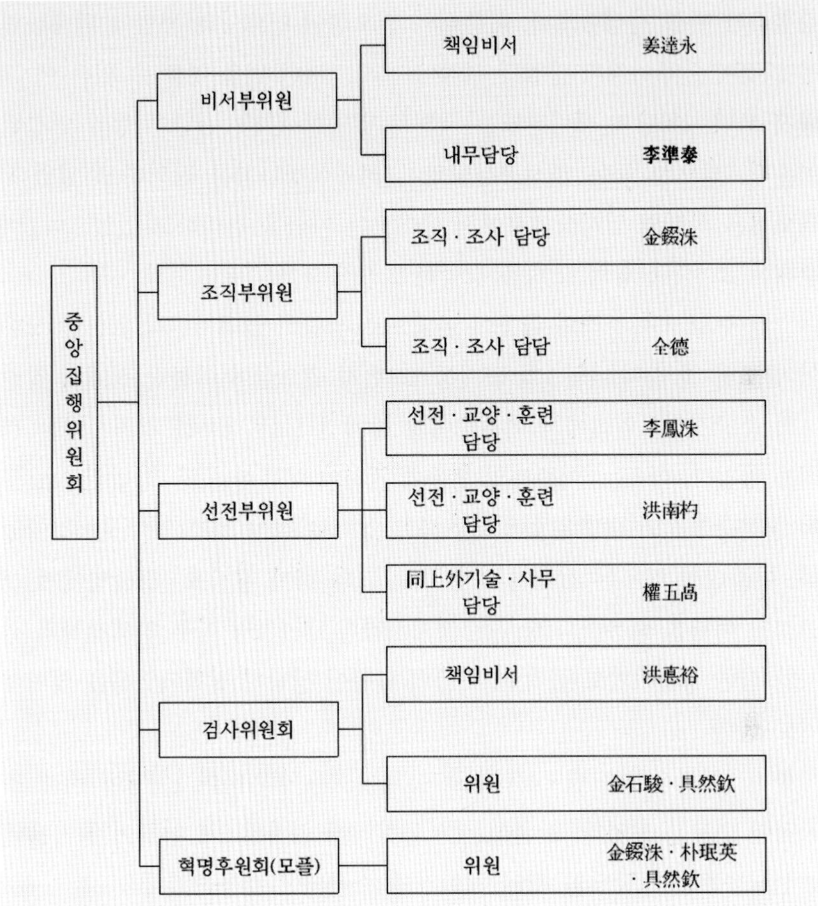

이준태는 2차당의 진행 과정에서 권오설과 함께 중추적인 역할을 수행하였다. 9회 중앙집행위원회에서 이준태는 권오설과 함께 조선노농총동맹 상무집행위원회 개최건을 위임받았다. 그리고 이준태와 권오설의 결속도

48) 1926년 7월 강달영 체포 당시의 조직이다(김준엽 · 김창순, 『한국공산주의운동사』 2, 384~385쪽).

강했던 것으로 짐작된다. 서울콤그룹과의 합동 문제에 대해 조직부장이던 김철수가 이를 찬성했으나, 이준태와 권오설이 당대당의 통합에 반대하면서 그것이 이루어지지 않았던 사례에서도 그러한 면을 엿볼 수 있다.[49] 그렇게 보면, 2차당의 세력판도는 해외로 망명한 김찬·김단야 등과 연결된 이준태·권오설 등이 조선공산당과 고려공산청년회를 장악하고 있었다. 권오설은 상해의 임시상해부에서 들어오는 자금을 관리하고 있었으며, 이준태는 조선공산당의 조직을 장악하고 있었다.[50]

그런데 당시 이준태의 활동이 안팎으로 상당히 알려지면서 위험한 상황이 발생한 것 같다. 4월 1일에 계동 123번지 권오설이 머물던 집에서 열린 11회 중앙집행위원회에서 이준태에게 맡겨진 모든 당무를 정지시키는 결의가 있었다. 이유는 "이준태의 행동에 관하여 북풍회원 및 그 밖의 사람들이 공산당조직의 내면운동에 분주하고 있다는 설이 돌고 있다."는 것이었다. 이준태의 직무는 전덕이 대행하고, 그와 함께 홍남표·강달영에게 개인적인 여행을 허용하되 당무는 정지시켰다.[51] 1차당 이후 일제경찰의 감시가 심한 상황이기도 했지만, 이들의 활동이 상당히 진척되었음을 의미하기도 한다.

한편 2차당은 분야별·지역별로 야체이카를 설치하여 1차당에 비해 조직적인 면모를 보였다. 이준태는 서울지역에 설치된 9개 야체이카 가운데 조선노농총동맹 담당인 제5야체이카에 소속되어 활동하였다.

49) 김철수 인터뷰(김준엽·김창순, 앞의 책, 439~440쪽).
50) 장석흥, 「권오설과 6·10만세운동」, 『1920년대 안동출신 사회주의운동가』(한국근현대사학회 63회 발표회), 2001, 28쪽.
51) 김준엽·김창순, 앞의 책, 390~391쪽.

서울 야체이카 부서표[52]

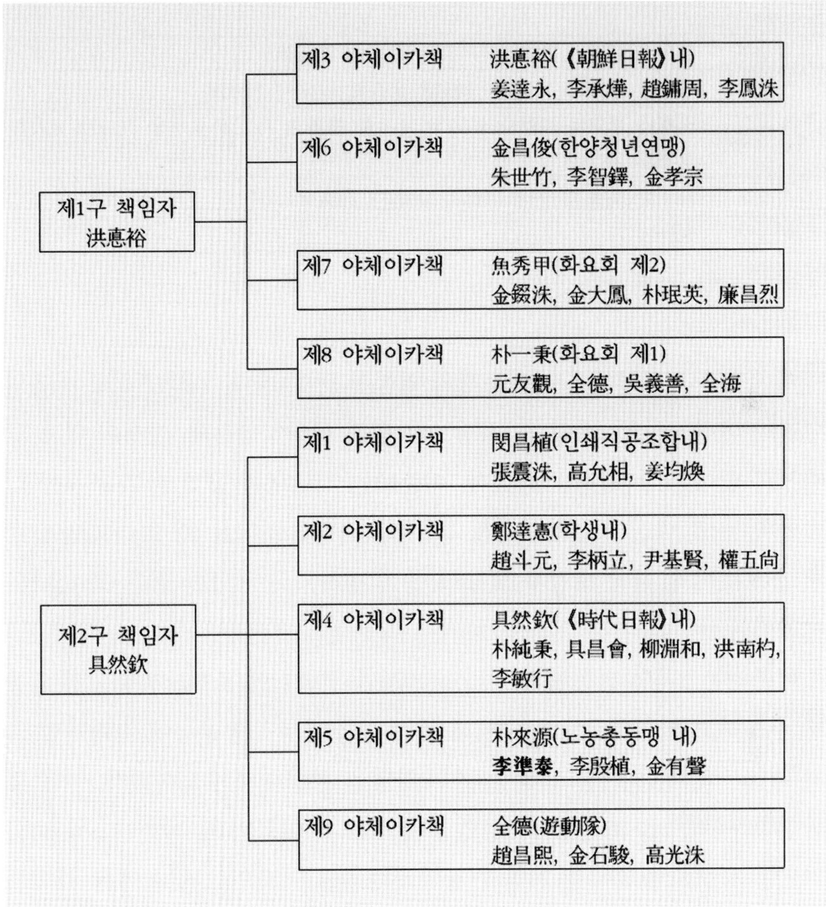

그리고 2차당은 5종의 프락치조직을 두고 있었다. 학생 · 노농 · 언론기관 · 사상 · 여성 등 직업신분에 따라 나뉜 것이다. 이준태는 여기에서 노농부와 언론기관부 두 곳에 소속되어 있었다.

52) 김준엽 · 김창순, 앞의 책, 401쪽.

▎2차당의 프락치 조직[53)]

부서	인물
학생부	鄭達憲 趙斗元 李柄立 尹基賢 **權五卨 權五尙**
노농부	朴來源 **李準泰** 姜達永 李殷植 金有聲 洪南杓 朴承煒
언론기관부	洪悳裕 李鳳洙 具然欽 朴純秉 具昌會 **柳淵和** 朴來源 魚秀甲 裵成龍 元友觀 **李準泰** 廉昌烈
사상부	朴一秉 吳義善 全海 洪悳裕 洪南杓 朴純秉
여성부	朱世竹

* 굵은 글씨는 안동 출신 인물

지방조직의 건설에서도 이준태의 역할이 눈에 띈다. 지방조직도 서울의 그것과 마찬가지로 2차당이 1차당보다 훨씬 활발하였는데, 파쟁이 없고 당 간부 규합이 잘 되어서 가능했다. 이준태는 강달영과 함께 지부 조직에 힘을 쏟았는데, 마산의 金明奎에게 경남 도간부 및 조직을, 광주 申東浩와 순천 金基洙에게 전남 도간부 및 조직을 임명하기로 시달한 점은 그 하나의 사례이다.[54)]

이준태는 2차당 활동에 전념하던 1926년 전반기에 조선노농총동맹 활동도 주도하고 있었다. 1925년 한 해 동안 안동에서 노농운동에 진력하던 그가 김재봉의 부름을 받고 상경하여 2차당을 결성하고 주도하면서, 이를 뒷받침할 세력으로 조선노농총동맹을 장악하고 이끌었다. 1926년 3월 30일 견지동 侍天敎會堂에서 24명의 중앙집행위원이 모인 간담회에서 사회를 맡았고, 박래원 · 이충모 · 김기완 · 김기주 등과 더불어 5인의 집행부를 구성하였다. 그리고 그는 21개 내용의 경과사항을 보고하였다. 그 가운데에는 안동에서 벌이다가 상경하는 바람에 중단한 '도산서원에 대한 결의문'이 들어 있고, 또 예천사건 때문에 그가 1925년 12월 20일과 24일에 안동으로 출장 다녀온 것도 포함되었다.[55)] 그리고 3월 5일에 소집했던 회의가 사전

53) 김준엽 · 김창순, 앞의 책, 404쪽.
54) 김준엽 · 김창순, 앞의 책, 398쪽.

에 경찰에 알려지지 않았다는 이유로 이준태가 종로서에 호출되어 취조받은 사실도 보고되었다.[56] 따라서 2차당 활동 기간 동안 이준태는 조선노농총동맹과 안동의 도산서원 철폐운동 및 예천사건에 대해 투쟁을 계속하고 있었던 것이다.

5. 대중운동의 전개

1) 노동운동

1920년에 들어 노동운동과 관련된 중요한 단체가 결성되었으니, 조선노동대회와 조선노동공제회가 그것이었다. 전자는 1920년 2월 16일에 서울에서 노동자의 상부상조와 인격적·지적 향상을 목적으로 결성된 노동운동 단체이고, 후자는 최초의 전국적 규모의 조직으로서 민족문제와 노동문제에 대처하기 위해 결성되었으며, 다양한 색깔의 인물들이 여기에 참여하였다. 이준태는 바로 이 두 단체에 참가하면서 노동운동을 시작하였다. 다시 말하자면 이준태는 한국근대노동운동사의 출발선에서 다른 선각자들과 나란히 내달리기 시작한 것이다.

1922년 무산자동지회와 無産者同盟會에 참가한 그는 같은 해 10월 16일에 조선노동연맹회 결성에 참가함으로써 본격적으로 노동운동에 나섰다. 조선노동연맹회는 1920년 4월에 첫 번째 전국적 노동운동 단체로 결성된 조선노동공제회가 분화되면서 만들어진 단체였다. 조선노동공제회에서 강성을 지닌, 즉 사회혁명주의를 표방하던 尹德炳·金翰·申伯雨 등이 혁명

55) 도산서원 철폐운동과 예천사건에 대해서는 다음 장에서 상론한다.

56) 「朝鮮勞農總同盟第七回中央執行委員懇談會に關する件」, 京鍾警高秘 제3202호의 1 (1926.3.30).

적 성향의 노동단체를 건설하고 나선 것이다.[57] 여기에는 고향인 안동의 안동노동공제회를 비롯하여 진주노동회 · 대구노동공제회 · 감포노동공제회 · 청진노동공제회 · 洋服技工組合 · 인쇄직공친목회 · 전차종업원회 · 이발조합 · 경성양화직공조합 · 반도고무직공친목회 · 경성노우회 등 12개 단체가 참가하였다.[58] 조선노동연맹회가 결성되었다는 사실은 한국의 노동운동이 進一步됨을 의미한다. 노동자의 계급의식 앙양과 투쟁역량의 전국적 집중 및 이른바 프롤레타리아의 국제주의를 내세운 것은 한국 사회운동사에서 중대한 기점이었기 때문이다.[59] 이준태가 무산자동맹회를 이어 조선노동연맹회에 참가한 것도 당연한 일이었다. 그 자신이 윤덕병과 같은 노선을 걸었고, 또 고향에서 金南洙가 이끌던 '조선노동공제회 안동지회'에도 참가한 것이다.[60]

이준태는 1923년 3월 24일에서 30일까지 열렸던 全朝鮮靑年黨大會에도 개인 자격으로 참가하였다. 그러다가 신사상연구회를 창립하던 무렵이자, 조선노동연맹회가 조선노농총동맹을 발기하기 바로 앞선 1923년 7월에 이준태의 활발한 움직임이 확인된다. 그가 경성고무공장 여자직공의 파업 문제에 뛰어든 것이다. 1923년 6월에 서울 광희문 밖 남산상회의 경성고무공장 여자직공들이 동맹파업을 벌이자,[61] 다음 달에 이준태는 尹德炳 · 金南洙와 더불어 고무공장 여자직공의 파업투쟁을 지원하고 나섰다. 임금이 삭감된 데 항의하여 고무공장 여자직공들이 동맹파업을 일으킨 사실이 사회에 제대로 알려지지 않자, 이것을 각 노동단체에 알려, 이에 대한 공동투쟁

57) 조선노동연맹회의 강령 세 가지는 다음과 같다(尖口生, 「까마구의 雌雄」, 《개벽》 34, 1923, 55쪽). 1. 사회역사의 필연한 進化理法에 從하야 신사회 건설을 期圖하고, 2. 공동의 力으로 생활을 개조키 위하야 此에 관한 지식의 계발, 기술의 진보를 期圖하고, 3. 현 사회의 계급적 의식에 의하야 일치단결을 목적함.

58) 尖口生, 「까마구의 雌雄」, 《개벽》 34, 1923년 4월 1일, 55쪽.

59) 김준엽 · 김창순, 『한국공산주의운동사』 2, 77쪽.

60) 김준엽 · 김창순, 위의 책, 77쪽.

61) 《동아일보》 1923년 11월 13일자.

을 유도하려는 것이 이준태를 비롯한 참가자들의 의도였던 것이다.

이들은 우선 서울 견지동 88번지 조선노동연맹회 사무실에서 이 문제를 논의하였다. 그 결과 노동단체에 이 사실을 두루 알리기로 결의하고, 이준태는 윤덕병의 요구를 받아 같은 회관에서 원고를 기초하였다. 여덟 살이나 위인 윤덕병이 이 운동을 주도한 것으로 여겨지는 대목이다. 이준태는 尹德炳·김남수 등과 함께 자신이 작성한 초고를 바탕으로 「경성고무 女工동맹파업에 대한 顚末」이란 시사보도 문서를 작성하고, 이것을 78개 노동단체에 발송하였다. 그날이 7월 10일이었다. 그런데 마침 金敬默이 여자고무직공조합을 조선노동연맹회로부터 탈퇴시키려 공작을 벌이는 것을 알고 김남수·金鴻爵·崔完·金商震 등이 찾아가 조합의 공금을 횡령한 단서를 잡고 추궁하다가 김경묵을 가격하였다. 이로 인해 경찰에 체포된 그는 출판법위반으로 기소되고,[62] 11월에 있은 1심에서 80원의 벌금형을 선고받았다.[63] 이준태와 함께 1심을 거친 네 사람은 모두 항소하여 1924년 2월 7일에 낮은 벌금형을 선고받았는데,[64] 그 만은 항소하지 않은 것으로 보인다. 따라서 그의 벌금형이 상대적으로 높게 결정된 셈인데, 그가 왜 항소하지 않았는지 알 수 없다.

1923년에 그는 서울지역의 노동운동만이 아니라 전국적으로 노동운동의 활성화를 위해 노력한 것 같다. 7월에 경성고무공장 여자직공의 파업을 노동운동단체에 알리다가 검거되어 조사받던 이준태는 9월에 들자마자 강원도 양양에서 노동운동을 확산시키기 위해 강연 활동을 벌인 장면이 확인되기 때문이다. 9월 3일자 신문에 보도된 점으로 미루어 보아, 신사상연구회

62) 《조선일보》 1923년 10월 10일자.

63) 「판결문」, 경성지방법원, 1923년 11월 14일(『金南洙자료집』, 41~50쪽).

64) 1심에서 이준태와 윤덕병이 각각 벌금 80원, 김남수 징역 10월에 벌금 80원, 김홍작은 징역 10개월, 최완과 김상진은 징역 6개월이었다. 이 가운데 이준태와 김상진을 제외한 나머지 5명이 모두 항소하였는데, 윤덕병과 김홍작은 벌금 30원, 김남수는 60원, 최완은 무죄 등으로 낮추어졌다(「판결문」, 1924년 2월 8일, 경성복심법원 형사부, 『金南洙자료집』, 37~40쪽; 「二月의 世界」, 《개벽》 45호, 1930년 3월 1일).

창설(1923.7) 직후이자 경성고무공장 여자직공 파업지원 활동 직후라는 시점에 터진 사건인데, 그가 강원도 양양에서 강연하다가 경찰서에 체포된 일이 발생한 것이다.

이준태가 노동문제에 대해 강연하기 위해 찾아 간 곳이 강원도 양양군의 沕淄勞動同盟會였고, 그가 강연하던 내용 가운데 일제경찰이 한 부분을 트집잡아 구금한 것이다. 그 골자는 "無産者와 有産者는 형제간이라도 敵"이라는 대목이었고, 그로 인하여 10일의 구류처분을 받았다.[65] 그날 이준태가 어떤 말을 하다가 이 말을 했는지, 아니면 당일의 주제 자체가 그랬는지 정확하게 알 수는 없지만, 일단 그가 무산자계급운동의 필연성과 중요성을 주장한 것으로 이해된다. 그리고 그가 강연모임을 가진 물치노동동맹회는 안동노동공제회와 마찬가지로 조선노동연맹회가 밀고 나가던 조선노농총동맹준비회에 발기단체로 참가하고,[66] 이어서 조선노농총동맹에 참가한 단체였다. 그러므로 이준태가 조선노동연맹회와 조선노농총동맹을 잇는 선상에서 지방단체로 출장 가서 강연함으로써 결속을 도모하고 파급효과를 드높이는 활동을 벌였음을 알 수 있다.

2) 풍산소작인회를 통한 농민운동

서울에서 노동운동의 선두에 나서서 활동하던 이준태는 고향의 노농운동에도 관심을 갖고 앞장서 나갔다. 확실한 증거는 없지만, 일단 그가 조선노동공제회 안동지회에도 참여한 것으로 추정된다. 김남수가 그것을 지휘하면서 조선노동연맹회에 참여하고, 서울 중심부에서 그 접점 역할을 맡았던 이준태가 안동지회에 참가하지 않을 수 없기 때문이다. 따라서 서울에서 조선노동공제회에서 조선노동연맹회가 분화되어 나올 때 그 핵심에 자

65) 《조선일보》 1923년 9월 3일자.

66) 김준엽 · 김창순, 앞의 책, 78쪽.

리 잡았던 이준태가 안동노동공제회를 이끌던 김남수와의 연결선이 바로 서울과 안동의 연결고리였던 셈이다.

그러다가 이준태는 안동지역에 새로운 장을 펼쳤다. 한창 고무공장 여자 직공의 파업 사실을 각 사회운동단체에 알리다가 체포되기도 하고, 또 판결이 진행되는 과정에,[67] 그는 노동운동을 전국으로 파급시키기 위해 지방 강연에도 앞장서는 한편으로, 고향으로 돌아와 농민운동을 시작한 것이다. 1923년 11월에 결성한 풍산소작인회가 바로 그것이다. 권오설이 자신의 마을인 가곡마을에서 열고 있던 풍산학술강습회에서 회의를 열고, 임원 및 결의사항을 확정하였는데, 이준태가 집행위원으로 선출되었다.[68]

풍산소작인회의 조직과 활동에 지대한 영향을 미쳤던 사람은 이준태와 권오설이었다. 풍산소작인회가 다른 지역의 소작인회와 가장 다른 점은 지도부 구성 인물의 대부분이 양반 가문 출신으로서 자작농이거나 자소작농이었으며, 그중에는 고등교육을 받은 지식인들도 있었다.[69] 이러한 조직에 소작농 · 자작농 · 중소지주 · 지식인들이 망라될 수 있었던 요인은 이준태를 비롯하여 권오설 · 김남수 · 안상길 등이 이 지방에서 영향력 있는 집안 출신이었기에 가능하였다.[70] 풍산소작인회는 명칭이 소작인조합이었으나, 구성원은 소작농뿐만 아니라 자작농 · 중소지주 및 진보적인 청년지식인까지 망라되었다. 또한 집행위원이 선출되었는데, 이들은 사회운동에 적극적

---

67) 1924년 2월 7일 경성복심법원의 판결이 있었다. 그러나 이준태는 항소하지 않아 1심에서 벌금형으로 결정난 상태였다.

68) 《동아일보》 1923년 10월 31일자 · 1923년 11월 18일자.

69) 강정숙, 「일제하 안동지방 농민운동에 관한 연구」, 『한국근대농촌운동사』, 열음사, 1988, 365쪽.

70) 집행위원의 명단에서 나타나듯이 禮安李氏(풍산 하리), 安東權氏(풍천 佳谷), 豊山金氏(풍산 五美), 安東金氏(풍산 素山)가 다수 차지하고 있다. 집행위원들은 양반 후예이며, 또 경제적으로는 중소지주 내지 자작농으로 보이는 계층의 인물들이 소작인회에 참여하고 있다. 이는 안동이 가지는 동족부락 중심의 문중사회라는 것을 의미한다. 이는 1920년대 전반기 청년운동과 단체 조직이 문중을 기반으로 발생하고 있음을 보여주는 것이라 하겠다.

으로 활동한 인물들로 이루어졌다. 다시 말해 풍산소작인회는 양반 중소지주들이 계몽적으로 농민운동을 선도한 것이고, 일본인 지주와 극소수의 한인 대지주에게 항거한 조직으로서 단순한 소작운동이 아니라 항일민족운동 차원에서 이해된다.

풍산소작인회를 밀고 나가던 이준태는 1924년 7월에 들어 조선노농총동맹 본부에 도움을 청하였다. 투쟁 과정에서 많은 인물이 체포되는 탄압상을 중앙에 알리면서 변호사 지원을 요청한 것이다. 7월 22일에 작성된 그의 편지는 '노농총동맹 간부 여러 형님에게'라는 제목으로 시작하였다. 내용의 골자는 풍산소작인회에 대한 일제의 탄압상을 조선노농총동맹에 알리면서 변호사 지원을 요청하는 것이었다. 그러한 과정에서도 이준태는 오히려 풍산소작인회를 더 강하게 밀고 나갔다. 바로 그해 10월에 열린 정기총회의 모습은 이준태가 얼마나 강한 의지로 풍산소작인회를 이끌고 나간 것인지 짐작할 수 있게 만든다.

1924년 10월 풍산소작인회 정기총회가 풍산시장에서 열렸다. 이준태가 집행위원으로서 앞장선 이날 회의에 무려 3천여 명이나 참석하였고, 그 자리에서 조선노농총동맹 가입과 소작료율에 대하여 결의안을 채택하였다.[71] 조선노농총동맹 가입이란 결국 이준태가 두 달 남짓 앞서 변호사 지원을 요청한 바 있는 바로 그 단체요, 자신이 서울에서 활동하던 곳이며, 장차 조선공산당 2차당 시절에는 자신이 야체이카로 소속되는 곳이기도 하였다.

풍산소작인회에서 이준태가 보여준 활동은 1925년에 들어 특히 활발하였다. 서울에서 조선공산당 1차당이 결성되고 그도 여기에 참가한 상황인데, 안동에서는 화성회와 함께 풍산소작인회에 힘을 쏟고 있었다. 8월 28일에 안동 안교동(현재 안동시 풍산읍 안교동, 읍소재지)에 풍산소작인회관

71) 《동아일보》 1924년 10월 14일자 · 1924년 10월 21일자.

을 준공하고 낙성식을 가졌다. 그 자리에서 상무집행위원이던 이준태의 역할이 기사에서 확인된다. 즉 5천여 명이란 대규모의 회원이 참가한 자리에서 맨 먼저 이준태가 상무집행위원으로서 式辭를 맡은 것이다. 그 자리에 이회승 · 권오설 · 이준덕의 감상담이 있은 후 여러 단체의 대표가 축사를 맡았는데, 안동청년동맹의 김우전(김남수), 화성회의 김원진, 형평사 경북 제2지사 김도천 등이 눈에 띈다. 그리고 수천 군중이 적색기와 악대를 선두로 시가지를 누비며 만세시위를 벌였다는 점이 특이하다.[72)]

1925년 11월에 풍산소작인회를 비롯한 안동의 사회운동단체는 '도산서원 소작인 태형사건'이란 커다란 문제에 마주쳤다. 이것은 도산서원의 토지를 소작하던 소작인 가운데 몇 명이 소작료를 제때에 납부하지 않고 거듭된 독촉에 응하지 않았다는 이유로 도산서원에서 태형을 당한 사건이다. 이에 대하여 안동지역 사회단체들이 모두 나서서 도산서원 철폐운동을 벌여 나갔다. 특히 이 사건은 소작투쟁과 관련된 것이므로 풍산소작인회가 앞장을 서는 것은 당연하였다. 그래서 최대 규모의 풍산소작인회와 안동사회의 사회운동과 사회주의운동을 지휘하던 화성회를 비롯하여 거의 모든 사회운동단체가 결속하여 대항하였다. 그들의 투쟁 방향이 바로 도산서원 철폐운동이었다. 이것은 단순히 서원철폐가 아니라 전통적인 지배질서에 대한 도전이었다.

풍산소작인회는 사건 소식을 듣자마자 경고문을 발송하였다. 그러나 아무런 답이 없자, 11월 10일 풍산소작인회관에서 긴급집행위원회를 열고, 별도로 전문위원회를 구성하여 이 문제를 엄중하게 처리한다고 결의하였다. 이준태는 13명으로 구성된 전문위원 명단 가운데 맨 앞에 기록되었다.[73)]

72) 《동아일보》 1925년 8월 28일자; 《조선일보》 1925년 9월 1일자.

73) 전문위원 13명은 李準泰 · 權大亨 · 李用萬 · 韓漢成 · 權寧昊 · 金胄燮 · 金洛漢 · 李惟泰 · 李相鳳 · 姜鳳碩 · 全炳琮 · 黃克鍊 · 劉準 등이었다. 이날 회의에서 전라남도 신안군 都草島에서 발생한 소작쟁의에 대해서도 토의한 결과, 격문을 발송하고 위로금을 보내기로 결의하였다(《조선일보》 1925년 11월 14일자).

이와 함께 바로 그 달 11월에 이준태는 또한 풍산소작인회 상무집행위원이 되어 조직을 이끌어 갔던 대목에서도 풍산소작인회에서 그의 위상을 확인할 수 있다. 11월 11일 제4회 정기총회를 마치고 14일에 집행위원회를 개최하였다. 이준태는 임시의장으로서 사회를 맡았고, 그 자리에서 선출된 상무집행위원 9인 가운데 한 사람으로 선출되었다. 이준태는 서무부와 재무부 및 조사부로 구성된 상무집행위원회에서 이회승과 함께 서무부를 담당함으로써 사실상 대표직을 맡은 것으로 이해된다.[74]

따라서 도산서원 철폐운동에 김남수와 더불어 그도 앞장서고 있었음을 알 수 있다. 11월 23일에는 화성회를 비롯한 6개 단체가 연합회의를 열었다. 신문기사에서 확인되는 단체가 화성회와 안동청년동맹이지만, 풍산소작인회가 들어간 것은 당연한 일이다. 이들은 도산서원을 민중의 방해물이라 정의하고 철폐할 것과, 직접 폭행자와 이를 두둔하는 반동세력의 명부를 작성하여 공개하며, 애매한 구실로 '도산서원성토강연회'를 금지한 경찰을 탄핵하기로 결의하였다.[75]

이처럼 풍산소작인회는 안동지역 노농운동의 핵심적인 조직이었고, 이준태는 바로 그 풍산소작인회를 이끌고 간 인물이었다. 서울에서 활약하던 이준태가 귀향하여 안동에 농민운동의 근거지를 확고하게 자리 잡게 만든 것이다. 안동과 서울을 전체적으로 묶어 볼 때, 풍산소작인회의 조직 기반은 서울에서 활약하던 이준태가 귀향하여 안동에 활동 근거지를 마련한 것이기도 하지만, 권오설에게는 이와 반대로 서울로 상경하여 활동할 수 있는 터전이 되기도 했다. 즉 권오설이 1924년 4월 풍산소작인회 대표로 서울

74) 서무부 : **李準泰** · 李會昇, 재무부 : 李昌植 · 權大亨 · 黃克鍊, 조사부 : 李會源 · 趙鏞聲 · 李用萬 · 李相鳳(《조선일보》 1925년 11월 18일자).

75) 연합위원은 金晉潤 · 李會昇 · 權鼎甲 · 朴錫圭 · 柳淵建 · 金南洙 · 安相吉 · 裵世杓 · 劉準 · 李基賢 · 李錦卿 · 劉福童 · 柳淵述 · 金慶漢 · **李準泰** · 吳成武 · 金元鎭 · 南東煥 · 李如源 · 金石東 · 金世魯 · 李昌植 · 趙鏞聲 · 李鎬允 · 金璉漢 등 25명이다(《조선일보》 1925년 11월 26일자).

로 상경하여 일약 조선노농총동맹의 중앙집행위원으로 활약할 수 있던 원동력이 되었다고 보아야 한다. 그러면서 김재봉·김남수·안기성·권태석·류연화 등과 함께 중앙의 사회주의운동계에 탄탄한 결속력과 응집력을 보이게 되었다.

3) 형평운동

화성회가 1925년 중후반에 들어 두 가지 큰 사건과 마주치면서 이준태의 발걸음도 분주해졌다. 하나는 8월에 발생한 '예천사건'이고, 다른 하나는 앞에서 본 것처럼 11월에 터진 '도산서원 소작인 태형사건'이었다. '예천사건'은 백정의 신분해방운동을 목적으로 삼은 단체인 衡平社 예천분사에 대한 예천면민들의 탄압사건이다. 이것은 형평사 예천분사가 창립 2주년을 기념하여 읍내 강변에서 강연회를 열었는데, 축사를 맡은 예천청년회장 金碩熙가 형평사원들을 격분시키는 발언을 한 데 대하여 일부 형평사원들이 반박하였고, 이에 이틀에 걸쳐 예천청년회와 예천노농회가 형평사원들을 기습하여 사상자를 발생시킨 사건이었다. 그 자리에 서울에서 而笑와 張志弼 등 형평사 중앙총본부 대표가 예천면민들의 공격에 중상을 입었고, 金南洙가 이들을 안동으로 급히 후송하여 입원시킴으로써 생명을 구할 수 있었다. 이에 김남수는 《조선일보》 기사를 통하여 전국에 상세하게 사건전말을 알렸고, 예천청년회에 대하여 응징하는 분위기를 끌어냈다.

이런 과정에서 이준태도 활약하였다. 그는 예천사건이 일어나던 그날 이소·장지필·김남수 등과 함께 참석했다가, 형평사원들과 예천면민 사이에 충돌이 일어나는 것을 보고, 이를 중재하고자 애를 썼다. 특히 예천청년회와 예천노농회가 형평사원을 공격하려고 400명이나 집결하자, 여기에 나서서 그들을 진정시키려고 노력하였다. 그렇지만 끝내 선동에 넘어간 예천면민들이 공격하는 바람에 형평사원들이 크게 피해를 입었다.[76]

안동으로 돌아온 이준태는 이 사건에 대응하기 위해 12단체연합회에 참가하고, 집행위원 15인 가운데 한 사람으로 활동하였다. 8월 22일에 안동청년회관에서 열린 회의에서 이준태는 임시의장을 맡아 사건 개황을 보고하고 대책논의를 주도하였다.[77] 이후 안동의 사회운동단체는 이 문제를 집요하게 추적하고 이를 전국에 알려 대응하는 중심축이 되었는데, 그 핵심에 김남수가 서 있었고, 이를 지원하는 위치에 이준태가 있었다.

6. 6 · 10만세운동과 피체

이준태가 1차당원이기 보다는 안동지역에서 노농운동을 주도해 나가던 1925년 말에 1차당이 노출되면서 붕괴되었다. 김재봉의 부름으로 1925년 12월에 서울에서 그를 만난 이준태는 2차당 결성의 책임을 맡았고, 다음 해 1월부터 당을 결성하고 조직을 확산시켜 갔다. 그 과정에서 권오설도 중앙집행위원이 되고 고려공산청년회 책임비서를 맡았다.

이들이 메이데이 기념일에 대규모의 시위운동을 기획하다가 純宗이 승하하자, 이를 이용하여 민중봉기를 계획하게 되었다. 상해부에서 김찬이 전덕과 권오설을 중앙간부로 보충하라는 지시를 내리면서, 또 순종의 국장

76) 이 내용은 1925년 8월 19일에 서울 齊洞 84번지 경성청년회에서 조선노농총동맹 외 14개 단체 대표가 모인 '경북예천형평분사원 對지방민의 충돌사건에 관한 대책회의'에서 김남수가 보고한 것이다(「醴泉衡平社事件對策執行に關する件」, 京鍾警高秘 제9307호의 1, 1925년 8월 20일).

77) 여기에 참가한 12개 단체는 火星會 · 豊山小作人會 · 安東青年會 · 一直青年會 · 臥龍青年會 · 吉安青年會 · 禮安青年會 · 豊山新興青年會 · 陶山俱樂部 · 志湖同友俱樂部 · 勉勵青年會 · 獎學團 등이다. 그리고 집행위원은 朴永壽 · 崔泰錫 · 金元鎭 · **李準泰** · 李會昇 · 安承喆 · 李雲湖(鎬의 잘못) · 李準文 · 南東煥 · 李源洛 · 權重烈 · 柳淵建 · 金晉潤 · 安相吉 · 金明燮 등 15인이었다. 그리고 화성회관에서 열린 대책회의에서 柳淵建과 金元鎭을 현장에 파견하여 내막을 조사하도록 결정하였다(《조선일보》 1925년 8월 25일자).

일에 만세시위를 일으키라는 지시를 내렸다.[78] 이에 따라 이 문제를 논의한 주체가 2차당 중앙집행위원회이었다. 그런데 이 회의에서 당시 당 차원에서 시위를 끌고 갈 경우 뿌리가 약한 당 자체가 무너질 것이라는 판단 아래, 권오설이 고려공산청년회 차원에서 이 문제를 진행시켜 나가기로 했다고 전해지고 있다. 이러한 견해는 "1926년 5월 중순경 조공 중앙집행위원회에서 권오설이 국장 시 조선독립에 관한 불온문서를 인쇄 · 살포하고 독립운동을 일으킬 계획 발의했으나 찬동 얻지 못하자, 권오설이 단독으로 결행하기로 했다."는 심문조서에 바탕을 둔 것이다.[79] 하지만 이 심문조서의 내용이 관련자의 범위를 축소하려는 의도를 갖고서 행한 허위 진술일 가능성이 짙다. 왜냐하면 이와 다른 기록들도 전해지기 때문이다. 예를 들자면, 상해에 망명한 공산당 중앙위원 구연흠이 "당과 공청이 6 · 10만세운동을 지도했다."고 발언하였기 때문이다. 즉 조선공산당 신 중앙위원회가 6 · 10만세운동을 지도할 투쟁지도특별위원회를 조직하고, 그 책임자 직위에 당 중앙집행위원이자 공청 책임비서인 권오설을 선임했다고 말한 것이다.[80] 그러므로 당시 이들이 國葬을 사회주의운동 선전에 절호의 기회로 포착하고 있었다거나, 사회주의운동이 대중에 뿌리를 내리기 위해서는 민족운동의 선봉에 서야한다는 것이 그들의 의도였음을 헤아릴 수 있다.[81]

6 · 10만세운동이 준비되던 가운데 권오설이 6월 7일에 경기도 경찰부에 검거되었다. 이와 관련하여 이준태도 일단 검거되었다. 그렇지만 아무런 혐의점이 드러나지 않아 그는 6월 13일에 석방되었다. 그렇지만 그것이 오래가지 않았다. 8일 뒤인 그 달 21일 오후에 종로경찰서에 검거되었던 것인

78) 강달영 진술, 「강달영 외 48인 조서」, 395쪽; 이준태 진술, 「강달영 외 48인 조서」, 365쪽(김준엽 · 김창순, 앞의 책, 418쪽 재인용).

79) 당시 참석자는 강달영 · 이봉수 · 홍남표 · 전정관 · 권오설 · 김철 · 이준태 7명이었다(「신문조서」(12회), 1926년 11월 16일, 서대문형무소).

80) 구연흠, 「조선공산당과 고려공산청년회 대옥기」, 梶村秀樹 · 姜德相 共編, 『現代史資料』 29, 東京:みすず書房, 1972, 425쪽; 이석태 편, 『사회과학대사전』, 1949, 486쪽.

81) 지중세, 『조선사상범검거실화집』, 돌베개, 1984, 40쪽.

데, 신문기사도 이것이 권오설과 관계가 있을 것이라고 추측하였다.[82)]

만 9개월 만인 1927년 3월 31일자로 경성지방법원에서 이준태를 비롯한 103명에 대한 예심결정이 있었다. '치안유지법 위반'이라는 죄명으로 다음 해까지 기나긴 공판이 이어졌다. 그 가운데 희귀한 사건이 발생하기도 했다. 이준태와 권오설 등 5명의 피고인이 일제경찰을 '暴行陵虐瀆職罪'로 고소한 것인데,[83)] 체포된 뒤에도 일제경찰의 고문에 저항한 것이다.

조선공산당과 6·10만세운동에 관한 공판이 1927년 9월 13일 이래 48회나 진행되었다. 그 결과 이준태는 5년 구형에 4년형으로 결정되었고, 김재봉과 강달영은 7년 구형에 6년형, 권오설은 7년 구형에 5년형이 각각 언도되었다. 이준태는 1928년 2월 14일자로 서대문형무소 기결감방에 입소하고, 2월 17일에 사진을 촬영하였다.[84)]

이준태의 옥중 생활을 보여주는 자료는 거의 남아 있지 않다. 겨우 한 가지 전하는 것이 《별건곤》 32호에 옥고를 치르는 여러 인물을 다룬 「獄中消息」에 다음과 같이 간단하게 적혀있다.

> 평소에도 沉黙寡言한 그는 在監中에도 亦是一様인 까닭에 누구와 무슨 이야기하는 일도 별로 없다고 한다. 독서도 별로 하는 것이 없고 일은 예의 그물뜨기라는데 형기 5년에 미결기 6개월 통산을 하고 賜까지 먹고 보니 출감기는 명년 5월 중순경인 듯.[85)]

---

82) 이준태가 검거된 21일에 신흥청년동맹 위원 金昌俊, 여자청년동맹 위원 趙元淑, 그리고 간도에서 입국한 李秀燁(본명 金之澤) 등 3명도 체포되었다(《조선일보》 1926년 6월 22일자).

83) 《동아일보》 1927년 10월 17일자.

84) 「서대문형무소 신원카드」 참조(이준태의 신원카드는 두 장이 있는데, 하나는 종로경찰서에 체포된 직후에 작성된 것이고, 다른 하나는 서대문형무소에 들어가면서 작성된 것이다. 전자의 것에는 한복을 입고 머리카락이 정상인 경우이고, 후자는 죄수복에 삭발한 모습이다).

85) 《별건곤》 32호, 1930년 9월호.

평소 말 없던 그의 성품을 전해주는 글이다. 그런데 그의 출소 예정일에 대한 기록들은 약간의 착오가 보인다. 신원카드에는 1931년 9월 18일로 예정된 것이라 적혀있고, 앞에서 본 「獄中消息」에서는 명년 5월, 즉 1931년 5월로 예측하였다. 하지만 그는 실제로 1930년 10월 28일에 출소하였고, 이것은 10개월 20일 정도 빠른 시기였다. 이것은 얼마간 감형되었기 때문일 것이지만, 그가 검거된 때가 1926년 6월이므로, 실제로는 만 4년 4개월 동안 구금되고 투옥된 것이다. 서대문형무소를 출감한 뒤 인사동의 樂世旅館에 투숙하였고,[86] 열흘 뒤인 11월 8일에 예천을 거쳐 귀향하였다.[87]

7. 맺음말

1920년대 이준태가 벌인 사회운동을 간단하게 요약하면 다음과 같다. 첫째, 그의 민족운동은 임시정부를 지원하기 위한 자금 모집운동으로 시작되었다. '조선독립단사건'이 바로 그것이다. 둘째, 전위운동으로 나타난 그의 활동이다. 맨 먼저 그는 문화운동을 벌였는데, 활동의 핵심은 농촌에 대한 계몽강연운동이었다. 신문에 글을 기고하여 청년학생들로 하여금 농촌계몽운동에 뛰어들 것을 요구하였고, 그도 역시 농촌강연에 나선 것으로 이해된다. 또 그는 크게 보아 화요회계 인물로서 무산자동지회(무산자동맹회) · 신사상연구회 · 화요회 · 화성회 등에 참가하였고, 제1차 조선공산당에 참가하였으며, 제2차 조선공산당 결성의 주역이 되었다. 셋째, 대중운동 가운데 노동운동 분야에서 그는 먼저 서울에서 조선노동연맹회와 조선노농총동맹으로 이어지는 노동운동에 참가하였고, 특히 경성고무공장 여공 파업을 지원하기도 했다. 또 농민운동으로서는 풍산소작인회를 결성하고,

86) 《조선일보》 1930년 10월 29일자.
87) 《조선일보》 1930년 11월 13일자.

특히 양반 중소지주층이 주역으로 대거 참가하도록 만들어 민족운동으로서의 성향을 끌어내는 데 기여하였다. 또 형평운동에 참가한 점도 그러한 차원에서 이해된다.

이준태의 활동에서 드러나는 특징은 두 가지이다. 하나는 한국사회주의운동사에서 안동 출신이 서울에서 핵심부에 자리 잡을 수 있는 터전을 마련했다는 점이다. 김재봉이 러시아에서 귀국하였을 때, 이준태가 확보해둔 터전을 바탕으로 주도권을 장악할 수 있었고, 또 안동노동공제회의 김남수를 연결시키거나, 풍산소작인회를 결성하여 권오설을 서울의 조선노농총동맹 중앙집행위원으로 상륙시킨 것도 그러한 차원에서 평가할 수 있다. 이러한 활동을 바탕으로 조선공산당 1차당과 2차당의 주도권을 안동출신들이 장악한 것이다.

다른 하나는 안동지역의 사회주의운동을 총괄적으로 지도해 나간 점이다. 풍산소작인회 운영에 진력한 점은 안동지역만이 아니라 경북 북부지역 전체의 농민운동에 크게 영향을 미쳤다. 또한 화성회를 결성한 것은 화요회 안동지회의 성격을 지닌 것으로 안동지역 사회주의운동의 총지휘부를 만들었다는 사실을 말해주며, 그래서 안동의 정신적 대표기관인 도산서원에 대하여 철폐운동까지 끌어낼 수 있었던 것이다.

이준태는 1920년대에 서울에서나 안동에서나 노농운동, 사회주의운동을 이끌어 나간 대표적인 인물이었다. 그의 활동은 결코 이념운동에 그친 것이 아니었다. 농민운동이나 노동운동이 모두 민족운동의 차원에서 전개된 것이었다. 풍산소작인회를 이끌었다고 해서 그가 소작인으로서 소작투쟁을 벌인 것이 아니라 민족운동의 바탕이 되는 농민운동을 전개한 것이었고, 노동운동도 그와 마찬가지였다. 간혹 계급투쟁을 최고의 목표로 삼은 표현도 있지만, 결코 계급혁명 지상주의나 국제주의 노선을 선택하지 않았고, 전반적으로 일제 타도라는 노선 위에 서 있었다고 평가된다. 결국 그의 투쟁성향이 임시정부 지원 활동은 말할 것도 없고, 농민운동과 노동운동을 통하여 일제에 대항하고, 궁극적으로는 일제로부터 독립을 성취해 내는 데 목적을 둔 것으로 이해된다.

21장_ 金南洙(1899~1945)와 안동지역 사회주의운동

1. 머리말

김남수는 1899년 2월 22일(음)에 광산김씨 집성촌인 안동군(현 안동시) 예안면 烏川洞 117번지에서 태어났다. 이 마을의 순한글식 호칭은 외내(烏川)이고, 君子里라 불리기도 한다.[1] 그는 안동문화권에서 탄탄한 가세를 자랑하는 이 마을, 그것도 둘째 종가인 濯淸亭 종택에서 종손 金永燾의 차남으로 출생하였다. 그의 호는 雨田 혹은 鶴山이고, 자는 仲尋이었다. 그의 체격은 첫 눈에 남들의 이목을 모을 만큼 컸다. 한창 왕성한 활동을 벌이던 1920년대의 신문에 게재된 그의 사진에서 남들보다 훨씬 큰 체격을 확인할 수 있고, 또한 그의 키를 178㎝로 기록한 서대문형무소의 신원카드에서도 확인된다.[2]

성장 과정에서 그가 거친 수학 과정을 밝혀주는 명확한 기록은 남아 있지 않다. 다만 군자리의 家學 혹은 門內學 계승의 분위기를 감안한다면, 그도 역시 이를 통해 한문을 익혔을 것이라는 점만은 확실하다. 일제 측의

---

1) 군자리로 불리는 이유는 이 마을의 입향조 金孝盧(1455~1534)와 그의 두 아들 金緣(雲巖, 1487~1544)과 金綏(濯淸亭, 1491~1555), 사위 琴梓와 손자 金富仁·金富弼 및 외손인 琴應協·琴應壎을 포함하여 7군자라 부른 데서 연유한다.

2) 「신원카드」 참고(다른 일본 기록에는 그의 키를 5척 6촌 5분으로, 또 얼굴에 천연두 자국이 남아있다고 기록되어 있다. 경희대학교 도서관 소장, 『倭政時代人物史料』 3권, 25쪽).

기록에는 그가 18세까지 한문을 배운 것으로 적혀있으므로,[3] 대개 1917년 무렵까지 家學을 전수받은 것으로 짐작된다. 그런데 집안에 전해지기로는 그가 안동에서 柳寅植과 金東三 등이 세운 경북 북부지역의 최초 중등학교인 協東學校와 서울 중동학교에 다니면서 신식교육을 이수했다고 전해진다. 어느 쪽도 학적부나 이와 유사한 기록이 전해지고 있지 않다. 만약 그가 협동학교를 다녔다면, 당시 학생들의 나이가 20세 정도라는 사실이나 18세까지 한문을 수학했다는 점을 감안할 때, 그 시기가 1910년대 후반이었을 것이다.[4] 당시에는 류인식이 만주에서 잠시 귀국했다가 체포되고, 다시 협동학교를 맡아 운영하던 때였으므로, 김남수는 류인식으로부터 직접 영향을 받았을 것으로 짐작된다. 그리고서 3·1운동이 일어나기 직전 서울에서 중동학교를 다닌 것으로 이해하는 것이 옳을 것 같다. 그가 서울에서 귀향하여 3·1운동에 참가했다는 기록이 이 사실을 뒷받침해 주기도 한다.[5]

그의 직접적인 항일투쟁은 3·1운동에서 비롯하여 1920·30년대에 걸친다. 이 연구는 그의 투쟁성향을 가장 잘 드러내 보이는 1920년대 활동에 초점을 맞추려 한다. 일단 그것을 다루기 이전에 간단하게 3·1운동에서 드러나는 그의 면모를 정리하면 다음과 같다.

---

3) 경희대학교 도서관 소장, 『倭政時代人物史料』 3권, 25쪽.

4) 군자리가 김동삼의 처가마을이기도 하고, 또 이 마을 출신 김기남의 협동학교 졸업장과 교과서가 남아 있는 점으로 보아, 김남수가 협동학교에 다녔을 가능성은 크다.

5) 李奎鎬, 「金南洙哀辭」, 『友松文稿』(鶴山金南洙先生紀念事業會, 『항일혁명투사 金南洙先生자료집』, 집문당, 2001, 10쪽에서 재인용). 김남수에 대한 연구는 한 편도 나온 일이 없다. 그렇지만 안동지역의 사회주의운동이나 농민운동을 통해 그의 이름이 단편적으로나마 등장하는 연구로 다음의 것이 있다. 강정숙, 「일제하 안동지방의 농민운동에 관한 연구」, 『한국 근대 농촌사회와 농민운동』, 열음사, 1988; 심상훈, 「1920년대 안동지역의 청년운동」, 『安東史學』 2, 안동사학회, 1996; 김희곤, 『안동의 독립운동사』, 안동시, 1999; 김희곤, 「안동지역의 좌우분화와 1920년대 민족운동」, 『대동문화연구』 36, 성균관대학교 대동문화연구원, 2000; 김도형, 「豊山지역의 농업경영과 소작쟁의」, 『한국근현대사연구』 18, 한국근현대사학회, 2001.

안동군 예안면 시위는 3월 17일과 22일에 장터에서 일어났다. 안동지방의 3·1운동이 3월 13일 안동군 안동면(현 안동시내)에서 시도되었다가 대중이 참가하는 시위를 끌어내지 못하였다. 그리고서 나흘 뒤인 예안 장날에 처음으로 1,500명이나 참가하는 대규모 시위가 성공하였고, 시위대열이 밤을 새우며 안동면으로 진출하여 다음 날, 즉 3월 18일에 2천 명이나 참여하는 안동면시위가 벌어지게 되었다. 유림과 기독교인이 참여한 예안의 시위는 전국적으로 흔하지 않게 면장이 핵심 구실을 맡았다.

당시 김남수는 시위대의 앞에 나서서 선동하는 과정에서 시장 바닥에 있던 창호지와 미역 묶음을 닥치는 대로 들고 휘둘렀고, 그러한 활동이 다수 장꾼들을 만세시위 대열에 가담시킬 수 있었다고 전해진다. 그런데 시위가 끝난 뒤에 상인들에 배상할 문제가 남았고, 그래서 부친이 전답을 팔아 비용을 마련하고자 나설 정도였다. 부친이 상인들을 직접 찾아 사죄하자, 상인들이 "민족을 위해 그렇게 된 것이니 배상금을 받을 수 없다."고 하는 덕에 배상 처리에 이르지 않았다는 이야기가 전해진다.[6]

2. 노농운동 참가와 전개

1) 조선노동공제회 안동지회 참가와 상경 활동

3·1운동에 참가했던 그는 1920년부터 사회운동에 뛰어들었다. 1920년에 동아일보가 창간되자 안동지국을 경영하면서 총무와 기자로 활동하기 시작한 것으로 전해진다. 그가 동아일보 안동지국장을 맡았다는 직접적인 증거는 1923년 4월 1일자로 金秉憲에게 써준 위임장에서 확인되는데, 그것이

6) 鶴山金南洙先生紀念事業會, 『항일혁명투사 金南洙先生자료집』(이하 『金南洙자료집』), 집문당, 2001, 11쪽.

"東亞日報安東支局 局長 金南洙" 명의로 작성되었다.[7] 여기에서 1923년 3월 말일까지 그가 동아일보사의 안동지국장이었다는 사실이 확인된 것이다. 그리고 그가 써준 위임장의 내용이 "1921년도 동아일보 대금, 또는 광고 요금을 위임"한 점으로 보아,[8] 그가 늦어도 1921년에는 안동지국을 맡고 있었음을 알 수 있다. 여기에다가 주식신청서가 한 장 남아 있는 점으로 본다면, 그가 이미 동아일보 창간 시기부터 이미 안동지국에 관여하고 있었다고 전해지는 이야기가 근거 없는 것이 아니라고 생각된다. 그렇다면 그가 1920년대에 들면서 동아일보 안동지국을 서울과 연결하는 채널로 확보하고 있었다고 판단된다.

그의 본격적인 사회운동은 조선노동공제회를 통해 노동운동에 발을 내디디면서 시작되었다. 1920년 4월 11일 서울에서 조선노동공제회가 결성되자, 아직 '노동운동'이란 낱말 자체가 생소한 안동지방에서도 지회 설립을 위한 움직임이 나타난 것이다. 9월 17일에 안동지회설립준비위원회가 열렸고,[9] 그 달 23일에 안동지회가 정식으로 조직되었다.[10] 조선노동공제회 안동지회가 설립되는 바탕에는 안동사회의 혁신적인 변화를 이끌어온 원로 柳寅植의 지도가 있었다. 주역들이 모두 류인식의 영향 아래 성장한 인물들이기 때문이다. 본회와 교섭을 벌인 柳東著는 定齋 柳致明의 증손자이고, 총간사 柳周熙는 협동학교 졸업생으로서 모두 류인식의 집안 청년이었다. 1921년 7월에 열린 제2회 정기총회에서 총간사 류주희 등 60명과 議士 30명이 선출되고, 회원수 1,400명에다가 의연금이 5,000여 원에 달했다는 보도기사로 보아 조선노동공제회 안동지회의 성황을 헤아릴 수 있다.[11]

직접적인 자료는 없지만, 지회 창립 무렵부터 김남수가 참가한 것으로

7) 「위임장」, 『金南洙자료집』, 집문당, 2001, 70쪽.
8) 「위임장」, 『金南洙자료집』, 집문당, 2001, 70쪽.
9) 《동아일보》 1920년 9월 21일자.
10) 《동아일보》 1921년 7월 15일자.
11) 《동아일보》 1923년 7월 15일자.

생각된다. 1차 자료에 그의 이름이 나타나는 시기는 결성 이후 10개월이 지난 1921년 7월 15일 제1회 정기총회였다. 즉 이 자리에서 그는 편집부 간사로 선임되었는데,[12] 그가 당시 동아일보 안동지국을 경영하면서 동시에 총무와 기자를 맡고 있던 사실과도 연관이 있었던 것 같다.

2) 조선노동연맹회 가담과 첫 구금

안동에서 노동운동으로 사회운동을 시작한 김남수가 활동 무대를 서울로 옮겼다. 그렇다면 그를 서울로 부르거나 활동을 이끌어 주던 인물이 없지 않았을 것이다. 그 가능성이 가장 높은 인물이 바로 안동 풍산들 동편에 자리 잡은 상리, 즉 우롱골 출신인 李準泰(1892~1950)라고 생각된다. 김남수 보다 일곱 살이나 위인 이준태는 이미 무산자동지회 활동을 통하여 서울에서 자신의 영역을 확보하고 있었고, 김남수가 상경하자마자 조선노동연맹회에서 함께 활동을 펼쳐나갔기 때문이다. 또 이준태의 호가 鶴岩이요, 김남수가 鶴山이라는 점도 이준태의 영향을 짐작하게 해주는 대목이다. 결국 김남수가 사회주의를 수용하게 되는 길도 이준태와 벌이던 노동운동 과정에서 형성된 것으로 이해되고, 여기에다가 1923년 3월에 꼬르뷰로 국내부 건설이라는 밀명을 받고 서울로 잠입해온 안동군 풍산면 오미동 출신 金在鳳의 영향이 덧붙여진 것으로 파악된다.

당시 조선노동공제회는 분화되고 있었다. 노동운동의 성격과 방향을 둘러싸고 사회주의 성향을 띠는 인물들이 1922년 10월에 조선노동연맹회를 조직함으로써 노동운동이 나뉘어졌던 것이다. 그 무렵에 김남수가 상경하였다. 명확한 시기를 알 수 없지만, 일단 그가 1923년 4월에 중앙집행위원이 된 것만은 확실하게 확인된다. 즉 그는 1923년 4월 27일 서울 견지동 88

12) 「임명장」, 『金南洙자료집』, 집문당, 2001, 32쪽.

번지, 조선노동연맹회관에서 열린 제2차 정기총회에서 중앙집행위원으로 선출된 것이다.[13)] 그렇다면 바로 그 앞 시기, 즉 같은 달인 4월 1일자로 동아일보 안동지국에 대한 위임장을 작성했으므로, 만약 그것이 안동에서 작성되었다면, 그가 동아일보 안동지국을 넘기자마자 상경하고, 본격적으로 서울에서 활동하기 시작했다고 판단된다. 물론 이때의 상경이 첫 서울나들이가 아니라 1922년 후반기부터 서울을 오르내리다가 이 무렵에 와서 본격적으로 서울에서 활동을 펼쳤다고 보는 것이 무난할 것이다.

이준태와 함께 벌인 활동 가운데 확연하게 드러나는 거사가 바로 1923년 6월의 '京城고무女工 동맹파업'에 대한 지원이었다. 김남수는 1923년 6월에 서울 광희문 밖 남산상회 고무공장 여공의 임금 삭감 사실을 각 노동단체에 알려, 이에 대한 공동투쟁을 유도하려 하였다. 조선노동연맹회에서 이 문제를 논의한 결과, 7월 10일 서울 견지동 88번지 조선노동연맹회 사무실에서 이준태가 문제점을 노동단체에 두루 알릴 원고를 기초하였다. 그 자리에서 김남수는 이준태 · 尹德炳과 함께 「경성고무 女工 동맹파업의 顚末」이란 시사보도 문서를 작성하는 데 참여하였다. 그리고 그는 이것을 78개 노동단체에 발송하는 일을 맡는 한편, 공금을 횡령하고 타협적인 노동운동단체를 만든 金敬默을 가격 · 응징하였다. 이로 인해 경찰에 체포된 그는 출판법위반으로 기소되고,[14)] 11월에 있은 1심에서 징역 10월에 80원의 벌금형을,[15)] 그리고 다음 해 2월 2심에서 60원의 벌금형을 선고받았다.[16)]

벌금형으로 판결이 난 직후, 조선노동연맹회는 조선노농총동맹 결성을 위해 해소 절차에 들어갔다. 윤덕병과 함께 4월 18일자로 조선노동연맹회

13) 《동아일보》 1923년 4월 29일자.

14) 《조선일보》 1923년 10월 10일자.

15) 「판결문」, 1923년 11월 14일, 경성지방법원, 『金南洙자료집』, 집문당, 2001, 41~50쪽.

16) 「판결문」, 1924년 2월 8일, 경성복심법원검사국, 『金南洙자료집』, 집문당, 2001, 37~40쪽.

의 잔무처리위원으로 선임된 그는 수입과 지출 내역을 정리하는 일도 맡았다.[17] 조선노농총동맹으로 가기 위해 조선노동연맹회를 해소시키고 그 뒤처리를 맡은 사람이 바로 김남수였던 것이다.

3) 조선노농총동맹 결성과 주도적 활동

김남수는 서울의 노동운동 현장에서 자기 위치를 굳혀가고 있었다. 이준태와 '경성고무 여공 동맹파업'에 뛰어 들어 활동을 펼치던 1923년 9월에 그는 조선노농총동맹을 결성하는 일에도 앞장섰다. 그 결실이 다음 해 4월에 가서 조선노농총동맹 결성으로 나타났던 것이다. 1924년 4월 16일에 "全朝鮮勞農總同盟 創立期成交涉 및 準備委員會"가 열렸는데, 이 자리에 김남수가 조선노동연맹회의 교섭위원으로 참석하였다. 즉 종로경찰서에서 작성한 문서를 보면, " 남선노농총연맹 측의 위원 徐廷禧 외 10명에 조선노동연맹회 측의 위원 金南洙 외 7명이 입장하고, 노농대회(노동대회의 잘못-필자 주) 측 林宗桓·金永輝·張浚이 출석하여"라고 기록되어 있다.[18] 그렇다면 김남수가 전조선노농총동맹을 결성하는 데 참가했을 뿐만 아니라, 자신의 뚜렷한 활동영역을 굳히고 있었다고 평가할 수 있겠다.

조선노농총동맹은 조선노동공제회에서 조선노동연맹회를 결성하고 나온 인물들이 농민운동까지 포함하여 그 조직을 강화시키기 위해 발의한 조직이다. 그리고 여기에는 조선노동연맹회와 조선노농대회준비회 및 남선노농동맹이 참가하고, 경상도와 전라도의 조직과 인물들이 대거 집결하고 있었다. 이 특성은 곧 등장하게 되는 화요회계열의 인물들이 구성원의 주

---

17) 김남수가 작성한 잔무 처리 내역에는 수입(안동노동공제회 부담금 95원 등 6건 206원)과 지출(김남수 벌금 60원, 차입금 827원 49전 등 1018원 79전) 내역이 들어있다(『金南洙자료집』, 집문당, 2001, 35~36쪽).

18) 「全朝鮮勞農總同盟創立期成交涉及準備委員會に關する件」(1924.4.17, 京鍾警高秘 제4260호의 11, 국사편찬위원회 소장).

류를 이루고 있었음을 의미하기도 한다.[19]

이 무렵에는 김재봉과 이준태만이 아니라 안동군 풍천면 가곡 출신이자, 이들과 더불어 풍산소작인회를 결성하고 직접 현장에서 농민운동을 벌이고 있던 權五卨이 상경하여 합류하였다. 즉 권오설이 풍산소작인회를 대표하여 조선노농총동맹결성회의에 참석하였던 것이다.[20] 김남수는 김재봉이 조선공산당 창당을 위해 서울에서 자신의 공간을 확보해 나가는 과정에서 이준태와 더불어 중요한 터전을 닦고 있었다. 이준태가 무산자동지회와 노동연맹회를, 그리고 김남수도 역시 노동연맹회에서 중요한 역할을 맡고 있었다. 여기에다가 고향 안동에 건설한 풍산소작인회를 통해 조선노농총동맹으로 연결된 권오설이 새로운 인력의 공급 차원에서 서울을 오르내리게 된 것이다.

1924년에 김남수는 서울에서 사회운동단체들과 매우 긴밀한 유대 관계를 형성하고 있었다. 당시 양화직공 최석환의 모친상에 보낸 부조금 회람 내역을 보면, 김남수 자신과 권오설·鄭柏·申伯雨·李鳳洙·金若水 등 쟁쟁한 투쟁가들을 비롯한 30여 명과 노농총동맹·신사상연구회·신흥청년동맹·서울청년회·무산자동맹·양화직공조합·형평사·청년총동맹 등 10개 단체의 이름이 기재되어 있다.[21] 김남수의 유품 속에서 나온 이 자료는 그가 이들 인물이나 단체들과 연계 활동을 벌이고 있었다는 점을 간접적으

19) 조선노농총동맹 발기회에 참가한 인물 가운데 "보령웅천노동협회 대표 김남수"라는 이름이 보인다. 조선노동연맹회부터 함께 활동하던 윤덕병이 인천노우회 소속으로, 권오설이 풍산소작인회 소속으로 등장하는데, 그는 전혀 다른 지역 대표로 나타난다. 동명이인일수도 있지만, 앞뒤의 다른 자료를 살펴보면 그가 바로 안동 출신 김남수라는 확신이 드는데, 그렇다면 그가 보령지역의 대표로 위임받았을 가능성이 크다.(「朝鮮勞農總同盟發起會の件」, 1924.4.19, 京鍾警高秘 제4409호의 5, 국사편찬위원회 소장) 김남수가 보령 출신 金尙震과 노동운동에서 긴밀한 동지로서 지낸 사실이 그 가능성을 뒷받침해 준다(「김상진이 김남수에게 보낸 편지」, 『金南洙자료집』, 집문당, 2001, 51쪽).

20) 「朝鮮勞農總同盟發起會の件」(1924.4.19, 京鍾警高秘 제4409호의 5, 국사편찬위원회 소장).

21) 「洋靴職工崔錫煥母親喪初終堪葬費」, 『金南洙자료집』, 집문당, 2001, 34쪽.

로 보여주고 있다. 이 가운데 그가 정우회에 참여했다거나 신사상연구회원으로 활동했다는 사실은 1926년도 자료에서 확인되기도 한다.

3. 안동지역 사회운동 주도

1) 豊山小作人會 활동

안동지역 노동운동의 효시가 조선노동공제회 안동지회의 결성이라면, 농민운동의 첫걸음이 1923년 11월에 결성된 豊山小作人會였다. 그 주역들은 서울에서 활동하던 이준태를 비롯하여 김재봉과 安相吉 등이었고, 여기에 김남수와 권오설도 동참하였다. 그런데 김남수가 풍산소작인회의 결성 당시부터 직접 참여하지는 못했을 것 같다. 왜냐하면 1923년 11월이면, 그가 서울에서 고무공장동맹파업에 관련된 문제로 1심에서 징역 10월에 벌금형을 선고받고, 또 다음 해 2월에 60원 벌금형을 확정받는 과정에 있었기 때문이다. 결국 그는 풍산소작인회 결성에는 참여하지는 못했지만, 이후 활동에 참여한 것으로 정리하는 편이 옳을 것이다.

풍산소작인회는 결성 직후부터 대단한 성황을 이루어 회원이 순식간에 5천 명이 넘을 정도였다.[22] 이에 대해 하회와 소산을 중심한 대지주들은 豊西農務會를 결성하고 하회에 본부를, 그리고 풍산 면소재지인 안교동에 지부를 설치하였다. 그렇게 되자 풍산소작인회와 풍서농무회 사이에 소작투쟁을 둘러싸고 갈등이 빚어졌고, 급기야 많은 인물들이 구금되기에 이르렀다.[23]

22) 조선총독부 경북경찰부, 『고등경찰요사』, 1934, 61쪽.

23) 이준태, 「조선노농총동맹 간부 여러 형님에게」(1924.7.22), 『金南洙자료집』, 집문당, 2001, 68쪽.

김남수는 풍산소작인회를 이끌어 나가는 주역 가운데 한 사람이었다. 다만 그가 서울과 안동을 내왕하다가 본격적으로 안동지역의 사회운동을 이끌어 나가게 된 시기가 1924년 말이 아닌가 생각된다. 그의 유품에 이준태가 1924년 7월에 안동에서 서울로 보낸 서신 한 장을 찾을 수 있는 점으로 보아, 김남수가 늦어도 1924년 여름까지는 서울에서 활동하던 것으로 짐작된다. 그리고 빠르면 그해 가을에, 혹은 겨울에 들어 안동으로 이동한 것 같다. 그렇다면 당시까지 풍산소작인회를 이끌고 있던 주역은 누구였을까? 이준태가 바로 그 인물이었다.[24)]

그렇다면 김남수가 풍산소작인회에 영향력을 미친 시기는 아무래도 1924년 말이라고 판단하는 편이 옳겠다. 특히 1925년에 들어서면서 화성회를 조직하고 이를 통해 안동지역에 사회주의운동을 심화시키는 과정에서 그가 풍산소작인회 활동을 지도하고 추진하는 핵심으로 자리 잡은 것 같다. 1925년 8월 28일, 안교동에서 건립한 풍산소작인회관의 낙성식을 맞아 그는 안동청년연맹을 대표하여 축사를 하였다. 이 자리에는 회원들이 각 동리의 勞農旗를 들고 운집하였고, 상무집행위원 이준태가 式辭를, 그리고 李會昇 · 權五卨 · 李準惪 등이 감상담을 말한 뒤에, 축사 순서가 이어졌다. 바로 그 자리에서 김남수는 '외빈축사'를 맡았고, 그를 이어 길안청년회 류연건, 화성회 金元鎭, 예안청년회 李準文, 형평사 경북 제2지사 金道天 등도 축사를 담당하였고, 그 직후에는 수천 명이 참가하는 경축시위가 벌어졌다.[25)] 그가 외빈으로서 축사를 맡은 점으로 보아, 그가 직접 풍산소작인회를 이끌었다기보다는 이준태가 지휘하는 풍산소작인회를 지원하는

24) 이준태가 '노농총동맹 간부 여러 형님에게' 보낸 편지는 "풍산소작인회 간부 16명이 구금은 아니 되었으나 검사국에 취조 중이고, 간부급 5인은 검사국에서 취조 중인바, 공갈협박죄 업무방해죄로 얽어매고 있는데, 개인은 물론이고 본회의 손실이 예견되니 변호사의 힘을 빌리고자 한다."는 절절한 사연이 담겨 있다(이준태, 「조선노농총동맹 간부 여러 형님에게」, 『金南洙자료집』, 집문당, 2001, 68쪽).

25) 김남수는 '안동청년연맹 金雨田'이라는 이름으로 기재되어 있다(《조선일보》 1925년 9월 1일자).

임무를 맡은 것으로 이해된다.

2) 火星會 결성과 안동지역 사회운동 주도

서울에서 안동 출신 인물들이 사회주의운동을 본격화시키면서, 안동에서도 이에 발맞추어 역동적인 모습을 보였다. 김재봉이 서울에서 조선공산당 창당을 위한 바로 앞 단계 작업으로 1924년 11월에 火曜會를 결성하자, 안동에서는 두 달 뒤인 1925년 1월 8일에 화성회가 조직되었다. 화요회의 안동지부라고 이해되는 화성회는 1925년 이후 안동지역 사회주의운동의 사령탑이 되는데, 그 중심에 상무집행위원을 맡은 김남수가 자리 잡고 있었다.[26]

화성회는 서부동에 건물을 빌려 사무실을 열었다. 그 임차 영수증이 몇 장 남아 있어서 당시의 모습을 일부나마 전해주고 있다.[27] 화성회는 매월 15일에 정기월례회를 열었고, 그 자리에서 활동 방향이나 내용을 결정하였다. 출범 직후 그들이 택한 다음과 같은 표어는 자본가에 대한 투쟁성을 선명하게 드러냈다.

> 壓伏者의 생명은 반역에 있다.
> 오인은 자본가의 喪輿軍이 될 것이다.
> 벙어리는 대변자의 주먹뿐이다.[28]

26) 그의 명함에 '화성회상무집행위원장'과 '신흥청년사(同人) 지사장'이라는 직함이 인쇄되어 있다(『金南洙자료집』, 집문당, 2001, 23쪽). 신문자료 이외에 '화성회'의 존재를 알려주는 유일한 자료이다.

27) 영수증을 보면 임차인이 손대일이며, 1925년 11월 당시 한 달 임대료가 8원임을 알 수 있다(『金南洙자료집』, 집문당, 2001, 54쪽).

28) 《시대일보》 1925년 9월 21일자(정진석 편, 『日帝時代 民族紙 押收 기사모음』 1, LG상남언론재단, 1998, 300~301쪽).

▍화성회 간부 명단

성명	소속 단체	기타 사항
李準泰	풍산소작인회, 경성무산자동맹, 조선노농총동맹 집행위원, 화요회	제2차 조선공산당 사건으로 피검(1926)
金南洙	안동청년회, 안동청년연맹, 조선노농총동맹, 신사상연구회, 안동기자단, 안동노우회, 풍산소작인회	동아일보 지국장, 조선일보 지국장, 제3차 조선공산당 사건으로 피검(1928)
權五卨	풍산소작인회, 화요회, 고려공산청년회, 조선노농총동맹 집행위원	제2차 조선공산당 사건으로 피검(1926)
安相吉	풍산소작인회, 조선노농총동맹 집행위원	제4차 조선공산당 사건으로 피검(1928)
金如原	풍산소작인회, 와룡청년회	
南東煥	일직청년회	
金元鎭	안동청년회	동아일보 안동지국 기자
權泰錫	안동기자단	동아일보 안동지국장
李奎鎬	도산구락부, 예안청년회	동아일보 기자
權淵建	길안청년회, 안동기우단	朝鮮之光 안동지사 기자
金尙洙		
裵世杓	안동기우단	

화성회 결성 직후에 그는 화요회가 벌이는 전조선민중운동자대회를 준비하는 준비위원으로서 경남지방에 파견되는 책임을 맡기도 했다. 즉 속으로는 조선공산당 창당을 근본 목표로 삼으면서, 겉으로는 전조선민중운동자대회라는 이름을 내건 전국적인 모임이 화요회 주최로 1925년 4월에 예정되었는데,[29] 전조선민중대회준비회는 경남지방에 김남수와 崔元澤을, 그리고 전북지방에 馬鳴을 각각 준비위원으로 임명하여 파견했던 것이다.[30]

1925년 11월 김남수는 화성회를 이끌면서 안동사회에 중요한 사건에 지휘봉을 들었다. 10월에 도산서원에서 안동의 소작투쟁에 불을 끼얹는 사건이 발생하였고, 그가 이 문제를 응징하는 일에 앞장 선 것이다. 도산서원의 소작인이 제 때에 소작료를 납부하지 않고 미루다가, 결국 서원의 유사들

29) 《조선일보》 1925년 2월 18일자.

30) 《조선일보》 1925년 4월 7일자.

에 의해 태형을 당하는 일이 발생하였다. 이에 대해 풍산소작인회는 10월 31일 안상길의 사회로 성토대회를 열고 도산서원 철폐운동을 벌이기 시작했다. 그러자 김남수는 안동의 사회주의운동 단체의 지휘부인 화성회를 대표하면서 정광단 · 안동노우회 · 안동여성회 · 안동청년연맹 등을 규합하여 도산서원을 공략하는 일에 앞장섰다. 그는 '陶山書院'이 아니라 '盜産鼠院'이라야 옳다고 맹공을 가하였다. 그런데 그로서는 상당히 껄끄러운 투쟁이 아닐 수 없었다. 왜냐하면 공격 대상인 도산서원의 원장이 바로 그의 부친이었기 때문이다.[31] 그러므로 그의 투쟁은 진보된 사회를 달성하는 데 있어 장애물이 된다면 부자 사이에 가로놓인 문제도 정면으로 돌파해 나가겠다는 결심이 담겨 있을 정도였다. 이 투쟁은 하회 중심의 풍서농무회에 대한 것과 마찬가지로, 안동사회 최고 지배기구에 대한 도전이요, 상징적인 투쟁으로서의 의미를 가진 것이다. 이준태가 풍산소작인회를 이끌면서 농민운동의 최전방에 나섰다면, 김남수는 안동의 사회운동단체 전부를 이끌고 전선에 나아간 것이다.

화성회는 1927년 4월 10일에 정식으로 해체되었다.[32] 서울에서 2월 15일에 좌우합작체로서 신간회가 결성되자, 안동지역 좌파세력의 지휘부인 화성회도 이를 대비하여 해체했던 것이다.

3) 安東勞友會 조직

화성회를 조직하고 안동지역 사회주의 운동을 지휘하던 김남수는 노동운동에도 변화를 이끌어냈다. 풍산소작인회가 1925년에 들어 사회주의 이념을 바탕으로 투쟁을 전개해 나가던 상황을 생각하면, 노동운동은 이에 비해 미약한 모습을 보였다. 물론 안동사회가 농업사회요, 농민이 절대다

31) 「항일, 독립운동가 김남수 선생이 끼친 발자취」, 『金南洙자료집』, 집문당, 2001, 14쪽.
32) 《조선일보》 1927년 4월 4일자; 《동아일보》 1927년 4월 3일자 · 4월 14일자.

수를 이룬 상황이었음으로 노동운동이 더디게 진행된 것은 당연한 일이라 여겨진다.

안동지방은 공업의 발달이 미약하고 노동자의 수가 적어 노동운동이 크게 일어날 조건을 갖추지 못하였다. 그렇지만 1920년부터 조선노동공제회 안동지회가 성립된 이후 노동운동에 대한 관심이 계속 증가하였다. 그것이 발전하여 1925년 조선노동공제회 안동지회가 해소되고, 안동노우회가 조직된 것이다.[33]

김남수는 金晋潤을 비롯한 중심인물과 노동자 120여 명의 뜻을 모아 1925년 10월 13일 안동청년회관에서 안동노우회를 결성하는 데 앞장섰다. 그는 창립총회에서 사회를 맡아보면서 경과 보고, 선언 · 강령 · 규약 결정, 집행위원 선출 등을 이끌어 갔다.[34] 이 안동노우회도 풍산소작인회와 마찬가지로 지식인들이 주도하는 단체였다는 점에서 계몽적 성격을 지닌 조직으로 판단된다. 그가 안동노우회를 발족시키는 데 주역을 맡았다는 사실은 1923년 이후 서울에서 벌였던 경성고무여공 동맹파업과 관련한 투쟁경험이 안동지역에 접목되는 대목으로 이해된다. 창립 이후 안동노우회의 구체적인 활동을 알려주는 자료가 없다. 다만 창립 직후 조선노농총동맹에 가입하였고,[35] 도산서원 철폐운동에 다른 청년운동단체와 함께 참가하고 있었던 기록만 보이고 있을 뿐이다.[36]

---

33) 1925년 10월 7일 안동청년회관에서 발기인회를 개최하여 10월 13일(음 9.26)에 창립총회를 개최하기로 결정하고, 26인의 준비위원을 선출하였다(《동아일보》 1925년 10월 12일자).

34) 1925년 10월 13일 개최된 창립총회에는 안동지역 청년운동단체 대표들이 참석하였고, 의연금이 도착하였다. 결정된 강령과 집행위원은 다음과 같다. 1. 綱領; 本會는 勞動階級의 意識的 團結을 期함, 本會는 勞動解放과 當面의 利益을 圖함, 本會는 互相扶助와 生活向上을 期圖함. 2. 執行委員; 崔在益 · 權鳳浩 · 朴性元 · 權英潤 · 權小先 · 黃東石 외 37인(《동아일보》 1925년 10월 18일자).

35) 《동아일보》 1926년 2월 16일자.

36) 《조선일보》 1925년 11월 26일자; 《동아일보》 1925년 11월 25일자.

4) 안동청년연맹 결성

김남수는 안동의 청년운동도 한걸음 진척시켰다. 안동청년회 상태로 이어지고 있던 청년운동에 사회주의 성향을 투입하여 강성을 띤 청년단체로 개편한 것이 바로 안동청년연맹이다. 이 연맹은 1925년 창립된 이후, 8월 30일 안동청년회관에서 열린 안동청년연맹 제1회 임시대회를 가졌는데, 그 자리에서 임시의장을 맡은 인물이 바로 김남수였다. 그의 사회로 자격심사 · 경과보고에 이어 미루어 두었던 강령을 통과시키고, 경북청년연합기관(경북청년연맹) 창립을 위해 발기준비회를 조직하자고 결의하였다. 또 그 자리에서 국제청년데이를 맞아 기념강연회를 계획하였다.[37)]

안동청년연맹은 1925년 9월 10일 국제청년데이를 맞아 기념행사를 가졌다. 김남수는 그 자리에서 「국제청년데이의 유래」라는 제목의 기념강연을 맡았다.[38)] 당시 그와 더불어 연사로 출연했던 인물은 이준태 · 김원진 · 안상길 · 이회승 등이었다.

5) 형평사 예천분사 활동 지원

1923년 진주에서 시작된 백정의 해방운동, 형평운동이 안동지역에도 파급되었다. 그런데 형평운동이 암초에 걸리면서 예천면민들이 형평사 예천분사 사원들을 공격한 사건이 벌어졌다. 1925년 8월 9일 정오, 형평사 예천분사 앞 광장에서 창립 2주년 행사가 열렸다. 이 자리에 김남수는 화성회

37) 선언; 우리는 합리적 생활을 期하려고 東에서 西에서 우리의 수양기관으로 청년회의 施設을 보게 된 것이다. 이에 일층 계급적 소양의 기치를 공고히 세우며 운동의 통일을 기하기 위하여 다음의 강령으로써 안동청년연맹을 조직하노라. 집행위원 : 朴永壽 李準文 金明燮 金慶漢. 검사위원 : 金慶漢 玉文煥(《조선일보》 1925년 9월 4일자).

38) 기념강연을 준비하는 과정에서 메모한 것으로 보이는 메모장 있다(『金南洙자료집』, 집문당, 2001, 29쪽).

대표로서 축사를 맡았다. 형평사 중앙총본부에서 내려온 張志弼과 而笑(李而笑 : 李東求)의 개회사와 취지 설명에 이어 김남수(화성회)·장동호(예천오오회)·최영수(풍산소작인회)의 축사가 이어졌는데, 문제의 발단은 그 다음 축사를 맡은 예천청년회장 金碩熙로부터 시작되었다.

우선 예천청년회는 안동이나 주변의 다른 청년회와 달리 일제 지배기구의 대표들이 가담한 친일성향의 단체였다. 김석희의 축사는 그러한 면모를 그대로 보여준다. 즉 그는 "국법을 어기다가 백정이 된 것이므로 백정을 압박하는 것이 죄 될 것 없다. …… 지금은 좋은 시대를 만나 칙령으로 차별을 철폐하였으니, 이제 형평사 조직이 필요 없다."라고 목청을 돋구었다. 그러자 형평사 사원들 사이에 항의성 질문이 쏟아져 나왔다. 그런데 이 항의에 맞받아치는 사건이 바로 나타났다. 즉 그날 저녁에 예천청년회와 예천노농회가 나서서 형평사원들을 공격하고 나선 것이다.

형평사원들이 저녁을 먹기 위하여 자리를 비운 틈에 노동자 수백 명이 형평분사에 돌입하여 기념식장의 모든 설비를 부순 후 분사장 박원옥을 비롯한 여러 사람을 구타하여 중상을 입혔다. 폭력을 휘두른 인물들은 대개 예천노농회 회원이었는데, 그들은 다음 날 10일 밤에도 형평분사를 재습격하여 형평사원 2명에게 중상을 입혔다.[39] 또 11일 밤에도 예천군민 천여 명이 세 번째로 습격하여 10명의 형평사원이 중경상을 입었고, 특히 총본부에서 출장한 而笑·張志弼이 중상을 입어 위독한 상태에 빠졌다. "장지필·이이소·김남수 3명을 박살내야 한다.", "양복 입은 3명을 박살내자."라는 구호와 함께 무자비한 폭력이 난무했다. 김남수는 자신도 위기를 여러 번 맞으면서도 안동에서 빌린 자동차를 이용하여 중상을 입은 두 사람을 안동 慈惠醫院으로 옮겼다.[40]

39) 《조선일보》 1925년 8월 14일자.

40) 《조선일보》 1925년 8월 14일자; 「醴泉衡平社事件對策集會に關する件」(1925.8.20, 京鍾警高秘 제9307호의 1, 국사편찬위원회 소장).

예천사건 현장과 형평운동의 확산 과정에서 김남수의 공은 두 가지 면에서 남달랐다. 하나는 보도를 통해 전국적인 반향을 불러일으킨 것이다. 김남수는 예천에서 안동의 화성회 대표 자격으로 축사를 맡는 한편으로, 사건이 터진 직후부터는 조선일보 안동지국 특파기자 신분을 철저하게 활용하여 사건 내막을 보도기사로 작성하고 《조선일보》를 통해 전국에 알렸다. 그렇기 때문에 이 사건에 관한 기사 분량이 《동아일보》보다 《조선일보》에 절대적으로 많았다. 이에 대한 파급효과가 커서 전국적인 반향을 끌어냈고, 각 지역으로부터 예천으로 대표단이 파견되어 예천청년회와 예천노농회의 반동적인 행패에 대해 격렬하게 비판하는 결과를 가져왔다.

다른 하나는 서울로 올라가 사회운동단체 대표들에게 실상을 보고함으로써 중앙 차원의 대응책을 유도해 낸 것이다. 김남수는 8월 15일에 서울에서 열린 형평사 중앙총본부에 출석하여 사건의 전말을 보고하였다. 그 결과 상무위원회 명의로 전국 152개 지사와 분사에 「慶北 醴泉分社 襲擊事件에 대하야 우리 衡平社員의 取할 態度」라는 제목의 결의문을 발송하고, 正衛團이라는 결사대를 구성하여 파견하기로 결정하기도 했다. 그렇지만 일제경찰의 압력과 강요로 결의문을 취소한다는 통문을 보내고 정위단 파견도 중지되고 말았다.[41] 이어서 김남수는 8월 19일에 齋洞 서울청년회에서 조선노농총동맹을 비롯하여 북풍회 · 화요회 · 무산자동맹 등 15개 단체의 대표가 참가한 가운데 열린 '예천형평사사건대책집회'에 참석하여 예천사건의 전말을 상세하게 보고하였다. 그 결과 이날 회의는 동정금을 모금하고 피해를 입은 예천분사원들을 위문한다는 결의를 도출하였고, 실행위원으로 金燦 · 金若水 · 金在鳳 · 權五卨 · 李奭 등을 선출하고 곧 2명의 대표를 파견하기로 결의하였다.[42]

41) 「衡平社總本部の動靜に關する件」(1925.8.19, 京鍾警高秘 제9290호의 1, 국사편찬위원회 소장).

8월 말에 안동으로 돌아온 김남수는 검찰과 경찰의 수사태도에 불만을 느끼고 항의하고 나섰다. 현장 상황을 그대로 보도했던 김남수의 눈에 경찰과 검찰의 태도는 불만스런 것일 뿐이었다. 그래서 그는 안동청년회관에서 그가 이끌던 화성회를 비롯한 12개 단체 대표들을 안동청년회관에 소집하여 조사위원의 보고를 듣고 경찰의 애매한 태도를 통렬하게 비판하고 나섰다.[43] 또 8월 31일에는 안동청년회관에서 수백 명의 청중이 참석한 가운데 강연회를 열었다. "경찰을 파괴하자, 예천놈을 죽이자." 등 살기를 띤 강연이 전개되었다. 그 자리에 김남수는 이회승 · 朴永壽 · 金明燮 · 金元鎭 · 柳淵建 · 權泰錫 등과 함께 연사로 나섰다.[44]

김남수는 병원에서 치료받던 장지필과 이이소를 퇴원시키고, 이들과 함께 서울로 향한 것 같다. 9월 17일에 서울에서 이들에 대한 환영회가 열린 점으로 미루어보아, 그가 장지필과 이이소와 함께 서울로 간 것으로 판단되기 때문이다. 이들이 서울에 도착하자, 형평사 · 서울청년회 · 북풍회 · 조선노농총동맹 · 혁청단 · 화요회 · 무산자동맹 · 신흥청년동맹 등 여러 단체 대표들이 일행을 환영하고 나섰다. 서울 敦義洞의 중국요리점 悅賓樓에서 형평사원 40명에 서울지역 사회운동단체 대표 30여 명이 참석한 가운데 환영회가 열렸고, 이 자리에서 김남수는 현장 상황을 설명하고 특히 장지필과 이이소의 활동이 형평운동의 발전에 원동력이 되었음을 밝혔다.[45]

한편 김남수는 예천사건의 주모자들로부터 역공을 받아 시달리기도 했다. 전국에서 예천사건을 격렬하게 비판하는 공격이 빗발치자, 예천사건을 일으켜 구속되어 있던 金碩熙과 張守岩이 김남수와 《조선일보》 편집인 및

42) 「醴泉衡平社事件對策集會に關する件」(1925.8.20, 京鍾警高秘 제9307호의 1); 「衡平運動と北風會系主義者の行動に關する件」(1925.9.3, 京鍾警高秘 제8946호의 1, 국사편찬위원회 소장).

43) 《조선일보》 1925년 9월 1일자.

44) 《조선일보》 1925년 9월 4일자.

45) 「衡平社幹部歡迎會に關する件」(1925.9.18, 京鍾警高秘 제10506호의 2, 국사편찬위원회 소장).

각 사회단체 대표 17명을 명예훼손이란 명목을 붙여 고소하고 나섰다.[46] 이에 따라 김남수가 검찰에 호출되고, 화성회 사무실이 수색당해 일지를 비롯한 서류를 압수당하는 일이 벌어졌다.[47] 그리고 1926년 4월 15일 대구복심법원에서 무죄판결을 받을 때까지 석 달 가까이나 불려 다녀야 했다.[48] 반동세력의 역공이 만만치 않았던 것이다.

6) 언론을 통한 사회운동

그가 이미 1920년부터 동아일보사 안동지국의 기자 겸 총무로 언론기관에 관여하기 시작했고, 1923년 4월 1일자로 金秉憲에게 넘겼다는 사실은 앞에서 언급하였다. 그리고 서울에서 활동하던 1924년에는 마침 2월에 조직되어 그해 활발한 활동을 보이던 신흥청년동맹에 참가하면서 그 기관지 《신흥청년》을 발행하던 신흥청년사 안동지사장을 맡고,[49] 《신건설》에도 관여한 것으로 전해진다.[50] 그러다가 조선일보사 안동지국을 경영하는 동시에 특파원 자격으로 기사를 작성하기 시작했는데, 그 시기가 아마 그가 안동으로 내려오던 1924년 여름 이후가 아닌가 여겨진다. 또한 그가 《조선지광》의 안동지사,[51] 思想運動社의 안동지사도 운영하고 있었던 것으로 보인다.[52]

안동에서 활약을 펼치던 1925년, 그는 기자들의 모임을 결성하고 꾸려나갔다. 그해 11월 1일에 안동기우단을 발족시켰고,[53] 12월 28일에는 《조선

46) 《조선일보》 1925년 11월 12일자.
47) 《조선일보》 1926년 1월 29일자.
48) 「판결문」(대구복심법원, 1926.4.13), 『金南洙자료집』, 집문당, 2001, 64~66쪽.
49) 「명함」, 『金南洙자료집』, 집문당, 2001, 23쪽.
50) 「항일, 독립운동가 김남수 선생이 끼친 발자취」, 『金南洙자료집』, 집문당, 2001, 14쪽.
51) 「항일, 독립운동가 김남수 선생이 끼친 발자취」, 『金南洙자료집』, 집문당, 2001, 14쪽.
52) 1926.1.22 사상운동사에 40원 불입.
53) 《동아일보》 1925년 11월 6일자.

일보》·《동아일보》·《조선민보》·《부산일보》·《매일신보》·《시대일보》 등 6개 신문 지국의 대표자들로 구성되는 안동기자단을 창설하였다. 그 자리에서 김남수는 朴錫圭(시대일보)·藉狩智(부산일보, 조선신문)와 더불어 임원으로 선출되었고,[54] 당시에 그와 동지로서 쌍벽을 이루던 인물은 동아일보사의 지국장이던 권태석이었다.

김남수가 조선일보사 안동지국을 관할하면서 그 아래에 면 단위의 출장소를 두고 주재기자를 추천하였다. 출장소장이 주재기자를 겸직한 경우가 일반적인 것 같다. 1926년 2월 20일자로 조선일보 안동지국장 김남수가 조선일보사 서무국장에서 지역 기자를 제청한 내용을 보면, 예안 주재 李準文, 풍산 주재 李會昇과 劉準, 북후 주재 姜呂八, 임동 주재 權寧斗(뒤에 金廷植) 등이었다.[55] 이들이 가진 공통점은 모두 노동·농민운동에 적극 참가하고 있던 인물이라는 점이다. 그런데 안동지국의 운영 형편은 그리 좋은 편이 되지 못한 것 같다. 1926년에 들면서 풍산출장소장인 劉準이 구독자가 줄어서 신문 5부를 줄여 50부씩 보내주길 요청하는 서신이 남아 있는 점이 이를 말해주고 있다.[56]

김남수는 1927년에 中外日報社 기자로서 활동하였다. 언제부터인지 확실하지 않으나, 일단 1927년 10월에 그가 중외일보사 기자로서 조선전위기자동맹 창립에도 참가한 기록이 전해진다. 즉 10월 27일에 서울 花洞 138번지 중외일보사에서 창립된 이 동맹에 참가한 10명의 기자, 즉 金斗白(동아일보)·柳完漂·安碩柱·李鎬泰·金東煥(이상 조선일보)·徐範錫·朴八陽·鄭寅翼·金基鎭·金南洙(이상 중외일보)의 명단에 등장한다. 그는 총무부와 조사연구부 및 사업부로 나뉘어진 부서조직에서 총무부원으로 편성되었다.[57]

54) 《조선일보》 1926년 1월 3일자.

55) 「社告發表의 件」(1926.2.20), 『金南洙자료집』, 집문당, 2001, 97쪽.

56) 「劉準이 김남수에게 보낸 편지」(1926.2.16), 『金南洙자료집』, 집문당, 2001, 55쪽.

57) 「朝鮮前衛記者同盟發起人會并仝創立總會の件」(1927.10.29, 京鍾警高秘 제12211호, 국사편찬위원회 소장).

그렇다면 김남수는 1920년대 전반에 걸쳐 꾸준히 언론활동을 통해 사회운동을 펼쳤음을 알 수 있다. 1920년부터 1923년 초까지 동아일보 안동지국에서 기자 겸 총무를 겸하다가 직접 경영을 담당하기도 했다. 이어서 그는 1924년에 신흥청년사 안동지사를 맡다가, 다시 조선일보사 안동지국을 경영하면서 《조선지광》이나 사상운동사의 안동지사를 운영하기도 했다. 특히 1925년에는 형평사 예천분사의 사건을 전국적으로 알려 형평운동을 발전시키는 공을 세웠고, 안동기자단을 결성하는 데 앞장서기도 했다. 그리고 1927년에는 중외일보 기자로서 조선전위기자동맹을 창립하는 데 참여한 것이다.

4. 조선공산당 건설과 활동

1) 화요회와 전조선민중대회

김재봉이 코민테른의 지시를 받고 국내에 조선공산당을 결성하기 위해 잠입한 직후 두 가지 방향으로 일을 전개시켰다. 하나는 꼬르뷰로 내지부를 건설하는 것이고, 다른 하나는 자신을 지탱시켜줄 수 있는 기반을 확보하는 일이었다. 이 가운데 후자를 위해 그는 안동 출신 인물들을 서울로 집결시켜 동반세력이자 친위세력을 확보하였다. 여기에 등장한 대표적인 인물이 이준태 · 김남수 · 안상길 · 권오설 등이었다. 이준태는 김재봉과 경성공업전습소 동문이면서, 이미 1920년부터 무산자동지회를 출발점으로 삼아 서울 사회운동의 텃밭을 확보하고 있었다. 그리고 김남수는 앞에서 살펴본 것처럼 조선노동연맹회와 조선노농총동맹으로 연결되는 활동을 통해 자신의 영역을 확보하고 있었다. 여기에다가 안동에서 권오설을 서울로 불러 조선노농총동맹의 중앙집행위원을 맡겨 역시 결속을 다져 나갔고, 결국에는 그를 후계자로 양성시키기에 이른다. 김재봉이 권오설과 함께 고향에 풍산소작인회를 결성하고, 그 대표인 권오설을 다시 서울로 불러 올린 것이다.

그러한 상황에서 김남수는 화요회가 주최하는 전조선민중대회의 준비위원으로서 경남지역에 파견되기도 했다. 또 안동지역에서 사회운동을 이끌면서 서울의 움직임과 발맞춰 나가던 그가 다시 본격적으로 서울에서 활동하기 시작한 시기가 1926년 초, 즉 제1차 조선공산당이 탄로 나서 김재봉을 비롯한 주도 인사들이 체포된 뒤였다.

김남수의 움직임이 다시 서울에서 확인되는 장면은 1926년 4월이다. 즉 1926년 4월 4일에 열린 正友會 임시총회에 그가 참석한 사실과,[58] 언론집회에 대한 일제의 압박에 대응할 대책을 논의하던 各團體聯合相談會에 김남수가 신사상연구회 대표로 참석한 장면이 확인된다.[59] 그럼에도 불구하고 그는 6·10만세운동과 관련하여 체포되지 않았다. 그렇다면 그가 제2차 당에 속했지만 일제경찰에 발각되지 않았다고 생각된다. 발각되지 않은 그는 서울에서 새로운 일을 펼치기 시작했다. 그것이 바로 1926년(?) 10월 7일에 권오설이 서대문형무소에서 김남수에게 보낸 엽서를 통해 확인된다. 당시 김남수의 주소가 서울 수은동 140번지 社會事情調查硏究社라고 적혀 있다. 그러므로 6·10만세운동 전후한 시기에 김남수가 서울로 올라가 사회사정조사연구사라는 표현단체를 조직하고, 이를 중심으로 사회주의운동단체를 엮는 작업에 들어간 것으로 판단된다. 제1차 당이나 제2차 당은 명실상부하게 안동 출신 인사들이 핵심 무대를 장악하고 있었다. 그러다가 두 차례에 걸친 검거 사태로 사실상 괴멸상태에 빠지게 되었다. 따라서 이를 만회해야 하는 임무가 김남수에게 주어진 것이다.[60]

---

58) 「正友會臨時總會に關する件」(1926.4.10, 京鍾警高秘 제3870호, 국사편찬위원회 소장).

59) 「各團體聯合相談會に關する件」(1926.6.7, 京本高秘 제4362호의 1, 국사편찬위원회 소장). 조선노농총동맹 대표 권오설의 이름도 들어 있다.

2) 고려공산청년회 안동야체이카 건설

김남수는 이미 1926년부터 안동지역에 조선공산당과 고려공산청년회의 거점을 확보하는 데 노력을 기울였다. 이미 화요회에 발맞추어 화성회를 조직하고 조선노농총동맹 활동을 통해 서울에서 펼친 활동도 만만치 않으므로 조선공산당에 전혀 관계를 가지지 않고 지내기는 힘들었다고 생각된다. 즉 그가 제1, 2차 당에 전혀 관계를 가지지 않은 것은 아니라고 생각된다. 다만 그가 제1, 2차 당의 검거 소동에 휘말리지 않은 것은 증거가 없었기 때문으로 보인다. 비록 조선공산당과 그의 행적이 드러나는 장면이 3차 당에서 비롯되지만, 사실상 이미 제2차 당에서부터 그의 활동이 존재했기 때문이다. 이것이 뒷날에 가서 드러났던 것이다.

그가 조선공산당과 연계를 맺은 기록은 1926년 봄, 즉 6·10만세운동이 일어나기 직전이다. 즉 1930년에 터진 '경북공산당사건'에 안동에서 상당수의 인물이 검거되는데, 그 가운데 이회승이나 남병세(남동환)는 재판 과정에서 김남수의 영향을 진술하였다. 그 기록을 보면 이미 1926년 봄에 이회승이 김남수로부터 입당을 권유받은 사실을 확인할 수 있다. 즉 김남수는 1926년 봄 무렵 안동 시내 율세동에 河成卿이 경영하던 여인숙(錦南旅館)에서 이회승을 만나 고려공산청년회에 가입하라고 권유했고,[61] 그를 안동야체이카에 소속시켰던 것이다. 그러다가 그해 겨울, 즉 1926년 겨울에

60) 그가 남긴 자료 가운데 사회사정조사연구사에서 정리한 것으로 보이는 사회운동단체 요람이 있다. 아마 그가 서울에서 활동하면서 권오설의 옥바라지에 힘쓰던 무렵이므로 1926년 가을에 작성된 것으로 보이는데, 신사상연구회·무산자동맹회·화요회·노우회 등 23개 단체 이름과 주소 및 주역의 이름이 게재되어 있다(「사회운동단체요람」, 『金南洙자료집』, 집문당, 2001, 111쪽).

61) 하성경은 안상길의 작은 처였다. 안상길이 1919년에 대한민국 임시정부 경북교통부장으로 파견되어 입국했을 때, 그 집에 문서를 숨겨두고 모금 활동을 벌였고, 여기에 김재봉과 이준태도 가담했다가 모두 구금된 일이 있다. 그리고 1920년대 후반에 들어서도 이 집이 줄곧 사회주의운동가들의 연결거점의 하나로 이용되었음을 알 수 있다.

들어 김남수는 이회승에게 안동야체이카의 책임자 자리를 물려준 뒤,[62] 상경하였다. 그런데 바로 그 무렵, 즉 11월에 결성된 제3차 당에 그가 입당한 점으로 미루어 보아,[63] 이회승에게 자리를 물려주던 시기에 그가 벌써 제3차 당 건설 사실을 알고 있었던 것으로 추정된다.

김남수가 고려공산청년회 안동야체이카에 가입시킨 인물은 한두 명에 지나지는 않는다. 남병세의 경우도 마찬가지이기 때문이다. 남병세의 판결문 내용에도 남병세가 살고 있던 일직면 망호동으로 찾아가서 같은 내용을 권유한 김남수의 행적이 확인된다.[64] 이로 보면, 김남수는 서울에서 활동을 펼치는 한편으로 안동에서도 고려공산당 안동야체이카를 책임지면서 안동사회에 사회주의운동의 뿌리를 내리는 일에 활동의 초점을 맞추고 있었음을 알 수 있다.[65]

3) 제3차 조선공산당 가담과 社會事情調査硏究社 운영

김남수는 다시 서울로 활동 무대를 옮기려고 시선을 돌렸다. 조선공산당 제1차 당에서 김재봉이, 6·10만세운동으로 붕괴된 제2차 당에서 이준태와 권오설이 각각 구금되고 난 뒤, 중앙에서 활약하던 인물 가운데 남은 사람이 그 자신과 안상길이었다. 화요회에 맞추어 화성회를 조직하고 안동지역 사회운동을 이끌던 김남수가 제3차 당에 참가하고 나선 것이다. 서울에서

62) 「판결문」(昭和 5年 刑公 1931~1934, 朝鮮總督府 法務局 大邱地檢).

63) 「판결문」, 1929년 10월 28일, 경성지방법원.

64) 「판결문」, 1929년 10월 28일, 경성지방법원.

65) 참고로 안상길은 1926년과 1927년에 연령의 문제를 들어 이회승과 남병세를 조선공산당 안동야체이카 가입시켰다(위의 자료). 그리고 안상길은 1927년 11월에 대구 달성공원에서 洪甫容·金利龍·姜壎 등과 만나 경상북도 공산당대회를 열고 전국공산당대회에 참가할 대의원으로 홍보용을 선출, 도내 야체이카를 조직하였다. 고려공산당 안동프락치는 이지호가, 조선공산당 풍산프락치는 이회원, 안동프락치는 안상길이 각각 맡았다(梶村秀樹·姜德相, 『現代史資料』 29, 東京:みすず書房, 1972, 107쪽).

화요회 주역들이 대거 검거되고, 서울청년회 주역이던 김사국이 사망함에 따라 심각한 갈등이 어느 정도 해소되면서, 통합의 길을 모색하고 나섰다. 그 결과 1926년 9월 2일에 발기회의가 열리고, 결국 통일조선공산당 혹은 ML당이라 불리는 제3차 조선공산당이 결성되었다. 김남수는 바로 이 무렵 본격적으로 다시 서울에서 활동을 벌이기 시작한 것이다.

그는 宋彦弼과 함께 제3차 당에 입당하였고, 梁明과 더불어 같은 야체이카에 속하여 활동했다. 1927년 3월부터 5월까지 그는 이들과 함께 서울 광화문 동아일보사 숙직실에서 모여 세 차례에 걸쳐 야체이카 회합을 가지기도 하였다. 그러다가 李仁秀 · 鄭志鉉 · 宋彦弼 등이 조선공산당 경기도대회를 개최한 결과, 그는 李仁秀 · 송언필 · 정지현 · 洪甫乭(경북도책임자) 등과 당을 위해 활동을 벌였다.[66]

검거자 명단에는 그의 소속이 고려공산청년회로 기재되어 있고, 관계 단체로 前 신흥청년동맹과 조선노동총동맹이라 밝히고 있다.[67] 그런데 그는 비밀리에 제3차 당의 당원으로 활약하면서도, 겉으로는 사회사정조사연구사를 운영하면서 연구기관을 표방하고 있었다. 서울 授恩洞에 이 연구사를 차려놓은 그는 우선 검거된 인물에 대한 구호와 제2차 당 공판을 지원하고 나섰다.[68] 즉 그가 제3차 당에 참가하면서, 표면적으로는 사회사정조사연구사라는 이름을 내걸고 활동 터전을 확보하고 있었던 것이다.

김남수는 그 터전에 발을 딛고서 권오설에게 私食을 지속적으로 공급하면서 옥바라지를 맡고 나섰다. 권오설은 이러한 김남수에게 1927년 10월에 "형님이 굶어 가시면서 들여주신 牛乳도 마시고 밥도 먹습니다."라고 편지를 보

66) 「예심결정서(1929.10.28)」, 『金南洙자료집』, 집문당, 2001, 130~131쪽.

67) 「제3차당 피고 명단」, 『金南洙자료집』, 집문당, 2001, 152쪽.

68) 사회사정조사연구사를 차린 시기를 정확하게 알 수 없지만, 남아있는 유품에는 연구사의 주소와 전화번호가 인쇄된 편지봉투에 1927년 9월 25일이 기재되어 있어서, 대개 1927년 중반 이전에 조직된 단체임을 알 수 있다(『金南洙자료집』, 집문당, 2001, 101쪽).

내 답하였고,69) 또 권오기가 옥중에 있던 권오설에게 보낸 10월 17일자 소인이 찍힌 글에도 "私食은 鶴山兄(김남수)이 계속하겠다."는 말을 전했다.70) 한편으로 그는 1927년 11월 25일 제2차 당에 대한 공판 과정에서 권오설 외 100인이 제기한 '종로서 고문경관 고소사건'을 다룰 때는 증인으로 나서기도 하였다. 즉, 김남수는 함께 사회사정조사연구사를 열고 있던 白基浩·左公林과 함께 변호인단의 요청에 의해 증인으로 채택되어 법정에 섰던 것이다.71)

1928년 6월에 김남수가 일본경찰에 체포된 뒤 작성한 기록에는 그의 직업이 '印工'이라 기재되어 있다. 그렇다면 일제경찰이 사회사정조사연구사를 연구조사기관으로 보기보다는 인쇄소로 보았다는 말이 된다. 그렇지만 서대문형무소에서 작성된 신원카드에는 '잡지기자'로 기재되어 있으니, 이 경우는 또 다르다. 그리고 검거된 이후의 ML당 기록에 보면, 그의 주소가 봉익동 4번지였다.72) 그렇다면 수은동에 사무실을 두고 거주지는 봉익동이었다는 말이 된다.73)

안동에서 활약하다가 다시 상경한 김남수가 체포되기 직전까지 추진하던 활동은 네 가지로 정리된다. 하나는 비밀리에 3차 당에 참가하면서 안동지역에 확고한 바탕을 마련한 것이고, 둘째는 서울에서 제2차 당으로 투

69) 「권오설이 김학산(남수)에게 보낸 봉함엽서」(1927(?).10.7, 『金南洙자료집』, 103~104쪽). 여기에 등장하는 "형님"이라는 호칭은 친구나 동료를 높여 부르는 경칭이므로, 이를 두고 김남수의 나이가 더 많은 것으로 생각하는 것은 잘못이다. 참고로 권오설이 김남수보다 두 살 위이다.

70) 「권오기가 권오설에게 보낸 엽서」(1927.10.17 소인), 『金南洙자료집』, 집문당, 2001, 110쪽.

71) 《조선일보》 1927년 11월 26일자; 《동아일보》 1927년 11월 26일자. 백기호는 1903년 영천 출신인데 제2차당에 가입했다가 1927년 4월에 면소처분을 받았다. 그리고 좌공림은 1900년 제주 출신으로 1926년 1월에 사상단체 조선노동당에 가입하고, 1928년 3월 조선공산당 중앙간부회에서 경기도책으로 선정되었다가, 7월 이후 제4차 조선공산당 문제로 검거되어 징역 2년형을 받았다(강만길·성대경, 『한국사회주의운동인명사전』, 1996, 226쪽·465쪽).

72) 「예심결정서(1929.10.28)」, 『金南洙자료집』, 집문당, 2001, 124쪽.

73) 1928년 5월경에 「김남수가 권오기에게 보낸 엽서」에 김남수의 주소가 "京城府 鳳翼洞 4번지 任丁淑方"으로 기재되어 있다(『金南洙자료집』, 집문당, 2001, 75쪽).

옥된 인물들의 뒷바라지하는 일, 셋째는 사회사정조사연구사를 열고 있었던 것, 그리고 마지막으로 신간회 경성지회에 가담한 것이었다. 이 모두가 그의 체포 직후부터 서서히 무너지기 시작하였다.

5. 피검과 옥고

김남수가 종로경찰서에 검거당한 때는 1928년 6월 19일이었고, 서대문형무소에 들어간 것은 7월 17일이었다.[74] 그 영향인지 알 수는 없으나 그 두 달 뒤인 8월에 제4차 당의 검거로 인해, 풍산소작인회를 이끌던 안상길·이회원, 안동청년동맹의 권태동·이지호 등이 검거되었다. 제1, 2차 당의 검거 이후 2년 만에 다시 제3차 당이 붕괴되면서 김남수가 체포된 것이고, 그리고 바로 이어서 제4차 당마저 무너져 버렸다. 그리고 다시 2년 뒤 1930년에 이른바 '경북공산당사건'이라 불리는 검거 사태가 뒤따랐는데, 이회승·김기진·남장·안상태·이지호·오성무·이운호·김경한·김연한·류연술·남병세 등이 검거되었다. 김남수와 안상길에 의해 심겨진 깊은 뿌리들이 뽑혀 나오는 순간이 2년이 지난 뒤에 벌어지는 일이었다.

그가 체포되었다는 소식은 형 金東洙를 비롯한 가족 모두에게 큰 충격을 주었다. 서대문형무소에서 김남수가 보낸 편지는 7월 17일 소인이 찍혀 있다. 이를 받아든 형은 자세한 소식을 알기 위해 친지들에게 문의 서신을 보내기도 하고,[75] 막내동생 金命洙를 서울로 보내기도 하였다. 그 고통 속에서도 김남

74) 「김남수가 김동수에게 보낸 봉함엽서」(1928.7.16), 『金南洙자료집』, 집문당, 2001, 158~160쪽(이 엽서 끝에 7월 16일에 쓴 것으로 기재되어 있지만, 내용에서는 7월 17일에 서대문형무소로 이감된 것으로 적혀 있다. 그리고 소인은 8월 3일자로 찍혀 있다. 따라서 이감되기 하루 전날 엽서를 쓰고, 이감된 뒤에 발송한 것으로 생각된다).

75) 「김동수가 서울로 李世寧에게 보낸 문의 엽서」(1928년 7월 22일자 소인), 『金南洙자료집』, 집문당, 2001, 156쪽.

수는 투옥 직후 둘째 아들을 얻어 희비가 엇갈리는 모습을 보이기도 했다.[76)]

그의 건강은 상당히 좋은 편이요, 골격도 커서 남들을 압도할 정도였다. 그렇지만 옥고를 치르면서 그의 건강은 무너져 갔다. 제3차 당에 대한 검거 선풍이 몰아친 것이 1928년 2월인데, 그가 체포된 시기가 그해 6월이었다. 남들보다 늦게 체포되었으니 다행일 수도 있지만, 사실은 그렇지 않았다. 왜냐하면 예심이 워낙 느리게 진행되었기 때문이고, 그 과정에서 늦게 검거된 김남수를 비롯한 4명은 분리하여 심리되었다.[77)] 그러다가 제1 예심이 종결된 시기가 다음 해 1929년 10월 28일이었다. 투옥된 이후 3개월마다 구류 기간이 갱신되었고,[78)] 결국 1년 3개월을 넘기는 장기 취조로 인하여 그토록 강건하던 그의 건강은 극히 악화되어 갔다. 폐병에다가 '정신이상설'까지 나돌게 되었다. 그를 담당하던 변호사 許憲은 보석원을 제출하였지만,[79)] 신청은 기각되고 말았다.[80)] 그러는 과정에 그는 病監으로 옮겨졌고, 가족의 면회를 마다하였다.[81)]

1930년 7월에 2년형이 구형되고,[82)] 8월 30일에 2년형이 선고되었다.[83)]

---

76) 항일투쟁의 동지이자 그의 둘째 아내인 金聖愛(근우회 중앙위원)가 차남을 출산한 것이다(「李源赫이 보낸 엽서」, 1928년 8월 4일 소인, 『金南洙자료집』, 집문당, 2001, 183쪽). 차남도 장남처럼 일찍 사망했다.

77) 《조선일보》 1929년 11월 18일자.

78) 「구류기간 갱신 결정(1929.1.14)」, 『金南洙자료집』, 집문당, 2001, 154쪽; 「구류기간 갱신 결정(1929.4.12)」, 『金南洙자료집』, 집문당, 2001, 155쪽; 「구류기간 갱신 결정(1929.10.2)」, 『金南洙자료집』, 집문당, 2001, 155쪽(만기일자는 모두 16일이다).

79) 《조선일보》 1929년 11월 23일자.

80) 허헌 변호사가 병보석을 신청하였지만 기각되었다(「보석 신청 기각 결정문」(1929.12.2), 『金南洙자료집』, 집문당, 2001, 153쪽).

81) 「김남수가 김동수에게 보낸 봉함엽서(1929.11.27.)」, 『金南洙자료집』, 집문당, 2001, 169쪽. 그는 이 서신에서 몸이 아파 病監으로 옮긴 지 5일이 되었다고 전하면서, 가족의 면회를 원치 않으면, 돈을 마련하여 주길 당부하였다.

82) 「김남수가 김동수에게 보낸 봉함엽서」(1930.7.24), 『金南洙자료집』, 집문당, 2001, 174쪽.

83) 이날로 서대문형무소 미결감에서 기결감으로 이동하였다(「신원카드」, 『金南洙자료집』, 집문당, 2001, 21쪽 참조).

그는 계산해 보았다. 공소를 제기하여 시간을 끌기보다는 차라리 공소를 포기할 경우 미결통산 470일을 계산하면 다음 해 5월 17일에 출옥할 수 있으므로, 8개월 보름 이후에 만기를 채워 출옥할 수 있고, 또 그 길이 좋았다.[84] 그런데 실제로 그가 만기출옥한 날은 1931년 5월 18일이었다.

출옥할 때 그를 기다린 소식은 충격적인 것이었다. 출옥하는 그 마당에 이미 넉 달 전인 1930년 12월 30일(음 1929.11.11)에 모친이 사망했다는 것이다. 출옥하기 나흘 전인 5월 14일자로 동생이 그에게 비보를 보냈다.[85] 워낙 어려웠던 그의 건강 상태를 염려하여 가족이나 친지 모두가 그에게 비보를 전하지 않았던 것이다.

6. 맺음말

1931년에 출옥한 뒤 그의 행적을 확인하기 쉽지 않다. 그렇지만 결핵에 정신이상증세까지 보였다거나 병감에서 지냈다는 신문기사와 서신을 통해, 출옥 이후에도 그가 상당한 기간 동안 심각한 후유증에서 쉽게 벗어나지 못했으리라 짐작할 만하다. 만 32세라는 혈기왕성한 나이에 날개가 꺾여 버린 것이다. 다만 1939년에는 '사문서위조행사'라는 이름 아래 다시 체포되어 징역 10월을 선고받은 일이 발생하였는데, 이때는 또 옥중에서 부친상을 당하였다.[86] 그리고 1945년 1월 28일(양력 3월 12일)에 사망하였으니, 그의 나이 만 46세였다.

84) 「김남수가 김동수에게 보낸 봉합엽서」(소인 1930.9.5), 『金南洙자료집』, 집문당, 2001, 175쪽.

85) 「김명수가 김남수에게 보낸 편지」(1931.5.14), 『金南洙자료집』, 집문당, 2001, 157쪽.

86) 「형 김동수가 김남수 1주기에 쓴 제문」, 『金南洙자료집』, 집문당, 2001, 24~28쪽. 당시 김남수가 보석금 제출로 가석방되었는데, 마침 포츠담선언을 전해 듣게 되자 도립병원 병상에서 일어나 조선독립만세를 고창했다는 이야기가 전해진다(「항일, 독립운동가 김남수 선생이 끼친 발자취」, 『金南洙자료집』, 집문당, 2001, 19쪽).

김남수의 사회운동은 그의 나이 20대인 1920년대에 집중되었다. 협동학교를 통해 민족문제에 눈을 떴다면, 3·1운동을 통해 처음으로 항일투쟁에 몸으로 부딪치는 경험을 쌓았다. 그리고 동아일보 안동지국을 맡으면서 서울과 연결망을 가졌던 그는 만 22세가 되던 무렵에 조선노동공제회 안동지회에 참가하면서 본격적인 사회운동에 나섰다. 그런데 한층 질 높은 노동운동은 조선노동공제회가 분화되면서 탄생한 조선노동연맹회에 가담하면서 이루어졌고, 그 과정에서 이준태의 영향을 받은 것으로 보인다. 그가 이준태와 더불어 경성고무여공 동맹파업을 후원하였고, 이를 전국적인 문제로 부각시킨 문제로 벌금형을 받기도 했다. 점차 사회주의 노선을 걷기 시작한 그는 마침 코민테른의 지시를 받아 귀국한 김재봉의 영향도 받았을 것이다. 그래서 김재봉을 중심으로 형성되어 가던 화요회의 주요 구성세력으로 안동인들이 정착하는 데 기여하기도 했다.

서울에서 화요회가 결성되자 그는 안동에서 화성회를 조직하여 그를 뒷받침하면서 안동지역 사회운동을 지도해 나갔다. 얼마 앞서 결성된 풍산소작인회를 지도하고, 노동공제회 수준에 머물던 노동운동을 안동노우회로 개편하면서 실질적인 투쟁단체로 발전시켰으며, 청년운동도 안동청년연맹을 결성함으로써 계몽적 청년회의 단계를 넘어서게 만들었다. 또 형평운동을 강력하게 지원하고 예천사건에 대한 전국적인 반향을 이끌어냈다. 그 과정에서 조선일보의 안동지국장으로서, 또 특파기자로서 벌인 활동은 민족운동 차원에서 평가될 만하다.

제2차 당에 참가한 그는 안동지역에 고려공산청년회 안동야체이카를 조직하였고, 3차 당에 참가하여 경북책임자가 되는 한편, 2차 당으로 구금된 인물을 옥바라지하기도 하고 사회사정조사연구사를 운영하면서 서울에서 활동을 펼쳤다. 그러다가 1928년 6월에 체포되고, 두 달 뒤에 안상길·이회원·이지호·권태동 등이 검거되었다. 그렇다고 해서 그가 심고 키우고 다져둔 바탕이 모두 괴사한 것은 아니었다. 1930년대에 들어서도 그의 후계자에 의해 '경북공산당(1930)'과 '안동콤그룹'으로 일컬어지는 투쟁이 지속되어 갔기 때문이다.

1920년대, 즉 그의 나이 20대를 장식한 활동은 네 가지로 그 성격이 요약된다. 하나는 안동의 유력한 가문 가운데 하나의 종가에서 태어난 신분으로 계몽적 사회주의운동을 열어 나간 점이다. 전통적인 유교문화가 강하게 남은 안동사회에서 지배층 출신의 20대 청년들이 그것을 변혁시키는 선봉에 섰다는 말이다. 둘째는 공간적으로 볼 때, 서울과 안동에서 활약하면서도 주로 서울에서의 투쟁 경험을 살려 안동지역의 사회운동을 이끌어 나갔다는 점이다. 셋째로 활동의 패턴으로 볼 때, 그의 활동이 언론과 노동·농민운동을 연결시키는 형태를 보였다는 점이다. 즉 1920년대에 줄곧 언론활동을 펼치면서 이와 함께 노동·농민·형평운동을 벌였고, 이를 하나로 연결시키는 양상을 보인 것이다. 끝으로 투쟁 성향 면에서 그의 활동이 민족운동과 계급운동을 혼합시킨 것으로, 결코 이를 별개의 것으로 분리하여 성격 지울 수 없다는 점이다. 다시 말하자면, 그의 사회주의운동이 비록 노동운동에 비중을 둔 것이기는 하지만, 그렇다고 해서 결코 계급운동에만 초점을 맞춘 것이 아니라 민족해방에도 목표를 두었다. 따라서 그의 활동은 두 가지 측면 모두에서 평가되어야 마땅하다.

22장_ 권오설(1897~1930), 그의 생애와 기록

1. 시작하면서

2005년 3·1절에는 특별한 일이 있었다. 사회주의운동을 벌인 인물들이 대거 독립유공자로 포상된 것이다. 항일투쟁을 벌여 나라를 되찾기 위해 몸 바쳤으나 그 길이 사회주의였다고 포상하지 않았던 틀을 바꾸게 된 때가 바로 그날이었다. 반론도 적지 않았지만, 고개를 끄덕이며 큰 걸음을 나아간 판단에 박수를 보내는 소리가 매우 컸다. 오랜 기간 사회주의운동가들에 대한 평가는 분단과 전쟁 때문에 극단적인 성향을 보였다. 더구나 정치적 환경이 이를 더욱 부채질했다. 따라서 이들에 대해 진솔하게 들여다보는 행위 그 자체도 힘들던 시절을 보냈다. 그런 형편에 이들에 대해 평가하고 포상하자는 말은 꺼낼 수도 없었다.

1980년대 이후 사회주의운동에 대한 연구는 폭넓게 진행되었다. 극단적인 주장과 갈등이 없지는 않았지만, 그것은 지극히 당연한 과정이었다. 소용돌이를 거친 뒤 점차 연구는 평정을 찾아갔고, 객관성을 띤 결과물이 뿌리를 내려갔다. 그러면서 사회주의운동가들을 독립유공자로 포상하자는 목소리가 힘을 얻었다. 거기에는 몇 가지 조건이 내세워졌다. 맨 먼저 독립운동가와 국가 이름으로 포상할 독립유공자를 분리해서 생각하자는 것이다. 독립운동을 했다고 모두 포상할 수 있는 것이 아니라는 점 때문이다. 다음은 사회주의운동가들 가운데 민족의 독립과 해방을 위해 투쟁한 경우

이를 항일민족투쟁으로 인정하자는 것이다. 여기에 대한민국 정부가 국가유공자로 포상하려면 한 가지 중요한 조건을 충족해야 했다. 항일투쟁의 공적이 있는 사람이라도 대한민국 정부 수립이나 그 후 존립에 해를 끼치지 않아야 한다는 전제 조건이 그것이다. 대한민국 정부가 포상하는 것이므로 그 존재를 부정한 사람에게는 포상할 수 없다는 뜻이 거기에 담겼다. 따라서 대한민국 정부를 부정하거나 북한을 편들거나, 또는 북한 정권에 참여한 인물은 포상하지 않는다는 전제가 만들어졌다.

이러한 전제 조건에 전형적으로 맞는 인물이 바로 권오설이다. 그의 뜻과 삶을 찾아가노라면 대한민국 정부가 왜 국가유공자로 포상해야 하는지, 그 이유를 확실하게 보여준다. 우리가 그를 너무 오래 외면해 왔다는 생각마저 지울 수 없게 되기도 한다.

2. 권오설의 삶

1) 풍산 가일마을에서 태어나다

권오설의 이름은 여러가지다. 洪一憲·權一·朴喆熙·金三洙·金亨善 등 다양한 이름만큼이나 그의 활동도 대단했다. 호는 莫難이다. 뜻은 다양하게 풀이할 수 있는데, 막상 소리 내어 불러보면 그 속뜻을 짐작할 만하다.

그는 1897년 11월 25일(양 12.18) 안동군 豊西面 佳谷里(현재 안동시 풍천면 가곡리)에서 태어났다. '가일'이라고도 불리는 이 마을은 안동에서는 보기 드문 넓은 들판, 풍산들을 끼고 자리 잡았다. 그것도 살짝 비켜 산골 안으로 들어앉아 있어 북풍을 피하면서 따뜻한 햇살을 가득 받아들일 수 있는 천혜의 조건을 가진 곳이다. 이 마을은 15세기 초에 權恒이 입향하여 안동권씨 동성마을의 단초를 열었고, 그의 손자이자 권오설의 15대조인 花

山 權柱는 1480년 문과에 급제하여 가일마을을 우뚝 세웠다. 또 9대조 屛谷 權榘는 이현일의 문인이며 18세기 안동을 대표하는 학자로 이름을 떨치기도 했다. 이처럼 가일문중은 퇴계학맥을 잇고, 한편으로는 주요 명가들과 혼맥을 맺으면서 안동문화권에서 전통명가로서 자리 잡았다.

권오설이 성장하던 시절 가세는 상당히 기울어 있었다. 그의 7대조부터 점차 가세가 어려워졌고, 그가 태어날 무렵에는 논 2마지기, 밭 1마지기 정도를 소유한 빈농으로 전락한 처지였다. 그럼에도 불구하고 그의 집안은 양반유림으로서의 틀을 지키고 있었다. 조부 權準河와 부친 小巖 權述朝는 서당 훈장을 지내며 학문을 숭상하는 가풍을 지켜갔던 것이다. 그렇기 때문에 그도 부친이 운영하던 한문사숙에서 어린 시절부터 한학을 공부하고, 만 열 살이던 1907년 南明學校를 다니며 신학문과 전통 한학을 배웠다. 이 학교에서 그는 배우기도 하고, 또한 아버지를 도와 학생을 지도하기도 했다. 남명학교가 신학문도 가르쳤다는 말은 그의 부친이 전통적인 유학의 범주를 넘어섰다는 점을 의미하기도 한다. 그러다가 1909년 남명학교가 하회에 세워진 東華學校로 편입됨에 따라 그도 거기로 옮겼다. 1910년 그는 부림홍씨와 결혼하였다. 만 13세 어린 나이였다. 그는 1914년 동화학교를 졸업한 뒤 가정 형편 때문에 진학을 늦추다가 1916년 19세에 대구고등보통학교(경북고등학교 전신)에 입학하였다. 집안 사정이 어려워 경주 최부자로 널리 알려진 최준의 도움을 받았다는 이야기가 집안을 통해 전해진다. 그러다가 2년 만에 대구고등보통학교를 그만두었는데, 학내 문제 때문이라고 알려질 뿐이다. 그는 상경하여 중앙고등보통학교를 2학기 동안 다니다가 학자금이 모자라는 바람에 중도 퇴학하고(「공판조서」), 京城簿記學校에 입학 후 다시 퇴학하였다. 이 모두가 돈이 없는 탓이었다.

서울에서 그는 어려운 시간을 보냈다. 의성 산운마을 출신 李淑은 하숙집에서 자신의 밥을 권오설과 나누어 먹고 지냈다는 이야기를 『竹槎回顧錄』(1993)에 썼다. 하숙집 주인의 눈치까지 보면서 지내던 시절이 이 무렵이다. 마침 같은 하숙집에 머물던 전라남도 보성 출신의 어느 인사가 권오설의 사람 됨됨이와 어려운 형편을 보고 전남도청에 자리를 알선해 주었다. 그래서 내려간 때가 1918년 10월이었다.(「신문조서」) 그가 어머니에게 보낸 편지에는 "보성에 있다가 도청에서 한 달에 90냥을 받고 있다."고 썼다. 뒷날 권오설이 세상을 떠난 뒤 2년 지나 맞은 대상에서 아버지는 그가 전남 광양에서 1년을 보냈다고 제문에 적었다. 이 무렵은 가일마을이 광복회에 자금을 지원했다가 쑥밭이 되는 시절이다. 가일마을로서는 외지로 나간 마을 청년이 이 문제에 엮이지 않은 다행스런 순간이기도 했을 터이다. 하지만 민족문제가 권오설 앞을 그냥 비켜가지는 않았다. 오히려 직장 생활을 하던 전남 광주에서 민족문제에 맞서 나가는 계기를 맞은 것이다.

2) 민족문제 눈뜨고 교육운동 펼치다

그가 전남지방으로 가서 자리 잡은 지 5개월 뒤에 3·1운동이 일어났다. 광주에서 일어난 3·1운동에 그가 배후 인물로 지목되어 경찰에 체포된 뒤 6개월 형을 치렀다고 전해지지만, 어떤 활동을 벌였는지 알 수 없다. 「판결문」이나 「형사기록부」, 혹은 「수형카드」 등 어느 하나 확인되지 않는 까닭이다. 다만 그가 서대문형무소에서 순국한 이틀 뒤 《중외일보》 보도문은 그가 3·1운동과 관련하여 경찰에 잡혀 고생했다고 알려준다. 그런데 조선공산당과 6·10만세운동으로 재판을 받던 과정에서 있은 제15회 공판조서에는 전과가 없는가라는 판사의 질문에, '없다'고 답했다. 이로 미루어보면, 그가 재판을 거쳐 징역형을 받았다기보다는 구류 상태로 6개월을 고생했다고 보는 것이 옳겠다.

찬바람이 불기 시작하던 1919년 11월, 권오설은 고향 가일마을로 돌아왔다. 그는 새로운 문물을 마을 청소년에게 가르치려고 元興義塾이라고도 불리는 元興學術講習所를 세웠다. 문중에서 지원하고 나섰다. 건물이야 문중 소유 재사를 사용하지만, 일단 운영비가 필요했다. 가일 8부자로 불리기도 하면서 광복회에 자금을 지원했던 權準興이 설립에 앞장섰고, 권준흥의 생가 동생인 權準杓가 교사로 참가하였다. 권오설 스스로 교장 겸 교사를 맡았으니, 비로소 본 마을 출신 신식교육 이수자가 마을 청소년 교육을 책임진 것이다. 이 학교에서 수학한 마을 청년 가운데 서울로 유학하는 인물들이 나왔다. 이들이 곧 1920년대 새롭게 떠올랐으니, 권오설의 영향권 속에서 성장한 인물들이다.

그의 활동은 가일마을에 국한되지 않았다. 구국교육을 안동 전체로 확산시켜가면서 농민운동과 청년운동을 펼쳐나가기 시작했다. 청소년을 키워내는 것이 내일을 향한 일이라면, 농민들과 청년들을 묶어세우는 일은 당장 오늘 실천해야 하는 시급한 과제였다. 그것을 보는 안목이 그에게 있었다. 1921년 4월 一直書塾과 1922년 풍산학술강습회를 설립하여 청소년을 가르친 것은 교육운동이었다. 그리고 1920년에 가곡농민조합 조직, 8월 안동청년회 집행위원, 9월 4일 안동 一直面禁酒會 창립과 회장 취임, 9월 23일 조선노동공제회 안동지회 입회, 1922년 풍산청년회 결성 등이 모두 그러한 길이었다. 교육만이 아니라 청년 · 농민 · 노동운동을 벌이기 시작한 시점이 바로 1920년과 그 이듬해였다.

권오설에게 새로운 도약 단계는 소작운동을 벌이던 1923년이었다. 그해 11월 11일, 그는 풍산소작인회 집행위원이 되어 본격적인 농민운동을 시작했다. 그가 본격적으로 풍산소작인회를 결성하기 앞서 거기에 필요한 인재를 키워야 했다. 그것이 바로 풍산학술강습회였다. 이 강습회에 대해 두 가지 자료가 전해지고 있다. '풍산하기강습회 청강생명부'와 '지출장'이 그것이다. 이것은 아마 1922년이거나 그 이듬해 기록인 것 같다. 즉 풍산소작인회 결성 직전의 강습회 기록인 셈이다. 이들 기록은 권오설이 필요한 인력을 육성하고 있었음을 보여준다.

청강생 명부에는 남자 129명, 여자가 13명 등 142명의 이름이 들어있다. 書學部, 곧 '낮반'이라는 제목으로 명단이 적힌 점이나, '지출장'에 석유램프와 유류비 명목 지출 사항이 있는 점으로 보아 야간부가 있었던 것으로 생각된다. 그렇다면 청강생은 200명가량 되었으리라 추정된다. 참가자들은 '풍산들'을 둘러싼 마을, 즉 가일 · 소산 · 상리 · 하리 등 4개 마을 출신이 주류를 이루었고, 안교 · 갈전 · 현애 · 노동 등 그 주변 마을 출신이 소수 참여하였다. 즉 풍산하기강습회에 참여한 수강생들은 풍산들을 둘러싼 마을 출신 청년과 여성이었고, 특히 가일과 바로 이웃 소산, 그리고 동쪽으로 건너편의 상리(우롱골)와 하리가 중심이었다는 말이다.

가일마을에서 하기강습회에 참가한 인물은 대개 권오설의 집안 형제들이다. 친동생인 權五箕와 權五稷을 비롯하여, 權五憲 · 權五雲 · 權五敬 · 權五燮 · 權寧穆 등이다. 「豐山夏期講習會 聽講生名簿」를 보면, 이웃 소산마을 출신으로 金文顯 · 權周顯 · 權國顯 · 金炳千 · 金渭圭 등이, 또 풍산들 동쪽 편 상리마을 출신은 李重轍(혹은 準轍) · 李敎龜(혹은 敎龍) · 李用寅 · 李準極 · 李斗文 · 李準昌 · 李在洪 · 李準玉 · 金琥根 · 金相鶴, 하리마을은 李相鳳 · 李宗烈 등이며, 안교동의 權泰晟 등도 확인된다. 가일마을 청년 가운데 권오운이나 권오헌의 진로를 보면 권오설의 영향을 받았음을 알 수 있다. 얼마 뒤에 권오운이 서울로 유학하면서 6 · 10만세운동에 나섰고, 안교동 출신 권태성도 6 · 10만세운동에 앞장선 뒤, 안동지역의 사회운동에서 뚜렷한 족적을 남기게 되었다. 권오설이 풍산소작인회 결성을 앞두고 강습회를 개최한 이유가 바로 자신의 진로에 필요한 인물을 양성하는 데에도 목적을 둔 것이라 생각된다.

3) 사회운동 시작하다

풍산소작인회 결성에는 서울에서 활약하던 고향 선배들이 깊게 연관을 가졌다. 뒷산 너머 오미동 출신 金在鳳(1891~1944)과 풍산들 건너편 하리 우롱골의 李準泰(1892~1950)가 바로 그들이다. 두 사람 모두 경성공업전습소 출신이다. 김재봉은 안동에서 부농에 속한 冑孫이고, 서울에서 《만주일보》 경성지국에 기자로 근무하다가 대한민국 임시정부 지원 활동을 펴다가 체포되어 징역 6개월형을 살았다. 출옥하자마자 그는 모스크바에서 열린 극동민족대표대회에 조선노동대회 대표 이름으로 참석한 뒤, 코민테른의 지시를 받고 조선공산당 건설을 목표로 삼고 귀국했으며, 1923년 8월에는 꼬르뷰로 내지부 책임자가 되었다.

이준태는 측량기사로 활동하다가 3·1운동을 보면서 민족운동에 투신했고, 서울에서 청년운동과 노동운동을 펼치면서 위상을 탄탄하게 굳혀나갔다. 그는 1922년에 무산자동맹회를 이끌고, 신사상연구회를 만들었다. 1923년 여름에 귀국한 김재봉이 바로 신사상연구회에 가입한 것도 그 때문이다. 김재봉이 1년 넘게 국외에 있다가 서울에 돌아오자마자 쉽게 중심 위치에 설 수 있던 바탕에는 바로 이준태의 활약이 있었다. 이제 당 건설의 기반이 될 조선노농총동맹 준비에 나섰다. 고향 안동에도 하부조직이 있어야 하고, 또 뒤를 받쳐줄 인물도 필요했다. 거기에 합당한 인물이 바로 권오설과 金南洙(1899~1945)였다. 김남수가 안동읍내에서 사회문제 전반에 관심을 가졌다면, 권오설은 풍산들을 중심으로 농민운동에 초점을 두었다.

1923년 11월에 풍산소작인회를 결성한 권오설이 그 대표 자격을 갖고 서울로 갔다. 가일마을에서는 원흥의숙에 동참하고 안동청년회에도 열성이던 권준표가 고향에서 권오설의 뒤를 받쳤다. 권오설에게는 집안 할아버지이지만, 권준표가 한 살 많았으므로 서로 형제 같은 사이였다. 이듬해 2월에 그는 신흥청년동맹과 한양청년연맹의 중앙집행위원이 되고, 4월 조선노농총동맹에 풍산소작인회 대표로 참가한 뒤, 10인으로 구성된 상무위원회 위원을 거쳐 책임자가 되었다.

갑자기 그런 위치에 불쑥 솟아오를 수 있는 것이 아닐 것이다. 김재봉과 이준태가 그를 부르고, 그 부름에 권오설이 화답한 정황은 누가 보아도 쉽게 헤아릴 수 있다. 안동 출신 인물들이 조선 후기 내내 중앙 무대에 진출한 일이 없지 않은가. 그런데 갑자기 코민테른이란 국제조직의 지시를 받아 정통성을 확보하였지만, 마음 놓고 일을 펼쳐나가기 위해서는 깊게 결속할 인물이 필요한 것은 당연했다. 거기에 적당한 인물이 바로 권오설과 김남수였다. 마침 경성고무여공파업을 지원하고 파급시키다가 김남수가 투옥된 상태였으며, 권오설이 풍산소작인회를 결성하면서 그 역할을 맡고 나섰다.

조선노농총동맹 선두에 나선 권오설은 1924년 4월 하순에 조선노농총동맹 임시대회를 열었다가 간부 26명과 함께 구속되고, 5월 3일에 무죄로 풀려나면서 일제 탄압을 겪었다. 그해 연말에는 조선노농총동맹 상무위원으로서 남부지방을 순시하면서 조직을 확대시키는 데 힘을 쏟았다. 당시에 그는 무산자동맹회와 혁청단, 불꽃사(火花社) 동인으로 활동했다. 한편 서울에서 그는 인쇄직공조합을 조직하고, 1925년에 인쇄공파업을 선두로 양말직공 · 고무직공 · 양화직공의 파업을 지도하였다. 이 무렵 안동의 풍산소작인회는 이준태가 내려와서 지도하고 있었으니 역할을 맞바꾸어 활동했던 셈이다. 그리고 화요회가 서울에서 결성된 지 두 달만에 안동에서는 그 지방조직 성격을 지닌 화성회가 조직되었다. 여기에 그가 참가한 것은 당연하지만, 그 책임 맡은 인물은 김남수였다.

1925년 4월 17일 조선공산당이 창당되었다. 두 달 앞선 2월에 권오설은 김재봉 · 김찬 · 조봉암 · 박헌영 · 김단야 등과 김재봉의 하숙집에 모여 조선공산당 창당을 결의하였다. 그리고 4월에 조선공산당이 정식으로 결성되어 김재봉이 책임비서에, 권오설은 중앙집행위원에 선출되었다. 그리고 권오설은 조선노농총동맹 대표로서 고려공산청년회 조직에 참석하여 7인 중앙집행위원회 위원 및 조직부 책임자가 되었다. 또 그는 주로 청년 · 학생들의 규합에 노력하였고, 모스크바 동방노력자공산대학에 유학생을 파견하는 일을 추진했다. 유학생 21명 가운데 안동 출신으로 자신의 친동생 권오직과 안동 와룡 중가구동 출신 안상훈이 포함되었다. 여기에서 권오설의 영향력 일부를 확인할 수 있다.

1925년 11월 조선공산당 조직은 일제에 탐지되어 와해되었다. 주역들이 대거 검거되고 말았다. 그는 붕괴된 조직을 새로 일으키기 위해, 박헌영 다음으로 고려공산청년회 책임비서를 맡고서 조직 재정비에 나섰다. 염창렬 · 이병립 · 이지탁 · 박민영 · 김경재 등을 중앙집행위원 후보로 추천하고, 염창렬 · 김효종 · 권오상 · 조두원 · 정달헌 · 이병립 · 민창식 · 강균환 · 고윤상 · 윤기현 등 10명을 입당시켜 입지를 강화시켰다. 여기에 등장하는 권오상 · 조두원 · 정달헌 · 이병립 · 윤기현이 조선학생과학연구회 간부였다는 점은 권오설이 학생운동계 대표들을 장악하고 있다는 사실을 알려준다. 특히 권오상은 광복회 고문이었던 권준희의 손자요, 권오설을 따르는 집안 동생이었다.

당시 조선공산당의 판도를 보면, 이준태와 권오설이 조선공산당과 고려공산청년회를 장악하고 있었다. 여기에 해외로 망명한 김찬 · 김단야 등이 연결되고 있었다. 권오설은 조선공산당 임시상해부에서 들어오는 자금을 관리하고 있었으며, 이준태는 조선공산당을 장악하고 있었던 것이다.

권오설이 서울을 오르내리며 활동하던 기간에 가일마을 사람들은 풍산소작인회를 끌어나가고 있었다. 맨 선두에 선 지도자는 풍산들 건너 동편 마을인 우룡골 출신 이준태였다. 서울에서 김재봉에게 교두보를 확보해 주고, 권오설을 불러올려 활동 무대를 만들어 준 이준태는 다시 안동으로 돌아와 풍산소작인회를 지도해 나갔던 것이다. 풍산소작인회 자체에 가일마을에서 얼마나 많은 인물이 참여했는지 알 수 없다. 다만 풍산들을 둘러싼 마을 가운데 하회나 소산마을, 그리고 상리와 하리의 지주들이 農務會를 구성하고 소작쟁의를 방해하고 나섰지만, 가일마을 지주들은 거기에 별로 참가하지 않았다. 선두에 선 권오설이나, 그의 영향 아래 성장한 청년들의 영향 때문이라 여겨진다.

4) 6·10만세운동을 이끌다

1926년 3월, 권오설은 해외 망명을 계획하였다. 조선공산당이 만주에 민족통일전선체로서 국민당을 세운다는 계획을 마련했던 것이다. 하지만 이것은 계파별 의견 차이로 중단되었다. 그러자 권오설은 5월 1일 서울에서 메이데이 시위를 기획하였다. 대대적인 연합시위를 펼치고, 그 과정에서 민족통일전선을 이루자는 것이 계획의 핵심이었다. 1926년 4월 24일에 정우회·전진회·조선청년총동맹·조선노농총동맹 대표가 모여 방법을 논의하고, 조선노농총동맹이 진행을 책임지도록 결의하였다. 그런데 다음 날 갑작스런 일이 벌어졌다. 융희황제 순종이 숨을 거둔 것이다. 일제의 경계와 탄압이 엄중해지고, 민중들의 애도 분위기가 점증되자, 권오설은 김단야와 논의한 끝에 메이데이 시위를 철회하고 인산일에 대중적 시위를 일으키는 쪽으로 운동 방향을 수정하였다.

4월 말경부터 6·10만세운동이 기획되기 시작했다. 그 기획자가 바로 권오설이었다. 순종 장례에 참가함으로써 사회주의운동을 전국에 뿌리내리는 계기로 삼자는 것이 그의 생각이었다. 권오설은 1926년 5월 1일 상주 차림으로 변장하고서 압록강을 건너 안동현 역전 근처 초원에서 김단야를 만나 활동 방향을 논의하고 돌아왔다. 만세시위를 펼치는 것, 제2의 3·1운동을 일으키는 것이 그 핵심이었다. 여기에는 조선공산당의 찬동이 필요했다. 이 문제는 이준태와 협의하여 해결했다. 그러나 추진 과정에서 자칫 조선공산당이 붕괴될 수도 있으므로, 일단 투쟁지도부를 당 중앙과 분리했다는 이야기도 전해진다. 그런데 권오설은 조선노농총동맹 중진이자 학생운동계의 중심 조직인 조선학생과학연구회에도 깊은 영향력을 가지고 있었으므로, 이를 가지고 '6·10투쟁특별위원회'를 구성하였다. 권오설 지휘 아래 투쟁지도부가 조직된 것이다. 그리고서 3·1운동 당시처럼 민족운동체의 결속을 다져나갔다.

시위를 일으킬 조건은 3·1운동 당시보다 훨씬 나빴다. 3·1운동과 같은 시위가 다시는 발생하지 않게 만들기 위해 일제가 군대와 경찰을 모두 동원하였기 때문이다. 정말 물샐 틈 없었다. 일제경찰은 움직일 만한 인물들을 한 사람씩 철저하게 분석하고 추적하고 있었다. 즉 3·1운동이 일어나던 무렵과는 비교될 수 없을 만큼 통제가 철저하게 이루어지고 있었다. 그런 와중에 국장 인산에 맞춰 시위를 일으킨다는 것은 사실상 불가능한 일이었다.

대중시위를 펼치자면 통일전선체 구성이 필요했다. 그 해결 방향이 천도교 진영의 구파와 조선노농총동맹, 그리고 조선학생과학연구회가 연대를 이루는 것인데, 협의 과정을 거쳐 이를 달성했다. 그리고서 서로 역할을 분담했다. 천도교청년동맹이 격문 인쇄와 만세운동의 지방 확산을 맡았고, 권오설은 조선학생과학연구회에 임무와 역할을 지시하였다. 또 학생들에게 주어진 임무는 바로 인산 당일 행렬에서 시위를 이끌어내는 것이었다. 즉 만세를 선창하고 격문을 살포하여 거족적인 시위에 불을 지피는 것이다. 이를 밀고 나가기 위해 이병립·이선호·이천진·조두원 등 조선학생과학연구회 간부들이 구체적으로 논의를 거듭하였다.

여기에서 주목할 점은 안동 출신 학생, 특히 가일마을 출신 학생들이 주도적으로 참가한 사실이다. '권오설과 안동그룹'이라고 이름 붙일 수 있을 정도이다. 權五尙(본명 權五敦)과 權五雲은 집안 동생들이고, 權泰晟은 풍산들 북쪽에 있는 풍산 안교동 출신, 그리고 李先鎬는 안동 예안의 부포, 柳冕熙는 예안의 삼산 출신이다. 이선호는 중앙고등보통학교 재학생으로 역시 조선학생과학연구회 상무를 맡던 핵심 인물이다. 격문 배포를 맡은 그는 당일 만세를 선창하여 시위를 이끌어냈고, 이로 말미암아 옥고를 치렀다. 류면희는 중앙고등보통학교 학생으로 류인식의 동생, 류만식의 아들이다. 그는 출옥한 뒤에 1929년 조선학생과학연구회 집행위원으로 활약했다. 권태성은 중앙고등보통학교 재학생이었는데, 안동유학생회장을 맡기도 했다. 앞에서도 본 것처럼, 권오운과 권태성은 상경하기 앞서 풍산하기 강습회에서 권오설의 교육을 받은 인물이기도 하였다.

6·10만세운동에서 안동그룹은 권오설을 정점으로 삼고 철저하게 역할을 나누어 맡았다. 물론 이병립을 중심으로 움직인 학생들이나, 천도교 구파의 활동도 대단했다. 그런데 권오설이 이들 학생 조직을 움직이면서 가일마을 형제들을 비롯한 안동 출신 학생들을 선두에 내세웠다. 그러니 1926년은 서울에 유학하던 가일마을 청년들이 6·10만세운동 한복판에서 움직이고 있던 해였던 것이다.

만세시위가 일어나기 직전, 6월 4일에 시위준비 작업 일부가 일제경찰에 노출되었다. 권오설이 6월 7일에 체포되고, 시위는 불발로 끝날 위기에 부딪쳤다. 하지만 인산 당일 종로4가 네거리에서 중앙고등보통학교 학생 이선호가 길 가운데로 뛰쳐나가며 만세를 부르기 시작했고, 이것이 제2의 3·1운동이라는 6·10만세운동의 신호탄이었다. 6·10만세운동이 확산되면서 권오상과 권오운도 체포되었다.

5) 서대문형무소에서 순국하다

권오설은 6월 7일에 종로경찰서에 체포된 뒤 힘든 재판 과정을 거쳤다. 판결이 마무리된 것이 1928년 2월이니, 무려 20개월 동안 미결수 생활을 버텨내야 했다. 그는 고문에 항거하며 투쟁을 벌였고, 큰 동생 권오기가 옥바라지를 위해 동분서주했다. 더러는 안동 출신 동지인 김남수가 사식을 들여보내며 옥바라지를 도왔다. 김남수는 통일조선공산당이라는 3차당 활동으로 말미암아 구속되기 이전까지 권오설을 지원하였다. 7년형 구형에 5년형을 선고받은 권오설은 감형이 되어 1930년 7월에 출옥할 예정이었다. 그런데 출옥 100일을 앞둔 1930년 4월 17일, 그는 서대문형무소에서 갑자기 순국하였다. 숨을 거두기 전날, 전보를 받고 서울에 도착한 동생 권오기가 형을 만났으나 이미 돌이킬 수 없는 상황이었다. 그래서 권오기는 가출옥시켜 달라고 부탁했지만 거절당했다. 다시 권오기가 감옥에서 하루만이라도 형 곁을 지키게 해달라고 빌었지만, 거절당한 것은 말할 것도 없었다. 그는 피멍투성이었다고 전해진다. 두 달 전까지만 하더라도 건강하게 지낸다면서 집으로 글을 보낸 권오설이었다. 그런데 갑자기 그의 건강이 이처럼 악화된 이유는 무엇일까? 왜 이 무렵 그런 일이 벌어졌을까? 거기에는 동생 권오직이 관련되었을 것 같다.

조선공산당이 만들어지던 1925년 권오설이 앞장서서 모스크바에 유학생을 보냈다. 이는 정확한 이론으로 무장한 청년들이 있어야 한다는 필요성 때문에 나온 것이다. 그 가운데 동생 권오직이 들어 있었다. 모스크바 동방노력자공산대학을 졸업한 권오직은 1929년 가을에 국내로 잠입하여 전국적으로 활동을 펼치다가 경찰에 붙잡혔다. 그날이 1930년 2월 26일이다. 그리고 한 달 20일쯤 지나 권오설이 서대문형무소에서 순국하였다. 그렇다면 그의 최후는 권오직이 붙들린 것과 관련이 있을 것이다. 그 연관성을 캐묻는 일제 취조에 권오설이 끝까지 버티다가 참혹한 최후를 맞은 것이라 짐작해도 무리가 없다.

4월 20일 서울에서 장례가 치러졌다. 유해는 고향으로 향했고, 서푼짜리 송판으로 만든 관을 두꺼운 함석으로 곽을 만들어 덮고 용접하여 밀봉하였다. 고향에 돌아온 그의 시신은 경찰의 반대로 정상적인 나무관에 옮겨지지 못하고 함석철관 그대로 가일마을 앞 공동묘지에 묻힐 수밖에 없었다. 그것도 봉분이 없는 평장이었다. 더구나 장례 참석이 철저하게 봉쇄되었다. 이 모두 일제경찰의 집요한 방해와 압력 때문이었다. 그 뒤로는 비바람만이 묘소를 스쳐갈 뿐이었다. 그리고서 그의 이름을 역사 무대에 다시 불러내기까지 70년 넘는 세월이 걸렸다.

6) 그를 따른 가일마을 청년들

가일마을 청년들에게 권오설은 신선한 바람을 일깨워준 인물이다. 8부자댁은 대개 청년들을 서울로 유학 보냈다. 이 가운데 권오상은 가일마을에서 가장 세가 좋은 수곡파의 종가에서 셋째 아들로 태어났다. 그러므로 그는 누가 보아도 가일마을의 권씨 문중을 대표할 만한 청년이었다. 그는 중앙고등보통학교를 졸업하고 연희전문학교 數理科 1학년이 되어, 마을에서 기대를 모으고 있었다. 이런 그는 1925년에 창립된 조선학생과학연구회에 가입하여 10인 위원 가운데 한 사람으로, 또 서무부 집행위원으로 활약하였다. 또 신흥청년동맹과 革淸團에도 참가하였다. 더구나 그는 권오설의 추천으로 조선공산당원이 되고, 제7야체이카에 소속되어 움직였으며, 특히 권오설이 책임비서를 맡은 고려공산청년회에도 가입하여 활동하였다. 그러니 권오상은 권오설에게 가장 가까이에서 활약하는 인물이 되었다. 그래서 6·10만세운동에서는 권오설이 가장 믿을 만한 인물은 권오상이었다. 그는 연희전문학교를 중심으로 격문을 살포하고 잠적하여 한동안 일제의 집중적인 추적을 받았다. 그러다가 8월 1일 안동경찰서에 붙들린 그는, 1년형을 선고받았다. 옥고를 치르다가 건강이 심하게 악화되자, 1928년 5월 15일 병보석으로 서대문형무소에서 풀려났다. 신문에는 폐병과 뇌병이라 보도되었다. 동지들이 그를 안국동 1번지에 유숙시키고 진료를 받게 하였지만, "병세가 이미 기울어 위급하므로" 5월 17일 고향으로 보냈다. 5월 19일 고향집에 도착한 그는 6월 3일 오전 7시 29세 나이로 사망하였다. 고문 후유증에다가 처참한 옥고가 가져온 결과였으니, 이는 장렬한 순국이 아닐 수 없다. 서울에서는 6월 8일 水標町 42번지에 있던 조선교육협회에서 隣光會 주최로 그의 추도식이 열렸다.

권오운은 權東浩의 아들이다. 권동호는 수곡종손 권준희의 아들이지만 남천댁으로 양자 들었다. 그도 역시 가일 8부자 권역에 속한 인물이었다.

중앙고등보통학교를 다니던 권오운의 집(남천고택)도 세가 아주 좋았는데, 바로 그 집 마당 곁에 권오설 집이 붙어 있었다. 그는 6·10만세운동 직후에 일경에 붙잡혀 고생하였다. 풀려난 그는 이듬해 신간회 안동지회에 참가하였다. 1927년 2월 15일 서울에서 신간회가 결성되고, 그해 8월 26일 안동지회가 조직되었다. 보광학교 대강당에서 열린 총회에서 류인식이 회장, 정현모가 부회장에 뽑히고, 간사 24명이 선출되었다. 권오운은 권태석·이운호·안상길 등과 더불어 간사로 뽑혔다. 신간회 안동지회는 출발할 때 197인으로 시작했으나, 곧 700명이 넘어, 전국에서 평양에 이어 두 번째로 큰 지회가 되었다. 그런 속에 권오운이 움직이고 있었던 것이다. 또한 그는 신간회와 같은 시기에 안동청년동맹에도 가입하여 활동하였다. 1927년 안동청년동맹 풍산지부 상무위원으로 활약했던 것이다. 그러나 권오운은 머지않아 세상을 떠났다. 감옥에서 나온 뒤로 몸이 좋지 않았지만, 잠시도 쉬지 않고 뛰어다니던 그였다. 그러다가 1927년 12월 23일 24세 젊은 나이에 병사한 것이다. 그런데 무슨 이유인지는 몰라도 그를 떠나보내는 장례는 해를 넘기고서도 8월이 되어서야 이루어졌다고 보도되었다(《동아일보》 1928년 8월 9일자).

서울에서 권오설을 따르던 집안 동생 두 사람, 권오상과 권오운이 저 세상으로 떠난 뒤, 권오설마저 1930년 4월 서대문형무소에서 옥사했다. 가일마을은 3년 사이에 세 사람의 주역들을 잃었으니, 기가 막힌 날들이 아닐 수 없었다.

1920년대 초기에 청년운동과 노동운동에 나선 인물로 權寧植이 보인다. 그는 1910년대 후반 권준희·권준흥 등과 더불어 광복회에 자금을 지원했다가 재판 받는 과정에서 곤욕을 치른 인물이다. 권영식은 또 안동에서 등장한 최초의 노동운동 단체 朝鮮勞働共濟會 안동지회에 참가하였다. 1920년 4월 서울에서 조선노동공제회가 조직되자, 같은 해 9월 23일 안동지회가 설립되었다. 권영식은 그 의사에 선출되었다. 그는 안동청년회 소속으로 활동을 시작했고, 이 무렵에는 노동운동을 비롯한 사회혁신에도 뛰어든 것이다. 1921년 당시 회원은 무려 1,400명에 이르고 거두어들인 의연금이 5천여 원이나 되었으니, 안동의 혁신을 꿈꾸던 청년들의 열기를 짐작할 만하다.

권오헌은 신간회 안동지회와 안동청년동맹 풍산지부에서 활동하였다. 그는 1929년 8월 강력한 투쟁을 촉구하는 글을 썼다가 일제에 붙들려 고생하고, 1929년 10월 보안법위반으로 징역 8월에 집행유예 2년형을 선고받았다. 또 권오설의 영향을 받은 집안 청년으로 權寧達도 있다. 권오설의 편지와 엽서에 간혹 등장하는 그는 어문민족주의의 길을 걸었다. 경성고등상업학교(서울상대 전신)에 재학 시절, 6·10만세운동으로 일경에 쫓기던 그는 학교를 그만두고, 예천 대창학교에서 교편을 잡으면서 나랏말 연구에 매달렸다. 나랏말을 되살리는 것이야말로 겨레를 지키고 나라를 되찾는 지름길이라고 판단한 때문이다. 그는 1941년 8월『朝鮮語文正體』(서울: 德興書林)를 펴내고,「朝鮮文綴字法」(원고본)을 유작으로 남겼다.

권오설을 따른 가일청년에는 누구보다도 그의 친동생 권오직이 두드러진다. 권오상과 권오운이 일찍 세상을 떠나는 바람에 1930년대 이후 활동에 권오직만이 뚜렷하게 남았고, 또 그의 족적도 그리 만만하지 않기 때문이기도 하다. 그는 權善得·南秉喆·보스또꼬프(Boctokob)라는 이름을 사용했고, 감옥에서 창씨된 이름으로는 幸田五稷이라 칭했다. 1906년생으로 권오설보다 아홉 살 적은 권오직은 형의 영향으로 17세가 되던 1923년부터 사회운동에 참여하였다. 1924년 2월에 신흥청년동맹과 혁청단, 1925년 4월 고려공산청년회에 참여하였다. 특히 1925년 1월 14일에 서울 기독교청년회관에서 열린 혁청단 강연회를 보면, 그가 혁청단의 대표라는 사실을 확인할 수 있다. 600명이나 모인 자리에서 "제1조 조선민중의 해방운동을 촉진한다."로 시작되는 강령을 낭독하는 것으로 시작하여 4개 주제의 강연이 이루어졌다. 그 자리에 권오직은 단장이었으니, 서울에서 터를 잡은 그의 위상을 헤아릴 수 있다.

권오설이 고려공산청년회 주역이 되면서 청년들을 모스크바 동방노력자공산대학에 유학시키는 일을 추진하자, 권오직은 여기에 참가했다. 그는 1925년 9월 이 대학에 입학했다. 여기에는 같은 안동 출신인 安相勳 등 20명이 참가했는데, 안상훈은 형 安相吉과 그 사촌형제들이 대거 사회운동에 참가하여 이름을 떨친 집안 출신이다.

권오직은 모스크바에서 동방노력자공산대학에 입학하여 1929년 3월 졸업했다. 그해 8월에 국제공산청년동맹으로부터 고려공산당청년회 재조직이라는 사명을 부여받은 그는 9월과 10월 무렵에 귀국하였다. 귀국하자마자 다음 달인 11월 조선공산당조직준비위원회를 결성하고 선전부 책임자가 된 것이다. 이어서 1930년 1월에 조선공산당 경성지구조직위원회를 결성한 그는 3·1운동 11주년 기념일을 맞아 광주학생운동으로 고조된 반일감정을 격발시키기 위해 2월에 전국 청년동맹·농민조합·노동단체에 반일격문을 찍어 돌렸다. 이로 말미암아 그는 2월 26일 일본경찰에 체포되었다.

막내아들이 붙잡혔다는 소식은 집안을 더욱 뒤집어놓았다. 권오설은 머지않아 출옥한다는 기다림을 두고 있지만, 막내가 붙들림에 따라 부모나 형제 권오기의 삶은 기구해졌다. 권오직이 붙들린 뒤 50일 만에 권오설은 옥사했다. 형의 사망 소식을 동생은 감옥에서 들었다. 그는 1931년 10월 28일 경성지방법원에서 징역 6년형을 선고받고 옥고를 치렀다. 또 1933년 1월 26일 보안법위반 혐의로 징역 8월이 추가되었다.

1936년 4월 30일 출옥한 그는 또 다시 민족운동에 나섰다. 학생들에게 '조선 독립과 공산주의 사회 건설'의 필요성을 강조하고 이를 향한 활동에 몰입하였다. 예를 들면, 1940년 6월 2일, 서울 寬勳町 13번지 漢興旅館에서 있은 모임에서 "일제의 정책이 민족문화를 말살하는 착취정책이며, 일제치하에서는 어떻게 하더라도 경제적 피폐를 벗어날 수 없으니, 이를 극복하려면 독립하는 길뿐이다."고 주장했다. 또 1940년 6월에도 그는 러시아와 한국을 비교하면서 독립해야 하는 당위성을 설파하였다. 그러한 자리에 있던 인물 가운데 있던 풍산 상리 출신이자 배재중학 1년생이던 李海植은 권오직에게서 받은 감화가 컸다. 1940년 12월 권오직은 다시 종로경찰서에 검거되어 징역 8년형을 선고받고 복역하다가 해방을 맞아 출옥하였다. 참으로 기나긴 고난의 행로였다.

3. 그의 삶과 꿈을 알려주는 자료

1) 자료를 간직해온 기적 같은 이야기

대개 알 만한 사람은 권오설의 자료가 남아 있으리라 짐작조차 하지 않았다. 지나온 세월이 그런 자료를 간직한다든가 남아 있으리라 상상하기도 힘들었기 때문이다. 그런데 실제 그에 관한 자료는 다양하게 남아 있다. 물론 판결문이나 일제 정보문건, 그리고 신문기사와 같이 공공기관들이 남긴 자료들이야 남아 있고, 또 찾을 수 있다는 점은 쉽게 짐작할 수 있다. 하지만 그가 직접 남긴 자료는 예상과 다르게 상당히 많다.

그가 남긴 자료는 다양하다. 그의 인생 33년, 짧은 날이었지만 자료는 결코 적지 않다. 부모와 형제, 동지들 사이에 주고받은 편지와 엽서가 주류를 이룬다. 여기에 그가 읽고 소장하던 서적, 기고문, 강연 원고, 장부 등도 있다. 풍산학술강습회 출석부나 지출장 등이 대표적이다.

이처럼 생각 밖으로 많은 자료가 전해지는 데에는 사연이 있게 마련이다. 그것도 기막힌 사연들이다. 권오설은 3형제 가운데 장남이다. 아래에 두 동생 권오기·권오직이 있었다. 권오기는 1901년생으로 네 살 아래, 권오직은 1906년생으로 아홉 살 아래였다. 권오설이 1925년 서울로 가고, 막내동생 권오직이 모스크바로 떠난 뒤, 집안을 돌보고 지키는 몫은 오로지 큰 동생 권오기의 것이었다. 1926년 형이 서대문형무소에 갇힌 뒤로, 또 1930년 2월에는 동생마저 옥살이에 들어가면서 그 모든 옥바라지를 도맡은 인물이 바로 둘째 권오기였다. 참으로 고단한 세월이었다. 조모와 부모, 그리고 형수가 지키는 집을 드나들면서 생계를 이어나갈 길을 찾고, 서울과 대구, 안동을 오가며 형과 동생의 옥바라지를 위해 인고의 세월을 보냈다.

하지만 이것은 광복 이후에 비하면 별 일이 아니라고 말할 수 있다. 일제의 통치를 받던 시절에야 오로지 민족문제를 해결하는, 곧 나라 찾는 것이 최고 과제였지만, 광복 이후에는 앞과 너무나 다른 문제들이 얽혀 나타났기 때문이다. 물론 항일투쟁기에 권오설이 옥사하고 권오직도 옥고를 치르는 과정에서 권오기와 집안 가족들의 삶이 힘겨운 것이 사실이지만, 광복 이후에는 더 힘든 나날이 들이닥쳤다. 좌우 갈등과 남북분단 문제가 겹겹으로 얽히면서, 가일마을을 지키고 살던 가족으로서는 숨쉬기조차 힘든 날들을 맞을 수밖에 없었다. 더구나 전쟁을 겪으면서 그 고난은 절정을 치달았고, 마을 사람들이 권오직을 따라 대거 북한으로 갔다. 권오기 가족도 동생 가족과 함께 북으로 갔다. 감시와 찬바람이 휘몰아치는 속에서도 집을 지키고 남은 사람은 오로지 여자뿐이었다. 아버지 권술조는 1944년 작고했고, 어머니 풍산류씨, 권오설의 아내 부림홍씨, 권오기의 첫 아내 金順女, 권오직의 첫 아내 盧在順이 그들이다. 결국 집안의 서적과 자료를 지키는 일은 이들 고부들의 몫이었다.

자료는 초가집 뒤 처마 아래에 간직되었다. 그곳은 뒷집 남천고택의 담과 권오설의 집 방벽 사이에 만들어진 공간이었다. 그런데 어느 날 불이 났다. 집은 모두 잃었고, 벽 속 이 자료를 보존하는 일은 다음 세대의 몫으로 넘어왔다. 권오기에게 1남 3녀가 있다. 권오설의 외동아들은 일찍 죽었고, 권오직에게는 두 딸이 있었다. 권오기의 외아들 권대용은 백부 권오설의 아들로 입양되었다. 권오설의 아내이자 백모이던 부림홍씨는 권대용이

만 11세 되던 1955년 작고했다. 권대용은 백부 권오설과 생부 권오기, 그리고 숙부 권오직의 제사를 모두 받들어왔다. 그가 맡은 일은 결코 제사만이 아니었다. 바로 권오설의 3형제가 남긴 자료를 간직하는 일도 오로지 권대용의 몫이었다. 그는 야유당 뒤 비탈에 초가를 지어 자료를 간직했다. 하지만 이마저도 다시 원인 모를 화재로 잿더미가 되었다. 그 와중에 끄집어내 되살린 것이 바로 여기에 소개되는 자료들이다.

분단과 전쟁을 겪은 상황에서 사회주의운동가의 소장 자료를 간직해온 일이 얼마나 힘든 것인지는 굳이 물어보지 않아도 알 만하다. 숱하게 잦은 경찰의 발걸음과 감시, 이웃의 멸시와 냉정한 눈길, 그 속에서 두 번이나 원인 모를 화재를 겪었다. 그 틈에서 끄집어내고 살려낸 자료들이다. 그래서 책이나 편지를 비롯한 문서들의 끝부분이 까맣게 타고 그을려 있다. 자료를 만지는 것조차 두려울 정도다. 손으로 들추어보는 것만으로도 새까맣게 타버린 모서리가 부석부석 떨어지기 때문이다. 자료 상태가 안타깝지만, 바삭바삭 타들어간 가족들의 속마음 같다. 그래서 지금까지 간직되어 온 사실 하나만으로도 기적 같고, 이를 지켜온 후손의 집념이 숭고하게 여겨질 정도이다.

자료는 본인과 가족이 남긴 것, 신문에 보도된 것, 판결문과 일제 문서 등이 있다. 신문과 판결문 등은 그의 혁명적이자 투쟁적인 면이 가득 담겼다면, 편지와 엽서는 다정다감한 인간적인 면모가 고스란히 담겨 있다.

2) 편지

그가 남긴 유품에는 편지와 엽서가 가장 많다. 성격은 대개 세 시기로 구분된다. 첫째는 1915년 대구고등보통학교에 유학한 뒤부터 1919년 12월 고향으로 돌아올 때까지 부친과 주고받은 글인데, 그 양은 적다. 둘째는 그가 고향에서 활동하던 시기인 1920년부터 1924년 초까지의 자료들이다.

풍산학술강습소를 중심으로 오고간 편지들이 주류를 이룬다. 셋째는 1924년부터 1930년까지 글이다. 서울로 가서 조선노농총동맹에서 맹활약하고 6·10만세운동을 기획·지휘하다가 갇혀서 서대문형무소에서 옥사하기까지가 이 시기에 해당한다. 가족들과 주고받은 서신이 대부분이다. 그 가운데서도 동생 권오기와 오고간 서신에 가장 많고, 부친의 글이 다음이다.

그가 쓴 편지는 국한문도 있지만, 한문 서신이 주를 이룬다. 그 가운데 봉투를 함께 남긴 자료가 많다. 봉투는 대개 누런색 종이로 만들어진 것이고, 내용물은 한지이다. 편지가 쓰인 정확한 시기를 알려주는 것도 있지만, 그렇지 못한 경우도 많다. 편지 끝부분에 시기를 적어두었지만, 대개 연도가 없고 달과 날짜만 적힌 것이 대부분이다. 그래서 시기를 찾아내기 위해 봉투 우표에 찍힌 소인을 하나하나 확인해 보았다. 또 내용으로 보아 대체적인 시기가 잡히기도 한다. 하지만 끝내 그 시기를 정확하게 밝혀내지 못한 자료도 더러 있다.

첫 시기의 글은 그의 나이 10대 후반에 대구고등보통학교에 유학하던 때로부터 시작했다. 당시를 보여주는 편지로 부친에게 보낸 한문 서신이 눈에 띈다. 경주 최부자의 지원이 끊어진 뒤, 학교장을 비롯한 교사들과 친구들의 도움을 받은 사연, 그리고 그 덕에 대구에서 '유명한 신사' 서병주 댁에 들어가서 융숭한 대접을 받는 장면이 기록되어 있다. 그러면서 한 해 전의 밥값을 갚지 못한 것에 대한 걱정이 쓰여 있다. 하지만 그는 더 이상 견뎌내지 못하고 학교를 그만두었다. 서울로 올라간 그는 여러 번 학교에 도전했지만, 학비와 생활비가 없어 끝내 이를 마치지 못했다. 그러다가 1918년 다른 사람의 소개로 전남도청에 자리를 얻어 갔는데, 그 시절 집으로 보낸 편지 두 통이 남아 있다. 하나는 어머니에게 "보성이라는 데서 이곳으로 곧 와서 도청이라는 관청에 한달 구십량씩 받고 잇습니다."라고 썼다. 그러다가 1919년 말 고향으로 돌아왔다.

고향에서 그는 계몽운동을 펴 나갔다. 1920년대 초반 자료는 대개 그가 다른 지역의 동지들과 주고받은 편지들이다. 수신처나 발신처가 대개 풍산학교라거나 풍산강습소, 혹은 풍산학술강습회 등이라고 기록되었다. 안동군 일직면 소호리 처가 마을에 一直書塾이라는 학교를 열고 근무하던 때에는 이곳으로 오간 편지가 몇 점 있다. 그러나 대개 풍산에서 지냈다. 이 시절 편지 내왕자는 대개 함께 활동하던 동지들이었다. 멀리 경남 밀양군 부북면에서 학교 일을 의논하면서 방문을 요청하는 편지도 있고, 예천군 예천면에 있던 大昌學校에서 초빙한다고 제안한 편지도 있다. 풍산학술강습소에 권오설 담임에게 보내온 결석계도 눈길을 끈다. 1923년 12월에 풍산학술강습소 5학년에 재학하던 李準昌이 '擔任 權先生'에게 다리 붓는 병으로 결석한다는 사연을 담은 자료가 그것이다. 또 이 무렵 북간도 大成中學校에서 풍산청년회장 권오설에게 기부금을 모집한다는 뜻을 담아 보내온 편지가 있다. 나라 안팎으로 이어진 교육구국운동의 한 조각을 보는 셈이다.

셋째 시기가 되는 1924년 이후 편지는 달라졌다. 그가 풍산소작인회를 결성한 뒤 서울로 가서 노농운동에 몸을 던지면서 그랬다. 조선노농청년동맹과 관련된 것이 몇몇 남아 있다. 하지만 주된 것은 가족들과 주고받은 것들이다. 부모와 동생들 사이에 오간 것이 대부분이다. 그가 아버지에게 보낸 서신은 늘 당당하게 살아가고 있는 모습을 드러내려 애를 쓴 흔적을 느끼게 만든다. 이에 반해 아버지의 글은 돈을 제대로 지원하지 못해 그가 마음대로 날개를 펼 수 없게 만든 데 대해 안타까워하는 마음을 나타냈다. 서울에서 사회운동을 벌이기 시작하던 1924년 5월 경찰서에 붙들려가기 시작하여 그런 일이 잦아지자, 부친의 불안을 누그러뜨리려는 내용을 담은 글이 많았다.

그러다가 1926년 6월 일제에 붙들리고 서대문형무소에 들어간 뒤에는 가족들이 그에게 보낸 편지가 주를 이룬다. 형무소에서 그가 쓴 글은 봉합엽서였다. 그래서 감옥에 있던 시절의 편지 자료는 부모와 동생들의 것이 대부분이다. 그 편지들은 한결같다. 건강을 염려하는 가족들의 이야기에, 부친에게는 괜찮다고 표현하면서도, 동생에게는 아픈 이야기를 털어 놓았다. 이에 부친은 다음과 같이 늘 걱정하는 글을 보냈다.

> 무병하다는 말은 나를 위로하기 위한 핑계일 뿐 더위가 혹심하니 평소 병이 없는 사람도 쉽게 병이 날 일이거늘 하물며 기가 약하고 건강하지 못한 사람이 어찌 견뎌낼 수 있겠느냐? 부디 마음을 굳게 먹고 편안하게 지내기 바란다.

私食을 넣어달라고 간절한 부탁이 많고, 이를 위해 돈을 마련해보라고 부탁했다. 그러면서도 그는 어려우면 그만두라고 탄식하기도 했다. 남아 있는 자료 가운데 우편환 봉투가 남아 있다. 이는 동생이 1927년 6월에 20원을 감옥으로 보낸 것이다. 또 여름과 겨울을 맞아 옷을 보내달라는 주문이 절절하다. 겨울에는 솜을 많이 넣은 두툼한 옷을 거듭 부탁했다. 옷의 세탁도 힘든 일이었다. 옷을 밖으로 내와서 세탁하고 다시 들여보내는 일은 짧은 순간에 이루어지는 것이 아니므로, 한 번 들여보낸 옷은 상당한 시간이 지난 뒤에 밖으로 나왔던 것이다. 그는 또 다양한 책들을 주문했다. 동생은 이를 갖추어 보내느라 애를 썼다. 편지에 등장하는 책들은 西洋史槪論 · 新字典 · 英文解釋硏究 · 老子獨學講義 · 世界歷史の硏究 · 正本中庸集註 · 莊子南草經 · 世界의 運命 · 高等普通學校修身書 · 最近의 自然科學 · 哲學槪論 · 速修國語讀本 · 英語복겟도用사전 등이다.

책을 구해 보내는 일은 당연히 동생 권오기의 몫이었다. 1930년 2월 4일 권오기가 권오설에게 보낸 편지를 보면 얼마나 애를 썼는지 알 수 있다.

> "通俗世界全史는 어디서 파는지, 신문 광고를 봐도 없고 다른 동무들에게 무러 보아도 모르고요, 다른 册子라도 差入할까요?

편지 자료 가운데 눈길을 끄는 것 하나는 1928년 12월 부친의 회갑일에 들어온 부조 내용을 적은 글이다. 1927년 모친의 회갑에 이어 부친 회갑일을 맞아, 그 자리에 참석하지 못한 권오설이 위로와 안부의 편지를 보내면서 그 날짜에 있었던 일을 상세하게 적어 보내달라고 동생 권오기에게 부탁했다. 이에 맞추어 친척들이 보내온 부조 내용이 조목조목 적혀 있다. 이는 당시 무엇을 어떻게 부조했는지 사정을 자세하게 알려준다.

3) 엽서

엽서 자료는 일반엽서와 봉함엽서로 나뉜다. 일반엽서는 그가 풍산학교를 운영하던 시절의 것과 동생이 서대문형무소로 보낸 것이 주를 이룬다. 반면에 봉함엽서는 그가 서대문형무소에서 바깥으로 보낸 것이 대부분이다.

1919년 12월 고향으로 돌아온 뒤 주고받은 엽서는 한문으로 쓰인 것이 많다. 1920년 7월에는 안동청년회에서 공립보통학교에 강연회를 개최한다는 안내문이 담겼고, 안동군 일직면 蘇湖洞에 一直書塾을 만들고 지내던 시절에 안동읍내에서 權寧默이 보낸 엽서에 '學校內'라는 글이 있어서 그 정황을 엿볼 수 있다. 그러다가 1921년 1월이면 권오설의 수신처가 豊山學校로 적혀 있어, 그가 일직면에서 교육 사업을 펼치던 모습을 보여준다. 1923년 10월에는 수신처가 풍산학술강습회로 되어있다. 발송자 조선교육협회 朴春濤가 교사로 요청한 것을 수락하지 못해 미안하다는 글이 있고, 미곡 중개업으로 자금을 마련할 터이니 돈을 마련해 달라고 주문도 담겨있다. 또 조선교육협회 隣友會 金一泳의 글도 있다.

이 시절에 엽서에는 교육과 관련된 글이 대부분이다. 安東啓明學院 李運衡이 보낸 글, 대구에서 권영식이 학생을 추천하여 풍산으로 보내는 글, 강습회의 근황을 문의하는 후배의 글, 밀양 정진학교 류장영이 심상소학교 국어독본 교재를 부탁하고, 또 풍산학교의 졸업식 날짜를 물으면서 밀양 방문을 청하는 글, 서울 인사동에서 李承烈이 교구 제작으로 보이는 주문과 선금에 감사하는 글, 자금 마련에 실패했다는 權泰錫의 글, 1923년 12월 휘문고등보통학교에서 사립풍산학교장 권오설에게 휘문고보 입학지원에 따른 일정을 답변한 글, 1924년 1월 예천군 柳川의 私設廣明義塾 權元周(금당실)가 풍산학술강습회로 보내온 연하장, 서울 수표정에서 안동 가일마을 權五雲이 풍산학교 권오설에게 부탁받은 역사부도를 구입했지만 독본 11권은 서점에 없어, 전과참고서 6책은 돈이 없어 구입하지 못한 사실을 알리는 글 등이 있다.

이 시절 글을 주고받은 인물에는 뒷날 사회주의운동에 이름을 드러낸 안동군 와룡면 가구동의 安相烔, 영양군 일월면 주실마을 출신으로 뒷날 신간회 동경지회장을 지내게 되는 趙憲泳, 안동군 임하면 내앞마을 金昌魯 등도 눈에 띈다. 1923년과 이듬해에는 두 동생이 일본에 있었는데, 그에게 보낸 엽서가 남아 있다. 1923년 10월 권오설이 일본 도쿄 鮮人相愛會 주소로 머물던 권오기에게 빨리 돌아오라고 거듭 주문하자, 권오직은 걱정하지 말라고 답했고, 권오기에게 한 번 다녀가라고 거듭 명하였다. 더구나 1924년 1월 관동지역에서 지진이 일어났다는 소식을 듣고서는 크게 걱정하는 글도 남아 있다.

1924년 여름에 들 무렵, 엽서는 노농운동과 관련된 내용으로 바뀌어 갔다. 1924년 6월에는 마산 三山勞農聯合會에 머무는 얼마 동안 해운대에서 그를 초대하거나, 진해소작회에서 마산으로 그에게 엽서를 보내기도 했다. 또 당시 그의 주소지가 서울 한양청년총동맹으로 기록된 엽서도 있다. 이와 관련된 사실은 1926년에서 1927년 사이에 진행된 심문 과정에서도 드러난다.

1926년 6월부터 서대문형무소를 오가는 엽서가 나타나기 시작했다. 권오설이 일경에 붙들린 뒤 일주일 지난 6월 15일자로 동생 권오기가 형에게 보낸 것이 첫 엽서이다. 거기에는 긴박한 느낌과 함께 엽서 10장을 사서 감옥으로 넣었다는 기록이 담겨있다. 그가 어느 동지에게 보낸 엽서에서 발신처를 '서대문 우리 속에서'라고 표현했다. 돼지우리처럼 그곳도 '우리'라는 것이다. 그 속에서 벌어지는 삶은 악조건일 수밖에 없었다. 그가 가장 애타게 주문한 것이 私食이라는 데서 이를 알 수 있다. 그냥 배고픈 것이 아니었다. 구속되어 일본 경찰에게 온갖 고문을 다 이겨내야 하고, 그러면서 진행되던 심문을 버텨내노라니 체력이 견뎌내기 힘들던 터였다. 그래서 동생에게 보낸 엽서에 주위 친척들에게 부탁하여 돈을 마련하고, 사식을 넣어달라고 애타게 주문했다.

그 뒤로는 옷과 책을 부탁하는 엽서가 줄을 이었다. 계절이 바뀔 때마다 거기에 맞는 옷이 꼭 있어야 했고, 양말과 두루마기 등에 대한 글이 이어졌다. 세탁 문제는 쉽게 해결할 수 있는 것이 아니었다. 이를 해결하자면 돈이 필요했다. 그러나 그것이 그리 쉬운 일이 아니었다. 심문을 받느라, 병과 싸우느라 힘이 들자, 심하게는 동생 권오기에게 "구루마를 끌더라도 돈을 구하라."고 썼다. 절박한 모습이 가슴을 아리게 만든다. 더구나 몸이 아프다는 글도 이어졌다. 왜 그렇지 않았겠는가.

편지와 마찬가지로 엽서자료에도 그가 요구한 책이 자주 등장한다. 正則英語學校 교재, 『서양사』, 岩波文庫 철학서, 『通俗世界全史』, 『字解速成英語』, 와세다대학 통신강의록, 『言海』(일본어책), 『新字典』 등이 그렇다. 그런데 『自助論』은 차입시켰지만 반입이 허용되지 않아 권오설에게 도달하지 못하는 상황도 들어있다.

엽서 자료도 그가 부모님께 가지는 죄스러운 마음이 곳곳에서 드러난다. 몸이 아픈 이야기를 쓸 때에도 부모님께는 결코 알리지 말라고 당부했다. 모친 회갑과 진갑, 부친 회갑을 감옥에서 맞는 그로서는 자신의 불효를 가슴 아파하면서, 동생에게 즐겁게 해드리라고 당부했다. 모친은 아들이 감옥에서 나오면 잔치하겠다고 답했다. 그러나 그는 아들이 감옥에 있다고 그냥 넘기면 자신이 너무 가슴 아프다면서 잔치를 거듭 부탁했다. 그러면서 그날 생기는 일들을 자세하게 알려달라고 목이 빠져라 기다렸다. 1928년 음력 11월 어머니 환갑날에 맞추어 그는 시를 적어 보냈다.

> 늘 푸린 솔잣나무
> 눈 올사록 더 푸리고
> 꼿감촌 아름단 풀
> 어름 얼되 새싹 틈은
> 지나간 골해, 잘해도 그러 그러코
> 닿아올 골해, 잘해도 그러 그러리
> 이와 같이
> 우리 아버님! 우리 아마님도
> 온갖 풍상! 가즌 고초 가운대
> 오늘 환갑 지나신디 오고 오는 날과 달에
> 한글같이 굿세고 튼튼하시와 우리 집의 바담이 갈사록 새롤진저

늘 푸른 소나무 잣나무가 눈이 올수록 더 푸르고, 곶감촌의 아름다운 풀이 얼음 얼어도 새 싹 틔우는 것은 지나간 해도 그랬고 다가올 해도 그렇다네. 그러니 우리 부모님도 오늘 환갑을 지나신 뒤 늘 한결같이 굳세고 튼튼하셔서 우리 집의 바람이 날이 갈수록 새롭길 빕니다. 그렇다, 그는 차디찬 감옥 속에서나마 어머니의 환갑을, 이듬해에는 어머니의 진갑과 아버지의 환갑을 맞아 건강을 빌고 빌었다.

동생은 오직 건강에만 주의하라고 거듭 글을 썼다. 집안 걱정은 아예 하지를 말고, 오직 '형님의 몸씨', 곧 몸만을 건강하도록 유의하라고 애절하게 말했다. 그러면서 어쨌든 돈을 구해보겠다고 다짐했다. 또 동생은 서울에서 지내는 동안 형의 명성 덕분에 많은 사람을 알게 되었다는 말도 보탰다. 동생은 돈을 마련하기 위해 대구로 가서 公認大邱廉賣場에서 상업에 종사하던 장면도 엽서 자료가 보여준다. 그러다가 돈 마련이 어렵게 되자, 1928년 동생은 형 이름으로 되어 있는 밭 한 마지기를 팔겠다는 의견을 내놓았다. 이에 권오설은 한 번 팔면 다시 마련하기 힘드니 가능하면 팔지 말고

견뎌보라고 재삼 부탁하였다. 동생으로서는 힘든 일이었다. 옥바라지와 가족 봉양이라는 두 가지 짐이 한꺼번에 닥친 것이니 그럴 수밖에 없었다. 그러다가 얼마 동안 동생 소식이 뚝 끊기는 일도 생겼다. 그 순간을 보여주는 엽서가 있다. 內從, 곧 고종사촌 柳宗佑에게 보낸 엽서를 보면, 권오기 소식이 끊기고 답도 없는데, 며칠 전에 감옥 건너편 산 위에서 '형님, 형님'이라고 낮밤 울부짖는 소리 들리더니 그것이 동생 권오기 목소리가 아닌지 궁금하다면서, 휴가를 내서라도 상경하여 동생을 찾아달라고 부탁하는 장면도 보인다.

그 어렵던 시절에 사식을 보내준다거나 돈을 보내주는 사람들도 여럿 있었다. 안동 출신 김남수와 권태동, 그리고 염상진의 이름이 자주 나타났다. 심문조서에 보면 돈을 들여 넣었다가 공범으로 몰리는 경우도 볼 수 있다. 그런 형국이니 감옥으로 돈을 보내는 일도 그리 자유로운 일만은 아니었다. 그런 속에서도 그를 돕는 인물들이 줄을 이었다. 또 옥 속에서 그가 주고받은 엽서에는 서울에서 활약하던 여성운동가들도 보인다. 朱世竹과 趙元淑, 그리고 黃信德을 '누이'라고 부르는 장면이 여러 차례 등장한다. 이들에게 독서의 중요성을 강조하기도 하고, 소식을 궁금해하기도 했다. 그러다가 자신을 따라 6·10만세운동에까지 동참했다가 옥고를 치르기도 했던 권오운과 권오상의 죽음 소식을 듣고 가슴을 치던 장면도 드러난다. 권오운이 죽기 직전 1927년 신년에 권오설은 권오운에게 "가정에 있어서 誠孝의 자손이 되며, 동네에서는 진실한 노동자가 되기를!"이라고 연하엽서를 보내기도 했었다.

편지와 엽서 외에 전보 자료도 있다. 그것이 바로 그의 옥사 소식을 전하는 것이다. 1930년 4월 17일 옥사하고, 그 다음 날인 18일자로 전보가 고향에 도착했다. "작야오설옥사", 지난 밤 권오설이 감옥에서 사망했다는 말이 간단하게 담겨있다. 봉투와 용지, 소인이 뚜렷하다.

4) 문서

그가 남긴 문서 자료는 그리 많지 않다. 하지만 무척 귀중한 것들이 들어 있어 눈길을 끈다. 그의 학창 시절을 알려주는 자료가 몇 점 있다. 사립동화학교 수업증서와 졸업증서에는 그의 어릴 때 이름인 權五敍로 적혀 있다. '揷秧論'이란 모심기를 논하는 글이 남아 있다. 이것은 그가 대구고등보통학교 시절 방학 과제로 제출한 것으로 보이는데, 完本이 아니다. 더구나 뒷부분에는 누구의 것인지 모르는 제문이 붙어 있다.

다음으로 풍산청년회 傳單, 곧 알림 쪽지가 두 장 보인다. 한 장은 단결하라는 것이고, 다른 하나는 조혼을 금지하라는 것이다. 두 가지 모두 펜으로 내리 쓴 것인데, 그의 자필인지는 확실하지 않다.

> 우리는
> 서로 갈리어 딴판을 벌리지 말지어다.
> 서로 얼근거리어 남 보듯 하지 말지어다.
> 서로 멀그머니 보아 눈살을 찌푸리지 말지어다.
> 갈리면,
> 얼근거리면,
> 멀그머니 보면,
> 업더진다.
> 잡바진다.
> 고만이다.
> 오직, 우리는,
> 서로 손목을 꽉 잡고 한 곳으로 한 길로 같이 나아갈지며,
> 서로 마음을 가치하여 한 뜻으로 한 일로
> 늘 힘쓸지며,
> 서로 언제던지 함끠하여, 모지고 굳세인
> 뭉테이를 이룰지어다.
> 이라하여야,

일어난다.
살지로다
오래도록.

서로 갈라서지도, 으르렁거리지도, 멀거니 쳐다보지도 말고, 오로지 한 길, 한 일로 힘쓰라는 주문이 담겼다. 그러면서 서로 함께 힘을 합쳐서 모질고 굳세게 한 뭉치를 이루어야 일어서고 오래도록 살 수 있다고 주장했다.

풍산학술강습회와 관련한 자료가 눈길을 끈다. 우선 풍산면 하리동 李光烈 이름으로 경상북도지사에게 사설학술강습회 개설을 인가해 달라고 제출한 신청서가 있다. 학습목적과 강습 기간 및 장소, 강습의 정도와 구성, 강습대상자, 강사진과 그 경력, 경비 마련 방법과 수입 · 지출 계획이 자세하게 적혀 있다. 권오설은 강사 5명 가운데 한 사람으로 들어 있다.

풍산하기강습회 청강생 명부와 지출장은 그가 1920년대 초반에 고향에서 펼친 교육운동의 한 단면을 보여주기에 충분한 자료이다. 풍산학술강습회의 하기강습회라는 존재, 거기에 남학생과 여학생반의 명부, 낮반과 야간반의 구성, 재정 운영을 보여주는 지출장부까지 남아있다. 원흥학술강습소를 비롯하여 일직서숙까지 여러 학교를 만들고 운영했지만, 구체적인 운영 내용을 보여주는 자료는 이것뿐이다. 또 안동강습회연합회운동회가 열리던 1924년 그에게 '司令'의 임무가 주어진 임명장과 편지 · 엽서 자료를 연결시켜보면, 그의 교육구국운동의 전반적인 틀을 확인할 수 있다. 나아가 다른 지역의 동지들과 연계되는 현상도 찾을 수 있다.

다음으로 安東朝鮮物産奬勵會趣旨書는 지방에서 펼쳐진 물산장려운동의 한 단면을 보여주는 것이어서 가치가 크다. 1923년 1월 조선물산장려회가 결성되면서 그 운동은 전국적으로 확산되었다. 주요 활동은 민족자본의 육성을 강연회나 유인물 및 회지 발간을 통해 홍보하는 것이었다. 지방에서도 여기에 호응하여 지회를 만들고 나섰다. 안동에는 1923년 2월 26일 안동조선물산장려회라는 이름으로 조직되었다. 최고지도자는 류인식이요, 회장은 김원진이며, 안동 유지들이 여기에 참여하였다. 안동조선물산장려회에서 중앙위원을 초빙하여 강연회를 가졌고, 위생 문제를 청년회와 더불어 안동군청에 건의했다는 신문기사가 확인된다. 안동조선물산장려회가 출범하는 장면을 보여주는 중요한 자료가 바로 이 취지서이다. 끝부분이 불탄 흔적을 보여주고 있어서 자료가 전해지는 과정을 보여준다. 또 革風團 전단이 눈에 띈다. 미신을 타파하고 새 시대를 열어가자는 내용이 담겨 있다. 아마 그가 혁청단에 가입했을 때, 안동에 만들어진 것이 혁풍단이 아닌가 짐작된다.

끝으로 제문이 있다. 아버지 권술조가 아들 권오설이 죽은 뒤 2년 만인 1932년 음력 3월 19일자로 쓴 제문이다. 대상을 치르면서 아들에게 영원한 이별의 한을 여기에 쏟아냈다. 그렇게도 믿고 아끼며 대견스러워 하던 아들을 먼저 보낸 아버지의 痛恨이 절절히 배어있다. 첫 구절부터 가슴을 저리게 만든다.

> "아! 원통하고 슬프도다! 내가 너와 인간세상에서 부자라는 이름으로 정해진 것이 겨우 33년인데, 이 33년 사이에 일찍이 부자의 정을 나눈 것이 어찌 삼분의 일이라도 되었겠으며, 노심초사한 기간을 제외하면 실로 십분의 일도 되지 않을 것이다."

어릴 때부터 총명하여 주변 사람들의 칭송을 모았던 아들이었다. 상급학교로 진학했지만 가난하여 이를 이어가기 힘들던 일, 뒷날 구속되었다는 소식에 경황없던 마음도 썼다.

> "비록 아홉 번 죽더라도 후회하지 않겠다는 그 초심은 차라리 몸이 해체되는 한이 있더라도 변하지 않고 굳게 지켰던 것이다. 그러기에 저들은 위력을 함부로

> 행사하고 毒手를 마구 써서 수족을 묶고 단근질하며 꺾고 비틀면서도 이기지 못할까 두려워하는 듯하였으니, 어찌 기운이 빠지지 않을 수 있으며 목숨이 끊어지지 않을 수 있겠는가?
>
> …… 좋은 날이나 명절에 사방 이웃에서 노래와 웃음소리가 집집마다 떠들썩하게 들리면 나는 귀를 막아 가리고자 하였고, 백설 같은 떡, 구슬 같은 쌀밥이며 사철 맛좋은 음식이 반취에 올라도 나는 목구멍으로 내려가지 않았으며, 구곡의 연한 창자가 마치 녹을 듯하여도 오히려 강건한 척한 것이 네 아비였느니라."

어느 아버지가 아들을 먼저 보내고 슬프지 않을까? 나라와 겨레 위해 살다가 서른세 살, 젊고도 젊은 나이로 떠난 아들을 보낸 아버지의 심정을 어찌 쉽게 헤아릴 수 있을까? 아버지가 쓴 제문은 깊은 바다 속에서 울려나오는 무겁고도 거대한 울림과 같다.

5) 신문조서 · 공판조서 · 판결문

▌신문조서 및 공판조서 날짜별 목록

번호	문서 제목	저필자 / 신문자	작성일 / 작성 장소
1	예심 이송 결정서	조선총독부재판소 서기 申彦浩	1926년 7월 12일
2	피의자 권오설 신문조서(제2회)	경성지방법원 검사국 조선총독부 검사 中野俊助 조선총독부재판소 서기 植山健藏	1926년 8월 16일 서대문형무소
3	피의자 권오설 신문조서(제2회)	경성지방법원 검사국 조선총독부 검사 中野俊助 조선총독부재판소 서기 植山健藏	1926년 8월 17일 서대문형무소
4	의견서	경성 종로경찰서 사법경찰관 조선총독부 경부 三輪和三郎이 경성지방법원 검사국 검사정 조선총독부검사 長尾戒三에게 보낸 것	1926년 8월 30일
5	피의자 신문조서	경성 종로경찰서 사법경찰관 사무취급 도순사 高木義雄	1926년 9월 1일 서대문형무소

6	피의자 신문조서	경성지방법원 검사국 조선총독부 검사 中野俊助 조선총독부재판소 서기 植山健藏	1926년 9월 15일 서대문형무소
7	권오설 피고인 신문조서	경성지방법원 예심괘 조선총독부판사 五井範藏 조선총독부 재판소 서기 福田淸吉	1926년 10월 7일 서대문형무소
8	권오설 피고인 신문조서(제2회)	경성지방법원 예심괘 조선총독부판사 五井範藏 조선총독부 재판소 서기 福田淸吉	1926년 10월 8일 서대문형무소
9	권오설 피고인 신문조서(제3회)	경성지방법원 예심괘 조선총독부판사 五井範藏 조선총독부 재판소 서기 福田淸吉	1926년 10월 11일 서대문형무소
10	권오설 피고인 신문조서(제4회)	경성지방법원 예심괘 조선총독부판사 五井範藏 조선총독부 재판소 서기 福田淸吉	1927년 3월 5일 서대문형무소
11	권오설 피고인 신문조서(제5회)	경성지방법원 예심괘 조선총독부판사 五井範藏 조선총독부 재판소 서기 福田淸吉	1927년 3월 7일 서대문형무소
12	권오설 피고인 신문조서(제6회)	경성지방법원 예심괘 조선총독부판사 五井範藏 조선총독부 재판소 서기 福田淸吉	1927년 3월 8일 서대문형무소
13	(구류 기간) 更新決定 (권오설 외 10명)	경성지방법원 형사부 재판장 조선총독부 판사 脇鐵一 조선총독부 판사 小野勝太郎 조선총독부 판사 中島仁	1927년 6월 28일
14	(구류 기간) 갱신결정 (권오설 외 11명)	경성지방법원 형사부 재판장 조선총독부 판사 矢本正平 조선총독부 판사 脇鐵一 조선총독부 판사 中島仁	1927년 9월 29일
15	송달증서(權五卨)	발송자 : 경성지방법원 수신자 : 서대문형무소	1927년 9월 30일
16	출두수서 (權五卨 외 100명)	발송자 : 변호인 李升雨·許憲·李仁·韓相億 수신자 : 경성지방법원 형사부	1927년 10월 2일
17	高允相 외 91명 공판조서(제15회)	경성지방법원 형사부 조선총독부재판소 서기 吉岩正隆 재판장 조선총독부 판사 矢本正平	1927년 10월 18일 경성지방법원

18	高允相 외 91명 공판조서(제16회)	경성지방법원 형사부 조선총독부재판소 서기 松澤尙三 재판장 조선총독부 판사 矢本正平	1927년 10월 20일 경성지방법원
19	高允相 외 91명 공판조서(제17회)	경성지방법원 형사부 조선총독부재판소 서기 吉岩正隆 재판장 조선총독부 판사 矢本正平	1927년 10월 22일 경성지방법원

1번 자료는 1926년 7월 12일, 그가 신의주지방법원에서 경성지방법원의 예심으로 이송한다는 결정서이다. 그 뒤로 모든 신문과 공판은 서울에서 진행되었다. 2와 3번 자료는 '李鳳洙 興南 7 · 5 제1사건'이란 이름의 문서철에 들어 있는 것이고, 4에서 6번은 '鄭晉武 외 22명 조공재건투쟁 협의사건'에 관련된 신문이다, 7번부터 12번까지는 예심판사의 신문조서, 13과 14번은 구류 기간을 다시 연장하는 문서이다. 15와 16번은 송달증서와 출두수서, 17번부터 19번까지 자료는 공판조서이다.

신문과 공판 내용은 크게 두 가지로 나뉜다. 하나는 조선공산당과 고려공산청년회에 대한 내용이고, 다른 하나는 6 · 10만세운동에 대한 것이다. 조선공산당과 고려공산청년회의 결성 과정, 조직과 구성원, 각자 맡은 활동과 권오설의 위치 등이 상세하게 담겨 있다. 특히 그가 고려공산청년회를 이끌면서 입당 시킨 사람들, 각종 사회조사표를 작성하고 스스로 회칙을 만든 내용이 눈에 띈다. 또 모스크바 동방노력자공산대학에 20여 명 청년들을 보낸 것이나 해외로부터 들어오는 자금을 받아 사업을 펼친 그의 활동과 위상이 돋보인다.

크게 보아 전반부 경찰과 검사의 신문에 대해서 밝힌 것을 공판 과정에서 뒤집는 것이 많다. 판사가 진술을 뒤집는 이유를 묻자, 그는 경찰과 검사의 요구대로 말하지 않으니 "좋아하지 않아서 거짓으로 진술했다."고 밝혔다. 고문과 협박이 계속되니, 차라리 그들이 원하는 대로 말해서 넘어간 것이다. 그는 요시노 경부보로부터 고문당하던 일을 공판 과정에서 말하면서, 일일이 사실을 강조하였다. 고문당하는 바람에 앞니가 덜거덕거려 바람만 스쳐도 고통스럽다거나, 밥 굶기기, 종로경찰서에서 죽도록 두들겨 맞던 일, 다리 안쪽에 각목 2개를 끼우고 하루 밤낮을 고문당한 일, 손가락 사이에 부채를 끼우고 양쪽을 쥐어 고문당한 일 등이 그것이다.

공판조서에 나타난 그의 주장은 일제 통치를 냉철하게 비판하는 것이었다. 일제 통치가 가지는 문제를 조목조목 따지는 내용은 설득력이 대단하다. 스무 한 두 살 때, 고향에 고바야시라는 일본인 지주가 돈 2천~3천을 가지고 와서 고리대금업을 벌여 사람들을 괴롭힌 끝에 3년 만에 500마지기 토지를 가지는 지주가 되었다고 말하면서, 일제 통치의 결함을 비난했다. 이어서 그는 군벌통치와 문화정치의 가증스러움, 전국을 하나의 커다란 감옥으로 만든 폭압성, 재령평야를 사례로 들어 일제의 자원 수탈의 악질성, 식민지 교육의 노예 양성 정책, 총독정책의 사기성 등을 하나하나씩 따져 말하면서, 투쟁 이유와 목적을 분명하게 밝혔다. 그런 가운데 예심판사를 비웃는 장면도 나온다. 예심판사가 치안유지법 핵심조차 제대로 이해하지 못하면서 신문하더라고 비아냥거린 것이다.

서른 살 나이의 청년이 쏟아내는 말은 일제에 대한 도전이자 전쟁이었다. 총독정치의 결함을 맹렬하게 비난하면서 조선인 본위의 산업과 교육을 요구하였다. 그의 주장은 전반적으로 항일투쟁의 이유와 목적, 방향을 논리정연하게 발표한 것이었다.

6) 신문

권오설의 움직임이 보도된 신문은 《조선일보》·《동아일보》·《시대일보》·《중외일보》·《조선중앙일보》 등이다. 권오설에 관한 기사는 사회운동 전반의 동향과 같다. 그가 풍산소작인회를 결성한 뒤 서울로 가자마자 그의 동정이 신문에 오르내렸다. 1924년 5월 4일자에 그가 종로경찰서에서 풀려난 기사가 실려 있다. 조선노농총동맹이 집회금지 처분을 받았지만, 중앙집행위원이던 그가 몇몇 간부와 모여 논의하다가 종로경찰서에 붙들렸고, 십여 일 동안 취조받다가 풀려난 내용이 거기에 담겼다. 1925년 1월 안동에서 만들어진 火星會 소식이 보도되었다. 이는 두 달 앞서 서울에서 결성된 화요회의 안동지회 성격을 가진 조직이다. 4월에는 종로 '赤旗事件'에 얽혀 신문을 받기도 했다. 그해 12월에는 김재봉을 비롯하여 제1차 조선공산당 핵심 인물들이 검거될 당시 그도 붙들렸다가 풀려난 기사가 있다.

권오설에 관련된 보도는 역시 1926년 6월부터 집중적으로 등장했다. 6·10만세운동의 상세한 내용이 하나씩 보도되면서 권오설이 최고 기획자요 지휘자라는 사실이 매일 크게 보도되었다. 《시대일보》는 이를 '륙륙사건'이라 이름 붙였다. 6월 16일부터 7월 초까지 거의 매일 신문마다 그의 이름이 오르내렸다. 상해로 망명하여 활약하던 김단야와 연초부터 만나고 메이데이 투쟁을 준비하다가 6·10민족운동으로 방향을 바꾸던 과정, 상해에서 자금이 권오설에게로 전달되고, 또 선천에서 광산을 경영하던 안정식에게서 자금을 확보하던 과정 등이 자세하게 보도되었다. 이어서 경찰이 권오설이 쓴 격문을 찾아내면서 검거에 들어가는 과정 등도 알려졌다. 그러다가 1926년 7월부터는 그도 조선공산당과 관련된 인물이라는 사실이 보도되고, 그해 연말에는 공판 소식이 나오기 시작했다.

1년 뒤 권오설은 강달영·전정관·홍덕유·이준태와 더불어 종로경찰서 고등계 주임경부를 비롯한 형사들을 폭행혐의로 고소했다. 1926년 6월 14일부터 8월 10일 사이에 종로경찰서 2층 신문실과 (경기도)경찰부 신문실에서 주임경부를 비롯한 형사들에게 폭행을 당했고 이로 말미암아 권오설은 앞니 두 개가 부러지기도 했다. 일제 검사가 불기소 결정을 내리자 이들은 다시 항고했지만 기각되었다. 일제 검사가 고등계 형사들을 불기소로 처분하거나 판사가 항고를 기각한 것은 불을 보듯 뻔한 일이지만, 고문경찰들을 고소하여 취조 받게 만들고 재판정에 세우는 그 자체가 '사건'이었다.

1928년 2월에는 법원 판결 내용이 보도되었다. 1928년 8월에는 권오설이 신장염으로 고생하지만 영치금이 없어 주사도 맞지 못한다거나 병감에 수용되어 있다는 내용이 알려졌다. 그러다가 1930년 4월 17일과 19일자에 그의 병환이 급하다는 것과 급성 폐렴으로 옥사했다는 보도가 나왔다.

4. 마무리

여기에 나라와 겨레를 살리기 위해 살다간 한 젊은이, 위대한 청년지도자 권오설의 자료를 소개한다. 신문이나 경찰기록을 보면 그는 반듯한 논리를 가진 투사이지만, 가족과 주고받은 편지와 엽서를 보면, 한없이 여린 사람이었다. 한 인간으로서 가지는 그의 면모가 오롯이 여기에 드러난다.

이 자료들은 1910년 나라를 잃은 뒤, 유학적 바탕 위에 성장하는 한 청년이 민족문제에 눈을 뜨고, 새롭게 들어온 이념을 받아들여 대응해 나가는 상황을 잘 보여준다. 특히 사회주의 이념과 민족문제의 만남, 그 과정에서 사회주의운동이 왜 독립운동인가를 말해주는 내용들이 여기에 고스란히 담겨있다. 그가 왜 포상이 되어야 했는지, 그를 왜 기려야 하는지를 이 자료들은 웅변으로 보여준다.

끝으로 자료집에 담지는 못하지만, 그가 남긴 책을 소개한다. 대부분이 불에 타거나 그슬린 흔적이 남아있다. 그 가운데는 동생 권오기와 권오직이 사용하던 것도 일부 포함되어 있다. 그런데 책 앞면이나 속표지 등에 권오설이 스스로 이름을 적어둔 것도 있고, 도장을 찍어둔 것도 있다. 또 스탬프처럼 이름을 찍어둔 것도 보인다. 이처럼 그의 이름이 적힌 자료만을 보면 다음의 것들이 있다.

『訂正 算學通編』, 『代數學』, 『算術新敎科書』, 『舊約全書』, 『基督敎の宇宙觀及び人生觀』(白石喜之助), 『朝鮮佛敎略史』(權相老), 『英語辭典』, 『最新六法全書』, 『朝鮮叢書』, 『重刑 東國通鑑』(제2~5책), 『史記國字解 豫約見本』(早稻田大學), 『三一神誥』(金敎獻)

수학책이 우선 눈에 들어온다. 그가 수학에 관심을 갖고 학습했는지 아니면 교육용으로 소장했는지 알 수 없다. 영어사전이 있고, 유품에는 영어 학습서가 초등 · 중등 · 고등 과정이 있지만, 거기에는 동생의 이름이 적혀 있다. 종교 서적으로 기독교와 불교 서적이 있다. 또 법률 서적에 이어 역사 서적이 두드러진다. 끝으로 대종교 교주 김교헌이 지은 『삼일신고』가 있다. 이 가운데에는 그가 서대문형무소에서 읽은 것도 있을 것이다. 동생과 주고받은 서신을 보면, 그가 감옥에서 동생에게 주문한 책들이 많다. 더러는 동생에게 다시 돌려주어 간직하라고 일러두는 장면도 보인다.

이밖에도 그의 이름이 적혀 있지 않지만, 그가 간직했던 것이라 여겨지는 잡지들도 있다. 《대한자강회월보》, 《대한협회회보》, 《공제》(조선노동공제회 잡지), 《교남교육회잡지》 등이 그것이다. 또 『英文法捷徑』, 『哲學概論』, 『東國通鑑』 등도 그의 책이라 여겨진다. 회보를 제외한 영문법 · 철학 · 역사 서적은 그가 직접 이름을 써둔 위의 자료들과 분야가 같다.

23장_ 윤자영(1894~1938)의 생애와 민족운동

1. 머리말

민족문제를 해결하기 위해 평생을 바친 인물이 많지만, 분단이라는 한국 현대사의 특성 때문에 팽개쳐지거나 심지어 반역의 반열로 평가되어온 경우도 적지 않았다. 그것은 남과 북에서 마찬가지이고, 국외지역에서도 그러하였다. 이번에 추적하는 작업은 그렇게 쉽게 잊어서는 안 되는 인물 가운데 한 사람이다. 尹滋瑛은 국내와 상해, 만주와 연해주, 그리고 모스크바에서 활약하다가 어느 날 갑자기 사라져버렸고, 오랫동안 잊혀온 '역사적 인물'이 되고 말았다.[1]

윤자영은 3·1운동에 참가하고, 옥고를 치른 이후로 줄곧 민족과 계급의 해방을 위해 살다 갔다. 그에 대한 자료가 워낙 부족하고 아직 그를 본격적으로 평가하는 작업에 이르기는 어렵기 때문에, 일단 이 연구는 그의 생애를 재구성하는 데 초점을 맞추려 한다.

윤자영은 경상북도에서도 산간오지인 청송에서 태어났다. 그는 1894년 9월 13일에,[2] 청송군 청송읍 金谷洞 749번지에서 출생하였다.[3] 그의 문중

---

1) 본 연구는 선험적인 연구(임경석, 「잊혀진 혁명가, 윤자영」, 『진보평론』 3, 2000)에서 큰 도움을 받았다. 더구나 연구 진행과정에서도 임교수에게 많은 도움을 받았음을 밝혀 둔다.

2) 그의 출생시기는 1894년과 1896년 두 가지 기록이 전해진다. 3·1운동으로 검거되어 작성된 「판결문」이나 「수형자카드」, 그리고 「제적등본」에는 1894년 9월 13일생으로,

은 파평윤씨 冥隱公派이며, 할아버지 尹啓遠은 가선대부 오위장을 지냈고, 아버지 尹晩鑄은 의금부도사를 지냈다고 근래에 만든 족보에 적혀있다. 청송지역에서는 그의 집안에 대해 대대로 학문을 이어온 가문이라 평가하고 있지만, 大姓은 아닌 듯하다. 그의 집은 중소지주 정도의 가세를 유지했다. 청송지역은 본래 산골이라 대지주가 없었고, 청송에서 '심부자'로 불리는 집도 사실상 2~3천 석에 지나지 않아, 다른 지역에 비하면 그리 대단한 대지주도 아니었다. 더구나 윤자영의 집안은 그러한 청송에서도 '중소지주'였으므로, 집안 사정이 크게 넉넉하지는 않았다. 그렇지만 일단 윤자영을 서울로 유학시킬 만큼의 여유는 있었다고 여겨지고, 더구나 그가 당시 최고 학부 가운데서도 대표적인 경성전수학교에 재학했다는 점은 주목할 만한 부분이다.

그가 언제 서울로 상경했는지 확실하지 않지만, 일단 그가 상경한 시기는 대개 1913년 전후로 생각된다.[4] 집안에는 안동 출신 사회주의운동가로 선구자격인 김재봉이나 이준태가 경성공업전습소를 다녔는데, 그도 바로 이 경성공업전습소 陶器科를 다녔다고 전해지고 있다.[5] 그런데 도저히 전

1932년에 모스크바로 유학하고자 중국공산당에 제출한 「이력서」(러시아국립정치사회사문서보관소 소장, 임경석 교수 발굴, 이하 이력서)에는 1896년 10월 19일생으로 각각 다르다. 여기서는 국내 공문서에 작성된 기록을 따른다.

3) 본적지에 대한 기록은 金谷洞 749번지(경성지방법원, 「예심종결결정서」, 1919년 8월 30일; 서대문형무소, 「수형자카드」), 또는 1924년 일제경찰 정보문건에는 금곡동 755번지(국회도서관, 『한국민족운동사료』 중국편, 1976, 536쪽), 그리고 월막리 180번지(「제적등본」)라는 기록이 있다. 월막리는 출생지가 아니라 뒷날 이거한 곳이라 생각된다.

4) 그가 작성한 「이력서」에 처음 국내에서 민족운동에 참가한 시기를 1913년부터 1919년으로 기록하였다. 그렇다면 일단 그가 상경한 시기가 1913년을 전후한 무렵부터라고 볼 수도 있을 것 같다.

5) 경성공업전습소는 염직과 · 도기과 · 금공과 · 목공과 · 응용화학과 · 토목과 등 6개과로 구성되다가, 1910년에 토목과가 없어졌다. 이 학교는 서울 이화동에 있던 것으로 경성공업학교 · 경성공업전문학교 · 경성제국대학 공대를 거쳐 서울대학교 공과대학으로 변하게 된다(김희곤 · 강윤정, 『잊혀진 사회주의운동가 이준태』, 국학자료원, 2003, 30쪽).

공이 적성에 맞지 않아 중단하고 다시 학업의 길을 찾은 길이 곧 경성전수학교였다는 것이 집안의 이야기다. 그가 경성전수학교를 다녔다는 기록은 정확하다. 3·1운동 당시 1학년이던 그가 경성전수학교 담당 연락대표로 등장하고, 이로 말미암아 검거되어 재판을 받은 판결문에 또렷하게 기록되어 있기 때문이다. 경성전수학교는 경성법학전문학교와 경성제국대학 법학부를 거쳐, 해방 후에 서울대학교 법과대학으로 연결되기에 이른다. 그러므로 청송 같은 산골에서는 그가 가히 '천재'라거나 '신동'이라고 불렸을 것이다.

그는 활동 과정에서 여러 가지 이름을 사용하였다. 1920년대 청년운동과 고려공산당 활동 기간에는 蘇野, 혹은 笑也라는 호를 즐겨 사용했다. 조선청년회연합회가 기관지로 발간한 《아성》에 '소야'라는 이름으로 시조·시·논단 등을 발표하였고, 1924년 상해에서 활동하던 시기에 일제경찰의 정보문건에도 역시 尹蘇野(滋瑛)라는 이름으로 소개되어 있다.[6] 또 같은 시기의 일제자료에 그의 별명을 尹石(錫)漢, 호를 不可殺이라고 파악하고 있기도 하다.[7] 그리고 1932년에 모스크바의 국제레닌정치학교로 유학하고자 중국공산당 중앙위원회에 청원서를 제출할 때 첨부한 것으로 보이는 「이력서」에는 이름을 '丁一英(尹蘇野)'라고 적고, 맨 아래편에 '丁一英'이라 서명하듯이 기재하였다. 그렇다면 그가 중국공산당에 입당할 때 정일영이라는 이름을 사용한 것이라 짐작된다. 그리고 러시아에서는 'Yun, Za Yen', 혹은 'Chen Min'이라는 이름도 쓰였다.

그와 인연을 맺은 여인으로는 정실 아내와 또 다른 두 여인이 있었던 것 같다. 아내는 안동시내 옥동에 살던 안동권씨 문중의 여인이었다. 그러나 이들 사이에는 후손이 없었고, 권씨 부인은 1944년에 작고했다. 다음으로는 서울에서 활동하던 시절에 만난 石씨 성을 가진 신여성이 있었다. 1930

---

6) 국회도서관, 『한국민족운동사료』 중국편, 1976, 504쪽.

7) 국회도서관, 『한국민족운동사료』 중국편, 1976, 536쪽.

년을 전후하여 조선공산당재건설준비위원회에 동참했던 姜文秀의 처가 인물이자 이화여전 출신으로 전해지지만,[8] 뒷이야기에 대해서는 알 길이 없다. 마지막으로 만주에서 활약하던 무렵에 그를 가까이에서 보필한 사람으로 보이는 李槿英이란 젊은 여성이 있다. 함흥을 중심으로 지하공작을 벌이다가 대대적으로 검거를 당한 1931년에 관련자 명단 속에 포함되어 있던 이근영은 나이가 22세, 본적은 함북 길주군, 주소는 중국 간도 용정촌이라고 적혀 있었고, '윤자영의 처'라는 메모가 옆에 적혀 있었다. 근래에 윤자영의 딸이라 자칭하는 인물이 나타났다가 홀연히 사라졌는데, 이근영의 딸이라고 짐작하는 글이 나왔다.[9] 결국 윤자영에게 세 명의 여인이 있었지만, 현재까지 확인되는 직계 후손은 없는 셈이다.

2. 서울 3 · 1운동의 핵심에서 활동

윤자영이 역사 무대에 등장한 첫걸음은 3 · 1운동이었다. 1919년 2월, 그는 서울에서 경성전수학교 1학년으로 3 · 1운동 계획과 출발 단계에서 중심축을 구성한 학생대표 가운데 한 사람으로 떠올랐다. 만 25세에 1학년이니 늦은 학령이었다. 3 · 1운동을 준비하던 1~2월에 1학년이었다면, 그가 입학한 시기는 1918년 4월일 것이다. 당시 서울 齋洞 60번지에 주소를 둔 윤자영은 경성전수학교 연락총책으로 중앙지도부와 학교를 연결하는 임무를 맡았다.

학생대표들이 3 · 1운동의 계획단계에 참가하게 된 중심축은 기독교청년회 총무 朴熙道였다. 박희도는 1919년 1월 23 · 24일경에 연희전문학교 학

[8] 윤자영의 조카 윤동규 증언. 강문수의 아내는 石景德인데, 간호사로서 조선공산당재건설준비위원회의 연락책을 맡아 활동하였다(梶村秀樹 · 姜德相, 『現代史資料』 29, 東京:みすず書房, 1972, 322쪽).

[9] 임경석, 「잊혀진 혁명가, 윤자영」, 『진보평론』 3, 2000, 326쪽.

생인 金元璧을 만나 학생층과의 접촉 방안을 논의하였고, 1월 27일 청년부 회원모집을 명목으로 김원벽, 보성전문학교 학생 姜基德, 경성의학전문학교 학생 韓偉健과 金炯機, 경성공업전문학교 학생 宋鍾宜, 경성전수학교 학생 李公厚, 보성전문학교 졸업생 朱翼, 연희전문학교 학생 尹和鼎 등 서울 시내 각 전문학교 학생대표들을 모아 놓고 독립운동에 대한 의견을 교환하였다.[10)]

각 전문학교의 활동 책임자가 결정되면서, 윤자영은 金性得과 함께 경성전수학교 책임자로 선정되었다. 이때 선출된 책임자들은 다음과 같다.

경성전수학교	윤자영 · 김성득
경성의학전문학교	김형기 · 한위건
세브란스의학전문학교	김문진 · 이용설
경성공업전문학교	김대우
보성법률상업전문학교(보전)	강기덕 · 한창환
연희전문학교	김원벽

2월 20일 勝洞禮拜堂에서 열린 제1회 학생간부회의는 학생들의 독자적인 시위를 감행할 것을 결의하였다. 그 자리에서 역할분담이 이루어졌다. 김성득 · 김형기 · 김문지 · 김대우 · 강기덕 · 김원벽 등은 각 학교의 학생 참여에 관한 일체의 임무를 담당하기로 하는 반면에, 윤자영은 이용설 · 한위건 · 한창환 등과 함께 김성득을 비롯한 앞의 인물들이 구속될 경우 뒤처리와 2단계 투쟁을 맡기로 결의하였다.

2월 24일에 천도교와 기독교의 연합이 확정되었고, 학생들도 이에 연합하여 독립시위운동에 동참해 달라는 요청이 학생대표에게 전달되었다. 독립선언과 시위계획이 결정되자, 윤자영은 다른 학생대표들과 함께 천도

10) 국사편찬위원회, 『한국독립운동사』 2, 159~160쪽; 李萬烈, 「3 · 1운동과 基督教」, 『한국기독교와 역사』 7, 한국기독교역사연구소, 1997 참조.

교 · 기독교 지도자들과의 연합하는 문제를 논의하였다. 2월 25일 밤 貞洞禮拜堂에 있는 李弼柱 목사집에서 준비 모임을 갖고, 3월 1일 정오에 탑골공원에 모여 시위운동을 전개한다고 합의하였다.[11] 다음 날인 2월 26일 같은 장소에서 재차 모여 계획 사항을 확인하였다.

윤자영은 학생대표들이 거사를 준비하는 동안 핵심부에서 움직였다. 민족대표와 연합전선 형성에서 전문학교 학생대표들의 위상은 상당히 높은 것이었고, 윤자영도 그러한 위치에서 활약하고 있었던 것이다. 특히 시위가 막상 시작되자 전체 과정을 이끌어간 주체가 바로 학생들이었고, 전문학교 학생대표가 최고지도자였다. 그 가운데 윤자영은 거사 당일에 김성득과 함께 경성전수학교 학생들에게 선언서 배포 임무를 수행하였고, 종로부근에서 시위와 독립만세 제창을 주도하였다.[12] 이로 말미암아 일제경찰에 체포된 윤자영은 11월 6일에 경성지방법원에서 1년형을 선고받고 서대문형무소에서 옥고를 치렀다. 비록 1년형이라 했지만, 실제로는 3 · 1운동 직후에 체포된 것으로 짐작되므로 출옥하던 1920년 7월까지 1년 4개월을 감옥에서 고생하였다.

3. 청년운동 전개와 고려공산당 가입

서대문형무소를 출옥하자마자, 윤자영은 바로 청년운동에 뛰어들었다. 출옥하던 무렵에 서울에는 비록 70개가 넘는 청년남녀의 모임이 있었으나, 번듯한 청년단체가 조직되어 있지 않았다. 이를 하나로 묶어내려는 움직임이 나타났으니, 곧 조선청년연합회가 그 결실이다. 윤자영이 출옥하던 1920년 7월에 마침 조선청년회연합회 결성 움직임이 시작되었고, 그는 바

11) 독립운동사편찬위원회, 『독립운동사자료집』 5, 1972, 69~70쪽 참조.
12) 「尹益善等事件判決文」.

로 청년운동의 한 가운데 자리 잡게 되었다.

조선청년회연합회 기성회가 열리자, 윤자영은 吳祥根, 張德秀 등과 함께 22명의 집행위원 가운데 한 사람으로 선출되고, 張道斌, 李英 등 8명과 함께 지방부 위원을 맡았다.[13] 이어서 12월 2일에 창립총회가 열리자, 윤자영은 서무부 상무위원을 맡았고,[14] 같은 해 4월에 열린 제2차 정기회의에서 윤자영은 교무부 상무위원을 맡았다.[15]

윤자영은 서울청년회 조직에 나섰다. 이것은 조선청년회연합회를 이끌어 가기 위한 구심체로서 결성된 것이다. 1921년 1월 27일에 윤자영은 李得季·金翰·洪瑨植·金思國·李英·張德秀·金明植·吳祥根·韓愼敎 등과 함께 서울청년회를 조직하였다.[16] 그리고 서울청년회 기관지인 《아성》의 편집위원으로 활동하고 많은 작품을 투고한 점으로 짐작하건데, 그가 서울청년회의 핵심 인물임을 쉽게 헤아릴 수 있다.

윤자영이 벌인 조선청년회연합회 활동 가운데 두드러지는 것이 전국을 순회하면서 벌인 강연과 《아성》에 기고한 것이었다. 1921년 6월에 조선학생대회 주최로 열린 강연회에서 김사국·이원식과 더불어 「배재학생선후책에 대하여」라는 주제로 강연한 이후,[17] 8월부터 본격적으로 전국순회에 나섰다. 윤자영은 오상근 회장 및 신현복과 더불어 조치원에서 연기청년회 대표를 만났으며, 청주청년회 대표를 만나 모임을 가졌다.[18] 이어 9월 8일에는 경남 창녕군 청년회관에서 강연회를 가졌는데, 윤자영은 청년 3백 명

13) 《동아일보》 1920년 7월 7일자.

14) 朝鮮青年會 기관지 《아성》 제1호, 1926년 3월 15일, 91~92쪽.
집행위원장 : 吳祥根. 집행위원 : 尹滋瑛(서무부 상무위원)·李英(재무부 상무위원)·安廓(교무부 상임위원), 張道斌·安浚·張德秀·朴一秉·權永洛·崔鍾徹·朴海暾·全信根·李一·張基郁·李時晥·金明植.

15) 김준엽·김창순, 『한국공산주의운동사』 2, 아세아문제연구소, 1969, 108쪽.

16) 裵成龍, 앞의 글, 「朝鮮思想通信」 제851호(1929년 1월 15일), 75쪽.

17) 《조선일보》 1921년 6월 30일자.

18) 《동아일보》 1921년 8월 15일자.

이 모인 자리에서 '改造運動의 先驅者'라는 주제로 강연하였다. 이어서 그는 밀양청년회관을 거쳐, 양산으로 갔다.[19] 다음으로 9월 26일에는 울산청년회관에서 열린 강연회에 참석하였다. 회장 오상근이 '각 청년단체와 연합회'라는 주제로 강연한 직후에 윤자영이 '청년운동의 第一步'라는 제목으로 강연하였다. 그 자리에서 "도도한 웅변을 試하여 일반 청중에게 막대한 자극을 주고 갈채 속에 10시 반경 폐회"하였다.[20]

윤자영이 펼친 순회강연의 전체적인 일정과 규모는 알 수 없지만, 일단 그가 청년운동 확산을 주도하던 사실을 확인할 수 있다. 3·1운동 이후 사회 개조를 이끌어 나갈 에너지를 청년운동에서 찾고 있었고, 전국에 걸쳐 그러한 바람이 일어나게 만드는 핵심에 그도 크게 기여하고 있었던 것이다. 그의 강연제목에서 드러나듯이, '개조운동'과 그에 대한 '선구자'로서 청년들이 내딛어야할 '第一步'를 강조하고 있었던 것이다.

그런 한편으로 윤자영은 《아성》에도 많은 글을 게재하였다. 1921년 3월부터 10월 사이에 4차례 간행된 이 잡지에 그는 모두 12편을 게재하였다.

소야, 「시조 3수」, 《아성》 제1호, 1921.3.[21]

19) 《동아일보》 1921년 9월 28일자.

20) 《동아일보》 1921년 10월 7일자.

21) 시조 3수

오대산 바위 틈에 소리없이 흘러날 때
가랑잎에 길이 막혀 갈곳 잃고 울던 물결
지금에 淨江水되어 前路坦坦

淨江水 흐르는 물 너의 기세 건장하다
千里長程 먼먼길에 몸살없이 왔다마는
가는 곳 大洋이어든 쉬지말고

대양이 어디메냐 너의 동경 유토피아
가다가도 길잃거든 내소리 곧 들을세라
참소리 내 소리 듣고 正路로만

윤자영, 「唯物史觀要領記」, 《아성》 제1호, 1921.3.
소야, 「回程(詩)」, 《아성》 제1호, 1921.3.
소야, 「고생하는 언니와 외로운 아우에게」, 《아성》 제1호, 1921.3.
소야, 「배고파 우는 아우에게」, 《아성》 제2호, 1921.5.
윤자영, 「상호부조론」, 《아성》 제3호, 1921.7.
소야, 「향촌에 歸하라」, 《아성》 제3호, 1921.7.
윤소야 · 김해광, 「최근 중국의 國情」, 《아성》 제3호, 1921.7.
SY生, 「쏘피아 小傳」, 《아성》 제3호, 1921.7.
윤자영, 「상호부조론」, 《아성》 제4호, 1921.10.
소야, 「심장육의 단편」, 《아성》 제4호, 1921.10.
SY生, 「쏘피아 小傳」, 《아성》 제4호, 1921.10.

윤자영이 정식으로 사회주의에 입문한 시기는 출옥한 직후라고 생각된다. 출옥 직전인 1920년 6월 서울에서 마르크스주의단체인 사회혁명당이 비밀리에 조직되고, 그가 여기에 가입한 것이다. 종래 존재하던 新亞同盟團이라는 반일혁명단체가 서울에서 제5회 대회를 열고, 사회주의 사상을 수용하여 사회혁명당이라고 개명했다. 당시 구성원은 대략 30명 정도였다. 사회혁명당은 해외 망명지에서 결성된 조선 최초의 사회주의 단체인 한인사회당과 연합하여, 1921년 5월에 상해에서 고려공산당을 결성했다. 윤자영도 물론 이 대열에 합류했다. 이 공산당은 같은 시기에 이르쿠츠크에서 결성된 고려공산당과 구별하기 위해 상해파 고려공산당이라고 불렸다.[22]

출옥하자마자 청년운동과 노동공제회 활동에 투신한 윤자영이 고려공산당에 입당한 일은 자연스런 행보였다. 《아성》 제1호(1921.3)에 「唯物史觀要領記」를 기고한 것도 그러한 편린이다. 이는 "마르크스의 『경제학비판』 서문에 나오는 사적유물론의 공식을 번역한 것이었다. 이 번역문의 끝 구절이 의미심장하다. '이 자본가적 社會形體와 함께 인류 역사 前紀

22) 임경석, 「잊혀진 혁명가, 윤자영」, 『진보평론』 3, 2000, 322쪽.

가 종결을 고할지니라'는 구절이 그것이다. 이 구절을 맨 마지막 문장으로 삼은 윤자영의 선택이 주의할 만하다. 그도 마르크스와 마찬가지로, 부르주아 사회는 인류 역사 전기의 최종 단계이며, 그것 다음에는 '인류 역사 後紀'가 도래한다는 믿음을 지니고 있었던 것으로 보인다. 1921년 3월 시점에 그의 세계관은 이미 사적유물론에 입각해서 구축되기 시작했던 것이다."[23]

한편 1921년 3월에 윤자영은 조선노동공제회에 참여하였다. 이것은 이름 그대로 노동운동의 효시로 조직된 단체였다. 조선노동공제회는 지도부 쟁탈의 내부알력을 내포하면서도 활발한 합법운동을 전개하였다. 윤자영은 61명으로 구성된 대표 가운데 한 사람으로 활동을 시작하였다.[24]

4. 고려공산당과 국민대표회의 활동

1) 고려공산당 통합대회 참석

국내에서 청년운동에 몰입하던 윤자영이 국외로 망명한 시기가 1921년 말에서 1922년 초 사이라고 생각된다. 1921년 중·후반에 국내 곳곳을 다니며 조선청년회연합회의 외연 확산에 힘을 기울이던 그의 존재가 1922년 10월에 러시아의 베르흐네우진스크에서 나타났다. 상해파와 이르쿠츠크파로 나뉜 고려공산당을 통합하기 위한 회의가 열린 것이다.

고려공산당이 두 개의 파로 나뉘어 갈등을 벌이자, 코민테른 집행위원회 검사위원회가 완전 연합을 요구하였고, 코민테른 동양비서부 책임 아래 연합중앙간부를 조직하도록 지시했다. 1922년 1월 22일에서 2월 1일까지 극

23) 임경석, 「잊혀진 혁명가, 윤자영」, 『진보평론』 3, 2000, 320쪽.
24) 《동아일보》 1921년 3월 27일자.

동인민대표회의를 거친 뒤, 1922년 10월에 베르흐네우진스크에서 두 파의 통합대회가 열린 것이다. 위임장을 가진 128명의 참석자 가운데 상해파가 이동휘를 비롯하여 68명으로 우세를 차지했다. 윤자영은 이 모임에서 상해파 소속으로 마산지역 대표라는 이름을 내걸고 참가하였다.[25]

윤자영의 활동은 회의 참석에 머문 것만이 아니라, 의장단의 일원으로 참가하고 있었다. "최근 발굴된 방대한 분량의 대회 회의록에 따르면, 그는 대회 의장으로서 의사 진행을 담당하였다. 그리고 대회가 끝난 뒤 윤자영은 이 대회의 대표 자격으로 코민테른에 파견되고, 모스크바로 갔다."[26] 즉 대회가 끝난 직후에 윤자영이 이동휘 · 김성우(김아파나시)와 함께 연합대회와 중앙간부 승인을 받기 위해 파견될 코민테른 파견대표로 선출된 것이다.[27] 그러나 이르쿠츠크파가 회의 결과에 반발하면서 치타에서 별도로 회의를 가지고 자신들의 정당성을 주장하고 나섰다. 이에 코민테른은 결국 베르흐네우진스크 통합회의에서 결의된 내용을 부인하고 말았다.

코민테른은 해결책으로 조선문제위원회를 조직하여 12월에 상해파와 이르쿠츠크파의 해산을 명령하는 한편, 극동부 산하에 꼬르뷰로를 설치했다. "무원칙한 파쟁을 버려라. 민족운동의 지도적 집결을 촉성해라. 민족단체 안에서 일을 열심히 하되 간부 자리를 다투지 말라."는 코민테른의 지시에 따라, 꼬르뷰로는 상해에서 열리게 된 국민대표회의에 양 파의 대표를 파견했다. 상해파의 윤자영과 이르쿠츠크파의 장건상이 곧 그들이다.[28] 그래서 윤자영이 급히 상해로 이동하였던 것이다.

---

25) 반병률, 『誠齋 李東輝 일대기』, 범우사, 1998, 378~382쪽; 이현주, 『한국 사회주의 세력의 형성: 1919~1923』, 일조각, 2003, 276~279쪽.

26) 임경석, 「잊혀진 혁명가, 윤자영」, 『진보평론』 3, 2000, 322쪽.

27) 金規勉, 「老兵 金規勉의 備忘錄에서」(이현주, 『한국 사회주의 세력의 형성: 1919~1923』, 일조각, 2003, 280~281쪽에서 재인용).

28) 이현주, 『한국 사회주의 세력의 형성: 1919~1923』, 일조각, 2003, 293쪽.

2) 국민대표회의와 개조파 활동

모스크바를 다녀온 윤자영이 상해에 도착한 시기는 대개 1923년 벽두라고 생각된다. 상해에 도착한 윤자영은 국민대표회의에 경북지방 대표자격으로 참가하였다.[29] 그가 참석한 기록 가운데 2월 12일이 가장 빠른 시기이다.[30]

국민대표회의에서 윤자영의 활약은 한 축을 형성할 정도로 핵심에서 움직였다. 회의 벽두에 그가 대표자가 되어 '시국결의안'을 제안하고 통과시키는 데 주역을 맡을 정도였다. 그럴만한 이유는 그가 개조론을 밀고나가는 그룹 가운데 한 세력을 이끌고 있었기 때문이다. 대한민국 임시정부 외곽에는 국민대표회의를 성사시키고 또 대한민국 임시정부를 옹호하는 중심에 안창호와 서간도를 비롯한 친임시정부 세력들이 한 축을 형성하고 있었다. 여기에 윤자영과 김철수를 비롯한 고려공산당 상해파는 국민대표회의 안에 프랙션을 구축하고, 대한민국 임시정부 개조를 찬성하고 나섰다. 대한민국 임시정부를 없애고 새로운 정부조직체를 결성하자는 창조파와 정부를 현실에 맞게 틀을 고치자는 개조파로 나뉘었는데, 그는 상해파를 이끌면서 후자에 가담한 것이다.[31] 그가 제시한 개조론의 기본 방향은 "피압박 민족들의 혁명운동과 우리 혁명가들의 단일전선 조직과 현 시기 운동의 성격은 일본제국주의자들을 반대하는 유혈 수단에 따른 조직-투쟁"으로, 이러한 요구에 맞게 대한민국 임시정부의 개조가 이루어져야 한다는 것이었다.[32]

윤자영은 상해의 상황을 꼬르뷰로에 보고하면서, 대한민국 임시정부 개

29) 김희곤, 『중국관내 한국독립운동단체연구』, 지식산업사, 1995, 174쪽.
30) 국회도서관, 『한국민족운동사료』 중국편, 1976, 307쪽.
31) 독립기념관 한국독립운동사연구소, 『도산안창호자료집』 1, 1993, 67~69쪽.
32) 이현주, 『한국 사회주의 세력의 형성: 1919~1923』, 일조각, 2003, 314~315쪽.

조가 당연한 길이라고 주장하였다. 즉 1923년 3월, 국민대표회의가 민족운동의 지도기관을 수립하는 문제에서 신조직 건설론 · 임시정부 개조론 · 임시정부 및 임시의정원 유지론의 세 파가 호각세로 대립하고 있기 때문에, 이것을 하나로 묶으려면 대한민국 임시정부의 개조를 지지할 수밖에 없다고 꼬르뷰로에 보고한 것이다.[33] 이것은 이르쿠츠크파가 창조론으로 나아간 것과 정반대의 길이므로 윤자영은 개조론을 성사시켜야만 하는 부담을 안게 되었다. 임시의정원에 상해파 의원이던 문시환을 통해 국민대표회의로 하여금 임시헌법을 개정할 수 있게 만들자는 결의안을 상정시키고 통과시켰다가, 위헌이라는 주장이 제기되어 물거품이 되어버린 사건도 이러한 부담 때문에 벌어진 일이라고 생각된다. 상해파가 대한민국 임시정부 개조에 매달린 상황이 이해되는 장면이 아닐 수 없다.

국민대표회의가 끝나자, 윤자영은 회의에 주도적으로 움직인 만큼 반대급부를 당해야 했다. 개조파에 가담했던 상해파에 분열이 생겼기 때문이다. 특히 대한민국 임시정부 옹호세력과 연합하여 개조론을 이끌어 나간 상해파는 안팎으로 공세에 시달렸다. 안으로는 국민대표회의 후반기에 윤자영을 대신하여 안창호와 함께 개조파의 전략을 이끌었던 김철수가 상해파 프랙션 내부로부터 공격을 받았고,[34] 밖으로는 꼬르뷰로가 국민대표회의에서 실패한 요인을 윤자영 그룹 탓으로 돌렸다.[35] 즉 코민테른 집행위원회 원동부 책임자인 보이틴스키가 꼬르뷰로에 보내는 서한에서 "실패의 책임을 공산주의 프락치가 져야 하고, '윤자영 그룹이 조선에서 혁명센터를 형성하는 데 대한 꼬르뷰로 지시를 위반한 책임을 져야 한다."라고 주장했던 것이다.[36] 국민대표회의에서 개조파의 한 축을 맡았던 윤자영으로서

33) 이현주, 『한국 사회주의 세력의 형성: 1919~1923』, 일조각, 2003, 314쪽.

34) 이현주, 『한국 사회주의 세력의 형성: 1919~1923』, 일조각, 2003, 307~308쪽.

35) 이현주, 『한국 사회주의 세력의 형성: 1919~1923』, 일조각, 2003, 296~297쪽.

36) 보이틴스키, 「조선의 민족적 당 창건 및 민족해방운동의 전략」, 1923년 8월 7일, 132~134쪽(이현주, 『한국 사회주의 세력의 형성: 1919~1923』, 일조각, 2003, 316쪽에서 재인용).

는 강한 후폭풍에 시달리지 않을 수 없었다. 당시 상해에 급파된 일제경찰 간부는 "윤자영이 60여 명으로 구성된 상해 고려공산당의 대표"로 파악하였다.[37] 결국 무대 위에서 받는 그의 스포트라이트는 반대 세력이 겨누는 과녁이 되었다.

5. 김지섭의거 지원과 상해청년동맹회 조직

1) 김지섭의거 지원

국민대표회의가 끝난 뒤에, 윤자영은 상해에 자리를 잡고 활약하였다. 당시 그가 대한민국 임시정부에 잠시 참가했다는 사실이 확인된다. 7월 2일에 그가 임시의정원 경상도의원이 되어 '임시헌법개정기초위원'으로 발령이 난 사실이 그것을 말해준다.[38]

윤자영은 의열단의 김지섭이 동경으로 잠입할 때 그를 도왔다. 1923년 9월 1일에 발생한 '관동대진재'에서 수천 명의 한인들이 무참하게 살해되자, 의열단에서는 이를 응징하는 의열투쟁을 계획하였고, 이에 결연히 나선 인물이 안동 출신 김지섭이었다. 그런데 그를 일본으로 밀항시키는 일에 윤자영이 팔을 걷어 부치고 나선 것이다.

이 사실은 1924년 1월 6일에 김지섭의 '二重橋 투탄의거'가 일어난 직후에 중간 선편을 알선해 준 일본인 사회주의자 秀島廣二가 일제경찰에 체포되는 바람에 알려졌다. 片山潛 계열인 그는 1922년 치타에 머물 당시에 윤자영을 만난 일이 있었고,[39] 그곳에서 두 파로 나뉜 고려공산당의 반목을

37) 국회도서관, 『한국민족운동사료』 중국편, 1976, 446쪽.
38) 국회도서관, 『한국민족운동사료』 중국편, 1976, 322 · 543쪽.
39) 국회도서관, 『한국민족운동사료』 중국편, 1976, 461쪽.

해결하기 위해 '민중신문'을 발행하는 문제를 논의한 적이 있었다. 그런데 1923년 12월 16일에 윤자영이 그에게 편지를 보내 만나자고 청했고, 약속장소에서 김지섭을 소개받았다. 그래서 김지섭이 일본화물선을 탈 수 있도록 길을 열어 주었던 것이다.[40]

이러한 정보를 입수한 상해 주재 일본총영사관 경찰들이 프랑스조계 공무국 경찰과 더불어 윤자영 검거에 나섰다. 그들이 1924년 1월 27일 새벽에 윤자영의 근거지로 알려진 望志路 50번지와 霞飛路 23번지를 급습했지만, 윤자영은 이를 피하는 데 성공하였다.[41] 그래서 그는 김지섭의거로 쫓기는 상태가 되었고, 불구속상태에서 기소되었다.[42]

2) 상해청년동맹회 결성과 통일전선운동

윤자영은 만 30세가 되던 1924년에 상해에서 새로운 조직을 결성하고 나섰다. 4월 5일에 상해 프랑스조계 八仙橋에 자리 잡은 三一堂이란 교회에서 청년동맹회를 창립한 것이다.[43] 저녁 7시 반에 시작된 창립총회에서 윤자영은 사회를 보았고, 11명으로 구성된 집행위원 가운데 한 사람으로 선정되었다. 일제의 추적이 계속되었지만, 이를 따돌리면서 공개적인 활동을 지속한 대담함을 읽을 수 있다.

윤자영이 청년동맹회를 결성한 이유에 대해, 일제경찰은 대한민국 임시

40) 국회도서관, 『한국민족운동사료』 중국편, 1976, 463~467쪽.

41) 국사편찬위원회, 『한국독립운동사자료』 20(임정편 5), 1991, 27쪽.

42) 《조선일보》 1924년 5월 8일자.

43) 《조선일보》 1924년 4월 12일자. 필자는 과거에 삼일당을 상해시 강서로에 있는 삼일교당, 현재의 황포구 인민대례당이라고 파악한 일이 있다(김희곤, 『중국관내 한국독립운동단체연구』, 지식산업사, 1995, 6쪽). 하지만 다시 확인한 바로는 삼일당은 당시 프랑스조계 구역 八仙橋 三一禮拜堂이다(국회도서관, 『한국민족운동사료』 중국편, 1976, 504쪽).

정부를 에워싼 핵심 인물들의 정국 돌파 의지와 관련된 것으로 분석하였다. 즉, 국민대표회의 이후 무기력해진 상황을 극복하기 위해 呂運亨·安定根·南亨祐·金九·趙素昻 등 대한민국 임시정부의 핵심 인물들이 '大同統一趣旨書'라는 인쇄물을 만들어 각지에 배송했는데, 그 요지가 민족적 일치단결을 요구한 것이었다.[44] 이 취지서가 배송된 직후에 윤자영의 활동이 나타났으므로, 그렇게 해석한 것이다. 그렇지만 이 취지서는 국민대표회의에서 형성된 창조파 그룹이 1923년 6월에 블라디보스토크로 갔다가 1924년 3월에 북경으로 철수한 직후에 나온 것으로, 임시정부 중심으로 통일을 요구하는 제안으로 보는 것이 옳겠다. 창조파가 국민대표회의를 이탈하여 국민위원회를 결성하고, 블라디보스토크로 가서 '한국독립당안'을 마련하여 새로운 정부를 만들려 했다. 그렇지만 상해파의 최고지도자인 이동휘와 블라디보스토크 현지의 반대 여론, 그리고 코민테른의 철수 명령으로 말미암아 북경으로 철수한 것이다.[45]

당시 이동휘가 내세운 논리는 '先共産黨 건설·後民族黨 건설'이었다.[46] 즉 먼저 꼬르뷰로가 먼저 공산당을 조직하는 데 주력하고, 이후에 민족당을 조직해야 한다는 것이다. 그렇지만 이와 달리 국민위원회가 민족적 혁명당 건설을 우선하는 원칙으로 강조하고 나서자, 이동휘와 정재달 등은 전위당 건설을 우선하자고 요구하고 나선 것이다.[47] 여기에서 한 가지 눈여겨볼 부분은 통일전선체로서의 민족당을 전위당이 아닌 고려공산당 결

---

44) 국회도서관, 『한국민족운동사료』 중국편, 1976, 504쪽.

45) 張錫興, 「1920년대 중기 민족적 혁명당 형태의 계획과 통일전선구도」, 『民族統一戰線的形成與韓中抗日鬪爭』(200.4.19, 북경대학동북아연구소·연변대학민족연구·한국근현대사학회), 54쪽. 1924년 9월 3일에 대한민국 임시정부 이동녕 명의로 발표된 「독립당대표소집간장」은 창조파의 행보에 대한 대응책에서 나온 것이라 생각된다.

46) 반병률, 『誠齋 李東輝 일대기』, 범우사, 1998, 391~392쪽.

47) 張錫興, 「1920년대 중기 민족적 혁명당 형태의 계획과 통일전선구도」, 『民族統一戰線的形成與韓中抗日鬪爭』(200.4.19, 북경대학동북아연구소·연변대학민족연구·한국근현대사학회), 55쪽.

성 후에 조직한다는 점이다.[48] 그것도 전위당의 건설은 만주나 연해주 같은 국외지역이 아니라, 국내라야 한다는 당위성이 제기되었다. 다음 해 국내에서 조선공산당이 창당되는 것도 이러한 방향 제시와 추진에 따른 결과인 셈이다.

윤자영이 한인청년들을 결집시키고 나선 것도 이러한 분위기와 관련이 있을 것이다. 상해지역에서 활동하던 그가 블라디보스토크의 동정을 지켜보면서, 다시금 전위당 결성의 전 단계 작업에 들어간 것으로 보인다. 주도자들은 "민족적 일치단합 아래에 동포청년은 대동단결하여 희생적 정신으로 사업에 당하면 반드시 독립의 목적을 달성할 것"이라고 주장하면서 청년동맹회를 발의하였다.[49] 당일 선출된 집행위원은 申國權·趙德津·尹蘇野(滋英)·金尙德·張德震·嚴恒燮·朱曜翰·趙允寬·崔忠信·朴震 등이며, 윤자영은 조덕진·김상덕·장덕진·최충신과 더불어 상무위원이 되었다.[50] 여기에는 엄항섭이나 주요한처럼 대한민국 임시정부와 안창호 계열의 인물도 포진하고 있어서, 청년전위조직으로서 통일전선을 형성하고 있음을 알 수 있다. 대한민국 임시정부로 하여금 국민대표회의 이래 결렬되고 분열된 정국을 극복하는 데 나서도록 압력을 넣은 것이다. 이것은 '이동휘의 민족당 구상'을 국민대표회의와 1926년부터 추진되는 민족유일당운동 사이에 일단의 통일전선운동의 하나로 이해하는 시각에 비교한다면,[51] 청년동맹회도 그러한 차원에서 바라볼 만하다고 생각한다.

한편 청년동맹회 결성 소식이 국내외로 퍼지면서 호응이 크게 일어나 회원 수가 200명을 쉽게 돌파하였고, 윤자영은 趙德津·張德震과 더불어 핵

---

48) 申春植, 「組織主體를 중심으로 본 '朝鮮共産黨' 創建過程」, 『成大史林』 8, 성균관대학교 사학회, 1992, 63~65쪽.

49) 국회도서관, 『한국민족운동사료』 중국편, 1976, 504쪽.

50) 국회도서관, 『한국민족운동사료』 중국편, 1976, 504쪽.

51) 張錫興, 「1920년대 중기 민족적 혁명당 형태의 계획과 통일전선구도」, 『民族統一戰線的形成與韓中抗日鬪爭』(200.4.19, 북경대학동북아연구소·연변대학민족연구원·한국근현대사연구회), 52~56쪽.

심 인물로 알려졌다.[52] 이처럼 윤자영은 김지섭의거 지원으로 일제의 추적을 받고 있었지만, 공개적으로 활동하고 있었다. 이에 대해 신문기사는 "상해에 있는 일본영사관에서는 그를 체포코자 백방 활동 중이나, 그는 정치범인 고로 佛國 경관이 극력 보호하여 아무 일 없이 청년동맹의 중요 간부까지 되고 있는 중이라더라."라고 보도하였다.[53]

청년동맹회를 중심한 윤자영의 활동은 2년 정도 지속되었다. 1924년 8월 29일에 열린 국치기념회에서 기념사를 맡았다.[54] 그의 움직임은 일제경찰의 신경을 집중시켰다. 1924년 5월에 그가 일본에 잠입했다는 설과 일제경찰이 엄중 경계하고 있다는 보도는 그러한 정황을 말해주는 사례이다.[55] 때문에 일제경찰은 그를 체포하기 위해 정보를 수집하는 데 열을 올렸다. 당시 일제경찰이 파악한 그의 이름이 尹石漢이고, 호가 不可殺이었으니,[56] 그의 기개를 헤아릴 수 있다.

그러다가 1925년에 그의 활동 소식은 뜸해졌다. 그 이유가 그의 수학 생활 때문인 것으로 보인다. 즉 그는 1925년 8월부터 1926년 2월까지 상해대학에 청강하고 있었던 것이다.[57] 당시 그에 관한 자료로는 두 가지가 있다. 하나는 1925년 2월에 청년동맹회가 확장을 기도하던 무렵, 의열단과 일시적으로 갈등을 벌인 점이다. 김원봉이 윤자영과 현정건을 구타했다가 이를 사과한 사건이 발생했는데,[58] 조직의 확장 과정에서 생겨난 문제로 추정된다. 김지섭의 도항을 도와주는 등 의열단에 협조했던 윤자영에게 김원봉이 폭행을 가했다는 사실은 상해의 청년운동과 의열단의 지형 변화를 보여주

52) 《조선일보》 1924년 5월 8일자.
53) 《조선일보》 1924년 5월 8일자.
54) 국회도서관, 『한국민족운동사료』 중국편, 1976, 510쪽.
55) 《조선일보》 1924년 5월 16일자.
56) 국회도서관, 『한국민족운동사료』 중국편, 1976, 536쪽.
57) 「이력서」.
58) 《선봉》 1925년 2월.

는 대목이다. 얼마 뒤에 김원봉은 의열단 간부들을 데리고 廣州로 이동하여 黃埔軍官學校 4기생으로 입교하였다.

1925년 8월 29일, 국치기념일에 발행된 청년동맹회 회보 제1호가 있다. 그 속에 네 가지 '투쟁 강령'과 함께 선임된 위원 명단에 그의 이름이 나타났다.

1. 한국이 독립이 될 때까지 全民族的으로 민족혁명에 공헌할 것.
2. 전민족의 前途는 과학적 공산주의로 인도할 것.
3. 민족을 본의로 하는 계통도 있고, 규율 있는 조직으로 실현할 것.
4. 혁명진행에 대하여 장애가 되는 일본제국주의의 주구, 또는 그와 접근하는 자, 혹은 기회를 보고 타협하는 자를 배제할 것.[59)]

이들이 과학적 공산주의를 지향하면서, 민족혁명에 공헌해야 한다는 방침을 천명한 것이다. 그러면서 정치사회연구부를 설치하기로 결정하고, 윤자영을 비롯한 李花天·玄楫民·金尚德·趙德津 등이 그 위원에 선임되었다.[60)] 윤자영이 상해파 고려공산당의 지도자로서 청년동맹회를 공산주의와 민족운동을 묶어내는 조직체로 이끌어가고 있었음을 알 수 있다.

그의 청년동맹회 활동 이면에는 오르그뷰로(고려공산당 조직위원회)와 관련된 활동도 진행되었다. 유명무실하게 된 꼬르뷰로를 대신하기 위하여 1924년에 고려공산당 조직위원회가 블라디보스토크에서 결성되었는데, 이것이 오르그뷰로라고 불리는 단체였다. 그는 여기에서도 지도적 임무를 맡았고, 기관지 《炬火》를 편집했다.[61)]

---

59) 국회도서관, 『한국민족운동사료』 중국편, 1976, 572쪽.
60) 국회도서관, 『한국민족운동사료』 중국편, 1976, 572쪽.
61) 「이력서」; 임경석, 「잊혀진 혁명가, 윤자영」, 『진보평론』 3, 2000, 323쪽.

6. 조선공산당 만주총국 주도

상해에서 활동하던 윤자영이 1926년에 만주 길림성 지역으로 이동하였다. 조선공산당 만주총국을 설치하는 것이 그의 다음 행보였다. 그가 만주로 이동하게 된 계기는 국내에서 상해로 탈출한 金燦과의 만남이었던 것 같다. 1925년 11월에 국내에서 제1차 조선공산당에 대한 검거가 시작되자, 김찬은 상해로 망명하였다. 김찬을 만난 윤자영은 협의 결과 일단 주도세력이 거의 모두 체포되는 현실을 극복하기 위해 만주에 조선공산당 만주총국을 건설하는 것으로 방향을 설정하였다. 그리고서 윤자영은 1926년 4월에 만주로 떠났다. 그리고 화요파 인물인 崔元澤·曺奉岩·金東明 등도 같은 임무를 띠고 만주로 파견되었다. 그 결과 5월 16일에 吉林省 葦沙縣 一面坡에서 윤자영은 같은 상해파 인물인 金河球와 함께 조선공산당 만주총국 결성에 착수하였고, 최원택·조봉암·김동명과 더불어 만주총국을 설치하였다. 그 본거지를 吉林省 寧安縣 寧吉塔에 설치하고, 동만·남만·북만에 구역구를 설치하였다. 본부인 총국에 책임비서 조봉암, 조직부책임 최원택, 선전부책임 윤자영이 핵심이 되고, 중앙집행위원에 김하구·金哲勳·金龍洛 등이 선임되었다.[62)]

여기에서 한 가지 주목할 것은 화요파와 상해파의 결합이라는 점이다. 윤자영은 김하구와 함께 상해파인데, 국내에서 탈출한 화요파의 대표주자 김찬을 비롯해 조봉암이나 최원택이 모두 화요파였으므로, 결국 상해파와 화요파의 연대가 이루어진 것이다. 이처럼 조선공산당 만주총국은 두 파의 결속에 의해 이루어진 것인데, 여기에는 상해파의 기득권과 화요파의 주도권이 결합된 것으로 여겨지고 있다.[63)] 그러다가 윤자영은 신병을 이유로

62) 坪江汕二著, 『朝鮮民族運動秘史』, 122쪽; 「間島共産黨判決全文」; 『崔元澤外 28人豫審終結決定書』; 김준엽·김창순, 『한국공산주의운동사』 2, 아세아문제연구소, 1969, 423쪽.

63) 김준엽·김창순, 『한국공산주의운동사』 4, 아세아문제연구소, 1969, 295쪽.

선전부장직을 사임했는데, 아마도 이것은 표면적 이유야 어떻든 화요파의 주도력에 밀려서 자퇴한 것이 아닌가 짐작된다. 그래서 후임에 화요파 金東明을 앉히게 된 것이라 생각된다.[64] 그런데 이 문제에 대해 다른 견해도 있다. 즉 윤자영이 먼저 조선공산당 만주총국을 조직했는데, 화요파가 뒤에 같은 조직에 착수했다는 것이다. 그래서 먼저 東滿 지역에서 조직된 윤자영의 만주총국을 무시할 수 없어서 일단 상해파인 윤자영과 김하구를 참여시키고 윤자영을 집행부의 선전부 책임자로 선임한 것이 아닌가 하는 추정이다.[65] 이에 따른다면 처음에 윤자영을 선전부 책임자로 선임했다가 뒤에 화요파 인물인 김동명으로 교체한 셈이다.

이후 그의 행적은 자세하지 않다. 1927년 3월에 모스크바로 갔다가, 5월에 블라디보스토크로 돌아왔다고 한다. 그리고 1927년 7월에 용정에서 상해파 공산주의자그룹인 재만조선공산주의자동맹을 결성했다고 전해진다.[66]

7. 조선공산당재건설준비위원회 결성과 국내잠입공작

윤자영이 다시 조선공산당 활동의 전면에 나서는 모습은 1928년 말에 등장했다. 상해에서 만주로 이동하여 조선공산당을 재건하려는 활동의 중심축에 서게 된 것이다. 그가 만주로 이동하던 시기에 대공황의 여파로 전세계가 불황과 불안의 늪으로 빠져들었고, 특히 한·중 국경지대에서는 한인 농민들의 반일폭동이 줄을 이었다. 함경남북도 각 군의 농민폭동, 북간도 5·30폭동, 吉敦폭동, 추수폭동, 춘황폭동 등이 그것이다. 또한 사회주의

64) 김준엽·김창순, 『한국공산주의운동사』 4, 아세아문제연구소, 1969, 295쪽.
65) 김준엽·김창순, 『한국공산주의운동사』 4, 아세아문제연구소, 1969, 316쪽.
66) 강만길·성대경 편, 『한국사회주의운동 인명사전』, 창작과비평사, 1996.

운동이 급격히 좌로 선회하던 시절이었다. 사회주의자들은 대공황을 자본주의 체제의 종말로 여기고, 혁명의 불길이 세계적으로 확산되리라 예견했다. 그래서 사회주의자들은 급진적인 정책을 취하여, 대중을 무장봉기와 폭동 전술로 이끌었다.[67]

조선공산당을 재건하려는 움직임과 함께 코민테른으로부터 승인을 획득하기 위한 경쟁이 계파 사이에 나타났다. 1928년 8월에 모스크바에 코민테른 제6차 대회가 개최되자 당시 재외조선인 공산당그룹 가운데 ML파는 梁明·韓斌 2명을, 또 블라디보스토크에 근거를 두고 있었던 서울·상해파는 李東輝·金圭烈 2명을 각각 보내어 대표권 획득을 얻고자 하였다. 그러나 코민테른은 조선공산당의 파벌투쟁이 조선의 혁명사업만이 아니라 동양적화정책에도 악영향을 미치고 있다는 이유로 어느 쪽도 대표권자로 인정하지 않았다.[68] 뿐만 아니라, 아예 조선공산당 승인을 취소하고, 그해 12월 7일부로 코민테른 중앙집행위원회 정치서기국의 이름으로 「조선에서의 정치문제 결의」와 「조선 혁명공인과 농민에게 보내는 글」('12월 테제')을 발표했다. '민족부르조아와의 결별'과 '一國一黨制'라는 두 가지 원칙이 골자였다. 그렇다면 코민테른이 망명지에서 활동하던 한인 사회주의자들에게 '1국 1당 원칙'을 요구한 근본 의도가 중국에서 활약하던 혁명 조직을 해체하고 중국 혁명 조직에 가담하라는 것이기도 하고, 그 반면에 "조선 혁명운동에 참가하려면 북간도에 머물지 말고 일본 경찰의 삼엄한 경계망이 펴져 있는 국내로 들어가라는 뜻이었다. 북간도를 혁명운동의 전통적인 근거지로 간주해오던 조선인 망명자들에게는 가혹한 조처였다."[69]

'12월 테제'를 접한 李東輝·金圭烈은 블라디보스토크로 돌아왔고, 그 결의에 근거하여 파벌을 일소한 조선공산당 재조직에 착수할 것을 결정하였

67) 임경석, 「잊혀진 혁명가, 윤자영」, 『진보평론』 3, 2000, 315쪽.
68) 梶村秀樹·姜德相, 『現代史資料』 29, 東京:原書房, 1972, 320~321쪽.
69) 임경석, 「잊혀진 혁명가, 윤자영」, 『진보평론』 3, 2000, 315~316쪽.

다. 여기에 윤자영을 비롯한 김철수 · 吳祘世 · 安相勳 등 이동휘계열의 인물이 결속하였다. 다만 국내에는 경계가 엄중하여 목적 달성이 어렵기 때문에, 우선 국내와 연결이 쉬운 길림성 방면으로 근거지를 옮겨 재건설운동을 전개하기로 하였던 것이다. 하지만 그들의 근본적인 발걸음은 국내에 교두보를 마련하는 데 두어졌음은 당연하다.

만 35세가 된 1929년, 2월 하순경에 윤자영은 동지들과 더불어 길림성 敦化縣으로 이동하였다. 3월 하순에 敦化縣 香水河子에서 '조선공산당재건설준비위원회'를 조직하였다. 당시 주요 인물과 직책은 다음과 같다.

책 임	金錣洙	조직부	尹滋瑛
선전부	金榮萬	연락부	金圭烈
경리부	崔東旭	정치부	金泳植
공청부	吳祘世[70]		

이들은 기관지 「볼셰비키」라는 팸플릿을 발행하여 조선공산당 재조직 문제 · 전술 · 조선혁명 · 토지문제 등에 관한 기사를 게재하여 선전에 주력하였다. 또 국내에 조선공산당 및 청년회를 조직하기 위하여 安相勳 · 宋武英 · 洪達洙 · 金錣洙 등을 연거푸 잠입시켰다. 그러나 안상훈 · 송무영은 곧 검거되었고, 김철수도 몇 달을 넘기지 못하고 체포되었다. 다만 홍달수는 청진 · 함흥 등을 왕래하면서 세포조직과 국외 연락을 담당하고 있었다.[71]

조선공산당재건설준비위원회에서 제2인자로서 조직부를 담당하던 윤자영은 1930년 10월에 국내로 잠입했다. 국내에 조선공산당을 재건하겠다는 목적을 띠고 들어온 것이다.[72] 북간도에 머물던 ML파나 화요파와 달리 윤자영을 비롯한 서울 · 상해파의 대다수는 국내 잠입을 택한 것이다. "자체

70) 김준엽 · 김창순, 『한국공산주의운동사』 5, 아세아문제연구소, 1969, 285쪽
71) 김준엽 · 김창순, 『한국공산주의운동사』 5, 아세아문제연구소, 1969, 285쪽
72) 김준엽 · 김창순, 『한국공산주의운동사』 5, 아세아문제연구소, 1969, 293~294쪽.

조직을 해체하고 앞 다투어 중국공산당에 입당하던 재북간도 ML파, 화요파 사람들과는 달랐다."[73] 1930년 1월에 책임자인 김철수가 먼저 입국하였고,[74] 5월부터 10월에 이른 동안에 조덕진 · 김일수 등 간부들이 속속 귀국하였다. 김철수가 귀국한 뒤, 윤자영은 대표자로서 활약하면서 金一洙 · 洪達洙 등의 국내공작원을 투입했고, 자신은 거의 마지막 순서로 10월에 잠입했다.[75]

1929년에 조직한 조선공산당재건설준비위원회가 1930년 1월부터 국내로 진입하기 시작한 원인에는 무엇보다 중국공산당의 방침 결정이 중요하게 작용한 것 같다. 코민테른에서 파견된 韓斌과 李春山이 상해에 자리 잡은 중국공산당에 만주지역 조선공산당원의 중국공산당 가입에 관한 코민테른의 건의를 전달하였다. 그러자 1930년 1월에 중국공산당은 재만한중공산당 간부연석회의를 열고 조선공산당원들이 "중국혁명운동에 직접 참가하는 방식으로 조선혁명사업을 지원하여야 한다."는 데 의견을 모았다.[76] 그래서 1930년 전반기에 만주지역에서 활약하던 조선공산당원들이 속속 중국공산당에 개별 입당의 길을 밟았다. 조선공산당재건설준비위원회 구성원들이 서둘러 국내로 진입한 데에는 이러한 상황이 추동력으로 작용했을 것이다.

이들이 여러 시기에 걸쳐 잠입한 이유는 처음에 당 재건운동이 "분산적 파견에 의한 거점 확보에 치중한 듯하며, 이것이 성과를 거두지 못하게 되자 조직적, 전면적 진출에 의한 계통적 재건공작으로 전환했던 것"으로 보

73) 임경석, 「잊혀진 혁명가, 윤자영」, 『진보평론』 3, 2000, 316쪽.

74) 「後繼共産黨豫審決定書」(1); 「金綴洙 外 20人 調書」(1), 180~181쪽; 김준엽 · 김창순, 『한국공산주의운동사』 5, 아세아문제연구소, 1969, 285쪽.

75) 金綴洙 인터뷰, 1967년 5월 15 · 16일(김준엽 · 김창순, 『한국공산주의운동사』 5, 아세아문제연구소, 1969에서 재인용).

76) 金春善, 「朝鮮共産主義者들의 中共加入과 双重革命 硏究」, 『民族統一戰線的形成與中韓抗日鬪爭』(北京大學東北亞硏究所 · 延邊大學民族硏究院 · 韓國近現代史學會, 2004.4.19, 246쪽).

인다. 안상훈 · 송무영 · 김철수는 전자에 속하며, 윤자영 · 김일수 · 조덕진 · 홍달수의 경우는 후자에 혹하는 것이라고 할 수 있을 것이다.[77)]

이들이 국내로 대거 잠입한 이유에 대해 다른 이유를 제기한 견해도 있다. 즉, 윤자영을 비롯하여 조선공산당재건설준비위원회의 요원이 국내로 진출하게 된 이유를 ① 간도 5 · 30폭동 이래 공산주의자에 대한 중국관헌의 과도한 탄압에 비하여, 국내에서는 비록 검거되더라도 법률에 의하여 재판을 받고 또 그 형벌도 경미한 점을 고려하여, 국내에서 공산주의운동을 추진하는 것이 유리하다는 점, ② 중국공산당 만주성위원회에 가입한다고 하더라도 종래부터의 ML 및 화요파의 파쟁의식 때문에 그 길을 좋아하지 않았던 점에서 찾았다.[78)] 윤자영은 국내에 들어오자마자 미리 잠입하여 조직된 국내공작책을 인정하고, 자신보다 아래 직급인 김일수의 아래에 들어가 조직부책임을 맡았다.

중앙 책임	金一洙
정치부 책임	洪達洙
조직부 책임	尹滋瑛
조직부 부원	趙德進
공청부	吳祘世

김일수는 윤자영에 의하여 파견된 국내공작원이었다. 그런데 윤자영 · 오산세 등의 상위급 인물이 오히려 그 하위에 배치된 사실은 얼핏 보면 모순된 처사인 것 같이 보인다. 이 문제에 대항 일제경찰문서는 다음과 같이 분석하였다. 1930년 10월 12 · 13일경에는 재건파 거두인 윤자영이 입국했으므로 김일수는 입국 이래의 행동을 보고하고 양해를 구했고, 이에 윤자

77) 김준엽 · 김창순, 『한국공산주의운동사』 5, 아세아문제연구소, 1969, 285쪽.

78) 京畿道警察部, 「共産黨朝鮮國內工作委員會檢擧ニ關スル件」(1931.7.18), 23~24쪽; 「後繼共産黨豫審決定書」(1); 《조선일보》 1931년 2월 8일자(김준엽 · 김창순, 『한국공산주의운동사』 5, 아세아문제연구소, 1969, 293쪽에서 재인용).

영 본인도 조직부 책임을 쾌락하고 중앙부에 머물러 운동에 종사하기로 하였다.[79] 미리 잠입하여 발판을 마련한 김일수가 언제 입국할지도 모르는 윤자영을 비롯한 상위급 인물을 위하여 조직편성을 미룰 수도 없었고, 또 조직상의 상위부서를 공석으로 남겨둘 수도 없어서 일단 그와 같이 매듭을 지었을 것 같다.[80] 일제경찰문서는 김일수 등이 조선공산당재건설준비위원회를 조직하고 나서 그 중앙부를 함경남도 咸州郡 新興面 內湖里에 설치할 것과 또 전국의 주요 지점에 조직지도자를 파견할 것도 결정했다고 하였는데,[81] 이에 따르면 윤자영은 김일수 · 조덕진과 함께 함흥을 비롯한 함경남도 일대를 담당했던 것으로 알려진다.

이들이 함경남도 함흥 일대를 중심지로 삼은 이유는 노동자층이 형성된 점일 것이다. 함흥은 일제가 식민지의 건설이라는 큰 구도 속에 질소비료공장을 비롯한 중화학공장을 세워 공업단지를 만들어 가던 곳이다. 노동자들이 밀집한 그곳에서 대공장 산업 프롤레타리아트의 에너지를 결집하고 동력으로 삼는 것이야말로 가장 바람직한 투쟁방향이었다. 뒷날 원산과 함흥일대에 태평양노동조합이 큰 조직으로 존립할 수 있던 이유도 거기에 있었다.

윤자영과 김일수는 조선공산당재건설준비위원회를 함흥 일대에 정착시키고 활동을 펴나가는 활동에 핵심을 이루었다. 김일수 · 오산세 · 조덕진이 각 담당 구역의 상황을 보고했고, 윤자영이 "재건파 간부의 결의에 따라 위험을 무릅쓰고 입국한 우리는 만난을 물리치고 목적 달성에 매진하자."고 격려한 사실이나,[82] 제1차 간부회의가 윤자영이 머물던 집에서 열렸다는 사실만으로도 그러한 사실을 확인할 수 있다.[83] 또 공청 책임자로 지정

79) 京畿道警察部, 「共産黨朝鮮國內工作委員會檢擧ニ關スル件」(1931.7.18), 24쪽(김준엽 · 김창순, 『한국공산주의운동사』 5, 아세아문제연구소, 1969, 298쪽).

80) 김준엽 · 김창순, 『한국공산주의운동사』 5, 아세아문제연구소, 1969, 298~299쪽.

81) 김준엽 · 김창순, 『한국공산주의운동사』 5, 아세아문제연구소, 1969, 299쪽.

82) 김준엽 · 김창순, 『한국공산주의운동사』 5, 아세아문제연구소, 1969, 300~301쪽.

된 오산세를 이어 입국한 韓汝玉에게 공청부를 맡기고, 대신 다른 지역을 오산세에게 맡긴 사람도 윤자영이었다. 윤자영은 서울·상해파의 제휴 가능성에도 관심을 가졌다. 그래서 국내로 잠입하기 전에 이미 만주에서 서울계의 李雲赫이 서울에서 조직적으로 움직인다는 사실을 파악하고, 오산세로 하여금 그를 포섭하도록 지령을 내리기도 하였다.[84)]

1차 간부회의에서 담임구역을 선정하고 각 부서별로 보고를 마친 뒤, 좌익노조를 확대·강화시킨다는 방침을 결정하였다. 그 내용에서 당시 윤자영이 나아가려는 방향을 확인할 수 있다. 즉 그들은 당재건운동을 위한 기초적 세포로서 좌익노동조합을 지하에 조직하고, 각 지방 공장과 직장 및 가두의 첨예분자를 규합하여 세포조직을 행한다고 결의했다. 또 좌익노조를 확대강화하고 우경분자가 개재해 있는 조선노동총동맹 본부 및 가맹단체에 의식분자를 침투시켜 그 행동을 격화시킨다는 것이다.[85)]

윤자영이 함경도에 잠입하여 활동하던 모습은 1931년 1월 중순에 열린 제2차 간부회의에 드러난다. 함흥에서 열린 회의에 윤자영을 비롯하여 김일수·오산세·조덕진·한여옥 등 5명이 참가하였는데, 가장 중요한 문제는 조선공산당재건설준비위원회의 장래 문제였다.[86)]

조선공산당재건설준비위원회는 출범한 지 1년 반 정도 지나면서 존폐의 위기에 봉착했다. 조직 자체의 결함이나 구성원의 문제가 아니라 코민테른의 지시와 간섭에 따른 상황이었다. 1930년 7월경 코민테른은 극동부를 통하여 당시 블라디보스토크에 파견된 조선공산당재건설준비위원회 간부 김규열을 통하여 半公式的인 해체 명령을 내렸다. "조선공산당재건설준비위원회는 의연히 파벌적 색채가 농후하므로 이를 해체할 것이다."라

83) 김준엽·김창순, 『한국공산주의운동사』 5, 아세아문제연구소, 1969, 300쪽.
84) 김준엽·김창순, 『한국공산주의운동사』 5, 아세아문제연구소, 1969, 300~301쪽.
85) 김준엽·김창순, 『한국공산주의운동사』 5, 아세아문제연구소, 1969, 300쪽.
86) 김준엽·김창순, 『한국공산주의운동사』 5, 아세아문제연구소, 1969, 300~301쪽.

는 것이 그 내용이었다. 이것이 미리 국내로 잠입했던 김일수에게 전달되었고, 1930년 10월에 귀국한 윤자영도 이를 알고 들어왔다. 다만 그것이 공식적인 지령이 아니라, 반공식적인 것이어서, 일단 공식적인 지령이 나올 때까지 활동을 밀고 나간다는 방침을 결정했다. 제2차 간부회의에서 "코민테른의 지령은 반드시 해체하라는 고압적인 것도 아니며, 또한 국내에서 열성당원을 규합하여 당기관을 이룩했을 때에는 구체적인 지시를 하겠다는 매우 애매한 태도이다."라는 윤자영의 표현이 그를 말해준다.[87] 따라서 활동의 강도를 높이면서도 윤자영은 코민테른의 지시에 대한 고민에 빠져 있었을 것이다. 그래서 김일수로 하여금 코민테른의 의향을 확인하도록 했지만, 극동부의 답은 "조선공산당 재건에 관한 일체의 책임이 중국공산당에 위임되었으므로 그리로 가서 지휘를 받도록 하라."는 것이었다. 결국 국내에 뿌리를 내리면서 활약하려던 이들의 구상이나 노력도 더 이상 추진하기가 어려워졌다. 코민테른의 결정을 거부할 만한 상황이 아니었기 때문이다.

그들은 돌파구를 찾았다. '조선공산당재건설준비위원회'를 해산하고 자신의 조직체를 '조선좌익노동조합전국평의회조직준비위원회'로 개편한 것이다. 하지만 이 조치도 코민테른의 결정에 위반된 것으로 간주됐다. 서울·상해파 구성원들은 다시 한 번 조직을 해체하고 코민테른이 승인한 조직선의 지도하에 개인 자격으로 활동해야만 했다. 일제경찰이 검거 사건의 명칭을 '조선국내공작위원회 사건'이라고 붙인 것도 이 때문이었다. 검거 당시 서울·상해파 사람들은 중국공산당 東滿特委 산하 조선국내공작위원회라는 기구 밑으로 재편 중이었던 것이다.[88]

국내에서 잠입 활동을 벌이던 윤자영은 1931년 5월에 다시 만주로 건너갔다. 국내로 잠입하여 활동한 지 7개월 만에 다시 만주로 돌아간 것이다.

87) 김준엽·김창순, 『한국공산주의운동사』 5, 아세아문제연구소, 1969, 302쪽.
88) 임경석, 「잊혀진 혁명가, 윤자영」, 『진보평론』 3, 2000, 317~318쪽.

여기에는 두 가지 요인이 작용한 것 같다. 하나는 코민테른 결의에 따른 중국공산당의 방침을 받아들인 것이고, 다른 하나는 급박하게 조여드는 일제경찰의 포위망이었다. 그래서 윤자영은 만주로 건너가서 중국공산당 조직 속에 자리를 잡았다.

한편 조선공산당재건설준비위원회의 동정을 알아차린 일제경찰이 포위망을 좁혀들고 있었다. 결국 그해 12월에 동지들 상당수가 검거되고, '간도 검거사건'이라는 이름으로 알려졌다. 당시 일제경찰이 압수한 권총만 36정이나 될 정도였다. 윤자영의 관련 소식과 이를 피해 탈출한 이야기는 당시 신문 호외를 통해 "목하 검거망을 피하여 그림자를 감추었고"라고 알려지게 되었다.[89]

만주로 탈출한 윤자영은 중국공산당 동만특구 선전부에 활동 무대를 마련하였다. 그러다가 다음 해인 1932년 9월 26에 그는 중국공산당 중앙위원회에 모스크바 국제레닌학교 입학을 청원하였다. 이와 관련하여 다행스럽게도 1932년 9월경에 윤자영이 작성한 자필 문서 세 종류가 발굴되었다.[90] 간략한 이력서 1통, '중국공산당 대표' 앞으로 제출한 편지와 청원서가 각각 1통씩이었다. 「이력서」에 따르면, 그는 검거사건을 피해 국외로 도피하는 데 성공했고, 두만강을 건너 다시 북간도로 건너갔다. 즉 그는 1931년 6월부터 중국공산당 만주성위원회 동만주특별위원회 선전부에 소속됐다고 한다.

그로부터 1년 남짓 지난 뒤인 1932년 9월, 만 38세가 된 윤자영은 중국공산당 중앙간부 앞으로 특별한 청원서를 제출했다. 丁一英이라는 黨名으로 작성된 이 문서에서, 그는 이론적 · 정치적 훈련을 위해 모스크바에 있는 국제레닌대학에 입학하기를 희망하며, 이를 실현하기 위해 중국공산당이 협력해 줄 것을 요청했다. 국제레닌대학은 각국 공산당 중앙간부들의

89) 《조선일보》 1931년 12월 8일자 호외.
90) 임경석 교수에 의해 발굴되었다.

교육 · 훈련을 위한 고등교육기관이었다.[91] 그 내용은 다음과 같다.[92]

中國共産黨代表 同志!
請願人 中國共産黨員 丁一英

請願書
我願意入學國際列寧學院. 玆添付履歷書和保證書. 提出願書. 盼望 批准

一九三二年九月二十六日 丁一英

윤자영은 결국 모스크바로 갔다. 다만 그의 국제레닌대학 입학 청원은 기각됐고, 그 대신에 모스크바에 소재하는 동방노력자공산대학 입학이 허용되었다. 본래 목적으로 삼은 학교는 아니더라도 그는 모스크바에서 다시 한 번 학업에 종사하게 되었다. 그렇지만 그의 유학 생활도 곧 절대적인 장벽에 부딪쳤다. 그리고 그는 곧 최후를 맞았다. 이 부분을 추적한 연구자의 정리를 요약하면 이렇다.

1934년에 스탈린의 대숙청 작업이 시작되었다. 그는 반당분자로 낙인찍힌 지노비에프의 동조자 혐의를 받게 된 것 같다. 나는 이 사실을 문서보관소에 소장된 「지노비에프 논문 소지 · 유포 혐의로 조사받은 공산대학 한인 학생들의 신상명세서」라는 문서에서 알게 됐다. 여러 명의 한인 재학생 명단 속에 윤자영의 이름이 들어 있었던 것이다.[93]

그리고서 그는 1938년 10월 14일에 처형당했다. 그가 마지막에는 학생

91) 임경석, 「잊혀진 혁명가, 윤자영」, 『진보평론』 3, 2000, 325쪽.
92) 러시아국립정치사회사문서보관소 소장(윤자영 조카인 윤동규 제공).
93) 임경석, 「잊혀진 혁명가, 윤자영」, 『진보평론』 3, 2000, 326쪽.

신분이었고, Yun, Za Yen, 혹은 Chen Min이란 러시아 이름을 사용하다가, 1938년 10월 2일 노보르시비르스크주 내무인민위원회에 의해 최고형인 총살형이 선고되었으며, 10월 14일에 그것이 집행되었다. 그리고 그는 1958년 12월 19일에 가서야 복권되었다.[94] 그렇다면 그가 지노비에프의 동조자였기 때문에 처형된 것일까? 아니면 혹시 그런 어려움에 직면해 있을 때 연해주에서 중앙아시아로 강제 이주되던 한인 문제를 둘러싸고 그가 정면으로 저항했던 것은 아닐까? 이 문제를 해결하기에는 아직 자료가 미흡하다.

8. 맺음말

윤자영은 민족문제를 해결하기 위해 짧은 한 생애를 남김없이 던지고 간 혁명가였다. 그의 생애는 크게 세 부분으로 나뉜다. 출생과 성장기에 이어 민족운동기와 소련 유학기가 그것이다. 그가 민족운동을 시작한 첫걸음은 25세가 되던 1919년의 3·1운동이었고, 소련으로 유학 가던 1932년까지 꼬박 13년 동안 지속되었다. 그리고서 유학차 소련에 가서 최후를 맞을 때까지 마지막 단계가 6년이었다.

그가 민족운동을 벌인 13년을 정리하면 매우 적극적이고 진취적인 인물임을 알 수 있다. 경성전수학교 1학년생으로 학교 연락책임을 맡았고, 그로 말미암아 1년 4개월이나 옥고를 치렀다. 서대문형무소를 나오자마자, 그는 청년운동과 노동운동을 시작하였다. 조선청년회연합회를 결성하고 전국적으로 세를 확산시키는 데 앞장섰고, 조선노동공제회 활동에도 앞장섰다. 1920년에 사회혁명당에 가담하면서 사회주의를 수용하고, 1921년 말에서

94) 이것은 후손이 신청한 민원에 대한 회신형태로 국내에 알려진 것이다. '구 KGB문서보관소 내 스탈린 숙청 당시 사망한 고려인' 명단에 대해 연구하는 NGO단체인 삼일문화원을 통해 러시아 주재 한국대사관에서 확인한 것이다(외교통상부 민원회신 러시아·CIS과-766: 2004.2.10).

1922년 초 사이에 망명한 뒤, 고려공산당 상해파에 속한 그는 소련으로 이동하여 이르쿠츠크파와 통합하는 데 노력을 기울였다. 모스크바를 방문하기도 했던 그는 1923년 2월에 상해에 도착하여 고려공산당 상해파 대표로서 국민대표회의에 참석하였고, 개조파의 한 축을 맡아 활동을 폈다. 그 직후 대한민국 임시의정원 의원으로 활동하기도 하고, 김지섭의거 지원에 나서기도 했다. 당시 무엇보다 두드러진 점은 상해에서 통일전선체로서 청년동맹회를 결성하고 이를 이끌어 나갔다는 점이다. 만 30세가 되던 시기였다.

3년 동안 상해에서 활동하던 그는 1926년에 만주로 활동 무대를 옮겼다. 그곳에서 윤자영은 조선공산당 만주총국을 조직하고 주도하였다. 그런데 1928년에 코민테른이 '12월 테제'를 통해 一國一黨 원칙을 발표하자, 만주에서 중국공산당원으로 활약하기보다는 국내로 들어가 직접 조선공산당 재건에 박차를 가하기로 작정하였다. 코민테른의 견제에도 불구하고 1930년 10월에 국내로 잠입한 그는 함흥 일대에 근거지를 확보하고 조선공산당재건설준비위원회를 이끌었다. 그러나 코민테른에서 철수를 명함에 따라 결국 그는 만주로 탈출하여 중국공산당 소속으로 활동하다가 1932년에 모스크바로 유학길에 올랐다. 그곳에서 동방노력자공산대학을 다닌 그는 1938년에 소련정부에 의해 처형됨으로써 만 44년이라는 짧은 생애를 마쳤다.

3·1운동으로 시작된 그의 활동은 1920년대에 들어 사회주의 노선을 걸었지만, 초점은 국제주의가 아니라 민족해방에 있었다. 대한민국 임시정부에 참여한 점이나 통일전선체인 청년동맹회를 지도한 점, 또 국제주의 성향이 강하던 1930년 전후에도 코민테른의 지시를 애써 피해 나가면서 조선공산당 재건설에 집착한 점 등은 모두 그가 계급문제보다는 민족문제에 비중을 두고 있었음을 말해준다.

이런 인물이 민족사의 범주에서 평가되지 못한 것은 해방 후 역사인식의 한계 때문이었다. 이념과 정치적 지형으로 말미암아 여러 조각으로 나뉘고

배타적인 정통성 논리에 잠기다보니, 민족사의 영역이 위축되고 말았다. 그래서 그가 떠난 지 60년이 넘는 동안 주목받지 못해 왔다. 그러다가 근래에 들어 민족사 연구 영역이 넓어지고, 윤자영에 대한 접근도 시도되었다. 최근에 그의 공적이 국가 차원에서 인정된 점은 그러한 변화와 진취적인 연구가 일궈낸 결실 가운데 하나라고 생각된다.[95]

[95] 대한민국 정부는 2004년 광복절을 맞아 윤자영에게 건국훈장 독립장을 추서하였다.

24장_ 이육사의 민족문제 인식

1. 머리말

육사의 생애는 40년이 채 안 되는 짧은 기간이었지만, 민족문제를 바라본 그의 인식 변화는 다양했다. 하나의 이념이나 사상만으로 한 인물이 가지는 성격을 규정지을 수는 없다. 그럼에도 불구하고 인물을 평가할 때는 으레 하나의 개념으로 규정하기에 익숙하다. 이육사를 '저항시인'이라거나 '민족시인'으로 평가하고 부르는 이유도 거기에 있다. 이로 말미암아 육사가 민족문제에 눈을 뜨고 관점을 바꾸어 나간 변화를 읽어내지 못하고 있다.

육사의 일생을 크게 나누자면 성장과 활동 기간으로 양분된다. 태어나서 성장하던 전반부 20년과 활동을 펼치다 떠나간 후반부 20년이 그것이다. 전반부는 태어나서 어린 시절을 보내던 고향마을의 역사성과 밀접한 관련을 가졌다. 고향이란 말은 그의 가문과 성장환경을 포괄적으로 지칭하는 것이다. 어린 시절부터 그는 퇴계의 후손, 즉 진성이씨 동성마을이라는 공간에서 성장하였다. 따라서 그는 전통적인 영남 남인의 양반유림적 분위기, 위정척사적인 전통을 고스란히 담아온 마을의 역사를 온 몸으로 터득하였다.

육사 생애에서 후반부 20년은 일본과 중국을 드나들며 국제적인 지식과 이해를 넓혀 가면서 중국과 국내를 연결하여 민족운동에 힘을 쏟던 시기였다. 일본에서 1년 정도 지내면서 조국을 돌아보았고, 중국을 드나들며 독립운동가들과 교유를 통해 민족문제에 깊은 관심과 높은 이해도를 보였다. 여기에 문학 활동과 민족운동이 함께 겹쳐 나타났다. 외유와 유학, 그리고 중국지역 독립운동과 국내 활동 환경의 변화는 그에게 항상 긴장을 요구하였다. 민족문제를 도외시했다면 그렇게 긴장할 필요도 없겠지만, 그는 민족문제에서 시선을 한 순간이라도 떼지 않았다.

이 연구는 민족문제에 대한 육사의 인식과 변화 과정을 파악하는 데 목적을 둔다. 그를 밝히기 위해 성장 과정에서 형성된 인식의 기본틀, 일본과 중국에 유학하거나 활동하면서 접한 근현대적인 사상의 접근 및 수용 등을 정리한다. 이 문제를 해결하는 데 필요한 자료는 적은 편이다. 성장 과정에 대해서는 마을의 역사와 그의 수필에서 소개된 내용을 중심으로 이해하려 한다. 아나키즘 수용에 대한 자료는 사실상 극히 빈약하여 유추하는 선에서 머물 수밖에 없을 것 같다. 그리고 육사를 말하면 누구나 저항시인이라 평하는데, 여기에서는 그가 사용한 이름을 분석하여 그의 저항성을 평가한다. 이어서 공산주의에 대한 접근을 확인하기 위해 조선혁명정치군사간부학교에 대한 일제의 정보기록과 일제검찰의 심문기록 및 육사의 시사평론을 주된 자료로 삼는다. 또 1930년대 중반 그의 민족적 사회주의 성향에 대해서는 그가 남긴 시사평론을 주된 자료로 삼고, 1940년대에 좌우합작으로 나선 부분은 정황증거를 바탕으로 접근하려 한다.

2. 성장기에 접한 혁신유림적 인식

육사의 성장환경은 척사유림의 전통을 계승하는 것이었다. 학문의 성향도 그러하고, 척사적 저항성도 마찬가지였다. 육사의 혈통을 보면, 그는 退溪 李滉의 14세손이요, 원촌 마을을 열어 나간 李榘의 9세손으로 태어났다.

육사의 6대조 仕隱 李龜雲이 문과에 급제하여 형조참판을 역임하였고, 고조부 李彙斌은 通德郎을 지냈으니, 글과 벼슬이 이어온 집임을 알 수 있다. 그의 할아버지는 痴軒 李中稙이요, 아버지는 亞隱 李家鎬였다. 할아버지는 일찍부터 그에게 글을 가르쳤고, 특히 寶文義塾 초대 塾長을 맡았다고 알려진다.[1)]

육사가 태어난 원촌마을은 바로 이웃인 하계와 더불어 대단한 저항성을 보였다. 원촌에서는 육사를 비롯하여 그의 형과 동생들이 모두 항일투사로 활약하였고, 항일투쟁의 주역들이 배출된 곳이었다. 이웃 하계마을에서는 예안의병장을 지낸 李晩燾가 일제강점에 들자 단식하여 순국하였고, 그의 동생, 아들과 며느리, 그리고 손자들이 모두 항일투쟁사에 거목으로 자리 잡았다. 육사는 어릴 적부터 바로 그런 분위기에서 정신적인 틀을 형성하면서 자라났던 것이다. 육사는 그것을 '무서운 규모가 우리들을 키워주었습니다'라고 표현하였다.[2)] 즉 '규모'라는 정신적 틀, 전통적 규범이 이 마을을 하나로 묶어 두고 있었던 것이다. 육사가 끝내 자신을 기만하거나 굽히지 않은 데에는 성장 과정에서 體得한 전통적인 규범이 작용한 때문이다.

성장 과정에서 육사의 정신적인 틀 형성에는 외가의 영향도 컸다. 육사의 외조부 凡山 許蘅은 의병장으로 이름난 旺山 許蔿의 사촌이었고, 그도 또한 의병으로 활약한 인물이었다. 또 육사의 외숙들도 독립운동에 기여하였는데, 특히 一軒 許珪가 가장 큰 영향을 주었던 것으로 알려지고, 외가는 대부분 만주로 망명하여 독립운동의 핵심부에서 활약하였다. 외숙 허발이 대한민국 임시정부 국무령을 지낸 石洲 李相龍과 사돈이 된 것도 만주 망명에서 비롯되었다. 즉 이상룡의 손부가 된 허은이 육사의 외사촌이다.[3)]

육사의 사상적 바탕은 혁신유림적 성향에 있었다. 그가 태어나기 23년

1) 김희곤, 『이육사 평전』, 푸른역사, 2010, 55쪽.

2) 김희곤, 『이육사 평전』, 푸른역사, 2010, 55~56쪽.

3) 김희곤, 『이육사 평전』, 푸른역사, 2010, 41~42쪽.

전인 1881년에 영남만인소로 유명한 척사운동이 일어났었는데, 그 대표인 이만손이 바로 하계 윗마을인 상계의 퇴계 종가 출신이었다. 따라서 위정척사의 구심점이던 마을에서 그도 전통적으로 유학을 배우며 자랐다. 여섯 살에 『小學』을 배운 그는 『古文眞寶』와 『八大家』에 이어 사서삼경을 배웠다.[4] 뒷날 1935년에 육사가 일본 경찰에 붙잡혀 심문 받을 적에 자신의 종교를 '유교'라고 답한 일이 있었다.[5] 그가 단순히 종교를 유교라고 답했다기보다는 그의 사상적 바탕에 유교가 자리 잡고 있었다는 말이다. 그렇다면 그의 사상적 태동기라고 말할 수 있는 성장기에 그는 유학을 배우면서, 안동 協東學校 개교 이후 형성된 혁신유림적 성향을 가슴에 안고 성장한 것으로 이해된다. 조부가 숙장을 맡은 보문의숙도 전통적인 위정척사의 범주를 벗어난 것으로 이해되기 때문이다. 물론 그것이 성장기의 일이므로 완벽한 의미에서 사상 형성이라 평가할 수는 없다. 다만 성장 당시의 위정척사성이 강한 주변 분위기가 그에게 삶의 규범으로 작용한 것은 확실하다고 생각한다.

3. 아나키즘과 사회주의 입문

1) 일본 유학과 아나키즘 접촉

육사가 민족문제에 본격적으로 부딪치기 시작한 계기는 그의 일본 유학 시절이라 추정된다. 영천 처가에서 백학학원 강사로 있던 그는 1924년 4월에 東京으로 갔다가 이듬해 1월에 귀국했다. 그러니 그가 일본에서 유학한

---

4) 육사가 한문과 유학을 배워 나가는 장면은 그의 수필 「剪爪記」·「戀印記」·「銀河水」에 자세하게 표현되어 있다.

5) 「증인 李源祿 신문조서」, 『한민족독립운동사자료』 31, 국사편찬위원회, 1997, 194쪽.

기간은 모두 9개월 정도 되는 셈이다. 그런데 그가 다닌 학교 이름이 기록에 따라 각각 다르게 나타나 있어서 도무지 판단이 서지 않는다. 그곳에서 東京正則豫備學校와 日本大學文科專門部를 다니다가 병으로 퇴학하였다는 일제경찰 기록도 있고,[6] 그의 「訊問調書」에 神田區 錦城高等豫備學校에 입학하여 1년간 재학했다는 진술도 있다.[7] 또 일제의 다른 정보자료에는 '日本大學 中退'라는 것이 있기도 하다.[8]

그의 「신문조서」를 따른다면 금성고등예비학교에 1년 동안 재학했다는 말은 그 앞이나 뒤에 다른 학교나 과정을 다녔을 수 있다. 그러므로 여기에 등장하는 학교들을 모두 각각 짧게 혹은 한 학기 정도 다녔을 수도 있겠다. 그렇지만 대개 여기에 나오는 전문부는 중등 과정을 의미하므로, 그가 일본에서 일본의 중등 정규 과정을 다니면서 장차 대학 진학을 염두에 두고 있었다고 추정해 볼 수 있겠다. 그렇지만 그는 건강상의 문제로 말미암아 1년 만에 귀국하고 말았다.

육사가 일본에 체류한 때는 그에게 민족문제에 대한 중요한 계기를 마련해 준 시기로 이해된다. 그가 일본에 가기 전인 1923년 9월 1일에 東京은 '關東大震災'라는 엄청난 규모의 지진피해를 입었고, 폭동을 막는다는 핑계로 조선인에 대한 대대적인 살육이 자행되었다. 이를 응징하려고 일본 왕궁을 공격하러 나선 인물이 안동 출신 의열단원 金祉燮이었다. 이 의거가 터진 시기가 1924년 1월 초였으니, 육사가 東京에 도착하기 석 달 전의 일이었다. 긴장이 감도는 東京에서 만 20세의 육사는 민족문제에 짙은 관심을 가졌을 것 같고, 아나키스트 모임인 黑友會의 회원이었다고 전해지는 사실도 이러한 분위기를 짐작하게 만든다.[9] 육사가 일본에 있던 동안 아나

6) 朝鮮總督府警務局, 「軍官學校事件ノ眞相」, 韓洪九 · 李在華 편, 『韓國民族解放運動史資料叢書』 3, 1988, 125쪽. 「이원록 소행조서」에는 동경의 正則예비교에 1년간 통학했다고 기록되어 있다(앞의 책, 178쪽).

7) 「李活 신문조서」, 『한민족독립운동사자료집』 30, 국사편찬위원회, 1997, 152쪽.

8) 金正明, 『朝鮮獨立運動』 2, 東京:原書房, 1967, 524쪽.

키즘에 접합되기 시작했을 수도 있겠고, 만약 그랬다면 민족문제 대한 심각한 번뇌를 비로소 경험하기 시작한 출발점이 되었을 것이다.

그가 아나키즘과 접촉했다고 해서 이론적인 면에서 아나키스트가 되었다거나 이와 관련된 활동을 전개한 흔적은 보이지 않는다. 잠시 접촉한 사실은 짐작되지만, 그가 이론적인 글을 남기지도 않았고, 그 이후 아나키스트들과 교류하지도 않은 듯하기 때문이다.

2) 중국 유학과 사회주의 입문

1925년 1월에 귀국한 육사가 다시 새로운 돌파구를 찾아 나선 것이 1926년 초의 중국행이었다. 그 길이 그로 하여금 사회주의에 눈을 뜨는 계기가 된 것 같다. 당시 육사가 중국에 머문 시기는 1927년 여름이나 초가을까지 1년 반 남짓하다. 1934년에 붙들려 작성된 「신문조서」에는 1925년 8월 무렵 중국으로 가서 "북경의 중국대학 사회학과에 입학하여 2년에 중퇴했고"라고 했으니, 1927년 가을에 귀국할 때까지 중국에 머물렀다는 말이 된다. 그런데 여기에서 두 가지 의문이 생긴다. 하나는 정말 그가 북경에 있던 '중국대학 사회학과'를 다녔는가 하는 문제이다. 1956년에 나온 박훈산의 글에도 '북경대학 사회과'를 나왔다고 적혀 있다.[10] 친지들의 말이나, 또 그것을 바탕으로 기록된 詩碑와 안내판 내용에 그가 '북경대학 사회학과'를 다녔다지만 그 흔적을 찾지 못하고 있다. 또 「이원록 소행조서」에는 '중국대학 상과'에 다녔다고도 한다.[11]

---

9) 흑우회의 본거지는 雜司谷區에 있었다. 회원으로서는 서상한 · 신영파 · 홍진유 · 최규종 · 김철 · 이육사(청포도의 시인, 북경에서 사망; 밑줄－필자) · 이기영 · 이홍근 · 김묵 · 이경순(시인) · 박홍곤 · 박열 · 장상중, 그 외에도 일본인으로 增永一郎 · 栗原一夫 등이 있었다(金泰燁, 『抗日朝鮮人의 證言』, 東京:不二出版社, 1984, 90~91쪽).

10) 《조선일보》 1956년 5월 25일자.

11) 「李源祿 소행조서」, 『한민족독립운동사자료집』 30, 국사편찬위원회, 1997, 178쪽.

중국대학의 존재가 국내에 알려지기는 근래의 일이다.[12] 중국대학을 확인하기 힘든 이유 가운데 하나가 1949년에 문을 닫은 때문이다. 마침 한국문학과 중국문학 전공자들 이육사를 추적한 연구를 발표하면서 새로운 정리가 이루어졌다. 원전에 주해를 붙여 이육사의 시전집을 발간한 것,[13] 또 육사와 중국대학의 관련성을 정밀하게 추적한 연구가 그것이다.[14]

일단 그가 북경에 유학했던 사실만은 분명하다. 다만 북경대학 사회학과이거나 중국대학 상과일 수 있고, 뒤의 것이 최근에 두드러진 주장이다. 그의 학적부가 나타날 때까지 육사의 유학 생활은 과제로 남을 수밖에 없다.

육사는 무슨 이유인지는 몰라도 1927년 8월 귀국하였다.[15] 1926년 초부터 1년 반 정도 북경에 머문 셈이다. 북경 유학은 그가 사회주의에 눈을 뜨고 접근하는 무렵이라 짐작된다. 국내에서도 1920년대 초반에 노동운동과 농민운동, 청년운동 등 사회운동 전반에 걸쳐 사회주의가 확산되고 있었고, 1925년 조선공산당이 만들어지고 있었다. 육사가 왕래하던 북경의

12) 「이육사가 다닌 중국대학 찾아냈다」, 《한겨레》 2006년 6월 5일자. 필자가 1990년대에 처음 이를 추적할 때 북경대학에서는 그의 학적부를 찾아내지 못했고, 중국대학을 북경에서 찾을 수도 없었다. 북경대학은 1898년 문을 열고, 1912년 오늘의 이름으로 고쳤다. 북경대학에는 1920년대에 사회학과가 있었다. 여기에서 필자는 광주에 있는 중산대학 재학설을 제기했다. '이활'이라는 한국 학생 이름을 광주 중산대학 학생명부에서 확인했기 때문이다. 광주의 이활이 육사가 아닐 가능성이 있다면서 재검토가 필요하다는 견해가 2004년 제기되었다. 더구나 2006년에는 북경에 중국대학이 존재했다는 보도 기사는 새로운 가능성을 말해주었다. 이 기사는 민족문학연구소가 베이징에서 주최한 '근대문학과 북경' 세미나와 현지답사를 벌이면서, 6월 2일 베이징 천안문광장 서쪽에 있는 '제29중학교'가 옛 중국대학임을 확인하고, 이 학교가 1949년에 폐교되었다는 사실을 알리면서 육사가 1925~1926년 사이 이 대학에 다닌 것으로 추정한다고 보도했다. 그 현장을 확인하고 육사가 다닌 학교로 추정한다고 견해를 밝힌 사람은 김재용 교수(민족문학연구소장, 원광대)와 오상순 교수(북경 중앙민족대학 조선어언문학계)였다. 그런데 아직까지도 이육사의 학적부를 확인하지는 못하고 있어서 과제로 남아있다.

13) 박현수, 『원전주해 이육사 시전집』, 예옥, 2008.

14) 홍석표, 「李陸史의 중국 유학과 北京中國大學」, 『中國語文學誌』 29, 중국어문학회, 2009, 81~108쪽.

15) 朝鮮總督府警務局, 「軍官學校事件ノ眞相」(韓洪九 · 李在華, 앞의 책, 125쪽).

분위기는 이보다 빨랐다. 따라서 그가 1927년 8월 귀국할 무렵에는 사회주의에 깊은 관심을 가졌으리라 짐작된다. 실제 그가 귀국한 뒤 두 달 만에 장진홍의거에 엮여 대구경찰서에 갇히고 1929년 5월까지 억울한 옥살이를 겪었는데, 이듬해에 《별건곤》 잡지에 「대구사회단체개관」을 발표하면서 사회운동단체의 활동을 격려하고 나선 것도 그의 사상적 전환을 말해주는 것으로 짐작된다.

4. 이름에 나타난 저항성

1927년 10월 18일에 대구에서 '장진홍의거'가 터졌다. 일제경찰은 장진홍이라는 인물에 대해서는 전혀 상상도 하지 못하고 헤매기만 하다가, 다급해진 나머지 대구를 중심으로 활동하던 청년들을 모조리 잡아들였다. 이에 따라 마침 귀국해 있던 육사를 비롯하여 그의 형 원기, 동생 원일 및 원조 등 4형제를 비롯한 대구지역 청년들이 대거 검거되었다. 모진 고문으로 조작해 낸 경찰과 검찰의 시나리오는 이들 청년들을 모두 징역형으로 몰아갔다. 그 결과 원기만 한 달 남짓하여 석방되고 나머지 육사 형제들은 미결수 상태로 곤욕의 세월을 보내게 되었다. 그러다가 거사가 터진 뒤 1년 4개월이 지난 1929년 2월 14일에 거사의 주인공 장진홍이 일본 大阪에서 체포된 것이다. 육사가 풀려난 것은 이보다 3개월이나 더 지난 1929년 5월이었다.[16] 그리고 그해 12월 9일자로 대구지방법원에 의해 면소판결을 받았다.[17]

감옥에서 나온 직후 육사는 바로 中外日報 대구지국의 기자로 활동하기 시작했다.[18] 당시 그의 이름은 '李活'이었고,[19] 자신의 행로와 다짐을 담아

16) 「李活 신문조서」, 『한민족독립운동사자료집』 30, 국사편찬위원회, 1997, 151쪽.
17) 「예심결정서」, 이동영, 앞의 책, 41~53쪽.

낸 첫 詩作 「말」도 '李活'이란 이름으로 세상에 알렸다. 말띠해인 1930년(庚午年) 새해를 맞아 1월 3일자 《조선일보》에 억울한 옥살이로 지친 모습과 새해를 맞아 다시 솟구칠 자신의 모습을 담아낸 것이다. 그리고서 그가 조선일보사 대구지국 기자로 자리를 옮긴 시기는 1931년 8월이었다.[20]

육사가 자신의 투쟁의지를 처음으로 세상에 드러낸 것이 첫 발표 詩 「말」이라고 한다면, 자신의 다짐을 응어리진 채 다져둔 것이 이름이었다. 가장 널리 알려진 그의 필명이 '陸史'이다. 그런데 '陸史'라는 이름이 사용된 데에는 저항성과 투쟁성이 강하게 내포되어 있다는 사실을 주목해야 한다. 그것을 밝히자면 단계별로 정리해야 한다.

첫 단계는 '李活'이란 이름으로 활동하던 그가 감옥에서 나온 뒤에 《별건곤》이란 잡지에 '李活'과 함께 '大邱二六四'라는 이름을 사용한 것이다. 두 가지 이름을 여러 잡지에 동시에 사용한 것이 아니라, 하나의 글에 두 가지 이름을 함께 사용했다는 점이 특이하다. 즉 《별건곤》 제5권 제9호(1930년 10월)에 「大邱社會團體概觀」이란 평문을 발표하였는데,[21] 책 앞의 목차에는 '李活'을, 본문 앞머리에서는 '大邱二六四'를 각각 사용하였다. 이처럼 목차와 본문에서 사용하는 이름이 다른 경우가 흔하지 않는데, 그가 이렇게 두 가지 이름을 같은 글에 함께 사용한 이유가 어디 있었을까? 이미 사용하던 이활이 앞으로 대구지역의 '二六四'로 나선다는 사실을 예고한 것이라

18) 「李活 신문조서」, 『한민족독립운동사자료집』 30, 국사편찬위원회, 1997, 152쪽. 당시 대구지국 사무실은 남성정(南城町, 현 남성로)에 있었다. 이 당시 육사가 기자로서 활약한 신문이 조선중앙일보라고 전한 경우도 있었지만, 이 시기에는 중외일보 시기였다. 시대일보(1924.3~1926.8)로 시작된 이 신문이 중외일보(1926.11~1931.9), 중앙일보(1931.11~1933.2), 조선중앙일보(1933.2~1937.3) 등으로 변천하였으므로, 육사가 활동하던 1930년을 전후한 무렵은 바로 중외일보 시기였다.

19) 金鎭和, 『日帝下 大邱의 言論硏究』, 禾多出版社, 1978, 139~140쪽.

20) 「李活 신문조서」, 『한민족독립운동사자료집』 30, 국사편찬위원회, 1997, 152쪽.

21) 《별건곤》 5권 9호(33호)는 "大邱行進曲"을 특집으로 마련하였는데, 尙火의 「大邱行進曲」, 尹洪烈의 「大邱는 어듸로 가나?」, 李活의 「大邱社會團體概觀」, 천수의 「大邱의 沿革 · 名勝 · 古跡」, 徐相日의 「大邱의 經濟界」, 李根茂의 「新興하는 大邱商業界」, 風月樓主人의 「大邱의 名花點點」, 韻庭의 「大邱雜評」 등 9편이 실렸다.

생각된다. '二六四'라는 숫자는 대구 감옥에서 그에게 붙여졌던 수인번호에서 비롯된 것이란 사실은 너무나 널리 알려져 있다.[22] 이 이름으로 발표된 「大邱社會團體槪觀」은 비록 시대적 한계로 인해 부드럽게 표현되기는 했지만, 대구지역 청년단체들에게 새로운 각성과 도약을 요구한 것이어서 투쟁을 바라는 그의 심정을 충분히 이해할 만한 글이다. 따라서 그의 필명과 시대적 요구를 함께 담아낸 글이라 평가되고, 육사의 각오와 투쟁성을 함께 이해할 수 있는 대목이 아닐 수 없다.

두 번째 단계가 '戮史'와 '肉瀉'를 사용한 시기이다. 즉 '陸史'로 가기 전의 단계이다. 1930년 겨울에 광주학생항일투쟁의 1주년을 맞아 다시 항일시위가 일어나고, 대구 거리에도 역시 항일 격문이 나붙게 되자, 육사가 주범으로 몰려 1931년 1월에 구속되었다. 3개월 정도 고초를 겪다가 풀려난 육사는 영일군(현 포항시로 편입) 기계면 현내리 집안 아저씨인 溪山 李英雨의 집에서 두 달 동안 요양하였다. 그곳에서 매화 한 폭을 그리고서 '戮史'라고 썼다. 그러자 이영우가 너무 노골적인 표현을 말리면서 같은 의미를 가지면서도 온건한 표현인 '陸史'를 권유하였다.[23] 이것은 그가 항일혁명을 꿈꾸며 '264'에서 '李戮史'로 바꾸려 했던 사실, 오늘날 일반적으로 쓰이는 '李陸史'라는 이름 속에 '戮史'를 꿈꾸는, 즉 혁명을 도모하려 했던 그의 뜻과 의지가 담겨 있음을 보여주는 것이라 할 수 있다.

그리고 '肉瀉'는 1932년 초에 조선일보에 연재한 특집기사에서 사용된 이름이다. 대구의 유명한 藥令市를 취재한 기사를 발표하면서 '肉瀉'라는 필명을 사용했는데, 고기 먹고 설사한다는 지독히 비아냥거리는 이름을 사용한 것이다.[24] '戮史'는 비록 대외적으로 발표되지 않은 이름이지만 혁명을

22) 洪永義, 「陸史의 一代記」, 『씨 뿌린 사람들』, 思潮社, 1959, 96쪽.

23) 이상흔(이영우의 조카, 1994년 80세, 성남시 분당구 서현동 임광아파트 거주) 증언. 이 이야기가 경주 일대에서 전해졌다는 사실을 장조카 이동영도 전한다(2000년 9월 11일, 대구시 수성구 신매동 시지동서타운 자택에서).

24) 김희곤, 「잘못 알려져 온 육사의 삶」, 『문학사상』 375, 2004, 120쪽.

다짐하는 것이었다면, '肉瀉'는 공개적으로 사용하면서도 사회를 질타하는 이름이었다. 이 두 가지 내용이 하나로 온축된 것이 쓰인 것이 바로 '陸史'이었다.

'陸史'가 정착된 것이 바로 세 번째 단계인 셈이다. 그는 1932년 여름에 중국으로 다시 갔고, 남경에서 세워지고 있던 조선혁명군사정치간부학교에 제1기생 26명 가운데 한 사람으로 입교하였는데, 그곳에서 정식으로 사용했던 이름이 바로 '陸史'였다. 그리고 이후 국내로 잠입하여 비공개적으로, 또는 공개적으로 이 이름을 사용했다. 따라서 육사의 이름에는 결국 일제 타도라는 항쟁성을 짙게 담고 있다는 점을 읽을 수 있다.

5. 사회주의 수용

1930년대 초에 육사는 사회주의자였다. 그가 사회주의를 받아들인 첫발이 어디쯤인지 정확하지는 않지만, 일단 그가 광동에서 머물던 시기인 1920년대 후반에는 여기에 입문한 것만은 사실인 것 같다. 그러다가 그가 확실하게 사회주의 노선을 걷게 되는 시점, 당시 말하자면 민족문제를 계급 문제로 인식하고 투쟁방향을 계급투쟁으로 가닥 잡아나간 시점은 1930년대 초반이었다. 즉 남경에서 세워진 조선혁명군사정치간부학교를 다니던 무렵이 그랬다.

육사가 군사초급간부, 즉 초급장교로 육성된 시기는 1932년 10월부터 이듬해 4월까지였다. 1932년 3월 29일자 《조선일보》에 취재기사를 게재한 뒤, 4월에 하순에 조선일보사를 그만 두고 奉天(瀋陽)으로 떠났다.[25] 이 걸음이 의열단의 핵심 인물인 石正 尹世胄를 다시 만나 함께 남경으로 조선

25) 「李活 신문조서」, 『한민족독립운동사자료집』 30, 국사편찬위원회, 1997, 152쪽.

혁명군사정치간부학교를 찾아가는 길이었다.

육사가 조선혁명군사정치간부학교에 입교하고 사회주의 성향의 교육을 받은 것은 물론이다. 교장이던 김원봉이 황포군관학교를 4기생으로 졸업한 뒤에 국공분열을 맞아 南昌蜂起에 참가했고, 북경으로 가서 레닌주의정치학교를 개설했던 인물이며, 교육과정에서도 이러한 색채를 담고 있었기 때문이다. 하지만 육사가 간부학교에 들어가기 이전에 이미 사회주의를 지향하고 있었던 것으로 보인다. 그러한 장면은 1932년 9월에 남경에 처음 도착하여 김원봉과 대면하는 장면에서 드러난다.

육사는 남경 도착 직후 玄武湖의 五洲公園에서 김원봉과 함께 작은 보트를 타고 이야기를 나누는 기회를 가졌다. 그 자리에서 국내의 일반 정세, 철도망, 노동자 수, 농민의 생활 상태, 노동조합의 수, 노동운동에 대한 이론이나 운동 방법 등에 김원봉이 질문해오자, 육사는 국내 정세와 철도 및 노동자에 대해 자신이 신문이나 잡지를 통해 파악하고 있던 내용들을 상세하게 답했다. 그러면서 인정할 만한 노동조합이 존재하지 않지만 잠재력이 있다고 말한 뒤, 노동조합 조직이론에 대해 자신의 견해를 덧붙였다. 그랬더니 김원봉이 "노동층의 조직이론은 그것으로는 안 된다."고 설명하면서, 직접 자신이 노동자가 되어 노동자들의 신임을 받고, 그런 뒤에 서서히 공산의식을 주입해야 하며, 소조를 조직하고 그것을 기초로 삼아 「프락션」운동을 일으켜야 한다고 강조하였다.[26] 이러한 대화 내용은 육사가 조선혁명군사정치간부학교로 가기 이전, 즉 1932년 이전에 이미 사회주의자로서의 길을 걷고 있었음을 말해준다.

육사의 사회주의적 성향은 조선혁명군사정치간부학교 교육과정을 통해 심화되었을 것이다. 왜냐하면 정치과목이 세계정세와 혁명이론에 초점을 두고 있었고, 주 1회 열리던 토론회의 주제도 혁명지향적이었기 때문이다.

26) 「증인 이원록 신문조서」, 위의 책, 188쪽.

특히 지도그룹이 국공합작 기간에 황포군관학교를 이수하면서 이미 공산주의 혁명논리를 상당히 수용하였고, 더구나 남창봉기와 레닌주의정치학교 운영을 겪었던 그들이기 때문에 교육 내용이 자연히 사회주의 색채를 강하게 띨 수밖에 없었다. 이러한 교과 과목과 강사진의 특성은 뒷날 육사에게도 강하게 투영되었고, 이것이 뒷날 그의 시사평론을 통해 일부나마 드러나기에 이른다.

육사가 사회주의자로서의 성향을 간단명료하게 보여주는 대목은 조선혁명군사정치간부학교 졸업기념으로 펼친 소인극에서 드러난다. 육사는 1기생으로서 6개월의 과정을 수료하고 1933년 4월 20일에 졸업했다. 졸업식을 가졌던 그날 저녁 여흥 무대에서 육사의 모습이 확연하게 드러났다. 저녁에 세 편의 연극이 공연되었는데, 육사의 작품 「지하실」, 胡平(윤익균) 작 「30節病院」, 작자 불명의 「손수레」 등이 그것이다. 육사가 창작한 「지하실」의 줄거리는 다음과 같다.

> "경성의 모 공장 지하실의 어두운 방에서 노동자 일동이 일을 하고 있는데 라디오 방송으로 '모월 모일 우리 조선혁명이 성공하다'라는 보도가 있고, 계속하여 지금 龍山의 모 공장을 점령하였다던가, 지금 平壤의 모 공장을 점령하였다던가, 지금 釜山의 모 공장을 점령하였다던가 하는 방송을 해오고, 마침내 공산제도가 실현되어 토지는 국유로 되어서 농민에게 공평하게 분배되고, 식당 · 일터 · 주거 등이 노동자 등에게 각각 지정되어 완전한 노동자 · 농민이 지배하는 사회가 실현되었으므로 농민 · 노동자는 크게 기뻐하여 '조선혁명 성공만세'를 고창하고 폐막하였다."[27]

육사가 대본을 쓴 것만이 아니라 직접 연극배우로 출연하기도 했다. 그 자신의 작품인 「지하실」에서는 방송국의 서기로, 「손수레」라는 작품에서는 대학교수의 역을 맡았던 것이다. 이런 내용을 보면, 육사가 조선혁명군

27) 「金公信 신문조서」(2), 『한민족독립운동사자료』 31, 국사편찬위원회, 1997, 149~150쪽.

사정치간부학교를 졸업하던 무렵에는 계급투쟁, 노동운동을 통해 '조선의 혁명'을 추구했음을 알 수 있다. 그가 꿈꾼 '조선혁명'이 일제의 타도와 공산제도의 실현이며, 노동자 · 농민이 지배하는 사회라는 점이 그의 작품에서 뚜렷하게 드러났다.

공산사회를 추구하는 육사의 인식은 졸업을 앞두고 있은 교장과의 면담에서도 드러났다. 중국일보사 사장 姜澤도 참석한 자리에서 육사는 김원봉에게 스스로 생각하고 있던 투쟁방향을 다음과 같이 털어놓았다

> "나는 도회지 생활이 길어서 도회지인의 심리를 잘 이해하고 있으므로 도회지에 머물러 공작을 할 생각이다. 곧 도회지의 노동자층을 파고들어서 공산주의를 선전하여 노동자를 의식적으로 지도 교양하고, 학교에서 배운 중 · 한합작의 혁명공작을 실천에 옮겨 목적을 관철한다."[28]

즉, 이 자료는 육사가 도시의 노동자층에다 활동의 초점을 맞추고 있음을 알려주고 있다. 또한 그가 노동자들에게 공산주의를 선전하여 혁명공작을 실천에 옮긴다는 목적을 분명하게 드러낸 자료이기도 하다. 육사는 자신이 걸어갈 혁명노선이 조국의 독립운동이라는 사실을 분명히 천명하였다. 즉 그는 김원봉에게 "조선독립운동을 위해서는 조선으로 돌아가서 노동자 · 농민에게 독립사상을 고취하여야 한다."고 주장하고 나섰던 것이다.[29]

조선혁명군사정치간부학교 졸업을 전후한 시기에 육사는 민족부르주아와 결합하는 것도 부정하는 강성을 보였다. 그러한 모습은 졸업을 앞둔 시기에 교장 김원봉의 노선을 비판하는 일에서 드러났다. 육사가 윤세주에게 의열단 대표이자, 간부학교 교장인 金元鳳에 대해 부정적인 견해를 털어놓

28) 「증인 이원록 신문조서」, 앞의 책, 192쪽.

29) 「李活 신문조서」, 『한민족독립운동사자료집』 30, 국사편찬위원회, 1997, 157쪽. 육사는 다른 신문조서에서 30원을 받았다고 말했다(「증인 이원록 신문조서」, 『한민족독립운동사자료집』 31, 193쪽).

은 일이 있었다. 즉 김원봉이 부르주아계급을 바탕으로 삼은 중국국민당정부의 지원을 받고 있다는 점을 지적하고, "중국의 부르주아계급과 야합"하고 있다면서 "사상이 애매하여 비계급적이다."라고 비판했던 것이다. 또 "一國一黨主義에 위반하고 조선인 자신이 조선의 혁명사업을 한다는 것은 그 사람의 혁명적 정조를 의심하지 않을 수 없다."고 일갈하였다.[30)]

이러한 주장은 김원봉에게 확실한 무산자 계급 중심의 투쟁을 요구하면서 국제공산당 코민테른의 '일국일당주의' 지시를 따라야 한다고 주장한 것이다. 하나의 나라에 하나의 공산당이 있어야 한다는 일국일당주의는 중국이나 일본에서 전개되는 공산주의운동이 중국공산당이나 일본공산당으로 모여져야 한다는 말이다. 그렇다면 중국에서는 중국공산당으로 합류해야 하며, 때문에 중국에서 조선공산당이 존재할 수는 없다고 정리된다. 이를 통해 육사가 당시에 공산주의 가운데서도 코민테른의 지시를 따라야한다면서 교장 김원봉과 이견을 보였음을 알 수 있다.

이 시기가 육사로서는 가장 강성을 지닌 시기로 이해된다. 즉 조선혁명군사정치간부학교 졸업 무렵이 계급혁명을 통해 민족문제를 해결한다는 가장 강렬한 의지를 보여주던 시기였다. 이러한 그의 자세는 귀국한 직후에 발표된 시사평론을 통해 일부나마 내비쳐지게 된다. 특히 체포 직전에 투고했다가 검거된 상황에서 출판된 「自然科學과 唯物辨證法」이란 평문은 레닌에 대한 그의 지극한 관심을 보여주었다.

국내로 침투한 뒤, 육사는 잡지에 평론, 특히 시사평론을 발표하기 시작했다. 일반적으로 그가 시인으로 유명하기 때문에 그의 작품이 대다수 시에 집중되었을 것으로 생각하기 쉽다. 사실 내용을 들여다보면, 그렇지 않음을 알 수 있다. 물론 그의 작품 가운데 시가 가장 매력적이고 뛰어나기 때문에 그렇게 평가되지만, 조선혁명군사정치간부학교 졸업 이후 그가

30) 「李活 신문조서」, 『한민족독립운동사자료집』 30, 국사편찬위원회, 1997, 176쪽.

힘을 쏟은 글은 시사평론이었다.

'이활' 명의로 투고한 평문 「自然科學과 唯物辨證法」이 1934년 4월에 발간된 《대중》 창간호에 게재되었다. 그런데 바로 앞서 3월에 그가 조선혁명군사정치간부학교 출신으로 국내에 잠입한 사실이 드러나서 체포되었으므로, 이 글이 체포 직전에 투고된 것임을 알 수 있다.

육사는 이 글에서 레닌(Lenin)을 높이 평가하였다. 우선 그는 레닌의 이론을 기본으로 삼아, 자연영역의 것을 무비판적으로 사회영역에 이입할 수는 없다고 전제하고, 자연과학적 유물론을 사적 유물론으로 확대시키는 일이야말로 인류의 해방전쟁에 있어 최고의 무기라고 말했다. 또 육사는 레닌이 자연과학의 철학적 근거를 변증법으로 파악하였고, 마르크스와 엥겔스에 의해 지시된 변증법을 더욱 구체적으로 발전시켰다고 평가하였다.[31] 이 글이 국내로 침투한 뒤 체포되기 직전에 쓴 것이어서 조선혁명군사정치간부학교 영향을 고스란히 안고 있던 것이면서, 공산주의 인식을 가장 강하게 드러낸 것임을 알 수 있다.

6. 민족적 사회주의 인식과 좌우합작 추진

1) 민족적 사회주의 인식

조선혁명군사정치간부학교 졸업자, 즉 군사초급장교로 육성되어 국내로 잠입했던 육사는 1934년 3월에 일제경찰에 체포되었고, 서대문형무소에 갇혔다가 풀려났다. 당시 그의 성향은 코민테른의 주장을 그대로 수용하다가 점차 민족적 사회주의로 정착해 갔던 것으로 짐작된다.

31) 김희곤, 『이육사 평전』, 푸른역사, 2010, 210~211쪽.

그가 풀려 난 직후인 1934년 7월 20일자로 안동경찰서 陶山경찰관주재소에서 京城本廳으로 보고한 「이원록 소행조서」는 육사에 대해 다음과 같이 적었다.

> "배일사상, 민족자결, 항상 조선의 독립을 몽상하고 암암리에 주의의 선전을 할 염려가 있었음. 또 그 무렵은 민족공산주의로 전환하고 있는 것으로 본인의 성질로 보아서 개전의 정을 인정하기 어려움"[32)]

여기에서 한 가지 눈여겨볼 대목은 얼마간 만주에서 사라져버린 육사의 행적을 기록하면서 '민족공산주의로 전환하고 있는 것'으로 파악한 부분이다. 조선혁명군사정치간부학교를 다니는 과정에서 그의 사상적 변화가 경찰의 눈에서도 파악되었다는 의미이다. 안동경찰서 도산경찰관주재소에서도 그가 민족주의 노선에서 '민족공산주의'로 전환했다고 판단한 것이다.

육사는 풀려 나오자마자 역시 시사평론에 몰입하였다. 기소유예처분이 최종적으로 결정 난 다음달, 즉 9월에 《신조선》에 중국의 정세를 분석하면서 장개석을 비판한 「五中全會를 압두고 外分內裂의 中國政情」을 발표했다. 이후 그는 수필 · 시 등의 작품들을 발표하기도 했지만 1934년부터 1936년까지 2년 동안 시 4편과 수필 1편에 비해 시사평론이 9편으로 주류를 이루었다. 그 내용도 5편이 중국의 정치동향이나 국민운동 및 농촌문제였고, 노신의 추도문까지 합하면 6편이 중국과 관련된 글이었다.

육사는 1930년대에 산문으로는 두 편의 書評을 제외하고 모두 17편의 評文을 썼다. 처음에는 문학평론이 아닌 시사평론만 발표하였는데, 그것이 모두 10편이나 되었다. 그 가운데서도 조선혁명군사정치간부학교 입교 이

32) 「이원록 소행조서」, 앞의 책, 178쪽. 이 보고서가 경성본청에 보고되기 한 달 전에 '개전의 정이 있다'는 명분 아래 육사는 풀려났고, 8월 31일에 기소유예 처분을 받고 사건이 완전히 끝났다(朝鮮總督府警務局, 「軍官學校事件ノ眞相」, 앞의 책, 125, 255~256쪽).

전에 쓴 1편을 제외하면 나머지 9편은 조선혁명군사정치간부학교 졸업 이후 국내로 파견되어 온 이후에 발표되었다. 또 그마저도 만 2년 동안 발표된 것인데, 모두가 문학평론이 아닌 시사평론이었다. 9편 가운데 중국 정치동향과 농촌문제에 관한 것이 6편으로 주류를 이루었고, 유물변증법 · 국제무역주의 · 러-불 관계가 각 1편씩이었다. 즉 대다수의 글이 중국에 관한 것이고, 나머지는 공산주의철학, 무역, 국제 관계에 관한 것이었다.[33]

육사가 쓴 시사평론 가운데 민족문제를 엿볼 수 있게 해주는 것은 주로 중국의 정치와 농촌문제에 관한 글이었다. 기소유예처분이 완결된 직후에 그는 《신조선》에 본격적으로 시사평론을 게재하기 시작하면서 중국에 관한 문제를 집중적으로 다루었는데, 대부분의 글이 중국국민당 노선을 부정적으로 평가한 것이었다. 그는 蔣介石을 독재자로 규정하고 그 독재성이 앞으로 더욱 강화될 것으로 추정하면서, 그 앞길에 많은 장애가 나타나고 있고 또 농민들이 경제투쟁에서 정치투쟁으로 전환해가고 있다고 진단하였다.

▎육사가 발표한 시사평론 목록

필명	제목	수록지	발표 시기
李活 · 大邱二六四	大邱社會團體槪觀	別乾坤	1930.10
李 活	自然科學과 唯物辨證法	大衆	1934. 4
李 活	五中全會를 압두고 外分內裂의 中國政情	新朝鮮	1934. 9
李 活	國際貿易主義의 動向	新朝鮮	1934.10
李 活	1935년과 露佛關係展望	新朝鮮	1935. 1
李 活	危機에 臨한 中國政局의 動向	開闢	1935. 1
李 活	公認 "깽그"團 中國靑幇秘史小考	開闢	1935. 3
李 活	中國의 新國民運動 檢討	批判	1936. 4
李 活	中國農村의 現狀	新東亞	1936. 8
李陸史	魯迅追悼文	朝鮮日報	1936.10.23~29

33) 육사의 시사평론을 분석하여 민족인식을 추출한 연구로는 류현정, 「이육사의 시대인식」(『안동사학』 7, 안동사학회, 2002)이 있다.

먼저 「五中全會를 압두고 外分內裂의 中國政情」이란 글은 중국국민당의 제5차 전국대표대회 예비회의인 廬山會議가 열린다는 소식을 접하고 중국의 정국을 분석한 것이다. 그의 논지는 전반적으로 장개석의 정책을 예리하게 비판하고 그를 반민중적인 독재자로 정리한 것인데, 그 주장을 요약하면 다음과 같다.

첫째, 이 회의가 표면으로는 북중국의 현안 문제 해결과 만주사변 이후 대일본 문제 및 제5차 전국대표대회에 대한 대책 마련이지만, 실제로는 西南派에 대한 회유책, 변경지역 문제, 강서성과 복건성의 紅軍 문제 등이라고 분석하였다. 둘째, 대일 외교방침의 주요 부분이 북중국에 관련된 것이지만, 문제가 해결된다 하더라도 서양열강들의 대립만 첨예하게 된다. 셋째, 중국 경제 부흥을 위해 中國建設銀公司가 설립되고 있는데, 여기에 일본의 협조가 필요하지만 일본이 반대하고 있고, 또 일본이 지원한다고 하더라도 반대 세력이 있어 분쟁이 그칠 수 없을 것이다. 넷째, 陳濟棠과 胡漢民으로 대표되는 서남세력이 여산회의에 참가하지 않고 장개석의 독재를 견제할 것이다. 다섯째, 蔣介石과 汪兆銘(행정원장)의 친일외교를 민중들이 달가워하지 않고, 이들 蔣汪합작 이후 외교 문제가 제대로 해결된 것이 없다. 끝으로 복건성의 공산군을 蔣介石이 참혹하게 공격하고 있는데, 그 무기와 장비가 만리장성의 對日本戰線에 비해 월등하다.

이와 비슷한 주제로 「위기에 임한 중국의 전망」이란 글이 있다. 육사는 중국국민당의 문제가 동북과 소비에트 두 가지라고 정리하고, 蔣介石이 국난을 이용하여 중앙정부를 독재조직으로 전향하고 당내 독점을 이루었다고 밝혔다. 당내의 여러 조직 가운데 CC단이 가장 강하고 이를 뒷받침하는 것이 藍衣社인데, 이것은 蔣介石의 사병집단이며 三民主義를 宗旨로 삼는다고 하였다. 따라서 장개석의 힘은 사병집단을 바탕으로 당권을 장악하고, 또 다시 이를 기초로 하여 정국을 한 손에 틀어쥔 독재세력을 형성했다고 육사는 분석하였다. 또 그는 24개 지방행정장관 가운데 21명이 군인이고 半植民地 중국의 파시스트 통치 형태를 보이고 있으며, 蔣介石 반대 세력들도 필연적으로 여기에 지배될 것이라고 내다보았다.

「공인 "깽그"단 中國青幇秘史小考」는 상해의 깽조직인 '청방'을 소개하면서 蔣介石 정부의 부도덕성을 폭로한 글이다. 상해 갱단의 대표 杜月笙·黃金榮·張肅林 등이 상해 프랑스조계의 실질적인 지배자인데, 1928년까지 유망 집단이다가 蔣介石 정부가 이끄는 해방군이 상해에 도착한 이후 두 세력이 결탁하여 상해 남녀 6천 명을 희생시키고 노동자를 압박·착취했다고 평가하였다. 육사는 또 이후 갱단이 국민당의 계급적 기초가 되고, 때문에 정부가 杜月笙에게 상해지역 공산주의자들을 억압하기 위한 관직을 주었다고 분석하였다. 갱단의 유지 기반은 아편 밀매와 노동자 착취였기 때문에 자금 공급과 자유로운 아편 운반이 서로 보장되었다면서, 그는 노동조합 자체가 갱들의 손안에 들어 있고 두목이 黨治에 참여하여 지도자로 활약함에 따라 범죄단체가 되었다고 주장하였다. 青幇 지도자들의 비리와 범죄행위를 육사는 이렇게 결론지었다.

> 上海事變에는 二三人의 青幇頭目들은 十九路軍에게 武器를 供給한 代償으로 巨大한 돈버리를 할 수가 있엇다 一切의 會合과 行列과 結社와 言論이 容恕되지 안는 國民黨의 治下에서 上海의 『깽』들만은 모든 惡習과 犯罪의 大秘密結社를 만들어 가지고 가장 大膽하게 한 勢力을 爲하야 다른 한 勢力을 潰滅하기에 亂暴하게 上海의 지붕 밑을 도라단이는 것이다.

「중국 농촌의 현상」은 농촌의 몰락으로 인하여 정권에 대한 농민의 저항이 정치투쟁으로 나아가고 있다고 분석한 글이다. 그는 중국의 산업이 원시적 자본주의이며, 외국 상품에 의해 농촌의 가내공업이 철저하게 파괴되면서, 열강의 원료국으로 전락해 가고 있다고 분석하였다. 또 육사는 중국이 통일시장을 형성하지 못해 외국상품자본 활약에 절호의 기회를 제공하고 있으며, 1,300여 종의 잡세로 대변되는 가렴주구, 지주와 상업자본가의 고리대 및 수해라는 것이 삼위일체를 이루어 농촌을 황폐화시키고 있다고 주장하였다. 중국 농촌의 몰락이 농업중국의 파멸을 의미하며, 일반 농민이 현 정권에 대한 부정적인 인식을 보이고 있다고 주장한 육사는 중국 농민의 투쟁성격이 경제투쟁을 정치투쟁으로 옮아가고 있다고 파악하였다.[34)]

육사가 발표한 중국 관련 글은 蔣介石의 중국국민당 노선을 비판하면서 중국 농민운동의 확산을 기대하는 것이었다. 그것은 곧 일제의 통치를 비판하면서 한국 농민운동의 확산을 기대하는 것과 마찬가지다. 육사의 시사평론은 비록 중국을 소재로 삼았지만, 결국에는 한국문제에 대한 기대와 방향 제시였던 셈이다. 그런데 전반적으로 그 내용이 극단적인 계급노선에서는 한 발 물러선 것으로 이해된다. 물론 일제 통치 아래에서 공개적으로 발표되는 글이라는 한계 때문이기도 하겠지만, 실제로 육사의 인식 자체가 민족문제 해결에 초점을 둔 사회주의를 추구하였기 때문이다.

2) 마지막 북경행과 좌우합작 추진

육사의 민족문제 인식에 대한 마지막 모습은 1943년 4월에 다시 북경행을 추구하는 과정에서 드러났다. 1934년 이후 기자 생활과 문필 활동을 벌이던 그가 다시 독립운동의 길에 나섰다. 일제 말기 대다수의 문인들이 친일의 길을 걷던 도도한 물줄기를 거슬러 올랐던 것이다. 그 마지막 노선은 민족문제에 대한 육사의 인식을 확인할 수 있게 만든다.

그가 북경으로 떠나려 한 결심을 처음 털어놓은 때는 1943년 양력 신정이었다. 申石艸가 新正에 이육사의 방문을 받고, 둘이서 서울의 홍릉 수목원 일대로 눈을 밟으러 나갔을 때 육사가 밝힌 것이다. 그리고서 그해 봄에

34) 김희곤, 『이육사 평전』, 푸른역사, 2010, 216쪽.

육사는 북경으로 갔다. 그렇다면 그는 도대체 무엇을 위하여 그곳으로 갔을까? 한 증언에 의하면 그가 1943년 북경으로 갈 때 중요한 사명을 띠고 있었던 것 같다. 그것은 육사가 동료 기자요, 동지인 이선장에게 말했다는 다음과 같은 일화가 전해온다. 육사가 순국한 해인 1944년 12월에 육사의 외숙인 허규가 이선장을 찾아와, "육사가 북경으로 가면서 '중앙에서 경북의 일을 이선장과 상의하라'는 말이 있었다."라고 전하였다고 한다.[35)]

> "북경으로 가서 동지를 만나 보고, 다시 중경으로 가서 어느 요인을 모시고 연안으로 간다. 나올 때는 무기를 가지고 나와야 하겠는데, 그것을 만주에 있는 어느 농장에 두고 연락을 하겠다. 만주에는 일본 군부가 많이 쓰는 한약재인 大黃과 白芍藥이 많다. 그것을 헐하게 사서 약을 반입하는 편에 숨겨서 반입시킨다. 자네가 약재 반입의 방법을 연구해 달라."[36)]

이 내용은 네 가지의 중요한 사실을 전해준다. 하나는 그가 일단 북경에 간 뒤, 다시 대한민국 임시정부가 있던 重慶으로 가고, 그곳에서 어느 중요 인물과 더불어 延安으로 간다는 행선지를 말해주는 것이고, 둘째는 망명하는 것이 아니라 얼마 뒤에 귀국할 것이라는 예정을 전하는 것이며, 셋째 귀국할 때에는 무기를 국내로 들여올 것이며, 넷째 자금 마련을 위한 방법을 찾고 있었다는 사실이다. 그런데 여기서 말하는 연안은 바로 태항산을 의미하는 것 같다. 왜냐하면 1943년까지 근거지는 태항산이었고, 1944년부터 연안이 중심된 근거지가 되기 때문이다.[37)]

육사가 중경으로 가려했다는 사실을 명확하게 증명해주는 증언자가 생존해 있다. 육사와 더불어 북경에서 만나 중경으로 가려고 논의하던 대상자 두 사람이 이병희와 '이원'이었는데, 이 가운데 이병희가 생존하여 그 사

---

35) 金鎭和, 『日帝下 大邱의 言論研究』, 화다출판사, 1978, 154쪽.
36) 金鎭和, 『日帝下 大邱의 言論研究』, 화다출판사, 1978, 141~142쪽.
37) 김희곤, 『이육사 평전』, 푸른역사, 2010, 226쪽.

실을 증언한 것이다. 이병희에 대해서는 다음 부분에서 설명할 터이지만, '이원'은 육사 및 이병희와 더불어 친척 관계이면서, 신간회 안동지회장을 지낸 정현모의 처조카로 알려진다.

1937년 중일전쟁 이후 중국국민당과 중국공산당은 제2차 국공합작을 맺고 있었다. 이에 따라 중경에는 周殷來가 이끄는 중국공산당 대표부가 자리 잡았고, 대한민국 임시정부가 이들과 밀접한 관계를 유지하고 있었다. 때문에 광복군 창설 축하연에 周殷來와 董必武 등 중국공산당 요인이 참석하기도 했다.[38] 이런 상황에서 육사가 중경으로 가려했던 1943년에는 중경의 대한민국 임시정부와 연안의 조선독립동맹 사이에 전선통일을 위한 노력이 면면이 진행되고 있었다.[39]

중경과 연안 사이에 金學武가 김구와 金枓奉의 서신 연락을 맡거나, 연안에서도 행사장에 대한민국 임시정부 주석 김구를 명예주석단에 추대하거나 孫文·蔣介石·毛澤東과 함께 김구의 초상화를 대회장에 걸어두기도 했다.[40] 이와 마찬가지로 대한민국 임시정부는 기관지인 《독립신문》에 조선의용군을 소개하고,[41] 또 1945년에 국무위원 張建相을 연안으로 파견하였다.[42] 이처럼 중경과 연안 사이에는 합작을 위한 물밑 교섭이 조금씩 전개된 것이 1940년대의 상황이었다.

이 무렵 육사가 '중경으로 가서 어느 요인을 모시고 연안으로 가려했다'는 의미는 결국 이러한 두 세력 사이의 교감에 그가 참가하려 했다는 말이 된다. 그렇지만 실제로 그가 누구와 함께 중경에서 연안으로 가려고 계획을 세웠는지에 대해 알 수 없다. 만약 그렇지 않다면, 육사의 북경행이 조

38) 「韓國光復軍總司令部成立典禮式來賓題名」(독립기념관 소장).

39) 1943년까지는 태항산이, 1944년 이후에는 延安이 중심된 근거지였다.

40) 韓洪九, 「華北朝鮮獨立同盟의 조직과 활동」, 서울대학교 석사학위 논문, 1988, 67쪽.

41) 독립운동사편찬위원회, 『독립운동사』 8, 1976, 198~199쪽.

42) 韓詩俊, 「1940년대 전반기의 민족통일전선운동」, 『대한민국임시정부의 좌우합작운동』, 한울, 1995, 169쪽.

선혁명군사정치간부학교 출신 동창들이 많이 소속된 조선의용군이 北京 敵區에서 벌이던 활동에 참여하려 했던 것으로 추정하는 의견에 일정 부분 찬성할 수도 있겠다.[43]

또 한 가지 주목할 일은 그가 귀국할 때 무기를 반입하려 했다는 사실이다. 그런 계획은 1940년대에 들어 국내에서는 독립군적인 조직들이 나타나고 있었던 점과 걸음을 같이하는 것으로 이해된다.[44] 즉 육사가 무기를 반입하고자 했던 이유도 이러한 상황에서 비롯한 것으로 추정해 볼 수 있을 것 같다.

1943년 육사의 마지막 북경행이 가지는 의미는 두 가지로 집약된다. 하나는 대한민국 임시정부와 조선독립동맹을 연결시키는 일에 관련된 것이고, 다른 하나는 국내로 무기를 반입하여 무력항쟁을 도모하려는 것이다. 전자에 초점을 맞추어 본다면, 결국 육사는 좌우합작 · 협동전선을 추구하고 있었다는 사실을 유추해 볼 수 있다. 1930년대 중반 이후로 민족적 사회주의 성향을 가진 그로서 민족문제를 해결하는 방안으로 좌우합작이 절실하다는 판단을 가지게 되고, 이를 풀어나가는 일에 그가 나서거나 동참하려 했다는 점으로 이해된다. 이러한 성향은 1930년대 중 · 후반에 민족운동계의 전반적인 지형과 동일한 것으로, 육사도 민족문제를 풀어나가는 첩경이 좌우합작 · 협동전선 구축에 있다고 판단하고, 이를 실천하려 나선 것이다.

43) 강만길, 「조선혁명간부학교와 육사 이활」, 『민족문학사연구』 8, 민족문학사연구소, 1995, 177쪽.

44) 국내에서 자생하고 있던 독립군적 성향의 조직으로 太極團 · 殉國黨 등 20여 개의 학생 조직과 自由青年聯合會(안동), 暢幽契(울진), 大旺山決死隊(경산), 朝鮮青年憂國團(서울), 建國同盟(서울), 農民同盟(양평) 등의 사회인사 조직 및 白衣同盟(춘천)과 같은 사회인사와 학생의 연합조직 등이 나타났다(趙東杰, 『韓國民族主義의 發展과 獨立運動史研究』, 지식산업사, 1993, 296~297쪽).

7. 맺음말

일제강점하에서 최대의 과제는 당연히 민족문제를 해결하는 것이었다. 이에 대해 육사는 강한 저항의식을 가지고 있었다. 그 원천은 가학으로 전승되어온 성리학적 의리정신과 대의명분이었다. 퇴계혈맥과 학맥을 함께 이어온 원촌마을의 역사성은 그에게 결코 변절하거나 꺾이지 않는 규범을 심어 주었다.

육사가 근대 민족문제에 구체적으로 눈을 뜬 계기는 일본과 중국에 유학하는 과정에서 만들어진 것으로 보인다. 김지섭의거 직후인 1924년 4월에 동경으로 유학하면서 아나키즘에 접하게 되고, 1925년 귀국한 뒤에는 대구에서 청년운동을 거치면서 돌파구 마련에 고심했다. 1926년과 1927년에 북경과 광주에서 학습과 아울러 독립운동에 발을 디뎠다. 이 무렵이 그가 독립운동을 시작하던 시기라고 평가할 수 있다. 그러나 본격적인 투쟁의 길은 장진홍의거에 연루되어 옥고를 치른 뒤였다. 1929년 5월에 출옥한 뒤로 그의 투쟁적인 면모는 이름을 통해 드러났다. 일제를 타도하고 조국의 광복을 추구하려는 의지가 戮史와 肉瀉를 내함한 陸史로 나타났던 것이다.

남경에서 설립된 조선혁명군사정치간부학교에 1기생으로 교육받은 1932년과 1933년은 육사가 사회주의 사상을 깊이 있게 수용한 시기였다. 그 논조의 일부나마 보여주는 글이 1934년에 레닌을 높이 평가한 그의 시사평론이었다. 그러던 그가 1934년 서대문형무소에서 나온 뒤로는 문인과 기자로 활동하면서 점차 민족적 사회주의 인식을 굳혀 나갔다. 민족문제 해결에 중점을 두는 사회주의 성향을 드러냈다. 이런 성향이 그의 마지막 행로인 좌우합작·협동전선 모색으로 나타났던 것이다. 중경의 대한민국 임시정부와 연안의 화북조선독립동맹을 연결하려 북경으로 갔던 사실 자체가 그것을 의미한다. 게다가 그는 1943년에 국내에 무장세력을 구축하여 일제와 전투를 벌이려는 무장항쟁을 지향하였다. 대다수의 문인들이 친일의 탁류를 만들어내던 그 시기에, 육사는 민족의 양심을 찾아 친일의 대하를 거슬러 올라갔던 것이다.

퇴계학맥을 계승하는 거대한 규범적 줄기와 새로운 학문과 문학이 만나는 교차점에 선 육사, 그의 문학은 민족적인 저항의식을 담아내는 투쟁적인 성격을 지녔고, 그의 저항은 무력항쟁을 지향하면서도 문학적인 면모를 갖고 있었다.

25장_ 이육사의 독립운동에 대한 연구성과와 과제

1. 머리말

“우리 역사 5,000년에 가장 우리다운 것은 선비의 삶이다. 선비는 누구나 추구하는 人間像으로 글과 도덕을 존중하고 의리와 범절을 세워 살아가는 모든 이를 말한다.” 이는 조동걸 교수가 쓴 「下溪마을獨立運動紀蹟碑」의 첫 구절이다.[1] 하계마을은 이육사(이하 육사로 줄임)가 태어난 원촌의 뿌리요, 바로 입구에 있는 마을이다. 글과 도덕, 의리와 범절은 선비가 가진 가장 중요한 덕목이다. 이러한 덕목이 겨레가 나라를 잃어가고 또 잃었을 때 어떠한 대응을 보이는지 찾아보면 육사의 삶만큼 분명해 보이는 경우를 찾기란 쉽지 않다.

그는 전통적인 학문과 의리정신이라는 씨줄과 근대라는 날줄이 만나는 교차점에 서 있었다. 많은 문인들이 근대라는 날줄에만 매달려 제국주의 침략성에 녹아들었지만, 그는 전통을 잇는 씨줄과 근대를 지향하는 날줄을 한꺼번에 움켜잡았다. 의리와 범절을 굳건히 지키면서 근대문학을 키워갔던 것이다. 그래서 필자는 그의 삶을 ‘문학적 투쟁과 투쟁적 문학’으로 표현한 일이 있다.

육사를 말할 때 흔히들 민족시인, 저항시인이라 부른다. 거기에는 독립

---

1) 조동걸, 「下溪마을獨立運動紀蹟碑」, 『선열의 길과 유적』(于史趙東杰저술전집), 역사공간, 2010, 361쪽.

운동가로서의 역사를 내포하는 뜻이 담겨 있다. 그렇지만 연구는 그렇지 못했다. 그를 추적하는 길은 당연히 문학과 역사가 어우러져야 했지만, 연구의 대부분은 문학, 그 가운데서도 시에 대한 연구가 대부분이었다. 문학은 대개 역사적인 상황이 무시되는 경우가 흔하다. 그러다보니 심한 경우에는 시간 순서가 뒤섞여 앞뒤가 맞지 않는 해석도 심심찮게 발견되었다. 이러한 상황에서 역사적 연구, 특히 독립운동사에 대한 연구는 사실상 1990년대에 들어서 시작되었다고 말해도 좋을 정도로 늦었다. 이 작업이 시작되면서 독립운동에 대한 연구도 연구려니와, 생애를 정리하는 연보의 복원이 새롭게 진척을 보였다. 짧지만 수수께끼 같이 풀리지 않는 데가 많은 생애였으므로 빈 공간이 많았고, 이를 채워 넣는 과정에서 성과와 더불어 숱한 오류들이 있었다. 그래서 사실만이 아니라 연보 복원마저도 혼선을 거듭해 왔다.

연구 과정에서 보인 혼선은 독립운동사 연구에서도 마찬가지로 나타났다. 한 걸음 나아갈 때마다 새로운 과제와 오류가 나타났다. 하지만 그러한 작업을 통해 그의 활동상이 하나둘 드러났고 정리되어 왔다. 지금도 풀어야 할 과제는 많다. 한 문제를 풀면 두 과제가 등장하는 꼴이다. 이제 육사의 독립운동에 대한 지금까지의 연구 성과를 정리해보고, 앞으로 풀어야 할 과제들을 짚어보고자 한다. 육사의 독립운동에 대한 연구 방향을 가늠하면서 연구를 끌어내는 데 이 발표의 목표를 둔다.

2. 연구 성과

육사의 독립운동에 대한 언급은 일찍부터 있어 왔다. 하지만 대부분 문학을 이야기하기 위한 도입부의 성격을 지니거나, 작품을 해석하고 이해하는 데 독립운동가로서의 삶을 대입시키는 선에 지나지 않았다. 그러면서 육사의 일생을 오로지 독립운동가로 이해하는 경향이 있었다. 독립운동을 제목으로 내건 글은 1974년 『나라사랑』 16호가 '陸史 이원록 선생 특집호'로 꾸며지면서 나왔다.[2)]

이 글은 비록 독립운동과 저항 활동을 주제로 내걸었지만 문학적인 뉘앙스가 크다. 문학 위주가 아닌, 본격적으로 독립운동가로서의 그의 생애를 추적하는 본격적인 작업은 아무래도 1990년대에 들어 시작되었다고 보는 편이 옳겠다. 그 뒤로 이루어진 대표적인 연구는 다음과 같다.

김희곤, 「항일활동으로서의 육사생애」, 『一荷 李源祺先生 殉國五十周年 追慕論叢』, 육우당기념회, 1993.
김희곤, 「이육사와 의열단」, 『안동사학』 1, 안동사학회, 1994.
강만길, 「조선혁명간부학교와 육사 이활」, 『민족문학사연구』 8, 민족문학사학회, 1995.
김희곤, 「이육사의 생애에 대한 재검토」, 『한국근현대사연구』 13, 한국근현대사학회, 2000.
김희곤, 『새로쓰는 이육사 평전』, 지영사, 2000.
김희곤, 「이육사의 민족문제 인식」, 『한국독립운동사연구』 24, 독립기념관 한국독립운동사연구소, 2004.
김영범, 「이육사의 독립운동 시·공간과 의열단 문제」, 『한국독립운동사연구』 34, 독립기념관 한국독립운동사연구소, 2010(『혁명과 의열－한국독립운동의 내면』, 경인문화사, 2010에 재수록).
김희곤, 『이육사 평전』, 푸른역사, 2010.

독립운동을 주제로 삼지 않더라도 그의 항일행적을 복원하는 데 기여한 연구도 나왔다. 대개 2000년대에 들어 본격적으로 나오기 시작한 연구 가운데 대표적인 것은 다음과 같다.

2) 이동영, 「이육사의 독립운동과 생애」; 홍기삼, 「이육사의 저항활동」; 이동영, 「민족시인 이육사」.

홍기돈, 「육사의 문학관과 연출된 요양여행」, 『한국근대문학연구』 6권 1호, 한국근대문학회, 2005.
박현수, 『원전주해 이육사 시선집』, 예옥, 2008.
홍석표, 「李陸史의 중국 유학과 北京中國大學」, 『中國語文學誌』 29, 중국어문학회, 2009.

이들 연구를 통하여 독립운동가로서의 육사 생애가 되살아난 점을 정리하면 다음과 같다. 첫째, 그가 사용한 이름이 정리되었다. 물론 이것이 독립운동에만 관련된 것은 아닐지라도 투쟁 과정에서 생겨난 것이므로 생성 과정과 의미를 추적하는 데는 중요한 것이기도 하였다. 이를 정리하면 다음의 내용이 된다. 그가 1920년대 중·후반에 李活이라는 이름을 사용했다. 이어서 1927년 가을에 장진홍의거로 구금되었다가 1929년 5월에 석방되었는데, 이듬해에 李活과 '大邱 二六四'가 나란히 함께 쓰인 글이 잡지 《별건곤》 33호(1930.10)에 발표되었다. 1932년에는 조선일보에 '肉瀉'라는 필명이 등장한 뒤, 곧 '陸史'가 쓰이기 시작하였다. 1932년 중국 남경에서 조선혁명군사정치간부학교를 설립했을 때, 제1기생으로 입학한 그가 사용한 이름이 '陸史'였다. 하지만 시간 순서로 보면 그가 군사간부학교로 가기 전에 미리 《대중》 창간임시호에 보낸 「레닌주의철학의 임무」라는 글은 '李戮史' 이름으로 투고가 되었던 것으로 보인다. 이 책이 1933년 4월에 나왔지만, 육사가 군사간부학교에 입교해 있던 기간이 1932년 10월부터 1933년 4월까지라는 사실을 고려하면, 투고한 시기는 이보다 앞선 것이라 여겨지기 때문이다. 또 증언으로만 전해지던 '戮史'를 보여주는 실물 자료가 알려져,[3] 이름에 담긴 그의 의도를 확실하게 알게 되었다.

3) 박현수, 『원전주해 이육사 시선집』, 예옥, 2008.

▎육사가 사용한 이름 변천

1920년대 말	1930년	1932~1934년	1935년 이후
李活	李活, 大邱二六四	肉瀉, 戮史, 陸史, 李活	陸史, 李活

둘째, 육사가 다닌 학교에 대한 논의는 분분했으나 대체로 정리가 되어 가고 있다. 일본 유학 시절은 대개 대학 입학을 위한 사전 준비 단계를 거치는 것으로 짐작된다. 1924년에 일본으로 가서 학교를 다녔는데, 東京正則豫備學校라든가 日本大學專門部, 혹은 錦城高等豫備學校 등의 기록이 이를 말해준다. 그러나 세 개 학교나 등장하고 있어서 분명한 정리는 있어야 할 것이다.

중국에 유학했던 학교도 풀기 힘든 난제였으나 최근에 들어 차츰 윤곽이 잡혔다. 광복 이후 전해지던 것은 北京大學 사회학과이고, 일제 기록에는 北京 中國大學 사회학과라거나 中國大學 상과로 등장한다. 해방 직후 기록들도 북경대학 사회학과로 적었다. 육사가 남긴 수필에는 Y교수에 대한 이야기가 나올 뿐이어서 어느 대학인지 알 수가 없다. 그런데 中國大學의 실체를 확인하지 못하던 필자가 廣州에 있는 廣東省 檔案館에서 中山大學 학생명부를 찾아보다가 '李活'을 찾고 이를 육사로 비정한 일이 있다. 그런데 지금은 없어진 中國大學의 실존 사실이 보도되었다. '제29중학교'가 옛 중국대학임을 확인하고, 이 학교가 1949년에 폐교되었다는 사실을 알리면서 육사가 1925~1926년 사이 이 대학에 다닌 것으로 추정한다는 보도가 나왔다.[4] 이제 논의는 새로운 방향으로 나아갔다. 이를 바탕으로 육사의 中國大學 상과를 7개월 정도 다니고, 8월에 귀국한 것이 확실하다는 진전된 연구도 나왔다.[5]

---

4) 「이육사가 다닌 중국대학 찾아냈다」, 《한겨레》 2006년 6월 5일자. 현장을 확인하고 이육사가 다닌 학교로 추정한다고 견해를 밝힌 사람은 김재용 교수(민족문학연구소장, 원광대)와 오상순 교수(베이징 중앙민족대학 조선어언문학계)였다.

베이징 유학에 관한 자료를 정리하면 크게 두 가지로 나뉜다.

1925년 8월경 북경으로 가서 北京大學 사회학과 입학(2년 중도퇴학)
1926년 7월 북경 中國大學 상과 입학(7개월)

이 어긋나는 사실은 두 가지로 해석되었다. 하나는 1925년 北京大學 사회학과, 1926년 中國大學 상과 입학이라고 분리하는 것이고,[6] 다른 하나는 1925년 북경으로 갔다가 일시 귀국하고, 다시 1926년에 가서 中國大學 상과에 입학한 것으로 연속시키는 해석이다.[7] 전자는 시기와 대학, 그리고 학과의 차이를 생각하여 분리한 것이고, 후자는 中國大學 상과 유학으로 단일화 시킨 것이다. 문맥으로 보아 후자의 견해가 설득력이 있어 보인다. 연구자들은 대체로 北平(현 北京)의 中國大學 상과를 다닌 것으로 확신하고 있다. 더구나 비록 확인하지는 못했지만 추정할 만한 北京大學의 입학 수준이나 조건 등을 헤아려 본다면 이 주장이 설득력을 가진다. 그러면서도 남는 의문도 있다. 육사가 순국한 지 얼마 지나지 않은 해방 직후부터 그를 아는 이들은 대부분 北京大學 사회학과를 입에 담았으니, 지인들은 대부분 그렇게 알고 있었다는 뜻이다. 그렇다면 이것을 그저 단순한 착오라고 돌리기에는 미련이 남는다.

셋째, 1927년 10월 장진홍의거와 관련하여 옥살이했던 과정이 정리되었다. 그가 북경에서 돌아온 지 얼마 지나지 않던 1927년 10월 18일에 장진홍의거가 터졌고, 여기에 육사와 그 형제들이 엮여 들어가 고생한 과정이 밝혀졌다. 육사는 장진홍의거에 직접 개입하지는 않은 것으로 정리되었다.

5) 홍석표, 「李陸史의 중국 유학과 北京中國大學」, 『中國語文學誌』 29, 중국어문학회, 2009; 김영범, 「이육사의 독립운동 시·공간과 의열단 문제」, 『혁명과 의열—한국 독립운동의 내면』, 경인문화사, 2010.

6) 박현수, 『원전주해 이육사 시선집』, 예옥, 2008, 273쪽.

7) 홍석표, 「李陸史의 중국 유학과 北京中國大學」, 『中國語文學誌』 29, 중국어문학회, 2009, 88쪽.

그럼에도 불구하고 육사는 1년 7개월이나 되는 기간 동안 억울한 옥살이를 겪었고, 더구나 장진홍이 붙잡힌 뒤에도 바로 풀려나지 못한 점이 확인되었고, 따라서 1929년 연말에 풀려난 것처럼 알려지던 사실의 오류가 바로 잡혔다.

넷째, 1930년부터 1932년 사이에 그의 행적이 면밀하게 정리된 것이다. 물론 대구에서 신문기자로 활동하면서, 대구청년동맹 간부로 움직이다가 구금된 것과 '격문사건'으로 엮여 들어가는 등 여러 차례 검속되는 내용들이 하나씩 분명하게 드러났다. 육사의 형 이원기가 1931년 2월 11일(음 1930.12.24)에 영일군 기계면(현 포항시 기계)에 사는 증고종숙 李英雨에게 보낸 당시의 편지가 1931년 1월 20일쯤에 육사가 대구경찰서에 잡혀 들어가 곤욕을 치렀고, 3월 13일 대구지방법원 검사국에 송치되어 열흘 뒤인 23일에 불기소 처분으로 풀려난 일이 있었던 것이다.[8] 그 이유가 이른바 '대구격문사건'에 얽혀 있었다는 것이다. 이 거사는 1929년 11월에 터진 광주학생항일투쟁의 연장선상에서 이루어진 것이었다. 전국으로 확산되던 과정에서 대구에서도 1930년 1월 중순에 동맹휴학이 시도되었고, 이어서 6월에도 동맹휴학이 또 다시 단행되었다. 그러다가 10월에 대구농림학교가 동맹휴학했고, 1931년 1월에는 대구고등보통학교(경북고등학교 전신) 학생들이 동조하여 동맹휴학에 들어갔다. 이러한 과정에 1930년 11월에 대구 거리에 일본을 배척하는 내용의 격문이 전봇대에 붙여지고 거리에 뿌려지는 거사가 일어났다. 이어서 이듬해 1월 21일, 레닌 생일에 맞춰 대구에 다시 격문이 뿌려졌는데, 일제는 육사를 그 배후 조종자로 보았고, 이 때문에 그는 동생 원일과 함께 붙들려 두 달 정도 고생한 것이다.[9]

육사가 억울하게 근거 없이 체포된 것이 아니라, 그가 실제로 신문배달

---

8) 이동영, 『한국독립유공지사열전』, 육우당기념회, 1992, 64쪽; 「李活 신문조서」, 『한민족독립운동사자료집』 30, 국사편찬위원회, 1997, 152쪽.

9) 《동아일보》 1931년 1월 22일자.

원을 시켜 격문을 거리에 붙이게 했던 것 같다. 그러한 사실을 전해주는 증언이 남아 있기도 하다.[10] 또 육사가 대구 거리에 격문을 붙이고서 일주일 동안 대구 앞산 솔밭에 숨어 지냈다고 전해진다. 그러다가 "대구경찰서 고등과장과 우연히 마주쳤는데, 고등과장이 '차라리 멀리 날아버리는 게 좋지 않겠나?'라고 했다. 고등과장이 나의 인격을 알아보는 것 같더라."고 육사가 말했다고 전한다.[11]

한편 이 무렵 그의 기자 생활을 시작하고 옮겨간 내용도 정리되었다. 1929년 5월 장진홍의거에 엮여 고생하다가 나온 뒤, 그 이듬해인 1930년 2월 중외일보 기자로 취직하고, 6월에 이 신문사가 문을 닫자, 이듬해인 1931년 8월에 조선일보 대구지국 기자로 옮겨간 사실이 확인되었다. 또 이 무렵 그가 사회주의 성향을 보이는 글을 기고하기 시작했던 사실이 드러났다. 그런 사이에 경찰에 거듭 붙잡혀 고생하던 일까지 확인되면서, 복잡하게 얽힌 실타래처럼 전해지던 이야기들이 한 가닥씩 정리되어 온 것이다.

다섯째, 1932년을 전후하여 만주로 오간 정황도 정리되었다. 1931년 1월에 대구경찰서에 체포되고 3월 말까지 대구감옥에서 고생하다가, 풀려나자마자 동료 세 사람, 즉 동생 이원일과 조재만 및 영천 출신 김 모 씨 등과 함께 奉天(현 瀋陽)으로 갔고,[12] 석 달 뒤에 벌어진 일본의 만주침공 때문에 세 사람은 귀국하고 육사는 그곳에 좀 더 머물면서 나아갈 길을 가늠했다는 것이다. 그 당시 그의 인생에 중요한 만남이 있었으니, 윤세주가 그 주인공이라고 정리되었다. 그 만남이 의열단과 조선혁명군사정치간부학교

10) 金鎭和, 『日帝下 大邱의 言論硏究』, 화다출판사, 1978, 139~140쪽.

11) 이상흔(성남시 분당구 서현동 거주, 1994년 당시 80세).

12) 만주로 동행한 인물이 이원일이 아니라 이원조일 수 있다는 의견도 있지만('김영범, 육사선생 탄신 108주년 기념 이육사문학관 학술토론회', 이육사문학관, 2012.4.28), 일단 증언자의 말을 그대로 옮겼다. 장진홍의거에서도 그랬지만, 만주로 가기 직전에 얽혀 고생했던 '대구격문사건'이란 것에서도 육사와 함께 엮여 들어가 고생한 인물은 이원일이었다. 따라서 더 아래 동생인 이원조보다는 바로 밑 동생인 이원일일 가능성도 크다.

에 들어가는 계기로 작용한 것이라는 사실이다.

여섯째, 육사가 펼친 독립운동 가운데 의열단과 관련된 것이 가장 눈길을 끌었고, 연구도 일찍 시작되었다. 그 가운데서도 의열단이 1932년 남경에 문을 연 조선혁명군사정치간부학교에서 수학한 사실이 주목을 받았다. 의열단이 이 군사간부학교를 세웠고, 여기에 육사가 1기생으로 입교하여 초급장교로 육성된 과정이 추적된 것이다.

입교하게 되는 계기는 윤세주와의 만남에서 찾았다. 그리고 남경으로 동행하던 사람은 윤세주와, 북경에서 간부학교 學員(생도) 모집을 책임지고 있던 안동 출신 김시현, 그리고 함께 1기생으로 입교한 처남 안병철이었다. 북경에 잠시 머물다가 천진에서 남경으로 가던 과정, 浦口驛 도착, 남경에 도착한 뒤 김원봉과의 만남과 군사간부학교에 입교하는 과정, 그리고 교육내용, 졸업 행사로 치러진 연극과 거기에서 드러난 육사의 사회주의적인 인식, 졸업 이후 잠시 머물던 남경 생활, 귀국하는 길에 머물던 상해 시절과 魯迅과의 만남, 그리고 국내 잠입 과정 등이 자세하게 복원되었다.[13]

일곱째, 군사간부학교의 유적 조사도 웬만큼 진척을 보였다. 육사가 남경에 도착하여 처음 머물던 胡家花園, 군사간부학교가 있던 湯山, 그리고 졸업한 뒤 머물던 妙悟律院 등이 확인되었다. 남경성 남서쪽에 터를 잡은 胡家花園과 그 영역의 한켠에 있던 妙悟律院이 되살아났고, 1기생의 훈련장소는 보안 유지를 위해 남경 시내에서 동쪽으로 시내를 벗어나 杭州로 가는 寧杭公路를 따라 16km 정도 떨어진 湯山鎮, 그것도 소재지에서 벗어난 시골 마을에 있던 善祠廟(혹은 善寺廟)라는 사찰에 터를 잡았다.[14] 그

13) 육사와 의열단에 관련하여 한 가지 남은 문제는 그의 의열단 가입 여부인데, 이에 대해서는 뒤에 과제 부분에서 언급한다.

14) 藤傑, 「三民主義力行社의 韓國獨立運動에 대한 援助」, 『韓國獨立運動史資料集: 中國人士證言』, 한국정신문화연구원, 1993, 67쪽. 일본 밀정들은 따돌리기 위해 군사간부학교를 옮겨 다녔는데, 2기는 江蘇省 江寧津, 3기는 남경 교외 黃龍山 天寧寺로 옮겼다.

현장을 찾았지만, 옛 모습을 확인할 수는 없다. 빠르게 발전하는 중국 현지의 도시 상황이 이런 현장을 그대로 보존하거나 보여줄 수 없기 때문이다. 다만 妙悟律院의 소재와 자취가 되살아난 점은 반가운 일이다. 비록 이름이 古瓦館寺로 바뀌고 일부 변형되었더라도 옛 자취를 전해주고 있어서 다행스럽다. 다만 이것도 언제 갑자기 바뀔지 알 수는 없다.

여덟째, 그가 사회주의 성향을 가지게 되면서 잡지에 기고하기 시작한 시점이 확인되었다. 「자연과학과 유물변증법」이 1933년 4월에 《대중》 창간임시호에 실렸고, 또 '게재되지 못한 글 목록'에 '李戮史' 필명으로 「레닌주의철학의 임무」가 등장한다. 그런데 4월은 그가 조선혁명군사정치간부학교를 졸업하던 무렵이니, 앞뒤 사정을 생각해보면 육사가 반 년 전에 남경으로 가기 전에 미리 투고했던 것으로 판단된다. 그가 조선혁명군사정치간부학교를 졸업하면서 공연했던 연극 「지하실」이라는 줄거리도 그러한 성향을 고스란히 보여준다. 또 졸업에 앞서 그가 김원봉과 면담을 가졌는데, 스스로 생각하고 있던 투쟁 방향을 다음과 같이 털어놓은 데서도 이를 확인할 수 있다.

> "나는 도회지 생활이 길어서 도회지인의 심리를 잘 이해하고 있으므로 도회지에 머물러 공작을 할 생각이다. 곧 도회지의 노동자층을 파고들어서 공산주의를 선전하여 노동자를 의식적으로 지도 교양하고, 학교에서 배운 중·한합작의 혁명공작을 실천에 옮겨 목적을 관철한다."[15]

이는 육사가 도시의 노동자층에 활동 초점을 맞추고 있었음을 알려준다. 또한 노동자들에게 공산주의를 선전하여 혁명공작을 실천에 옮긴다는 목적이 분명하게 드러난다. 귀국한 뒤로 여러 편 발표한 시사평론을 통해 사회주의적이고 반파쇼·반제적인 그의 시대인식을 드러낸 것도 이러한 연

15) 「증인 이원록 신문조서」, 『한민족독립운동사자료집』 31, 국사편찬위원회, 1997, 192쪽.

장선에서 이루어진 것이고, 그러한 정황이 연구를 통해 정리되었다.

아홉째, 국내로 잠입했다가 붙잡히고 다시 기소유예처분이 완결되면서, 그가 본격적으로 시사평론을 게재하기 시작한 내용이 밝혀졌다. 그가 중국에 머물던 경험을 바탕으로 중국에 관한 문제를 집중적으로 다루었다. 이 내용은 전반적으로 중국국민당 노선을 비판하고, 특히 蔣介石를 독재자로 규정하면서, 그 독재성이 더욱 강화될 것이라고 추정하였다. 또 그는 중국국민당 정부가 많은 장애를 만나고 있고, 농민들이 경제투쟁에서 정치투쟁으로 전환해 가고 있다고 진단하였다. 이밖에도 중국 농촌과 상해 지역의 청방·흑방 등 갱단에 대한 추적, 그리고 국제정세의 변화에 대한 분석을 시도한 글을 여러 편 발표한 사실도 검토되었다.

열째, 1943년 북경으로 떠난 동기와 자취가 추적되었다. 조선일보 대구지국에서 가깝게 지낸 이선장의 회고를 바탕으로, 정리된 사실은 이러했다. 그가 일단 북경에 갔다가 대한민국 임시정부가 있던 重慶으로 간 뒤, 어느 중요 인물과 더불어 延安으로 간다는 사실, 그리고 얼마 뒤에 귀국할 때에는 무기를 국내로 들여올 것이며, 자금 마련을 위해 약재 판매를 검토한다는 사실 등이었다. 육사가 중경으로 가려했다는 사실은 뒷날 이병희의 증언을 통해서도 거듭 확인되었다. 또 육사가 잠시 국내로 들어왔다가 붙잡혀 북경으로 다시 가게 된 과정도 밝혀졌다.

끝으로 독립운동과 관련된 육사의 최후가 드러났다. 이는 그의 유해를 인수하여 화장하고 국내로 들여오도록 만든 이병희를 찾아냄에 따라 이루어진 것이다. 이병희는 육사와는 먼 집안사람이지만, 육사가 태어난 원촌마을에서 강 건너 남동쪽 浮浦마을을 고향으로 둔 가까운 사이였다. 이병희는 伯農 李東廈(본명 李元植)의 질녀로서 1930년 초에 이미 국내에서 반제투쟁을 펼친 경력을 가졌던 인물이다. 육사가 최후에 무엇을 하려 했던 것인지 짐작할 수 있게 되었고, 최후를 맞은 곳이 막연히 '북경감옥'이 아니라 '東廠胡同1호'와 관련이 있는 북경 주재 일본총영사관 감옥이거나 일본

헌병대 감옥이라는 사실이 점차 드러났다. 육사를 추적하는 과정에서 이병희의 존재를 확인하고, 더구나 그를 통해 육사의 최후만이 아니라 1930년대 초반의 반제투쟁을 확인할 수 있었던 것도 큰 수확이었다.

이처럼 연구 성과 많았지만, 그동안 나타난 오류도 만만찮게 많았다. 연구가 진행되면서 성과만 나온 것이 아니라 오류도 거듭 만들어지거나 나타났기 때문이다. 치밀한 분석이 부족한 데 그 원인이 있기도 하고, 미흡한 자료 한 두 점에 매달려 섣부른 결론을 도출하다보니 발생한 것이기도 하였다. 그러한 정황은 지금도 마찬가지다. 연구 과정에서 나타난 대표적인 오류는 이렇다.

첫째, 그의 중국 유학에 대한 연구는 커다란 혼선을 빚었다. 필자는 처음에 그의 수필에 등장하는 '贋作'의 저자인 'Y교수'와 그 소속 학교를 찾기 위해 노력하였지만 실패하였다. 그러다가 廣東省 檔案館 소장 中山大學 學生名簿에서 발견한 '韓籍學生 李活'을 시기적으로나 의열단과의 관계로 보아 육사일 가능성이 높은 인물로 보았고, 다른 '이활'을 찾지 못하자 이를 그로 비정하게 되었다. 그런데 이런 주장의 바탕에는 그가 북경대학 사회학과를 다녔다는 이야기가 정설처럼 널리 알려졌고, 또 일제 측 기록에 북경의 中國大學을 다녔다는 이야기가 적혀 있어 이 대학의 실체를 추적하지 못하는 바람에 오류를 범하게 되었다. 지금 북경에 '中國大學'이라는 이름을 가진 학교가 없기 때문에 이를 일반명사로 이해한 것이 오류의 출발이었다.

둘째, 조선혁명군사정치간부학교에 입교하기 위해 남경으로 갔을 때, 浦口驛으로 마중 나온 李春岩을 이범석으로 판단한 것은 큰 착오였다. 이춘암을 이범석으로 잘못 판단한 일제 측 기록 때문에 빚어진 오류였는데, 의열단 단장 김원봉의 측근 인물 가운데 한 사람인 이춘암을 확인해내지 못한 데서 빚어진 착오이기도 했다.

셋째, 연대기에서도 더러 혼선이 나타났다. 대표적인 것이 魯迅과의 만남을 조선혁명군사정치간부학교 입교 직전인 1932년으로 오해하는 바람에 그가 남경으로 가던 과정이 엇갈리게 정리된 것이다. 사실 이것은 군사간부학교를 졸업한 뒤 국내로 잠입하기 위해 상해에 머물던 1933년 6월에 벌어진 일로 밝혀지게 되었다.

넷째, 그런데 국내에 도착한 직후, 그가 장편소설 현상공모에 응하여 예선을 통과하였다는 사실도 오류였다. 육사가 쓴 글을 모은 자료에는 「懸賞小說 豫選當選者 近況」이란 글이 실렸는데,[16] 李活이란 이름으로 《조선일보》 1933년 9월 20일자에 실린 이 글을 두고, 육사가 장편소설도 썼다고 추정했던 것이다. '일천 원'이란, 당시로서는 엄청난 거금을 걸고 조선일보사가 벌인 빅 이벤트였다. 여기에서 예선을 통과한 7명 가운데 한 사람으로 '이활'이란 이름이 등장한다. 그렇지만 이 '이활'은 육사와는 이름만 같은, 즉 동명이인이었다. 여기에 등장하는 이활은 「無花果」라는 제목으로 예선을 통과하였으나 본선에서 떨어졌는데,[17] 황해도 개성 출신으로 어학자 李常春의 아들로 본명은 李永哲이 그였다. 이영철은 동화작가요 수필가로서 '글벗집'이라는 출판사를 경영하기도 했다.[18]

다섯째, 육사가 쓴 「자연과학과 유물변증법」이 《대중》 창간임시호에 실린 시점에 대해 착오가 있었다.[19] 그러다보니 조선혁명군사정치간부학교를 졸업하고 국내로 들어온 뒤 한 해 지나 1934년 검거되기 직전에 발표한 것으로 잘못 이해되고, 따라서 최근에 발표된 연구에서 조차 사상적인 변환 과정 서술에서 오류를 보이고 있다.

---

16) 심원섭, 『원본 李陸史 전집』, 집문당, 1986, 264쪽.

17) 《조선일보》 1933년 8월 1일자.

18) 박현수, 「이육사 시 연구의 몇 가지 문제들」, 《현대문학》 2004년 4월호 참조.

19) 심원섭, 『원본 李陸史 전집』, 집문당, 1986, 102~105쪽. 大衆科學硏究社가 《대중》 창간호를 곧 발간된다는 소식과 주제가 《동아일보》 1933년 3월 5일자와 26일자에 보도되고, 5월 20일자로 5월호 간행 소식도 실렸다.

3. 남은 문제들

육사의 생애를 복원하는 연구는 점차 완성도를 높여왔지만, 아직도 남은 문제는 적지 않다. 특히 독립운동과 관련된 부분은 더욱 그러하다. 대표적인 사실들을 적시하면 이렇다.

첫째, 북경 유학은 아직도 확인하지 못하는 대목이 있다. 일본관헌의 신문에 답한 그의 말처럼 북경의 中國大學이 옳은지, 널리 알려진 대로 北京大學 사회학과가 옳은지 고민할 여지는 남아있다고 생각한다. 상과라는 것을 크게 사회학의 범주로 해석하거나 전해지는 과정에서 오류 탓으로 돌리기는 성급한 것 같다. 때문에 아직 '北京大學 사회학과'라고 전해지던 이야기를 내던져 버리기에는 미련이 남는다. 그의 말처럼 中國大學을 다녔다면, 이 대학의 학적부를 확인하는 작업이 필요하다. 그런데 이 학교가 없어졌기 때문에 학적부 자체를 어디에서 확인할 수 있을지 미지수다. 물론 그 학교가 제29중학교로 바뀌었으니 그곳에 남아있을 가능성이 없는 것은 아니다. 따라서 그의 학적을 확인하는 작업은 꼭 거쳐야할 과제다.[20]

둘째, 의열단과의 관련성 문제다. 필자는 그가 의열단에 가입하지 않았다고 정리하였고, 여기에 대한 반론이 제기되었다. 1980년대까지 육사에 대해 기록한 여러 편의 글들은 광복 이후에 편찬된 『騎驢隨筆』과 같은 기록을 근거로 삼아 그가 1920년대 중반에 이미 의열단원이 되었다고 기술하였다. 1920년대에 의열단에 가입했다는 점은 설득력이 없다. 다만 여기에서 문제가 되는 것은 조선혁명군사정치간부학교를 다닌 뒤의 것이다.

그는 일제 신문 과정에서 의열단이 세운 군사간부학교를 다니고 졸업했지만, 정작 "의열단에 가입하지 않았다."고 단호하게 잘라 말했다. 그가 남

---

20) 中國大學 학적부 추적의 필요성을 제기한 필자의 의견에 대해 김영범 교수는 北京大學 사회학과 학적부를 찾는 편이 좋을 것이라는 의견을 내놓았다('육사선생 탄신 108주년 기념 이육사문학관 학술토론회', 이육사문학관, 2012.4.28).

긴 일제의 신문기록을 보면, 김원봉과 관련된 내용에는 대부분 갈등 관계로 표현하였다. 특히 윤세주 앞에서 김원봉을 비판하는 장면은 대단히 사실적이다. 그래서 육사는 김원봉으로부터 소외되거나, 심하게는 스파이로 의심받는 일마저 생겼다고 말했다. 그러니 학원(생도) 전원을 4인 1조로 삼아 의열단 소조를 조직했지만, 자신만 거기에서 제외되었노라고 육사는 진술하기도 했다. 물론 그가 전략적으로 의열단원이 아니라고 내세울 법도 하다. 또 그렇게 이해하는 연구도 나왔다. "끝내 가입원서는 내지 않았음이 사실이라 할지라도, 실질적으로는 의열단 단원이었다고 보는 것이 합리적 판단일 것이다."라는 주장이 그것이다.[21)]

육사가 일제의 처벌 수준을 머릿속으로 계산하여 애써 김원봉과의 불화를 말하고, 의열단과 거리를 두는 진술을 거듭했으리라는 판단이 논리적이기도 하고 흥미롭기도 하다. 더구나 특정 조직에 가담한 사실만으로도 벌칙은 가중될 만하므로, 이러한 주장은 설득력을 더 갖게 된다.

하지만 다시 뒤집어 보면, 의열단원이 아닐 수 있다는 생각도 든다. 진술 곳곳에서 느낄 수 있는 점은 그가 기본적으로 김원봉의 사상과 행적에 불만스러워한 사실만은 분명해 보인다는 것이다. 매우 구체적이고 논리적이기 때문이다. 만약 "피수를 면하고 국내 활동 공간을 확보키 위한 위장 · 기만 진술이 상당 부분" 있었다거나, 징벌의 수위를 낮추기 위해 그가 일부러 김원봉과의 불화를 앞세우고 의열단에 가입하지 않았다고 말했다면, 그것이 일제의 계산에 잡히지 않을 리도 없었을 것 같다. 그렇지만 일제 심문기록에서 그러한 정황을 찾기는 힘들다. 더구나 군사간부학교 자체가 의열단 가입 여부보다는 더 중요한 사안이 아니었을까 생각해보면, 의열단 가입을 애써 부인한다고 징벌 수위가 낮아질 것이라는 생각은 크게 들지 않는다.[22)]

21) 김영범, 『혁명과 의열－한국 독립운동의 내면』, 경인문화사, 2010, 580쪽.

22) 이러한 문제를 풀어나가는 방법으로 육사와 거의 같은 시기에 붙잡힌 인물들을 분석할 필요가 있겠다.

셋째, 국내 침투 이후 빈 공간을 메워야 한다. 1933년 7월 국내에 잠입한 뒤, 이듬해 3월에 검거될 때까지 그의 행적은 오리무중이다. 대개 자료를 통해 알려지는 사실만 간단히 정리하면 이렇다. 서울에 도착한 그가 재동 82번지 친구 柳泰夏의 집에 2주일 머물고, 바로 이웃인 재동 85번지 文明姬의 집에 세를 얻어 지내면서,[23] 안동을 잠시 들렀고,[24] 서울에서 조선혁명군사정치간부학교 동기생 尹益均(胡平)을 만나기도 하였다.[25] 1934년 2월 「1934년에 임하야 문단에 대한 희망」이란 글을 《형상》에 발표하여 자신의 위치를 드러냈다. 신문사에 들어가려 노력하다가 1934년 3월 20일 조선일보 대구지국 특파원으로 채용되기에 이르렀다는 사실이 확인되었다.[26] 그런데 뜻밖에도 그는 대구로 출발하기 직전인 3월 22일 경찰에 체포되었고,[27] 3개월 정도 취조를 받은 뒤 6월 23일 기소유예로 풀려났다. 그렇다면 1933년 7월부터 이듬해 2월까지 단순히 취직 활동에만 매달렸을지 의문이 남는다. 물론 일제가 치밀하게 추적한 뒤 별 문제가 없다고 판단하여 석 달 만에 풀어준 것이지만, 그저 신문사에 복직하기 위해 움직였다는 정도로 간단히 넘어갈 일은 아닌 것 같다.

넷째, 1930년대 활동과 잦은 투옥에 대한 치밀한 추적이 필요하다. 1934년 이후 1943년 초까지 대체로 신문기자 생활과 시작 활동이 이어진 것으로 이해된다. 하지만 전해지는 말로는 이 시기에도 검속과 고초가 이어진 것으로 전해지고 있어서 그러한 과정을 추적하는 작업이 필요하다. 그 가운데서도 특히 주목해야 할 것은 1930년대 후반 대구청년동맹과 관련한 움

23) 「李活 신문조서」, 『한민족독립운동사자료집』 30, 국사편찬위원회, 1997, 158쪽; 「증인 이원록 신문조서」, 『한민족독립운동사자료집』 31, 국사편찬위원회, 1997, 185쪽.

24) 「李活 신문조서」, 『한민족독립운동사자료집』 30, 국사편찬위원회, 1997, 157쪽.

25) 「李活 신문조서」, 『한민족독립운동사자료집』 30, 국사편찬위원회, 1997, 164 · 167쪽.

26) 「증인 이원록 신문조서」, 『한민족독립운동사자료집』 31, 국사편찬위원회, 1997, 185쪽.

27) 5월 22일에 체포되었다는 기록도 있다(조선총독부 경무국, 「軍官學校事件ノ眞相」, 『한국민족해방운동사자료총서』 3, 경원문화사, 1988, 125쪽).

직임이다. 동료기자요 동지였던 이선장은 해산 상태에 놓여 있던 대구청년동맹을 육사와 이선장 및 南萬熙 등이 힘을 합쳐 재조직하였다고 말했지만,[28] 일제는 이것을 이른바 '대구공청'이라고 하여 총검거했다고 한다.[29] 달리 표현하면 조선공산당재건투쟁의 범주에 속하는 조직에 관여했다는 것인데, 이에 대한 추적이 긴요한 셈이다.

다섯째, 그의 마지막 선택은 불확실성 그 자체다. 이선장의 회고로 되살려낸 그의 마지막 선택은 설득력이 없지는 않지만, 그대로 받아들이기에는 한계가 있다. 이 무렵 육사가 '중경으로 가서 어느 요인을 모시고 연안으로 가려 했다'는 의미는 결국 이러한 두 세력 사이의 교감에 그가 참가하려 했다는 말이 되지만, 실제로 그가 누구와 함께 중경에서 연안으로 가려고 계획을 세웠는지에 대해 알 수 없다.[30] 그렇지 않다면, 육사의 북경행이 군사간부학교 출신 동창들이 많이 소속된 조선의용군의 北京 敵區 활동에 참여하려 했던 것으로 추정하는 의견도 있다.[31] 이를 밝혀줄 만한 다른 자료가 아직은 나타나지 않고 있다. 현장의 자료 추적만이 아니라, 일제의 정보 문건을 더 자세하게 추적하는 것과 광복 직후 생성되었을 가능성이 있는 자료를 찾는 일이 긴요한 셈이다.

여섯째, 그의 최후 장소에 대한 추적이 필요하다. 그의 마지막 주소지 東廠胡同 1호는 아직 미지수다. 본래 東廠胡同 1호는 역사성을 가진 곳이기도 하고 규모도 컸다. 명대에 환관이 정보를 수집하던 기구 東廠이 있던 곳이며, 1916년 袁世凱가 죽자 黎元洪이 살다가 대총통직을 승계한 곳이

28) 金鎭和, 『日帝下 大邱의 言論硏究』, 禾多出版社, 1978, 150쪽.

29) 金鎭和, 『日帝下 大邱의 言論硏究』, 禾多出版社, 1978, 165쪽.

30) 필자는 당시 나라 안팎에서 펼쳐지던 좌우합작, 항일세력 연대 형성이라는 큰 틀에서 육사의 행적을 이해하는 편이 옳을 것이라고 생각한다. 이런 점에 적극 동의하는 의견도 나왔다(김영범의 토론, '육사선생 탄신 108주년 기념 이육사문학관 학술토론회', 이육사문학관, 2012.4.28).

31) 강만길, 「조선혁명간부학교와 육사 이활」, 『민족문학사연구』 8, 민족문학사연구소, 1995, 177쪽.

다. 많은 건물과 정원을 갖춘 화원형의 대저택인데, 뒷날 北京大學 교장 시절 胡適과 한 건물에 살았다. 그러다가 1926년 일본이 이곳을 사들여 1945년 패전할 때까지 동방문화사업총위원회 北京人文科學硏究所를 두었다.[32] 일본에서는 이 기관을 중국인의 호감을 불러일으키기 위한 것으로 정하고 또 그렇게 이해하는 경향이지만, 중국에서는 일제의 문화특무기관으로 판단하여 왔다. 따라서 이 기구에 대한 분석도 함께 진행할 필요가 있다.

신석초는 육사가 헌병대에 잡혀갔다고 썼다.[33] 또 육사의 아내 안일양은 동대문경찰서 형사대와 헌병대에 검거되었다면서, 동대문경찰서에서 육사를 본 것이 마지막이었다고 말했다. 또 최후를 증언한 이병희는 분명 서울에서 눈에 익은 형사가 자기를 찾아와 연행해 갔고, 그 길로 자신도 같은 옥에 갇혔다고 표현했다. 이처럼 육사를 붙잡아 간 주체에 대해 헌병과 형사가 등장한다. 그렇다면 붙잡혀 들어간 곳이 일본헌병대과 일본총영사관 경찰부의 유치장이거나 감옥일 것이다. 육사와 함께 붙잡혀 고생하고 또 육사의 시신을 화장하여 국내로 들여보낸 이병희의 주소가 東廠胡同 1호요, 이보다 일곱 달 앞서 조선의용대원 李元大가 사망한 주소도 이곳이다. 따라서 東廠胡同 1호는 이들의 주소라 아니라 이들을 구금해 두었던 곳의 곳이었다. 그런데 그 東廠胡同 1호는 지금 여러 번지로 잘게 나뉘었고, 따라서 육사가 최후를 맞은 정확한 현장을 찾기는 쉽지 않다. 다만 최근까지도 중국사회과학원 근대사연구소 곁에 있던 일본헌병대 감옥(東廠胡同 28

32) 동방문화사업총위원회는 의화단사건 배상금을 기금으로 외무성이 나서서 반일감정을 완화시킨다는 목적을 내걸고 만들었다. 미국이 의화단사건 배상금을 되돌려주면서 중국유학생을 초빙하고 1911년 청화학당을 세운 것을 모델로 삼아 사업을 시작한 것이다. 1923년에 중국과 공동으로 시작하였으나, 1928년에 중국이 탈퇴한 뒤로 일본이 단독으로 사회 활동 지원과 학생 교류 사업을 펴나갔다. 1927년 동방문화사업총위원회가 黎元洪이 살던 저택으로 이전할 때 北京人文科學硏究所가 발족되었다. 그 자리에 北京人文科學硏究所가 들어섰다. 중국에서는 이 위원회 사업을 철저하게 문화제국주의로 이해해 왔다. 그 자리에 中國社會科學院 근대사연구소가 들어섰다.

33) 申石艸, 「李陸史의 人物」, 『한국독립유공지사열전』, 육우당기념회, 1992, 86쪽.

호)에서 고생했다는 증언하는 중국인들이 살고 있어서 전반적인 정황만은 헤아릴 수 있다. 중국인이 잡혀서 고생했다는 그 집이 육사가 갇혔다가 순국한 그 집일 가능성은 크지만, 그렇다고 단정하기는 힘들다. 그래도 대개 그 어디쯤이라고 볼 수는 있을 터이고, 지금으로서는 더 구체적인 자료 발견을 기대할 수밖에 없다.

일곱째, 육사의 유적을 찾는 작업이 있어야 한다. 그는 어려서 이웃 녹전면으로 이사 갔다. 그리고 대구로 갔는데, 남산동 662번지 집 현장을 확인할 필요가 있고, 그 자리에 대한 보존 가능성도 확인할 필요가 있다. 남산동은 주소가 여러 차례 바뀌었으므로 지적도 등본과 주소 변경을 확인해야 한다. 대구에는 그와 관련된 유적이 여러 곳이다. 조양회관, 조선일보 대구지국, 대구경찰서 등을 비롯한 유적들이 많다. 서울에도 유적지가 적지 않다. 1937년에 어머니, 동생 원일과 함께 살던 서울 明倫町 3丁目 57의 3호와 壽松町 110, 1939년에 이사했던 鍾岩洞 62번지, 1943년 잠시 머물던 李泰成의 집, 또 서대문형무소를 비롯한 일제 기관 등이 있다. 영천의 처가와 백학학원, 포항의 동해송도원과 경주 남산의 옥룡암(神印寺址)과 경주 기계의 李英雨의 집 등도 그렇다.

나라 밖의 유적지도 마찬가지다. 만주의 瀋陽과 북경의 中國大學 자리, 이병희와 만나던 北海公園을 비롯한 활동 근거지, 그리고 최후의 장소인 東廠胡同 1호에 대한 정밀한 추적이 필요하고, 남경의 유적지인 조선혁명군사정치간부학교를 비롯한 관련 유적에 대한 조사정리도 그러하다. 일본 유적지도 마찬가지다. 유학 시절의 유적이나 1937년 가을에 머물렀던 도쿄의 經堂町 Friend House가 그렇다. 이러한 나라 안팎의 유적에 대한 추적과 정리는 이육사문학관이 풀어가야 할 중요한 과제에 속한다고 생각한다. 문학관은 대개 문학 자료에 집중하는 경향이 있지만, 육사를 문학의 틀 안에서만 이해해서는 안 되기 때문이다.

4. 맺음말

머리말에서 언급했듯이, 육사는 전통과 근대가 만나는 교차점에 서 있던 인물이다. 근대의 글을 쓰는 선비요, 뜻을 세워 행동하는 민족 지성이었다. '투쟁적 문학과 문학적 투쟁'을 펼쳐나간 그의 삶은 전형적으로 '글과 도덕을 존중하고 의리와 범절'을 높이 평가하는 선비의 길이었다.

육사에 대한 연구, 특히 독립운동가로서 그가 걸었던 행적과 정신에 대한 연구는 당연히 치밀한 추적과 분석에 상상력이 요구된다. 그런데 문학적인 연구가 주축을 이루어오다 보니, 연구들이 육사의 걸음걸이 하나하나를 오로지 지사적인 차원에서 해석하는 경우가 많아, 더러는 지나치다는 느낌을 줄 정도였다. 역사 연구도 그러한 점이 없지 않지만, 자료 발굴과 치밀한 분석이 앞서야 할 것이다. 1990년대 이후 많은 공백이 메워지긴 했으나, 아직은 남은 과제도 만만하지 않다. 이에 대한 추적 작업과 연구, 그리고 새로운 연구자의 출현과 성과를 기대한다.

26장_ 金尙德의 독립운동

1. 머리말

고령이 배출한 金尙德에 대해 독립운동가라기 보다는 '반민특위(반민족행위특별조사위원회) 위원장'이라는 이름이 더 널리 알려져 왔다. 뒤집어 말한다면, 반민특위 위원장이라는 이름에 그의 독립운동 행적이 가려져 왔다고 표현할 수도 있다. 그가 펼친 독립운동은 무려 27년 동안 이어졌다. 2·8운동이 일어나던 1919년부터 해방되던 1945년까지 민족문제를 해결하기 위해 독립운동의 맨 앞에 서 있었던 그다. 그렇지만 그의 항일 독립운동에 관한 연구는 전혀 없다. 그가 납북되어 버린 사정이 그 원인의 하나로 작용한 것 같다.

그의 독립운동을 추적하기 앞서 먼저 그가 사용한 이름부터 짚어보자. 김상덕이란 이름 외에 1930년대 중국에서 金相徹이라거나 金在斗라는 이름이 사용되었다고 전해진다.[1] 역시 남경을 중심으로 활동하던 시절, 즉 1933년부터 1937년에는 會州라는 호를 쓰기도 했던 모양이다.

그는 1891년 12월 10일 고령군 楮田洞(현 고령읍 저전리) 558번지에서 태어났다. 고령읍내에서 북쪽으로 4km 남짓한 마을이다. 마을 자체도 넉넉하지 않지만, 그의 집안도 그리 넉넉하지 않았던 것 같다. 1925년 일제 기록에 따르면 고향에 그의 부모와 형 金尙徽·金尙弘, 그리고 동생 金尙學이

1) 조선총독부 경무국, 『國外に於ける容疑朝鮮人名簿』, 1934, 79쪽.

살고 있었는데, 집안 재산이라고는 초가 한 채와 가구와 잡화를 합하여 150원 정도의 재산을 가졌다고 적혀 있다.[2)]

어려운 가정임에도 김상덕은 고향에서 한학을 배우다가 신교육에 입문했다. 즉 그는 19세까지 향리에서 한학을 배웠으니 유학적 소양도 갖춘 청년으로 자라난 셈이다. 만 21세가 되던 1912년 고령공립보통학교에 들어간 그는 한 해 뒤인 1913년 학교를 그만두었다. 2년 뒤 1915년에 그가 서울에서 儆新中學校에 입교했다는 기록으로 보아, 공립보통학교 수준을 넘어선 것이 아닌가 짐작된다. 그런데 뒷날 일제는 김상덕이 바로 그 경신중학교 시절을 지내면서 민족문제에 눈을 뜨기 시작했다고 분석했다. 즉 1917년 3월 경신중학교를 졸업한 그가 일본 동경으로 가서 '불량학생'들과 내왕하고 사상을 변화시켜 나갔는데, 그 출발점이 바로 경신중학교 시절이라는 것이다.[3)] 이는 2년 뒤 일본 동경에서 펼쳐진 2·8운동에 그가 참가한 바탕이 여기에서 만들어졌다는 뜻이다.

2. 일본 유학과 2·8운동 참가

김상덕이 독립운동사에 첫 발을 내디딘 거사는 2·8운동이다. 그것도 모국을 붕괴시킨 제국주의 국가의 심장부에서 터트린 거사이므로 그 의미는 크다. 1917년 일본으로 간 그는 동경 神田區 西小川町 25번지에 있던 조선기독교청년회관을 찾았다. 당시 한국 학생들이 가장 많이 모여들었다.[4)]

---

2) 「대한민국임시정부관련 요시찰인명부」(1925년 2월 17일), 『해외의 독립운동사료』 17(일본편 5), 보훈처, 1996, 234쪽.

3) 「대한민국임시정부관련 요시찰인명부」(1925년 2월 17일), 『해외의 독립운동사료』 17(일본편 5), 보훈처, 1996, 235쪽.

4) 「대한민국임시정부관련 요시찰인명부」(1925년 2월 17일), 『해외의 독립운동사료』 17(일본편 5), 보훈처, 1996, 234쪽.

1914년 9월에 신축된 이 회관은 1919년 2·8운동의 거사 지점이 되고, 김상덕도 그 한 가운데 있게 되었다.

일본에 유학생 사회가 만들어진 출발점은 1881년 朝士視察團이 파견된 뒤였다. 이후 조선기독교청년회(1906)·조선유학생학우회(1912)·조선학회(1915)·조선여자유학생친목회(1915) 등이 조직되고, 이 가운데서도 조선유학생학우회가 가장 강력한 구심체 역할을 맡고 있었다. 유학생들은 1914년에 지어진 조선기독교청년회관에 자주 모여 민족문제를 중심으로 토론과 강연회, 그리고 웅변대회를 열었고, 그 과정에서 배일사상과 민족의식을 강화시켜 나갔다.

1914년에 터진 제1차 세계대전은 이들에게 세계정세 변화와 대응책을 논의하는 기회를 주었고, 전쟁의 결말은 초관심사가 되었다. 마침내 1918년 11월 11일, 독일이 항복함으로써 제1차 세계대전이 끝났다. 전쟁을 마무리 짓는 회의가 프랑스 파리에서 열리게 되고, 패전국에 대한 응징과 전쟁 피해보상 문제가 다루어지게 되었다. 그 회의에 식민지 문제도 상정될 터이고, 따라서 한국문제도 다루어지길 바라는 게 한국독립운동가들의 바람이었다.

1918년 12월부터 학생들의 웅변대회에서 민족자결주의가 주제로 자주 오르내렸다. 그 선언과 이론의 한계도 알았지만, 독립의 기회가 올 수도 있다는 기대를 갖고 움직임을 지켜보았다. 하지만 넘어야 할 산은, 한국이 일제 통치를 긍정적으로 수용하면서 발전하고 있기 때문에 굳이 한국문제를 국제회의에서 다룰 이유가 없다고 세계에 떠들던 일본의 악선전이었다. 따라서 이를 이겨내자면 한국인들이 민족독립을 간절하게 바라고 있다는 사실을 국제사회에 알려야 했다. 이러한 정황을 판단한 독립운동가들이 곳곳에서 움직이기 시작했는데, 상해나 미국에서도 그랬지만, 일본 유학생도 그 가운데 하나였다.

중국 상해에서 활동하던 독립운동가들이 발 빠른 움직임을 보였다. 일본과 국내, 그리고 만주와 러시아 연해주지역으로 연락하여 파리강화회의에 보낼 대표 문제를 논의하고 자금을 모으려 나섰으며, 민족 전체가 궐기할 것을 촉구하고 나서기 시작한 시점이 1919년 1월이다. 이때 일본 동경에서 유학생들도 국제정세를 주시하면서 대응책을 논의하였다. 김상덕은 바로 그러한 논의가 진전될 때, 핵심부에서 활약하기 시작함으로써 민족운동에 첫 발을 내디뎠다.

김상덕의 움직임이 확연하게 드러나는 장면은 1919년 1월 6일 학우회가 조선기독교청년회관에서 웅변대회 직후 진행된 대표자 선출 과정이다. 웅변대회가 마무리되면서 독립운동을 구체적으로 실행에 옮기자는 결의가 있고, 실행위원 10명을 선출했는데, 김상덕은 그 가운데 한 사람으로 뽑혔다. 김상덕 이외에 崔八龍(早稻田大)·徐椿(東京高等師範學校)·白寬洙(正則英語學校)·李琮根(東洋大)·宋繼白(早稻田大)·金度演(慶應大)·田榮澤(青山學院)·尹昌錫(青山學院)·崔根愚(東京高商) 등이 그들이다. 여기에 이광수가 추가되어 실행위원은 모두 11명이 되었다.[5)]

이들은 '학우회'라는 이름과 성격으로 세계에 독립을 선언하기에는 문제가 있다고 판단한 것 같다. 그래서 새롭게 결성하고 나선 조직이 바로 '조선청년독립단'이다. 1월 말에 조선청년독립단 이름으로 독립선언서와 결의문 및 민족대회소집청원서가 작성되었다. 이를 국내와 중국 상해로 보냈다. 송계백이 선언서를 갖고 국내로 들어가 최린을 비롯한 천도교 지도자들에게 전하고, 또 독립선언서 초고 작성을 끝낸 이광수는 1월 말일 중국 상해로 떠난 것이다. 2월 7일 「민족대회소집청원서」가 인쇄되고, 독립선언서와 결의문이 등사되었다.

2월 8일 오전 10시 조선청년독립단은 동경 주재 각국 외교관, 일본 정부 대신, 의회, 언론기관 등에 준비한 문서를 보냈다. 이어서 학우회 임시총회

5) 당시 김상덕의 직업은 무직으로 기록되었다. 해방 후 기록에는 그가 早稻田大學 재학 중 2·8운동에 참가한 것으로 기록되어 있다(『(사진으로 본)국회 20년』 부록 「역대국회의원약력」, 한국경제사, 1967, 442쪽). 당시 휴학상태였으리라 짐작되기도 한다.

명목으로 유학생대회가 열리고, 조선청년독립단 대회로 바뀌면서 독립운동이 시작되었다. 그러나 일제경찰이 닥쳐드는 바람에 난투극이 벌어졌고, 김상덕을 비롯한 집행위원 10명 모두가 일제경찰에 붙들렸다.

체포된 학생 가운데 17명은 정식취조를 받고, 김상덕을 비롯한 최팔용·서춘·김도연·김철수·송계백·백관수·윤창석·이종근 등 9명이 출판법 26조 위반이라는 죄목으로 재판에 붙여졌다. 이들은 약 반 년 동안 2심을 거쳐, 1919년 6월 대심원에서 금고 9개월형 이하의 선고를 받았고, 다만 송계백은 옥사했다. 김상덕은 7개월 15일이라는 형을 선고 받고 苦役을 치렀다.

이들의 활동은 국내외에서 3·1운동이 일어나는 데 결정적으로 영향을 주었다. 2·8운동의 소식이 국내와 국외로 전해지면서 그의 이름도 널리 알려졌다. 예를 들자면 미국 대한인국민회가 발행한 《신한민보》나 중국 상해에서 대한민국 임시정부가 발행하던 《독립신문》에도 그의 이름이 게재되었던 것이다.

김상덕이 옥고를 벗어난 시기는 1920년 2월 9일이었으니, 실제 옥고 기간은 정확하게 1년이나 되는 셈이다. 국내외에서 터져 나오고 널리 펴져나간 3·1운동 소식을 그는 옥중에서나마 들을 수 있었다. 출옥하자마자 망명길에 오른 이유도 거기에 있었을 것이다. 그는 조선청년기독회관에 가서 잠시 몸을 추슬렀다. 그리고서는 곧장 중국으로 망명길에 올랐다.

3. 상해지역 대한민국 임시정부 중심 활동

1) 상해 망명과 대한민국 임시의정원 의원

김상덕이 상해에 도착한 날은 1920년 3월 5일로 전해진다.[6] 바로 다음 날 발간된 《독립신문》에도 그의 소식이 「金尙德氏來滬」라는 제목 아래,[7] "6개월의 금고를 마치고 방면된 김상덕 씨는 일전 무사히 상해에 래도하다."라고 보도되었다.[8] 만 29세 나이에 도착한 상해는 그에게 본격적으로 펼쳐나갈 독립운동의 터전이었다. 그는 우선 일본 유학생들의 동정을 상해지역 한국독립운동계에 자세하게 전달하는 일로부터 상해 활동을 시작했다.

이후 상해에서 펼친 김상덕의 활동은 크게 네 가지로 정리된다. 하나는 대한민국 임시의정원 의원, 극동민족대회 참가, 국민대표회의 대표, 그리고 상해청년동맹회 활동 등이 그것이다. 그는 우선 도착하자마자 임시의정원에서 경상도 출신 의원으로 선출되어 의정활동을 시작하였다.[9]

구체적으로 그가 펼친 의정 활동을 보여주는 자료는 눈에 띄지 않는다. 그가 1924년 7월에도 임시의정원 의원으로 활동하던 모습이 보이는 점으로 보아, 상해에 머물던 1924년 말이나 1925년까지 경상도 출신 의원으로서 활약한 것이 아닌가 추정된다. 1924년 임시의정원 기록에는 국민대표회의 이후 혼란스런 정국을 극복해 나가는 과정에서 또 다른 형태의 독립운동가 전체를 아우르는 계기를 주문한 의정원의 결의에 그가 동참했음을 보여준다. 즉 1924년 7월 "윤기섭 · 김상덕 씨 등 20인의 명의로써 대한민국 임시정부로 하여금 독립당대표를 모아서 회의하여 기층을 공고케 하라."는 건의안이 임시의정원에서 가결된 것이다.[10]

2) 극동민족대회 참가

제1차 세계대전을 마무리 짓는 베르사유(Versailles) 조약이 체결된 뒤, 후

---

6) 「대한민국임시정부관련 요시찰인명부」(1925년 2월 17일), 『해외의 독립운동사료』 17 (일본편 5), 보훈처, 1996, 235쪽.

7) 滬는 상해의 별칭.

8) 《독립신문》 1920년 3월 6일자.

9) 국회도서관, 『한국민족운동사료』 중국편, 1976, 439쪽.

10) 《신한민보》 1924년 9월 4일자.

속 작업으로 두 개의 국제회의가 준비되고 있었다. 하나는 워싱턴회의이고, 다른 하나는 소련에서 준비하던 극동지역 민족대표회의였다. 앞의 것은 태평양 군축회의인데, 이승만은 여기에 한국문제를 상정하려고 노력한다고 나섰고, 대한민국 임시정부도 여기에 매달렸다. 워싱턴회의는 결국 1921년 11월부터 다음 해 2월 사이에 열렸지만, 한국문제와는 거리가 먼 회의였다.

반면 소련에서 워싱턴회의에 맞서기 위해 준비하던 국제회의는 한국문제를 중점 사항으로 다루는 것이었다. 코민테른은 1920년 가을 동방민족대회를 열고 그 후속회의를 준비하던 참에, 자본주의 열강이 워싱턴회의를 준비한다는 소식을 듣고 이에 대항하여 동방으로 혁명을 확산시킬 수 있는 모임을 준비하였다. 워싱턴회의에 때맞추어 1921년 11월 11일에 이르쿠츠크에서 극동 여러 나라의 공산당과 민족혁명단체 대표자의 연석회의를 소집한다는 계획이 그 골자였다. 코민테른은 한국문제에 깊은 관심을 갖고 있었다. 그러한 움직임은 독립운동가들에게 그대로 전달되고, 그들의 눈길이 모스크바로 집중되는 것은 당연한 일이었다. 이념의 차이는 크게 문제가 되지 않았다. 사회주의를 수용하거나 그렇지 않거나 관계없이 많은 인사들이 소련으로 가기를 희망했다.[11)]

1921년 초겨울은 흥분할 만한 시기였다. 이들이 보기에는 소련은 강대국이었고, 우리 민족문제를 적극적으로 이해하고 원조한다는 정책 기조에 흥분하기에 충분했던 터였다. 대회소집을 주관한 기관은 코민테른 극동비서부였다. 한국인 대표자 선정은 극동비서부 고려부가 담당했다. 국내와 국외 지역에서 활동하던 인물 가운데 대표로 선임된 김규식 · 홍범도 등 56명은 회의가 열릴 예정인 이르쿠츠크로 향했다.[12)]

상해지역에서는 이르쿠츠크파 고려공산당 중앙집행위원회가 대표를 선

11) 김희곤, 『조선공산당 초대책임비서 김재봉』, 경인문화사, 2006, 44~45쪽.
12) 임경석, 『한국 사회주의의 기원』, 역사비평사, 2003, 495~500쪽.

정했다. 상해에서 대표로 선정된 인물은 모두 16명이었다. 고려공산당 중앙위원회(6명), 고려공산당 상해지부(1명), 고려공산청년회 상해회(1명), 신한청년당(1명), 독립신문사(2명), 화동한국학생연합회(2명), 대한애국부인회(1명), 이팔(二八)구락부(1명), 조선기독교연맹(1명) 등이 그 내용이다. 이 가운데 김상덕은 정광호와 더불어 화동한국학생연합회 대표로 선정되어, 1921년 10월 22일 위임장을 받았다.[13]

선정된 대표들은 대개 기차를 이용하여 북만주로 이동하고, 국경도시 만주리로 갔다. 천진과 장춘으로 연결되는 남만주철도와 하얼빈을 거쳐 만주리에 이르는 중동철도를 타고 이동한 것으로 짐작된다. 그런데 도착 시기가 모두 늦었다. 김상덕이 정광호 · 김원경 · 최창식 등과 함께 만주리를 통하여 러시아에 입국한 날짜는 11월 3일이었다.[14]

코민테른은 회의 계획을 변경시켰다. 시작 시기가 1922년 1월 말로 연기되고, 장소는 수도인 모스크바로 변경되었다. 이르쿠츠크에서 집결해 있던 대표들이 기대에 부풀어 모스크바로 향했다. 소련의 수도를 방문한다는 것이나, 소련 최고지도자 레닌을 만날 것이라는 점도 그들을 흥분시키기에 충분한 '사건'이었다. 1922년 1월 7일, 마침내 대표들을 태운 특별열차가 모스크바에 도착하였다.[15]

마침내 1922년 1월 21일에 모스크바 크렘린 궁전에서 개회식이 열렸다.[16] 소련이 아닌 극동지역 참가자들은 한국을 비롯하여 9개 국가나 민족이었다. 144명 참가자 가운데 한국대표가 52명(뒤에 56명으로 증원)으로 가장 많고, 다음으로 중국이 42명, 일본이 16명이었다. 소련으로 향한 우리 독립운동가들의 기대와 열정이 드러나는 수치이다. 또 의장단에 중국 · 일

13) 임경석, 『한국 사회주의의 기원』, 역사비평사, 2003, 499쪽.
14) 임경석, 『한국 사회주의의 기원』, 역사비평사, 2003, 504쪽.
15) 임경석, 『한국 사회주의의 기원』, 역사비평사, 2003, 517쪽.
16) 《조선일보》 1925년 1월 23일자.

본 · 몽골 등과 함께 2명씩 배정받아 김규식과 여운형이 포함되었다.[17)]

회의는 2월 2일까지 13일 동안 진행되었다. 이 회의에서 결의된 한국문제는 크게 다음의 세 가지로 정리된다. 첫째, 조선에서 계급의식이 아직 발달하지 못했으므로 계급운동이 시기상조이다. 둘째, 일반대중이 민족운동에 동참하고 있으므로 계급운동자가 독립운동을 후원하고 지지해야 한다. 셋째, 상해에 있는 대한민국 임시정부는 그 조직을 개혁시켜야 한다. 결국 한국의 현 단계를 고려하여 계급운동자들이 독립운동을 후원하고 대한민국 임시정부를 적절하게 개혁하라는 것이 요점이다.

김상덕은 극동민족대회에 참가하는 사이에 그 자리에서 열린 극동혁명청년대회에도 참석하였다. 이 회의는 극동민족대회 끝마무리 단계이던 1922년 1월 30일부터 2월 1일까지 3일 동안 네 차례 열렸다. 주최자는 이르쿠츠크에 있던 국제공산청년회 극동비서부이고, 참석자는 극동민족대회 참가한 청년단체 70여 명이다. 그 가운데 한국대표단은 8개 청년단체 대표 21명, 중국 30개 단체 37명, 그 외 부랴트 · 몽골 대표 14명, 일본 5명 등이 각각 참가하였다. 한국인 대표 18명 가운데 김상덕과 정광호는 화동한국학생연합회 대표로서 여기에 참가하였다.[18)] 이들 청년대표 가운데 공산주의 단체에 가입하지 않은 사람은 김상덕 오직 한 사람뿐이었다.[19)] 당시 학생 대표들은 모두 청년 문제보다는 항일 민족해방에 무게를 두고 매달렸다. 이는 국제공산청년회 지도자의 지적 사항이 될 정도였다.

회의는 2월 2일 '대회선언'을 채택하는 것으로 막을 내렸다. 시작은 모스크바에서 있었지만, 폐막은 페트로그라드 우리츠키 궁전에서 열렸다. 그 직후 대표들이 속속 소련을 출발하였고, 대개 3월 중순에는 본래 활동하던 곳으로 돌아왔다. 김상덕도 이와 거의 같은 시기에 상해로 돌아온 것으로

17) 임경석, 『한국 사회주의의 기원』, 역사비평사, 2003, 536쪽.
18) 임경석, 『한국 사회주의의 기원』, 역사비평사, 2003, 538~539쪽.
19) 임경석, 『한국 사회주의의 기원』, 역사비평사, 2003, 540쪽.

이해된다.[20]

한국문제에 대한 결의사항은 김상덕에게도 중요한 지침이 되었다. 만 31세 청년으로서 모스크바에 가서 김규식 · 여운형 · 홍범도 등 유명한 독립운동가들과 회의에 동참하고, 또 국제 청년운동의 대표들과 어울리고 돌아온 여정은 그에게 중요한 경험이 된 것은 당연하고, 독립운동계에서 차지할 비중도 한결 우뚝해졌을 것 같다.

3) 국민대표회의 참가

다음으로 김상덕의 동향은 국민대표회의 과정에서 나타난다. 김상덕은 1923년 1월 3일부터 5월 사이에 상해에서 열린 국민대표회의에 참가하였다. 본래 이 회의는 약화되어가는 대한민국 임시정부와 독립운동계를 활성화시키기 위해 1921년부터 안창호가 나서서 준비하던 것인데, 정세 변화로 밀리다가 결국 1922년 후반에 본격적인 준비 과정을 거쳐 1923년 1월 3일 시작되었다. 이 회의는 한국 독립운동사에서 가장 많은 대표가 한 자리에 모여 가장 오랫동안 진행된 기록을 남겼다. 국내와 국외 각지에서 지역대표와 단체대표가 4백여 명 집결하고, 그 가운데 검증 과정을 거쳐 대표권을 인정받은 인물이 무려 130여 명이나 될 정도로 규모가 컸다.[21] 회의를 진행하는 동안 각 대표들의 숙박과 생활비 등 경비는 레닌이 보내준 지원금으로 진행되었다. 프랑스조계 八仙橋 三一禮拜堂에서 열린 이 회의는 독립운동의 방향을 둘러싸고 격론을 벌였고, 가장 큰 관심사는 대한민국 임시정부를 적절하게 개조할 것인지, 아니면 대한민국 임시정부를 없애고 새로운 정부를 수립할 것인지 그 방향을 정하는 문제로 귀결되었다.

김상덕도 여기에 지방대표 자격으로 참가하였다.[22] 1월 27일에 열린 제

20) 外務省警察史支那之部, 『朝鮮民族運動史(未定稿)』 6, 고려서림, 1989, 102쪽.

21) 김희곤, 『대한민국임시정부연구』, 지식산업사, 2004, 358쪽.

14일째 회의에서 그는 경북지역 대표로 자격을 인정받았다.[23] 그 뒤에 국민대표회의가 지향하는 뜻을 담아낸 「선서문」과 「선언문」을 작성할 때, 그는 이진산 · 김갑 등과 함께 수정위원으로 활동한 모습이 회의 21일째인 2월 8일자 기록에 나타난다.[24]

국민대표회의가 진행되던 가운데 가장 큰 어려움에 부딪친 장벽은 대한민국 임시정부 자체에 대한 대표자들의 의견 차이였다. 분과위원회별로 보고회가 진행되면서 진척을 보이던 회의는 끝내 대한민국 임시정부 정리 문제를 둘러싸고 양대 주장으로 나뉘었다. 즉 개조파와 창조파가 그것이다. 개조파는 대한민국 임시정부를 독립운동계의 현실에 맞게 개조하자는 주장을, 창조파는 아예 대한민국 임시정부를 없애고 새로운 정부조직을 수립하자는 주장을 폈다. 상당한 논란이 진행되던 상황에서 김상덕은 개조파에 동참했다.[25] 뒷날 그를 창조파로 분류한 기록도 있지만, 1923년 2월 당시 상해에서 작성된 일제 문건에는 그가 개조파임을 분명히 적어 두었으므로 이 자료의 신빙성이 더 높다. 이는 더구나 극동민족대회에서 대한민국 임시정부를 적절하게 개혁하라는 결의사항이 있은 터였기에, 그 대회에 참석했던 그로서도 개조파에 가담한 일은 당연한 선택이었다.

1923년 6월 국민대표회의는 대한민국 임시정부가 발표한 해산명령과 함께 끝나고 말았다. 창조파들은 6월 7일 마지막 회의를 갖고 블라디보스토크로 가서 새로운 정부조직체를 수립한다고 선언했다. 일부 인사들이 상해를 떠나 블라디보스토크로 갔지만, 오히려 소련의 거부로 말미암아 북경으로 다시 돌아오는 일이 1924년에 생겼다.[26]

---

22) 《독립신문》 1923년 1월 31일자.

23) 《독립신문》 1923년 3월 1일자.

24) 《독립신문》 1923년 3월 1일자.

25) 김희곤, 『中國關內 韓國獨立運動團體硏究』, 지식산업사, 1995, 174쪽. 김상덕을 창조파라고 표현한 기록도 있지만(조선총독부 경북경찰부, 『고등경찰요사』, 1934, 90쪽) 현장에서 직접 확인한 보고 내용이 더 정확한 것 같다.

4) 상해청년동맹회 조직

김상덕이 상해에서 두각을 확실하게 드러낸 계기는 1924년 결성된 상해청년동맹회이다. 이는 국민대표회의가 끝난 뒤 대한민국 임시정부를 비롯한 상해지역의 독립운동계가 갈피를 잡기 힘든 난국에 빠졌을 때, 이를 극복하려는 노력 가운데 하나로 등장한 조직이었고, 거기에 그의 존재와 활약이 뚜렷하게 드러난 것이다.

상해청년동맹회가 결성된 시기는 1924년 4월 5일이다. 하지만 그 기초는 1923년 연말부터 만들어졌다. 침체된 독립운동계를 되살려 보려는 활동 가운데 하나가 1923년 12월 15일에 열린 '독립운동 전도(前途)에 대한 연설회'였다. 모임을 주최한 윤기섭 · 최석순 · 여운형 · 조완구 · 조덕진 · 차리석 · 김승학 · 윤자영 · 김두봉 · 강창제 · 정신 · 조상섭 · 이유필 등 23명은 대한민국 임시정부와 만주지역에서 활약하던 인물들이었다. 그 자리에서 조덕진이 취지를 설명하고, 윤기섭 · 윤자영이 약정된 연설자로 나섰다. 이어서 진행된 자유연설에서 김상덕을 비롯하여 모두 6명이 나섰다.[27] 난국 타개를 위한 대동단결과 새로운 방향 모색이 주된 연제였으리라 짐작된다.

국민대표회의라는 회오리가 상해를 지난 뒤에 다음으로 상해청년동맹회가 조직되었다. 이것은 1924년 4월 5일 저녁 7시 30분, 프랑스조계 八仙橋 三一禮拜堂에서 창립총회를 갖고 결성되었다.[28] 이곳은 국민대표회의가 열린 곳이기도 하다. 모두 78명이나 되는 많은 인물이 참석한 이 자리에서 김상덕의 모습은 확실하게 떠올랐다. 발기인을 대표하여 창립총회 첫 순서인 '개회사'를 맡은 이가 바로 김상덕이었다. 이어서 발기문과 선언이 채택되고, 臨時簡章 배포, 회비 징수 등을 거쳐 밤 11시에 총회가 마무리되었

26) 김희곤, 『中國關內 韓國獨立運動團體硏究』, 지식산업사, 1995, 162~163쪽.

27) 《독립신문》 1923년 12월 26일자.

28) 국회도서관, 『한국민족운동사료(중국편)』, 1976, 504쪽.

다. 상해청년동맹회는 4월 9일 임시사무소를 설치했다. 이어서 辣斐德路 義和坊 13호 조덕진 집에 설치하고, 서울 여러 청년단체에도 선언서를 보냈다.[29]

상해청년동맹회의 목적은 혁명적 정신을 고취시키는 데 있었다. 그리고 당일 가입회원은 모두 61명이나 기록되었다. 그 자리에서 김상덕은 10명으로 구성된 집행위원 가운데 한 사람으로, 또 윤자영 · 조덕진 등 5명으로 구성되는 상무위원 가운데 한 사람으로 선임되었다.[30]

- 집행위원 : 신국권 · 조덕진 · 윤자영 · 김상덕 · 장덕진 · 엄항섭 · 주요한 · 조윤관 · 최충신 · 박진
- 상무위원 : 윤자영 · 조덕진 · 김상덕 · 장덕진 · 최충신

주역 가운데 주역은 윤자영이었다. 경북 청송 출신인 그는 경성전수학교 1학년을 대표하여 3 · 1운동에서 맹활약을 벌인 인물로 옥고를 치른 뒤에 망명한 인물이다.[31] 그도 의열단에 가입했지만, 일찍 사회주의를 받아들여 당시에는 김원봉과도 견해가 달랐고, 김원봉에게 불만도 많았다. 그래서 같은 의열단원이던 김상덕 · 장덕진 등 10명을 모아 별도단체를 결성하고 나섰으니, 상해청년동맹회가 그것이다. 이 단체가 1924년과 1925년 사이에 상해에서는 가장 강력한 단체로 자리를 잡았다.[32]

그해 10월 4일 임시총회에서 이들은 지난날 펼쳐진 독립운동이 여러 가지 잘못을 저질렀다고 지적하고 새로운 방향을 모색하는 자리를 가졌다. 그들은 선언서에서 준비론과 외교론이 가진 잘못과 우리 경우에 맞지 않은

29) 국회도서관, 『한국민족운동사료(중국편)』, 1976, 504쪽.

30) 국회도서관, 『한국민족운동사료(중국편)』, 1976, 504쪽.

31) 김희곤, 「윤자영(1894~1938)의 생애와 민족운동」, 『한국독립운동사연구』 24, 독립기념관 한국독립운동사연구소, 2005, 99~101쪽.

32) 「대한민국임시정부관련 요시찰인명부」(1925년 2월 17일), 『해외의 독립운동사료』 17(일본편 5), 보훈처, 1996, 236쪽.

좌경론 등의 폐해를 지적하고, 오직 단합과 희생정신으로 민족독립을 추구하자고 선언했다. 이날 모임은 규정을 통과시키고, 임원진을 보강했다. 김상덕은 윤자영 · 엄항섭 등과 더불어 역시 10명 집행위원에 속했다. 총비서부를 구성한 책임서기 세 사람에 그도 속했으니, 김상덕(재무) · 조덕진(서무) · 곽상훈(서무) 등이 그들이다.[33)]

상해청년동맹회는 1924년 무렵 의열단과 더불어 상해에서 쌍벽을 이루는 강성 조직이었다. 때문에 서로 어깨를 겨루는 과정에서 갈등도 거듭 일어났다. 김상덕은 상해청년동맹회 결성 직전까지 의열단원이기도 했던 것 같다. 경북 출신 의열단원을 기록한 일제 기록에는 그가 윤자영 · 배병현 · 이종암 · 정세호 · 권정필 · 김시현 · 김정현 · 김지섭 · 김창숙 · 김정묵 등과 더불어 의열단원이라고 적혀 있다.[34)] 그런데 상해청년동맹회가 결성된 지 6개월이 지난 1924년 10월 이 단체는 의열단과 갈등을 벌이기 시작했다.

갈등의 발단은 상해보다 만주지역의 통의부 문제에서 비롯되었다. 즉 상해청년동맹회가 결성된 다음 달인 1924년 5월, 통의부 중심부에서 떨어져 나온 백광운과 김명봉이 대한민국 임시정부 직속임을 선언하고 나섰다. 그런데 통의부 중앙부와 이탈파가 벌이던 갈등의 불꽃은 멀리 상해까지 영향을 주었다. 대한민국 임시정부가 자신을 지지하고 나선 이탈파가 중앙파의 탄압을 받는 상황에 거들고 나섰다가 역공을 당하게 된 때문이다. 즉《독립신문》을 이용하여 통의부 중앙부를 공격했는데, 이에 통의부 출신이거나 친연 관계를 갖고 있던 최천호 · 최석순 · 김상덕 · 현정건 등 상해청년동맹회원들이 1924년 10월 24일 독립신문사로 찾아가 사장 김승학을 몰아내고, 11월에는 아예 독립신문사를 장악해 버렸다.[35)]

그러자 이번에는 의열단이 나서서 윤자영을 폭행하는 일이 발생했다. 상

33) 《신한민보》 1924년 11월 13일자.

34) 조선총독부 경북경찰부,『고등경찰요사』, 1934, 101~102쪽.

35) 국회도서관,『한국민족운동사료(중국편)』, 1976, 539쪽.

해청년동맹회가 당시 강성 청년들을 가장 많이 확보하고 있던 의열단에 경쟁세력으로 떠오른 것이 그 발단이었다. 윤자영의 세력이 커질수록 의열단의 불만은 커졌다. 마침 1924년 10월 4일 상해청년동맹회 총회에서 발표된 선언서가 충돌의 실마리가 되었다. 선언서에 의열단이 무게를 두고 있던 파괴 · 암살을 비난하는 듯한 구절이 들어 있었는데, 의열단에서 이를 빌미로 삼아 박관해 · 정유린 등 단원들이 상해청년동맹회 사무소를 방문하여 윤자영을 구타하고 선언을 취소하라고 요구하였던 것이다. 이에 김상덕과 최천호가 상해청년동맹회 대표자격으로 김원봉을 찾아가 사죄를 요구하였다. 여러 논란이 이어지다가 결국 김원봉이 8일 동맹사무소를 방문하여 사과하고, 사과문을 담은 인쇄물을 배포하는 일이 벌어졌다. 의열단으로서는 수모에 가까운 일이었고, 상해청년동맹회로서는 그 위력을 확인시켜 주는 것이기도 했다. 그러한 최상층부에 김상덕이 움직이고 있었다.

상해에서 펼친 활동 가운데 마지막으로 김상덕이 드러난 시기는 1925년 8월이다. 8월 29일 국치기념일에 발행된 청년동맹회 회보 제1호에 네 가지 '투쟁 강령'과 함께 선임된 위원 명단에 그의 이름이 나타났다.

1. 한국이 독립될 때까지 全民族的으로 민족혁명에 공헌할 것.
2. 전민족의 前途는 과학적 공산주의로 인도할 것.
3. 민족을 본으로 하는 계통 있고, 규율 있는 조직으로 실현할 것.
4. 혁명진행에 대하여 장애가 되는 일본제국주의의 주구, 또는 그와 접근하는 자, 혹은 기회를 보고 타협하는 자를 배제할 것.[36]

이들은 과학적 공산주의를 지향하면서, 민족혁명에 공헌해야 한다는 방침을 천명했다. 그러면서 정치사회연구부를 설치하기로 결정하고, 김상덕을 비롯한 윤자영 · 이화천 · 현즙민 · 조덕진 등이 그 위원으로 선임되었다.[37] 이를 보면, 김상덕도 이 무렵에는 공산주의를 수용하고 있는 자연스

36) 국회도서관, 『한국민족운동사료(중국편)』, 1976, 572쪽.

러운 변화를 보였다고 판단된다. 즉 상해청년동맹회 시절 그는 사상적인 전환을 이루고 있었다고 정리된다.

4. 조선공산당 만주총국 활동과 민족유일당운동

1925년 중반까지 상해에서 활동하던 김상덕은 만주로 이동하였다. 확실한 시기와 동기를 확인하기 힘들다. 다만 그가 1925년 8월 상해에서 그의 행적이 나타나는 점으로 보아, 상해를 떠난 시기가 그해 말이거나 1926년 초라고 판단된다. 그런데 그의 이름이 만주에 나타나는 자료는 길림성 반석현에서 김동삼과 김원식을 중심으로 결성된 재만농민동맹이다. 재만농민동맹은 1924년 길림성 반석현에서 조직된 한족노동당이 1928년에 재편된 조직이다.

한족노동당은 1924년 11월 길림성 반석현에서 정식으로 결성되었다. 이 단체는 평안도 출신들이 주류를 이룬 다물당과 여러모로 경쟁 관계를 가졌다. 즉 출신 자체가 경상도 중심인 이 단체의 핵심 인물은 안동 출신 金應燮이었다. 그는 한족노동당의 상무집행위원이자, 기관지로 발행되던 《노동보》(뒤에 《농보》로 바뀜)의 사장을 맡기도 했다. 출범 당시 이 조직의 성격은 계몽적인 성향이 강한 민족주의를 내세웠지만, 1925년 말부터 만주고려공산청년회가 장악하고 있던 남만청년총동맹과 교류하면서 점차 사회주의 성향으로 바뀌어 갔다. 1926년에는 한족노동당이 조선공산당의 남만지방 대중 단체로 자리 잡았다. 그런데 1927년 민족유일당운동이 시작될 무렵 한족노동당은 ML그룹의 외곽조직 성격을 지니게 되고, 따라서 정의부와 장악 권역이 겹치면서 경쟁 · 갈등 구도를 보였다. 때문에 유일당 결성

37) 국회도서관, 『한국민족운동사료(중국편)』, 1976, 572쪽.

방법을 두고 단체본위 결성과 개인본위 결성으로 나뉘게 되었다. 그 뒤 1928년 한족노동당은 재만농민동맹으로 이름을 바꾸었다. 일제경찰은 제3 인터내셔널을 지지하는 국제농민동맹에 가맹하려는 데 그 목적이 있었다고 분석하였다.[38]

김상덕이 길림성 반석현으로 이동한 정확한 시기를 알려주는 자료는 없다. 일단 그가 김응섭이나 김원식 등 안동 출신 인물이 이끌던 한족노동당과 남만농민동맹에 들어가 활동했고, 특히 경북 출신으로 김응섭 · 김동삼 · 金元植 · 李永衡(이상 안동) · 김상덕(고령) · 이일심(달성) 등을 일제경찰이 지목한 점으로 보아,[39] 1926년 이후에는 본격적으로 중심부에 자리를 잡은 것으로 짐작된다. 물론 여기에는 그가 1926년부터 상해에서 자취를 보이지 않는다는 점도 고려되었다.

그렇다면 김상덕이 만주로 이동한 이유가 중요하다. 상해청년동맹회를 함께 이끌었던 윤자영도 1926년 4월에 만주로 향했다.[40] 두 사람이 동행했는지는 알 수 없지만, 일단 두 사람의 행적은 같았다. 윤자영이 1926년 길림성 주하현 一面坡에서 조선공산당 만주총국을 결성했고, 김상덕은 지역 총책을 맡았던 것이다. 조선공산당 만주총국은 영안현 영고탑에 본부를 두고, 남만 · 북만 · 동만 지역에 총책을 두었다. 1926년 초가을 반석현에 본부를 둔 남만지역의 책임비서가 바로 김상덕이고, 조직부를 李光民과 김원식이 맡았다.[41] 이광민은 이상룡의 조카이고, 김원식은 안동 금계마을 출신이다.

1927년 조선공산당 만주총국 남만지구 조직은 더욱 확대되었다. 남만지

38) 조선총독부 경북경찰부, 『고등경찰요사』, 1934, 136~137쪽.

39) 조선총독부 경북경찰부, 『고등경찰요사』, 1934, 136~137쪽. 김동삼이 한족노동당에 가입하지는 않은 듯하다.

40) 김희곤, 「윤자영(1894~1938)의 생애와 민족운동」, 『한국독립운동사연구』 24, 독립기념관 한국독립운동사연구소, 2005, 115쪽.

41) 신주백, 『만주지역 한인의 민족운동사(1920~1945)』, 아세아문화사, 1999, 129쪽.

역은 민족주의 단체가 왕성했는데, 남만의 북부는 정의부, 동부는 참의부와 분립되어 있었다. 그래서 남만 간부진은 활동 구역을 두 곳으로 나누어 제1구는 화전과 반석을, 제2구는 유하현을 중심으로 조직을 확산시켜 나갔다. 이때 김상덕은 제1구를 담당하였다.[42]

▌1927년 조선공산당과 고려공산청년회 만주총국의 道幹部 현황

명칭(본부)	소속	책임	직책 및 위원
남만 제1구(반석) 1927년 9월 개편	조공	金漢洙	조직부 : **김상덕**, 선전부 : 김원식 위　원 : 金正煥 · 孫京鎬 · 趙秉三 · 韓士斌
	공청	**김상덕**	조직부 : 김정환, 선전부 : 이광민 위　원 : 손경호 · 조병삼 · 한사빈
	공청	김정환	조직부 : 손경호, 선전부 : 한사빈 위　원 : 朴貞奎 · 李炳華 · 林忠山 · 韓震

이 표를 보면 김상덕이 조선공산당과 고려공산청년회의 만주총국 핵심부에서 활약했음을 알 수 있다. 그는 특히 반석현을 중심으로 남만지역에 터를 잡았고, 남만 제1구의 조공 조직부 위원이자 고려공청의 책임비서였다. 이 지역이 정의부와 겹치는 곳이어서 그도 김동삼 · 김응섭 등과 연계를 가지게 되었고, 김응섭이 이끌던 한족노동당에서 주요 직책을 맡게 되었다. 1927년 5월 한족노동당 중앙집행위원과 선전부 책임위원을 맡은 사실도 여기에서 비롯되었다. 1930년대 초 주요 간부진을 보면, 김응섭이 중앙집행위원을 맡았고, 다음으로 중앙집행위원이자 책임자가 바로 김상덕이다. 이어서 중앙집행위원에 김원식 · 이광민 · 이동일 · 최동산 외 3명이 있었다.[43] ML그룹이 장악한 조선공산당 만주총국은 1928년 확대된 조직을 갖추었다. 남만 제1구는 진공목이 책임자가 되고, 조직부를 김상덕이, 선전

42) 신주백, 『만주지역 한인의 민족운동사(1920~1945)』, 아세아문화사, 1999, 138쪽에서 재구성.

43) 조선총독부 경북경찰부, 『고등경찰요사』, 1934, 136~137쪽.

부를 손경호가 각각 맡았다. 이때까지만 하더라도 ML그룹이 정의부와 직접 대립하지 않은 채 남만지역에서 영향력을 확대하고 있어서 별다른 충돌이 없었다. 그런데 민족유일당운동이 결렬된 뒤로는 정의부 다수파와 ML그룹이 갈등을 벌이게 되었다.[44] 김상덕은 정의부에 몸담기도 했다. 그러다가 민족유일당운동이 결렬되면서 김동삼·김원식이 이탈하게 되자, 그도 함께 정의부를 떠났다.

한편 김상덕은 좌우합작운동에도 앞장섰다. 1926년 중국 관내지역에서 일어난 민족유일당운동이 1927년 만주에도 파급되고 있었다. 정의부·신민부·참의부가 통합을 논의했는데, 통합의 방법을 둘러싸고 이견이 좁혀지지 않았다. 1927년 4월 유일당 결성을 위한 회의가 열렸지만, 의견 차이로 무산되었다. 그러자 성급한 조직 결성보다는 민족운동 내부의 다양한 의견을 묶어 민족유일당을 만들어, 민족운동의 활동 방향을 연구하는데 목적을 둔 시사연구회가 결성되었다. 김상덕은 그 책임자가 되어 노력한 끝에 1928년 5월 다시 반석현과 화전현에서 전민족유일당조직촉성회를 개최하도록 만들어 냈다. 이 회의는 좌우파가 대부분 참석한 큰 규모였지만, 아쉽게도 목적을 달성하지 못하고 말았다.[45]

이 회의는 단체본위와 개인본위 통합을 둘러싸고 두 가지 방향으로 세력이 나뉘게 되었다. 기존 단체를 부정하면서 개인본위를 주장하는 전민족유일당조직촉성회파와 기성 단체본위를 주장하는 전민족유일당협의회파가 그것이다. 전자에 속한 세력은 김동삼·이청천·김상덕 등 정의부 소수파, 金佐鎭을 비롯한 신민부 군정파, 金承學과 같은 참의부 다수파, 그리고 사회주의계열의 남만청년총동맹·재만농민동맹·북만청년동맹 등이었다. 김상덕은 바로 전자에 속했다. 이들은 1928년 12월 하순 길림에서 혁신의회를 조직하고 참의부와 신민부 해체를 선언했다. 1년을 기한으로 삼아, 해체

44) 신주백, 『만주지역 한인의 민족운동사(1920~1945)』, 아세아문화사, 1999, 144~145쪽.
45) 신주백, 『만주지역 한인의 민족운동사(1920~1945)』, 아세아문화사, 1999, 166쪽.

되는 두 조직의 뒷일을 마무리 짓는 임무가 혁신의회에 주어졌다. 그러면서 민족유일당운동을 지속해 나가기 위해 민족유일당재만책진회를 조직했다. 여기에서 김동삼이 민족유일당재만책진회 집행위원장을 맡고, 김상덕은 이청천 · 김좌진 등 10명과 더불어 중앙집행위원으로 선임되었다.[46)]

1930년 만주에는 한국독립당과 조선혁명당이 결성되었다. 주로 혁신의회와 민족유일당재만책진회 계열 인물들은 전자를, 그리고 민족유일당조직동맹을 거쳐 국민부를 조직한 인사들은 조선혁명당을 각각 결성하였다. 비록 '유일당' 결성에는 실패했지만, 정당 조직을 중심으로 독립운동을 펼치게 된 것이다. 이는 중국 관내에서 펼쳐지던 한국독립운동과 마찬가지였다. 이들은 중국이나 소련처럼 당 · 정 · 군 체제를 지향하였다. 한국독립당(당)이 한족자치연합회(정)와 한국독립군(군)을, 조선혁명당(당)이 국민부(정)와 조선혁명군(군)을 삼각 틀로 삼아 이 체제를 구축했다. 이 시기 김상덕은 전자, 즉 한국독립당을 중심으로 활동했다. 구체적으로 그의 행적이 드러나지 않지만, 한국독립군의 고급참모로서 항일전투에 참가했다고 전해지기도 한다.[47)] 그러다가 1933년 그는 다시 중국 관내로 이동하였다.

5. 중국 관내 이동과 조선민족혁명당

1) 신한독립당

한국독립당은 1933년 2월 10일 중앙대회를 열고 남경에 대표를 파견하기로 결정했다. 김상덕과 申肅이 그 대표로 선정되었다. 당시 만주에서 중국국민당군과 연합작전을 벌이던 한국독립군은 심각한 위기를 맞고 있었다.

46) 《중외일보》 1929년 3월 22일자.
47) 강진화, 『대한민국인사록』(민국인사), 내외홍보사, 1950, 12쪽.

연합작전을 벌이는 과정에서 중국국민당군의 행패로 말미암아 한국독립군이 타격을 입는 일이 거듭 발생했기 때문이다. 김상덕이 남경으로 파견된 한 해 뒤, 이청천이 한국독립군 주역들을 이끌고 변장한 채 중국 관내로 이동하게 된 근본 이유 가운데 하나도 거기에 있었다. 김상덕이 파견된 이유가 남경에 터를 잡은 중국국민당 정부와 연합전선을 논의하기 위한 것으로 알려지지만, 정황을 헤아려 보면 중국국민당 정부에게 진실을 알리고 폐해를 줄여 진실한 연합작전을 달성하려는 데 목표가 있었다고 판단된다. 그것이 제대로 이루어지지 않고, 만주에서 중국국민당군의 횡포가 되풀이되는 형편이었다. 실제 1933년 10월 큰 전공을 세웠지만, 중국국민당군이 한국독립군이 거둔 전리품을 빼앗아가면서 이청천 사령관을 비롯한 부대원들의 무장을 해제시켜 버린 사건이 발생했다. 마침 김구가 장개석을 만나 한인청년들을 중국군관학교에 입교시켜 군사간부를 양성한다는 데 합의하고, 교육을 맡아줄 인물로 이청천을 비롯한 한국독립군 간부들을 초청했다. 이를 전후하여 이청천만이 아니라 홍진을 비롯한 수뇌부들이 대부분 남경으로 이동하였던 것이다.

김상덕의 모습은 바로 여기에서 다시 나타난다. 남경에서 신한독립당이 창당되던 1934년이 그 시점이다. 당시 남경에는 김구 중심의 한 세력과, 상해에서 1930년에 결성되고 조소앙이 이끌던 한국독립당, 그리고 조선혁명군사정치간부학교를 운영하면서 세력을 과시하던 김원봉의 의열단이 중심축을 이루고 있었다. 여기에 참가하지 못하고 있던 신익희를 비롯한 몇 인사가 한국혁명당을 결성하고 있기도 했다. 이런 정황에서 신익희가 만주에서 내려온 한국독립당에게 통합을 요구하고 나섰다. 이에 만주 한국독립당은 합당을 추진했고, 그 결과 남경에서 신한독립당이 결성되었다.

신한독립당은 만주 한국독립당과 상해 한국혁명당이 통합된 정당이다. 전자를 대표하는 인물로는 당시 남경에 머물던 김상덕을 비롯한 홍진 · 김원식 · 이관일 · 신숙 · 이우정 등이고, 후자는 신익희 · 배천택 · 연병호 · 서

우식 · 윤기섭 등이었다. 그 결과 당수에 홍진, 상무위원에 김상덕 · 신익희 · 윤기섭이 선출되었다.[48] 해방 이후 작성된 그의 이력에는 중앙청년부장을 맡았던 것으로 기록되었다.

2) 조선민족혁명당

이청천은 낙양군관학교 한인특별반 교육에 나섰다. 거기에는 김구와 김원봉 계열의 청년들이 참가했고, 이청천이 지도하던 청년들도 포함되었다. 하지만 이청천의 세력이 그 가운데 가장 적었다. 1회 교육생을 배출한 뒤 이 과정은 중단되었다. 이 무렵 이청천을 중심으로 형성된 그룹은 김원봉이 이끌던 의열단과 연계하였고, 나아가 단일정당을 추진하기 시작했다. 그 결실이 바로 조선민족혁명당 창당이다.

1935년 7월 5일 조선민족혁명당이 출범했다. 이것은 남경에서 김구 계열을 제외한 대부분의 독립운동 세력, 즉 한국독립당(상해) · 의열단 · 신한독립당 · 조선혁명당 · 대한독립당이 합류한 거대한 조직이다. 이에 맞서 김구가 한국국민당을 결성함에 따라 양대 정당 구도가 형성되었다. 김상덕은 1936년 1월 조선민족혁명당에서 17명으로 구성된 중앙집행위원 가운데 한 사람으로 선출되었다.[49]

조선민족혁명당은 출범 직후 분란이 일어났다. 김원봉의 자금 독점에 반발한 조소앙이 한국독립당(상해)을 이끌고 이탈하여 재건을 선언한 것이다. 그 뒤에도 이청천이 강한 불만을 느껴 신한독립당 세력을 이끌고 다시 탈당하는 사태가 벌어졌다. 그러던 사이에 김상덕의 모습은 1936년 3 · 1절 행사에서 나타났다. 가장 큰 경축행사가 3 · 1절이었는데, 1936년 행사는 대한민국 임시정부와 한국국민당이 한곳에서, 또 조선민족혁명당이 다른 한

48) 金正明, 『朝鮮獨立運動』 1, 東京:原書房, 1967, 517쪽.
49) 金正明, 『朝鮮獨立運動』 1, 東京:原書房, 1967, 601쪽.

곳에서 각각 열었다. 바로 후자의 행사에서 연사로 등단한 인물이 바로 김상덕을 비롯하여 김두봉과 이익성 등 세 사람이었다.[50)]

이청천이 조선민족혁명당 창당 2년이 지난 1937년 4월 탈퇴하여 조선혁명당을 결성했다. 하지만 김상덕은 그를 따르지 않고 조선민족혁명당에 남았다. 그가 사상적으로 김원봉에게 더 가까웠기 때문이라고 판단된다. 그가 비록 좌파적인 인식을 갖고 있었다고 하더라도 민족좌파라고 분류할 수 있다. 그가 자신의 사상적인 견해를 드러내놓은 자료가 없어서 판단하기가 쉽지는 않지만, 그의 행적 자체가 민족문제를 상위 개념으로 놓는 노선에서 있었기 때문이다.

이후 그는 해방을 맞을 때까지 줄곧 조선민족혁명당에 소속되어 활동했다. 따라서 남경에 도착한 1933년 이후, 그의 행적은 조선민족혁명당이 머물던 지역에 따라 남경(1935~1937), 무한(1937.12~1938.10), 계림(1938.10~1940.4)을 거쳐 1940년 봄 중경에 도착한 것으로 판단된다.

6. 중경시기 대한민국 임시정부 활동

대한민국 임시정부는 1932년 윤봉길의거를 벌인 뒤 상해를 떠나고, 1937년 시작된 중일전쟁을 거치면서 중국 내륙을 돌아, 1940년 중경에 도착했다. 1937년 12월 중국국민당 정부가 천도한 전시 수도가 거기 있었기 때문이다. 그곳에 도착하자마자 한국국민당(김구)·한국독립당(조소앙)·조선혁명당(이청천) 등 우파 3당이 통합하여 한국독립당(중경)을 결성하고, 대한민국 임시정부는 한국광복군을 창설하여 당·정·군 체제를 갖추었다. 이어서 건국강령을 마련하고 좌파 세력들과 통합을 추진했다. 김원봉이 이

50) 《한민》 1936년 3월 15일자.

끌던 조선민족혁명당과 조선의용군 조직을 대한민국 임시정부 권역 안으로 끌어들이는 작업이 그 핵심이었다. 그런 무렵에 김상덕은 임시의정원 의원으로서 활동을 보였다.

김상덕은 조선민족혁명당 창당 이후부터 그 노선 위에 움직였다. 1941년 5월 조선민족혁명당이 제5기 중앙위원회 7차 회의에서 '임정 참여'를 결의하고 나서자, 김상덕도 대한민국 임시정부로 진출하려고 움직였다. 그해 10월 임시의정원 의장을 맡은 김붕준이 나서서 조선민족혁명당 인사들을 임시의정원 의원으로 영입하려 시도했다가 실패했는데, 당시 김상덕은 경상도 출신 의원으로 천거되었다.[51] 이어서 그해 11월에 열린 조선민족혁명당 제6차 전당대회에서도 '임정 지지'를 선언하고, 임정 참여를 결의했다. 그러던 가운데 정치 통합보다 먼저 군대 통합이 이루어졌다. 1942년에 들어 조선의용대가 한국광복군으로 통합되어 제1지대가 되고, 김원봉이 군무부장 겸 제1지대장을 맡게 되었다. 이어서 조선민족혁명당도 대한민국 임시정부에 합류하게 됨에 따라 정치통합 · 좌우통합정부가 달성되었다. 이에 김상덕도 대한민국 임시정부에 참가하여 활동을 펼치게 되었다.

1942년 10월 26일 김상덕은 야당 출신 경상도 출신 의원으로서 임시의정원 활동을 시작했다. 임시의정원 제34회 의회 회의 둘째 날이 그의 첫 등원일이었다.[52] 의회 속기록에 그의 발언과 활동 내용이 나타나는데, 그의 면모가 드러나는 주요 장면들만 추려 추적해 보자. 그는 김원봉 · 이정호와 함께 '외교대표 파견안'을 제안하였다. 그 내용은 주요 열강에 상주할 외교관을 파견하여 국제적으로 대한민국 임시정부 승인을 획득하기 위해 노력하라는 기본 방안을 제시하는 것이다. 현실상 문제가 있었지만, 조선민족

51) 독립기념관 한국독립운동사연구소, 『대한민국임시정부 공보』 72호(1941.10.17), 2004, 201~202쪽.

52) 국회도서관, 『大韓民國臨時政府議政院文書』, 1974, 275쪽.

혁명당이 대한민국 임시정부에 참여하면서 독자적인 목소리를 내기 시작한 것이다.

이듬해 1943년 4월 10일 대한민국 임시정부 국무회의에서 그는 선전부 선전위원으로 선임되었다. 선전위원은 그를 포함하여 조소앙 · 신익희 · 엄항섭 · 손두환 · 김성숙 · 류림 · 신기언 · 한지성 · 이정호 · 박건웅 · 안우생 · 김재호 · 김문 등 15인으로 구성되었다.[53] 또한 같은 날짜에 그는 약헌(約憲) 개정위원으로도 뽑혔다. 즉 그는 조소앙 · 조완구 · 차리석 · 안훈 · 최석순 · 신영삼 · 박건웅 등과 함께 약헌 개정을 담당하기도 했다.[54]

김상덕이 대한민국 임시정부의 집행부 명단에 등장하는 것은 1943년 5월 25일 학무부 차장이 된 일이다.[55] 1944년 4월에도 임시의정원 의원으로서 법안을 발의하여 통과시키는 등 활발한 모습을 보였다. 또 4월 24일 임시의정원에서 선언문 발표를 위해 기초위원을 선출할 때, 김상덕은 안훈 · 박건웅과 더불어 그 일을 맡았다.[56] 대한민국 임시정부에서 그가 마지막으로 맡은 직책은 문화부장이었다. 그가 언제 문화부장이 되었는지 정확한 날짜를 알 수는 없지만, 일단 그가 김구와 함께 11월 23일 오후 4시 20분 김포공항에 도착할 때 그의 직책이 바로 이것이었다. 1진으로 들어온 15명은 주석 김구와 부주석 김규식, 국무위원 이시영, 문화부장 김상덕, 선전부장 엄항섭, 참모총장 류동열 등 국무위원급 6인과 수행원 9명으로 구성되었다.[57] 만 54세였던 그날은 만감이 교차하기도 하고, 건국사업을 펼칠 꿈을 가득

53) 독립기념관 한국독립운동사연구소, 『대한민국임시정부 공보』 77호(1943.4.15), 2004, 233쪽.

54) 독립기념관 한국독립운동사연구소, 『대한민국임시정부 공보』 77호(1943.4.15), 2004, 242쪽.

55) 독립기념관 한국독립운동사연구소, 『대한민국임시정부 공보』 79호(시기불명), 2004, 243쪽.

56) 독립기념관 한국독립운동사연구소, 『대한민국임시정부 공보』 81호(1944.6.6), 2004, 247쪽.

57) 《중앙신문》 1945년 11월 24일자.

안은 '개선'의 날이기도 했다.[58)]

7. 맺음말

김상덕이 독립운동을 벌인 기간은 1919년부터 해방까지 27년이었다. 20대 중반에 다닌 경신중학교가 그에게 민족문제에 관심을 갖게 되는 터전이었다면, 동경 유학 시절 터져 나온 2·8운동은 그가 항일독립운동에 생애를 던지는 출발점이었다. 그 맨 앞에 섰다가 1년 동안 옥고를 치른 그는 출옥하자마자 상해로 망명하여 다양한 활동을 펼쳤다. 임시의정원 의원으로 활약하다가 모스크바 극동민족대표회의에 56명 대표 가운데 한 사람으로 참석하여 세계 계급해방 문제와 한국 민족문제를 비교해 보는 기회를 가졌다. 상해로 돌아온 그는 국민대표회의에 참가하고, 상해청년동맹회의 핵심지도 인물이 되어 1920년대 전반 상해에서 왕성한 활동을 벌였다. 1924년부터 이듬해까지 왕성하게 활동하던 상해청년동맹회는 그가 공산주의를 수용하는 과정이었다.

1926년 그는 만주로 향했다. 남만주, 특히 반석현과 화전현을 중심으로 자리를 잡은 그는 한족노동당과 조선공산당 만주총국, 정의부와 민족유일당운동, 시사연구회, 혁신의회, 민족유일당재만책진회, 한국독립당 등을 거치면서 주역으로 활동하였다. 그가 보여준 특성은 좌우 갈등을 보이지 않고 오직 민족문제 해결을 위해 몰입한 사실이다. 만주 시절 그는 김동삼·김원식 등 안동 출신 인물들과 행적을 같이 했고, 김원식과는 남경 이동부터 조선민족혁명당 활동까지 동행하였다.

58) 1945년 12월 19일 동대문운동장에서 열린 환영대회는 정식 제목이 '대한민국임시정부개선환영대회'였다. 독립전쟁에서 이기고 돌아온 독립지사들을 환영한다는 '개선' 환영 물결은 시내에 세워진 입간판에서도 확인된다.

남경에 파견되었다가 본진에 합류한 그는 신한독립당 건설에 참가했다. 다시 좌우합작체로 건설된 조선민족혁명당이 결성될 때 신한독립당이 여기에 합류함에 따라 그는 조선민족혁명당에 가입했다. 이후 이청천이 이탈했지만, 그는 잔류하여 사상적인 친연성을 보여주었다. 이어서 1940년 중경으로 이동하고, 1942년 대한민국 임시정부에 합류하였다. 소속 정당인 조선민족혁명당원으로서 임시의정원 의원이 되고, 학무부차장을 거쳐 문화부장을 역임하게 되었다.

전반적으로 그의 활동은 차분한 느낌을 준다. 결코 어느 장면에서든지 폭발적으로 움직이는 일은 거의 없었다. 또 다른 정치적인 조직과 심하게 갈등을 벌인 경우도 드물다. 비록 사회주의 성향을 지니고 있었지만, 그렇더라도 극좌적인 성향을 보이거나 우파와 의견 차이 때문에 문제가 빚어진 일도 없었다. 감정이 앞서 이성을 잃은 일이 없어 보이는 것이 그가 풍기는 이미지이다. 이 이미지는 해방 이후 반민특위 위원장으로 적격이었다는 느낌을 준다.

제5부

27장_ 아나키스트 柳林의 독립운동

1. 머리말

인류의 역사는 이데올로기의 갈등과 극복 과정이었다. 인간 세계를 운영해 나가는 방법들이 소수 엘리트들에 의해 창안되고, 그것에 역사대중의 에너지가 투입되면서 거대한 조류가 형성되며, 그 흐름이 얽히면서 역사의 물줄기를 이어왔다.

한국근현대의 사상사적인 골격도 역시 그러하다. 제국주의의 침략을 극복하기 위한 민족문제 해결 방안으로 다양한 방략이 논의되거나 실천에 옮겨졌고, 그럴 때마다 방법론을 둘러싸고 이데올로기적인 갈등과 극복노력이 나타났다. 그 가운데 가장 강하게 뿌리내린 것이 자본주의와 공산주의, 자유민주주의와 인민민주주의, 민족주의와 국제주의였다. 대체로 민족주의·자유민주주의·자본주의에 대하여 국제주의·인민민주주의·공산주의라는 대별되는 존재가 의식 속에 자리 잡았다. 이처럼 흑백논리로 단순화된 사조는 뒷날 분단에 따른 냉전논리에 의해 더욱 강하게 만들어진 결과였다. 흑백논리가 강하게 뿌리를 내리다 보니 사실 중도론이나 제3의 길은 남북한을 가릴 것 없이 우리 역사에 존재하기 힘들었고, 그 이론에 대한 논의나 주도했던 인물에 대한 관심은 거의 없다시피 했다.

여기서 다루게 되는 旦洲 柳林(1894~1961)은 이 땅에서 아나키즘이라는 제3의 길을 걸은 대표적인 인물 가운데 한 사람이다. 해방 후 냉전구도로 인해 아나키스트들이 발붙일 공간이 별로 없기도 했지만, 일제강점기에도 이 노선을 선택한 인물은 비교적 소수에 지나지 않았다. 류림은 바로 소수의 인물들이 민족문제와 인류 사회문제를 해결하기 위해 소수가 택한 길을 걸은 인물이다.

본 발표는 일제강점기에 그가 걸은 행적을 추적하고 그 특성을 정리하는데 목표를 둔다. 먼저 출신 가계와 성장 과정 및 국내 활동을 살피고, 이어서 1차 망명과 아나키즘을 접하는 과정, 성도대학 졸업과 만주지역의 활동 모색, 국내 잠입과 조선공산무정부주의자연맹 결성, 학교 경영, 피체와 옥중 생활, 2차 망명과 임시정부 활동 등을 찾아내고 분석하려 한다.

2. 성장과 국내 활동(1894~1919)

류림은 1894년에 안동군 예안면 桂谷洞 542번지에서 중소지주인 아버지 柳頤欽(본관 전주)과 후처인 金性玉(본관 의성) 사이에 태어났다.[1] 그런데 본처 소생인 두 형 柳晩永 · 柳暾永이 모두 양자로 출계하는 바람에 그는 홀로 남은 아들이 되었다. 즉 그의 백형 柳晩永은 백부 柳灝欽에게로, 중형 柳暾永은 재종숙 柳性欽에게로 각각 출계하였던 것이다. 그리고 아버지가 사망한 다음 해인 1900년에 그는 戶主를 승계하였고,[2] 만 11세가 되던 1905

1) 류림이 태어난 시기에 대해서는 1893년 5월 23일(癸巳, 족보), 1894년 5월 23일(柳原植, 「나의 아버지 柳林」, 《세대》 9권 3호, 1971, 244쪽; 『독립유공자공훈록』 5, 649쪽), 1898년(제적등본) 등 세 가지 기록이 있다. 여기에서는 아들이 쓴 기록을 따른다. 그리고 부모의 이름도 약간 엇갈리는 경우가 있지만, 족보와 제적등본을 따른다. 한편 그가 태어난 계곡동은 당시 臨北面 소속이었으나, 1934년에 月谷面으로 바뀌었다가, 현재 예안면에 속해 있다.

2) 「제적등본」 참조. 그런데 그가 호주를 승계하였다고 하지만, 실제로는 약간의 문제가 있었다. 즉 유일하게 남은 아들인 자신을 배제하고, 같은 문중에서 柳曦永을 양자로 받아들여 대를 잇게 했기 때문이다. 이 문제는 두고두고 류림의 인생길에 중요한 문제로 자리 잡게 된 것으로 보인다.

년에 李蘭伊(본관 고성)와 결혼하였다.[3)]

그의 초명은 花宗이었는데, 아버지 사망 이후 10년이 지나 1919년 3월 6일자로 항렬에 맞추어 華永으로 개명하였다.[4)] 號가 月波, 별명은 柳林·高尙眞이었으며,[5)] 또는 高자성이라는 이름도 사용했다고 전한다.[6)] 그리고 대표적인 호가 旦洲인데, 언제부터 이를 사용했는지 알려지지 않는다. 1933년의 판결문이나 중국에서 함께 활동한 인사들이 그를 月波로 부른 것으로 미루어 본다면, 단주라는 호는 나중에 사용된 것 같다.

그가 받은 교육은 家學으로부터 시작하여 신식교육으로 이어졌다. 우선 부친으로부터 한학을 배운 그는 서당 교육을 받았는데, 9세에 사서삼경을 배웠다.[7)] 그러다가 경북 북부지역에서 최초로 설립된 신식중등학교인 協東學校를 다녔다. 과연 그가 이 학교를 언제 다녔는지 확실하지는 않다. 협동학교가 1907년에 개교하여 1회생이 1911년 3월에 졸업했고, 柳林이 다닌

3) 金在明, 「柳林 先生의 憂國魂」, 《정경문화》 1966년 1월호, 388쪽.

4) 「제적등본」.

5) 독립운동사편찬위원회, 『독립운동사자료집』 11, 1976, 817쪽. 1929년 11월 평양 전조선흑색사회운동자대회를 다룬 《동아일보》 기사에는 柳華永이라는 본명만 사용되었다. 그런데 柳林이라는 이름은 1933년의 판결에서 처음 등장하는데, 그가 이미 1931년 10월에 체포되었으니 1930년을 전후하여 사용하기 시작한 이름이 아닌가 생각된다. 그리고 高尙眞이라는 이름은 성도대학에 유학할 때 관비생이 되기 위해 중국인 이름을 사용했다고 한다(「판결문」, 1933.7.6, 경성고등법원).

6) 鄭華岩은 류림이 '高자성'이라고도 불렸다고 증언했다(李庭植·金學俊, 『혁명가들의 항일회상』, 民音社, 1988, 307쪽). 그런데 하기락은 1925~6년경 대구 眞友聯盟과 관련된 上海의 高白性을 柳林이라고 표현하였다(무정부주의운동사편찬위원회, 『韓國아나키즘運動史』, 형설출판사, 1978, 222쪽; 하기락, 『자기를 해방하려는 백성들의 의지』, 신명, 1993, 141쪽). 이 고백성에 대해 『고등경찰요사』(조선총독부 경북경찰부, 1934, 241쪽)는 경남 함안 출신이라고 적었다. 정화암이 '고자성'이라 증언한 것을 감안할 때, 만약 동일인이라면, 『고등경찰요사』의 기록이 '自'를 '白'으로 오기한 것이고, 이것을 하기락이 그대로 옮긴 것이라 할 수 있다. 고백성이 방한상에게 편지를 보낸 때가 1926년 중반인 점으로 판단됨으로 시기적으로는 가능성이 있지만, 본적을 함안으로 기록한 점이나 류림이 방한상과 한 차례 만남도 없었다는 점에서 고백성과 고자성이 전혀 다른 사람일 가능성도 크다.

7) 柳原植, 「나의 아버지 柳林」, 《세대》 9권 3호, 1971, 244쪽.

시기가 1910년 무렵으로 전해지는 만큼, 그는 1회생이었을 것이다.[8] 그렇다면 柳寅植·金東三을 비롯한 설립 주역들과 신민회의 李觀稙이 핵심을 이루던 시기에 학교를 다닌 것이다.

류인식이나 김동삼은 인생 행로를 결정짓게 만든 스승이었고, 그 영향 아래 그는 장차 망명과 독립운동이라는 '앞길'의 출발점에 서게 되었다. 경북 북부지역 계몽운동의 물꼬를 튼 협동학교는 안동의 척사적인 전통 유림사회를 통째로 뒤흔들어 놓았고, 류인식은 김동삼과 더불어 바로 그 선두에 서 있었다.[9] 특히 류인식은 류림의 4종질이었으나, 나이와 학문에서 류림의 큰 스승이었다. 류인식은 안동지역의 근대화를 이끌어낸 인물이면서, 성장 과정에서 류림에게 절대적인 영향을 준 인물이다. 그 아래에서, 또 류인식이 중심이 된 협동학교에서 그는 서양문화를 접하는 첫걸음을 맞았다. 1907년에 시작된 이 학교가 외국지지·화학·생물 등 서양문화를 교과과정으로 담아냈기 때문이다.

류림이 독립운동에 첫 발을 내디딘 '거사'가 있던 시기가 1910년, 일제에 나라를 잃던 때였다. 국치의 소식을 접한 그가 '忠君愛國'이라고 '斷指血書' 했다는 것이다.[10] 이것이 사실이라면, 그는 협동학교 1회생으로 졸업을 한 학기 앞둔 3학년 가을에 손가락을 잘라 혈서를 썼다는 말이 된다. 이러한 그의 거사에 협동학교를 통한 민족의식 고취가 주요하게 작용했으리라는 점은 의심할 여지가 없겠다. 또 한편으로는 당시 안동 유림사회의 분위기

8) 柳林이 협동학교 출신이라는 기록은 모두 후대의 것이다(柳原植, 앞의 글, 245쪽; 宋志香, 『安東鄕土誌』 下, 大成文化社, 1983, 541쪽; 韓國民族運動硏究所, 『大韓民國獨立運動功勳史』, 1971, 705쪽). 류원식은 그의 아버지가 柳寅植의 지도를 받았다고 기술하였는데, 그렇다면 그가 1회생 아니면 3회생인데, 류림이 1915년에 이미 대구를 오르내리며 사회 활동을 시작한 점으로 보아 1회생일 가능성이 크다.

9) 김희곤, 「東山 柳寅植의 생애와 독립운동」, 『한국근현대사연구』 7, 한국근현대사학회, 1997, 49~50쪽.

10) 《조선일보》 1960년 4월 5일자; 柳原植, 「나의 아버지 柳林」, 《세대》 9권 3호, 1971, 244~245쪽.

도 커다란 영향을 주었을 것이다. 국치 소식이 전해지자마자 안동에서는 지도자들이 자정순국의 길을 택하고 있었다. 국치 직후에 禮安 의병장을 지낸 響山 李晩燾가 24일 동안 단식하여 순국했고, 이어서 그의 삼종질인 李中彦도 뒤를 따랐으며, 柳道發 · 權龍河 · 李鉉燮 · 金澤鎭 등이 자결하였다. 이런 안동지역의 극단적인 저항 분위기는 그로 하여금 혈서를 쓰는 데 영향을 주었을 것이다.

류림이 계몽교육을 받고서 졸업하기 직전에 다수의 스승들이 만주로 망명길에 올랐다. 자신이 살던 집을 학교에 기부하였던 金大洛과 그의 아들 金衡植, 조카 김동삼 형제 등 의성김씨 집안, 李相龍이 이끄는 고성이씨 집안 등이 먼저 출발하고, 류인식도 뒤를 따랐다. 이 상황에서 그는 국내에서 투쟁의 길을 찾았다. 자료가 자세하지 않아 확실한 내용을 파악하기는 어려우나, 일단 1911년 협동학교 졸업 이후 1919년 3 · 1운동에 이르기까지 그가 대구와 안동을 오가면서 계몽운동이나 비밀결사 조직에 나선 사실이 전해지고 있다. 이 가운데 그 이름이나마 전해지는 조직으로는 안동 혹은 대구에서 鄭振鐸(혹은 澤)과 조직했다는 復興會와 대구에서 金容河와 함께 조직한 自彊會(혹은 自强會) 등이 있었다. 이들 단체가 구체적으로 어떠한 활동을 벌였는지, 혹은 류림의 역할이 무엇인지 알려지지 않는다. 다만 그가 이러한 활동 과정에서 1915년에 일제경찰에 구금되기도 했다는 정도만 알려지고 있다.[11] 대체로 구국계몽운동 차원의 비밀조직이었을 것으로 추정된다.[12]

류림이 다음 단계로 3 · 1운동에 참여한 사실이 전해진다. 그가 참여했다는 시위는 경북에서도 강력한 투쟁양상을 보인 안동의 臨東面 鞭巷장터에

---

11) 金在明, 「柳林 先生의 憂國魂」, 《정경문화》 1966년 1월호, 389쪽.

12) 아들 柳原植은 이외에도 광복회에도 가담하였다고 기록하였는데, 확실한 근거가 없다(柳原植, 「나의 아버지 柳林」, 『세대』 9권 3호, 1971, 245쪽). 안동에서 부흥회를, 대구에서 자강회를 조직하다가 경찰에 검거되었다는 설명도 보인다(무정부주의운동사편찬위원회, 『韓國아나키즘運動史』, 형설출판사, 1978, 265쪽).

서 벌어진 것이었다.[13] 이 시위는 시작되자마자 바로 면사무소와 경찰주재소를 부수고 일제경찰로부터 무기를 빼앗아 우물에 쳐박아 버리는 격렬한 양상을 보였고, 그래서 이 시위 주동자들은 7년형과 6년형을 받을 정도였다. 그리고 이 시위에는 류림이 졸업했던 협동학교 생도들이 주도적으로 참가하였는데,[14] 류림도 이 시위에 동참하였다.

3·1운동을 겪자마자, 그는 망명을 준비하였다. 그가 만주 망명을 작정한 데에는 국내 활동이 어렵다는 판단과 스승과 선배들의 동향이 크게 작용했을 것이다. 우선 가산을 대부분 정리한 뒤, 그는 어머니와 아내, 그리고 만 네 살이 된 아들 柳原植과 함께 만주로 향했다.[15]

3. 1차 망명과 아나키즘 수용(1919~1926)

1) 1차 망명과 봉천·상해·북경지역의 활동

류림은 1919년(25세)에 낯설고 물 설은 奉天省 遼中縣에 도착했다. 그곳에서 잠시 머물던 류림은 가족들을 그곳에 남겨둔 채로 1919년 말에서 1920년 초 사이에 남만주 柳河縣 三源浦로 이동하였다.[16] 그곳에는 이미 1911년에 망명한 이상룡과 김동삼 등 안동 출신의 스승과 선배들이 李會榮을

13) 旦洲柳林先生紀念事業會, 『旦洲 柳林 資料集』 1, 1991, 243쪽. 임동면 편항의 3·1운동은 경상북도 지역에서 전개된 시위 가운데 가장 격렬한 양상을 보였다. 柳致明의 증손인 柳東蓍, 류림의 生長地인 계곡동의 柳淵成, 협동학교의 柳東泰와 李均鎬 등이 활동을 보인 이 지역의 시위는 3월 15일부터 준비가 본격화되었고, 장날인 3월 21일에서 22일 새벽까지 1,000~1,500명이 모여 임동주재소와 면사무소를 완전히 파괴하였다. 이로 인하여 58명이나 되는 인원이 재판에 회부되었다(독립운동사편찬위원회, 『독립운동사』 3, 1971, 405~410쪽).

14) 협동학교는 이 시위로 인하여 다시 문을 열지 못하고 폐교되었다.

15) 金在明, 「柳林 先生의 憂國魂」, 《정경문화》 1966년 1월호, 389쪽.

16) 柳原植, 「나의 아버지 柳林」, 《세대》 9권 3호, 1971, 246쪽.

비롯한 신민회 계열 인물들과 주축을 이루어 경학사·신흥강습소·백서농장·부민단·西路軍政署로 이어지는 항일조직을 결성하고, 또 투쟁을 벌이고 있었다. 여기에 합류하던 무렵에 류림은 자금의 필요를 느껴 국내에 남아있던 나머지 재산도 모두 매각했던 것으로 보인다.

그러나 류림은 서로군정서에서 활동을 시작한 지 얼마 되지 않아 그곳을 떠났다. 경신참변이 막 펼쳐지려는 단계에 그곳을 떠난 것이다. 그가 만주에서 중국 관내지역으로 이동한 시기에 대해 대개 1920년 말이나 1921년 초라는 설이 전해져 왔다. 게다가 북경에 도착하여 申采浩와 金昌淑을 만나 그들의 영향 아래 활동했고, 《천고》 발행을 도왔다고 알려졌다. 그런데 류림이 1920년 여름에 上海에 도착했다는 자료가 남아 있어서, 그의 이동 시기가 1920년 여름임을 알게 해준다. 즉 만주로 망명했다가 귀국해서 활동하고 있던 류인식에게 김창숙이 보낸 편지가 있는데, 그 요지는 다음과 같다.

> 華永이 지난 여름에 유학차 江南으로 와서 마침 입학할 수 있게 되어 등교 날짜를 기다리다가 이상한 병에 걸려 上海公立醫療院에 2~3개월 입원하고 있으나 수술이 필요하다. 밀린 병원비와 치료에 필요한 금액이 400원인데, 어느 학우 한 사람이 100여 원을 마련하여 약간의 병원비를 치렀지만, 태부족이다. 돈을 청하는 글을 보낸 적이 있는데 어찌하여 답이 없는가? 또 奉垣의 본가(만주에 어머니와 아내, 아들이 사는 집을 의미할 듯－필자 주)와도 연락하였으나 지난 해 흉작으로 돌볼 수 없다고 한다.[17]

17) 1920년 정월 14일(양력 2월 25일)에 쓴 이 편지의 봉투에 국내 소인이 3월 2일자로 찍혀 있는 점으로 보아 이달 초에 도착했을 것이다. 그리고 편지 끝에 류림이 입원해 있다는 곳의 주소를 적었는데, 上海市 上海公立醫院 三樓 三十二號였다(柳寅植의 손자 柳基元 소장). 이 편지는 問喪하는 글로 위장되었다. 봉투 뒷면에 발신자 金星文(김창숙－필자 주)을 쓰고, 앞면 수신자란에 '柳寅植先生孝廬'라 썼는데, '효려'라는 말은 喪主에게 보내는 글이므로 류인식의 부친 西坡 柳必永이 죽었다는 말이고, 그래서 내용도 西坡의 죽음을 애도하는 글로 시작되었다. 그러나 실제로 柳必永은 이 보다 근 5년이나 지나 1924년 11월 28일에 사망하여 儒林葬이 치러졌다. 또 만약에 진정으로 잘못 알고 문상하는 글이라면 실제 애도의 글이 훨씬 더 많았어야 함에도 불구하고 그것이 글 전체의 7분의 1밖에 되지 않는다. 따라서 문상하는 글로 위장한 것이 분명하다. 게다가 400원이라는 금액이 너무 많은 것 같다.

이 편지 내용을 그대로 따른다면 류림은 1920년 여름에 유학을 위해 상해로 갔고, 그곳에서 머물다가 늦가을이나 초겨울부터 병이 들었다고 정리된다. 그렇다면 지금까지 알려진 것처럼 만주를 떠난 시기만이 아니라 북경과 상해에서 그가 남긴 자취에도 엇갈리는 부분이 있다고 봐야겠다. 그가 1921년에 북경에서 신채호의 《천고》 발간을 도왔다거나 상해에서 新韓青年黨에 가입하여 활동했다고 전해진다.[18] 이 전언을 편지와 연결시켜 보면, 그가 먼저 상해로 가서 신한청년당에 가입하여 활동하다가 북경으로 옮겨 신채호를 도왔다고 보는 것이 옳겠다. 만약 그가 상해가 아닌 북경에서 먼저 활약했다면, 당시 反臨時政府 핵심 세력으로 자리 잡고 있던 단재의 영향 때문에 친임시정부 성향이던 신한청년당에 가입하지 않았을 것이기 때문이다.

김창숙은 1919년 여름부터 1년 동안 광주에서 활동하다가 1920년 8월에 상해에 돌아왔고, 1920년 11월에 북경, 1921년 정월을 전후하여 상해, 1921년 2월 이후에 북경으로 이동했다.[19] 그러므로 류림이 신채호를 만난 곳은 북경이지만, 김창숙을 만난 곳은 북경이거나 상해일 수 있다. 그런데 앞에서 말한 《천고》가 창간된 시기는 1921년 1월이었으므로,[20] 류림이 상해공

1926년에 제2차 유림단의거가 일어났을 때, 김창숙을 지원했던 영남 유림들이 땅을 팔아 많이 내놓았을 때 300~400원에 지나지 않았던 점으로 미루어 보아 많은 금액이라 여겨진다. 그렇게 보면 실제로 류림이 중병으로 입원한 사실조차 의심이 가고, 오히려 활동 자금을 부쳐 달라는 요구가 아니었나 하는 생각도 든다.

18) 旦洲柳林先生紀念事業會,『旦洲 柳林 資料集』1, 1991, 262~263쪽. 신한청년당에 대해서는 김희곤,『中國關內 韓國獨立運動團體研究』, 지식산업사, 1995, 74~113쪽 참조.

19) 國譯心山遺稿刊行委員會,『國譯 心山遺稿』, 성균관대학교 대동문화연구원, 1979, 715~736쪽.

20) 李浩龍,「한국인의 아나키즘 受容과 展開」, 서울대학교 박사학위 논문, 2000, 80쪽. 김창숙이 1920년 11월에 북경에 갔는데, 단재가 《천고》를 경영하고 있었다고 썼다. 그렇다고 해서 바로 그 11월에 그것을 경영했다는 의미는 아닐 것 같다. 앞뒤의 글 내용을 보면 11월에 상해에서 북경에 들렀다가 다시 상해로 간 연말 사이에 잡지사가 경영되고 있었다는 의미인 것 같다. 그렇다면 1920년 말에 창간호를 준비하고 있던 장면을 기록한 것으로 보이고, 그 결과 1921년 1월에 창간호가 나왔을 것이다.

립의원에 입원하고 있던 무렵이다. 실제 대수술이 요구되는 큰 병으로 입원한 것인지는 모르나, 일단 이 편지는 류림이 김창숙을 가까이에서 만나고 영향을 받았을 것이라는 사실만은 확인시켜 주고 있다.

그런데 지금까지 널리 알려진 대로 류림이 북경에서 신채호가 발간하던 《천고》 간행을 도왔다면, 1921년에 상해에서 다시 북경으로 이동하였다는 말이 된다. 이 무렵 한창 아나키스트로 방향을 전환하고 있던 신채호로부터 류림 자신도 아나키즘을 접하기 시작했을 것이다.[21] 그러므로 류림이 아나키즘을 접하기 시작한 곳이 북경이요, 시기가 대체로 1921년부터 1년 남짓하며, 그 창구가 신채호라고 생각된다. 특히 뒷날 법정에서 변호인이 류림의 성도 유학 사실에 대하여 "무정부주의를 가진 이래 종전의 知友들과의 관계를 끊고"라고 변론한 점은 그가 북경에서 아나키즘을 수용하기 시작했음을 보여주는 증거이다.[22] 여기에다가 해방 이후 '不義라면 父子天倫 사이에도 容納하지 않던'[23] 강직하고 꼿꼿한 기질도 바로 단재 신채호와 심산 김창숙 영향을 통해 형성된 것 같다.

2) 성도대학 유학과 활동 방향 모색

상해와 북경에서 활동하던 류림이 당초 목표로 정한 수학의 길을 찾아 나섰다.[24] 아나키즘을 받아들인 그가 학문적 성숙이 필요하다고 판단한 것

21) 신채호는 1921년 북경에서 독자적인 아나키즘 조직을 결성하였는데, 黑色靑年同盟 北京支部가 그것이다. 이로써 중국에서 한국인의 독자적이고 조직적인 아나키스트운동이 가능해졌다(李浩龍, 「한국인의 아나키즘 受容과 展開」, 서울대학교 박사학위 논문, 2000, 88쪽).

22) 「판결문」, 1933년 7월 6일, 경성고등법원.

23) 趙東杰, 「旦洲先生 30周忌 追悼辭」, 『旦洲 柳林 資料集』 1, 旦洲柳林先生紀念事業會, 1991, 245쪽. 이 말은 류림이 홀로 각처를 돌며 독립운동을 하던 시기에 아들 류원식이 만주에서 어머니와 둘이 지내면서 일본군 장교가 되었기에, 해방 후 1961년 4월 마지막 숨을 거둘 때까지도 처와 아들을 상면하지 않고 홀로 살았던 일을 의미한다.

같고, 여기에 신채호의 동의도 있지 않았을까 추정해 본다. 학교는 내륙 깊숙한 곳인 四川省의 省都인 成都에 자리 잡은 成都大學으로 정했다.[25] 왜 그가 당시로서는 한인 학생들이 거의 선택하지 않았던 오지의 대학을 선택했는지 도무지 이해되지 않는다. 그곳에 아나키즘이 발달한 것인지, 아니면 변호인의 주장처럼 "무정부주의를 가진 이래 종전의 知友들과의 관계를 끊고", "학문연구에 전념하기" 위한 것인지 알 수 없다. 어떤 경우이든 그가 신채호의 동의와 중국인의 협조를 받아 유학길에 오른 것으로 보인다. 일단 대학에 진학했던 이유가 "지속적인 '실천'을 위해서는 확고한 '이론'이 뒷받침되어야 한다는 점을 절실히 깨달은 듯 하고, 또한 국권 회복이 하루아침에 이루어질 수 있는 성질의 것이 아닌 이상, 젊은 시절에 이념적인 토대를 보다 절실히 다질 필요를 느꼈던"[26] 데에 연유한 것 같다.

유학을 위해서 그가 가장 먼저 풀어야 할 과제는 학비 문제였다. 이를 해결하기 위해 그는 官費生이 되기로 작정하고, 중국인으로 행세해야만 했던 모양이다. "중국의 학교에 관비생으로서 수학하기 위해 이름을 高尙眞으로 개명"했다는 기록이 그것을 말해준다.[27]

그는 사범대학에서 영문과를 다녔고, 그러면서 졸업한 뒤에 프랑스로 유학하겠다는 목표를 세웠다. 이를 위해 그는 프랑스어를 '選修'하였고, 勤儉工學會의 알선으로 유학에 따른 手續을 하고, 학자금은 중국인 陳夢軒 · 胡素民이 부담하는 것 외에 중국 정부의 보조도 받는 등 유학을 준비해 나갔

24) 류림이 1922년에 상해 대한적십자회에 가담했다거나 부회장을 맡았다는 이야기도 전해지지만 실제 자료가 확인되지 않고 있다.

25) 학교 이름이 명확하게 전해지지 않지만, 현재 사천대학인 것만은 확실하다. 류림과 가까웠던 鄭華岩도 "성도대학인가 성도사범대학인가에 재학하고 있어서"라고 회고했는데(이정식 · 김학준, 『혁명가들의 항일회상』, 민음사, 1988, 307쪽), 성도대학이나 사범대학이 모두 사천대학으로 합쳐졌기 때문이다. 그의 판결문에는 성도로 유학 간 사실과 사범대학 영문과를 다닌 내용이 각각 기록되어 있다(「판결문」, 1933년 7월 6일, 경성고등법원).

26) 金在明, 「柳林 先生의 憂國魂」, 《정경문화》 1966년 1월호, 390쪽.

27) 「판결문」, 1933년 7월 6일, 경성고등법원.

다고 한다.[28] 그가 나중에 영어만이 아니라 여러 외국어에 능통한 인물로 널리 알려지고, 또 에스페란토어도 능숙했다는데,[29] 영문학을 전공하고 프랑스어를 선택 이수하며 다양한 외국어를 익힌 유학 시절의 노력을 짐작할 수 있겠다. 여기에다가 사상적으로도 성숙하여 상당한 이론으로 무장한 아나키스트가 되었을 것이다. 그러나 유학하는 동안 북경을 중심으로 아나키스트들의 결집체가 구성되었는데, 그는 자연히 여기에서 제외되는 아쉬움을 감수해야 했다. 즉 1924년 4월 말 북경에서 李會榮·李乙奎·李丁奎·白貞基·柳子明·鄭華岩 등이 결성한 재중국조선무정부주의자연맹에 참여하지 못했던 것이다.

성도에서 대학을 졸업한 시기가 1926년 초로 알려진다. 1922년에 상해·북경을 떠난 그가 다시 상해에 나타난 시기가 1926년이었는데, 돌아오는 길에 중국 내륙지역을 여행한 것으로 보인다. 자료에 따라서는 그가 "봉천으로 돌아와 아내 李蘭伊가 경영하던 여관에서 쉬다가 운동방향을 모색하기 위해 광동·상해·남경·무한 삼진 등을 여행하고, 그 과정에서 중국국민당 좌파인물들과 사귀고, 陳獨秀·陳炯明·蔡元培 등 민주사회주의자들과 접촉하였다."고 쓰고 있기도 하다.[30] 그렇지만 그의 성격상 가족을 먼저 만나기 위해 곧장 봉천으로 갔을 것 같지는 않다. 是也 金宗鎭이 1926년에 武昌과 漢口에서 그를 만난 일,[31] 졸업 후 상해로 자신을 찾아왔다는 정화암의 회고,[32] 1926년 겨울 奉天에서 그를 만난 權五惇이 그 시기를 '성도사범대학을 마치고 잠시 부인이 경영하던 여관에서 휴양하던 때'라고 표현하

28) 「판결문」, 1933년 7월 6일, 경성고등법원.

29) 《조선일보》 1960년 4월 5일자.

30) 최영주, 「한국 아나키스트 群像」, 《정경문화》 1983년 9월호, 294쪽.

31) 李乙奎, 「(是也)金宗鎭先生傳」, 『旦洲 柳林 資料集』 1, 旦洲柳林先生紀念事業會, 1991, 32쪽.

32) 정화암 회고(이정식·김학준, 앞의 책, 308쪽). 『高等警察要史』에 나오는 眞友聯盟 관련 高白性이란 인물이 류림이 사용한 '高자성'과 같은 인물이라면 상해에서 대구지역으로 서신을 보내 아나키즘운동의 촉진을 요구한 것도 역시 이 무렵일 것이다.

면서 그 후 "자신은 상해로 가고 류림은 東滿으로 갔다."[33]는 표현, 또 1927년 1월에 김종진이 길림에서 그를 만났다는 회고 등이 있는데,[34] 이는 모두 그가 졸업 후 내륙을 여행하다가 상해와 북경으로 거쳐 봉천으로 돌아오는 길을 말해주는 것이다.

그가 중국 내륙지방을 돌면서 주요 인사만 만난 것이 아닌 것 같다. 1929년 10월경에 전조선흑색사회운동자대회에 참가하기 위해 평양에 잠입하였다가 11월 11일에 체포되었는데, 당시 조사를 끝낸 일본 경찰은 그가 광동에서 활약한 대단한 인물로 평가하였다. 즉 "씨는 일찍 중국 사천성 국립사범대학을 졸업하고 廣東機械工人總同盟에서 十萬 工人을 지휘하던 인물이니 만큼, 七國語를 능통할 뿐 아니라 해박한 학식과 무정부주의에 철저한 수양이 있음으로"[35]라고 표현하였던 것이다. 물론 과장된 부분이 있겠지만, 일단 그가 광동에서 노동자들의 세계에 발을 딛고 이론을 실체화해 나가는 운동을 시도한 것만은 믿을 만하다. 그렇다면 이제 이념으로 무장된 아나키스트요, 뛰어난 중국어를 구사하는 활동가로서 거침없이 중국대륙을 오르내리기 시작한 것으로 이해할 수 있겠다.

4. 新民府와의 연결 시도와 결별(1926~1929)

봉천으로 돌아온 그는 1927년 1월 무렵 吉林에서 是也 金宗鎭을 만났다. 앞에서 본 것처럼 그는 이보다 앞서 武昌과 漢口에서 김종진을 만난 적이

33) 權五惇, 「旦洲의 生涯와 思想」, 『旦洲 柳林 資料集』 1, 旦洲柳林先生紀念事業會, 1991, 148쪽.

34) 李乙奎, 「(是也)金宗鎭先生傳」, 『旦洲 柳林 資料集』 1, 旦洲柳林先生紀念事業會, 1991, 32쪽.

35) 《동아일보》 1929년 12월 11일자. "3년 전까지도 광동에서 십만 중국노동자를 포용한 機械工人總同盟에서 활약하고"(《동아일보》 1929년 11월 27일자)라는 표현은 1926년에 광동에서 활동한 사실을 말해주는 자료이기도 하다.

있었는데, 김종진은 당시 길림에서 晦觀 李乙奎를 기다리고 있던 참이었다. 이을규가 온다는 전제 아래 두 사람은 운동 방향을 논의하였고, 그 결과 中東線을 활동의 중심지로 설정하였다.[36] 이것은 김좌진과 鄭信 등이 이끄는 신민부 군정파와의 연합을 강력히 원하고 있으면서,[37] 장차 재만조선무정부주의자연맹(1929.7 조직)의 결성을 주도하게 되는 김종진이 류림을 설득한 것이다. 그렇다고 해서 류림이 김종진의 제의를 흔쾌하게 받아들인 것은 아니다. 그는 김좌진이 과연 자신의 의견에 동조할 것인지에 대해 의문을 갖고 있었다. 이에 김종진은 김좌진이 인재 부족을 절감하고 있으므로 의심할 여지가 없다고 강조하였고, 이 말에 따라 그는 활동 중심지를 일단 中東線 일대에 두자는 데 합의하였다.[38] 이는 곧 신민부에 가담하거나 연합하는 것을 의미한다.

이을규가 그곳에 도착하자, 그들 세 사람은 중동선으로 출발하였다. 敦化와 눈 덮인 鏡珀湖를 횡단하고, 東京城과 寧古塔을 거쳐 2개월 만인 1927년 3월 하순에 목적지 중동선 海林驛에 도착하였다. 그러자 金夜運 · 金夜逢 · 李達 · 李德載 · 李鵬海 · 嚴亨淳 · 李俊根 · 李康勳 등이 찾아왔고, 해림소학교에서 김좌진이 이들을 위한 환영회를 열었다.[39] 신민부의 본부를 방문한 것이고, 또한 핵심 세력들과의 만남이었다.

이후 류림은 김좌진과 여러 차례 토론을 벌였고, 그것은 격론으로 이어졌으며, 그때마다 이을규가 조정역을 맡았다. 격론의 주요 골격은 당시 민족주의계와 공산주의계가 벌이고 있던 갈등을 해결하는 방향이었다. 류림은 김좌진에게 "사상은 사상으로라야 막을 수 있는 것이니까 공산주

36) 李乙奎, 「(是也)金宗鎭先生傳」, 『旦洲 柳林 資料集』 1, 旦洲柳林先生紀念事業會, 1991, 32쪽.

37) 朴桓, 『滿洲韓人民族運動史硏究』, 一潮閣, 1991, 213쪽.

38) 李乙奎, 「(是也)金宗鎭先生傳」, 『旦洲 柳林 資料集』 1, 旦洲柳林先生紀念事業會, 1991, 32~33쪽.

39) 李乙奎, 「(是也)金宗鎭先生傳」, 『旦洲 柳林 資料集』 1, 旦洲柳林先生紀念事業會, 1991, 33~34쪽.

의에 대항하려면 그 사상보다 한 걸음 더 나아간 무정부주의로라야 막을 수 있다."고 강조하였다. 이에 대하여 김좌진은 "주의는 주의로라야 대항할 수 있다고도 생각할 수 있으나 주의가 究極의 목적이 아니라 인간의 행복이요 동시에 우리 민족이 복되게 잘 살자는 것이 염원인 이상에야 그 목적을 위하여, 또 우리의 특수한 처지에 알맞은 이론을 세워야 할 것이지 꼭 남들이 주장하여 오는 무슨 주장이라야 될 것은 아니라"고 반론을 내세웠다.[40] 당시 팽창하는 공산주의 세력에 대한 부분적 수용이나 접합을 염두에 두던 김좌진과는 달리, 류림은 단호하게 그것을 부정하고 나섰다. 이 때문에 몇 차례 격론이 벌어지다가 끝내 류림은 길림으로 돌아오고 말았다.

류림이 김좌진과 의견 합일을 이루지 못하고 떠나온 데에는 공산주의를 비판하는 그의 주장도 있지만, 당시의 한인 아나키스트들은 민족주의자와 공산주의자들의 연합을 비판하고 있던 점도 주목해야 할 일이다. 당시 한국인 아나키스트들은 민족해방과 식민지 권력 사이에서 끊임없이 동요하면서 새로운 지배 권력을 꿈꾸는 자본가 계급과의 연합을 도저히 불가능한 것으로 간주하였다. 이러한 한국인 아나키스트들의 민족주의운동에 대한 비판은 민족통일전선 결성에 대한 반대로 이어졌고, 1920년대 말 재만조선무정부주의자연맹이 민족주의계열인 신민부와, 1930년대 초 상해연맹이 김구의 한인애국단과 합작할 때에도 여전히 부정적이었다. 김좌진과 결별하고 곧 이어 1929년 11월에 전조선흑색사회운동자대회에 참석하기 위해 평양을 방문했던 류림이 만났던 이홍근은 공산주의자들이 민족주의자들과 연합한 것이 오히려 노동자·농민운동의 성장을 가로막고 있을 뿐이라고 하면서, 민족주의자와의 연합에 반대하고 있었는데,[41] 당시 아나키스트들의

40) 李乙奎, 「(是也)金宗鎭先生傳」, 『旦洲 柳林 資料集』 1, 旦洲柳林先生紀念事業會, 1991, 34~35쪽.

41) 이호룡, 「한국인의 아나키즘 受容과 展開」, 서울대학교 박사학위 논문, 2000, 113~115쪽.

성향을 보여주는 대목이다.

5. 朝鮮共産無政府主義者聯盟 결성과 義誠塾 경영(1929~1937)

김좌진과의 논쟁에서 일단 합의점 도출에 실패한 그는 海林을 떠나 다시 正義府가 있던 길림성 華甸縣으로 돌아왔다. 정의부는 '자유시참변' 이후에 이 지역에 재집결한 군사조직들을 중심으로 統軍府(1923.6) · 統義府(1923.8) · 재만통일준비회(1924.7)를 거쳐 1925년 1월에 조직되었다. 그리고 핵심 인물 가운데에는 안동 출신 김동삼이 있었다. 그는 정의부에서 주로 교육 관계의 일을 담당하였던 것으로 알려지고 있다.[42] 1927년 11월에 趙擎韓이 상해를 출발하여 만주로 갔는데, 그 달에 華甸에 도착하여 柳華永을 만났다는 것이 바로 이 무렵이 아닌가 여겨진다.[43] 따라서 그는 海林에서 7월에 조직된 재만조선무정부주의자연맹에 가담하지 못했다.

華甸으로 돌아온 류림은 국내의 아나키즘 운동에 커다란 관심을 가졌다. 1925년부터 조직된 국내의 아나키즘 운동은 1920년대 후반에 들어 전국 각지에 단체를 결성하고, 1929년 11월에 평양에서 全朝鮮黑色社會運動者大會를 준비하고 있었다. 崔甲龍을 중심으로 한 關西黑友會가 준비를 맡았고, 《동아일보》 1929년 8월 8일 기사를 통해 11월 10~11일 이틀 동안 대회가 열린다는 사실을 보도하게 만들었다.[44] 전조선흑색사회운동자대회를 앞두고 각지로부터 40~50명이 평양에 모이던 중, 11월 7일부터 平壤 · 大同 양 경찰서가 검거에 나섰고, 9일에는 대회 중지가 선언되었다.[45] 그 틈에 류

42) 金在明, 「柳林 先生의 憂國魂」, 《정경문화》 1966년 1월호, 329쪽.

43) 趙擎韓, 『白岡回顧錄』(국외 편), 한국종교협의회, 1979, 71쪽.

44) 《동아일보》 1929년 8월 8일자; 박환, 「조선공산무정부주의자연맹의 결성－崔甲龍의 사례를 중심으로」, 『國史館論叢』 41, 국사편찬위원회, 1993, 221쪽.

45) 《동아일보》 1929년 11월 11일자.

림도 7일 밤에 검거되고 말았고,[46] 이홍근을 비롯한 주역들도 연이어 체포 당했다.[47] 류림은 연일 취조에 시달렸다. 신민부나 한족총연합회와의 관련성에 대해 취조 당했을 것이다.[48] 이런 와중에 봉천에서 아내와 아들이 달려 왔고, 그는 腦病에 시달렸다.[49] 그 장면을 《동아일보》는 다음과 같이 보도하였다.

> 중국 광동 기계공인총동맹이라는 '생디칼리즘'운동의 맹장으로 있으면서 십만 공인을 지휘하던 류화영(30)은 평양에서 개최될 예정이던 조선흑색사회운동자대회에 참석코자 평양에 왔다가 29일간 유치처분을 받아 가지고 대동서의 취조를 받던 중인데, 대동서장의 말이나 고등과장의 말을 듣거나 오륙일 남은 구류기간을 지나면 유치장에서 나올 듯 싶다는데 아직까지 조선에 와서 특별한 실제운동을 한 형적은 없다하며 류화영은 유치장 안에서 腦病으로 신음하는 중임으로 공의는 치료에 전력 중이라더라.[50]

결국 일본 경찰은 엄밀한 조사를 벌였지만, 그에게서 아무런 혐의를 찾아내지 못했던 것이다. 그러면서 그가 워낙 거물인 데다가 또 어떠한 영향을 줄지 모른다고 판단하고서 직접 대동경찰서의 형사를 동행시켜 류림과 그 가족을 봉천으로 추방시켰다. 이 사실을 당시 신문은 "해박한 학식과 무정부주의에 철저한 수양이 있음으로 취조하던 경관들도 매우 곤란하였다는데 취조하다가 국경 밖으로 추방한 것은 조선에서 드물게 보는 일이라더라."라고 보도할 정도였다.[51]

---

46) 《동아일보》 1929년 11월 18일자.

47) 《동아일보》 1929년 11월 17일자.

48) 무정부주의운동사편찬위원회, 『韓國아나키즘運動史』, 형설출판사, 1978, 259쪽.

49) 《동아일보》 1929년 11월 27일자.

50) 《동아일보》 1929년 12월 3일자.

51) 《동아일보》 1929년 12월 11일자. 이 기사의 표제어는 "흑색운동계거물 柳華永 국외방축, 일곱 나라말을 능통코 박학다식에 최조하던 경관도 탄복을 말지 안해, 봉천까지 護送한후 放免"이었다. 이 기사는 경찰이 조사 과정에서 류림을 대단한 인물로 평가한 장면을 보여주고 있어 매우 흥미롭다.

경찰이 그렇게 호송하여 방면했지만, 실제로 아무런 움직임이 없었던 게 아니었다. 집요한 조사에도 불구하고 추적되지 않았던 사실이 2년 뒤 1931년에 원산에서 터진 조그만 사건으로 인해 드러나게 되었는데,[52] 그것이 바로 류림이 평양에서 조선공산무정부주의자연맹을 결성했다는 사실이다. 즉 1929년 10월 23일 오후 2시경에 柳華永을 비롯하여 李弘根 · 崔甲龍 · 趙重福 · 林仲鶴 등이 평양의 기점리에 있는 송림에 모여 회합을 가지고, 11월 1일에 다시 그 자리에 모여 조선공산무정부주의자연맹을 조직했다는 것이다.[53] 여기에서 그들은 다음과 같은 강령을 결의하였다.

(1) 현재의 국가제도를 폐지하고, "코뮨"을 기초로 그 자유연합에 의한 사회조직으로 변혁할 것.
(2) 현재의 사유재산제도를 철폐하고, 지방 분산적 산업조직으로 개혁할 것.
(3) 현재의 계급적 민족적 차별을 철폐하고, 전 인류의 자유 · 평등 · 우애의 사회 건설을 기한다.[54]

'현재의 국가제도'를 폐지한다는 말에서 일제 타도의 의지를 표명하고, 또 자유연합에 기초한 아나키즘적 사회 건설 의지를 천명하였다. 그리고 사유재산제도가 바탕이 되는 자본주의 사회를 거부하고 지방분권적인 산업조직을 추구하였다.

---

52) 아나키즘 계열의 원산청년회와 관제 노동조합인 함남노동회 사이에 노동운동의 주도권을 둘러싼 싸움이 벌어지자, 이를 수사하는 과정에서 조선공산무정부주의자연맹 조직이 드러났다. 그래서 1931년 4월 1일 최갑룡(관서흑우회) · 조중복(단천흑우회)이 원산경찰서에 압송, 이홍근 · 강창기 · 안봉연 · 이순창 등 모두 8명이 체포되었다(金在明, 「柳林 先生의 憂國魂」, 《정경문화》 1966년 1월호, 394쪽). 10월에 류림마저 검거됨으로써 2년 전에 평양에서 경찰의 심문을 따돌리며 조직했던 조선공산무정부주의자연맹이 무너지고 말았다.

53) 조직 당시에 연맹이 아닌 동맹을 결성하려했다. 단순한 연합적인 성격보다는 특정 이념을 배경으로 하여 무엇인가를 적극적으로 추진하는 집단을 만들고자 하였기 때문이었다(최갑룡의 증언, 박환, 「조선공산무정부주의자연맹의 결성－崔甲龍의 사례를 중심으로」, 『國史館論叢』 41, 국사편찬위원회, 1993, 226쪽에서 재인용).

54) 독립운동사편찬위원회, 『독립운동사자료집』 11, 1976, 818쪽.

이어서 그들은 각 지역에 대한 활동을 분담했다. 류림은 만주 방면을, 이홍근과 최갑룡은 관서 방면을, 조중복과 임중학은 함북 방면을, 그리고 뒤에 가입하기로 되어 있던 金鼎熙와 車學輅(車鼓東)가 함남 방면을 각각 맡기로 했다. 또한 이들은 운동 방침을 결정하였다.

(1) 적색운동자와 대립적 항쟁을 하지 말 것.
(2) 농민 대중에 대한 운동을 진전시킬 것.
(3) 다른 민족적 단체에 가입하지 않을 것.[55)]

공산주의나 민족주의 모두와 거리를 둔다는 점을 분명히 하면서, 특히 공산주의자들과의 대립을 피한다는 자세를 확인하였다. 적색운동자와의 대립적 항쟁을 피하자는 이유는 큰 적과 싸움으로써 엉뚱한 힘의 소비만을 자초하게 된다는 판단에 따른 것이었다. 이것은 그들이 일찍이 원산지역에서 볼셰비키와 대립하다가 피해만 본 역사적 경험에서 나온 방침이었다.[56)]

경찰에 검거됨에 따라 더 이상 구체적인 움직임은 없어 보였지만, 주역들은 결성된 조직을 바탕으로 나름대로의 활동을 펼치고 있었다. 만주로 돌아온 그가 구국교육을 통해 청년들을 육성하는 작업도 바로 그 차원에서 펼쳐진 것으로 이해된다. 1929년 11월에 국내의 광주에서 시작된 광주학생항쟁이 전국으로 확산되고, 이에 일제경찰에 쫓긴 상당수의 학생들이 만주로 탈출해 오자, 1930년(36세) 말부터 이듬해에 체포될 때까지 류림은 4백명이나 되는 학생을 모아서 義誠塾(혹은 義誠學院, 봉천중학)을 창립했다. 이 학교는 중국의 각 학교 입학을 위한 예과 과정으로 오직 그의 부담으로 만들어졌다.[57)] 또 그는 한인 유학생의 중국학교 입학을 알선하면서, 직접

55) 독립운동사편찬위원회, 『독립운동사자료집』 11, 1976, 818쪽.

56) 박환, 「조선공산무정부주의자연맹의 결성－崔甲龍의 사례를 중심으로」, 『國史館論叢』 41, 국사편찬위원회, 1993, 227쪽.

57) 旦洲柳林先生紀念事業會, 『旦洲 柳林 資料集』 1, 1991, 264쪽; 柳原植, 「나의 아버지 柳林」, 《세대》 9권 3호, 1971, 246쪽.

영어를 가르치기도 했다.[58]

그는 《동아일보》에도 그 사실을 알려 국내 학생을 모았다. '학생 모집 기사'는 이틀에 걸쳐 상 · 하로 나뉘어 게재되었다.[59] 국내에서 진학하기 어려운 사정을 가진 학생들에게 만주 봉천에 설치된 학교로 오라는 권유인데, 겉으로는 중국학교라고 내세웠지만 학교 이름을 밝히지 않은 점으로 미루어 보아 사실상 자신이 경영하는 학교였던 것으로 판단된다. 1933년에 서대문감옥에서 작성된 그의 신원카드 주소와 학교 통신처 주소가 동일한 점,[60] 초급중학부 · 고등중학예비부 · 초등중학예비부가 주된 과정이면서 특히 華文 · 華語를 補習하는 것이 핵심이었다는 점에서, 류림이 한국학생들을 중국학교에 편입학 시키기 위한 교육적 교두보로서 이 학교를 만든 것임을 알 수 있다. 물론 이러한 그의 활동은 평양에서 동지들과 논의한 활동의 구체적 실천의 하나라고 생각된다. "奉天 商埠地 2經路에 있는 중국 모 중학교에서 교편을 잡고 전기와 같은 계획을 진행하였다."라거나 "1929년 10월 평양에서 합의한 대로 柳華永은 봉천에 있으면서 조선 내의 주의자와 연락하면서 재만 주의자와 합류하여 조선공산무정부주의 동맹조직을 책동한 것"이라는 기사는 바로 동지들과의 약속을 이행하는 과정이었음을 보여주는 증거인 셈이다.[61]

1929년 당시에는 초급중학 과정이 중심이었으나, 1931년 무렵에는 고등중학 과정으로 바뀐 것 같다. 1931년 10월에 체포되는 순간까지 류림이 이 교육사업에 몰두하였는데, 끝내 중국국민당 좌파가 운영하는 대학 예과 수준의 平旦高級中學과 병합되었다고 한다.[62] 경영난이 가장 주된 이유인 듯하다.

58) 「판결문」, 1933년 7월 6일, 경성고등법원.

59) 《동아일보》 1931년 4월 15~16일자.

60) 통신처는 奉天省 遼寧 商埠地 22經路 367號 院內 301號이고, 내방처는 奉天 十間房遼東昌이었다(「신원카드」, 「판결문」 및 《동아일보》 1931년 4월 15~16일자).

61) 《동아일보》 1931년 10월 28일자.

62) 柳原植, 「나의 아버지 柳林」, 《세대》 9권 3호, 1971, 246쪽.

그런데 그는 1933년 판결을 받을 때, 이 활동을 사천성 국립사범대학 관비생으로 졸업한 후 의무적으로 4년 이상 교육에 종사해야 하는 규약에 따른 활동이라고 내세웠다.[63] 그렇다면 졸업 이후 바로 교육 사업을 벌여야 하는데, 3년도 훨씬 지나 이를 펼쳤다는 말은 의무적인 활동에 매여 있지 않았다는 사실을 보여주고, 이보다는 오히려 평양을 다녀 온 뒤, 즉 조선공산무정부주의자연맹을 결성하면서 약속했던 활동을 실천에 옮기고 있었음을 의미하는 것으로 보는 편이 옳겠다. 南相沃이 류림과 함께 학원 경영에 참여하다가 원산으로 돌아와 원산노동운동에 참여한 점도 류림의 활동이 연맹 활동 차원에서 전개되고 있었음을 보여주는 일면일 뿐만 아니라, 봉천과 국내 근거지를 연결하는 활동의 한 모습이라 생각된다.[64]

의성숙 운영에 몰두하고 있던 류림은 1931년 9월 18일에 일본이 만주를 침공한 직후인 10월 초에 체포되었다. 그가 체포되기 반년이나 앞서, 이미 3월부터 시작된 경찰의 조사가 계속되었고, 결국 7월 29일에 李弘根 · 최갑룡 · 金鼎熙 · 조중복 · 林仲鶴 · 姜昌璣 · 盧好範 · 南相沃이 원산검사국으로 송치되었으며,[65] 金鼎熙 · 이홍근 · 최갑룡 · 조중복 · 姜昌璣 · 林仲鶴 등 6명이 예심에 회부되었다.[66] 그렇지만 그때까지도 류림은 검거되지 않았다. 그가 검거된 시기는 1931년 10월 5~6일경이었고, 10월 7일자 신문에 그 사실이 바로 보도되었다.

"무정부주의자 거두 류화영 검거, 봉천 모 중학교교원"
"원산경찰서 高野 형사가 봉천으로 출장하여 검거"[67]

---

63) 「판결문」, 1933년 7월 6일, 경성고등법원.

64) 무정부주의운동사편찬위원회, 『韓國아나키즘運動史』, 형설출판사, 1978, 260~261쪽.

65) 《동아일보》 1931년 7월 31일자.

66) 《동아일보》 1931년 8월 8일자.

67) 《동아일보》 1931년 10월 7일자. 대개 검거 날짜를 10월 7일로 이해해 왔지만, 신문기사가 10월 7일이므로 이 보다는 하루 이틀 정도 앞선 시기라고 생각된다.

그가 검거된 이유도 역시 조선공산무정부주의자연맹을 조직하고 활동했다는 것이다. 원산경찰서 형사대에 의해 체포된 그는 원산 臥牛里 형무소에 수감되었다.[68] 그곳에서 취조 받던 그는 검거된 지 20일쯤 지난 1931년 10월 26일에 원산검사국에 송치되었다. 그런데 이후 예심은 지지부진하여 전혀 진척 없이 세월만 보내고 있었다. 그러자 그를 비롯한 동지들은 모두 단식 투쟁에 들어갔고 예심을 촉구하였고,[69] 그 결과 '원산흑색사건'이라는 제목으로 류화영 · 이홍근 · 최갑룡 · 김정희 · 임중학 · 조중복 · 강창기 · 安鳳淵 등 8명이 함흥법원의 공판에 회부되었다. 1년이 훨씬 지난 1932년 12월 22일에 함흥지방법원으로 호송되었다.[70] 그러나 그 다음 재판 과정도 느리게 진행되었다. 예심 이후 넉 달이나 지난 1933년 3월 17일에야 비로소 공판이 열리고,[71] 일주일 뒤인 3월 24일에 이홍근이 6년형, 류화영을 비롯한 최갑룡 · 조중복 · 임중학 등이 5년형, 김정희 4년형, 강창기 · 안봉연 · 韓容基 등이 2년형을 선고받았다.[72]

이들은 모두 항소했다. 형량을 줄여보겠다는 기대보다도 서울의 형무소에 가면 독서 생활을 할 수 있을 것이라는 계산에서 나온 것이라 한다.[73] 서울에 도착한 일행은 서대문형무소에 수감되면서 사진을 찍었는데, 류림의 사진 촬영일자는 4월 26일이었다.[74] 5월 11일에 경성복심법원 형사2부

---

68) 崔甲龍, 「第30周忌 追慕祭에 즈음하여」, 『旦洲 柳林 資料集』 1, 旦洲柳林先生紀念事業會, 1991, 235쪽.

69) 무정부주의운동사편찬위원회, 『韓國아나키즘運動史』, 형설출판사, 1978, 261쪽; 崔甲龍, 「第30周忌 追慕祭에 즈음하여」, 『旦洲 柳林 資料集』 1, 旦洲柳林先生紀念事業會, 1991, 235쪽.

70) 《동아일보》 1932년 12월 23일자.

71) 《동아일보》 1932년 3월 20일자.

72) 《동아일보》 1933년 3월 27일자.

73) 무정부주의운동사편찬위원회, 『韓國아나키즘運動史』, 형설출판사, 1978, 261쪽.

74) 「류화영 신원카드」 참조(신원카드에 적힌 그의 주소는 奉天 十官房 商埠地 22經路 367 院內 301號였다). 서울로 옮겨진 직후 안봉연은 고문과 옥고로 인한 폐질환으로 옥사하였다(무정부주의운동사편찬위원회, 『韓國아나키즘運動史』, 형설출판사, 1978, 261쪽).

에서 열린 항소심의 판결은 원심과 같았고,[75] 이어서 7월 6일에 열린 경성고등법원의 상고심에서는 '변호인의 상고가 이유 없다'는 결정이 내려져 원심대로 형이 확정되었다.[76]

형이 확정된 7월 6일자로 서대문형무소 기결수 감방에 들어간 류림은 1937년 10월 8일 서대문형무소를 출소하였다.[77] 만 4년 3개월 만이었는데, 이것은 5년 형기 가운데 미결수로 지낸 기간 270일을 형량에 算入했기 때문이다.[78] 겉으로는 그저 5년이지만, 실제 검거된 1931년 10월부터 따진다면 만 6년이나 갇혀 지낸 세월이었다. 그런데 그동안 오직 서대문형무소에서만 지낸 것은 아닌 것 같다. 동지인 權五惇이 대전 감옥에 가서 그를 만난 일도 있기 때문이다.[79] 즉 서대문에서 대전으로 이감되었다가 다시 서대문형무소로 되돌아온 뒤 출소한 것 같다.

6. 2차 망명과 임시정부 참여(1937~1945)

출옥한 뒤에 곧 2차 망명길에 올랐다. 1937년 10월에 출소했으니, 대개 그해 말 정도로 추정된다. 이 시기는 중일전쟁이 일어난 지 석 달이 지난 무렵이고, 11월 16일에 중국국민당 정부가 이미 重慶으로 천도한다는 방침을 결정했고, 12월 13일 수도 남경이 함락되던 그러한 시기였다. 1938년 10

75) 《동아일보》 1933년 5월 12일자.

76) 「판결문」, 1933년 7월 6일, 경성고등법원.

77) 「류화영 신원카드」.

78) 「판결문」, 『독립운동사자료집』 11, 독립운동사편찬위원회, 1976, 817쪽. 여러 자료들이 그가 5년형을 치르고 1938년에 출옥했다고 기록했는데, 모두 단순히 1933년을 기점으로 5년을 보태서 만든 것 같다.

79) 권오돈이 대전감옥에서 류림을 두 번째로 만났다고 기록하였고, 또 아들 柳原植의 병이 중했는데, 일본 측이 이를 치료해준다는 미끼를 내걸었지만 전향하지 않고 소신을 지켜나간 일화도 이 당시의 것이다(權五惇, 「旦洲의 生涯와 思想」, 『旦洲 柳林 資料集』 1, 旦洲柳林先生紀念事業會, 1991, 148쪽).

월에 중국의 주된 항전 기지인 武漢마저 점령되자, 전선은 위로 북경으로부터 아래로 정주와 한구, 즉 중국 중부지역을 잇는 선과 여기에서 양자강을 따라 동쪽으로 상해에 이르는 선으로 형성되었고, 그 동북부 지역을 일본이 장악한 형편이었다. 그리고 중국은 1936년 12월 12일의 서안사변 이후 2차 국공합작이 이루어져 蔣介石과 延安의 毛澤東이 합작으로 항일전을 전개하고 있었다.

한편 만주에서 활동하던 한국독립운동세력은 격전을 치르면서 약화되고 있었다. 李靑天이 이끌던 한국독립당군은 1934년에 이미 중국 관내지역으로 이동하여 한인청년들을 군사간부로 양성하는 사업에 참여하면서 임시정부 주변에 포진하고 있었고, 왕성한 투쟁을 벌이던 조선혁명당군은 1938년 9월에 金活石이 일제에 의해 체포됨에 따라 종지부를 찍는 상황이었다. 이 시기에 류림은 2차 망명길에 올랐다.

류림의 활동 가운데 가장 식별하기 어려운 시기가 바로 2차 망명 시기인 1937년 겨울부터 중경으로 이동한 대한민국 임시정부에 가담하던 1942년 가을까지이다. 그가 1938년에 瀋陽에서 중형 柳暾永의 아내, 즉 둘째 형수의 죽음을 애도하여 조카 柳興植 · 柳廣植에게 보낸 글 한 편 이외에는 그의 행적을 알려주는 직접적인 자료가 없다. 그것은 역시 당시의 상황이 매우 혼란스럽고, 어려웠음을 보여주는 사실이기도 하다. 그는 남북만주를 돌며 재기를 꿈꾸다가 한계를 느껴 중국 관내지역으로 이동했을 것이다. 그리고 북경과 천진 일대에서 한중항일연합군의 조직에 진력했다고 한다.[80] 하지만 그 사실을 증명할 만한 자료가 없음은 아쉬운 일이다.

그러다가 갑자기 1942년 10월에 중경 대한민국 임시정부 거리에 그가 나타났다. 일찍이 1920년 여름에 유학을 위해 머물다가 병으로 고생했던 상해, 또 成都에 유학했다가 돌아오던 길에 들렀던 1926년 상해에서 대한민

80) 旦洲柳林先生紀念事業會,『旦洲 柳林 資料集』1, 1991, 264쪽.

국 임시정부를 스쳐 지났던 그가 무려 20년 가까운 세월의 공백을 훌쩍 넘어 그 정부에 참가한 것이다. 만 6년 동안의 구금 생활을 치르고 1938년 만주에서 활동 방향을 모색하던 그가 다시 4년이 지난 1942년 10월에 중경에 나타난 것이기도 하다. 도대체 그 과정을 알 수는 없지만, 그가 상당히 고민하고 방황했을 것이라는 점은 쉽게 짐작이 된다. 1940년이면 만주에서 항일전쟁은 사실상 끝난 것이나 다름없는 상황이었으므로 새로운 근거지를 찾아 나서야만 했다.

그에게 닥친 어려움은 두 가지로 정리된다. 우선 활동의 교두보가 없어져 버린 점인데, 오랜 공백기가 인맥이나 조직 등 활동 터전을 없애버렸기 때문이다. 게다가 북경을 중심으로 중국국민당과 중국공산당 사이에 주도권 장악 경쟁은 그로 하여금 더더욱 방향 감각 잡기에 어려움을 주었을 것이다. 또 만주지역이나 관내지역의 아나키스트들과도 너무나 거리감이 컸다. 성도 유학 시절에 북경에서 결성된 조선무정부주의자연맹이나 이를 이은 남화한인청년연맹, 다시 이를 이은 조선혁명자연맹도 낯선 것이다. 여기에다가 그가 평양으로 가던 시기에 조직된 재만조선무정부주의자연맹에도 참가하지 못한 점은 마찬가지였다. 그러므로 그가 활동하던 바탕이 오직 의성숙(의성학원)을 경영하면서 닦아놓은 것밖에 없다고 해도 지나친 말이 아닐 정도였다. 물론 평양에서 조직한 조선공산무정부주의자연맹이 있고, 또 그 차원에서 학교를 경영했지만 국내 조직도 붕괴되고, 투옥 생활 동안 만주의 터전도 없어져 버리고 말았던 것이다.

두 번째 어려움은 공백기 동안 전개된 상황 변화였다. 한인 아나키스트들의 행방이 본연의 이념적인 선을 벗어나 있었던 것이다. 옥살이하기 직전까지 아나키스트들은 민족주의자나 공산주의와의 결합에 부정적이었다. 앞에서 나온 것처럼, 조선공산무정부주의자연맹을 결성할 때 이미 그러한 행동 방침을 결정한 적이 있었다.[81] 그런데 출옥한 그의 눈앞에는 그것과 전혀 다른 양상, 즉 중국지역의 한국인 아나키스트들이 민족전선에 참가하는 방향을 잡고 있던 것이다. 일제의 만주침공과 이를 이은 중일전쟁의 발발은 아나키스트들로 하여금 전면적인 항일전쟁의 필요성을 요구하였다. 그래서 "그동안 아나키즘의 정당성을 주장하면서 민족주의와 공산주의를 배격하던 중국지역 한국인 아나키스트들은 1936년 후반부터 민족전선 결성을 제기하기 시작했던 것이다."[82] 더구나 1941년 무렵에는 아나키스트 그룹이 임시정부의 외곽에 포진하고 있었고, 그 계열의 청년들이 1939년에 조직한 한국청년전지공작대는 광복군의 支隊로 배속되어 활동하고 있었다.[83] 그러므로 그는 북경·천진 등 화북지역에서 진로에 대해 심각하게 고민할 수밖에 없었을 것이다.

그러다가 류림은 중국공산당의 본거지인 延安을 방문했던 것으로 보인다. "旦洲先生에 따르면, 망명 중 한 시기에 중국 연안에서 며칠을 머물면서 毛澤東과 많은 것에 관한 이야기를 나눌 수 있는 기회가 있었다고 한다."[84]는 이야기는 한편으로는 이해하기 힘들면서도 다른 한편으로는 그럴 수도 있겠다는 생각이 든다. 그곳에서 金枓奉을 만났다는 이야기는 당연하다. 이미 1921년 초에 북경에서 한글말본 저술에 몰입하고 있던 김두봉을 도운 인연이 있었을 뿐만 아니라,[85] 류림이 그곳에 도착하던 당시 김두봉은 화북조선독립동맹의 주석이 되었기 때문이다.

여기에서 커다란 변화를 읽을 수 있다. 1929년에 북만주 海林에서 김좌진과 만나 공산주의를 이길 수 있는 사상으로서의 아나키즘을 강변했던 그

---

81) 독립운동사편찬위원회, 『獨立運動史資料集』 11, 1976, 818쪽.

82) 이호룡, 「한국인의 아나키즘 受容과 展開」, 서울대학교 박사학위 논문, 2000, 186쪽. 柳子明·鄭華岩·柳絮·羅月煥·李何有 등 중국지역 한국인 아나키스트들은 남화한인청년연맹을 이어 1937년에 조선혁명자연맹을 결성하고 공산주의자와 함께 통일전선 결성에 적극적으로 나섰다. 그 결과 1937년 12월에는 조선민족혁명당, 조선민족해방동맹과 함께 조선민족전선연맹을 결성하였다.

83) 1941년 1월 1일에 광복군 제5지대가 되었고, 다음 해 5월에 제2지대로 편제되었다.

84) 崔文浩, 「編輯後記」, 『旦洲 柳林 資料集』 1, 旦洲柳林先生紀念事業會, 1991, 269쪽.

85) 김두봉의 저서 『깁더 조선말본』은 1922년에 상해에서 출판되었다.

의 자세에 상당한 변화가 일어났다는 것을 의미하는데, 연안에서 북경이나 만주로 파견되어 있던 조직과 연결되어 그곳을 찾아갔을 가능성이 매우 크다. 그래서 중경이냐 연안이냐를 저울질하던 그가 일단 연안행을 택했고, 가서 毛澤東·김두봉을 만났던 것으로 정리된다. 그렇지만 그는 그곳을 떠났다. 자신의 의지나 방향 감각과는 맞지 않았기 때문일 것이다. 그가 연안을 떠나 중경으로 이동한 사실은 그의 사상적인 변화라기보다는 처해진 상황을 극복하기 위한 돌파구 마련이라고 풀이된다.[86)]

대한민국 임시정부가 자리 잡은 중경에 류림의 모습이 등장한 첫 기록은 1942년 10월 20일이었다. 慶尙道區議員選擧會에서 류림 등 6명(金元鳳·李然皓·金尙德·李貞浩·柳林·韓志成)을 경상도 출신 의정원 의원으로 선출한 것이다. 이어서 24일에는 그에게 당선증이 주어졌다.[87)] 이 명단만으로도 짐작할 수 있듯이, 이 당시 대한민국 임시정부는 좌우합작을 이루고 있었다. 1940년 5월에 우파세력이 한국독립당으로 일단 통합했고, 9월에 한국광복군을 결성했으며, 1941년 11월에는 광복을 전망하면서 建國綱領을 마련했다. 당·정·군 체제를 갖춘 것이다. 그 주변에 민족좌파 계열인 조선민족혁명당, 공산주의 세력인 조선민족해방동맹, 그리고 아나키즘 계열

86) 그가 향했던 방향은 당시 조선민족혁명당의 당군으로 활약하던 조선의용대 구성원의 3분의 2 병력이 황하를 건너 북상한 것과는 반대되는 것이었다. 1938년 10월에 무한에서 崔昌益과 許貞淑이 金元鳳을 떠나면서 시작된 조선민족혁명당 소장파들의 연안행은 1941년에 가서 본격화되었다. 먼저 연안에 도착한 최창익이 주도하여 산서성 진동남의 太行山에서 화북조선청년연합회(1940.1)를 결성했고, 이어서 조선의용대 화북지대(1941.7)를 결성했다. 이들 조직은 각각 화북조선독립동맹(1942.8)과 조선의용군(1942.7)으로 개편되었다.

87) 국회도서관, 『대한민국임시정부의정원문서』, 1974, 700~701쪽. 柳林의 「議員當選證書」 내용은 다음과 같다.

> 大韓民國 二十四年 十月 二十日 慶尙道區選擧會에서 貴下가
> 慶尙道區 議員에 當選되었기 玆에 此證書를 交付함
> 大韓民國 二十四年 十月 二十四日
> 慶尙道區議員選擧會
> 會長 金尙德
> 柳林 貴下

인 조선혁명자연맹 등이 에워싸고 있었다. 그런데 1941년에 조선민족해방동맹과 조선혁명자연맹이 먼저 대한민국 임시정부에 참여함으로써 좌우합작의 물줄기가 열렸다. 이어서 1942년 5월에 조선민족혁명당이 이끄는 조선의용대가 대한민국 임시정부의 한국광복군에 합류하였고, 10월에는 조선민족혁명당이 임시의정원에 참가하였는데, 이로써 좌우합작이 완성된 것이다. 류림은 바로 이때 중경에 도착하였고, 조선민족혁명당과 함께 34회 임시의정원회의에 참가하는 것으로써 대한민국 임시정부에 발을 들여놓게 되었다.

류림이 중경으로 갔다는 말은 그도 대한민국 임시정부에 동참하기 위한 발걸음임을 의미한다. 더구나 도착하고 보니, 이미 조선민족해방동맹과 조선혁명자연맹이 대한민국 임시정부에 참여하고 있었고, 또 조선민족혁명당의 참가도 결정된 상태였다. 그러므로 그의 임시정부 참여는 자연스런 일이 되었던 것이다. 이렇게 대한민국 임시정부에 합류한 이유에 대해 그는 "독립을 달성하고 이 나라에 아름다운 낙원을 창조하려면, 우선 민족을 대표할 만한 어떤 근거가 있어야 할 것으로 생각"했기 때문이었다.[88] 이와 함께 그는 민족의 당면한 과제인 자주독립국가를 건설하기 위해서는 '현실적인 조직'이 필요하다고 느끼고, 그러한 조직을 '전 민족의 자율적 기관'인 대한민국 임시정부에서 구현하려 했다고 볼 수 있다.[89] 아나키즘이 사상면에서는 큰 공헌을 하면서도 현실면에서는 패배를 거듭해 왔던 것을 자인하면서, 민족의 당면 과제인 자주독립국가를 건설하려는 데 필요한 '현실적인 조직'을 대한민국 임시정부에서 구현하려 했다고 볼 수 있다. 그가 조선무정부주의자연맹의 대표 자격으로 '전 민족의 자율적 기관'인 대한민국 임시정부에 참여한 것은 이런 배경에서 이루어진 것이다.[90]

---

88) 金在明, 「柳林 先生의 憂國魂」, 《정경문화》 1966년 1월호, 387쪽.
89) 金在明, 「柳林 先生의 憂國魂」, 《정경문화》 1966년 1월호, 388쪽.
90) 金在明, 「柳林 先生의 憂國魂」, 《정경문화》 1966년 1월호, 388쪽.

그의 대한민국 임시정부 참가는 또한 당시 한국인 아나키스트들의 인식 변화를 증명하는 셈이다. 柳林과 柳子明이 조선무정부주의자연맹과 조선혁명자연맹의 대표로서 대한민국 임시정부에 참여하여 의정원 의원으로 활동하였으며, 류림은 외교연구위원회 연구위원, 선전위원회 위원, 건국강령수개위원회 위원 등으로 활약하였고, 歐陽軍은 광복군총사령부 서무과 과원, 安偶生은 주석판공비서 겸 선전위원회 위원으로 활약하였다.[91]

재중국 한국인 아나키스트들의 정부·국가와 조직 원칙, 그리고 군대에 대한 인식의 변화는 아나키즘의 逸脫을 의미한다. 정부와 국가에 대한 인식의 변화는 민족전선론의 단계혁명론적 측면에서 비롯되었다. 즉 재중국 한국인 아나키스트들의 민족전선론은 민족해방을 당면 최고목표로 설정하고 모든 힘을 항일전쟁에 집중해야 한다고 하는 단계혁명론에 입각하고 있었고, 그러한 자세를 견지하고 있는 한 국가와 정부를 인정할 수밖에 없었던 것이다.[92] 그래서 류림도 "각자의 주의 주장을 일시 보류하고, 덮어놓고 일치단결하여 독립이란 산을 넘은 후에 다시 각자의 주의를 위하여 매진하자."하여,[93] 1차적으로 민족혁명 완수가 급선무라고 주장하였다. 즉 민족혁명을 이루기 위해서는 대한민국 임시정부를 중심으로 무조건 단결해야 하며, 그러기 위해서는 각자의 주장을 일단 접어두어야 한다는 것이었다.[94] 그가 대한민국 임시정부에 참여하면서 '一個民族, 一個政府, 一個理念, 一個集團'과 "黨派는 合同聯異, 정부는 共戴均擔"이라는 구호를 내세웠다고 전한다.[95] 앞의 주장은 통합의 원리요, 뒤의 것은 운영의 논리이다. 즉 대한민국 임시정부를 중심에 두고, 이를 중심으로 뭉쳐야 하는 통합의 원리를 내세운 것이고, 다음에는 통합을 바탕으로 공동으로 정부를 운영해 나

91) 이호룡, 「한국인의 아나키즘 受容과 展開」, 서울대학교 박사학위 논문, 2000, 191쪽.
92) 이호룡, 「한국인의 아나키즘 受容과 展開」, 서울대학교 박사학위 논문, 2000, 193쪽.
93) 《조선일보》 1945년 12월 7일자.
94) 이호룡, 「한국인의 아나키즘 受容과 展開」, 서울대학교 박사학위 논문, 2000, 193쪽.
95) 旦洲柳林先生紀念事業會, 『旦洲 柳林 資料集』 1, 1991, 264쪽.

가자는 주장을 내세운 것이다. 이러한 차원에서 류림이 구상하였던 정부도 "통치권을 행사하는 정부가 아니고 혁명의정원과 혁명정부"였으며,[96] 독립을 달성하고 삼천리강산에 아름다운 낙원을 창조하기 위한 근거로서의 정부를 구상하고 있었다.[97]

류림이 대한민국 임시정부에 합류한 첫걸음이 의정원 의원이었다는 사실은 이미 앞에서 언급하였다. 당선증을 받은 다음 날, 즉 1942년 10월 25일부터 시작된 제34회 의정원회의에 출석하는 것으로 그의 공식적인 활동이 시작되었다. 이후 1945년 12월에 귀국할 때까지 그의 활약은 크게 정부 차원과 비정부 차원의 일로 나누어 정리된다.

정부 차원의 활동은 임시의정원 의원 활동과 국무위원 활동이 있다. 의정원에서 끄집어낸 첫 문제가 아나키스트 나월환 암살 용의자들의 처리에 대한 그의 강경한 발언이 주목된다. 1942년 10월 31일과 11월 2일에 나월환 문제를 제기하고 나섰다.[98] 즉 대한민국 임시정부가 나월환을 암살한 주모자들을 사형에 처해 달라고 중국국민당 정부에 요청했다는 소문의 사실 여부를 캐묻고 나선 것이다. 아나키스트인 암살 용의자들을 극형에 처해서는 안 된다며 救命을 요구하는 강한 의지를 털어놓은 것이다. 다음 해인 1943년(49세) 2월 16일부터 외교위원회의 연구위원이 되었고,[99] 이어서 그해 4월 10일에 대한민국 임시정부에 선전부가 만들어지면서 趙素昻·申翼熙·

96) 국회도서관, 『대한민국임시정부의정원문서』, 1974, 404쪽.

97) 《조선일보》 1945년 12월 7일자.

98) 국회도서관, 앞의 책, 289~301쪽; 《우리 통신》 6호(1942.11.2)(한시준 외, 『中國內韓國近現代關係資料』, 국사편찬위원회, 1998, 28쪽). 나월환은 1912년 나주 출신으로 일본에서 흑우연맹에서 활약했고, 중국으로 가서 황포군관학교 8기(중앙군관학교 8기)로 졸업했으며, 남화한인청년연맹에 가입했다. 중국군 헌병대에 복무하던 그는 1937년에 일본경찰에 체포되어 본국으로 호송되던 중 靑島에서 탈출했고, 1939년 11월 11일에 결성된 청년전지공작대의 대장이 되어 서안으로 갔고, 이것이 광복군 제5지대가 되면서 지대장이 되었는데, 1942년 3월 1일 부하들에 의해 암살되었다.

99) 독립운동사편찬위원회, 『독립운동사』 4, 1972, 859쪽. 외교위원회 연구위원으로서 류림의 이름은 1944년 6월까지 확인된다(독립운동사편찬위원회, 『독립운동사』 4, 1972, 986쪽).

嚴恒燮 등 14명과 함께 선전위원회의 선전위원으로 활약했다.[100] 4월 11일 현재 경상도 의원(김약산 · 류림 · 김상덕 · 李然皓 · 이정호 · 장건상), 그리고 그해 10월에는 35차 의정원 회의에 다른 의원 17명과 더불어 임시헌장 修改案을 제출하였다.[101]

1944년 4월에 그는 국무위원(무임소)이 되었고,[102] 이듬해 12월에 귀국할 때까지 국무위원으로서 활동을 계속했다. 그러면서 그는 이때 열린 36차 의정원회의에서 의원으로서 임시헌장을 통과시키는 데 참여하였다.[103] 당시 의정원 회의록에 남아 있는 그의 발언 가운데 대표적인 것은 1945년 4월 11일에 37차 의정원 개원식과 겸해 열린 대한민국 임시정부 · 임시의정원 수립 26주년 기념식 축사이다. 그는 축사에서 정부와 의정원이 3 · 1운동의 결실로 만들어졌는데도 불구하고 독립운동과 한 덩이가 되지 못했다고 지적하고, 이제 대한민국 임시정부에 총집중해야 한다고 하였다. 이어서 정부와 의정원이 시대의 변화에 맞게 고쳐져야 하고 구성원들도 목전의 임무를 위해 특권을 요구하지 말고 3 · 1운동 당시처럼 자유연합 해야 한다고 주장했다.[104] 이처럼 대한민국 임시정부에서의 류림의 주장은 항상 광복전열의 통합과 운동 역량의 집중 및 자유연합을 강조하는 것이었다. 그는 국무위원이면서 아울러 김상덕 · 안훈과 더불어 임시의정원 제1분과(법제) 소속 의원이기도 했다.[105]

1945년 4월에 시작된 38차 의정원회의에서 5월에 편제 개편이 있게 되자, 조소앙 · 엄항섭 · 안훈 · 차리석 · 박건웅 · 손두환 등과 더불어 제1분과(법

100) 독립운동사편찬위원회, 『독립운동사』 4, 1972, 876쪽.

101) 독립운동사편찬위원회, 『독립운동사』 4, 1972, 997쪽.

102) 1944년 4월 24일에 주석 중심제가 주석 · 부주석제로, 6~10명의 국무위원 정수가 8~14명으로 각각 바뀌었다(독립운동사편찬위원회, 『독립운동사』 4, 1972, 1009쪽).

103) 국회도서관, 『대한민국임시정부의정원문서』, 1974, 383~385쪽.

104) 국회도서관, 『대한민국임시정부의정원문서』, 1974, 404쪽.

105) 국회도서관, 『대한민국임시정부의정원문서』, 1974, 408쪽.

률 · 청원 · 징계) 소속으로 활약하였다.[106] 그리고 해방 직후 8월 17일부터 열린 제39차 의정원회의에서는 김붕준 · 성주식 · 조소앙 등과 함께 국무위원으로서 입국 이후 국민에게 정부를 내놓을 일에 대해 적극적인 논의를 펼쳤다.[107]

류림은 비정부 차원의 활동에도 적극 참여하였다. 그 대표적인 예로 1943년 5월 10일에 중경에서 열린 재중국자유한인대회에 조선무정부주의자연맹의 대표로 참가했던 경우를 들 수 있다. 당시 미국과 영국의 영수가 워싱턴 회담에서 戰後 한국을 독립 이전에 국제 감시 보호 아래 두기로 했다는 보도가 전해지자, 중국에 있던 각 당파 대표자를 중심으로 동포 3백여 명이 중경에서 대회를 열고 "한국은 완전 독립하여야 한다. 외국의 어떠한 간섭이라도 반대한다."는 요지의 강연과 토론을 가지고, 4개항으로 된 선언을 발표했다. 이때 류림은 조선무정부주의자연맹의 대표로서 한국독립당의 洪震, 조선민족혁명당의 金忠元, 조선민족해방동맹의 金奎光(星淑), 한국애국부인회의 金淳愛, 한국청년회의 韓志成 등과 더불어 주석단의 한 사람으로 추대되어 활동하였다.[108] 이외에도 민간인 기구인 中韓文化協會에도 관여한 것으로 보인다.[109]

류림은 대한민국 임시정부 요인들이 귀환할 때 제2진에 속했다. 주한 미군사령부가 보낸 비행기를 타고 上海를 출발한 일행은 1진(11월 23일) 보다 8일 늦은 12월 1일에 도착하였는데, 마침 악천후로 서울 비행장에 착륙할 수 없어 군산을 통해 귀국하는 우여곡절을 겪기도 했다. 그런데 2진 일행

106) 《앞길》 42기, 1945년 6월 1일자.

107) 국회도서관, 『대한민국임시정부의정원문서』, 1974, 549쪽.

108) 독립운동사편찬위원회, 『독립운동사』 4, 1972, 1032~1033쪽. 양우조의 아내 최선화는 이날 장면을 "'한국은 전쟁 후에 (국제-필자 주)공관이 된다'는 문제로 자유한인대회가 오후 2시에 중경 근방에 있는 신운복무사 회집실에서 개최되었다. 모였던 사람은 한 이백 명쯤 될까?"라고 기록하였다(양우조 · 최선화 지음/김현주 정리, 『제시의 일기』, 혜윰, 1999, 209쪽).

109) 《중경대공보》 1945년 3월 2일자.

은 그를 포함하여 洪震·曺成煥·趙素昂·金元鳳 등 15명의 정부 주요 인물과 安偶生을 비롯한 9명의 수행원으로 구성되었다.[110]

7. 맺음말

류림은 성장 과정에서 때 마침 안동에 들이닥친 계몽운동의 물결에 직접 영향을 받으면서 민족문제에 눈을 떴다. 柳寅植은 그 과정에서 가장 큰 영향을 준 인물이다. 3·1운동에 참가한 뒤 만주로 망명한 그는 1920년 여름에 유학차 상해로 이동하고, 북경을 오르내리며 신채호와 김창숙의 영향을 받았다. 특히 아나키스트로 변신하던 신채호로부터 영향을 받아 그도 아나키즘에 눈을 떴다. 새로운 사조를 접했던 그는 홀연히 중국대륙의 깊숙한 내륙에 자리 잡은 成都로 유학 갔고, 영문학을 전공하고 다양한 외국어를 습득하였다.

류림은 신지식으로 무장하고서 내륙 여행을 거쳐 만주로 돌아와 방향을 가늠하였다. 잠시 신민부를 찾아 김좌진과 공동노선을 모색해 보았으나 뜻을 이루지 못하고 돌아와 국내에서 열린 전조선사회운동자대회에 참석했다가 조선공산무정부주의자연맹을 결성하는 실적을 올렸다. 사범대학 영문과 졸업생으로서, 아나키스트로서, 그리고 조선공산무정부주의자연맹 차원에서 義誠塾(의성학원)을 경영하던 그가 일제경찰에 검거되고 5년형을 받아 모두 6년 동안 구금 또는 옥중 생활을 보냈다.

중일전쟁 직후에 풀려난 그는 활동 근거지를 상실 당한 채 앞길을 가늠하다가 연안을 거쳐 중경으로 이동하였다. 대한민국 임시정부에 참여하여 의정원의원으로, 국무위원으로 활약하다가 해방 후 환국하였다.

110) 旦洲柳林先生紀念事業會,『旦洲 柳林 資料集』1, 1991, 70쪽.

일제강점기의 류림의 독립운동은 세 가지 특성을 보였다. 첫째, 그의 활동이 화려한 면이 없는, 항상 주변부적인 색채를 나타냈다는 점이다. 물론 아나키즘 자체가 항일투쟁의 핵심 세력으로 자리 잡지는 못했지만, 그것보다도 그는 아나키즘운동에서조차 핵심부에서 벗어나 바깥을 도는 듯한 인상을 주었다. 북경에서 아나키즘운동이 한국독립운동가들 사이에 불길처럼 타오르기 시작할 때 그는 성도대학으로 유학 갔고, 그 때문에 상해에서 1924년에 조선무정부주의자연맹이 조직될 때에도 참여하지 못했다. 1927년에 해림에서 재만조선무정부주의자연맹이 조직될 때에도 그는 여기에 빠져 있었다. 김좌진과 담판을 벌이다가 그가 돌아온 직후에 그 단체가 결성되었기 때문이다.

다만 그가 1929년 10월 평양으로 잠입하여 전조선흑색사회운동자대회에 참가하고 비밀리에 조선공산무정부주의자연맹을 결성하는 데 핵심이 된 점이나, 그 차원에서 교육 사업을 벌인 점은 거의 유일한 주역으로서의 활동이다. 하지만 이마저도 1931년에 검거됨으로써 사실상 막을 내렸다. 또 출옥 이후 연안을 거쳐 중경으로 가서 대한민국 임시정부 국무위원이 되었다. 그렇지만 그것도 한국독립당이나 조선민족혁명당이라는 중심 세력에 가려 소수 그룹의 대표로서 가지는 한계를 안고 있었다.

둘째, 그는 공산주의에 대해서는 상당히 부정적이었지만, 이에 반해 민족주의에 대해서는 항상 결합의 가능성을 보였다. 그의 눈앞에 좌우 분리가 확실하게 나타난 시기가 성도대학을 졸업하고 상해·북경·봉천 등 활동 근거지로 돌아온 직후였을 것이다. 이때 김좌진을 만나 공산주의를 극복하는 방안으로 아나키즘을 강하게 주장한 점이 그러한 정치적 성향을 뒷받침해 주는 증거이다. 평양에서 결성한 조선공산무정부주의자연맹의 행동방침에서 공산주의와 민족주의를 모두 부정하여 제3의 길을 찾고 있었지만, 출옥 이후 그는 비교적 민족주의 세력이 강하게 자리 잡은 중경의 임시정부를 활동지로 택하였다.

셋째, 그는 아나키스트로서 국가기구를 부정하는 인물이었지만 대다수의 한국인 아나키스트들과 마찬가지로 점차 국가기구를 인정하고 거기에 참가하는 길을 걸었다. 상해에서 활동하던 아나키스트들이 1930년대 초반부터 이미 대한민국 임시정부와 연결을 가졌고, 더욱이 1930년대 중반이면 좌우합작운동, 혹은 통일전선운동에도 참여하기 시작했으며, 결국 1940년대에는 임시정부에 합류하였다. 사상적으로는 '일탈'이라는 표현이 어울리는 변화였고, 제3의 길을 내세우는 자존심을 포기한 형국이기도 했다. 그런데 류림은 오랜 옥고 기간 뒤에 이미 한국아나키즘운동의 대세가 임시정부를 인정하고 합류하는 현상을 눈앞에 보게 되고, 끝내 여기에 동참하게 된 것이다. 중국 관내에서 활동하던 다른 한인 아나키스트들이 시간의 흐름에 따라 자연스럽게 변해 갔다면, 그의 경우는 옥중 생활이라는 공백 이후에 망연자실할 정도로 변한 세태에 한 동안 충격을 소화해 나가는 기간이 필요했고, 그 과정이 1938년부터 1942년 사이라고 생각된다. 그리고서 '무정부주의'라는 말의 의미를 재해석하고, 대한민국 임시정부에 대해서도 "기미운동 때에 민족의 총의로 출발한 대한민국 임시정부이니, 그 정부가 해외에 망명했다가 환국한 것뿐이다."라고 표현하게 된 것이다.[111]

류림의 행적을 뒤쫓으면서 아직 많은 문제를 풀지 못하는 한계를 절감한다. 북경 시절, 성도대학 시절, 졸업 직후 광동 노동자운동 관련 내용, 출옥 이후 중경 도착 이전 4년 동안의 행적 등은 오리무중처럼 여겨진다. 다음 기회를 기대한다.

---

111) 《동아일보》 1945년 12월 12일자.

28장_ 아나키스트 嚴舜奉의 항일투쟁

1. 머리말

독립운동 분야 가운데 가장 적은 인원임에도 가장 강렬한 인상을 심어준 쪽은 아나키스트들이다. 모든 억압과 통제, 독재가 없는 철저한 자율사회를 추구하는 그들이 선택한 투쟁은 가장 격렬한 것이었다. 가장 이상적인 사회를 꿈꾸는 지향성은 가장 타협하지 않는 철저한 저항성을 보여주었다. 이념으로 항일투쟁기 인물을 분류한다면, 친일파가 나오지 않은 대표적인 쪽이 바로 아나키즘이었다. 신채호 · 이회영 · 이을규 · 이정규 · 김종진 · 류흥식(류자명) · 백정기 · 이달 · 나월환 · 류림 · 박열 등은 아나키즘투쟁사에서 빛나는 자취를 남긴 인물이다.

이들과 어깨를 겨루는 인물 가운데 경북 영양 출신으로 엄순봉이 있다. 그의 투쟁은 화약고가 폭발하듯 강렬하였지만, 정작 그는 아나키스트 가운데서도 비교적 적게 알려진 인물이다. 이는 격정적인 투쟁을 벌인 인물임에도 불구하고 그의 존재나 활동 내용이 그리 알려져 있지 않았다는 말이다.

이 연구는 그의 순국 70주년을 앞두고 복원 가능한 부분을 찾아 정리하는 데 목표를 둔다. 다만 아쉬운 점은 그를 찾아낼 수 있는 자료가 너무 없다는 현실이다. 고향마을부터 뒤져보아도 그의 역사를 복원하는 데 도움이 될 자취를 찾을 수 없다. 한계가 뚜렷한 작업이지만, 일단 다음 연구를 위해서라도 가능한 범위에서 추적하고 복원하는 데 만족하려 한다.

2. 만주 망명과 재만조선무정부주의자연맹 활동

엄순봉은 1906년 영양군 영양면 大川里(현재 영양읍 옥산리) 962번지에서 태어났다. 이 마을은 영양읍에서 영덕 가는 길목에 있는데, 962번지 자리에 기념비를 세워두고 있지만, 실제로 엄순봉과 관련된 친지가 살지는 않는다. 따라서 판결문에 나오는 내용만으로 엄순봉을 찾을 수밖에 없어 아쉽다. 그는 중국에서 활약하면서 엄순봉이라는 이름 외에 嚴亨淳이라고도 불렸고, 秋水라는 호도 쓰였다고 알려진다. 고향에서 특별한 교육을 받은 일이 없는 그는 농사를 짓다가 만 18세가 되던 1924년 무렵 만주로 이주했다.

그가 역사의 무대에 등장하는 시점은 1920년대 후반, 즉 그의 나이 20대 초반 무렵이다. 해방 이후 발간된 아나키스트들의 전기에 엄순봉이 1929년 7월 북만주 海林에서 아나키스트 金宗鎭과 李乙奎가 조직한 재만조선인무정부주의자연맹에 참가하고 있었다는 사실이 기록되었다. 즉 중심인물이던 이을규가 동지 김종진의 전기를 쓰면서 함께 활동하던 인물 가운데 이붕해·이종주·이달·김야봉·김야운·이강훈 등과 더불어 엄순봉의 이름을 거명하였던 것이다.[1] 그렇다면 엄순봉이 늦어도 1929년에는 아나키스트의 길을 걸었다는 말이 된다.

엄순봉이 만주에서 그의 이름을 드러낸 계기는 韓族總聯合會였다. 이 단체는 1929년 7월 길림성 寧安縣에서 洪震·金佐鎭·池靑天·黃學秀·李章寧 등 신민부 군정파가 공산주의 세력과 맞서기 위해 김종진·이을규 등

1) 李乙奎, 『(是也)金宗鎭先生傳』, 1963, 89쪽.

아나키스트를 수용하면서 만들어진 조직이다. 여기에서 엄순봉은 후자, 즉 아나키즘 세력에 속했다. 그가 언제부터 아나키스트가 되었는지 확인할 길은 없지만, 일단 그의 나이 만 23세가 되던 1929년에는 재만조선무정부주의자연맹에 속했던 사실만은 확인된다.[2)]

1927년 신민부가 군정파와 민정파로 나뉜 뒤, 군정파가 신민부를 해체하고 길림에서 참의부의 김승학 계열과 함께 혁신의회를 조직하고, 이어서 유일독립당재만책진회가 조직되자 여기에도 참가하였다. 1920년대 후반은 좌우합작운동이 펼쳐지던 당시에 이념적 분화를 극복하고 민족운동의 통일을 지향하던 시기였다. 그러나 신민부 군정파는 결국 혁신의회와 유일독립당재만책진회에 녹아있던 공산주의자들과 융합하기 어려웠다. 그런데 마침 신민부 민정파들이 1929년 3월 길림에서 정의부의 현익철과 참의부 심용준 등을 결합하여 국민부를 결성했다는 소식은 신민부 군정파들에게는 충격을 주기 충분했다.

김좌진을 비롯한 신민부 군정파 인사들이 1929년 다시 북만으로 이동하고, 7월에는 한족총연합회를 조직하였다. 관할 구역에서 공산주의 세력이 점차 증가하고, 농민조합과 북만청년동맹 등 공산주의 단체들은 재만 동포들에게 신민부에 반대하도록 선동했으며, 일정한 성과를 보이기도 했다. 그렇게 되자, 신민부 군정파의 지도자인 김좌진은 공산주의 세력의 침투에 효과적으로 대처할 방안을 찾았다. 그것이 바로 재만조선무정부주의자연맹과 연합하여 아나키즘 이념을 수용하는 쪽으로 가닥이 잡혔던 것이다.

한편 재만조선무정부주의자연맹도 신민부 군정파와 연합하려는 의사를 강하게 갖고 있었다. 왜냐하면 그들은 이념만 가졌을 뿐, 실질적인 세력을 갖고 있지 못했기 때문이다. 만약 신민부 군정파와 연합한다면 그 조직과 세력범주를 발판으로 삼아 아나키즘 이념을 실천할 수 있다고 판단하였기

2) 李乙奎, 『(是也)金宗鎭先生傳』, 1963, 88~89쪽.

때문이다. 그 결과 두 세력은 1929년 7월 한족총연합회를 결성하였다. 여기에는 신민부 군정파의 최고 인물인 김좌진과 같은 고향 출신이자 집안 동생이 되는 아나키스트 金宗鎭의 역할이 컸다.

한족총연합회 간부로는 김좌진(위원장) · 權華山(부위원장) · 韓奎範(조직 · 선전 · 농무부 위원장) · 鄭信(조직 · 선전 · 농무부 위원장) · 김종진(조직 · 선전 · 농무부 위원장) · 李鵬海(군사부 위원장) · 姜石泉(군사부 부위원장) · 朴耕天(교육부 부위원장) · 李乙奎(교육부위원장) · 朴燦順(경제부 위원장) 등으로, 이들은 주요 부서를 담당하였으며, 이밖에 閔武 · 劉賢 · 李鍾柱 등이 중앙간부였으며, 엄순봉은 李達 · 金野蓬 · 金野雲 · 李德載 · 백정기 · 정윤옥(정화암) · 오면직(양여주) · 김성수 등과 함께 각부 차장으로 활동하고 있었다. 즉 김좌진 · 정신 등 신민부 군정파 출신들과 김종진 · 이을규 · 이붕해 등 재만조선무정부주의자연맹 출신들이 그 조직의 중심을 이루고 있는 것이다.

엄순봉이 한족총연합회 안에서 벌인 구체적인 활동 내용은 상세하게 전해지지 않는다. 다만 그가 이 시점에 아나키즘을 수용하고 한족총연합회가 지향점으로 삼고 펼친 활동에 참가했으리라고 추정하는 것은 무리가 없다. 한족총연합회에서 특히 아나키스트들이 강조하고 밀고나간 전략 가운데 하나가 농촌자치조직을 건설하고 교육 활동을 활성화시키는 것이었다. 그 결과 북만주 한족총연합회 관할 지역에는 농촌자치조직이 결성되고, 많은 곳에 학교가 설립되었다. 그러나 성과가 드러나기 시작하던 1930년 1월 김좌진은 공산주의자들의 공격을 받아 암살되는 비극을 맞았고, 이어서 김종진도 암살되고, 이을규가 체포되는 바람에 활동도 위축되기 시작했다. 사태가 악화되면서 양 세력 사이의 연합도 붕괴되어 갔다. 결국 홍진 · 이청천 등 대종교적 민족주의자들이 1931년 여름에 한족총연합회를 이탈하여 한국독립당과 한국독립군을 결성하였다. 아나키스트들이 새로운 활동 무대를 찾지 않을 수 없었다. 엄순봉이나 백정기 · 양여주 등이 만주를 떠나야 할 정황을 맞았고, 마침 상해에서 류흥식(류자명)이 이들을 불러들이자, 모두 상해로 향하게 되었던 것이다.

3. 상해 이동과 南華韓人青年聯盟 가입

엄순봉이 만주를 떠나 중국 관내지역으로 이동한 시기는 일제의 만주 침공 직후인 1931년 10월에서 11월 사이였다. 이강훈은 뒷날 1931년 여름에 이달 · 엄순봉 등과 중국 관내지역으로 이동하였다고 회고한 데 반하여,[3] 엄순봉 자신은 판결 과정에서 1931년 10월 초순에 북경으로 이동하였고, 얼마 뒤에 상해로 다시 옮겼다고 진술하였다. 즉 "1931년 10월 초순에 안면이 있는 의사 홍씨의 소개로 북평민립중학생 李永根을 찾아 갔다."는 내용이 그것이다. 이주하게 된 동기에 대하여 그는 만보산사건에 따른 불안감을 내걸었다.[4] 1930년에 농수로 문제를 둘러싸고 벌어진 한인과 중국인 사이의 조그만 문제를 일제가 확대 증폭시켜 양 국민 사이에 큰 충돌을 만들어낸 것이 만보산사건인데, 이로 말미암아 인명 피해도 크게 발생하였다. 일제의 이간정책으로 국내외에서 벌어진 비극 가운데 대표적인 사례가 만보산사건이었다. 그렇지만 엄순봉으로 하여금 중국 관내로 이주하게 만든 주된 이유는 만보산사건이 아니라 앞에서 본 것처럼 신민부 군정파, 대종교 민족주의자들과의 연합이 결렬되고 활동 무대가 불안정하게 된 상황 때문이었다.

엄순봉의 상해 이동에 대해서는 뒷날 동지들의 판결 과정에서 더욱 선명하게 드러났다. 그것이 엄순봉의 개인적인 차원이 아니라 상해지역과 만주

3) 이강훈, 『항일독립운동사』, 정음사, 1974, 129쪽.
4) 「엄순봉 판결문」, 『독립운동사자료집』 11(의열투쟁사), 독립운동사편찬위원회, 1976, 837쪽.

지역 한인아나키스트들의 총체적인 계획 속에 그의 이동이 이루어졌음을 보여준다. 즉 1931년 상해에서 활약하던 인물들이 만주지역 아나키스트를 상해로 불러들인 것이다.

상해에서 한인 아나키스트들의 활동은 1922년에 이을규 · 이정규 · 류흥식(류자명) 등이 무정부주의자그룹, 1924년 재중국무정부주의자연맹, 1928년 3월 재중국무정부공산주의자연맹 결성 등이 두드러졌다. 그런데 이정규가 일제에 체포된 뒤로 무기력한 모습을 보이다가, 1930년 3월에 申鉉商 · 崔錫榮이 국내 호서은행에서 거금을 확보하여 북경으로 돌아옴으로써 활기를 띄게 되었다. 만주 지원과 천진 일본영사관 폭파 계획을 추진하던 柳基石과 신현상은 상해로 가서 류흥식(류자명) · 張道善 · 鄭海理 등과 논의한 끝에 남화한인청년연맹을 결성하였다. 1930년 4월의 일이었다. 이들은 다시 국제적인 활동이 필요하다는 판단 아래, 6월에 한 · 중 · 일 아나키스트들의 결합체인 동방무정부주의자연맹을 결성하고 나섰다. 여기에 1931년 5월 북경에서 원심창 · 이용준, 6월 동경에서 현영섭 · 박기성 등 신예투사가 상해로 합류하였다. 이 무렵 류흥식은 맹활약을 벌이던 중국인 아나키스트 王亞樵 · 華均實 등과 제휴하여 국제운동을 벌이기 위해 길림 동지를 불러들이려는 계획을 세우고 여비로 5백 원을 빌렸다. 이 자금으로 길림성에 있던 엄순봉을 비롯하여 정윤옥 · 백정기 · 오면직 · 김성수 · 이이덕 · 김야봉 · 이강훈 등이 1931년 9월경부터 줄을 이어 상해에 도착했고, 모두 남화한인청년연맹에 가입시켰다.[5)]

정리하자면, 대개 일제가 만주를 침공하던 그 무렵에 한인아나키스트들이 상해를 향해 이동했고, 엄순봉도 바로 그 대열에 들어 있었다. 만보산사건에 이어 일제가 만주를 침공하는 격변기를 맞아 불안정한 만주를 떠나 상해에 활동 거점을 마련하려는 한인아나키스트들의 구상이 실천으로 옮

5) 「無政府主義者李容俊取調ノ件」(京高特秘1120號), 1939년 4월 27일자.

겨지고 있었던 것이다. 즉 엄순봉이 상해로 이동한 것이 단순한 개인적 여행이나 이동이 아니라, 한인아나키스트들의 판도 변화를 의미한다. 그 핵심부에 상해에 터를 잡고 있던 류흥식, 곧 류자명이 서 있었다.

엄순봉은 판결 과정에서 북경을 거쳐 李永旭이라는 인물의 소개로 상해 南翔에 도착했다고 밝혔다. 이영욱이 누구인지 알 수 없으나, 상해 남상에는 곧 류흥식(류자명)이 교사로 활약하고 있던 立達學院이 있었다. 즉 만주지역 한인아나키스트들을 이동시킨 류흥식이 바로 그곳에서 터를 잡고 있었던 것이다. 엄순봉은 류흥식과 常爾康이라는 학생의 도움을 받아 입달학원에서 3리 정도 떨어진 南唐에 자리 잡고 농업에 종사했다. 일제 검찰에 진술한 내용에 따르면, 그는 이곳에서 아나키즘을 체계적으로 수용하게 된 것 같다. 그가 아나키즘을 접한 것은 당연히 만주 해림에서 활동하던 무렵부터였을 터이지만, 그가 심문 과정에서 밝힌 내용이 사실이라면 상해에서 류흥식의 영향을 받으면서 이론의 깊이를 심화시킨 것으로 판단된다. 당시 그가 이해한 아나키즘은 개인의 자유가 절대로 존중되고, 그 자유를 승인하기 위해 정치적으로 모든 지배계급을 타도하고, 민중의 자유연합 의사로써 사회를 통제하고, 경제적으로는 일체 재산을 사회가 공유하는 것이었다.[6)]

엄순봉이 상해에 도착하여 南唐에서 지내다가 다시 상해 시내 프랑스조계로 진입하였다. 그리고서 그곳에서 활약하던 한인아나키스트들과 합류하고, 마침 결성된 남화한인청년연맹에 가입하였다. 1932년 12월 중순, 그는 프랑스조계 福履理路 停元坊 6호에 머물던 白鷗波(白貞基) 집에서 남화한인청년연맹에 가입한 것이다. 元勳(元心昌)의 소개로 가입했다지만, 사정의 앞뒤를 보거나 위상으로 보면 류자명의 권유로 가입했을 가능성이 크다. 그가 상해 프랑스조계로 이동한 것은 곧 본격적으로 항일투쟁의 전면

6) 「엄순봉 판결문」, 『독립운동사자료집』 11(의열투쟁사), 독립운동사편찬위원회, 1976, 837쪽.

에 나섰다는 것을 의미한다.

남화한인청년연맹은 상해에서 조직된 대표적인 아나키즘운동단체 가운데 하나다. 엄순봉의 활동을 말하기에 앞서 간단하게 남화한인청년연맹을 살펴보자. 중국에서 활동하던 한인 아나키스트들은 1930년 3월에서 4월까지 회의를 가졌다. 그 자리에서 점증하는 일제의 압력, 위기에 처한 아나키즘운동의 진로, 민족주의자와 공산주의자의 관계 설정 등이 논의되었다.[7] 그 직후인 4월 20일 중국 내 한인아나키스트들은 아나키즘운동의 활성화를 위하여 류자명·장도선·정해리·류기석 등이 프랑스조계 金神父路 新新里 어느 중국인집 2층에서 남화한인청년연맹을 결성하였다. 그들이 선택한 강령은 다음과 같다.

1. 아등의 일체 조직은 자유연합의 원칙에 기초한다.
1. 일체의 정치적 운동과 노동조합 지상운동을 부인한다.
1. 사유재산제도를 부인한다.
1. 僞도덕적 종교와 가족제도를 부인한다.
1. 아등은 절대적으로 자유 평등한 이상적 신사회를 건설한다.[8]

남화한인청년연맹은 한인들만의 투쟁이 아니라 국제적 연대를 추구하였다. 한중 연합투쟁을 추구하면서, 아울러 일본 아나키스트들과도 연대를 시도했다. 이회영을 비롯한 한인 아나키스트 대표들이 1931년 11월 상순 동방무정부주의자연맹의 王亞樵·華均實을 방문하여 논의한 결과 11월 중순에 상해 프랑스조계에서 항일구국연맹을 결성하였다. 여기에 중국인 왕아초·화균실, 일본인 田華民(佐野)·吳秀民(伊藤) 등이 참가하였고, 만주와 일본에서 합류한 백정기·오면직·엄순봉·이강훈·김성수·이이덕(이

7) 오장환, 『한국 아나키즘운동사 연구』, 국학자료원, 1998, 207쪽.

8) 조선총독부 고등법원 검사국 사상부, 「在上海南華韓人青年聯盟の綱領規約及宣言」, 《사상휘보》 5호, 1935년 11월 30일자, 112쪽.

달)·이용준·박기성 등이 모두 여기에 가담하였다. 흑색공포단(BTP)이라 불리기도 했던 이 단체는 침략과 압제의 통치기구를 적극적으로 공격하고 나섰다. 1931년 12월 천진 부두에서 일본기선에 폭탄을 던진 거사, 같은 달에 남경정권 외교부장 王精衛 암살시도, 복건성 천주에서 厦門소재 일본영사관 투탄 등의 활동이 거듭되었다.[9]

4. 六三亭의거와 친일주구 처단

1) 六三亭의거

상해지역 한인아나키스트들의 활약은 해마다 굵직한 의거를 터트렸다. 1932년 무토(武藤) 대장 암살기도, 1933년 六三亭의거(주중 일본 공사 아리요시 아키라(有吉明, 습격 기도)와 친일파 옥관빈 처단, 1935년 친일분자 李容魯 처단 등으로 지속되었다. 거기에 엄순봉은 직접 혹은 간접으로 개입했고, 특히 이용로 처단에는 그가 주역으로 참가하였다.

육삼정의거는 1933년 3월에 중국 주재 일본공사를 처단하려다가 실패한 거사를 말한다. 1933년 2월 5일, 프랑스조계 亭元坊 2층에 아나키스트들이 집결하였는데, 그 면면은 白鷗波(白貞基)·鄭華岩·엄순봉·楊汝舟(吳冕稙)·이이덕(李達)·李容俊·鄭東吾(鄭海理)·金芝江·朴基成·元勳(元心昌)·李康勳 등 11명이었다. 투쟁 방향을 논의하던 가운데, 마침 원훈을 통해 첩보가 들어왔다. 3월 17일 오후 9시 상해 주둔 일본군사령부와 아리요시(有吉明) 공사가 중국국민당 정부의 요인을 매수하기 위해 중국요리점 六三亭에서 연회 베풀기로 되었다는 극비 정보가 들어온 것이다. 처단 계

9) 한국아나키즘운동사편찬위원회, 『한국아나키즘운동사』 상, 형설출판사, 1978, 341쪽; 오장환, 『한국 아나키즘운동사 연구』, 국학자료원, 1998, 215쪽.

획을 수립하는 과정에서 구성원들은 자신이 거사를 맡겠다고 서로 주장하고 나섰다. 실행자를 정하지 못하자, 다음 날 2월 6일 다시 같은 장소에 모여 추첨으로 거사 담당자를 선정했다. 결국 그 주역으로 선정된 이가 백정기요, 이강훈이 협조자로 지명되었다.

약 40일 동안 면밀하게 준비가 이루어지고, 3월 17일 수류탄 두 개와 권총 두 자루로 무장한 두 사람이 육삼정에서 200미터 떨어진 松江春이란 식당에 대기하였다. 그러나 백정기와 이강훈은 그곳에서 일본 경찰의 포위공격을 받고 검거되고 말았다. 게다가 먼발치에서 정황을 지켜보던 원심창마저 검거되고 말았다.[10] 이 거사에 엄순봉이 직접 개입했다는 정황은 없다. 다만 논의 과정에서 그도 참가하였음은 분명하다. 그래서 뒷날 일제 관헌도 그가 '공범' 가운데 한 사람이라고 판단하였다.[11]

2) 玉觀彬 형제 처단

육삼정의거가 실패로 돌아간 직후에 엄순봉은 의열투쟁의 선두에 나섰다. 우선 조상섭을 공격하러 나섰으나 마침 그가 집에 있지 않아 실패하였다. 조상섭은 일찍부터 대한민국 임시정부 수립에 참가하고 독립운동에 가담하였지만, 윤봉길의거 이후, 특히 안창호가 일제에 검거되어 국내로 송환된 뒤에는 그가 일제와 타협했다고 알려지기 시작했다. 그러자 한인 아나키스트들은 그를 공격 대상으로 지목하고, 이에 그 주역을 맡고 나선 인물이 바로 엄순봉이었다.

엄순봉이 주연으로 벌인 활동으로는 '鋤奸團 사건'이라 불리기도 하는 玉觀彬 처단 의거가 사실상 첫 거사라고 표현할 만하다. 옥관빈도 조상섭과 마

10) 나가사키형무소에서 백정기·원심창은 무기징역, 이강훈은 15년형을 받았고, 백정기는 1936년 5월 20일 옥사하였다(한국아나키즘운동사편찬위원회, 『한국아나키즘운동사』 상, 형설출판사, 1978, 346~347쪽).

11) 《동아일보》 1936년 2월 5일자.

찬가지로 일찍 상해에서 흥사단에 가입하여 안창호의 지도 아래 독립운동에 기여한 부분도 있었다. 그러나 그는 점차 친일분자로 변질되어 갔다. 그는 佛慈藥廠이란 제약회사와 三德洋行의 경영주로서 일제관헌과 내통하여 거부가 되었다.[12] 1933년 8월 1일 저녁, 옥관빈이 종형 집을 방문하려고 프랑스조계 영길리에서 자동차에 내리자마자 권총 공격을 받고 즉사하였다.[13]

8월 9일 재중국조선무정부주의자연맹 상해지부는 韓人除奸團이란 이름으로 성명서를 발표하였다. '역도 옥관빈의 죄상을 선포한다'는 제목의 斬奸狀을 배포하여 옥관빈의 주구적 죄상을 만천하에 공개하였다.[14] 그런데 내용 가운데에는 '옥관빈이 중국의 군사와 정치를 정탐하였다'고 폭로한 부분이 있어서 중국국민당 정부가 이 사건을 엄중하게 조사하기 시작했고, 중국국민당과 기타 관공청에 관계를 가진 한인을 엄밀히 조사할 정도로 파급되었다.[15]

일제는 옥관빈 처단의 주역으로 엄순봉과 楊汝舟(오면직)를 지목하였다. 일제가 파악하고 분석한 정보는 정확했다. 이 거사가 있은 뒤 2년 지난 1935년 3월, 이용로 처단 의거로 말미암아 엄순봉이 일제경찰에 붙잡혀 귀국했을 때, 일제가 그를 추궁하여 엄순봉이 옥관빈 처단의 주역임을 확인하게 되었던 것이다.[16] 또 1936년 3월에 양여주가 검거되자, 일제는 취조결과 양여주와 엄순봉이 옥관빈을 암살했다는 사실을 또 다시 확인하게 되었다. 뿐만 아니라 양여주는 1935년에 황해도 신천 출신인 李鍾洪(26세)도 교살했고, 거기에 엄순봉·이달·주열·안경근이 협력하였다고 밝혔다.[17]

12) 한국아나키즘운동사편찬위원회, 『한국아나키즘운동사』 상, 형설출판사, 1978, 348쪽.
13) 《동아일보》 1933년 8월 3일자.
14) 이호룡, 『한국의 아나키즘』 사상편, 지식산업사, 2001, 275쪽.
15) 한국아나키즘운동사편찬위원회, 『한국아나키즘운동사』 상, 형설출판사, 1978, 350쪽.
16) 《동아일보》 1935년 5월 28일·31일자.
17) 「玉觀彬ノ暗殺犯人ニ關スル件」(朝保秘第65號), 1936년 3월 12일; 「玉觀彬暗殺犯人ニ關スル件」(朝保秘第74號), 1936년 3월 23일(한국사데이터베이스).

이 내용은 엄순봉이 1933년 여름에 상해에서 옥관빈이라는 친일 거물을 처단하고 이종홍이라는 밀정도 제거하는 거사에 참가한 사실을 전해준다. 특히 옥관빈 처단은 한인애국단을 이끌던 김구와 남화한인청년연맹의 정화암이 합의하여 결행된 거사였다고 알려진다.[18] 이어서 그해 12월 18일에는 옥관빈의 친형이자 프랑스조계 공부국 직원인 玉勝彬도 암살되었다. 그는 본래 엄항섭과 더불어 프랑스조계 공부국에서 근무하고 있었는데, 윤봉길 의거 이후 대한민국 임시정부와 함께 엄항섭이 상해를 떠난 뒤에 공부국 경찰청 조선인계를 담당하면서 독립운동에 비협조적이라고 평가되고 있던 터였다.[19] 이 거사도 결국 남화한인청년연맹의 몫이었고, 이 역시 엄순봉이 펼친 활동 가운데 하나였다.[20]

3) 李容魯 처단

엄순봉이 주역으로 벌인 거사 가운데 가장 핵심이 이용로 처단이었다. 이용로가 부회장을 맡던 상해 조선인거류민회는 상해 주재 일본총영사관과 협조하면서 그 지휘 아래 움직이던 일제 앞잡이 조직이었다. 따라서 남화한인청년연맹은 이용로가 반동분자를 규합하여 독립운동을 방해하고, 정보를 수집하여 일제경찰에 제보한다고 인식하고 있었다. 엄순봉도 뒷날 공판 과정에서 "일본영사관과 결탁하여 상해에 거주하는 조선인을 거류민회에 가입토록 압력을 가했으며 독립운동자들의 행동을 영사관에 보고한 때문"이라고 처단 동기를 밝혔다. 일제의 통치력 확산에 앞장서고 있던 이용로는 독립운동가들의 공격대상이 되고도 남았다. 그래서 남화한인청년연맹이 이용로를 처단 대상으로 확정했고, 투쟁에서 여러 차례 성과를 올

18) 한국아나키즘운동사편찬위원회, 『한국아나키즘운동사』 상, 형설출판사, 1978, 349쪽.
19) 한국아나키즘운동사편찬위원회, 『한국아나키즘운동사』 상, 형설출판사, 1978, 351쪽.
20) 《동아일보》 1935년 5월 28일 · 31일자.

리고 있던 엄순봉이 그 주역으로 결정된 것이다.

거사에 앞서 정보 수집을 맡은 인물은 평남 강서 출신인 金秉學이었다. 남화한인청년연맹으로부터 이용로의 근황을 조사하라는 명령을 받은 김병학은 1935년 3월 23일 오전 7시 반에 이용로 집인 상해 공동조계 秋思威路 裕新里 16호를 방문하고 현황을 조사하여 정화암에게 보고하였다.[21] 그 내용은 이용로가 공공조계에 있던 조선인거류민회 사무실 3층에 거주하고 있으며, 특별한 연고가 없으면 면회가 되지 않는다는 사실이었다. 김병학의 보고를 받은 엄순봉은 현장에 접근하기 위한 안내자로 이회영의 셋째 아들인 李圭虎를 정하고, 그에게 협조를 부탁하였다. 이규호는 중국에서 태어나 자란 탓에 누구보다 중국어에 능통했기 때문이다.[22]

3월 25일 이른 아침, 엄순봉과 이규호는 권총 한 자루씩 갖고 이용로 집을 찾아 갔다. 3층 거실로 올라간 그는 문을 노크했고, 그 소리에 문을 열고 나온 이용로 처 朴聖信과 몇 마디 말을 나눈 그는 곧장 거실로 밀고 들어갔다. 그리고는 침상에서 막 일어나려던 이용로의 머리를 향해 권총 두 발을 발사하였다. 그런데 갑자기 이용로의 처 박성신이 칼로 후려치는 바람에 엄순봉은 부상을 입고 휘청거렸다. 그러자 엄순봉은 다시 박성신에게 권총을 발사하여 머리에 총상을 입혔다. 또 옆방에 있던 고용원 朴崇福이 합세하여 반격해오자, 이를 저지하기 위해 다시 위협 사격했으나 불발이었다. 두 사람의 반격으로 엄순봉은 수세에 몰렸다. 마침 근처 채소시장에서 망을 보고 있던 이규호가 달려와 두 사람은 그 자리를 빠져 나올 수 있었다. 하지만 불행하게도 그 소동을 듣고 달려온 중국경찰에게 두 사람 모두 붙잡히고 말았다.[23] 일주일 뒤에 엄순봉은 일본총영사관 경찰에 인도되었고,

21) 「上海元朝鮮人會副會長李容魯暗殺事件起訴中止者檢擧ニ關スル件」(京高特秘第2697號), 1939년 10월 26일(국사편찬위원회 한국사데이터베이스).

22) 《동아일보》 1936년 2월 5일자.

23) 「엄순봉 판결문」, 『독립운동사자료집』 11(의열투쟁사), 독립운동사편찬위원회, 1976, 837쪽.

한 달 뒤에 이규호도 넘겨졌다.[24]

엄순봉이 붙잡힌 직후 상해에는 포고문과 경고문이 나돌았다. '韓國獨立運動戰線肅淸團前衛隊 駐滬法租界 제3지부 동 공공조계 제4지부' 이름으로 발표된 포고문과 경고문은 李甲寧·이용로 등 친일 밀정 11명의 이름을 분명히 밝히면서, 조선인거류민회가 독립운동전선을 교란하고 있음을 밝히면서 즉각 탈퇴할 것을 경고하고 나섰다.[25] 이는 한인 아나키스트들이 계속해서 친일세력들을 발본색원하겠다는 의지를 분명하게 드러낸 것이다.

1936년 2월 18일 공판에서 엄순봉은 사형을, 이규호는 13년형을 각각 언도 받았고,[26] 두 달 남짓 지난 4월 24일 엄순봉은 경성복심법원에서 사형이 확정되었다. 서대문형무소에서 옥고를 치르던 그는 형이 확정된 뒤 2년 지난 1938년 4월 9일, 그곳에서 사형 순국하였다. 사실 그는 상해에서 인천으로 압송되는 배 위에서 이미 사형을 각오하였다. 그러면서 민족의 해방을 위해 자기는 많은 반역도들을 살해했으니 자신 한 몸 죽는다 해도 아무 여한이 없다고 말하면서 생사를 초탈한 의연한 자세를 보였다고 전해진다. 특히 사형을 집행한 형리의 말에 의하면, 형장으로 나가는 최후 순간까지 조금도 당황하거나 초조해하는 빛을 보이지 않았으며, 마지막으로 '대한만세', '무정부주의만세'를 삼창하고 운명했다고 전해진다.[27]

엄순봉이 경성복심법원에서 사형 판결을 받고 서대문형무소에 갇혀 지내던 무렵, 남화한인청년연맹에서 발간하던 기관지 《남화통신》에 그를 기리는 글이 게재되었다. 필명으로 '達'이라고 적혀있으므로, 글쓴이가 李達이라 짐작된다. "同志 嚴舜奉을 哭함"이라는 제목 아래 발표된 글 내용은

24) 한국아나키즘운동사편찬위원회, 『한국아나키즘운동사』 상, 형설출판사, 1978, 351~352쪽.

25) 국사편찬위원회, 『한국독립운동사자료』 21(임정편 6), 1992, 26~28쪽.

26) 《동아일보》 1936년 1월 15일자, 2월 5·19일자, 4월 9·18·25일자.

27) 한국아나키즘운동사편찬위원회, 『한국아나키즘운동사』 상, 형설출판사, 1978, 354쪽.

다음과 같다.

우리 동지 엄순봉을 곡함[28]

그대의 동지이며 같은 운명에 처했던 나는 그대의 소식을 듣고 슬프고 慷慨한 나머지 통곡하였다.

친애하는 동지! 그대는 강권과 暴虐이 난무하는 현 사회로부터 박해를 받고, 이 잔혹한 세상에서 영원히 떠났구나. 主義를 위해 단두대를 두려워하지 않고 강개하게 義에 죽어간 그대의 위대한 정신은 살아남은 우리 약자로 하여금 敬仰케 한다.

현 사회는 살인의 함정이다. 잔악한 통치자는 그런 살해를 아무렇지도 않게 여긴다. 그대는 만인의 자유와 행복을 위해 적에게 필사적으로 항전하다가 마침내 현 사회의 희생자가 되어 버렸다. 현 사회의 희생자는 인류의 좋은 친구이며 進化途上의 최선봉이다.

그대는 민족해방운동의 선구자이다. 인류의 정당한 권리를 요구한 정의의 戰士다.

전사로서 난을 당한 인물이 무정부주의운동 발생 이래 세계 각국을 통하여 얼마나 많았던가. 일본정부만 아니라 무릇 자본가 계급이 존재하는 사회에서는 고금을 가릴 것 없이 곳곳에서 진정한 혁명가를 공공연하게 학살하고 있다. 그러나 진정한 주의와 열정으로써 우리의 요구를 관철시키려는 혁명적 희생에 대해서는 민중이 옹호하고 슬퍼한다.

그대의 불행이 전해진 곳마다 비분을 터트리고 민중의 선구자적 희생의 참뜻을 애도하는 동시에 금후 운동노선의 진공공작이 모두 민중 자신의 책임이라는 것을 인식케 하고 있다.

자유의 대가는 피와 눈물이다. 그대는 자신의 피와 눈물로써 인류의 求生史를 물들였고, 다가올 자유의 씨를 뿌렸다. 그 자유의 꽃이 피는 날에 萬惡의 현 제도는 그 유해조차 남기지 못하리라.

친애하는 동지여, 나는 이 짧은 글을 위대한 그대 영전에 바치고 애도의 뜻을 표하는 바이다.

---

28) 《남화통신》 1936년 12월호.

5. 맺음말

엄순봉의 생애는 꼬박 32년이다. 그가 만주로 옮겨 살기 시작한 시기가 만 18세 되던 1924년이고, 5년 지난 1929년에 항일투쟁의 무대에 그의 이름이 처음 나타났으니 23세였다. 이후 1935년에 상해에서 투쟁을 벌이다 붙들리고, 1936년 재판에서 사형이 확정되었으며, 1938년 서대문형무소에서 순국하였다. 따라서 그의 항일투쟁은 1929년부터 1935년까지 꼬박 6년 동안 쉼 없이, 그리고 불꽃처럼 타올랐다.

엄순봉의 항일투쟁은 크게 두 시기로 나뉜다. 하나는 만주 활동기이고, 다른 하나는 상해 활동기이다. 첫 시기는 1929년부터 1931년까지 만 2년이다. 이때 그는 김종진과 이을규로 대표되는 재만조선무정부주의자연맹에 발을 디디면서 아나키스트로 성장하였다. 마침 홍진 · 김좌진 · 지청천 등이 이끄는 한족총연합회가 이들 아나키스트들과 제휴하게 되자 그도 여기에 참가하여 활동하였다. 엄순봉을 비롯한 아나키스트들은 만주지역에서 독립운동의 근거지인 동포 사회를 안정되게 운영하고 유지하는 데 힘을 쏟았다. 그러나 공산주의와 갈등을 벌이던 김좌진이 1930년 1월 암살되고, 그들의 대표인 김종진마저 살해됨에 따라 아나키스트들은 새로운 길을 찾아 중국 관내지역으로 이동하였다. 그에게도 상해시대가 열린 것이다.

두 번째 시기인 상해 시절은 1931년부터 1935년까지 4년 기간이다. 이 시기도 작게 나눈다면 두 시기로 나뉜다. 첫 시기는 그가 1931년 9월 상해로 이동하고 류흥식(류자명)이 조직한 남화한인청년연맹에 가입하여 본격적으로 의열투쟁에 나선 때였다. 둘째 시기는 1933년부터는 그가 의열투쟁의 최선봉으로 치고 나갔던 때였다. 1933년 六三亭의거(주중 일본 공사 有吉明, 습격 기도)와 친일파 옥관빈 형제 처단, 1935년 친일분자 李容魯 처단 등이 대표적인 거사였다. 마지막 거사에서 검거된 그는 사형선고를 받고 1938년 4월 서대문형무소에서 순국하였다.

32년 생애 가운데, 문헌 자료에서 확인되는 항일투쟁 기간은 6년이다. '불꽃같은 삶과 투쟁', 그의 삶을 한마디로 표현하는 말이다.

찾아보기

ㄱ

ㄴ

ㄷ

ㄹ

◤ ㅁ

ㅂ

ㅅ

ㅇ

ㅈ

ㅊ

ㅋ

ㅌ

ㅍ

ㅎ

기타